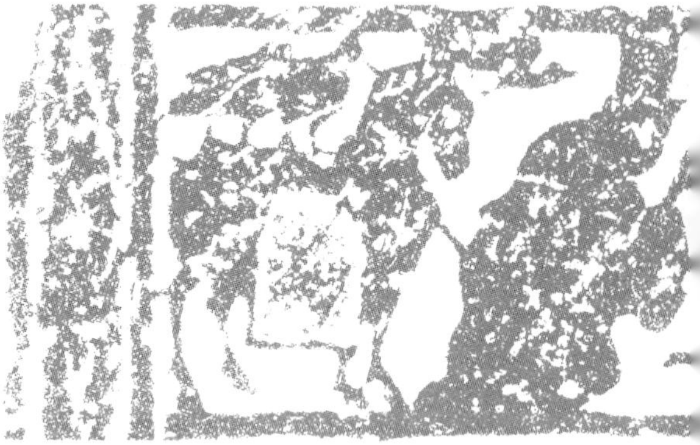

中国礼制变迁及其现代价值研究

·西南卷·

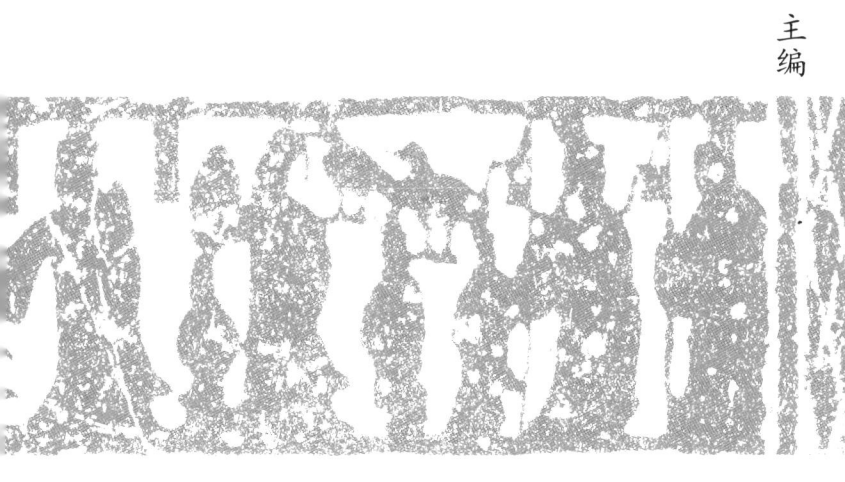

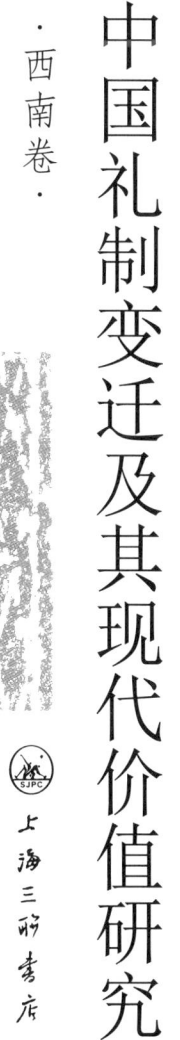

汤勤福 黄纯艳 主编

上海三联书店

目 录

奠雁——两千年婚礼仪式的变与不变	赵和平	1
由上博六《天子建州》"食以仪"略说先秦饮食之礼	张 涛	13
《仪礼》中所见宗人考略	卢庆辉	18
"威德"与秦之兴亡	巴晓津	29
郑玄注《儀禮》今古文正誤考略	陈居渊	44
同姓还是同宗？——从继子、养子的服制看中古宗族观念的变化	张焕君	58
鲜卑婚俗与北朝汉族婚姻礼法的交互影响	史 睿	87
论魏晋南北朝"礼"与"法"的结合	梁满仓	105
北魏迎气祭祀礼试探	张鹤泉	131
从经学的折衷到礼制的折衷——由《开元礼》五方帝问题所想到的	吴丽娱	148
唐五代的葬事礼俗——以宋代笔记为核心的考察	张剑光	182
唐前期色役性质考辨	吴树国	200
唐宋时期分家律法演进趋势论析	王美华	216
宋代嘉礼内容演变探析	张志云	229
宋代水上信仰的神灵体系及其新变	黄纯艳	243
论宋代的礼图学	刘 丰	262
北宋元丰以前日常朝参制度考略	任 石	287
社会变迁视域下的宋代礼、理关系	王志跃	319
元代的经筵与礼制论略	刘 舫	331
元代礼失百年与明初礼制变革	吴恩荣	345
明代告祭仪略论	李 媛	359
清代临安府瑶族宗教仪式中的汉地道教元素——以S3451号文本之"关告科"与"开解科"为例	郭 武	370

清代的觐礼之争与宾礼变革	尤淑君	382
清代云南名宦祠兴废考略	孙　骁	417
清代家礼书与家礼新变化	赵克生	464
高句丽"十月祭天"习俗渊源考	姜维公　姜维东	481
基督教视域下的理雅各之礼观	曹建墩	490
"敬老"仪式：拉祜族的传统"礼"观及其社会功能研究	张锦鹏	504
中华传统礼制内在价值及其现代转换	汤勤福　葛金芳	515
百年来元代礼制研究回顾与展望	刘　舫	538
"中华礼制变迁与少数民族礼制"学术研讨会综述	卢庆辉	548

后记　　　　　　　　　　　　　　　　　　　　　　551

奠 雁
——两千年婚礼仪式的变与不变

赵和平

引 子

2016年2月21日,《北京晚报》第19版刊载中国农业大学食品学院副教授朱毅《我眼中的两只鹅事件》一文,并配发一幅占四分之一版的照片。此文开头即说,"猴年的情人节,眼球和眼泪,属于村头生死吻别的两只鹅"。

这幅照片,在网上疯传,真可谓赚足了眼球。与此相似,笔者在苏州寒山寺所办内部刊物《寒山寺》2012年第1期所刊大慧撰《说放生》一文,其中有一段说:"印光大师在其《文钞三编·卷二·复周伯遒居士书》中,就记述了一则被放生的白鹅往生的实证。'云南张拙仙次女出嫁时,婿家送双鹅行奠雁礼,彼即放生于华亭山云栖寺,已三年矣。彼二鹅每于晨昏上殿做课诵时,站殿外延颈观佛。今年四月,雄者先亡,人不介意。后鹅者不食数日,彼来观佛,维那开示,令求往生,不可恋世。遂为念佛数十声。鹅绕三匝,双翅一拍即死。拙仙因作《双白鹅往生记》。噫!异哉!一切众生,皆有佛性,皆堪作佛,可以人而不如鸟乎?'"

印光大师所讲云南华亭山云栖寺双白鹅故事感人，僧人不打诳语。这件发生在民国初年的事或为事实，令我印象深刻的是婚礼中仍有奠雁，且以鹅代雁，婚礼后岳父家将双鹅放生于寺庙，即两千多年来"奠雁"之礼长盛不衰，其中原因，值得深入探讨。

一

《仪礼·士婚礼第二》①：

> 昏礼，下达纳采，用雁。郑玄注：用雁为贽者，取其顺阴阳往来。孔疏：纳采用雁者，昏礼有六，五礼用雁，纳采、问名、纳吉、请期、亲迎是也。唯纳征不用雁，以其自有布帛可执故也……用雁为贽者，取其顺阴阳往来者。案周礼大宗伯云，以禽作六贽，卿执羔，大夫执雁，士执雉。此昏礼不问尊卑，皆用雁故。郑注其意云取顺阴阳往来也，顺阴阳往来者，雁木落南翔，冰泮北徂，夫为阳，女为阴，今用雁者，亦取妇人从夫之义，是以昏礼用焉。

六礼之中，除"纳征不用雁，以其有布帛可执故"外，五礼均用雁。这五次用雁，最关键的"奠雁"出现在六礼之最后的"亲迎"。

《仪礼·士昏礼》"亲迎条"中说，"主人玄端迎于门外，西面再拜，宾东面答拜（郑注：宾，婿），主人揖入，宾执雁从。至于庙门，揖入，三揖，至于阶，三让。主人升而西，宾升北面奠雁，再拜稽首。降出，妇从降自西阶，主人不降送。（郑注：宾升奠雁拜，主人不答，明主为授女耳。主人不降送，礼不参）"②

"奠雁"是婚礼仪式中用雁的最后环节，也是最重要的环节。关于婚礼用雁，《礼记正义》卷61《昏义》孔颖达疏解释说："必用雁者，白虎通云，雁取其随时而南北，不失节也。又是随时之鸟，妻从夫之义也。"③《周礼》《仪礼》《礼记》是中国礼典编撰之最早者，学者们的意见认为乃战国时至西汉时成书，但其中不少礼节的出现甚早，以雁为贽，在春秋时即已出现。

---

① 阮元：《十三经注疏》，北京：中华书局，1980年，第961页。
② 阮元：《十三经注疏》，第966页。
③ 阮元：《十三经注疏》，第1680页。

《十三经注疏·春秋左传正义》卷41昭公元年(前541)说:

> 郑徐吾犯之妹美,公孙楚聘之矣。公孙黑又强使委禽焉。注:禽,雁也,纳采用雁。犯惧,告子产。子产曰:是国无政,非子之患也,唯所欲与。犯请于二子,请使女择焉,皆许之。子晳盛饰入,布币而出。注:布,陈赞币;子晳,公孙黑。子南戎服入,左右射,超胜而出。女自房观之,曰:子晳信美矣,抑子南夫也。夫夫妇妇,所谓顺也。适子南氏。子晳怒,既而櫜甲以见子南,欲杀之以娶其妻。子南知之,执戈逐之,及冲,击之以戈。孔疏:夫夫至顺也。正义曰:夫如夫道,当刚强也;妇如妇节,当柔弱也;如是所谓顺也。曹大家《女诫》曰:生男如狼,犹恐其尪;生女如鼠,犹惧其虎;是男欲刚而女欲柔也。①

公孙黑与公孙楚为了争夺美女徐吾犯之妹,先礼,即公孙楚先聘,后公孙黑又"强委禽",这里的禽即指雁。此事发生在昭公元年,即公元前541年。徐吾犯之妹说"夫夫妇妇,所谓顺也",唐代孔颖达、颜师古解释为"夫如夫道,当刚强也;妇如妇节,当柔弱也。"故"雁取妇人随顺之义也"。

"奠雁"在婚礼中是非常重要的环节,这种仪式自先秦后一直流传下来。

《大唐开元礼》卷111《皇太子纳妃》亲迎条说:

> 主人揖皇太子先入,掌畜者以雁授左庶子,左庶子进,东南向奉授皇太子,既执雁进入,侍卫者量入侍从……主人升立于阼阶上,西面;皇太子升,进当房户前,北面,跪奠雁,俛伏兴,再拜,降出,主人不降送。②

《大唐开元礼》卷115《亲王纳妃》亲迎条说:

> 王报揖,主人入,掌畜者以雁进,王受雁,左手执之以入,及内门……主人升阼阶,西面立;王升西阶,进当房户前,北面,跪奠雁,兴,再拜,降出,主人不降送。③

---

① 阮元:《十三经注疏》,第2022页。
② 萧嵩等:《大唐开元礼》,北京:民族出版社,2000年,第525页。
③ 萧嵩等:《大唐开元礼》,第542页。

《大唐开元礼》卷116《公主降嫁》亲迎条说：

> 主人揖，宾（和平按：公主的夫婿）报揖，主人入，掌畜者以雁进，宾受雁，左手执之以入，及寝门……主人升阼阶东，西面立，宾升西阶，进当房户〔前〕，北面，跪奠雁，兴，再拜，降出，主人不降送。①

是《大唐开元礼》中太子、亲王、公主之婿"奠雁"之礼相同，与《仪礼·士昏礼》的仪式相同。同书卷123《三品以上婚》、卷124《四品五品以上婚》、卷125《六品以下婚》所记"奠雁"之仪式与太子、亲王略同，可见"奠雁"是古代婚礼仪式中的重要环节。

唐代皇太子纳妃用雁，有正史可为佐证。《旧唐书》卷86《李弘传》：

> 〔咸亨二年(671)〕又召诣东都，纳右卫将军裴居道女为妃，所司奏以白雁为贽，适会苑中获白雁，高宗喜曰："汉获朱雁，遂为乐府，今获白雁，得为婚贽，彼礼但成谣颂，此礼便首人伦，异代相望，我无惭德也。"②

唐高宗李治为皇太子纳妃，因在苑中获白雁而兴奋，可见白雁为难得之禽。雁为候鸟，春去冬来，有时颇难得，那么，婚礼还是要办，"奠雁"环节又不能少，怎么办？唐代时即有变通之法。

二

敦煌写本中有一批吉凶书仪，其中有的记述了士大夫之家的婚礼，我们只选择与雁有关的内容，先加以征引：

> 问曰：何名六礼？答曰：雁第一，羊第二，酒第三，黄白米第四，玄纁第五，束帛第六。问曰：雁既毛色不丰，鸟形非佳，因何昏礼用之？答曰：雁知避阴阳寒暑，似妇人之从夫，故婚礼用焉。所以知者，《诗》云，雍雍鸣雁，旭日始旦；士如归妻，迨冰未泮。注云：雁知逐寒暑，雍

---

① 萧嵩等：《大唐开元礼》，第552页。
② 《旧唐书》卷八六《孝敬皇帝弘》，北京：中华书局，1975年，第2829页。

雍雁声,知取其和顺之义,上下和睦之象。又董仲舒曰:雁飞如有行列,参差作大小,以妇下夫,是以婚礼用焉。雁是飞鸟,去法如何?须竹笼盛之,三寸版子系着笼口,题云"礼雁",安在轝中。①

这里回答了婚礼为什么用雁,以及如何将雁送到女家的问题,至于"奠雁"这一环节,这件《书仪》中说:

  妇翁于先入门,女婿随后而入至门内,还依门外法。妇翁曰:还请吾子升。女婿答曰:维不敢辞。女在中庭车畔,面向西立,女婿正北质方行,男女相当。女婿抱鹅,向女所低跪,放鹅于女前,还向西,回出门外。②

请注意,这里的雁变成了鹅,奠雁变成奠鹅,鹅成了雁的替代品。

晚唐大中年代河西节度使掌书记张敖《新集吉凶书仪》中描写"奠雁":

  撒帐了,即以扇及行障遮女于堂中,令女婿傧相行礼。礼毕,升堂奠雁。令女坐马鞍上,以坐障隔之,女婿取雁,隔障掷入堂中,女家人承将,其雁以红罗裹,五色绵缚口,勿令作声。其雁已后儿家将物赎取放生。如无雁,结彩代之亦得。奠雁讫,遮女出堂,父母诫之曰:勉之敬之,夙夜无违。③

请注意,这里说"如无雁,结彩代之亦得",没有活雁,做一个"玩具雁"也可。

中晚唐时段成式在《酉阳杂俎》"贬误"中说:

  今士大夫家昏礼露施帐,谓之入帐,新妇乘鞍,悉北朝余风也。《聘北道记》(一名《北征道里记》)云:北方婚礼必用青布幔为屋,谓之青庐,於此交拜,迎新妇。夫家百余人挟车,俱呼曰:"新妇子催出来",其声不绝,登车乃止,今之催粧是也。以竹杖打婿为戏,乃有大委

---

① 赵和平:《唐前期书仪》(S.1725),《敦煌写本书仪研究》,台北:新文丰出版公司,1993年,第408—409页。
② 赵和平:《唐前期书仪》(S.1725),《敦煌写本书仪研究》,第413页。
③ 赵和平:《新集吉凶书仪》,《敦煌写本书仪研究》,第543页。

顿者。江德藻记此为异，明南朝无此礼也。至于奠雁曰鹅，税缨曰合髻，见烛举乐，铺母鸢童，其礼太紊，杂求诸野。①

看来，段成式对于"奠雁"用鹅，很不以为然，但却是中晚唐时社会上流行的普遍现象。

北宋时，司马温公著《书仪》十卷，其中卷三卷四记婚礼仪式。温公叙婚仪，本诸《仪礼》，而参以当时可实行者。卷三"亲迎条"记"奠雁"说：

> （妇翁）迎婿于门外，揖让以入，婿执雁以从，至于厅事。主人升自阼阶立，西向，婿自升西阶，北向跪，置雁于地，主人侍者受之。婿俛伏兴，再拜，主人不答拜。姆奉女出于中门，婿揖之，降自西阶以出，妇从后，主人不降送。②

司马温公所记"亲迎"，与本文前引《仪礼·士婚礼》和《大唐开元礼》所记"亲迎"仪式几乎相同，"奠雁"所记仍是雁。但此卷"纳采"条说：

> 其日日出，使者盛服，执生雁，左首，饰以缋（原注：用雁为贽者，取其顺阴阳往来之仪，若无生雁，则刻木为之。饰以缋，谓以生色缯交络缚之。）③

在没有生雁的情况下，司马温公给出了"刻木为雁"的替代办法。

自"仪礼""礼记"设立的婚礼中"奠雁"这一环节，历两千余年至宋而大体不变，在雁难得时，可以用鹅替代，也可以刻木雁、结彩雁，无论何种替代品，"奠雁"这一环节是必不可少的。

我们从历史文献中对"奠雁"这一婚礼中不可或缺的环节进行了考察，随着敦煌学的发展，学者们在敦煌石窟壁画中，发现了四十六幅婚礼图，祁晓庆在《敦煌壁画婚礼图中的镜》一文中做了概括叙述：

> 敦煌壁画中的婚礼图不独立成篇，而是出现在弥勒经变中。弥勒经变主要依据刘宋沮渠京声译《观弥勒菩萨上生兜率天经》、西晋竺法护译《弥勒下生经》、姚秦鸠摩罗什译《弥勒下生成佛经》《弥勒

---

① 段成式：《酉阳杂俎》续集卷四，北京：中华书局，1981年，第241页。
② 司马光：《书仪》卷三，北京：商务印书馆，1936年，第33—34页。
③ 司马光：《书仪》卷三，第30页。

大乘佛经》、唐义净译《弥勒下生成佛经》等经文绘制而成的。其中的《弥勒下生经》有"人寿八万四千岁""女人年五百岁,尔乃行嫁"等有关女子出嫁的内容。敦煌壁画弥勒经变中的婚礼图就是依据这句经文并结合当时社会的婚礼习俗而绘制的。敦煌石窟壁画中的婚礼图共计46幅,分别为盛唐9幅,中唐17幅,晚唐9幅,五代6幅,宋代4幅,西夏1幅,创作形式多样,内容丰富。[①]

祁晓庆的论文重点讨论婚礼图中"镜"的使用,她一共用了6幅彩图,其中3幅都绘有"奠雁"中的双雁。兹转引如下:

A. 莫高窟第9窟 主室窟顶东坡弥勒经变中婚礼图(晚唐)

祁晓庆文中图较小,李美贤著《佳偶天成》第14页图版效果最好,新郎新娘站在花毡上,面向宾客行礼,在花毡前沿外,有一对双喙相对的大雁。

B. 榆林窟第38窟 中心柱西壁弥勒经变中婚礼图(五代)

祁晓庆文中说:"(新郎新娘)前面地上铺毡,距新郎新娘较近处树立三角支架,托着一面圆镜。镜旁一对大雁昂首面对宾客,栩栩如生。"又说,"这是汉族与回鹘族通婚的场景。"需要指出的是,A、B两幅图中均有"青庐",即是段成式在《酉阳杂俎》中认为出于南北朝所沿袭下的风俗的写照。

图A

图B

C. 莫高窟第454窟,窟顶东披主室弥勒经变婚礼图(北宋)

祁晓庆文中说:"以礼席和帷帐为中心,地面铺毡,旁设青庐。亲友宾客与新郎新娘相对,一对新人拱手而立,面前树一面铜镜。镜旁两只大雁面对宾客。"(《佳偶天成》第39页,此图比祁文图更加清晰)

莫高窟第9窟婚礼图为晚唐,榆林窟第38窟婚礼图为五代,莫高窟第

---

① 祁晓庆:《敦煌壁画婚礼图中的镜》,《敦煌研究》2015年第6期。

454窟婚礼图为宋代（北宋前期），三幅图中均有"奠雁"的双雁形象，看来"奠雁"不仅有文献记载，我们还可以从敦煌壁画中看到栩栩如生的画面。

图C

1923年，胡扑安编《中华全国风俗志》出版。①此书广搜博采，记录了从古至今，从东北到西南，从滨海到新疆的截止到1922年的中国风俗。虽然此书略嫌粗疏，但并不影响其学术价值，值得我们重视。笔者耗时若干日，遍捡此书中各地婚礼习俗，现将有关婚礼中与"奠雁"有关的文字摘录若干条：

A. 黑龙江

满洲汉者女既聘，婿先得叩头礼，然后送簪珥衣服，富者或致羊豚鹅酒，谓之过礼。

B. 山东邹县

为婚不拘六礼，但以媒聘为定，不计财礼，不侈妆奁，必于亲迎，不醮不御，奠雁代以鸡。女必冠髻，始行入门，拜天地，三日拜公始，谒家庙入室，行合卺礼。

C. 江苏宜兴

及新郎奠雁（新郎至女家朝婚帖，行四跪四叩首礼曰奠雁），仍行跪拜礼。其跪拜时，先脱礼帽，交代陪宾后，再听赞者之口令而跪拜焉。此种非驴非马之礼制，殊可笑也。

D. 浙江杭州

次后择日则送聘，预令媒氏以鹅酒，重则羊酒，至日方行送聘之礼

---

① 胡扑安编：《中华全国风俗志》，上海：上海书店出版社，1986年。下引文均出此书。

且论聘礼。

E. 安徽 六安

六安婚嫁风俗,其最奇特者,在未迎娶之先,男家须下礼至女家,礼物之轻重,视贫富为差别,大概为包茶、欢团、花生、胡桃等物,并有紫色衣服一套,名曰五子衣,迎娶时,新娘即穿此衣至夫家。夫家必备公鹅一只,名曰催妆鹅,女家配以母鹅,一并送回夫家,此双鹅永远不宰杀,盖以预祝其夫妇偕老也。

F. 宁夏

娶妇多用彩舆鼓吹,贫者以车,世族之家,间亦有奠雁亲迎者。

G. 云南龙氏土司之婚礼

滇黔之间,有宋家、蔡家、罗家、龙家土司,四家之冠裳服饰婚丧祭,一秉周礼……龙家世为诸土司之长。
……
亲迎,至门,外舅趋立阼阶,揖婿及傧入。相者引婿升堂,布席南向,请外舅坐,外舅辞焉。婿八拜,外舅受四答四。婿下堂,奉雁币陈上奠之。再拜毕,婿与相者东向坐,外舅北向坐,进桂子汤者三,鞠躬者六。相者引婿入后堂,请外姑。少顷,外姑率媵出,坐帘内,婿八拜于帘外,外姑亦受四答四。即命坐帘外,进梅花汤者三……

从《中华全国风俗志》辑出的七条资料中,我们可以看到,婚礼中奠雁这一环节仍然顽强的保存下来,尽管雁变成了鹅,雁代之以鸡,甚或行非驴非马的四跪四叩首礼,但仍称该环节为奠雁;令人称奇的是,远在西南的彝族土司龙家,其婚礼中"亲迎"一节则一遵周礼,可谓"礼失求诸野"。奠雁之礼为什么从公孙黑"强委禽"到云南龙家土司在民国年间仍行其礼,二千多年中有这么顽强的生命力呢?

9

三

《辞海》"雁"条：

> 鸟纲，鸭科，是雁亚科各种类的通称。大型游禽。形略似家鹅，或较小。嘴宽而厚，嘴甲比较宽阔，啮喙有较钝的栉状突起。雌雄羽色相似，多以淡灰褐色为主，并布有斑纹。群居水边。主食嫩叶、细根、种子，间或啄食农田谷物。每年春分后飞回北方繁殖，秋分后飞往南方越冬。飞时排成"一"字或"人"字形，中国常见的有鸿雁、豆雁、白额雁等。

《辞海》"鸿雁"条：

> 动物名，学名 Anser cygnoides。鸟纲，鸭科。为家鹅的远祖。雄鸟体长达 82 厘米；雌鸟较小。嘴黑色，较头部为长。雄鸟嘴基有一膨大的瘤，雌鸟瘤不发达。两性体羽均为棕灰色，由头顶达颈后有一红棕色长纹。腹部有黑色条纹状横纹。栖息河川或沼泽地带。主食植物。飞行时，常排成"一"字或"人"字形，分布于俄罗斯西伯利亚到堪察加半岛。于中国境内主要在东北北部和内蒙古一带繁殖，在长江下游及稍南地区可越冬，可驯养。

《辞海》"奠雁"条：

> 古代婚礼，新郎到女家迎亲，用雁作贽（见面的礼物），叫"奠雁"。《礼记·昏义》："婿执雁入，揖让升堂，再拜奠雁。"陈皓集说"奠雁，取其不再偶也。"[①]

仅从《辞海》"雁"及"鸿雁"两个辞条的简单释文中，我们可以归纳出与"奠雁"有关的以下几点：（1）雁是候鸟，每年春分后飞回北方繁殖，秋分后飞往南方过冬；（2）雁飞行时常排成"一"字或"人"字形；（3）雁叫声"雍雍"；（4）雁为家鹅的远祖。对以上四点，中国古人都比附于人类社会做出解释。如前文引《唐前期书仪》（S.1725）所说："雁既毛色不丰，鸟形非

[①] 以上三条材料分别引自《辞海》，上海：上海辞书出版社，1999年，第2468、859、439页。

佳,因何昏礼用之?答曰:雁知避阴阳寒暑,似妇人之从夫,故婚礼用焉。所以知者,《诗》云:雍雍鸣雁,旭日始旦;士如归妻,迨冰未泮。注云:雁知逐寒暑,雍雍雁声,知取其和顺之义,上下和睦之象。又董仲舒曰:雁飞如有行列,参差作大小,以妇下夫,是以婚礼用焉。"这段话,将我们归纳的雁的(1)(2)(3)三个特点涵盖在内了。至于以鹅代雁,而雁又是家鹅的远祖,古人著作中并未提及鹅与雁的这层关系,推测以鹅代雁或有这种原因。生物学上雁的特点,被拟人化后使雁成为婚礼仪式中的一种重要象征,成为代表某些观念的符号,正因为是一种符号,所以雁可以以鹅代,结彩代,甚至刻木代等等,因而使"奠雁"这一婚礼仪式中的重要环节流传二千多年。

《辞海》"奠雁"条引陈澔集说,"奠雁,取其不再偶也"。李美贤《佳偶天成》一书引明朝郎瑛《七修类稿》两则有关"义雁"之事,今转引如下,以免掠美:

> 雁。诸书止言知时鸟也,行有先后,故以之执贽、以之纳采,未见言其义处,至于诗赋之咏,亦或特怜其孤耳,未闻言其义性与纪其义事也。近见吾友王天雨云,家后有张姓者,曾获一雁,置于中亭,明年,有雁自天鸣,亭雁和之,久而天雁遂下,彼此以颈绞死于楼前,后因名楼曰双雁楼,此其一也。又吾友王荫伯教谕铜陵时,有民舍除夜燎烟祓除不祥,一雁偶为烟触而下,其家直以为不祥也,烹之。明日,一雁飞鸣屋顶,数日亦坠而死。观此二事,又真为义雁云。[①]

《七修类稿》中两则"义雁"之事,郎瑛均未言明是否一只为雌,一只为雄,而陈澔的"奠雁,取其不再偶也",或可以为"义雁"之注脚。

本文"引子"中云南华亭山云栖寺双白鹅往生的故事,恰恰是张拙仙嫁女时,以鹅代雁的双鹅,一雄一雌,其事凄美,悲凉,而家鹅的远祖是雁,后代尚且如此,想来《七修类稿》中的两则"义雁"当是一雌一雄吧?

尾　声

奠雁,这种婚礼仪式中的重要一环,居然从先秦流传到民国,时间长达

---

① 郎瑛:《七修类稿》卷四五《义雁》,上海:上海书店出版社,2001年,第474页。

二千余年,其基本仪式一直保留下来,在流传过程中,雁可以用鹅代,可以结彩代,可以刻木代,甚至可以以鸡代,"奠雁"之雁完全成为一种文化符号,它所蕴含的内容则是顺阴阳、妇从夫、社会有序和睦、爱情的忠贞等等诸多人类社会的问题,这是奠雁礼长盛不衰的根本原因。最后,特别要指出的是,行奠雁礼时,新郎是"跪",即向新娘所在取跪姿,其中更有深义存焉。返回到"引子"中的今年情人节村头生死吻别的两只鹅的照片,文字报道中两只鹅的下场,不知仁者智者诸君作何感想?

由上博六《天子建州》"食以仪"略说先秦饮食之礼

张 涛

上博简《天子建州》一篇,有甲、乙两本。甲本简6、7有一句:"天子坐目巨,饮目义,立目县,行目6□□侯量,鬏还身。"所缺二字,据乙本第6简作"兴,视"①。由此,此句可补足并据宽式隶定转写为:"天子坐以矩,食以义,立以县,行以兴,视侯量,顾还身。"

此语分坐、食、立、行、视、顾几项,一一描述天子容礼。其中"食以义"一句,涉及先秦饮食之礼,而学界尚有分歧。

整理者曹锦炎认为"义"通"宜",《礼记·丧服四制》"门内之治恩揜义,门外之治义断恩",郭店楚简《六德》"义"作"宜";并据郭店楚简《语丛(二)》《释名·释言语》皆有"义,宜也"之训,及《康诰》孔传、《吕氏春秋·当赏》高注和《郑风·缁衣》朱注,指出此"义"字作适当、相称解②。

《天子建州》另有"礼者,义之兄也""礼之于宗庙也,不精为精,不美为美;义反之,精为不精,美为不美。故亡礼大废,亡义大孽"之语,并有"义"字。裘锡圭云:《说文·十二下·我部》:"义,己之威仪(段注改为"义")也。"是"义"本"礼仪"之"仪"的初文。上引简文"义"字皆应读为"仪"。"义"者"宜"也,礼应以义为根据,不得言礼为仁义之义之兄。仪出于礼,故可言"礼者,义之兄也"。礼、仪二者,礼为根本,仪为形式,故有"不精为精,不美为美"及"精为不精,美为不美"之不同。礼重玄酒大羹,即以不精为精,不美为美。仪者斤斤计较于形式,故与礼反。③是裘先生读"义"为

---

① "兴"字,据刘洪涛释,见刘洪涛:《读上博竹书〈天子建州〉札记》,简帛网,2007年7月12日,http://www.bsm.org.cn/show_article.php?id=612。
② 马承源主编:《上海博物馆藏战国楚竹书(六)》,上海:上海古籍出版社,2007年,第320页。
③ 裘锡圭:《〈天子建州〉(甲本)小札》,《裘锡圭学术文集》第2卷,上海:复旦大学出版社,2015年,第530页。

"仪"。

陈伟也将"义"字读为"仪",但认为"仪是观测日影的表柱"。他引《荀子·君道》"仪正而景正"为说,并参考王引之《经义述闻·尔雅上》"仪,干也",引王念孙曰:"桢、翰、仪、干,皆谓立木也。"[①] 可惜并没有进一步解说。王念孙谓《说文》本字作"檥",经传通作"仪"。

杨华认同陈伟之说,称"此句指天子根据日晷之影而按时进食";进而认为,"古人每日吃饭的次数,有两种说法",不论是一日三食说,还是一日四食说,"其进食节律皆与日影测时有关。《论语·乡党》:'不时不食。'《集解》引郑注:'不时,非朝、夕、日中时。'正是指此。"[②]

上述诸说,一是曹锦炎认为"义"字通"宜",为适当、相称之义;一是读"义"为"仪",裘锡圭与陈伟、杨华虽皆如此读,但依前者读为礼仪之仪,此句皆为"按照礼仪来饮食",后者解"仪"为观测日影的表柱,则为"按照礼制规定的时间而饮食"之意。诸说可分为二系三类,是为不同。

以具体器物来说"义"字,或许是考虑到与上下文的对应。"巨",曹锦炎读为"规矩"之"矩",陈伟认为也可借为"虡",是钟磬木架的支柱。"县",曹锦炎以为是"悬挂的垂直线",陈伟指出"简文'县(悬)'字似当指钟磬之架,与矩(或虡)、仪、绳类同"。"兴",单育辰认为"从文义考虑,此处应以释'绳'为佳"[③],以与"矩"字相配,陈伟认同其说。是上述诸字皆可解释为具体器物,且习见。至于将"仪"解释为观测日影的表柱,确有此训,但《尔雅·释诂》:"仪,干也",王念孙云:"立木以示人谓之表,又谓之仪……皆所以喻法度也",相较而言,"仪"引申为法度较为常见,而借以指代时间则较罕见。简文若取记时之义,虽亦可通,恐嫌迂远,似不如直接用常训解说,更觉稳当。

其实,此处诸字以具体器物来解说,不是全都确不可移。"兴"字或释为"绳",而杨华解作"作乐起舞",指"天子急趋慢行,皆要合乎乐节",亦通。而且,下文"视侯量"所言即非具体事物。"侯",杨华训作惟[④];"量",曹建墩训为度,指度数。均可从。曹建墩又言:"由于天子的食仪与视容礼规多,故以总括性的'以仪'、'惟度'(相当于以度)来说明。"[⑤] 可见,"仪""度"

---

① 陈伟:《〈天子建州〉试读》,《新出楚简研读》,武汉:武汉大学出版社,2010年,第298页。

② 杨华:《上博简〈天子建州〉礼疏》,《古礼新研》,北京:商务印书馆,2012年,第432页。

③ 单育辰:《占毕随录之二》,简帛网,2007年7月28日,http://www.bsm.org.cn/show_article.php?id=676。

④ 杨华:《上博简〈天子建州〉礼疏》,《古礼新研》,北京:商务印书馆,2012年,第433页。

⑤ 见曹建墩:《战国竹书所见容礼考论》,彭林主编:《中国经学》第13辑,桂林:广西师范大学出版社,2014年。

均可释为总括性的抽象概念,与具体器物不同。

裘锡圭读"义"为"礼仪"之"仪",虽非针对"食以仪"一句而发,但实有所启发。窃谓此句之"义"当读为"礼仪"之"仪",即指仪式礼制而言。全句之意,即泛指天子饮食当合于礼仪,而非特指天子要适时饮食。

食,与坐、立、行、视等不同,并非一项简单的动作,而是较为复杂的礼制活动。无论是三食或是四食,都是针对《周礼·天官·膳夫》所谓"燕食"的规定,即日常饮食活动。燕食虽然也讲究礼制,但与饮食之礼相比,较为宽松随便。饮食之礼对礼仪的要求更为繁复严格,"食以仪"不当把饮食之礼排除在外。

先秦饮食之礼有三:飨礼、食礼、燕礼。飨重于食,食重于燕。言"食",不言"飨燕",举其中所以该上下。天子诸侯既序燕飨,则恐不拘泥于三食、四食之时。《小雅·湛露》首章"厌厌夜饮,不醉无归",二章"厌厌夜饮,在宗载考",其三、四两章不言夜饮者,孔疏曰:"首章言王燕诸侯,虽至于夜,留与饮燕,无问同姓异姓,皆不醉不归,是天子恩厚之义也。下三章乃分别说之。二章言同姓则成夜饮之礼,非同姓让之则止。三章言庶姓,卒章言二王之后,不得成其夜饮,故云善德、善仪,言其不至于醉也……天子燕诸侯之义备于此矣。不言异姓与三恪者,兄弟甥舅,礼虽不同,要夜饮之义,非宗不可,则异姓从庶姓礼也。三恪卑于二代,其亦在异姓中。"据此,则天子诸侯有夜饮之礼,而亲疏有别,此事亦当为"食以仪"题中之义。

《天子建州》此语后面又有"诸侯食同胎(状)"的说法,即谓诸侯饮食之状与天子略同。状,当释为形貌,《战国策·秦策五·濮阳人吕不韦贾于邯郸》"王后悦其状",高注:"状,皃。"《淮南子·修务训》"审于形者,不可遁以状",高注:"状,貌也。"《汉书·东方朔传》"妾无状",颜注:"状,形貌也。"可见并不特指饮食时间。

饮食之礼的涵盖面从食物饮品到饮食仪节,涉及广泛。《左传·僖公三十年》:"冬,王使周公阅来聘,飨有昌歜、白黑、形盐。辞曰:'国君,文足昭也,武可畏也,则有备物之飨,以象其德;荐五味,羞嘉谷,盐虎形,以献其功。吾何以堪之?'"食品讲究备物象德,蕴含着丰富的礼义。贾谊《新书·礼》记载:"昔周文王使太公望傅太子发。太子嗜鲍鱼,而太公弗与,曰:'礼,鲍鱼不登于俎,岂有非礼而可以养太子哉?'"食品不合礼制,则不可随便食用。是以《坊记》有言:"食礼:主人亲馈,则客祭;主人不亲馈,则客不祭。故君子苟无礼,虽美不食焉。"

饮食活动的意义不仅仅局限于饮食本身,更重要的在于通过饮食来践履礼制,以达到礼义。《礼记·乡饮酒义》曰:"祭荐,祭酒,敬礼也。啐肺,尝礼也。啐酒,成礼也。于席末,言是席之正,非专为饮食也,为行礼也。此所以贵礼而贱财也。卒觯,致实于西阶上,言是席之上,非专为饮食也,此先礼而后财之义也。先礼而后财,则民作敬让而不争矣。"祭荐、祭酒、啐酒、卒觯等行为本身都蕴含着礼义,并不"专为饮食"。就天子诸侯而言,尤其如此。天子诸侯饮食之礼往往和其他礼制融合在一起。《晏子春秋·内篇谏下·景公为泰吕成将以燕飨晏子谏第十二》载:

  景公为泰吕成,谓晏子曰:"吾欲与夫子燕。"对曰:"未祀先君而以燕,非礼也。"公曰:"何以礼为?"对曰:"夫礼者,民之纪,纪乱则民失,乱纪失民,危道也。"公曰:"善。"乃以祀焉。

齐景公只着眼于燕饮而不重视礼,引起了晏子的批评。吴则虞云:"飨在庙而燕在寝,凡飨皆先裸献而后燕食,是飨兼祭礼与燕礼也。燕于寝,主于尽欢。此云'泰吕成,景公谓晏子'云者,必景公在庙言之。庙非燕大夫之所,飨燕先祭,故晏子以非礼谏之。"①礼为人民的纲纪,所以王者即便在饮食之时也要有所体现,为民仪型,不能忽视。《小雅·楚茨》:"为宾为客,献酬交错。礼仪卒度,笑语卒获。"

《左传·昭公五年》薳启疆言"圣王务行礼","礼之至"中有"设机而不倚,爵盈而不饮。宴有好货,飨有陪鼎",都与饮食之礼有关。"设机而不倚,爵盈而不饮"是指饮食之礼的礼容,"宴有好货,飨有陪鼎"是指王侯饮食之礼的仪节。《小雅·宾之初筵》:"饮酒孔嘉,维其令仪。"饮食活动之所以要依照礼文化内涵制而行,就是要凸显饮食所蕴含的礼义。如果饮食之礼合乎法度仪节,其所蕴含的礼义也会彰显出来。《左传·成公十四年》卫宁殖说:"古之为享食也,以观威仪、省祸福也。"饮食之礼所蕴含的礼义,以其为飨礼、食礼、燕礼而有所区别。所以《左传·成公十二年》晋郤至聘楚,于"享宴之礼"有"享以训共俭,宴以示慈惠。共俭以行礼,而慈惠以布政。政以礼成,民是以息"的解释。享即飨礼,宴即燕礼。燕礼尤以和乐敦睦为重,《湛露》之诗,据《诗序》说是"天子燕诸侯也",郑笺即谓"诸侯朝觐会同,天子与之燕,所以示慈惠"。飨礼以训共俭为目的,规格更高,气氛更庄重,《国语·周语中》载周定王之言,谓"夫王公诸侯之有饫也,将以讲事成章,建大德、昭大物也……饫以显物,宴以合好……饮食可飨,和同可观,财用可嘉,则顺而德建",饫亦飨礼。饫以显物,即《左传·僖公

---

① 吴则虞:《晏子春秋集释》卷二,北京:中华书局,1982年,第124页。

三十年》所记"备物之飨",讲事成章、建德昭物,级别高于燕礼。

《天子建州》下文有"天子歆气,邦君食盬"等语,即是大飨礼的饮食礼规,为天子与诸侯以下贵族共食之礼[①]。其内容自然包含在"食以仪"一句之中。柳诒徵言:"周之饮食精备如此,而礼制即寓于其中。"[②]"食以仪"所反映的先秦饮食之礼的面貌与观念,与柳氏之说适相吻合。《天子建州》在两千多年前就道出了这一礼制的精髓。

---

① 曹建墩:《上博简〈天子建州〉与周代的飨礼》,《孔子研究》2012年第3期。
② 柳诒徵:《中国文化史》上册,北京:东方出版中心,1988年,第165页。

《仪礼》中所见宗人考略

卢庆辉

  作为"三礼"之一的《仪礼》蕴含丰富的先秦礼制史料,还因"以事为纪,而官因事见"①的节目编排,保存了许多珍贵的职官资料。詹子庆就指出《仪礼》"在中国古代制度史,尤其是礼制史的演剧中,其史料价值应占首席位置"②。将这些资料与其他文献如《左传》《国语》《周礼》等相关古代职官书籍相比较,不惟有助于了解周鲁各国贵族生活的一个侧面,还可以从中窥测中国古代职官的史影。清人胡匡衷《仪礼释官》一书在《仪礼》的职官研究方面为研究者做了很好的示范。蔡运章《宗人斧与西周官制》③则是从出土文献的角度论证洛阳北窑西周墓 M174 宗人斧的发现,为西周王室设宗伯之职提供了重要的实物佐证。此外杨天宇、谢乃和、买靳分别就《仪礼》所见的宰、各级贵族之臣僚、家臣做了较为详尽的论述。④因篇幅所限,本文仅聚焦于《仪礼》中的宗人,通过对《仪礼》和其他先秦传世文献的对比研究,参照西周金文和相关出土文献资料,勾稽出宗人的发展脉络,以期丰富对周代职官的认识。

一、诸侯之宗人

  礼在中国古代社会占有极其重要的地位,历代均设有专门的官员典守礼仪制度。礼官是周代职官之一大系统。《周礼·春官宗伯·叙官》载:"惟王建国,辨方正位,体国经野,设官分职,以为民极。乃立春官宗伯,使帅其

---

① 胡匡衷:《仪礼释官》之《例言》,《续修四库全书》,第 89 册,第 304 页。
② 詹子庆:《〈仪礼〉——古代贵族社会生活的一面镜子》,见氏著《古史拾零》,长春:东北师范大学出版社,2005 年,第 411 页。
③ 蔡运章:《宗人斧与西周官制》,《文物》1992 年第 12 期。
④ 杨天宇:《谈〈仪礼〉中的宰》,《郑州大学学报》1996 年第 5 期;谢乃和:《〈仪礼〉所见周代等级臣僚形态述论》,《东北师范大学学报》2011 年第 5 期;买靳:《试论〈仪礼〉中的家臣》,《赤峰学院学报(科学教育版)》2011 年第 11 期。

属而掌邦礼,以佐王和邦国。"①《周礼》将"春官宗伯"中的七十种职官,均列为"礼官之属",并规定其职掌。都宗人、家宗人即在其中。其文曰:"都宗人,上士二人,中士四人,府二人,史四人,胥四人,徒四十人。家宗人,如都宗人之数。都宗人,掌都祭祀之礼……家宗人,掌家祭祀之礼。"在《周礼》"春官宗伯"的礼官系统中,"都宗人"负责掌管"都"中各项礼仪之职官。"都"是指天子王畿内的采邑。王畿之内尚有大夫之采邑,其地称为"家"。"家宗人"则是掌管"家"中各项礼仪的职官。先秦时期"家"与"国"之间是一种相对的关系。孟子言:"人有恒言,皆曰'天下国家'。天下之本在国,国之本在家,家之根本在身。"赵岐注曰:"天下谓天子之所主,国谓诸侯之国,家谓卿大夫家。"②先秦所谓的"国礼",则是指天子及诸侯各国所行之礼仪,从王畿内诸侯之礼官——宗人可窥一斑。

有关诸侯之宗人的材料,仅见《仪礼·聘礼》一条。《聘礼》记诸侯国之间相互聘问之礼。其文曰:"宗人授次,次以帷,少退于君之次。"③《周礼·天官冢宰》之"掌次,掌王次之法,以待张事。"④案次即舍,用布帷或竹帘隔开的临时休息处所,王次即王者外出临时止息处。法,定制,指大小丈标尺数而言。要之,掌次负责帷幕的张设。当诸侯国迎接来聘的宾客时,宗人负责把供宾客用的次授给掌次,设次用的是帷布,为宾客设的次比为来朝的诸侯国君所设的次位置稍微靠后一些。此处的宗人即为诸侯掌礼之公臣。

清人胡匡衷《仪礼释官》卷四对此宗人多有论述,其文载:

> (宗人)掌礼之官,天子有大宗伯、小宗伯;诸侯以司马兼之。无宗伯,唯立宗人而已。《礼记·文王世子》云:"宗人授事"。《杂记》云:"宗人纳宾",是诸侯谓之宗人也。春秋时诸国皆不见有宗伯,而《左传》称鲁夏父弗忌为宗伯,似鲁独立宗伯之官然《鲁语》止云夏父弗忌为宗。韦注云:"宗,宗伯",盖以诸侯之宗人与《周礼》宗伯职掌同耳。弗忌云我为宗伯亦僭称。又云宗人夏父展哀二十四年传云,使宗人忧,夏献其礼。定四年传称,分鲁以祝宗卜史,杜氏解宗为宗人,则鲁无宗伯可知。郑注大宗伯及礼器引《左传》俱云夏父弗忌为宗人,

---

① 郑玄注,贾公彦疏:《周礼注疏》卷一七《春官宗伯》,北京:北京大学出版社,1999年,第432页。
② 赵岐注,孙奭疏:《孟子注疏》卷七上《离娄章句上》,第192—193页。
③ 郑玄注,贾公彦疏:《仪礼注疏》卷二四《聘礼》,第459页。
④ 郑玄注,贾公彦疏:《周礼注疏》卷一《天官冢宰》,第15页。

疑今本作宗伯者误也。周礼大宗伯卿、小宗伯中大夫、诸侯五大夫无小宗伯，则宗人不在大夫之列，当使士为之，但其职亦有大小。《难记》云："大夫之丧，大宗人相，小宗人命龟。"孔疏引皇氏云大小二宗并是其君之职，来为丧事，是以又谓宗人为大宗。《曾子问》云："大宰、大宗、大祝皆裨冕。少师奉子以衰。祝先，子从，宰、宗人从。"孔疏云："宗人即大宗"，又《祭统》云："大宗执璋瓒亚祼"是也。郑注文王世子云："宗人，掌礼及宗庙"，孔疏云："别言及宗庙，则宗庙之外，诸礼皆掌"。此云"宗人授次"，谓授管人张之。宗人之下又有宗有司，见《鲁语》，韦注云："'宗有司，宗官司事臣也'，盖府史之属。"[1]

由胡氏说可见，按周代官制，诸侯之宗人乃与周天子之大、小宗伯通职，诸侯本无宗人，以司马兼之。宗人作为掌礼之官，其下有司，乃府史之属。

《国语·鲁语》之《夏父展谏宗妇觌哀姜用币》载："哀姜至，大夫、宗妇觌用币。宗人夏父展曰：'非故也。'韦昭注：'宗人，宗伯也。宗伯主男女贽币之礼。'"[2]因币是诸侯觐见天子时所献之物，故而当鲁庄公的夫人哀姜来到鲁国，庄公命同宗大夫的妻子们带上玉、帛之类的礼物去拜见她。此时宗人夏父展据理力争，坚决反对此种违背先王礼制的事情发生，并声明男女所觌见之物的区别，以示尊卑不同的身份和等级。《大戴礼记·诸侯迁庙》载："成庙将迁之新庙，君前徙三日，齐。祝、宗人及从者皆齐；徙之日，君玄服，从者皆玄服……宗人摈举手曰：'有司其请升。'君升，祝奉币从在左……既事，宗人告事毕……宗人曰：'迁某庙事毕。'君曰：'诺。'宗人请就燕，君揖之乃退。"[3]可见宗人在诸侯将迁新庙时，不仅要致斋三日，还有玄服、赞请、告事毕、请就燕等事宜。正是通过这些有序的仪节以明"君臣之义"，达到君臣和谐，社会长治久安。

二、卿大夫之宗人

宗人作为卿大夫之家臣，主要见于《仪礼·少牢馈食礼》和《仪礼·有

---

[1] 胡匡衷：《仪礼释官》卷四《聘礼》"宗人附宗有司"，第365—366页。
[2] 徐元诰撰，王树民等点校：《国语集解》之《鲁语上第四》，北京：中华书局，2002年，第147页。
[3] 王聘珍撰，王文锦点校：《大戴礼记解诂》卷一〇《诸侯迁庙》，北京：中华书局，1983年，第198—203页。

司》若干条。《少牢馈食礼》主要记述卿大夫宗庙祭祀的礼仪,而《有司》则为《少牢馈食礼》的下篇。

依《少牢馈食礼》,卿大夫祭祀宗庙之前,家臣之主筮者通过占筮确定祭日后,"宗人命涤"为祭礼作准备。所谓"宗人命涤",即宗人命人洗涤祭器。《仪礼释官》案曰:"宗人如《周礼》家宗人之职……《周礼》都宗人掌都祭祀之礼,家宗人掌家祭祀之礼。大宗伯职曰宿眡涤濯。"[1]除此之外,待筮日后,宗人尚需向主人请示祭祀的具体日期。《少牢馈食礼》载:"宗人朝服北面,曰'请祭期。'主人曰:'比于子。'"即主人让宗人安排举行祭祀的时间。宗人曰:"旦明行事。"第二天,"宗人西面北上",在观察宰杀祭牲等事务准备齐全后,"宗人告备"。等牲肉煮熟盛于鼎中,并将鼎放于庙中后,"宗人遣宾就主人"[2]。即宗人让诸官就近主人将鼎中牲肉载于俎上。至行傧尸礼时,主人从异性宾中选择一充当"侑"的人。《仪礼·有司》载:"乃议侑于宾以异姓。宗人戒侑。"[3]由宗人把主人的选择告诉侑。"主人出迎尸,宗人摈。"即主人出庙门迎尸,宗人做摈者为主人相礼。待尸入庙门后,"宗人奉盘""奉匜水""奉箪巾",各向而立,分别为尸浇水盥手,抖动、传送、接回尸所用的巾。上述诸侯之宗人,属于诸侯之家臣。作为礼官,其职责主要是负责"命涤"、请祭期、助行傧尸礼、告备等职责,从始至终全力协助家主顺利完成祭祖任务。

宗人作为卿大夫之家臣,面对如此繁杂的祭祖礼仪程序,人数定不少。《周礼·春官宗伯》载:"都宗人,上士二人,中士四人,府二人,史四人,胥四人,徒四十人。家宗人,如都宗人之数。"可见,《周礼》都、家宗人上士、中士各六人,其下又有府史、胥徒之属。据此可知诸侯卿大夫之宗人当不在少数。

《公羊传·昭公十五年》载:"大夫闻君之丧,摄主而往。"何休注:"主,谓已主祭者。臣闻君之丧,义不可以不即行,故使兄弟若宗人摄行主事而往。不废祭者,古礼也。"[4]大夫闻主之丧,命兄弟携宗人代理主事,前去奔丧,此乃古礼也。可见宗人之重要地位。《墨子·迎敌祠》亦载:"祝、史、宗人告社,覆之以甑。"[5]即太祝、太史,宗人向社庙祭告,然后把祭品用作饭

---

[1] 胡匡衷:《仪礼释官》卷六《少牢馈食礼》"宗人命涤",第383页。
[2] 郑玄注,贾公彦疏:《仪礼注疏》卷四八《少牢馈食礼》,第901-912页。
[3] 郑玄注,贾公彦疏:《仪礼注疏》卷四九《有司》,第935-936页。
[4] 公羊寿传,何休解诂,徐彦疏:《春秋公羊传注疏》卷二三《昭公十五年》,北京:北京大学出版社,1999年,第504页。
[5] 孙诒让撰,孙启治点校:《墨子间诂》卷一五《迎敌祠》,北京:中华书局,2001年,第579页。

的陶器甑盖起来。《庄子·达生》还有祝宗人临牢说彘的故事。"祝宗人玄端以临牢策说彘,曰:'汝奚恶死?吾将三月豢汝,十日戒,三日齐,藉白茅,加汝肩尻乎雕俎之上,则汝为之乎?'为彘谋,曰不如食以糠糟而错之牢策之中,自为谋,则苟生有轩冕之尊,死得于豚楯之上、聚偻之中则为之。为彘谋则去之,自为谋则取之,所异彘者何也!"①此处庄周借祭祀之官祝宗人与猪的对话,讽刺贪图荣华非达生之道。

三、士之宗人

士作为先秦时期最低的贵族阶层,受禄田于卿大夫。天下有天子,诸侯有国,卿大夫有家。家是卿大夫统治的区域,担任家的官职的通常是士,称为家臣。除了卿大夫有家臣外,士亦有家臣,宗人即是一个。

《仪礼》中关于士之宗人的材料较多。因为士并没有封地,故只有家宗人。作为士举行冠礼要通过占筮的形式来选择吉日即"筮日"。《仪礼·士冠礼》载筮日仪式完成后,"宗人告事毕。"郑注:"有司主礼者"。贾公彦疏:"士虽无臣,亦有宗人掌礼,比于宗伯,故云'有司主礼者'。"②胡匡衷《仪礼释官》案:"掌礼之官,天子谓之宗伯;诸侯以下,通谓之宗人。《周礼》有都宗人、家宗人。《左传》晋范文子反自鄢,使其祝宗祈死。郑公孙黑肱有疾,召室老宗人立段。鲁叔孙昭子齐于其寝使祝宗祈死。《国语》鲁公父文伯之母欲室文伯,飨其宗老。韦注:宗,宗人,主礼乐者。楚屈到嗜芰,有疾,召其宗老而属之。韦注:宗老为宗人者。据此则大夫有宗人也。《周礼》都、家宗人皆王朝所置;诸侯、大夫之宗人,或自使其家臣为之士。虽卑亦当有家臣主礼事者,如大夫宗人之职。郑注文王世子云:宗人掌礼及宗庙乐。记曰宗祝辨乎宗庙之礼。"③

宗人作为掌礼之官,其职能在《仪礼·士丧礼》之"卜日"仪式中得以贯彻。《士丧礼》载:"卜日……族长莅卜,及宗人吉服立于门西,东面,南上。"待占者、卜人等准备就绪后,由"宗人告事具"。占卜前,"宗人受卜人龟,示高。莅卜受视,反之。宗人还,少退,受命。"即宗人从卜人手中接过龟,把龟甲高起的地方指给族长看。族长验视后还给宗人。宗人转身稍退,等待接收命卜卦。最终占卜的结果由宗人报告于族长和主人。因此

---

① 郭庆藩撰,王孝鱼点校:《庄子集释》卷七上《达生》,北京:中华书局,1961年,第648页。
② 郑玄注,贾公彦疏:《仪礼注疏》卷一《士冠礼》,第13—14页。
③ 胡匡衷:《仪礼释官》卷一《士冠礼》"宗人",第318页。

《士丧礼》载："宗人退，东面。乃旅占，卒。不释龟，告于莅卜与主人。"等所有"卜日"仪式完结后，"宗人告事毕"[①]。可见，"宗人礼官角色贯彻卜日仪节始终"。

《周官·春官》有大宗伯、小宗伯，诸侯以司马兼之，无宗伯而有宗人。《左氏传》云："夏父弗忌为宗伯"，说者谓鲁有宗伯之官。《礼记·杂记》载："大夫之丧，大宗人相，小宗人命龟，卜人作龟。"[②]大夫的丧事，大宗人辅佐主人行丧礼，小宗人告龟所要占卜的事项，卜人灼龟以出兆象。此处，二宗人皆大夫之私臣而助主人行礼事者，故皆曰宗人。宗人分大小，盖有尊卑之异。徐乾学《读礼通考》案曰："相，相主人礼也；命龟，告以所问事也；作龟，谓扬火灼之以出兆。刘彝曰：'大宗人或是都宗人，小宗人或是家宗人，掌邦家之礼者。'"[③]胡匡衷《仪礼释官》案："《杂记》'大夫之丧，大宗人相。小宗人命龟。'注卜葬及日也。疏皇氏云：'大小二宗，并是其君之职，来为丧事'。故《宗伯肆师》云：'凡卿大夫之丧，相其礼'。案此宗人命龟与彼通，而吉服疑亦公臣。若《士冠》、《特牲》诸篇之宗人则当为私臣矣。"[④]对此吴浩持有疑义。他在《十三经义疑》中指出"内注谓即大宗伯小宗伯。顾大夫之丧，似不当烦卿。贰按《周礼·天官》，凡诸大夫之丧，宰夫使其旅，率有司而治之。旅，冢宰之下士也。大贞则小宗伯命龟，重其事也。且大夫多矣，而宗伯不过二三人。（《春官》大宗伯一人，小宗伯二人）纵不惮烦，能徧及乎？《仪礼》士冠、士丧、特牲皆有宗人，此岂宗伯哉？《孔疏》引《肆师》，凡卿大夫之丧，相其礼。然肆师，下大夫非大宗伯也。职丧是上中下士，实主公卿大夫之丧。外注谓是都宗人、家宗人。《周礼》虽不言相，及命龟，然既正都礼，掌家礼则相，及命龟，固其职也。都谓王子弟所封及公卿所食邑，家谓大夫所食采邑，则以都家分大小亦可。又按《曲礼》大宗即宗伯，然无人字。《书》顾命上宗奉同瑁由阼阶，隮而宗人，不过奔走于其旁。则宗伯是上宗而非宗人明矣。"[⑤]

黄以周《礼书通故·职官礼通故》案："定四年《传》云'分鲁以祝宗卜史。'杜注解宗为宗人，明鲁止有宗人之官也。哀二十四年《传》云：'使宗人衅夏献其礼'，亦不称宗伯。且《国语》记此事亦止云'夏父弗忌为宗'，又云：'宗人夏父展'，郑注《大宗伯》及《礼器》引《左传》俱云：'夏父弗忌

[①] 郑玄注，贾公彦疏：《仪礼注疏》卷三七《士丧礼》，第717－720页。
[②] 郑玄注，孔颖达正义：《礼记正义》卷四〇《杂记上》，北京：北京大学出版社，1999年，第1165页。
[③] 徐乾学：《读礼通考》卷四五，文渊阁《四库全书》本第113册，第124页。
[④] 胡匡衷：《仪礼释官》卷五《士丧礼》"宗人"，第376页。
[⑤] 吴浩：《十三经义疑》卷五《礼记》，文渊阁《四库全书》本，第191册，第301页。

为宗人',则今本作宗伯字误也。胡氏《释官》云《周礼》大宗伯卿,小宗伯中大夫,诸侯五大夫无小宗伯,则宗人不在大夫之列,当使士为之,但其职亦有大小。《杂记》云:'大夫之丧,大宗人相,小宗人命龟。'皇侃云:'大小二宗并是其君之职,来为丧事,如司徒旅归四布是也。'孔疏因以为大小宗伯。刘执中疑为都宗人、家宗人。考《士冠礼》筮曰有宗人,郑注:'宗人有司主礼者'。《士丧礼》卜曰亦云:'族长莅卜,宗人命龟',郑注'族长有司掌族人亲疏者',则大夫之小宗人即宗人,其大宗人犹族长也。小宗人亦谓之宗有司。《鲁语》'宗有司'韦注:'宗官司事臣。'大宗人,其对宗有司言之也。"①

又如《仪礼·士虞礼》是士既葬其父母后返回殡宫而举行的安魂之礼。主人们及宾执事者着服就位后,"宗人即位于门西,东面,南上。宗人告有司具。"即宗人向主人报告说:"有司们将一切都准备齐全了。"接着是主人行拜宾礼,此时"宗人西阶前北面"。迎尸礼时,宾执事者为尸浇水盥收,"宗人授巾",即宗人把巾授给尸擦手。待尸升堂时,"宗人诏踊如初"②,即宗人像开始一样告诉主人踊。最后虞祭的礼仪完毕后,"宗人告事毕"③。

再如《仪礼·特牲馈食礼》乃士阶层祭其祖庙之礼,宗人于其中自有职事。如"筮日"之仪结束后,亦由"宗人告事毕。"选定代父祖受祭的尸后,需由宗人作为致辞的"傧"代主人进行宿尸、宿宾的仪式。宿宾后的第二天,宗人察看祭器是否洗干净和祭物是否准备齐全,然后向主人报告。《特牲馈食礼》载:"宗人升自西阶,视壶濯及豆笾,反降,东北面告濯具。宾出,主人出,皆复外位。宗人视牲,告充。雍正作豕。宗人举兽尾告备,举鼎鼏告絜。④请期……告事毕。"第二天清早,等主人及宾、兄弟、群执事等有司均就位后,"宗人告有司具",祭仪开始。整个活动宗人置身其中,"执币""授巾""赞祭""告祭胥""遣举奠及长兄弟盥"等全部仪节完成后,"宗人告事毕。"⑤这样,祭礼才算结束。要之,宗人作为掌礼之官,参与了从冠礼、丧礼到祭礼等反映士生命历程的各个重要阶段。

---

① 黄以周:《礼书通故》第三四,北京:中华书局,2007年,第1471—1472页。
② 胡匡衷案:"《周礼·小宗伯》职曰:'既葬,诏相丧祭之礼。注丧祭虞祔也。'又《肆师》职曰:'凡卿大夫之丧,相其礼。'然则此篇祝、宗人盖亦公臣舆。"见胡匡衷:《仪礼释官》卷五《士虞礼》"宗人",第380页。
③ 郑玄注,贾公彦疏:《仪礼注疏》卷四二《士虞礼》,第799—813页。
④ 胡匡衷案:"《周礼·大宗伯》职曰:'视涤濯';《小宗伯》职曰:'大祭祀,省牲,视涤濯。告时于王,告备于王。'"见胡匡衷:《仪礼释官》卷六《特牲馈食礼》"宗人",第381页。
⑤ 郑玄注,贾公彦疏:《仪礼注疏》卷四四《特牲馈食礼》,第842—885页。

四、宗人与宗伯

《汉书·郊祀志》载：

> 《洪范》八政，三曰祀。祀者，所以昭孝事祖，通神明也……使先圣之后，能知山川，敬于礼仪，明神之事者，以为祝；能知四时牺牲，坛场上下，氏姓所出者，以为宗。

应劭曰："上下，谓天地之属神也。氏姓，王族之别也。宗，大宗也。"臣瓒曰："宗，宗伯也。"师古曰："二说皆非也。祝，谓主祭之赞词者。积土为坛，平地为场。氏姓，谓神本所出，及见所当为主者也。宗，宗人，主神之列位尊卑者也。《春秋左氏传》曰'虢公使祝应宗区享神'也，又云'祝宗用马于四墉'，并非宗伯及大宗也。"① 可见历代学者对宗尚有不同的解释。应当说，臣瓒及颜师古说还是各有其支持者的。《春秋左传·襄公九年》载："祝宗用马于四墉，祀盘庚于西门之外。"杜预注："祝，大祝。宗，宗人。"孔颖达正义曰："《周礼》：'大祝掌六祝之辞，以事鬼神祇，祈福祥。''小宗伯掌建国之神位。'特牲、少牢，士大夫之祭祀也，皆宗人掌其事。然则诸是祭神，言辞大祝掌之，礼仪宗人掌之。故所有祭祀，皆祝、宗同行。此事别命祝、宗，使奉此祭，非乡正所为也。"② 《春秋左传·定公四年》载："祝、宗、卜、史，备物，典策，官司、彝器。正义曰：祝、宗，接神之官，大卜主卜，大史主书，与此四等官人，使之将归于鲁也。"③ 《尚书·顾命》载："上宗曰'飨！'。太保受同，降，盥以异同，秉璋以酢。授宗人同，拜，王答拜。太保受同，祭，哜，宅，授宗人同，拜，王答拜。太保降，收。诸侯出庙门俟。"孔安国传："宗人，小宗伯，佐大宗伯。太宗供王，宗人供太保。"④ 又如前述，"宗人夏父展谏宗妇觌哀姜用币"，韦昭注："宗人，宗伯也。宗伯主男女贽币之礼。"《春秋左传注·成公十七年》载："晋范文子反自鄢陵，使其祝宗祈死。"杨伯峻注："祝宗疑是

---

① 《汉书》卷二五《郊祀志》，北京：中华书局，1962年，第1189—1190页。
② 左丘明传，杜预注，孔颖达正义：《春秋左传正义》卷三一《襄公九年》，北京：北京大学出版社，1999年，第865—866页。
③ 左丘明传，杜预注，孔颖达正义：《春秋左传正义》卷五四《定公四年》，第1546页。
④ 孔安国传，孔颖达疏：《尚书正义》卷一八《顾命》，北京：北京大学出版社，1999年，第513页。

祝史之长……此与昭二十五年传可证。"①

吴浩《十三经义疑·周礼》"宗人"条指出"《周礼》'乃立春官宗伯',注郑司农引'夏父弗忌为宗人'。按《春秋内传》本作'宗伯',《外传·鲁语》弗忌曰'我为宗伯',宗人虽亦掌礼之官,但位卑权轻,能擅为逆祀欤?"②《四库全书总目》考宗人之名,认为吴浩以宗人为位卑权轻,是将卿大夫之宗人与天子、诸侯之宗人混为一谈,考核颇疏。

> 今考宗人之名,通於上下。《左传·哀公二十四年》:"使宗人衅夏献其立夫人之礼。对曰:无之。公怒曰:汝为宗司。"尊之曰"宗司",是非卑位矣。又《文王世子》"公族其在宗庙之中,则如外朝之位。宗人授事,以爵以官。"《注》:"宗人掌礼及宗庙。"与郑氏《周礼·大宗伯注》"宗官典国之礼与其祭祀"合。又《大戴礼·诸侯迁庙》"齐,祝、宗人及从者皆齐,宗人摈。"与《周礼·大宗伯职》掌王之傧相合。郑注宗伯为宗人,盖即据此。此天子、诸侯之宗人也。《鲁语》:"公父文伯之母欲室文伯,飨其宗老。"韦昭《注》:"宗,宗人。"《晋语》:"范文子谓其宗祝。"韦昭《注》亦曰:"宗,宗人。"此卿大夫之宗人也。浩以宗人为位卑权轻,是以卿大夫之宗人与天子、诸侯之宗人合为一也,考核颇疏。③

此外,如《国语·楚语下》载:"祀所以昭孝息民、抚国家、定百姓也,不可以已……天子遍祀群神品物,诸侯祀天地、三辰及其土之山川,卿、大夫祀其礼,士、庶人不过其祖……国于是乎蒸尝,家于是乎尝祀,百姓夫妇……虔其宗祝,道其顺辞,以昭祀其先祖……上所以教民虔也,下所以昭事上也。"④按韦昭注:"宗,主祭祀。祝,主祝祈。"谢乃和认为宗祝是为上古各级贵族掌管宗教礼仪事务的职官,宗人为神职类职官之长,统辖祝史等宗有司⑤。

---

① 杨伯峻编著:《春秋左传注》,北京:中华书局,1981年,第897页。又《春秋左传注·昭公二十五年》载:"十月辛酉,昭子齐于其寝,使祝宗祈死。"杨伯峻编著:《春秋左传注》,第1466页。
② 吴浩:《十三经义疑》卷六《周礼》,文渊阁《四库全书》本第191册,第316页。
③ 永瑢:《四库全书总目》卷三三《经部·五经总义类》,北京:中华书局,1965年,第277页。
④ 徐元诰撰,王树民等点校:《国语集解》之《楚语下》,北京:中华书局,2002年,第518—519页。
⑤ 谢乃和:《古代社会与政治——周代的政体及其变迁》,哈尔滨:黑龙江人民出版社,2011年,第102—103页。

宗伯在周官为六卿之一,在金文仅见于齐侯壶。其文曰:

齐侯女虩粦丧其斷,齐侯命大子乘驲来敂宗伯,听命于天子。①

齐侯之女的丧事,齐侯本应不成服,而其竟自愿期服,这是逾礼的行为,因此齐侯特命太子赶赴王都,试图通过掌礼的大宗伯向周天子请示。斯维至在《两周金文所见职官职掌表》中认为此宗伯"其职掌与周代颇合,然其名于春秋中叶之器始一见,可证《周礼》确。"②徐宗元案:"考宗伯在周官有大小之分,无惟以宗伯称者;其惟以宗伯称者,为尚书之周官。其言曰:'宗伯掌邦礼,治神人,和上下'。按其职权,实即周官之大宗伯也……上器惟曰宗伯,为大为小,固云莫定;然云:'齐侯命太子乘驲来敂宗伯',其位既为齐侯所推重,其非中大夫而为卿也,已可想见。"③宗伯在《周官》为六卿之一,在金文仅齐侯壶一见;然考其意义,似即《周官》之宗伯。李学勤先生认为:"其铭文记载齐国的国君遇到有关丧礼的问题,命人前往周朝,请问朝中的宗伯,得到宗伯的指示,才遵命成礼。这证明当时确有宗伯这个官职在管理礼制。"④考其意义,此"宗伯"当为周官之大宗伯。

又1964年秋,洛阳北窑西周贵族墓地发掘一座编号M174的西周早期大型墓葬,出土了40余件珍贵文物,其中1件为青铜斧,斧身一面铸有阴文"宗人甬"3字。蔡运章先生认为"甬"通作"用",故而"宗人用"当是"宗人用斧"之省,其为西周王室设有宗伯之职提供了重要作证。⑤

高明士先生将先秦时期的礼说,归结为礼之义、礼之仪、礼之制三个方面。《礼记·郊特牲》曰"礼之所尊,尊其义也。失其义,陈其数,祝史之事也。"所谓"数"就是礼之仪。如果只讲究礼之仪,而不知礼之义,那是"祝史之事也"。⑥宗人接掌祭祀,"接神之官",主神之列位,"摄行主事"。西周实行宗法制,宗伯是王朝的重要职官,而春秋时期只有鲁国设有宗伯,其职掌是祭祀时掌神主位置的排列,其他侯国只设宗人,为国君掌管祭祀,并向

---

① 陈佩芬:《夏商周青铜器研究·东周篇(上册)》,上海:上海古籍出版社,2004年,第177页。此段引文采自李学勤:《齐侯壶的年代与史事》,《中华文史论丛》2006年第2期。
② 斯维至:《两周金文所见职官考》,《中国文化研究汇刊》第7卷,1947年。
③ 徐宗元:《金文中所见官名考》,《福建师范学院学报》1957年第2期。
④ 李学勤:《礼制与礼学》,见氏著《失落的文明》,上海:上海文艺出版社,1997年,第120页。
⑤ 蔡运章:《宗人斧与西周官制》,《文物》1992年第12期。
⑥ 高明士:《中国中古礼律综论:法文化的定型》,台北:元照出版有限公司,2014年,第11—12页。

神灵祷告,所以有"祝宗"之称,地位不很高。① 尽管名称释义尚不能与宗伯划等号,但从职能上看,宗人与宗伯所行"祝史之事",应是大致相同。

五、结语

细绎之,《仪礼》中的宗人所涉含括诸侯、卿大夫、士等不同等级贵族,尽管他们的尊卑不同,但其职掌则基本相同:都具有为其主"命涤""请期""纳宾""授次""戒侑""告备""道顺辞"等有关宗庙祭祀及其他礼仪职能。《仪礼》中有关宗人的记载尽管比较零散,但也可从一个面向丰富我们对周代宗人的认识,对深入探讨先秦职官的建置与职掌,是大有裨益的。随着周王室权力崩解,诸侯国内代表诸侯政权的"国"与代表卿大夫政权的"家"二者形成分立的局面,公私分际重新进行定义与建构。宗人、宗伯等职官地位的下降,正是朝政治事官与宫廷内官逐渐分职的结果②,最终对秦汉魏晋南北朝时期的宗正、宗师等职官产生一定影响。③

---

① 陈茂同:《中国历代职官沿革史》,天津:百花文艺出版社,2005年,第34页。
② 张文昌:《中国中古家礼的编纂与发展》,《东吴历史学报》2010年第23期,第11—19页;陈茂同:《中国历代职官沿革史》,第34页。
③ 可参周一良:《魏晋南北朝史札记·〈魏书〉札记》"宗师",北京:中华书局,1985年,第330—331页;陈戍国:《中国礼制史·魏晋南北朝卷》,长沙:湖南教育出版社,2011年,第88页。

"威德"与秦之兴亡

巴晓津

秦之兴亡问题,是研究秦汉历史不可回避的重大问题,向来得到学术界的特别关注,相关研究成果丰硕。然而,从根植于秦之文化深层的核心价值观念这一层面出发,探讨秦之兴亡的论作迄今尚不多见。本文正是以秦之核心价值观念"威德"作为研究问题的切入点,将"威德"与秦之皇权政治的兴衰成败结合起来,进行互动研究的一个初步尝试。

一

秦朝是我国历史上第一个统一的专制主义中央集权制度的封建王朝。秦始皇雄才大略,他统一天下后,不仅创建了皇帝制度,建立了中央层面的三公九卿制和地方上的郡县制,而且统一货币、统一度量衡和车轨,在思想文化方面又实行了书同文和加强思想统一等巩固措施。秦始皇在政治、经济、文化等方面所创立的一系列政策和制度不仅在当时意义重大,其对后世影响也极为深远,而且这也使得秦王朝成为当时世界上独一无二的强大国家。

正是由于秦始皇的雄才大略,使其威震天下。秦始皇曾置酒咸阳宫,有博士七十人前来为其祝寿。仆射周青臣进颂曰:"他时秦地不过千里,赖陛下神灵明圣,平定海内,放逐蛮夷,日月所照,莫不宾服。以诸侯为郡县,人人自安乐,无战争之患,传之万世。自上古不及陛下威德。"[1]周青臣赞颂秦始皇的丰功伟绩和天下无双时用的是"威德"一词。而此处的"威德"显然是指秦始皇平定关东六国,统一天下,使海内折服的威力、威风及气势。

---

[1] 《史记》卷六《秦始皇本纪》,北京:中华书局,1959年,第254页。

实际上，如果我们通观《史记·秦始皇本纪》，就会发现其中用"威"来形容秦始皇的语句多次出现，如：

> 皇帝哀众，遂发讨师，奋扬武德。义诛信行，威燀旁达，莫不宾服。
> 武威旁畅，振动四极，禽灭六王。
> 皇帝奋威，德并诸侯，初一泰平。
> 义威诛之，殄熄暴悖，乱贼灭亡。
> 及至秦王，续六世之余烈，振长策而御宇内，吞二周而亡诸侯，履至尊而制六合，执棰拊以鞭笞天下，威振四海。
> 盖得圣人之威，河神授图，据狼、狐，蹈参、伐，佐政驱除，距之称始皇。
> 秦王既没，余威振于殊俗。
> 二世与赵高谋曰："朕年少，初即位，黔首未集附。先帝巡行郡县，以示彊，威服海内。今晏然不巡行，即见弱，毋以臣畜天下。"①

根据《说文解字注》中对"威"的解释："威，从女古声。威姑也。"同书段玉裁注："引伸为有威可畏。"② 根据《辞海》中对"威"的解释，"威"也有威力、威风、威严、尊严、可怕、震惊以及刑罚等含义③。通过归纳上述《秦始皇本纪》中有关始皇"威"的材料，我们可以十分清晰地看到，这些材料无不在强调秦始皇不可一世的威风、威武、气势及震慑力。特别是其中的"奋扬武德""威燀旁达""武威旁畅""皇帝奋威""义威诛之""威振四海""威服海内""余威振于殊俗"等材料将"威"与"武德""武威""奋威""威燀"等结合起来使用，可见这的确与《说文解字》及《辞海》中对"威"的解释十分契合。此外，还有一点值得我们注意，以上材料中的前四条其实都是秦始皇巡游各地、刻石立碑歌颂秦德的碑文内容，而这些碑文也尽是对其兼并六国，平定海内，统一天下之威武气势的宣扬和赞颂。如果我们再结合秦始皇得意于自己平定天下之威力和功德，要求群臣为其议帝号的材料："寡人以眇眇之身，兴兵诛暴乱，赖宗庙之灵，六王咸伏其辜，天下大定。今名号不更，无以称成功，传后世。其议帝号。"④ 我们即可推断，"威"不仅是秦始皇自己所特别推崇、认同的，而且其确实与秦德有着

---

① 《史记》卷六《秦始皇本纪》，第 249、250、252、261、280、291、281、267 页。
② 许慎撰，段玉裁注：《说文解字注》，北京：中华书局，2013 年，第 615 页。
③ 《辞海》编辑委员会：《辞海》，第 1756—1757 页。
④ 《史记》卷六《秦始皇本纪》，第 236 页。

密切的联系,"威德"应当就是秦德的本质内容。

此外,对于秦始皇"威"之特点的强调不仅仅充斥在《史记·秦始皇本纪》篇中,历史上的其他一些政治家、思想家或是文人墨客,在谈到秦始皇时,也无不对始皇之"威"多有提及。据《史记·李斯列传》云:"(斯)辞于荀卿曰:'斯闻得时无怠,今万乘方争时,游者主事。今秦王欲吞天下,称帝而治,此布衣驰骛之时而游说者之秋也。'"①此段材料中虽不含"威"字,但李斯所称"秦王欲吞天下,称帝而治"之语句已将秦王唯我独尊,目空一切的威猛之势展现得淋漓尽致。魏国大梁人尉缭,曾为秦的兼并六国、一统天下立下汗马功劳。他虽被秦王赏识嘉奖,但擅长相面占卜的他却曾多次逃离秦国,究其缘由,就是因为尉缭认为:"秦王为人,蜂准,长目,挚鸟膺,豺声,少恩而虎狼心,居约易出人下,得志亦轻食人。我布衣,然见我常身自下我。诚使秦王得志于天下,天下皆为虏矣。不可与久游。"②可见秦王之"威"在其面相、行止及性格上也有充分的体现。另外,西汉政治家主父偃在给汉武帝上的奏疏中曾提及秦始皇,其中也突出了始皇之"威"。他说:"秦皇帝任战胜之威,蚕食天下,并吞战国,海内为一,功齐三代。"(《汉书·主父偃传》)就连唐代大诗人李白在其《古风诗》中也以"秦王扫六合,虎视何雄哉!挥剑决浮云,诸侯尽西来"③的诗句栩栩如生地刻画和彰显了秦王威风凛凛,傲视群雄的威力和气势。

不仅如此,秦之尚威的特点还体现在其识人、用人等方面。除重用商鞅、李斯等崇尚刑名法术的法家代表人物外,法家思想的集大成者韩非子,同样得到了秦王特别的赏识和器重。韩非子的思想观念实际多重法术,与传统儒家思想大相径庭,甚至南辕北辙。他十分强调严刑重罚的治国理民之策,提出要"废先王之教"④、主张"以法为教、以吏为师"⑤,特别是在对待儒家传统孝道观念时,韩非子的思想言论则表现得更为极端,他单独撰写《忠孝》⑥一篇,用以对其进行批判,而这也正如太史公对韩非子的评价:"韩子引绳墨,切事情,明是非,其极惨礉少恩。"⑦由此可见法儒二家在基本价值观念上之悬殊差异。

然而,正是韩非子的这种与传统儒家思想背道而驰,极力倡导重威严

---

① 《史记》卷八七《李斯列传》,第2539页。
② 《史记》卷六《秦始皇本纪》,第230页。
③ 李白:《李太白全集》,北京:中华书局,1998年,第92页。
④ 王先慎:《韩非子集解》卷一七《问田》,北京:中华书局,2003年,第396页。
⑤ 王先慎:《韩非子集解》卷一九《五蠹》,第452页。
⑥ 王先慎:《韩非子集解》卷二〇《忠孝》,第465页。
⑦ 《史记》卷六三《韩非列传》,第2156页。

法的思想观念却得到了秦的格外推崇,特别是由韩非子所作之《孤愤》《五蠹》等篇目均得到了秦王嬴政的高度赞赏。据《史记·韩非列传》记载:"秦王见孤愤、五蠹之书,曰:'嗟乎,寡人得见此人与之游,死不恨矣!'"[①]由此我们即可看出,韩非子的法家思想与秦所崇尚的,以"威德"为核心的治国理念是如此之一拍即合。

根据以上的考察,可见"威"的确与秦始皇之间存在着千丝万缕的联系。《史记·秦始皇本纪》云:"(始皇)盖得圣人之威,河神授图,据狼、狐,蹈参、伐,佐政驱除,距之称始皇。"[②]根据《正义》对其的解释:"言始皇之威,能吞并天下称帝,疑得圣人之威灵,河神之图录。"[③]我们便可推断,以尚威重法为特点的"威德"其实正是指导并引领着秦能够最终兼并六国、统一天下,建构起中国历史上第一个大一统的皇帝制国家的核心价值观念无疑。

如果我们再结合秦始皇根据五行终始循环之顺序定秦朝为水德的材料,"始皇推终始五德之传,以为周得火德,秦代周德,从所不胜。方今水德之始,改年始,朝贺皆自十月朔。衣服旄旌节旗皆上黑。数以六为纪,符、法冠皆六寸,而舆六尺,六尺为步,乘六马。更名河曰德水,以为水德之始。刚毅戾深,事皆决于法,刻削毋仁恩和义,然后合五德之数。于是急法,久者不赦。"[④]和《史记·秦始皇本纪》之《索引》云:"水主阴,阴刑杀,故急法刻削,以合五德之数"[⑤]的材料,我们就可以进一步确定,一反周之崇孝尚礼之主流价值观念,强调"以法为教,以吏为师"的尚威重法的价值理念,以及由此所形成的,以"威德"为核心的政治模式正是秦所推崇和奉行的治理天下的基本政治模式。

综上所述,可见秦之核心价值观念"威德"实际具有两层涵义:其一,是指秦始皇兼并六国、统一天下的开拓之功,及其所表现出的,令海内折服的威风、威武、气势及震慑力。其二,是指秦始皇治理天下时所采取的尚威严法、多欲寡恩的暴虐政治。其实"威德"并不是秦始皇的专利,它是秦人以功利主义为特征的秦文化的必然产物,而秦始皇历史地成为集大成者。

---

① 《史记》卷六三《韩非列传》,第 2155 页。
② 《史记》卷六《秦始皇本纪》,第 291 页。
③ 《史记》卷六《秦始皇本纪》,第 292 页。
④ 《史记》卷六《秦始皇本纪》,第 237—238 页。
⑤ 《史记》卷六《秦始皇本纪》,第 238 页。

二

秦之核心价值观念"威德"在指导秦人的社会实践中的作用到底如何呢？这是需要认真考察的。汉初著名政治家、思想家贾谊所提出的"仁义不施而攻守之势异也"①，实际正是对强秦速亡原因的正确总结。笔者以为"仁义不施"恰恰切中了秦文化的要害，说明了秦文化中最缺失的东西。而秦文化的这一基本特征则集中体现在秦人的基本价值观念"威德"上。"攻守之势异也"则提示我们秦文化在打天下和坐天下时所发挥的截然相反的作用。下文中，我们就以秦之核心价值观念"威德"作为探讨问题的切入点，分别从秦之争夺天下与治理天下两个不同的历史阶段来论析"威德"与秦之兴亡之间的互动关系。

首先，在秦争夺天下的历史阶段，崇尚"威德"，确实给秦的发展发迹注入了一股强劲的活力，使其无往而不胜。如果我们细览史籍，向前追溯秦自西周春秋以来，从不被东方诸国放在眼中的"蛮夷戎狄"之异族、异类，到忝列诸侯，逐渐兴起，成为战国七雄之一，再到其不断发展壮大，称霸群雄，并最终灭掉关东六国，统一天下的历史过程，就会发现"威德"在其中所发挥的无形作用。贾谊《过秦论》叙述的"秦孝公据崤函之固，拥雍州之地，君臣固守以窥周室，有席卷天下，包举宇内，囊括四海之意，并吞八荒之心。当是时也，商君佐之，内立法度，务耕织，修守战之具；外连衡而斗诸侯。于是秦人拱手而取河西之外"②的材料已然将秦用商鞅改革图强，雄心勃勃、目空一切，欲吞并天下之野心和威猛气势刻画得惟妙惟肖。秦孝公在精神和心理状态上所显露出来的"威"，也为我们暗示了秦定要称霸群雄、一统天下的威力和决心。

弱秦变强，首推商鞅变法的成功，这也正如《史记·商君列传》所云："（商鞅变法）行之十年，秦民大说，道不拾遗，山无盗贼，家给人足。民勇于公战，怯于私斗，乡邑大治。"然而商鞅变法的内容无不充斥着以"威德"为指导核心的尚威严法的改革图强之计。根据《史记·商君列传》的记载，商鞅变法，颁布法令如下：

> 令民为什伍，而相牧司连坐。不告奸者腰斩，告奸者与斩敌首同赏，匿奸者与降敌同罚。民有二男以上不分异者，倍其赋。有军功者，

---

① 阎振益、钟夏：《新书校注》卷一《过秦下》，北京：中华书局，2000年，第3页。
② 阎振益、钟夏：《新书校注》卷一《过秦下》，第1页。

各以率受上爵;为私斗者,各以轻重被刑大小。僇力本业,耕织致粟帛多者复其身。事末利及怠而贫者,举以为收孥。宗室非有军功论,不得为属籍。明尊卑爵秩等级,各以差次名田宅,臣妾衣服以家次。有功者显荣,无功者虽富无所芬华。①

由此可见商鞅变法所推行的什伍连坐法、奖励奋勇杀敌的军功爵制以及奖励耕织等一系列法令确实是以"威德"为核心的治国理念指导下所派生出的产物。《汉书·刑法志》曰:"秦用商鞅,连相坐之法,造参夷之诛;增加肉刑、大辟,有凿颠、抽胁、镬亨之刑。"②同书又云:"秦人,其生民也狭厄,其使民也酷烈。劫之以势,隐之以厄,狃之以赏庆,道之以刑罚,使其民所以要利于上者,非战无由也。功赏相长,五甲首而隶五家,是最为有数,故能四世有胜于天下。"③这些都进一步证明了秦正是以尚威重法的政治模式治理人民,经营自己,获取天下无疑。

不仅如此,如果我们仔细阅读上述史料,还会发现商鞅所颁布的这一系列法令,无不是围绕着贯彻落实耕战政策展开的。其中"有军功者,各以率受上爵""宗室非有军功论,不得为属籍""有功者显荣,无功者虽富无所芬华""僇力本业,耕织致粟帛多者复其身",以及"事末利及怠而贫者,举以为收孥"等法令一目了然,是奖励军功、重农抑商和大力鼓励农耕生产的具体体现。商鞅所提出的"民有二男以上不分异者,倍其赋"之法令实际是要通过增加国家所控制的编户齐民的数量,征收更多的赋税,充实国库,以备战时之需。即便是"令民为什伍,而相牧司连坐。不告奸者腰斩,告奸者与斩敌首同赏,匿奸者与降敌同罚"的什伍连坐法其实也是商鞅要用严刑酷法的方式把小农牢牢地固定在土地上,让他们致力于农业生产,安土重迁,成为争霸战争所需物质资料的稳定供给来源。

实际上,也正是由于商鞅所强调和实施的,以"威德"为核心的,以奖励耕战为基础的一系列改革图强之计,使秦在政治、经济上得到了迅速的巩固和发展,一跃成为其他诸侯畏惧的强国,并为此后的一统天下奠定了坚实的基础。由此可见,"威德"在促进秦的富国强兵方面所发挥的积极作用。

秦始皇兼并六国、平定海内,建立了大一统的封建王朝之后,朝中大臣纷纷歌功颂德,这正如《史记·秦始皇本纪》所载:

---

① 《史记》卷六八《商君列传》,第 2230 页。
② 《汉书》卷二三《刑法志》,第 1096 页。
③ 《汉书》卷二三《刑法志》,第 1086 页。

丞相绾、御史大夫劫、廷尉斯等皆曰："昔者五帝地方千里,其外侯服夷服诸侯或朝或否,天子不能制。今陛下兴义兵,诛残贼,平定天下,海内为郡县,法令由一统,自上古以来未尝有,五帝所不及。臣等谨与博士议曰:'古有天皇,有地皇,有泰皇,泰皇最贵。'臣等昧死上尊号,王为'泰皇'。命为'制',令为'诏',天子自称曰'朕'。"

维秦王兼有天下,立名为皇帝,乃抚东土,至于琅邪。列侯武城侯王离、列侯通武侯王贲、伦侯建成侯赵亥、伦侯昌武侯成、伦侯武信侯冯毋择,以及丞相隗林、丞相王绾,卿李斯、卿王戊、五大夫赵婴、五大夫杨樛从,与议于海上。曰:"古之帝者,地不过千里,诸侯各守其封域,或朝或否,相侵暴乱,残伐不止,犹刻金石,以自为纪。古之五帝三王,知教不同,法度不明,假威鬼神,以欺远方,实不称名,故不久长。其身未殁,诸侯倍叛,法令不行。今皇帝并一海内,以为郡县,天下和平。昭明宗庙,体道行德,尊号大成。群臣相与诵皇帝功德,刻于金石,以为表经。"①

根据上述两条材料,我们分明看到,无论是第一条材料中群臣商议为秦始皇定帝号,还是第二条材料中群臣随秦始皇巡游至琅邪山,商讨、评议始皇的功德,决定为其刻石立碑,无不是围绕着秦始皇超越古之帝王、平定战乱、造福海内,建立起大一统皇帝制国家的"威德"进行赞颂和宣扬,而这也正与我们前文所述仆射周青臣为秦始皇祝寿时所颂扬始皇"自上古不及陛下威德"的内容如出一辙。

同样的,在秦始皇巡游各地,刻石立碑的碑文中,以"皇帝之德,存定四极。诛乱除害,兴利致福……黔首安宁,不用兵革。六亲相保,终无寇贼。骧欣奉教,尽知法式。六合之内,皇帝之土……人迹所至,无不臣者。功盖五帝,泽及牛马。莫不受德,各安其宇"②等内容歌颂秦始皇统一天下之"威德"的碑文也比比皆是。由于篇幅所限,这里不能具体罗列,现将内容类似的碑文归纳如下:二十八年,秦始皇在梁父山祭地神的碑文;二十九年,秦始皇东游,登上之罘山,刻石立碑之碑文;秦始皇在东观刻石立碑之碑文;三十二年,秦始皇到碣石,刻石立碑之碑文;三十七年,秦始皇登上会稽山,祭祀大禹时,刻石立碑之碑文等。由此可见秦始皇兼并六国、统一天下之"威德"确是使天下臣民折服,并得到他们拥护和赞颂的。

---

① 《史记》卷六《秦始皇本纪》,第 236、246－247 页。
② 《史记》卷六《秦始皇本纪》,第 245 页。

35

然而，当秦统一天下之后，在饱经战乱之苦的社会各阶层都亟待休养生息之时，秦始皇却仍旧"其道不易，其政不改"①，继续推行其在争夺天下时所贯彻实施的，以"威德"为核心的尚威重法的治国理念。这正如《史记·秦始皇本纪》所载："秦王怀贪鄙之心，行自奋之智，不信功臣，不亲士民，废王道，立私权，禁文书而酷刑法，先诈力而后仁义，以暴虐为天下始。"②不仅如此，秦始皇还穷奢极欲，大兴土木，耗费大量人力物力修建规模庞大的阿房宫、骊山陵，又北击匈奴、征伐岭南、修筑长城和驰道，征调当时民力的十分之一，同时执法也极其严苛，动辄死罪，且无所限制地横征暴敛，不断加重小民的赋役负担，使得"力役三十倍于古；田租口赋，盐铁之利，二十倍于古。"③这一切都给人民的生产生活带来了无尽的灾难，使得天下百姓苦不堪言、无路可走。这也正如曾为秦始皇寻找长生不老仙药的卢生对始皇所云：

  臣等求芝奇药仙者常弗遇，类物有害之者……今上治天下，未能恬倓。愿上所居宫毋令人知，然后不死之药殆可得也。④

可见，在卢生看来，他不能采到仙药的主要原因其实就是秦始皇治理天下，没有做到清静无为。也就是说，卢生其实对于秦始皇尚威重法的多欲政治是极度不满的。然而，这里需要指出的是，卢生的这种观点并不仅仅是他个人的一己之见，而是代表和影射了当时社会中各阶层人士的一致看法，据《史记·秦始皇本纪》载：

  侯生卢生相与谋曰："始皇为人，天性刚戾自用，起诸侯，并天下，意得欲从，以为自古莫及己。专任狱吏，狱吏得亲幸。博士虽七十人，特备员弗用。丞相诸大臣皆受成事，倚辨於上。上乐以刑杀为威，天下畏罪持禄，莫敢尽忠。上不闻过而日骄，下慑伏谩欺以取容。秦法，不得兼方不验，辄死。然候星气者至三百人，皆良士，畏忌讳谀，不敢端言其过。天下之事无小大皆决於上，上至以衡石量书，日夜有呈，不中呈不得休息。贪于权势至如此，未可为求仙药。"
  三十六年，荧惑守心。有坠星下东郡，至地为石，黔首或刻其石曰

---

① 《史记》卷六《秦始皇本纪》，第283页。
② 《史记》卷六《秦始皇本纪》，第283页。
③ 《汉书》卷二四上《食货志》，第1137页。
④ 《史记》卷六《秦始皇本纪》，第257页。

"始皇帝死而地分"。始皇闻之,遣御史逐问,莫服,尽取石旁居人诛之,因燔销其石。①

根据上述两条材料,我们可以十分清晰地看到无论是士人知识分子阶层,抑或天下百姓,实际都已对秦始皇之严刑重法,施政无道之"威"感到厌恶、痛恨之极了。不然侯生、卢生也不会不愿为秦始皇寻找仙药,出走逃亡;天下百姓也不会在石头上刻写"始皇帝死而地分",遭到诛杀。不仅如此,我们看到实际就连天象上也显示出了预示着帝王有灾的"荧惑守心"的不祥预兆。由此可见,尚威重法之"威德"在治理天下时是行不通的。

秦始皇死后,秦二世胡亥继位。二世即位后,面对秦之弊政,不但不知悔改,反而重蹈覆辙,继续以尚威严法的"威德"来治理天下。这正如《史记·秦始皇本纪》所载:

二世与赵高谋曰:"朕年少,初即位,黔首未集附。先帝巡行郡县,以示彊,威服海内。今晏然不巡行,即见弱,毋以臣畜天下。"

(二世)乃阴与赵高谋曰:"大臣不服,官吏尚彊,及诸公子必与我争,为之奈何?"高曰:"……今上出,不因此时案郡县守尉有罪者诛之,上以振威天下,下以除去上生平所不可者。今时不师文而决於武力,愿陛下遂从时毋疑,即群臣不及谋。明主收举余民,贱者贵之,贫者富之,远者近之,则上下集而国安矣。"②

根据上述两条材料,特别是其中秦二世与赵高商议,要学习其父秦始皇,以巡行的方式"威服海内",以诛杀和武力的方式"振威天下"等含有"威"的材料,我们分明看到了秦始皇时代所崇尚的以"威德"为核心、尚威重法的治国理念的历史重现。

不仅如此,秦二世与秦始皇相比,在贯彻实行尚威重法的"威德"方面确是有过之而无不及,二世不但"重之以无道,坏宗庙与民,更始作阿房宫,繁刑严诛,吏治刻深,赏罚不当,赋敛无度,天下多事,吏弗能纪,百姓困穷而主弗收恤"③,而且为了争权夺利,还不惜残杀六个同宗兄弟,这也无怪乎作为秦宗室公子的将闾会被逼得仰天呼冤,与兄弟痛哭流涕,拔剑自尽了。

此外,在秦末农民暴动发生之时,右丞相冯去疾、左丞相李斯、将军冯

---

① 《史记》卷六《秦始皇本纪》,第258、259页。
② 《史记》卷六《秦始皇本纪》,第267、268页。
③ 《史记》卷六《秦始皇本纪》,第284页。

劫曾向秦二世进谏,其曰:

> 关东群盗并起,秦发兵诛击,所杀亡甚众,然犹不止。盗多,皆以戍漕转作事苦,赋税大也。请且止阿房宫作者,减省四边戍转。①

根据上述朝中大臣的谏言,我们可以非常清晰地看到,农民暴动不能制止的真正原因其实就是当时的兵役、劳役及赋税负担过于繁重,已大大超过了百姓所能承担的负荷。大臣们试图通过进谏的方式,劝说二世停止实施以"威德"为核心的多欲政治,欲挽救秦王朝于大厦将倾之际。然而,秦二世针对大臣们的进谏,所做出的"凡所为贵有天下者,得肆意极欲,主重明法,下不敢为非,以制御海内矣"②的回答正好反映了二世不听劝诫,坚持以尚威重法之"威德"治理天下的思想主张。

实际也正是由于秦二世的刚愎自用、尚威暴虐使得社会矛盾进一步激化,不仅"宗室振恐""黔首振恐",而且最终导致了"自君卿以下至于众庶,人怀自危之心,亲处穷苦之实,咸不安其位,故易动也"③的恶劣局面。而太史公对秦二世"不威不伐恶,不笃不虚亡,距之不得留,残虐以促期,虽居形便之国,犹不得存"④的评价更是一针见血地点明了秦二世所推崇的尚威重法之"威德"实际正是使其遭致人们对其进行讨伐,加速其灭亡的重要原因。

由此可见,天下统一后,秦始皇、秦二世皆不知适时调整思路,改变策略,继续实行在争夺天下时所推崇的"威德",确实造成了"天下苦秦久矣"的窘况,而这也深刻地动摇了秦王朝的统治基础。这也难怪汉初政治家陆贾在总结秦亡的教训时,会得出"秦非不欲治也,然失之者,乃举措太众、刑罚太极故也"⑤的结论。

三

根据上述的考察,我们看到同样是倡导"威德",但在争夺天下与治

---

① 《史记》卷六《秦始皇本纪》,第271页。
② 《史记》卷六《秦始皇本纪》,第271页。
③ 《史记》卷六《秦始皇本纪》,第284页。
④ 《史记》卷六《秦始皇本纪》,第292页。
⑤ 王利器:《新语校注》卷上《无为第四》,第62页。

理天下两个不同的历史阶段,"威德"对秦产生了截然不同的两种影响,导致秦形成了前后大相径庭的两种历史结局。那到底为什么同样是推崇"威德",在秦争夺天下的历史阶段,就能得到民众的拥护和支持,成为促进秦不断发展壮大,并最终统一天下的积极因素,而到治理天下的历史阶段,推崇"威德"反而造成民众的深恶痛绝,成为加速秦之衰亡的重要原因了呢?为了解答这一问题,我们还是先来看一条关于"威"的材料,这条材料似乎可为我们解析这一问题提供一个重要线索。据《史记·秦始皇本纪》载:

> 秦并海内,兼诸侯,南面称帝,以养四海,天下之士斐然乡风,若是者何也?曰:近古之无王者久矣。周室卑微,五霸既殁,令不行于天下,是以诸侯力政,强侵弱,众暴寡,兵革不休,士民罢敝。今秦南面而王天下,是上有天子也。既元元之民冀得安其性命,莫不虚心而仰上,当此之时,守威定功,安危之本在于此矣。①

根据上述这段材料,我们看到,体现秦之重要特征的"威"字又一次出现。在这里,其被表述为"守威定功"。也就是在"威"字前面加了个"守"字,在"功"字前面加了个"定"字。那到底什么是"守威定功",而这里"守"的是什么"威","定"的又是什么"功"呢?结合材料,我们看到,在经历了"兵革不休"的连年战乱之后,秦始皇通过兼并战争,统一了天下。而此时天下是真正意义上的大一统了,因此无论是士人,还是百姓,这时都将希望寄托在作为一国之尊的天子秦始皇身上,希望他可以给他们提供安身立命的生产生活条件。因此,这里所谓的"守威"就是指秦始皇要守住他一统天下的开拓之功,和由此所建立的威望;而"定功"就是指秦始皇要在"守威"的基础上,顺应时势,一改其在争夺天下时所推行的尚威重法之"威",转而实施清静无为的政策措施治理天下,以满足战后天下士民的基本生活需求,这就算是"定功"了。由此可见,希望秦始皇实行与民休息的"守威定功"之策是民心所向。

然而,根据我们在本文第二部分的论述,秦始皇统一天下后,其非但没有实行与民休息的"守威定功"之策,反而"先诈力而后仁义,以暴虐为天下始。"②他不仅大兴土木,修建规模庞大的阿房宫、骊山陵,而且调动大量

---

① 《史记》卷六《秦始皇本纪》,第283页。
② 《史记》卷六《秦始皇本纪》,第283页。

壮丁劳力北击匈奴、征伐岭南、修筑长城和驰道。同时还不断横征暴敛,加重小民的赋役负担,使得"力役三十倍于古;田租口赋,盐铁之利,二十倍于古"①。这一切不仅严重地破坏了小农经济的生产和发展,而且将渴望休养生息和重新回归土地进行正常生产生活的天下小农逼上了绝路。可见,秦始皇并没能处理好事关重大的"守威定功"问题。

秦始皇死后,秦二世即位。即位后的秦二世同样面临着能否处理好关乎民心向背的"守威定功"问题。这正如《史记·秦始皇本纪》所云:

> 今秦二世立,天下莫不引领而观其政。夫寒者利裋褐而饥者甘糟糠,天下之嗷嗷,新主之资也。此言劳民之易为仁也。乡使二世有庸主之行,而任忠贤,臣主一心而忧海内之患,缟素而正先帝之过,裂地分民以封功臣之后,建国立君以礼天下,虚囹圄而免刑戮,除去收帑污秽之罪,使各反其乡里,发仓廪,散财币,以振孤独穷困之士,轻赋少事,以佐百姓之急,约法省刑以持其后,使天下之人皆得自新,更节修行,各慎其身,塞万民之望,而以威德与天下,天下集矣。②

在上述这条材料中,象征着秦之特点的"威德"一词再一次出现。如果我们根据上下文,就会发现,这里"以威德与天下,天下集矣"的"威德",实际是对前面提到的"守威定功"中"威"的进一步解释和说明。这条材料的内容就是在告诉我们具体应当采取何种措施才算是"守威定功",才能够"以威德与天下,天下集矣"。材料中所特别指出的,"夫寒者利裋褐而饥者甘糟糠,天下之嗷嗷,新主之资也"和天下百姓希望秦二世能够"发仓廪,散财币,以振孤独穷困之士,轻赋少事,以佐百姓之急"等内容实际正说明了天下百姓是非常容易满足的,只要秦二世能够给他们提供最基本的衣食条件,赈济贫困、轻徭薄赋,让他们重新回归农耕生产,天下百姓就会归顺于他。这也就是"以威德与天下,天下集矣"了。由此可见,渴望秦二世实行"守威定功"之仁惠政策的确是民心所向。

然而,面对天下百姓的基本诉求,秦二世非但没有将其放在眼里,反而是"重之以无道,坏宗庙与民,更始作阿房宫,繁刑严诛,吏治刻深,赏罚不当,赋敛无度,天下多事,吏弗能纪,百姓困穷而主弗收恤"③,因此才造成了秦末农民起义的爆发,落了个强秦速亡的悲惨结局。

---

① 《汉书》卷二四上《食货志》,第1137页。
② 《史记》卷六《秦始皇本纪》,第283—284页。
③ 《史记》卷六《秦始皇本纪》,第284页。

根据以上的分析,我们看到"守威定功"对于秦在治理天下阶段的重要意义,其不仅仅关乎秦选择治国方略正确与否的问题,更加关乎人心向背、社稷倾覆的重大问题。然而,秦始皇、秦二世都没能处理好这一关键问题。秦的尚威暴虐和多欲政治正是导致其失去民心,丧失统治基础的根本原因。由此可见,能否根据不同历史阶段,适时调整尚威的思路和内容其实正是决定秦之兴盛衰亡的重要问题。这里需要指出的是,上述这两段材料实际是太史公司马迁在《史记·秦始皇本纪》篇中征引汉初名臣贾谊之名篇《过秦论》中的一段文字来说明秦亡之原因的。由此可见,司马迁在秦亡问题上的看法与贾谊是不谋而合的。也就是说,司马迁和贾谊二人都一致认为,秦在统一天下之后,在天下士民都期盼着能够休养生息,能够得到天子的恩泽之时,秦始皇、秦二世都不知将争夺天下时所推崇的尚威严法之"威德",转变为"守威定功"之策,正是导致秦二世而亡的重要原因。

　　此外,还有一点值得我们注意,"守威定功"这一理念的出台,实际正是贾谊在敏锐地观察到"威德"对于秦之兴衰成败所产生的正反两面意义之后,在深刻反思和总结秦政之弊的基础上所提炼出的思想结晶。因此,"守威定功"的提出,也暗示了贾谊对秦之核心价值观念"威德"在一统天下的开拓之功层面的肯定,在秦统一天下后,继续推行其在争夺天下时的尚威重法的暴虐政治层面的否定。由此可见,在贾谊看来,秦所崇尚的"威德"是要依据不同历史阶段,适时进行调整的。特别是在天下统一后,能否将夺天下时尚威重法之"威",转化为治天下时"守威定功"之"威"是关系着秦之社稷安危的关键问题。也正因为此,我们即可推断,秦之历史发展演变的脉络呈现出盛极而衰的突变,这实际是同秦没有处理好治天下时的"守威定功"这一问题息息相关。因此,贾谊所提出的"仁义不施而攻守之势异也"这一导致秦亡的论断其实从"威德"这一秦之核心价值观念在不同历史发展阶段所体现的不同内涵,及其在不同历史阶段对秦的兴衰成败所产生的影响中也可窥见一斑。

　　根据以上的析论,既然"威德"与秦之发展兴衰关系如此密切,那到底为什么在治理天下的历史阶段,秦一定要从尚威重法之"威",转变成"守威定功"之"威",才是民心所向,才能保证国家社稷的安危呢?

　　实际上,在秦争夺天下的历史阶段,特别是在列国纷争、社会分裂的战国时期,只有依靠强大的农业作为后盾,才能支撑不断升级和扩大的征伐战争,这也正如《商君书·农战》篇所云:"国之所以兴者,农战也。"[①] 而强

---

① 蒋礼鸿:《商君书锥指》卷一《农战》,北京:中华书局,1986年,第20页。

调农耕为攻战之本,主张耕战结合,奖励耕织和军功的政策措施正是商鞅变法能够取得成功,使秦能后来居上,并最终成就其一统天下抱负的重要原因。因此秦在兼并六国、争夺天下的历史阶段,在以鼓励和维护小农生产为前提,以小农生产粮食布帛多少为奖励标准的重农政策的基础上来推崇"威德",不仅极大地促进了小农生产的积极性,推动了农业的不断发展,巩固了秦的社会基础,而且也为秦的富国强兵和壮大国力提供了必要的经济保障。此外,秦在争夺天下的历史阶段推崇"威德",由于这种价值观念与战国时期以力相争的历史大环境正相契合,所以强调"威德"无论对于秦自身地位的巩固和提升,还是对于热切期盼秦能够早日结束天下战乱,尽快恢复统一太平的士民百姓都具有积极意义。也正因为此,秦在打天下时推崇"威德"就会被认作是"诛乱除害,兴利致福""诛戮无道"[①]的正义行为,能够得到天下民众的支持,成为其"烹灭彊暴,振救黔首,周定四极"[②],能最终承担起统一天下历史使命的有道行为。

然而,当天下经过常年战乱,刚刚统一之后,在天下百姓都希望能够安身立命、休养生息,莫不仰仗天子之恩泽,希望能够恢复正常的生产生活之时,秦始皇、秦二世不知适时调整思路,改变策略,继续推行争夺天下时尚威重法的"威德",这不但加重了人民的赋役负担,而且进一步破坏了大一统国家赖以存在的社会经济基础——小农经济。秦的多欲政治使大量小农脱离土地,丧失生路,这自然给社会带来极不稳定的因素,那么我们对"才能不及中人"的"甕牖绳枢之子"陈涉揭竿而起,造反起义时,会出现"天下云集响应"[③]的局面也就不足为怪了。而太史公司马迁所指出的:"故秦之盛也,繁法严刑而天下振;及其衰也,百姓怨望而海内畔矣。"[④]也正为我们说明了秦之尚威重法的治国之策是完全不得人心的。相反的,如果在天下统一后,秦始皇、秦二世能够转而采取"守威定功"之策,施行清净无为的仁惠之政,给予天下臣民可供其生产生活的土地,将劳动者和土地重新结合,积极发展小农经济,以巩固刚刚建立起来的大一统政权的稳定,那秦朝的历史将会是另外一番景象了。由此可见,同样倡导"威德",但在不同历史阶段却呈现出了大相径庭的历史结局,这也难怪贾谊会对秦的速亡发出"仁义不施而攻守之势异也"[⑤]的概叹了。

---

① 《史记》卷六《秦始皇本纪》,第245页。
② 《史记》卷六《秦始皇本纪》,第249页。
③ 《史记》卷六《秦始皇本纪》,第281页。
④ 《史记》卷六《秦始皇本纪》,第278页。
⑤ 阎振益、钟夏:《新书校注》卷一《过秦下》,第3页。

综上所述,可见秦之核心价值观念"威德"贯穿于秦之历史发展演变的始终,秦的统一、秦的速亡都与"威德"有着极为紧密的联系。特别是"守威定功"这一理念的出台,实际正是以贾谊为代表的汉初思想家、政治家在敏锐地洞察到同样是倡导"威德",但在争夺天下与治理天下两个不同历史阶段,给秦带来的截然不同的影响之后,经过深思熟虑所提出的思想成果。因此"守威定功"也成为代秦而起的西汉王朝,在反思和总结秦政基础上,一反秦之"威德",大力推崇"孝德",倡导孝治这一核心治国理念产生和形成的重要思想渊源。也正由于此,与秦之尚威重法,以"威德"为核心的治国理念迥然不同,强调"孝德",提倡"以孝治天下"的汉代皇权政治应运而生了。

郑玄注《仪礼》今古文正误考略

陈居渊

汉代学者郑玄对《仪礼》《周礼》《礼记》的注释，一直被学界推崇备至，尤其是他对《仪礼》的注释，更被视为汉代训诂学的典范之作。《仪礼》是儒家十三经之一，内容记载着周代的各种礼仪，其中以记载士大夫的礼仪为主。《仪礼》在汉代有今文和古文两种文本，汉代初期高堂生传《仪礼》十七篇是今文本，另有古文本《仪礼》五十六篇，相传出于孔壁，即《汉书·艺文志》所录的《礼古经》五十六篇，所以郑玄在注释《仪礼》时，往往兼采今、古两种文本，而在注文中以某字为今文，或某字为古文而加以说明。对此，前人有很多的研究，并且形成古代礼学中的一种专门学问，如清代段玉裁的《仪礼汉读考》，宋世荦的《仪礼古今文疏证》，徐养原的《仪礼今古文异同疏证》，胡承珙的《仪礼古今文疏义》，李调元的《仪礼古今考》，程际盛的《仪礼古今文考》，颜可均的《仪礼古今文异同说》等等。现代学者杨天宇所著《郑玄三礼学研究》，尽索《仪礼》全书今古文字之例，一一加以考辨，新意迭出，颇多创获。然而综观这些著作，往往滞留于郑玄注释《仪礼》中的从古、从今、异同之非的考察，又或将其归纳为若干条例，而就郑玄所判断的今古文字本身是否准确或者有误，由于受限于传世资料的不足，则至今鲜有讨论，从而也给现在的读者带来不少的疑惑。近年来，随着出土文献的大量涌现，为我们提供了详实的第一手资料。笔者不揣浅陋，仅就目前所储备的有限的古代经学知识，在前贤研究成果的基础上，利用出土文献及古代汉碑、汉石经、字书、韵书等相关资源，对郑玄注释《仪礼》中的今古文字作一些正误的考证，以求正于同道。

1.《仪礼·士冠礼》："赞者奠纚、笄、栉于筵南端。"郑玄注："古文栉为节。"又《仪礼·士虞礼》："沐浴栉搔翦。"郑玄注："古文沐浴节搔翦。"

案，郑玄以"栉"为今文，以"节"为古文。"节"通"即"。《大戴礼记·保傅》："进退节度无礼。"卢辨注："节度或为即度。""即"同"卽"。《说文·卩部》："卽，即食也。从皀，卩声。"《玉篇·皀部》："卽，今作即。"

《字汇·卩部》："即，俗卽字。"古代文献中多作"卽"，今"即"字通行。"卽"亦通"节"。今本《周易》夬卦卦辞"不利即戎"，帛书本作"不利节戎"。又今本《周易》鼎卦九二爻辞"不能我即"，帛书本作"不我能节"。《玉篇·卩部》："卩，信也。今作节。"《玉篇》以"卩"为古文，以"节"为今文。再考郭店楚墓竹简本《性自命出》："善其即。"释文谓："即似读为次或节"。由此知作"卽""即""卩"同为古文，郑玄以"节"为古文，不确。

2.《仪礼·士冠礼》："主人酬宾，束帛俪皮。"郑玄注："俪皮，两鹿皮也，古文俪为离。"

案，郑玄以"俪"为今文，以"离"为古文。"离"通"罹"。《史记·管蔡世家》："无离曹祸。"司马贞《索隐》："离即罹。""罹"亦通"罗"。《尚书·汤诰》："罹其凶害，弗忍荼毒。"《经典释文》："罹，本作罗。"《汉书·于定国传》："罗文法者于公所决皆不恨。"颜师古注："罗，罹也。""罗"亦通"离"。《大戴礼记·五帝德》："历离日月。"《史记·五帝本纪》引作"旁罗日月。司马贞《索隐》："离即罗也。"《方言》卷七："罗谓之离，离谓之罗。"徐灏《说文新附》："罹即罗之别体，古通作离。"《集韵·霁韵》："俪，或从离，亦省。"商承祚《殷虚文字类编》："古罗与离为一字。"考今本《周易》小过卦上六爻辞"飞鸟离之"，上博楚竹书本作"飞鸟罗之"。由此知作"罗"同为古文，郑玄以"离"为古文，不确。

3.《仪礼·士冠礼》："醮辞曰：'旨酒既清，嘉荐亶时。'"郑玄注："亶，诚也。古文亶为癉。"

案，郑玄以"亶"为今文，以"癉"为古文。"亶"通"但"。《汉书·贾谊传》："非亶倒县而已。"《汉书·五行志下》："亶日食，则妾不见；亶志震，则后不见。"颜师古皆注："亶读曰但。"又《文选·羽猎赋》："亶观夫剽禽之紲隃。"李善注："亶，古但字。"由李善注，知作"亶"为古文，郑玄注"亶"为今文，不确。

4.《仪礼·士冠礼》："壹揖、壹让升。"郑玄注："古文壹作一。"《仪礼·聘礼》："公于宾壹食飨。"郑玄注："古文壹皆为一。"

案，郑玄以"壹"为今文，以"一"为古文。"一"通"壹"。《尚书·武成》："一戎衣。"《礼记·中庸》作"壹戎衣"。《说文·一部》："一，惟太初始，道立于一，造分天地，化成万物。弌，古文一。"《玉篇·一部》："一，或作壹。弌，古文。"《集韵·质韵》："一，或作弌。"考今本《周易》萃卦初六爻辞"一握为笑"之"一"，上博楚竹书本亦作"一"。由此知作"一""弌"同为古文，郑玄以"壹"为今文，至确。

5.《仪礼·士婚礼》："宾人授如初礼。"《仪礼·聘礼》："记礼不拜至。"

郑玄皆注:"今文礼为醴。"又《仪礼·聘礼》:"礼玉束帛乘皮。"郑玄注:"今文礼皆作醴。"

案,郑玄以"礼"为古文,以"醴"为今文。《说文·示部》:"礼,古文作礼"《玉篇·示部》:"礼,体也,理也。礼,古文。"《集韵·荠韵》:"礼、礼,古作礼。"又考郭店楚墓竹简本《尊德义》:"豊不隶于小人。"《成之闻之》:"君子不經人于豊。"释文"豊"字皆作"礼",是"豊"为"礼"之古文。由此知作"礼"为今文,郑玄以"礼"为古文,不确。

6.《仪礼·士昏礼》:"腊一,肫。"郑玄注:"肫或作纯,古文纯为均。"

案,郑玄以"纯"为今文,以"均"为古文。"肫"通"屯"。阜阳汉墓本《周易》、马王堆汉墓帛书《衷》引《易》"屯"字皆作"肫"。"屯"亦通"敦"。《汉书·扬雄传上》:"敦万骑于中营兮。"《文选·甘泉赋》作"屯万骑于中营兮",李善注:"敦与屯同。"《诗·大雅》:"铺敦淮濆。"郑玄注:"敦当作屯。"考郭店楚墓竹简《老子》甲本:"屯虖其奴朴。",今本《老子》"屯"字作"敦"。由此知作"屯"为古文,郑玄以"均"为古文,不确。

7.《仪礼·士昏礼》:"御衽于奥,媵衽良席在东,皆有枕,北止。"郑玄注:"止,足也。古文止作趾。"

案,郑玄以"趾"为古文,以"止"为今文。"趾"通"止"。《汉书·刑法志》:"当斩左止者。"《后汉书·崔骃传》引作"当斩左趾者"。《经典释文》:"本亦作趾,趾,足也。"《广韵·止韵》:"止,足也。"吕祖谦《古易音训》:"晁氏曰:'案,止,古文。'"考今本《周易》艮卦初六爻辞"艮其趾"之"趾",上博楚竹书本作"止"。由此知作"止"亦为古文,郑玄以"止"为今文,不确。

8.《仪礼·士昏礼》:"某子之蠢愚民,又弗能教。"郑玄注:"今文弗为不,无能字。"

案,郑玄以"不"为今文,以"弗"为古文。宋人卫湜《仪礼集说》考证云:"'今文',今注疏本作'古文'。"考《仪礼·士昏礼》:"又不能教吾子。"郑玄注:"古文弗为不。"郑玄以"弗"为今文,以"不"为古文。又《仪礼·士相见礼》"主人对曰:'某不敢为仪。'"郑玄注:"今文不为非。"若依郑玄注,则作"不"为古文,作"非"为今文。"弗"通"不"。《春秋公羊传》桓公十年:"弗者,不之深也。"《玉篇·不部》:"不,鸟飞上翔不下来也。又弗也,词也。丕,古文。"《玉篇丿部》:"弗,桥也,不正也。丒,古文。"考今本、帛书本《周易》诸卦爻辞凡言"不"字,上博楚竹书本亦皆作"不"。如蛊卦九二爻辞"不可贞",上博楚竹书本亦作"不可贞"。又鼎卦上九爻辞"无不利",上博楚竹书本亦作"无不利"等等。由此知郑玄以"不"为古文,以"弗"为今文,至确。

9.《仪礼·士昏礼》:"启会却于敦南。"郑玄注:"今文启作开。"

案,郑玄以"开"为今文,以"启"为古文。"开"同"启"。《逸周书·武顺》:"一卒居前曰开。"孔晁注:"开谓启。"《说文·门部》:"开,张也。从门,从开。閞,古文开。"《玉篇·口部》:"启,开也。本亦作启。"考今本《周易》师卦上六爻辞"开国承家"之"开",上博楚竹书本作"启"。由此知郑玄以"开"为今文,"启"为古文,至确。

10.《仪礼·士昏礼》:"子为事故,至于某之室。"《仪礼·大射仪》:"士御于大夫。"《仪礼·既夕礼》:"寝东首于北墉下。"郑玄皆注:"今文于为于。"

案,郑玄以"于"为今文,以"于"为古文。然《仪礼·士丧礼》:"抽局予左手。"郑玄又注:"古文予为于。""于"通"于"。《说文》:"亏,于也。象气之舒亏。"徐铉注:"今隶变作于。"段玉裁注:"凡《诗》、《书》用亏字,凡《论语》用于字,盖于于、于二字在周时为古今字。"考今本、帛书本《周易》需卦初九、九二、九三、六四、九五、上六诸爻辞"于"字,上博楚竹书本皆作"于"。由此知作"于"为古文,郑玄注"于"为今文,不确。

又,《仪礼·士冠礼》:"宜之于假,永受保之。"郑玄注:"于,犹为也。"《说文·爪部》:"为,母猴也。王育曰:'爪,象形也。'爫,古文为,象两母猴对形。"《字汇补·臼部》:"臽,古文为字。"王引之《经义述闻》:"于当读曰为,谓作为此宫室也。古声于与为通。"考今本《周易》萃卦初六"一握为笑"之"为",上博楚竹书本作"于",此"于"为古文之又一证。

11.《仪礼·士昏礼》:"视诸衿鞶。"郑玄注:"视乃正字,今文作示,俗误行。"

案,《诗·鹿鸣》:"视民不恌。"郑玄注:"视,古示字。"《礼记·曲礼上》:"幼子常视无诳。"郑玄注:"视,今之示字。"郑玄以"视"为古文,"示"为今文。"视"通"示"。《春秋左氏传》宣公二年:"赵盾弑其君,以视于朝。"《吕氏春秋·宣公》引作"赵盾弑其君,以示于朝。"《庄子·徐无鬼》:"中之质若视日。"《经典释文》:"视,音示。司马(彪)本作视。""示"亦通"眎"。《汉书·项羽传》:"视士卒必死无还心。"颜师古注:"视,读曰示。"《汉书·赵充国传》:"以眎羌房。"颜师古注:"眎,亦作示。"《说文·见部》:"视,瞻也。从见、示。眂,古文视;眡,亦古文视。"《玉篇·目部》:"眎,古文视。"《广韵·至韵》:"视,看视。眎,古文。"考郭店楚墓竹简本《语丛二》:"自视其所不族,益。"又《语丛三》:"自视其所能,员。"其二"视"字,释文皆作"示"。又,今本《周易》颐卦六四爻辞"虎视眈眈"之"视",上博楚竹书本作"见","见"即"视"之省。又,《仪礼·士相见礼》:"固辞不得

47

命将走见。"郑玄注:"古文曰:'某将走见。'"考今本《周易》蒙卦六三爻辞"见金夫",上博楚竹书本亦作"见金夫"。由此知郑玄以"视""见"为古文,以"示"为今文,至确。

12.《仪礼·士相见礼》:"夙夜毋违命。"郑玄注:"古文毋作无。"

案,郑玄以"毋"为今文,以"无"为古文。"无"通"無"。《淮南子·人间训》引《易》"無咎"作"无咎",是其明证。汉代每每借"亡"为"無"。《汉书·五行志下之上》引《干》上九《文言》"亢龙有悔,贵而亡位,高而亡民,贤人在下位而亡辅",其三"亡"字,今本《文言》皆作"无"字。《玉篇·无部》:"兓,古文无。"考今本《周易》凡卦爻辞作"无咎"者,上博楚竹书本皆作"亡咎"。由此知"无""亡"同为古文,郑玄以"无"为古文,不确。

13.《仪礼·乡饮酒礼》:"坐捝手,遂祭酒。"《仪礼·乡射礼》:"坐,捝手,执爵。"《仪礼·特牲馈食礼》:"坐,捝手。"《仪礼·有司彻》:"坐,捝手,祭酒。"郑玄皆注:"古文捝作说。"

案,郑玄以"说"为古文,以"捝"为今文。"说"通"脱"。《礼记·文王世子》:"武王不说冠带而养。"《经典释文》:"说,本又作脱。"《说文·手部》:"捝,解捝也。"段玉裁注:"今人多用脱,古则用捝,是则古今字之异也,今脱行而捝废矣。"考《仪礼·士昏礼》:"主人税服。"郑玄注:"今文说皆作税"。朱骏声《说文通训定声·手部》云:"经传以说、以税、以脱为之。"考今本《周易》大畜卦九二爻辞"舆说輹",上博楚竹书本作"车敓复"。由此知古"敓"与"说"皆因从兑,可以互借,又知作"敓"同为古文。

14.《仪礼·乡射礼》:"上射既发,挟弓矢,而后下射射。"郑玄注:"后,后也。当从后。"

案,郑玄以"后"为今文,以"后"为古文。"后"通"后"。《仪礼·士冠礼》:"古者五十后爵。"今本《礼记·郊特牲》作"古者五十后爵。"胡培翚《仪礼正义》考证云:"郑君于《礼经》多从古文。此经古文作后,故郑君辨之,谓古文当作后,不作后也。"《说文·彳部》"后,迟也。逡,古文后从辵。"《玉篇·辵部》:"逡,古文后。"考今本、帛书本《周易》比卦卦辞"后夫凶",上博楚竹书本作"逡夫凶"。由此知作"逡"为古文,郑玄以"后"为古文,不确。

15.《仪礼·乡射礼》:"适堂西。"郑玄注"今文曰适序西。"又《仪礼·公食大夫礼》:"宾立于阶西。"郑玄注:"今文曰西阶。"

案,郑玄以"西"为今文。《说文·西部》:"卤,古文西。"《玉篇·西部》:"卥,《说文》西,卤,古文。"考今本《周易》随卦上六爻辞"王用亨于西山"、既济卦九五爻辞"不如西邻之禴祭",其二"西"字,上博楚竹书本亦皆作"西",由此知作"西"、"卤"同为古文,郑玄以"西"为今文,不确。

16.《仪礼·乡射礼》:"各以其耦进。"郑玄注:"今文以为与。"又《仪礼·既夕》:"商祝执功布以御柩。"郑玄注:"今文无以。"

案,郑玄以"以"为古文,以"与"为今文。"以"通"已"、"㠯"。《史记·高祖本纪》:"乃以竹此为冠。"《汉书·高帝纪》作"㠯竹皮为冠"。颜师古注:"㠯,古以字。"王引之《经传释词》卷一"㠯以已"条云:"㠯,或作以,或作已。"《诗·小雅·何人斯》:"作此好歌,㠯极反侧。"《经典释文》:"㠯,音以,古以字,本作以。"汉碑中"㠯"、"以"字多混用。如《北海相景君铭》作"㠯",《尹宙碑》作"以"。《正字通·己部》:"以,与㠯古共一字。隶作㠯、以。"《玉篇·已部》:"㠯,用也,实也,今作以。"《广韵·止韵》:"以,用也、与也、为也,古作㠯。㠯,古文。"考今本《周易》姤卦九五爻辞"以杞包瓜"之"以",上博楚竹书本作"㠯"。由此知作"以"为今文,作"㠯"为古文,郑玄以"以"为古文,不确。

17.《仪礼·乡射礼》:"豫则钩楹内。"郑玄注:"今文豫为序。"《仪礼·乡射礼》:"从宾不与射者不降。"《仪礼·聘礼》:"介皆与。"《仪礼·公食大夫礼》:"鱼、腊不与。"《仪礼·士虞礼》:"主人不与。"郑玄皆注:"古文与作豫。"

案,郑玄以"豫"为古文,以"与"为今文。"豫"通"忬"。《穆天子传》卷五:"天子使孟忬如毕讨戎。"郭璞注:"忬,音豫。"《玉篇·心部》"忬,豫也。"《尚书·金滕》:"王有疾,弗豫。"《说文·心部》引《周书》作"王有疾,不忬"。段玉裁注:"《金滕》文,今本作'弗豫'。许所据者壁中古文,今本则孔安国以今文字易之也。"段玉裁以"忬"为古文,以"豫"为今文,不确。通今本《周易》作"豫",帛书本作"余",马王堆汉墓帛书本《系辞》、《衷》作"余",上博楚竹书本作"余"。由此知"余""余""忬""余""豫"古音同属鱼韵,可以互借。又知"余"亦为古文,郑玄以"豫"为古文,不确。

18.《仪礼·燕礼》:"宾所执脯以赐钟人于门内霤。"郑玄注:"古文赐为锡。"《仪礼·觐礼》"天子赐舍",郑玄注:"今文赐作锡。"

案,郑玄既以"赐"为今文,以"锡"为古文,又以"锡"为今文。再考《仪礼·燕礼》:"用綌若锡。"郑玄注:"今文锡为緆。"若依郑玄此注,作"锡"为古文,作"赐""緆"同为今文。"锡"通"赐"。《春秋公羊传》庄公元年:"王使荣叔来锡桓公命。锡者何?赐也。"《尔雅·释诂上》:"锡,赐也。"《尚书·禹贡》:"锡土姓。"《史记·夏本纪》引作"赐土姓",《汉书·地理志上》引作"锡土姓"。王国维《观堂集林》:"古文以为赐字,古锡、赐一

49

字。"孙堂《汉魏二十一家易注》考证云："《书序》'平王锡晋文侯秬鬯圭瓒'，马融本'锡'作'赐'。《左氏春秋经》'王使毛伯卫来锡公命'，唐石经作'来赐'。古本'锡'字多作'赐'。"今本、帛书本《周易》"锡"字皆作"赐"，然考上博楚竹书本"锡"字亦作"赐"。由此知作"赐"为古文，郑玄以"锡"为古文，不确。

19.《仪礼·大射仪》："相者皆左何瑟后首。"郑玄注："古文后首为后手。"又《仪礼·士丧礼》："左首进馨。"郑玄注："古文首为手。"

案，郑玄以"首"为今文，以"手"为古文。"首"通"手"。《春秋左氏传》襄公二十五年："授手于我。"《孔子家语·正论解》引作"授首于我"。又《春秋左氏传》成公二年："曹公子首。"《春秋公羊传》、《春秋谷梁传》均作"曹公子手"。《说文·首部》："首，百同。古文百也。"《玉篇·𦣻部》："𦣻，《说文》与首同。古文首也。首，今文。"商承祚《说文中之古文攷》云："百者篆文，𦣻者古文。曷以古篆别出为部首？以各有隶之字故也。其字从古文者多，篆文者少，又肖其形，遂篆废而古文行矣。"然考今本《周易》既济卦上六爻辞"濡其首"，上博楚竹书本作"濡丌首"。由此知作"首"亦为古文，郑玄以"首"为今文，不确。

20.《仪礼·聘礼》："贿在聘于贿。"郑玄注："古文贿皆作悔。"

案，郑玄以"悔"为古文，以"贿"为今文。《玉篇·卜部》："外卦曰䀲，内卦曰贞，今作悔。"考郭店楚墓竹简《语丛四》："君又悔臣。""悔"即"思"字，释文"悔"作"谋"。《集韵·尤韵》："谋，或作思。"《仪礼·士冠礼》："某有子某，将加布于其首。"郑玄注："古文某为谋。"朱骏声《说文通训定声》谓"今《洪范》作悔，卫包所改经传皆以悔为之。"今本《周易》"悔"字，上博楚竹书本皆作"思"。由此知作"䀲""思"同为古文，作"悔"为今文，郑玄以"悔"为古文，不确。

21.《仪礼·聘礼》："使者朝服，帅众介夕""帅大夫以入。"郑玄并注："古文帅皆作率。"《仪礼·觐礼》："伯父帅乃初事。"郑玄注："古文帅作率。"

案，郑玄以"率"为古文，以"帅"为今文。"帅"通"率"。《诗·周颂·噫嘻》："率时农夫。"《文选·秋兴赋》引作"帅时农夫"。《荀子·富国》："将率不能则兵弱。"杨倞注："率，与帅同。"又《通行本作"帅"，今帛书本作"衞"，上博竹简本作"衙"。考《隶续·魏三体石经左传遗字》："诸侯衞师。"洪适注："衞即率字。"《汉幽州刺史朱龟碑》："不衞天常。"甘扬声《汉隶异同·玄部》释"率"字云："此碑反以将衞之衞为達循之達。"《说文·行部》："衞，从行，率声。"段玉裁注："今之率字，率行而衞废矣。"《玉篇·行

50

部》:"衔,循也,导也。今或为率。"又《辵部》:"率,先道也,引也。今为帅。"《集韵·质韵》:"率,古作䢦。"邵英《群经正字》:"古衔、率多通,经传尝有之,是率即衔字也。"又考上博竹简本《孔子诗论》:"七衔智难。"通行本《诗·唐风》"七衔"作"蟋蟀"。知"衔""衔"皆读"率"声可以互借,今之"衔",应是"衔"或"衔"字之省。由此知作"帅"为今文,郑玄以"率"为古文,至确。

22.《仪礼·聘礼》:"义之至也。"郑玄注:"今文至为砥"。

案,郑玄以"至"为古文,以"砥"为今文。"至"通"砥"。"至"、"砥",因声近可以互借。《说文·至部》:"𦤶,古文至。"《玉篇·至部》:"至,通也,到也。𦤶,古文。"《集韵·至韵》:"至,古作𦤶。"然考今本《周易》需卦六三爻辞"致寇至",上博楚竹书本作"至寇至",知作"至""𦤶"同为古文,郑玄以"至"为古文,至确。

23.《仪礼·聘礼》:"归饔饩五牢。"郑玄注:"今文归或作馈。"

案,郑玄或以"归"为古文,以"馈"为今文,或又以"馈"为古文,以"归"为今文。"归"通"馈"。《论语·阳货》:"归孔子豚。"《经典释文》:"归,郑本作馈,鲁读为归,今从古。"又《论语·先进》:"咏而归。"《经典释文》:"归,郑本作馈。馈,酒食也。鲁读馈为归,今从古。"《仪礼·士虞礼》:"特豕馈食。"郑玄注:"馈,犹归也。"考《集韵·至韵》:"馈,或作归,古作𩜚。"今本、帛书本《周易》讼卦九二爻辞"归而逋"之"归",上博楚竹书本作"遝"。考《古文苑·石鼓文》:"舫舟西遝。"章樵注引郑樵云:"遝,即归字。"由此知作"遝"、"𩜚"为古文,作"归"、"馈"同为今文,郑玄以"馈"为古文,不确。

24.《仪礼·公食大夫礼》:"坐奠于鼎西南。"郑玄注:"今文奠为委。"

案,郑玄以"奠"为古文,以"委"为今文。"委"通"威"、"惶"。今本《周易》大有卦六五爻辞"威如",帛书本作"委如",上博楚竹书本作"慧女",马王堆汉墓帛书本《二三子》"委"字写作"畏"。"威"、"畏"、"委"、"慧"皆因古声韵相同可以互借。《尚书·洪范》:"威用六极。"《史记·宋微子世家》《汉书·五行志上》《汉书·谷永传》所引皆作"畏用六极"。《尚书·康诰》:"威威显民。"王应麟《汉书艺文志考证》"威威"引作"畏畏"。《周礼·考工记·弓人》:"夫角之中,恒当弓之畏。"郑玄注:"故书畏作威。"又《尚书·皋陶谟》:"天明威,自我民明威。"蔡沈注:"威,古文作畏,二字通用。"《说文·由部》:"畏,恶也。甶,古文。"梅鷟《尚书考异》:"古文威作畏。"《集韵·微韵》:"威,古作甶、畏。"《说文·是部》:"惶,籒文𢓊,从心。"考上博楚竹书本《孔子论诗》:"不可不韦也。"释文"韦"作"畏"。由

51

此知作作"畏""叟""惪"同为古文,郑玄以"委"为古文,不确。

25.《仪礼·丧服》:"布八十缕为𫄨升。"郑玄注:"升字当为登,登,成也。今之《礼》皆以登为升,俗误已行久矣。"

案,郑玄以作"登"为今文,以作"升"为古文。"升"通"登"。《尚书·书序》:"有飞雉升鼎耳而雊。"《史记·殷本纪》引作"有飞雉登鼎耳而呴"。《尔雅·释诂下》:"登,陞也。"《玉篇·阜部》:"陞,《声类》:'今升字。'"《说文·癶部》:"登,上车也。从癶、豆,象登车形。䇬,籀文登从収。"段玉裁注:"引伸之,凡上陞曰登。"《春秋公羊传》:"公曷为远而观鱼?登来之也。"徐彦疏:"齐人急语之时,得声如登矣。至着竹帛时乃作登字。故言由口授矣。""升"亦通"昇"。《说文新附·日部》:"昇,日上也。从日,升声。古只用升。"《玉篇·日部》:"昇,或升字。"《广韵·蒸韵》:"昇,日早。本亦作升。《诗》曰:'如日之升。'昇,出也。俗加日是。"又,《玉篇·癶部》:"登,升也,上也,进也。䇬,古文。"今本《周易》作"升",帛书本作"登",上博楚竹书本作"陞"。由此知作"䇬""陞"同为古文,郑玄以"升"为古文,不确。

26.《仪礼·士丧礼》:"牢中旁寸。"郑玄注:"今文旁为方。"

案,郑玄以"方"为今文,以"旁"为古文。"方"通"旁"。《尚书·皋陶谟》:"方施象形。"《白虎通·圣人篇》引作"旁施象形"。《墨子·天志上》"方施天下",孙诒让《墨子闲诂》云:"方、旁古通。"惠士奇《礼说·地官一》:"《吕刑》'旁告',旁作方,盖古文也。"与郑玄注异。考《玉篇·广部》:"庬,古文旁。"若依《玉篇》,知作"方"、"旁"同为今文,作"庬"为古文,郑玄以"旁"为古文,不确。

27.《仪礼·士丧礼》:"设决丽于掔。"郑玄注:"古文掔作捥。"

案,郑玄以"掔"为今文,"捥"为古文。"掔"通"牵"。《汉书·郊祀志上》:"燕齐之间,莫不搤掔,而自言有禁方能神迁矣。"颜师古注:"掔,古手腕之字也。"《汉书·扬雄传》:"掔象犀。"颜师古注:"掔,古牵字。"《集韵·先韵》:"掔,牵也。""牵,古作掔。"《庄子·徐无鬼》:"君将黜耆欲,掔好恶,则耳目病矣。"《史记·郑世家》:"郑襄公肉袒掔羊以迎。"其二"掔"字,吴玉搢《别雅》卷二考证云:"掔并同牵"。《说文·手部》:"掔,固也。"段玉裁注:"掔,或假借为牵字。"清姚文田、严可均《说文校议》:"《一切经音义》卷十三《邪祇经音义》引《三苍》云:'掔亦牵字,引前也。'"考吕祖谦《古易音训》:"晁氏曰:'掔,古文。'"郭忠恕《汗简》卷五《手部》亦云"牵"字之古文作"掔"。由此知作"掔"为古文,郑玄以"掔"为今文,不确。

28.《仪礼·士丧礼》:"浴用巾,挋用浴衣,澡濯弃于坎。"郑玄注:"古文澡作缲,荆、沔之间语。"

案,郑玄以"澡"为今文,以"缲"为古文。"澡"通"濡"。《礼记·丧大记》:"濡濯弃于坎。"《汉书·地理志下》:"玄水东入濡水。"颜师古注:"濡,官乃反。"王先谦《汉书补注》:"段玉裁曰:'濡乃澡字之伪。'《集韵》:'澡,水名,在辽西。'《类篇》亦同。是知宋初班、郦之书尚未误,丁度温公所据可考也。至脱脱《宋史》乃易其字这滦,易其音为卢丸切,而澡之音义亦亡矣。"考贾公彦疏云:"《禹贡》云:'荆河惟豫州。'则郑见豫州人语澡为缲,是以古文误作缲也。"由此知郑玄以"缲"为古文,不确。

29.《仪礼·士丧礼》:"环幅,不凿。"郑玄注:"古文环作还。"

案,郑玄以"环"为今文,以"还"为古文。"旋"通"还"。《庄子·庚桑楚》"巨鱼无所还其体",《经典释文》:"还,音旋。"《广雅·释诂四》:"旋,还也。"古代典籍往往以"还"代为"旋"。《汉书·晁错传》:"前死不还踵矣。"《汉书·董仲舒》:"此皆可使还至而有效者也。"《汉书·史丹传》:"恐不能自还。"《汉书·贡禹传》:"不复自还。"其四"还"字,颜师古皆注:"还,读曰旋。""还"亦与"环"通。睡虎地秦墓竹简《秦律杂抄》:"虎未越泛藓,从之,虎环(还),赀一甲。"又马王堆汉墓帛书《经法·称》:"天有环(还)刑,反受其央(殃)。"前者为秦篆,后者为汉隶,由此知作"环"亦为古文,郑玄以"环"为今文,不确。

30.《仪礼·士丧礼》:"设决丽于掔。"郑玄注:"古文丽亦为连。"

案,郑玄以"丽"为今文,以"连"为古文。"连"通"涟"、"澜"。《说文·水部》:"澜,大波为澜。漣,或从连。"段玉裁注:"古阑、连同音,故澜、涟同字。"《战国策·齐策四》"管燕连然流涕",鲍彪注:"'连'与'涟'同,泣下也。""连"亦通"慩"。孟喜《周易章句》作"慩",九家《周易集注》作"连",是其明证。《说文·心部》:"慩,泣下也。从心,连声。《易》曰:'泣涕慩如。'"王筠《说文句读》:"经典借连字。《诗·氓》:'泣涕涟涟。'"考《隶释·堂邑令费凤碑》"梨仪瘁伤,泣涕连漉",《隶释·陈球后碑》作"泣涕涟如"。惠栋《九经古义》卷一《周易古义》云:"涟本波澜之字,《说文》引作慩,或古从立心,篆书水心相近,故误为涟。"惠栋以"慩"字为古文,不确。通行本作"涟",今帛书本作"连"。"连"亦通"辇"。《周礼·春官·巾车》:"连车。"《经典释文》:"连,音辇,本亦作辇。"《说文·辵部》:"连,负车也。"段玉裁注:"连即古文辇也。"《周礼·地官·乡师》:"与其葷辇。"郑玄注:"故书辇作连,郑司农云:'连读为辇。'"考今本《周易》蹇卦六四爻辞"来连",上博楚竹书本作"枖连"。由此知作"慩""涟""丽"同为今文,郑玄以"连"为古文,至确。

31.《仪礼·士丧礼》:"男女奉尸侇于堂。"郑玄注:"今文侇作夷。"

案,郑玄以"夷"为今文,以"侇"为古文。"夷"通"侇"。《礼记·丧大记》:"男女奉尸夷于堂。"《经典释文》:"夷本或作侇。"《玉篇·人部》:"侇,夷也。"《汉书·地理志上》:"尸江在西北。"颜师古注:"尸,古夷字。"《玉篇·尸部》:"尸,古夷字。《说文》曰:'古文仁字'。"吕祖谦《古易音训》:"说之案,夷,古文,睇,篆文。睇,今文。睇又作睨,又作眤,皆通迎亲也,合象数。"考今本《,周易》丰卦九四爻辞"遇其夷主"之"夷",上博楚竹书本作"尸"。由此知作"尸""侇"同为古文,郑玄以"夷"为今文,至确。

32.《仪礼·既夕礼》:"士处适寝。"郑玄注:"今文处为居。"

案,郑玄以"居为今文",以"处"为古文。"居","居"通"尻"。《孝经》第一章:"仲尼居。"《说文·几部》引作"仲尼尻"。《楚辞·天问》:"其尻安在?"洪兴祖补注:"尻与居同。"《说文·儿部》:"居,蹲也。从尸,古者居从古。"段玉裁注:"凡今人居处字,古衹作尻处。"又《说文·几部》:"尻,处也。"段玉裁注:"既以蹲、居之字代尻,别制踞为蹲、居字,乃致居行而尻废矣。"《玉篇·几部》:"尻与居同。"考《玉篇·尸部》:"居,屈,古文。"《集韵·鱼韵》:"尻,或作屈。"今本《周易》颐卦六五爻辞"居贞吉",上博楚竹简本作"尻贞吉"。由此知作作"尻"、"屈"、"处"同为古文,郑玄以"居"为今文,至确。

33.《仪礼·既夕礼》:"木櫼。"郑玄注:"古文櫼作苞。"

案,郑玄以"苞"为古文,以"櫼"为今文。"苞"通"包"。《仪礼·既夕礼》:"苞牲取下体。"《经典释文》:"包,本亦作苞。"《庄子·天运》:"其形充满天地,苞裹六极。"《经典释文》:"苞,本或作包。"陆贾《新语·道基》"苞之以六合,罗之以纲纪",注:"苞与包同。"《周礼·夏官·量人》贾公彦疏引"苞"作"包"。段玉裁《说文解字注·艹部》:"苞,假借为包裹。凡《诗》言'白茅苞之,《书》言'厥苞橘柚',《礼》言'苞苴',《易》言'苞蒙''苞荒',皆用此字。近时经典凡训包裹者,皆径改为包字。""包"通"彪"。今本《周易》蒙卦九二爻辞"包蒙"之"包",孟喜《周易章句》、京房《周易章》、陆绩《周易述》"包"字皆作"彪"。蔡邕《蔡中郎集》卷六《处士圂叔则铭》:"童蒙来求,彪之用文。"同卷《司徒袁公夫人马氏灵表》:"俾我小子,蒙昧以彪。"又《东汉文纪》卷十二《征士法高卿碑》:"彪童蒙,作世师。"王引之《经义述闻》认为此"皆用蒙卦之辞"。《鹖冠子·世贤》"申鹿胥",即"申包胥"。《礼记·曲记下》:"苞屦不入公门。"郑玄注:"苞,藨也。""苞""彪""藨"皆从包声转借。项安世《周易玩辞》考证云:"凡称

54

包者,皆以阳包阴也。蒙之'包蒙',泰之'包荒',否之'包承'、'包羞'、'包桑',义亦同此。包,古苞苴字,后人加草以别之,故子夏传与虞翻本皆作苞字。"又阮元《周易注疏校刊记·蒙》云:"古经典'包容'字多从艹。"李富孙《易经异文释》:"彪包声相近,古音尤幽部,亦转读萧宵肴,豪部,义通……包里字古作勹,今经典作包,或假作苞,皆以同音通用也。"然考今本《周易》姤卦九二爻辞"包有鱼"、九四爻辞"包无鱼"之"包",汉石经《周易》亦作"包",上博楚竹书本作"橐"。《广韵·豪韵》:"橐"通"包"。承培元《广说文答问疏证》:"《石鼓文》:'其鱼隹何,隹鰤隹鲤,可目橐之,隹杨及柳。'是包鱼叟緇作橐鱼也。《易》释文云:包郑作庖,荀作胞,虞云读为'白茅苞之'之苞,字各不同。橐训勹裹,义正与虞同也。"杨慎《升菴集》卷六十三释"橐鱼"亦云:"橐,包也。今之渔者多以木杨或箬叶作包,覆鱼入市,《易》曰:'包有鱼。'是也。"《说文·橐部》:"橐,囊张大貌。橐从省,缶声。"是"橐"与"包"亦可通假,其义相同。由此知作"橐"亦为古文,郑玄以"苞"为古文,不确。

34.《仪礼·士虞礼》:"荐此常事。"郑玄注:"古文常作祥。"

案,郑玄以"祥"为之古文,以"常"为今文。"裳"通"常"。《吕氏春秋·去尤》:"为甲裳以帛。"《太平御览》卷八百十九引作"为甲常以帛"。《说文·巾部》:"常,下帬也。裳,常或从衣。"段玉裁注:"今字裳行而常废矣。"《玉篇·巾部》:"常,帬也。今作裳。"项安世《周易玩辞》卷十六云:"晁以道《古易》常即裳字。"吕祖谦《吕氏家塾读诗记》卷二十二云:"董氏曰:'裳,古文作常。'今为裳者,或篆体也。"考今本《礼记·缁衣》:"从容有常。"郭店楚墓竹简本《缁衣》作"口颂又裳",上博楚竹书本《缁衣》作"口容又裳"。由此知作"裳"为古文,郑玄以"常"为今文,不确。

35.《仪礼·士虞礼》"明日,以其班祔",郑玄注:"古文班或为辨,辨氏姓或然,今文为胖。"《仪礼·少牢馈食礼》:"司马升羊右胖。"郑玄注:"古文胖皆作辨。"又《仪礼·乡饮酒礼》:"众宾辩有脯醢。"郑玄注:"今文辩皆作偏。"

案,郑玄以"辨""辩"为古文,以"班""胖"为今文。"班"通"辨""辩"。《史记·五帝纪》"辩于群神",徐广注:"辩音班。"《后汉书·祭祀上》引作"班于群神。"《汉书·王莽传》"辩社诸侯",颜师古注:"辩读为班。"据此,"班""胖""辨""辩"等皆以音同声近而可以互借。《字汇·午集·癶部》:"𤼯,古文班字。"由此知郑玄以"班"为今文,至确。

36.《仪礼·士虞礼》:"他,用刚日。"郑玄注:"今文他为它。"

案,郑玄以"它"为今文,以"他"为古文。"它"通"他"。《经典释文》:

"它,本亦作他。"《汉书·高帝纪》:"曰项它。"颜师古注:"它与他同。"又《春秋左氏传》襄公三十一年:"将有他志。"《汉书·五行志》卷中之上引作"将有它志"。"它"又通"佗"。《春秋左氏传》隐西元年:"虢叔死焉佗邑唯命。"《战国策·宋卫策》"愿王博事秦,无有佗计"。《玉篇·它部》:"它,今作佗。"《玉篇》以"它"为古文,以"佗"为今文,与郑玄注异。考《诗·鹤鸣》:"它山之石。"《经典释文》云:"它,古他字。"又与郑注异,与《玉篇》同。段玉裁《说文解字注·它部》云:"它,其字或假佗为之,又俗作他,经典多作它,犹言彼也。"徐灏《说文解字注笺》:"古无他字,假它为之,后增人旁作佗而隶变为他。"今本《周易》比卦初六爻辞"有它吉"之"它",帛书本作"池","池"衍"它"声,朱骏声《说文通声定训》释"池"云:"即沱之变体,又或他字之假借。"考上博楚竹书本于此条爻辞作"又它吉"。"它""佗""他""池"皆声近可以通假。由此知作"它"为古文,郑玄以"它"为今文,不确。

　　37.《仪礼·特牲馈食礼》:"盛两敦,陈于西堂,藉用萑。"郑玄注:"古文用为于。"

　　案,郑玄以"用"为今文,以"于"为古文。《说文·用部》:"用,可施行也。从卜,从中。卫宏说。𤰁,古文用。"《玉篇·用部》:"用,施行也。𤰁,古文。"《集韵·用韵》:"用,古作𤰁。"司马光《类篇》引《说文》云:"用,古文作用。"《六书正讹》卷四:"用,古镛字,钟也。后人借为施用字。"考今本《周易》蒙卦六三爻辞"勿用取女",上博楚竹书本亦作"勿用取女"。由此知作"用""𤰁"同为古文,郑玄以"用"为今文,不确。

　　又案,今本、帛书本《周易》谦卦初六辞"用涉大川",上博楚竹书本作"甬涉大川"。"甬"通"用"。《礼记·缁衣》引《甫刑》曰:"匪用命,制以刑。"郭店楚墓竹简本本《缁衣》作"《吕型》员:'非甬䄎,折以型。'"又郭店楚墓竹简本《成之闻之》:"古之甬民者。"《六德》:"生死之甬。"《性自命出》:"其甬心各异。"其"甬"字,释文皆作"用",知"甬"亦"用"之古文,或为"甬"字之省。

　　38.《仪礼·特牲馈食礼》:"宾出主人出皆复外位。"郑玄注:"今文复为反。"

　　案,郑玄以"反"为今文,以"复"为古文。"复"通"覆"。《荀子·臣道》:"以德复君而化之。"俞樾《群经平议》:"《韩诗外传》复作覆,当从之。"《战国策·秦策三》:"后无反覆于王前耶?"《史记·范雎蔡泽列传》:"无反复于王邪。"《经典释文》:"复,音服,反也。"古时从辵、彳之字可以互借,如"徼"可作"邀"。《荀子·儒效》:"小则日徼其所恶。"杨倞注:"徼与邀同。"

即是一例。《玉篇·彳部》:"復,古文复字。"今本、帛书本《周易》复卦之"复",上博楚竹书本作"遠"。由此知作"复""復""遠"同为古文,郑玄以"复"为古文,至确。

39.《仪礼·特牲馈食礼》:"乃宿尸。"郑玄注:"古文宿皆作羞。"

案,郑玄以"宿"为今文,以"羞"为古文。"羞"通"宿"。《汉书·百官公卿表》:"属官有上林、均输、御羞。"颜师古注:"如淳曰:'御羞,《扬雄传》谓之御宿。'羞、宿声相近,故或云御羞,或云御宿。"《玉篇·宀部》:"宿,夜止也。㝛,古文。""㝛"隶变作"宿"。《玉篇·肉部》:"膗,或羞字。"唐玄应《一切经音义》卷十九:"珍羞,古文作膗。"《集韵·尤韵》:"羞,或从肉作膗。"《曾子大孝》:"不忧其亲。"阮元注:"小戴忧作羞。"今本《周易》恒卦九三爻辞"或承之羞",之"羞",帛书本亦作"羞",上博楚竹书本作"忧",古"忧""羞"同属尤韵可以互借。由此知"羞""膗""忧"同为古文,郑玄以"宿"为今文,至确。

40.《仪礼·有司彻》:"若是以辩。"郑玄注:"今文若为如。"

案,郑玄以"如"为今文,以"若"为古文。"如"通"若"。《说文·艸部》:"若,择草也。从草右,右手也。"段玉裁注:"又假借为如也,然也,乃也、汝也。"《广雅·释言》:"如,若也。"《玉篇·女部》:"如,往也,若也。"王引之《经传释词》卷七云:"如,犹然也。如,然,语之转。"商承祚《殷虚文字类编》:"案,若字象人举手而跽足,乃象诺时巽顺之状,古'诺'与'若'为一字,故'若'字训为'顺'。古金文'若'字与此略同。"然考今本《周易》大有卦六五爻辞"交如威如"之二"如"字,上博楚竹书本"如"字皆作"女"。《玉篇·女部》:"女者,如也。"《集韵·鱼韵》:"如,古作女。"由此知作"女"同为"如"之古文,郑玄以"如"为今文,至确。

同姓还是同宗？
——从继子、养子的服制看中古宗族观念的变化

张焕君

出继大宗在《丧服》中称作为人后者，一般指大宗无嗣子，过继同姓小宗中的庶子，不使大宗绝后。因为事关宗族的延续，而且在出继之后也相应地带来许多服制上的变化，《丧服》对为人后者之服规定很是详密。这些规定的宗旨都是要保证大宗的地位，对处于从属地位的小宗并无过多关注。但在魏晋，随着宗族观念的改变，宗子以及大宗的地位下降，而小宗则由于亲生父子间的恩情，受到越来越多的重视，小宗不可绝的观念日益流行，兄弟之子相互为后成为司空见惯的现象。

与此相应的是养子风习的形成。以兄子为弟嗣虽然违礼，但至少还是在同姓之间，养子则不仅包括同姓，而且出于恩宠或者政治上的考虑，常常以异姓为后，这是与传统的"神不歆非类"的观念相冲突的，因此引起更多礼制上的争论，在服制上产生了许多新的问题，而采用何等原则，如何解决这些问题，皆可看出当时礼制转型的特色，也可略窥儒家礼学与时代之互动关系。

一、礼书中的大宗

（一）大宗的地位和作用

关于为人后者，《丧服》的规定甚为明确：

为人后者为其父母报。　　　　　　　　（《齐衰不杖期章》）
为人后者为其昆弟。　　　　　　　　　（《大功章》）
为人后者为其昆弟之长殇。　　　　　　（《殇小功章》）

> 为人后者为其姊妹适人者。　　　　　　　　（《小功章》）
>
> 为人后者于兄弟降一等，报；于所为后之兄弟之子若子。（《丧服·记》）

如果与正常的为父母兄弟的服制相比较，可以看出，一旦出继，为其本亲，即亲生父母以及兄弟、姊妹，都要降服一等，而且在本亲之前，经文都无一例外地加"其"字，以示与所后之亲相比，本亲皆为"私亲"①。那么，这样严加区别的意义何在呢？《服传》的解释是：

> 为人后者孰后？后大宗也。曷为后大宗？大宗者，尊之统也。禽兽知母而不知父；野人曰：父母何算焉；都邑之士，则知尊祢矣；大夫及学士则知尊祖矣；诸侯及其大祖，天子及其始祖之所自出。尊者尊统上，卑者尊统下。大宗者，尊之统也，大宗也，收族者也，不可以绝。故族人以支子后大宗也，适子不得后大宗。

大宗从性质上说是"尊之统"，从功能上说则"收族"，因此不可以绝。所谓尊之统，贾公彦云："宗子宗统领，是以《书传》云：'宗子燕族人于堂，宗妇燕族人于房，序之以昭穆。'既有族食族燕、齿序族人之事，是以须后，不可绝也。"②《礼记·曾子问》又云："孔子曰：宗子虽七十，无无主妇，非宗子，虽无主妇可也。"孔疏云：

> 宗子，大宗子也。凡人年六十无妻者，不复娶，以阳气绝故也。而宗子领宗男于外，宗妇领宗女于内，昭穆事重，不可废阙，故虽七十亦犹娶也。③

对宗子尊贵地位的承认，礼经均无异言，这与人们对宗族的认识有关。《丧服小记》云：

---

① 敖继公云："言'其'以别于所后者也。既为所后者之子，统不可二也。"顾炎武亦云："经文言'其父母'、'其昆弟'者，大抵皆私亲之辞。"参见《仪礼集说》卷一一，文渊阁《四库全书》本，第105册；《日知录集释》卷五，"为人后者为其父母"，长沙：岳麓书社，1994年，第195页。

② 郑玄注，贾公彦疏：《仪礼注疏》卷三〇，《十三经注疏》（附校勘记），北京：中华书局，1980年影印本，第1106页。

③ 郑玄注，孔颖达正义：《礼记正义》卷一八，第1390页。案：孙希旦以为宗庙祭祀，夫妇亲临，"大宗、小宗皆然"，是以宗子不仅指大宗子。参见孙希旦撰，沈啸寰、王星贤点校：《礼记集解》卷一八，北京：中华书局，1989年，第512页。

> 别子为祖,继别为宗,继祢者为小宗。有五世而迁之宗,其继高祖者也。是故,祖迁于上,宗易于下。尊祖故敬宗,敬宗所以尊祖祢也。

郑注云:"小宗有四,或继高祖,或继曾祖,或继祖,或继祢,皆至五世则迁。"[①]别子是诸侯嫡子之弟,其子孙为卿大夫,则奉此别子为始祖。始祖之嫡子相对于其他庶子而言,为百世不迁的大宗,庶子之后则为小宗。小宗五世则迁,所谓五世,即由己身上推至高祖,或下推至玄孙,每推一层,即为一小宗,故有四小宗。大宗百世不迁,小宗则五世而迁,故只有大宗能够作为整个宗族的核心,这也正是"尊之统"之含义所在。

大宗"收族"的功能,主要表现在主持宗族祭祀、区别昭穆、赈赡贫穷族人等方面。作为对大宗的尊重,宗子祭祀之时族人都要参与侍从,平时有事皆须咨询宗子,宗子去世则要服齐衰三月。贺循《宗义》云:

> 奉宗加于常礼,平居即每事咨告。凡告宗之例,宗内祭祀、嫁女、娶妻、死亡、子生、行来、改易名字,皆告。若宗子时祭,则宗内男女毕会,丧故亦如之。若宗内吉凶之事,宗子亦普率宗党以赴役之。若宗子时祭,则告于同宗,祭毕,合族于宗子之家,男子女子以班。宗子为男主,宗妇为女主……凡所告子生,宗子皆书于宗籍。大宗无后,则支子以昭穆后之;后宗立则宗道存,而诸义有主也。立主义存,而有一人不悖者,则会宗而议其罚。族不可以无统,故立宗。宗位既定,则常尊归之,理其亲亲者也。是故义定于本,自然不移,名存于政,而不继其人,宗子之道也。[②]

可以看出,宗子的工作几乎是无所不包。凡本宗之事,大到祭祀婚丧,小到起名、易名,宗子皆须主持。就地方事务而言,宗子所承担的好多都是后世地方政府的行政事务,对宗子的这种功能顾炎武看得非常清楚:

> 人君之于天下,不能以独治也。独治之而刑繁矣,众治之而刑措矣。古之王者不忍以刑穷天下之民也,是故一家之中,父兄治之;一族之间,宗子治之。其有不善之萌,莫不自化于闺门之内;而犹有不帅教者,然后归之士……是故宗法立而刑清。天下之宗子各治其族,

---

① 郑玄注,孔颖达正义:《礼记正义》卷三二,《十三经注疏》(附校勘记),北京:中华书局,1980年影印本,第1495页。
② 杜佑撰,王文锦等校点:《通典》卷七三,北京:中华书局,1988年,第1999页。

以辅人君之治,罔攸兼于庶狱,而民自不犯于有司。风俗之醇,科条之简,有自来矣。《诗》曰:"君之宗之。"吾是以知宗子之次于君道也……然后知先王宗法之立,其所以养人之欲,而给人之求,为周且豫矣。①

由此可见,宗子除承担宗族中的祭祀、和济功能之外,同时也承担了地方社会、政治与经济事务,从而使宗子的重要性更为增强,大宗不可绝的观念也就得到进一步的加强。

所以,倘若大宗无后,就要在全族中进行选择,以保证大宗的延续性。但选择的范围仅限于小宗中的庶子,嫡子并不出继大宗。贾公彦云:"嫡子不得后大宗者,以其自当主家事,并承重祭祀之事故也。"②这样的安排兼顾大宗小宗,自然两全其美,但世间事往往多有出人意表者,《通典》云:

汉石渠议:"大宗无后,族无庶子,己有一嫡子,当绝父祀以后大宗不?戴圣云:'大宗不可绝。言嫡子不为后者,不得先庶耳。族无庶子,则当绝父以后大宗。'闻人通汉云:'大宗有绝,子不绝其父。'宣帝制曰:'圣议是也。'"③

戴圣将"嫡子不为后"理解成"不得先庶",则小宗不论嫡庶,都有义务出继大宗,从而使大宗不可绝的观念变得更为彻底。

(二)大宗对小宗在服制上的压制

《丧服》子为父斩衰,为母,父在齐衰杖期,父卒齐衰三年,都是最高最重的规格,而且父母之间也有斩衰、齐衰的区别。反过来,父母为子则只服齐衰不杖期,只有嫡子才为之三年,服制上的不平等一目了然。然而只要出继为人后,便全不讲这些规矩,子为父母之服一律齐衰不杖期,不加区别;而且,父母为出继之子采用"报"的形式,同样也服不杖期。子与父母之间的服制看似平等了,但恰恰是这种平等反映了出继之后关系的疏远。郑玄曾对降服进行归纳,认为"降有四品",尊降、厌降、旁尊降以及出降。

---

① 顾炎武撰,栾保君、吕宗力校,黄汝成集释:《日知录集释》卷六,第222-223页。
② 郑玄注,贾公彦疏:《仪礼注疏》卷三〇,第1106页。
③ 杜佑:《通典》卷九六,第2581页。案:宣帝本人就是以小宗入继大宗,参《汉书》卷八《宣帝纪》,第235-238页。后来成帝亦无子,以定陶王刘欣为太子,是为哀帝。即位之后,就追尊其父为共皇,母为共皇后,又于京师立庙,不合小宗后大宗之义,故师丹以为人后之义谏之。参见《汉书》卷一一,第334-335页;卷八六《师丹传》,第3505-3506页。

所谓出降,就是指为人后者和女子出嫁者①,他们因为出继或出嫁的缘故离开父母,别有所尊,所以在服制上对父母都要降一等。但相对于女子出嫁而言,为人后者为父母之服经文中又明确指出是"报"服,以致二者又有所不同。程瑶田曾对报服有非常精细的研究,他认为:

> 报者,同服相为之名。此之服彼也,必有以也,则彼必报之;彼之服此也,非无因也,则彼必报之。是故以期报期,以大小功报大小功,以缌报缌。无此重彼轻之殊,故谓之报。②

所以报服最明显的特点就是"同服相为",平等制服。但这样的服制施之于原本尊卑不同的人中间,必然会造成尊者卑或卑者尊的结局,有悖礼义,出继之子与本生之父,正是如此。但之所以如此,却非无缘无故。王肃曰:"凡服不报,以嫡尊降也。既出为大宗后,其父母不得服以加也,故不以出降而报之。"雷次宗曰:"言报者,明子于彼则名判于此,故推之于无尊,远之以报服。女虽受族于人,犹在父子之名,故得加尊而降之。"③丧服称情立文,法象自然,故至亲以期断,三年之服本属加隆,既然出继大宗,子便为所后之父服三年加隆之服,本生父母仅服世叔父母之服,而且又以报服"远之",以示对大宗的尊崇。吴廷华云:"不降于齐衰三年及杖期者,嫌同于所后之母也。故降同世叔父母之服,以示大宗之重。"胡培翚认为吴氏之说"得制礼精意",并比拟出继之子与本生父母的关系,如同世叔父母之于昆弟之子,"以旁尊不足加尊而报之也"④。

但出继之子与出嫁之女的差异,除了前者言"报"后者不言之外,又有"名"的不同。出嫁之女,虽有三从之道,移天之理,但出嫁后与父母的关系并未改变,父母之名也就仍然存在。出继之子则不然,一旦出继大宗,则以所后者为父母,原先的亲生父母不仅服制上不得加隆,即在名称上也难以再以"父母"相称,礼经简略,故加"其"以示区别,注疏则称之为"私亲",都表明二者在名称上当有所差异。而这种名称上的差别,体现的仍是尊无二统的观念和对大宗的尊重。⑤朱熹云:"且如今有为人后者,一日所后之

---

① 郑玄注,贾公彦疏:《仪礼注疏》卷三〇,第1105页。
② 程瑶田:《仪礼丧服文足征记》卷四,《续修四库全书》,第95册。
③ 杜佑:《通典》卷九〇,第2465页。
④ 胡培翚:《仪礼正义》卷二二,《四部备要》本,第329页。
⑤ 华学泉《丧服或问》云:"曰:'降其父母之服,不易其父母之名,何也?'曰:'此特欲著其服,不得不系之于父母也,非为人后者自称之辞也。既已称所后者谓之父母,又仍其父母之称而不易,非不二统之旨矣。'"转引自《仪礼正义》卷二二,第329页。

父与所生之父相对坐,其子来唤所后父为父,终不成又唤所生父为父!这自是道理不可。"①所言正是此意。

对大宗的尊崇之意无所不在,这不仅表现在为亲生父母之服仅同于世叔父母,而且也表现在为兄弟姊妹以及本宗的其他亲属的服制上。前边列举了为人后者为昆弟姊妹之服,较之正常服制都降一等,经文记载明确,后世礼家对此并无异议。但对于本宗的其他亲属,却是说法不一。贾公彦根据《丧服·记》推断,既然为人后者于兄弟降一等服大功,那么"于本宗余亲皆降一等"②。敖继公对此不以为然,他认为这样安排无法突出大宗的地位:

> 经于前章为人后者,唯见其父母、昆弟、姊妹之服,余皆不见。是于本服降一等者,止于此亲尔。所以然者,以其与己为一体也。然则自此之外,凡小宗之正亲旁亲,皆以所后者之亲疏为服,不在此数矣。③

胡培翚以敖氏之说为"极是",并进一步解释经文之所以止列父母昆弟姊妹之服而对其他期功之亲无一语及之,并非全不制服,而是如敖氏所说,是"以所后者之亲疏为服",所以《服传》才说"为所后者之祖父母、妻、妻之父母、昆弟、昆弟之子若子",《丧服·记》也说"于所为后之兄弟之子若子",都是指出继者为所后之正亲、外亲以及旁亲制服,一如亲子,可见判断服制轻重的标准是"所后者之亲疏",而不是本宗,"所以然者,为后有受重之义,即与亲子无异,故抑其本宗之亲,使厚于所后之亲"。经文之所以规定亲生父母、昆弟、姊妹降一等,只是"父子一体,昆弟姊妹一体",亲情最重,其他亲属自然不可援以为例。④沈彤、褚寅亮对《丧服·记》该条的解释大致相仿,都强调尊无二统、大宗为重。⑤

---

① 黎靖德:《朱子语类》卷一二七《本朝一·英宗朝》,北京:中华书局,1986年,第3045页。
② 郑玄注,贾公彦疏:《仪礼注疏》卷三一,第1112页。案:贾疏与魏晋时期比较流行的刘毅、王彪之说相同。参下文。
③ 敖继公:《仪礼集说》卷一一,"为人后者为其姊妹适人者"条。
④ 胡培翚:《仪礼正义》卷二四,第355—356页。
⑤ 沈彤云:"所为后谓我所为之后之人,所为后之兄弟之子,今于己为从兄弟,若子者,言如亲子之服大功也。"褚寅亮云:"于所为后之兄弟之子若子,指为人后者服所后者之旁亲也。"参见沈彤:《仪礼小疏》卷四,"为人后者为其兄弟报",台湾景印文渊阁《四库全书》本,第109册;褚寅亮:《仪礼管见》卷中,"为人后者于兄弟降一等",《续修四库全书》,第88册。

二、姓氏与宗族

《孟子》云："不孝有三，无后为大。"所谓无后，就是指"不娶无子，绝先祖祀"①，保证祖先祭祀是维持宗族延续性的重要手段，也是宗族存亡的标志，所以备受重视。在制度上也设置了很多措施加以保障，如妇人"七出"之律首先便是无子②，如规定纳妾以广胤嗣，等等，目的都是要使宗庙血食，源远流长。

当然，无后为大的前提是严格同姓、异姓之别，也就是说，能够成为后嗣者必须是同姓，只有同姓才是同族。关于姓、氏的关系，有一个长期的演变过程。《左传·隐八年》载众仲之言，曰："天子建德，因生以赐姓，胙之土而命之氏。"③徐复观据此认为，"姓系血统的符号，此符号代表血统的一面。氏则由赐土而来，这分明指的是氏乃系国土的符号，此符号代表政治权力的一面"④。而且由于周初的分封，宗法的亲属系统变成政治中的统治系统。诸侯各自为大宗，而周王则为各大宗的本源。小宗之子称"公子"，小宗之孙为"公孙"，至曾孙则与大宗为五世，故以其王父之字为氏，以便将来子孙可以据此得知其氏之所自出，同时也可以此另开一族，以团结其族人，自相滋衍，以济小宗"五世而迁"的宗法制度之穷。这样，姓氏就成为宗法制度的骨干，氏与族也就成为对别散通的同义词。⑤

---

① 《孟子注疏》卷七下《离娄上》赵歧注，《十三经注疏》（附校勘记），北京：中华书局，1980年影印本，第 2723 页。
② 七出，又称七去、七弃。详参《丧服·齐衰杖期章》"出妻之子为母"贾疏、《大戴礼记·本命》、《公羊传·庄二十七年》"大归曰来归"何休注。
③ 左丘明撰，杜预注，孔颖达正义：《春秋左传正义》卷四，《十三经注疏》（附校勘记），北京：中华书局，1980 年影印本，第 1733 页。
④ 徐复观：《中国姓氏的演变与社会形式的形成》，《两汉思想史》第一卷，上海：华东师大出版社，2001 年，第 180 页。案：杜正胜对"姓"的解释与此不同，他认为姓在最初更多"是政治的符号，而不是血缘的象征"，但在以"氏"为"国"上，与徐先生都一致赞成刘师培之说。详参《编户齐民——传统的家族与家庭》，刘岱主编：《中国文化新论》之《社会篇·吾土与吾民》，台北：联经出版事业公司，1982 年，第 10－11 页。杨希枚进而认为赐姓、胙土、命氏是封建制度的三要素，即所谓分民裂土建国的分封制度，其赐姓对象主要是王公子弟及异姓功臣，封建社会之所以得名也正在此。参见氏著《先秦赐姓制度理论的商榷》，《中央研究院历史语言研究所集刊》，第 26 本，第 225 页。
⑤ 顾炎武云："氏、族，对文为别，散则通也。"参见《日知录集释》卷二三《氏族》，第 797 页。案：杜正胜认为周人重姓分氏，目的在于尊王、敬祖、统宗和收族，而这样的功能又与新为天下共主、依靠周族进行武装殖民的历史条件密不可分，大宗、小宗也借此而生。但当武装殖民停止、殖民封疆固定之后，宗人日众，小宗日多，族类难收，就不得不强调以祖继宗，"凡周之同族皆能因尊过去之祖而敬目前之宗，以达到收族的目的，这才是大小宗的精义。"参见氏著《周代封建制度的社会结构》，《中央研究院历史语言研究所集刊》，第 50 本第 3 分册，第 552－561 页。

春秋中期以后,由于天子赐氏的制度被破坏,小宗不再统于大宗,氏逐渐成为离开姓而独立存在的某一血统集团的标志。战国时,姓与氏更是完全失去原有的特殊的政治、宗法意义,职业、居住地往往成为新出现的氏的依据,姓与氏也成为二名一实的东西。自春秋末期,开始出现平民的"族姓",虽然经过战国时期的扩充,但在西汉初期,许多平民仍然没有姓氏。[①]或者即使有,也常常变化,很不稳定[②],直到西汉中后期,姓氏的平民化才大致完成,平民的宗族逐渐成为社会的主干[③]。《白虎通》对宗族的功能有非常扼要但却颇具理想性的描述:

　　宗者,尊也。为先祖主者,宗人之所尊也。古者所以必有宗,何也? 所以长和睦也。大宗能率小宗,小宗能率群弟,通其有无,所以纪理族人者也……族者,凑也,聚也。谓恩爱相流凑也。上凑高祖,下至玄孙,一家有吉,百家聚之,合而为亲,生相亲爱,死相哀痛,有会聚之道,故谓之族。[④]

自春秋中期以后,西周建立的与封建制度相配合的宗法已经破坏无余,大宗、小宗的区别也大多仅仅保留在文献中,嫡长子的地位也只是体现在爵位的继承上,这是班固对宗族描述理想性的一面。[⑤]但是,古代宗法"敬宗收族"的精神并未就此消失,而是经过转化保存在西汉兴起的平民宗族中,并与孝道的观念一起,成为宗族的精神纽带。[⑥]

[①] 如荆轲在卫国被称作庆轲,到燕国则称为荆轲。《史记》卷三〇《平准书》云:"为吏者长子孙,居官者以为姓号。"如淳注曰:"仓氏、庾氏是也。"
[②] 如英布因受黥刑,《史记》即称之为黥布。田千秋因年老乘小车入朝,《汉书》即称之为车千秋。分见《史记》卷九一《黥布列传》,《汉书》卷六七《田千秋传》。
[③] 余英时对汉武帝以后至两汉之际士族与豪宗大族的关系以及士族大姓的特征有非常好的论述,参见氏著《东汉政权之建立与士族大姓之关系》,《中国知识阶层史论》(古代篇),台北:联经出版事业公司,1980年,第118－184页。
[④] 陈立撰,吴则虞点校:《白虎通疏证》卷八《宗族》,北京:中华书局,1994年,第393－398页。
[⑤] 《隶释》卷三《孙叔敖碑阴》叙孙氏繁衍及分支情形,平、哀时始祖二人各有六子,称为"六父",如魏晋之后大族分支则称"房",兄弟之中并无大宗、小宗之别。第39－40页。
[⑥] 徐复观:《中国姓氏的演变与社会形式的形成》,第189－196页。张鹤泉认为东汉宗族主要有四个特点:有共同祭祀的祖先,有全体族人参加的宗族会议,族长对族人有支配的权力,亲族的范围明确。宗族敬宗收族的功能体现得非常明显。参见氏著《东汉宗族组织试探》,《中国史研究》1993年第1期,第10－12页。关于魏晋时期的宗族,可参看刘仕慧:《浅议汉末三国两晋南北朝时期宗族与家庭的关系》,《电子科技大学学报》(社科版)2003年第1期,第78－81页。张承宗、魏向东:《魏晋南北朝时期的宗族》,《苏州大学学报》2000年第3期,第101－108页。

通过这样的简单勾勒，可以看出从战国以后，姓氏已经与西周初期的含义大为不同。而且由于大量因职业、居所而生的新姓氏以及出于各种原因的改姓，就出现了同姓未必同宗，而同宗则一定同姓的现象。同姓与同宗不再完全对等。这样的变化无论在社会现实中还是在对古代经典的解释中，都产生了很大的影响。比如作为周代最重要的制度之一的"同姓不婚"之制①，是否应该随着这种变化缩小其范围至同宗？而为保证大宗血统纯粹的异姓不养之制是否也该叫做异宗不养？这样的分辨并未多余，它至少在理论上对宗族、宗法概念的澄清非常必要。

所谓宗族，乃是建立在自然的血统之上的，"同宗共姓且共祀的男系血族团体，由族众及其所推戴的族长所组织者"②。其较为鲜明的特点大致有二：其一，宗族无宗子，负责统领全族事务的是族长，而族长往往是族中各房轮流担任的；其二，宗族无大宗、小宗之别，族中各房地位平等。或者说，宗族中并没有严格的嫡庶之别，但是仍然重视祭祀祖先与收宗睦族。后一点在后世尤为重要。

关于同姓不婚，一般都是从优生学的角度进行解释，《左传·僖二十三年》云："男女同姓，其生不蕃。"③《国语·晋语四》云："同姓不婚，惧不殖也。"④似乎都是害怕妇女如不生育，就会断嗣绝种，宗支不继。在此基础上，后来又衍伸到道德伦理层面，认为这样的规定可以防止淫逸，并与禽兽有别。⑤但这些只是事情的一方面，实际上，同姓往往意味着同德、同类。《国语·郑语》记载了史伯与郑桓公的谈话，云："夫和实生物，同则不继。以它平它谓之和，故能丰长而物归之。若以同裨同，尽乃弃矣……于是乎先王聘后于异姓。"⑥《晋语四》又云：

> 异姓则异德，异德则异类。异类虽近，男女相及，以生民也。同姓则同德，同德则同心，同心则同志。同志虽远，男女不相及，畏黩故也。⑦

---

① 王国维撰，彭林点校：《观堂集林·殷周制度论》，石家庄：河北教育出版社，2001年，第288页。
② 戴炎辉：《中国法制史》第四编《身份法史》，台北：三民书局，1966年，第191页。
③ 左丘明著，杜预注，孔颖达正义：《春秋左传正义》卷一五，第1815页。
④ 徐元诰撰，王树民、沈长云点校：《国语集解·晋语四》，北京：中华书局，2002年，第330页。
⑤ 陈立：《白虎通疏证》卷一〇《嫁娶》，第477页。
⑥ 徐元诰撰，王树民、沈长云点校：《国语集解·郑语》，第470－472页。
⑦ 徐元诰撰，王树民、沈长云点校：《国语集解·晋语四》，第337页。案：各本皆作"黩敬"，徐元诰据王念孙之说改"敬"为"故"。

正是因为有这样的观念，人们才会认为同姓的男女本属同类，而同类的交配不能产生新的物类，并会亵渎道德人伦。滋贺秀三据此提出同姓婚姻被禁忌的原因只是因为"这种婚姻所包含的同姓男女的肉体结合本身是应该禁忌的事"，并通过晋平公纳同姓四女以及重耳同姓所生的出身，推论出"同一个男系之血分出的男女之间的交合为不吉不伦的观念才是同姓不婚制的根基"①。

关于异姓不养，与"神不歆非类"之类的观念密切相关，都是对同族同姓在祭祀中作用的突出。②《太平御览》中所记东汉周霸之事，虽不可必其为实，却是对这一说法的形象说明。汝南周霸，字翁仲，其妻为"乳舍生女，自毒无男，时屠妇比卧得男，因相与私货易，裨钱数万"。霸后为北海相，主簿周光能见鬼，霸使其携小儿还汝南，腊日上冢，祭祀祖先，探看先君亡魂。"往到于冢上，郎君沃酹，主簿俛伏在后，但见屠者弊衣蠡结，踞神坐，持刀割肉，有五时衣带青墨绶数人，彷徨阴堂东西□，不敢来前"。光怪其故，还告翁仲。翁仲持剑上堂，质问其妻，妻遂泣涕具陈其故。时子年已十八，呼与辞决曰："凡有子者，欲以承先祖，先祖不享血食，无可奈何。"遂遣其归还本家③。

异姓为后，虽有祭祀，先祖不享血食，自然更不会佑护子孙，倘若此事发生在一国之君身上，后果就更为严重。《春秋经·襄六年》有"莒人灭鄫"之事，三传解释不同。《左传》唯云"鄫恃赂也"，故下有"晋人以鄫故来讨，曰：'何故亡鄫？'季武子如晋，见且听命"的记载。④《公羊传》经文之下别无解释，何休注云：

> 莒称人者，莒公子鄫外孙，称人者，从莒无大夫也。言灭者，以异姓为后，莒人当坐灭也。不月者，取后于莒，非兵灭。⑤

---

① 滋贺秀三：《中国家族法原理》，张建国、李力译，北京：法律出版社，2003年，第25－26页。
② 《左传·僖十年》云：晋侯改葬太子申生，狐突遇太子，太子告之曰："欲以晋畀秦，秦将祀余。"狐突对曰："臣闻之，神不歆非类，民不祀非族，君祀无乃殄乎？"后世凡说明异姓不可为嗣者，常引此语为证。左丘明著，晋杜预注，孔颖达正义：《春秋左传正义》卷一三，第1801－1802页。
③ 李昉等：《太平御览》卷三六一《人事部二·产》，第1663－1664页，卷八八三《神鬼部三·鬼上》相同。并云出自《风俗通》，王利器《风俗通义校注》"佚文"部分遂收入此条。
④ 左丘明著，杜预注，孔颖达正义：《春秋左传正义》卷三〇，第1937页。
⑤ 何休注，徐彦疏：《春秋公羊传注疏》卷一九，《十三经注疏》（附校勘记），北京：中华书局，1980年影印本，第2303页。

何休之意,鄫并不是被莒的军队消灭的,而是因为异姓为后而"坐灭"的。《穀梁传》对此发挥更为充分:

> 非灭也。中国日,卑国月,夷狄时。鄫,中国也,而时,非灭也。家有既亡,国有既灭,灭而不自知,由别之而不别也。莒人灭鄫,非灭也。非立异姓以莅祭祀,灭亡之道也。

范宁注云:

> 莒是鄫甥,立以为后,非其族类,神不歆其祀,故言灭。灭犹亡,亡犹灭,家立异姓为后则亡,国立异姓为嗣则灭。①

所谓"别之",就是区别同姓与异姓,鄫既以甥为后,祖宗之嗣改易异姓,虽未云亡,实与灭亡无异。

无论同姓不婚还是异姓不养,从根本上来说,都是出于下列思考和看法:"人的血脉是由父亲传给儿子的,不论这种血统经过多少世代也不丧失血缘的同一性;而且这种血缘是生命的本源或生命本身,每个人的本性由此所规定。"②这里的血缘,在古代礼制中常常由"一体"来表示。《丧服传》云:"父子一体也,夫妻一体也,昆弟一体也。故父子首足也,夫妻牉合也,昆弟四体也。"③"一体"的观念之外,又有"正体"。《服传》在解释父为长子为何服斩衰三年时,云:"何以三年也?正体于上,又乃将所传重也。"马融云:"体者,嫡嫡相承也。正谓体在长子之上,上正于高祖体。重其正,故服三年。"④由于"父子一体"的观念,往往"视己之身为亲之生命的延长,视亲之身为己之生命的本源,于是不加区分地视两者为一个生命的连续"⑤。于

---

① 范宁集解,杨士勋疏:《春秋穀梁传注疏》卷一五,《十三经注疏》(附校勘记),北京:中华书局,1980年影印本,第2426页。案:顾炎武、何煌皆以"非立异姓以莅祭祀"之"非"字为衍文,阮元《校勘记》以为"非"是"责"之义,并引宣十五年"非税亩之灾"为证,以顾、何之说为误。
② 滋贺秀三:《中国家族法原理》,张建国、李力译,第29页。
③ 郑玄注,贾公彦疏:《仪礼注疏》卷三〇,第1105页。贾疏云:"谓子与父骨血,是同为体。"正是以血缘为体的特征。
④ 杜佑:《通典》卷八八,第2422页。案:马融此说,本之戴圣、闻人通汉,皆以为必须五代为嫡才可为长子服斩。郑玄略有不同,认为己、父、祖以及长子四代为嫡即可服斩。后世又有二世为嫡之说,详参《通典》卷八八,第2422—2423页;胡培翚:《仪礼正义》卷二一,第315页。
⑤ 滋贺秀三:《中国家族法原理》,张建国、李力译,第29—30页。

是,以父子、兄弟、夫妻这三种关系为核心,加以扩大,形成的就是宗族,因而宗族也是同气一体的,正与对同姓同德的强调相同。

同样,由于"正体于上"的观念,又使嫡长子成为"一体"之中身份最为特殊的人,通过"嫡嫡相承",嫡长子不仅延续了祖先的血统,而且由此建立起来的嫡长子继承制度也成为宗法制度的核心,大宗作为百代不迁的"尊之统"地位也由此获得。

三、宗族观念的变化

(一)小宗何可绝

石渠礼议中闻人通汉反对以嫡子出继大宗,他提出的"大宗有绝,子不绝其父"虽然未被汉宣帝承认,却并非空论。所谓"大宗有绝",即使在汉朝宗室也早有表现,章太炎就曾指出:"汉代王侯往往以无子国除,此不行古代后大宗之礼也。否则,王侯传国四五代,必有近支可承,何至无子国除?"[①] 直到王莽主政,始有改观。《汉书·平帝纪》云:元始元年春正月,"令诸侯王、公、列侯、关内侯亡子而有孙若子同产子者,皆得以为嗣"。颜师古注曰:"子同产子者,谓养昆弟子之为子者。"元始二年夏四月,复爵霍光、周勃、樊哙、张敖之玄孙后世,并"赐故曲周侯郦商等后玄孙郦明友等百一十三人爵关内侯,食邑各有差",五年,又"立梁孝王玄孙之耳孙音为王"[②]。宣帝远在平帝之前,自无此类措施,闻人通汉之论正是有为而发。

据平帝诏令,王侯无子嗣,倘若有孙,便可以孙为嗣;或者有"同产子",也就是昆弟之子,也可以为后嗣。平帝、王莽颁布此令,本来是为加强大宗的尊崇地位,但当宗族观念改变、大宗影响削弱之时,其效果却适得其反。以同产子为后,一旦不止是局限于王侯等有爵者,在民间就会形成一种兄弟之子互相为后的风气,人们并不过多地去区分何为兄、何为弟,代之而起的是对父子之情的强调。闻人通汉所说的"子不绝其父",或许正有

---

① 章太炎:《国学讲演录·经学略说》,上海:华东师范大学出版社,1995年,第105页。戴炎辉亦云:"汉代的封爵继承,限于亲生子,而不及于孙或养子。无亲生子者,遭受除爵、国除。至西汉末,传袭人的范围,扩及于孙或养子,且确立嫡长主义。"参见氏著《中国法制史》第四篇《身份法史》,第271页。
② 《汉书》卷一二《平帝纪》,第349—360页。案:《汉书》卷九九上《王莽传上》此年亦云:"(莽)建言宜立诸侯王后及高祖以来功臣子孙,大者封侯,或赐爵关内侯食邑,然后及诸在位,各有第序。上尊宗庙,增加礼乐;下惠士民鳏寡,恩泽之政无所不施。"正与《平帝纪》合。

此意。《通典》云：

> 晋或问许猛云："为人后时有昆弟，后昆弟亡，无后，当得还否？若得还，为主否？"猛答云："《丧服传》曰：'何如而可以为人后？支子可也。嫡子不得后大宗。'然大宗虽重，犹不夺己之正以后之也。推此而论，小宗无支子，则大宗自绝矣。子不绝父之后。本家无嗣，于义得还，出后者还本追服。"①

许猛之意，虽然小宗有出继大宗的责任，但并不能以嫡子后大宗，倘若小宗仅有嫡子，尽管已经出继大宗，但仍要回到本宗，其中原因，就在于"子不绝父之后"，与闻人通汉的意见完全相同。

贺循针对庾亮提出的"顷者以来，诸私服于宗嫡者，无服者则制缌，有服者无加"的现象，对当时不敬大宗的现象提出批评：

> 宗子之服，虽在绝属，皆齐衰三月。代衰礼替，敦之者少。吴中略无此服，中土缌而不齐。其所由来，以王政凌迟，人情渐慢，非谓大夫位卑，或以非代封为嫌也。②

依礼，为宗子绝属者服齐衰三月，五服以内之亲则按照其本来服制，但丧期或许有长短之分，衣服则不能轻于齐衰③，所以《丧服·齐衰三月章》明确规定："丈夫、妇人为宗子、宗子之母妻。"宗子既为太祖之正体，是以一族男女皆为之服曾祖、高祖之服，不仅为宗子本人，甚至宗子母、妻因协同宗子主持祭祀，有合食合燕之义，也为之制服。宗子地位之崇由此可见一斑。但至此时，不要说宗子之母妻，就是宗子本人，江南皆不为制服，中原虽为之制服，五服之外的亲属却只服最轻的缌麻之服，五服之内则各服其本服，并不理睬宗子的身份。其中原因，并非像贺循说的只是因为"王政凌迟，人情渐慢"，却是因为当时早已没有西周时的分封制，更没有宗法产生必备的"别子为祖，继别为宗"的条件。别子对大宗的关键作用，贺循非常清楚，但无奈时过境迁，当时有爵者充其量只能称之为大夫，所以他才强调一

---

① 杜佑：《通典》卷九六，第2583页。
② 杜佑：《通典》卷七三，第1995—1996页。
③ 蔡德晋云："大宗至尊，五属之外皆服齐衰三月，其在五属中者，缌麻之亲服齐衰三月而除，若大功、小功之亲既服齐衰三月，乃受以大功、小功之衰，以足其月数而止。"参见《礼经本义》卷一一《凶礼·丧服》，"丈夫妇人为宗子、宗子之母妻"条。文渊阁《四库全书》本，第109册。

族之祖宗虽非诸侯之别子,不过只要是"起于是邦而为大夫者",便为大宗,其嫡继之,也是百代不迁,其统族序亲的职责,也应如别子之宗。

此后范宁在与其父范汪的辩论中,对宗族的这种变化阐述得甚是清楚。范汪坚持传统,强调大宗的祭祀、收族功能。范宁对此并不赞同:

> 父母生之,续莫大焉。三千之罪,无后为重。夫立大宗,所以铨序昭穆,弥纶百代,继之以姓而弗别,缀之以食而弗殊。礼尽于此,义诚重矣。方之祖考,于斯为薄。若令舍重适轻,违亲就疏,则是生不敬养,没不敬享,生人之本不尽,孝子之事靡终,非所以通人子之情,为经代之典。夫嫡子存则奉养有主,嫡子亡则烝尝靡寄,是以支子有出后之义,而无废嫡之文。故嫡子不得后大宗,但云以支子继大宗,则义已畅矣。不应复云嫡子不得继大宗,此乃小宗不可绝之明文也。若无大宗,唯不得收族耳。小宗之家,各统昭穆,何必乱乎![1]

大宗虽重,但较之有生育鞠养之恩的父母,便"于斯为薄"。对待父母,当生敬养,死敬享,方可谓之孝,方能"通人子之情",也只有这样,世人才愿意而且能够遵守。大宗之用,不外尊之统与收族二事,小宗既可自统昭穆,那么大宗即便当真绝嗣,其损失也不过"不得收族"而已。较之无视父母恩情,违背孝道,这并不算太严重之事。所以,小宗不可绝。

(二)宗族中的兄弟之子相互为后

小宗不可绝,并非范宁空论,魏晋之时小宗倘若无嗣,就从族人中选择支子以为后,而且往往有以兄子继弟之事。这样的事情在当时并不少见,人们在讨论时也似乎是司空见惯,并无太多责难,他们更多关注的是出继之后产生的种种服制问题。晋武帝太康年间(280－290),尚书令史遂殷之事便是一个很好的例证。遂殷之父翔,幼时便出继叔父荣。荣早卒,当时翔年幼,不能依礼持重制服,"今祖母姜亡,主者以翔后荣,从出降之制,断殷为大功,假二十日"。遂殷就此上表申奏:"以为翔既不及荣持重服,虽名户别继,奉养姜故如亲子,便依降例,情制为轻。且殷是翔之嫡子,应为姜之嫡孙。乞得依令,遣宁去职。"[2]

尚书依据"礼无不及还重之制"拒绝了遂殷的请求,但是此事仍然透

---

[1] 杜佑:《通典》卷九六,第2581－2582页。
[2] 杜佑:《通典》卷九六,第2588页。

露出很多当时宗族的信息。首先,虽然不知遂翔之父是否为大宗,但遂荣既是其叔,必为小宗无疑,小宗无后,而可以兄子出继,这本身已经与传统礼制有所不同。遂殷祖母姜氏,本为遂翔之母,出继之后便成伯母,为世叔母本服齐衰,遂殷从父出降,仅服大功。服制虽减,亲情却存,平日起居,翔"奉养姜故如亲子",而且虽有出继之名,却因年幼为所后叔父未有服丧三年之实,所以遂殷认为其父为姜氏不应依照出降之例,仍应服齐衰三年,自己既为姜氏嫡孙,也应服齐衰之丧。

就遂殷之言而论,其父出继小宗已经违礼,又自认为自己是姜氏嫡孙,更是矛盾。《丧服·齐衰不杖期章》有祖为嫡孙之服,并云:"有嫡子者无嫡孙,孙妇亦如之。"郑注:"周之道,嫡子死则立嫡孙,是嫡孙将上为祖后者也。长子在则皆为庶孙耳。"① 说得已经非常清楚。就遂殷而言,倘以其父为姜氏之嫡子,依礼长子在则无嫡孙,自己便不得称嫡孙;如果以其父出继,则自己也随父而出,姜氏则成从祖母,仅有小功之服,更与嫡孙之名实无关。然而,他似乎根本不以为这样的说法违背礼制,究其原因,或许只是因为父子二人平日与姜氏同居共存,恩情深重,所以才有这样的请求而不觉其非。此间,"以情制服"的痕迹非常明显。

除此之外,又有出继之后归还本宗之事,而且非常普遍。诸葛亮最初因无子嗣,诸葛瑾遂遣第二子乔至蜀,乔本字仲慎,亮以乔为己嫡子,故易其字为伯松,生子攀。后诸葛恪见诛于吴,子孙皆尽,"而亮自有胄裔,故攀还复为瑾后"②。皇甫谧,"出后叔父,徙居新安",性孝悌,"常得瓜果,辄进所后叔母任氏"。其后,"叔父有子既冠,谧年四十丧所生后母,遂还本宗"③。类似的事情一旦增多,必然带来服制上的一系列问题,引起礼学家的关注。当时就有人以此咨询博士曹述初:

> 甲有子景,后叔父乙。甲死,景以降服周。涉数年,乙之妻又亡,景服父在为母之服。今叔父自有子,景既还本,当追报甲三年服否?若遂即吉,则终身无斩缞之服。④

---

① 郑玄注,贾公彦疏:《仪礼注疏》卷三〇,第 1106 页。
② 《三国志》卷三五《诸葛亮传》,北京:中华书局,1959 年,第 931—932 页。
③ 《晋书》卷五一《皇甫谧传》,第 1409—1410 页。案:南齐时萧子响的出继与此完全相同,结局也如出一辙。参见《南齐书》卷四〇《武十七王传·鱼复侯子响》,北京:中华书局,1972 年,第 703—704 页。
④ 杜佑:《通典》卷九六,第 2583—2584 页。案:景为"丙"之避讳字。时人论礼多设甲乙之词,以求明畅易晓。

景既出继叔父,为本生父甲降一等服齐衰,为叔母则服齐衰杖期。叔父再娶生子,景归还本宗,便面临一个服制上的困境:乙不再是所后之父,故只能按照为世叔父齐衰不杖期服丧,但其本生之父又已亡故,而且当年因出继之故仅服齐衰,这样便终身没有斩衰之服,而这在当时是不正常也难以被舆论接受的。曹述初并未对此事进行直接评价,而是追本溯源,认为"叔非大宗,又年尚少,自可有子。甲以景后,非礼也。子从父此命,不得为孝。父亡则周,叔妻死,制母服,於义谬也",当年出继之事,无论从甲还是从景的角度都与礼制不合,所以"今归本,宜制重,以全父子之道"。但当时就有人提出反驳:景当年为甲曾服齐衰期,如果现在追服,那丧期就不是斩衰三年而是四年了。四年之丧,岂非违背礼制?

曹述初对此不以为然,既然当年出继违礼,那就应该纠正,虽然多服一年,但"父之于子,兼尊亲之至重",也应不以为嫌。张湛对曹述初的看法表示赞同,但他也认识到当时社会环境与古代已有所不同,"兄弟以子相养者,代代有之,此辈甚众,时无讥议",所以如此,是因为"同系一祖,兄弟所生,犹如己子,非犯礼违义故也。虽非礼之正义,亦是一代成制,由来故事,岂可以甲命独为非礼,景从便为失道。此之得失,自当与代人共之耳"。既然已是社会通行的事实,一味地指责并不能解决问题,反而会使礼制更加远离生活,因此不如顺应时势。即以追服斩衰来说,礼缘情而制,甲既去世多年,心中哀情早已淡薄,倘若追服,势必"不称情",服丧也就仅仅成了一种表面仪式。

这场争论是围绕出继之子归还本宗为本生父追服展开的,实际上在这种情况下,不仅为本生父如何制服成为问题,而且如何为所后之父制服也是个难题,范宁就以此询问孔德泽:"甲无子,取其族子乙为后。所生父没,降服周。甲晚自生子,乙归本家。后甲终,乙当有服否?若服,当制何服?"[1]甲于乙本是族父,属无服之亲,今乙既归还本宗,倘以族父关系应当无服,但一同生活多年,父子之名虽绝,养育之恩却在,全不制服,于心不安。孔德泽的回答也很含糊,但他提出可以准之继母,或可较为心安:"代人行之,似当无服。继母尝为母子,既出服周。推此粗可相况。"虽是无奈之举,但因合于人情,江熙、庾蔚之也表示赞同。[2]

出继小宗,出于父祖之命,是缘于人情;出继之后,产生了服制上的其他问题,如果礼经未作规定,解决之道也是缘于人情。南齐江敩,其祖江

---

[1] 杜佑:《通典》卷九六,第2586页。
[2] 杜佑:《通典》卷九六,第2586－2587页。庾蔚之并云:"尝为父子,爱敬兼加,岂得事改,便同疏族?方之继母嫁,于情为安。"

湛,元嘉末年为太子邵所杀,五子亦一并遇害,江敩之父恁、叔愻皆在其中。孝武即位,谥湛忠简公。但明帝却"敕敩出继从叔愻,为从祖淳后"①。齐高帝时,仆射王俭就此启云:"礼无后小宗之文,近世缘情,皆由父祖之命,未有既孤之后,出继宗族也。虽复臣子一揆,而义非天属。江忠简胤嗣所寄,唯敩一人,傍无眷属,敩宜还本。"高帝以为然,使敩还归本宗。②江淳乃江湛之弟,湛先以子愻为弟嗣,愻卒,湛之后嗣亦唯敩一人,而竟能绝大宗以后小宗,谓之悖礼亦无不可,王俭为尊者讳,只言"缘情",所缘之情,不过明帝一人之情而已。大宗、小宗之别,竟是全不在意。

以上是归还本宗的事例。即便出继之后并不归还,类似问题也还是不少。元帝永昌元年(322),以司马昱为琅邪王,继恭王后③,咸和元年(326),昱生母郑氏薨,"王服重朝。以出继,宜降。国相诸葛颐坐不正谏,被弹"。昱遂上表曰:"亡母生临臣宫,没留臣第。臣虽出后,而上无所厌,则私情得伸。昔敬后崩时,孝王先出后,亦还服重,此则明比,臣所宪章也。"④因此时元帝已死,昱为郑氏之服当是齐衰三年,故称"服重"。但既然出继,为生母只能服齐衰不杖期,更何况郑氏乃简文庶母,因厌降之故,虽然父卒,也只能服大功。简文服重,明显违背礼制,而所作申奏,所举服重理由不过是"生临臣宫,没留臣第",全是依据"私情"而制服,与所引敬后、孝王之事,也并非一类⑤,但最后成帝仍是"哀而许之"⑥。以私情而乱礼法,难怪庾蔚之讥之为"爱其膝下之慕,不寻为后移天之重"⑦。在这种情况下,又哪里分得清什么大宗、小宗之别?帝室尚且如此,士大夫可想而知。

(三)为人后者之子为本亲之服

贺循《为后服议》集中讨论了为人后者之子为其本亲之服。《丧服》对此问题并无规定,时人"多以为后者子孙,皆计本亲而降"。贺循对此不以为然,他认为出继者"一去本系,以名为正",为人后者之子所以不得为本

---

① 《南史》卷三六《江夷传附曾孙敩》,北京:中华书局,1975年,第941—942页。案:据此,愻当是出继叔父江淳,被杀无后,以致江淳绝嗣,故明帝有此举。
② 《南齐书》卷四三《江敩传》,第758页。
③ 《晋书》卷三八《宣五王·琅邪王伷传附子觐传》,北京:中华书局,1974年,第1122页。案:觐乃元帝之父,故东晋极为重视,元帝之后,先后为琅邪王者八人,除早薨者外,唯司马道子一人未登基称帝。
④ 杜佑:《通典》卷八二,第2230页。
⑤ 琅邪孝王裒,母荀氏,以微贱入宫,元帝命虞妃养之,故有母子之义。但虞妃乃元帝正妃,地位尊崇,自非庶母之比。详参《晋书》卷六四《元四王传·琅邪孝王裒》、卷三二《后妃传下·元敬虞皇后》。
⑥ 《晋书》卷九《简文帝纪》,第219页。
⑦ 杜佑:《通典》卷八二,第2230页。

亲制服,首先便在于"名"不正,"不得名之则卑其服,若得名之则重其制"。即使从"情"而言,"初出后者,离至亲之侧,为别宗之胄,阙晨昏之欢,废终养之道,顾复之恩靡报,罔极之情莫伸,义虽从于为后,恩实降於本亲,故有一降之差"。其子则不然,其生之时,父已出继大宗,与本宗之亲并非同居共活,情感较之其父已经疏远,"上有所承,于今为同财之密,顾本有异门之疏",自然应当亲近所后之大宗。因此,"初出情重,故不夺其情而与其降,承出之后,义渐轻疏而绝其恩"。于名于情,皆当无服。礼经简约,所以阙而不载,也正为此①。

贺循所谓"时人",或许正指刘毅。孔正阳等坚持为人后者之子"以义断,不复还本亲",刘毅不同意无服的说法,他从概念上对为人后者作了延伸,认为出继之子及其子孙都是为人后者,"甲无后,故乙为之后。乙之子孙,皆去其亲,往为甲后,皆当称为人后",这样,为本亲之服便不止限于出继者一身,其子孙都可以依照为本亲降一等制服的原则,自然不可绝而无服。②

刘毅的说法又被王彪之继承,并作了进一步的补充,根据的原则还是"以情制服"。学士张禪之从祖母丁氏丧亡,本是亲祖母,因亡父出后大宗,不知为之何服,求详礼典。国子助教陈福持议与孔正阳相同,以为禪之不应废业服丧。王彪之则曰:

> 如所白,则族人后大宗者,出后者子,于父祖无服。孙不服祖,于情不安,是以诸儒之说义旨,总谓为人后者虽在五服之外,皆降本亲一等,无孙不服本祖之条。按《记》云:"夫为人后,其妻为舅姑大功。"郑玄云:"不二降也。"其妻于舅姑义服,犹不二降,况其子孙,骨肉至亲,便当无服乎!礼疑则重,义例亦明。如礼之例,诸出后者及子孙,还服本亲,于所后者有服与无服,皆同降一等。谓禪之当服大功。③

虽然多所比附,但核心只是一条,"孙不服祖,于情不安"。考虑到王彪之对南朝礼制的影响④,可以想见这种观点在当时的流行程度。⑤

---

① 杜佑:《通典》卷九六,第 2588－2589 页。
② 杜佑:《通典》卷九六,第 2590 页。
③ 杜佑:《通典》卷九六,第 2590－2591 页。
④ 《宋书》卷六〇《王准之传》云:"曾祖彪之,位尚书令。祖临之,父纳之,并御史中丞。彪之博闻多识,练悉朝仪,自是家世相传,并谙江左旧事,缄之青箱,世谓之王氏青箱学。"准之本人精通《礼》《传》,并参与宋武帝永初年间的礼制变革。
⑤ 崔凯对此不以为然,他认为经文中"降一等"的规定只是限于出继者一身,不及其子,适当的办法应是"以其父所后之家,还计其亲疏为服纪",而不是仅凭感情用事。参见《通典》卷九六,第 2589－2590 页。

陶希圣认为,"封建制度正盛的西周到春秋时代,也正是宗法的时代,而宗法乃是封建贵族的亲属组织。春秋时代以后,封建制度开始分解,宗法制度也开始变迁。从战国到五代,在经济构造以大土地私有制为特征,在亲属组织以族居制度为特征。自此以后,族居制渐变为家长制之家族制度。"①周一良在论述北朝家族时提到,"由许多支派组合构成的整个博陵崔氏或其他士族,并不存在类似全族之长的经常起支配领导作用的人物或机构。当然,聚族而居是北朝的风气,数十人上百人的大家庭,必然有家长类型的人物主持家务,但不具有指挥全族的权威。而且随着成员逐渐向外迁徙,不再在本乡本土聚居,这种在聚居情况下产生的家长,也会随之消失。"②侯旭东进而将"同姓聚居"与"宗族"相区别,认为它只是"宗族"产生的前提条件。魏晋六朝时期,虽然宗族一词多见于文献,但人们生活的基本单位仍是小家庭,不见有后代的族产、族长与宗祠,父系系谱观念也处在发展中。③

在本文中,对这样的特点也有所表现,至少可以看出宗法制度的没落。宗法的没落,首先是具有区别嫡庶功能的宗子地位的下降,这在为宗子的服制上已有明显体现。而失去宗子的宗族或同姓聚居,其祭祀以及收族的功能,诚如范宁所言,并未与之一同消失,只不过在范围上转移至父、祖、己三代组成的小家庭。这样的小家庭也就成了小宗的代称,尽管已经没有了大宗。正因如此,本文中提到的种种服制上的问题才能获得合理的解释,"以情制服"也因此更容易被理解、被推广。

四、异姓为后与养子

(一)养子

所谓养子,就是"将非亲生子拟制其有亲生子关系之制",或者说,"将无自然亲子关系之人,作为自己之子"④。收养行为本身往往以养父为本位,

---

① 陶希圣:《婚姻与家族》,上海:商务印书馆,1931年,第3—4页。
② 周一良:《〈博陵崔氏个案研究〉评介》,《魏晋南北朝史论集续编》,北京:北京大学出版社,1991年,第196页。
③ 侯旭东:《汉魏六朝父系意识的成长与"宗族"问题》,《中国社会科学院历史研究所学刊》(第三集),北京:商务印书馆,2004年,第208—209页。
④ 戴炎辉:《中国法制史》,第255页。冯尔康将这种本无血缘联系却比附父母、兄弟等血亲关系以行交往之事的关系称为拟制血亲,养子即是其中一类。参见氏著:《拟制血亲与宗族》,《中央研究院历史语言研究所集刊》,第68本第4分册,第944页。

以"为宗""为家"为主要目的。所谓"为宗",就是祭祀祖先,使祖先有所血食而不为厉鬼作祟。"为家"则是以保持家产、使家永存为目的。在唐代以前,养子既包括养同姓之子,也包括养异姓之子,养子既可能是为了继承宗祀,也可能只是抚养及财产关系。如果继承宗祀,则不仅要改姓,而且在形式上也与为人后者比较相似。因此,为人后者以及异姓为后,都在养子的范围之内。

东晋成帝时,散骑侍郎贺乔之妻于氏因养子之事上表,多引前代之事以为佐证:

> 汉代秦嘉早亡,其妻徐淑乞子而养之。淑亡后,子还所生。朝廷通儒移其乡邑,录淑所养子,还继秦氏之祀。异姓尚不为嫌,况兄弟之子!吴朝周逸,博达古今。逸本左氏之子,为周氏所养,周氏又自有子,时人不达者亦讥逸。逸敷陈古今,故卒不复本姓,识学者咸谓为当矣。①

于氏之意,此二子虽为异姓,但因徐氏、周氏有养育之恩,所以即便徐氏已卒,周氏自生子,仍不复旧姓,以铭其恩。但此二事他处未曾经见②,于氏引述目的又是为赢得诉讼,言辞恐有偏颇,难以尽信,还须另行举例加以说明。三国之时,蜀国有刘封、卫继之事。刘封本是罗侯寇氏之子,刘备至荆州,"以未有继嗣,养封为子"③。卫继之父为县功曹,县长张君无子,"遂养为子",后来因"法禁以异姓为后,故复为卫氏"④。

吴国则有朱然、孙河。朱然本姓施氏,为朱治姊子,朱治初未有子,朱然时年十三,治"乃启策乞以为嗣,策命丹杨郡以羊酒召然,然到吴,策优以礼贺"。其后朱治自生子,但朱然并未恢复旧姓。黄武三年(224),朱治卒,"然为治行丧竟,乞复本姓,权不许"。赤乌十二年(249)朱然卒,仍未

---

① 杜佑:《通典》卷六九,第1911页。
② 周逸之事别无所见,唯《日知录》卷二三注中黄汝成引顾炎武《答毛锦衔书》言及此事,但顾氏篇末亦云"亦未可引以为据,以经典别无可证也"。当亦出自《通典》。秦嘉妻之事,见于《幽明录》,《史通·人物》有所引述,《玉台新咏》卷一有秦嘉《赠妇诗》三首并序以及其妻徐淑答诗一首,《北史》卷九一《列女传·渤海封卓妻刘氏》亦以秦嘉为喻。但凡所涉及,只云徐氏梦秦嘉卒,日中凶信果至之事,并无于氏所引之事,故亦为孤证。
③ 《三国志》卷四〇《刘封传》,第991页。案:关羽败亡,孟达降魏,治书刘封以行劝诱,如云"今足下与汉中王,道路之人耳,亲非骨血",又云"弃父母而为人后,非礼也。继嗣罗侯,不为背亲也"。言辞虽多挑拨,但也可见当时对养子的态度。
④ 《三国志》卷四五《杨戏传》,裴注引《益部耆旧杂记》,第1091页。

能恢复。孙亮五凤中(254—256),其子朱绩始得"表还为施氏"①。孙河"本姓俞氏,亦吴人也。孙策爱之,赐姓为孙,列之属籍"②,其后子孙皆为孙氏。

魏国著名者有韩浩、文聘、陈矫。韩浩与史涣齐名,号称忠勇,浩至中护军,涣至中领军,皆掌禁兵,封列侯,深得魏武亲任。及其丧逝,"太祖愍惜之,无子,以养子荣嗣"③。文聘因镇守江夏之功,封新野侯,其子岱先聘亡,及聘薨,"养子休嗣。卒,子武嗣"④。陈矫本广陵刘氏,"为外祖陈氏所养,因而改焉"⑤。建安年间,魏武辟矫为司空掾属,累有升迁,甚是亲信。时矫既出嗣舅氏,而又婚于本族⑥,"徐宣每非之,庭议其阙。太祖惜矫才量,欲拥全之",乃为之下令,禁止诽议⑦。

稍加比较,可以看出汉末三国之时,异姓为后仍为法令不容,所以有孙河、韩浩、陈矫等人之事,只是出于孙策、曹操的亲任恩典,并没有得到制度的认可。这种情况到西晋时仍未改变。贾充无嗣,其妻郭槐"辄以外孙韩谧为黎民子,奉充后"。郎中令韩咸、中尉曹轸虽以"礼无异姓为后"劝之,槐终不从。但反对之声并未停息,以致武帝不得不亲自下诏予以解释,其理由也只是动之以情:"外孙骨肉至近,推恩计情,合于人心"。但武帝自己也知道这种行为终究与礼制不合,所以又加以限制,条件极为严格:"自非功如太宰,始封无后如太宰,所取必以己自出不如太宰,皆不得以为比。"⑧饶是如此,众论仍是难平。在议论贾充谥号时,博士秦秀况之以"莒人灭鄫",认为"绝父祖之血食,开朝廷之祸门",并对武帝的包庇行为提出质疑。⑨

东晋禁止异姓为后似乎成为法令。殷仲堪为荆州刺史,"以异姓相养,礼律所不许。子孙继亲族无后者,唯令主其蒸尝,不听别籍以避役也"⑩。这一规定又被后世继承,《唐律》云:"即养异姓男者,徒一年;与者,笞

---

① 《三国志》卷五六《朱然传》,第1305—1309页。
② 《三国志》卷五一《宗室传》,第1214页。案:裴注又引《吴书》云:"河,坚族子也,出后姑俞氏,后复姓为孙。"虽与陈寿所言不同,但皆是出继为异姓之后。
③ 《三国志》卷九《夏侯惇传附韩浩》,裴注引《魏书》,第270页。
④ 《三国志》卷一八《文聘传》,第540页。
⑤ 《晋书》卷三五《陈骞传》,第1035页。
⑥ 陈矫所娶,乃刘颂之女,"矫本刘氏子,与颂近亲",故至晋时犹遭中正刘友、明法掾陈默、蔡畿讥讽,几受清议。参见《晋书》卷四六《刘颂传》,第1308—1309页。
⑦ 其令曰:"丧乱已来,风教彫薄,谤议之言,难用褒贬。自建安五年已前,一切勿论。其以断前诽议者,以其罪罪之。"参见《三国志》卷二二《陈矫传》,裴注引《魏氏春秋》,第645页。
⑧ 《晋书》卷四〇《贾充传》,第1171页。
⑨ 《晋书》卷五〇《秦秀传》,第1405—1406页。
⑩ 《晋书》卷八四《殷仲堪传》,第2195页。

五十。"《疏》议曰："异姓之男，本非族类，违法收养，故徒一年；违法与者，得笞五十。养女者不坐。"①刘俊文认为，收养异姓男罪，指收养非同宗人为子之行为，此类行为"属破坏收养制度罪"，自乱血统，扰乱封建宗法秩序。②所以《疏》议中才特别提出"养女者不坐"，正是因为女儿不传宗继嗣，不存在混乱血统的问题。但反过来，也证明男性在传宗上的唯一性，礼法所以重视这一问题的原因也正在于此。

倘若是以同姓昭穆相同者为后，就较少受到批评，即便宦官也是如此。仇洛齐，本姓侯氏。生而非男，其舅仇嵩虽有二子广、盆，仍"养为子"，遂改姓仇。太武时入平城，因缘际会，仕途通达，封零陵公。死后，养子俨嗣爵，"初，洛齐贵盛之后，广、盆坐他事诛，世祖以其非仇氏子，不与焉。还取侯家近属，以俨为子"③。仇洛齐最初出后舅氏只是因为恩情，但在他自己则从本姓同宗之近属中择嗣。《魏书·阉官传》中养子者大多属于这种情况，尤其以兄弟之子为后者最多。④

但如果养子而不为后，所受阻力也就较小。如北魏元琛，虽贵为宗室，为求通达，"乃与刘腾为养息"⑤。魏晋之际，类似情况很多，汉族豪强世族如此⑥，就是入主中原的少数族也是如此⑦。此类养父与养子的关系，大多表现为政治上的相互依靠⑧。

---

① 刘俊文：《唐律疏议笺解》（上）卷一二《户婚》，"养子舍去"，北京：中华书局，1996年，第941—943页。
② 刘俊文：《唐律疏议笺解》（上）卷一二《户婚》，第941页。刘先生又引《旧唐书》卷一九〇《司空图传》以作为这一法令在唐代执行状况的说明："图无子，以其甥荷为嗣。荷官至永州刺史。以甥为嗣，尝为御史所弹，昭宗不之责。"虽未指责，只是恩宠之故，御史弹劾，却是职责所在。
③ 《魏书》卷九四《阉官传·仇洛齐》，北京：中华书局，1974年，第2013—2014页。
④ 如赵黑"养族弟赵奴第四子炽为后"，张宗之"养兄子袭绍爵"，抱嶷"先以从弟老寿为后，又养太师冯熙子次兴。嶷死后，二人争立，王遇"养弟子厉"，李坚"以弟子昙景为后"，成轨"养弟子仲庆"，封津"养兄子常乐，袭爵"。其余又有孙小、平季、王温等人，不赘举。
⑤ 《魏书》卷二〇《文成五王传·河间王若附琛》，第529页。案：与元琛类似的又有赵偁之。参见《魏书·阉官传·赵黑附孙偁之传》。
⑥ 如何劭，《太平御览》卷五六一《礼仪部四·吊》引王隐《晋书》云："劭为司徒薨，养子歧为嗣。"张蚝本姓弓，后为张平养子，参见《资治通鉴》卷一〇〇《晋纪二十二》"穆帝升平二年二月"，另参《晋书》卷六〇《皇甫重传》。案：今本《晋书·何曾传附子劭》无"养"字。未知孰是。
⑦ 石勒、慕容宝、杨难敌、元拔等人皆有养子。参见《晋书》卷六三《李矩传》、卷一二四《慕容云载记》、《魏书》卷五三《李冲传》，司马光：《资治通鉴》卷八八，晋愍帝建兴元年九月。
⑧ 冯尔康将收养的情况分为六类：一是宦官，主要是高级太监；二是武人，尤其是高级将领；三是少数民族有收养义男的习惯；四是为继嗣考虑的人收养义子；五是商人收养；六是其他各种原因。养子的功用一是传承家业，一是扩大政治、军事势力。参见氏著《拟制血亲与宗族》，第949—953,972页。

这种事情并不罕见。顾炎武曾指出西汉多有"冒姓"之事。[①]其为利禄者,与元琛并无不同。东汉宦官养子更成风气,《后汉书·宦者传》云:

> 中兴之初,宦官悉用阉人,不复杂调他士。至永平中,始置员数,中常侍四人,小黄门十人。和帝即祚幼弱,而窦宪兄弟专总权威,内外臣僚,莫由亲接,所与居者,唯阉宦而已。故郑众得专谋禁中,终除大憝,遂享分土之封,超登宫卿之位。于是中官始盛焉。

又云:"中官用权,自众始焉。"[②]元初元年(114),郑众卒,养子闳嗣。自此遂开先例,宦官养子皆得继承爵位,顺帝阳嘉四年(135),"初听中官得以养子为后,世袭封爵"[③],遂成定制,著于令。此后,孙程、良贺、曹腾、曹节、朱瑀等皆以养子传国[④]。虽然以异姓为养子,并传国继嗣,但宦官势大,足以阻拦清议之口。[⑤]

(二)养育孤子

虽然异姓为后,礼法不容,但如果是父母双亡的孤儿,无以为生,濒于死亡,有人肯行收养,虽然也有异姓为后的嫌疑,但却能够得到法律、道德的认可。前引贺乔妻于氏曾引董仲舒决狱之事,其一云:

> 有疑狱曰:"甲无子,拾道旁弃儿乙养之以为子。及乙长,有罪杀人,以状语甲,甲藏匿乙。甲当何论?"仲舒断曰:"甲无子,振活养乙,虽非所生,谁与易之!《诗》云'螟蛉有子,蜾蠃负之。'《春秋》之义,'父为子隐',甲宜匿乙。"诏不当坐。

于氏以此例来说明甲与"道旁弃儿"是鞠养关系,并非以异姓为后,其中委曲,可暂置勿论,但从董仲舒的判词来看,已经承认这种收养关系为父子关

---

① 顾炎武撰,栾保君、吕宗力校,黄汝成集释:《日知录集释》卷二三,"冒姓",第814页。牟润孙对汉初帝室子女多称母姓现象有很详细的考证并对顾氏之说有所辨析,参见氏著《汉初公主及外戚在帝室中之地位试释》,《注史斋丛稿》,北京:中华书局,1987年,第71—74页。
② 《后汉书》卷七八《宦者列传》,第2509、2512页。
③ 《后汉书》卷六《顺帝纪》,第264页。
④ 皆见《后汉书·宦者列传》。
⑤ 据《三国志》卷一《武帝纪》,曹操本为夏侯氏之子,但其父曹嵩为宦官曹腾养子,遂改姓氏,所以陈琳为袁绍草檄文时诋之为"赘阉遗丑"。参见《后汉书》卷七四《袁绍传》,第2393页。

系,所以可以依据"父为子隐"的经义,判其无罪。另一件案例则云:

> 甲有子乙以乞丙,乙后长大而丙所成育。甲因酒色谓乙曰:"汝是吾子。"乙怒,杖甲二十。甲以乙本是其子,不胜其忿,自告县官。仲舒断之曰:"甲生乙,不能长育以乞丙,於义已绝矣!虽杖甲,不应坐。"①

甲虽为乙父,但既已送养,父子之义便告断绝,故乙虽杖之,也只似寻常斗殴,不当治以子殴父之罪。

汉末大乱,百姓流离失所,丧亡无数,孤儿的数量也随之增多。曹魏时有人作《四孤论》,反映的正是这样的社会问题:

> 遇兵饥馑有卖子者;有弃沟壑者;有生而父母亡,无缌亲,其死必也者;有俗人以五月生子妨忌之不举者。有家无儿,收养教训成人,或语汝非此家儿,礼,异姓不为后,于是便欲还本姓。为可然不?②

造成孤儿现象的四种原因,前三种都是天灾人祸所致,而且都是因收养者而得活,这样便形成恩情与礼制之间的冲突。但对此问题,当时讨论者几乎众口一词,都赞成报答恩情,但同时对其间的冲突也试图有所调解。博士田琼认为:"今此四孤,非故废其家祀。既是必死之人,他人收以养活。"便须改姓以为报恩。作为弥补,"其家若绝嗣,可四时祀之於门户外;有子,可以为后"。之所以要祀之于门户外,遵循的还是神不歆非类的规定,而且自己有子之后,可以回归本家,以免绝嗣。大理王朗深表赞成:"收捐拾弃,不避寒暑,且救垂绝之气,而肉必死之骨,可谓仁过天地,恩踰父母者也。吾以为田议是矣。"徐幹则对补救措施加以改进:"祭所生父母於门外,不如左右边特为立宫室别祭也。"

王修的意见更为周到,他提出应"分别此儿有识未有识耳。有识以往,自知所生,虽创更生之命,受育养之慈,枯骨复肉,亡魂更存,当以生活之恩报公姁,不得出所生而背恩情。报生以死,报施以力,古之道也。"只有孤儿年幼无识,才可改姓为人后。军谋史于达叔进而认为对收养的公姁生尽"育养之泽",若其丧终,则为之"报父在为母之服,别立宫宇而祭之,毕己之

---

① 杜佑:《通典》卷六九,第1911页。
② 杜佑:《通典》卷六九,第1914－1915页。以下讨论皆出此卷,不另出注。

年也",但不可以改易他姓。刘宋时崔凯认为应稍降一等,"服齐衰周,方之继父同居者"。

讨论到这样的细致程度,究其原因还在于分别养子与异姓为后。这种精神在《唐律》中也有所体现:"所养父母无子而舍去者,徒二年。若自生子及本生无子,欲还者听之。"又云:"其遗弃小儿三岁以下,虽异姓,听收养,即从其姓。"《疏》议曰:

> 依《户》令:"无子者,听养同宗于昭穆相当者。"既蒙收养,而辄舍去,徒二年。若所养父母自生子及本生父母无子,欲还本生者,并听。即两家并皆无子,去住亦任其情。若养处自生子,及虽无子不愿留养,欲遣还本生者,任其所养父母……其小儿年三岁以下,本生父母遗弃,若不听收养,即性命将绝,仍听收养,即从其姓。如是父母遗失,于后来识认,失儿之家,量酬乳哺之直。①

律文明确规定了养子必须是"同宗于昭穆相当者",而且,养子与养父母的关系仅因其有抚育之恩,故有孝养之责。但如果养父母自生子,或者本生父母无子,甚至只是两家皆无子,养子都可以归还本宗而不得定为此罪。这实际上就把养子与养父母的关系仅仅定位在"养"上。只有三岁以下的幼儿,虽为异姓,也可为养父嗣子,承担祭祀之责。

(三)养子相关的服制

汉末吴商曾著《异姓为后议》,讨论养子及其子为本宗之亲的服制问题:

> 或问:"以异姓为后,然当还服本亲。及其子,当又从其父而服耶?将以异姓而不服也?"答曰:"神不歆非族,明非异姓所应祭也。虽世人无后,并取异姓以自继,然本亲之服,骨血之恩,无绝道也。异姓之义,可同于女子出适,还服本亲,皆降一等。至于其子应从服者,亦当同于女子之子,从于母而服其外亲。今出为异姓作后,其子亦当

---

① 《唐律疏议笺解》卷一二《户婚》"养子舍去",第941页。案:《开元礼》也以养子为"同宗于昭穆相当者"。杜佑《开元礼纂类二十九·凶礼一》"齐衰不杖周"之正服列"为众子",解释众子的范围包括"长子之弟及妾子"。又云:"凡父母于子、舅姑于妇,不传重于嫡,将所传重非嫡及养子为后者,服之皆如众子众妇"。杜佑:《通典》卷一三四,第3440页。

82

从于父母服之也。父为所生父母周,子宜如外祖父母之加也。其昆弟之子,父虽服之大功,于子尤无尊可加。及其姊妹,为父小功,则子皆宜从于异姓之服,不得过缌麻也。"①

父母无绝道,即便出继人后,改易他姓,也当为之制服。但因出继之故,服制上可比于女子出嫁,降一等服齐衰不杖期,其子如为外祖父母服小功。父为本宗昆弟之子,降服大功,与出嫁之姊妹互服小功,子因其皆为旁尊,不必循降服之例,服缌麻即可。

养子为养父母,服制上比之于继父。据《丧服·齐衰不杖期章》所云,继父所以有齐衰之服,就在于有"同居"之恩,因此虽为异姓,仍然为之制服。这与养父母的形式非常相似,前引崔凯正是据此认为养子应服齐衰。庾蔚之也认为养子"既为人后,何不戴其姓"?所谓"神不歆非类",只是指"舍己族,而取他族为后",如果"己族无所取后而养他子者,生得养己之老,死得奉其先祀,神有灵化,岂不嘉其功乎"!但是一旦"所养之父自有后,而本绝嗣者,便当应还本其宗祀"。服制上,为养父母"依继父齐衰周",如果二家俱无后,则宜停所养家,为本生父母依为人后服其本亲之例,降一等服齐衰而已。② 以养父为本位的特色体现得非常明显。

这种特点在法律上也有同样的表现。孝文帝迁都洛阳,穆泰、陆睿等鲜卑贵族反对南迁,密谋为叛,事泄被诛。在讨论元拨养子降寿是否应该治罪时,朝中大臣意见分为两派。太尉、咸阳王元禧等依据"律文养子而为罪,父及兄弟不知情者不坐",认为所以如此规定,在于"养子于父非天性,于兄弟非同气,敦薄既差,故刑典有降",不仅感情上较之亲子而为疏远,而且按照《令》文"诸有封爵,若无亲子,及其身卒,虽有养继,国除不袭",可见养子又无爵位继承权,所以,于情于爵,养父有罪,养子都不该预坐牵连。尚书仆射李冲则认为应该治罪,"依据律文,不追戮于所生,则从坐于所养,明矣"。孝文帝赞成李冲的意见,"养所以从戮者,缘其已免所生,故不得复甄于所养。此独何福,长处吞舟?于国所以不袭者,重列爵,特立制,因天之所绝,推而除之耳,岂复报对刑赏?于斯则应死,可特原之"③。

综合双方观点,可以看出养子作为一种与传统礼制不合的独特现象在北魏时的处境。由于血缘上较为疏远以及违背不以异姓为后的传统规则,养子在政治、法律上的地位仍然不能与亲子同日而语;但与此同时,养子

---

① 杜佑:《通典》卷六九,第1914页。
② 杜佑:《通典》卷六九,第1916页。
③ 《魏书》卷五三《李冲传》,第1186—1187页。

现象的大量出现，以及养子离其本亲"养"于所继的事实，使其与养父之间必然形成相对固定的连带关系。而正是这种新型关系的形成，反过来又在礼制上产生了深刻的影响。

不论服制上还是法律上形成的种种讨论，都显示出讨论者面临的矛盾与困惑：一方面神不歆非类的观念仍然存在，而且对社会也有强大的影响，另一方面出继之事又频繁发生，不仅在同姓之间，异姓为后这样为礼制所不容的事情也时有所闻。那么，该如何面对又该如何协调解决这样的矛盾，使礼制在保持其权威性的基础上能够与时俱进，就成为当时礼学家的共同课题。但意识到问题，并不意味着问题能够轻易解决。异姓为后带来的问题如此，即使同姓之间出继也并不简单，成帝咸和年间贺乔妻于氏就提出这样一个难题。

（四）养子与养子为后

于氏在对朝廷的陈述中，介绍了她遭遇到的问题。于氏自嫁入贺氏之门，一直未能生养，贺乔之仲兄贺群允诺以一子出继。其妻陶氏生第三子辉，即令于氏抚养，并禁止奴婢"言其本末"，即使陶氏也不可，"诚欲使子一情以亲妾，而绝本恩于所生"。但辉不幸夭折，其后群又以子率出继，仍使家人保密，"故率至于有识，不自知非妾之子也"。但在率刚满周岁时，贺乔之妾张氏生子纂，所以率至弱冠之岁，人有告其出继之事，鼓励他仍归亲母陶氏，"若不去，则是与为人后"，率遂离去。

于氏认为自己与贺率的关系是养子，并非为人后者，这两种关系在礼制上并不相同。为人后者仅限于大宗无后，取族中支子以为后，而贺乔既非大宗，贺率也不为父后，自然不属于这种关系。相反，自从贺率出继之后，自己"推燥居湿，分肌损气，二十余年，以至成人"，有成育之功，"父母之于子，生与养其恩相半，岂胞胎之气重而长养之功轻？"贺率于己既是养子，便当尽赡养之责，自然不应回归陶氏。①

申诉既上，成帝敕"下太常、廷尉、礼律博士，按旧典决处上"。博士杜瑗赞成于氏的说法，廷史陈序据《令文》"养人子男，后自有子男，及阉人非亲者，皆别为户"以及"无子而养人子以续亡者后，于事役复除无回避者听之，不得过一人"，认为贺率应别为户，但未明言是否回归陶氏。尚书张闿

---

① 于氏之言，自有理据，就其前引董仲舒之判例以及王朗、田琼、王修等论四孤之说，实际上反映了"生功"与"养功"孰重孰情的问题。这一问题不仅造成服制上的差异，而且后世仍然争论不断，这与宗族对异姓或异宗之类的拟制血亲既排斥又接受的态度密切相关，冯尔康对此有较为详细的介绍。参见氏著《拟制血亲与宗族》，第 960－967 页。

举此前贺循之事以为证:"贺循取从子纮为子,鞠养之恩,皆如率,循后有晚生子,遣纮归本。"何况于氏所言,于经无证,于古无例,而且就当世而言,"今人养子,皆以为后",养子与为人后者并无区别,贺率自应归本。蔡谟亦以于氏之言"并非礼典正义",应从张闿之议。①

据张闿之言,东晋初,社会上但凡养子者皆以养子为后,已成普遍现象,但是,需要注意的是,养子既可以是同姓,也可能是异姓。通过陈序所引的《令文》可以看到,同姓、异姓的区别实际上并非至关紧要:只要以养子为后,不管同姓异姓,都不必分立户籍,但阉人除外;如果只是养子而不为后,亦不论同姓异姓,都须别为户。这种规定实际上既是对异姓为后的事实承认,也强调了为人后者在礼法上仍然有其重要地位,尽管所后者并不一定就是大宗。范宁在与谢安书中就对这种状况提出批评:"称无子而养人子者,自谓同族之亲,岂施于异姓?今世行之甚众,是谓逆人伦昭穆之序,违经典绍继之义也。"②

就养子的相关讨论,可以看出从魏晋到隋唐,有很大的相似性。不以异姓为后、神不歆非类的观念仍然得到坚持,并在法律、舆论上得到遵守。但是,这种遵守并非一成不变,汉代以来的冒姓、养子以及各种原因造成的大量孤儿,使社会上养子之风已经成为有目共睹之事,漠视或者无视变化,只能被时代抛弃,因此,魏晋南北朝时期的礼学家在坚守传统的同时,也适时地提出许多折衷办法以应时顺变,如对孤儿的界定,对养子身份的限制,以及依继父之服为养父母制服③,等等。这些办法最终又被《唐律》采纳,成为影响后世的重要法典。礼制本身也在这样的应对中得到充分的扩展,并因对现实的指导作用而使生命力得以保持。

五、小结

古代社会重宗法,宗族则是宗法的重要体现。宗族之中,大宗具有唯一而且独尊的地位,各个小宗都围绕大宗凝聚成一个整体。大宗既是尊之统,又承担着"收族"的作用,这就使大宗的延续对宗族而言意义重大。因

---

① 杜佑:《通典》卷六九,第 1907 — 1913 页。
② 杜佑:《通典》卷六九,第 1914 页。
③ 章太炎认为魏晋礼学家比养父母于继父之议,"斟酌尽善,可补《仪礼》之阙。《仪礼》制于宗法时代,秦汉而后,宗法渐衰,自有可斟酌损益之处"。参见氏著《国学讲演录·经学略说》,上海:华东师范大学出版社,1995 年,第 106 页。

此,《丧服》专门规定了为人后者的种种服制,以防止因大宗绝嗣而带来的宗族涣散。在关于为人后者的具体规定中,又处处奉行尊大宗抑小宗的原则,以突出大宗以及宗子的地位。

为人后者也可称为出继。由于古人对同姓、异姓的严格区别,出继者的身份也限制在同宗的庶子之中。汉魏以下,西周时期的宗法概念遭到破坏,以小家庭为表现形式的小宗成为社会的主体,其继承与延续也相应受到重视,于是兄弟之子相互为后的现象逐渐增多。加上政治以及社会等其他因素的影响,养子和异姓为后之事也越来越多,相比而言,社会舆论对异姓为后的排斥和反对最为厉害。重视小宗,可以反映出魏晋南北朝时期"以情制服"的重情特征,但从异姓为后之事遭到反对,又可以看出传统观念的巨大影响。

在《唐律》和《大唐开元礼》中,对"养子"的定义都是"同宗昭穆相当者",并不包含异姓为后者。但就一般人的理解,养子既包括同姓,也包括异姓。如果说,出继所代表的为人后者反映了大宗的传统尊崇地位的话,养子则意味着宗族观念变化后小宗地位的上升,虽然它有时候更多关注的只是自身的地位与权势。从出继到养子的过程,既是服制的变化过程,也是社会变化的反映。

鲜卑婚俗与北朝汉族婚姻礼法的交互影响

史 睿

学界论述中古时期的汉族婚姻礼法，往往强调其所受外族之影响，而笔者认为，魏晋南北朝时期的民族融合诚然是一个显著特点，汉族与其他民族之间礼俗的相互影响也是必然的，但是汉族与其他民族婚姻礼俗的差异并不如我们想象的那么巨大，其他民族对于汉族的影响也并不是像我们想象的简单。我们需要重新研究其他民族对汉族婚姻礼俗的影响方式和机制。与汉族相比，魏晋南北朝时期其他民族的婚俗史料少之又少，鲜卑族拓跋部曾经建立过延续一百多年、统治北部中国的王朝，有较为完整的早期历史记载，婚俗史料相对较为丰富，足以用来与当时汉族的婚姻礼法作一比较。笔者发现鲜卑拓跋部的兴衰史中，实际还蕴涵着一部拓跋部婚姻礼俗的变迁史。今就鲜卑族拓跋部与汉族的婚姻现象作一比较，并深入分析其对汉族婚姻礼法影响的方式和机制。

田余庆先生《拓跋史探》，追溯鲜卑先世的历史，提出北魏太武帝拓跋珪创立"子贵母死"之制的解释，可谓独具慧眼，给予笔者极大的启发。[①]田先生主要从政治史的角度解读拓跋史料，而今笔者试从家庭史的角度重新加以解释，并将鲜卑拓跋的婚姻礼俗与同时的汉族婚姻礼法相比较，以期就长期以来困扰我们的所谓中原婚俗的外族影响说作一番批评和重构。

一、现象：子贵母死与依仗姻援

1. 鲜卑拓跋部"子贵母死"制度

"子贵母死"是北魏一项独特而残忍的制度，田余庆先生所撰《北魏后宫子贵母死制度的形成和演变》最早揭示了这项制度的原委，并追溯到北

[①] 田余庆：《拓跋史探》，北京：生活·读书·新知三联书店，2003年。

魏先世的传说。田先生特别注意到《魏书·序纪》所记拓跋诘汾与天女合而生力微,在拓跋部后人中留下"诘汾皇帝无妇家,力微皇帝无舅家"之谚的故事。《魏书·序纪》云:"初圣武帝常率数万骑田于山泽,欻见辎軿自天而下,既至,见美妇人,侍卫甚盛,帝异而问之,对曰:我天女也,受命相偶。遂同宿,旦请还,曰:明年周时,复会此处。言终而别,去如风雨。及期,帝先至所田处,果复相见。天女以所生男授帝,曰:此君之子也,善视之,子孙相承,世为帝王。语讫而去,即始祖神元皇帝也。故时人谚曰:诘汾皇帝无妇家,力微皇帝无舅家。"①田先生认为这是为了掩饰某种不便说出来的情节而编造的,并以史书所载拓跋力微的事例为证:"力微本人庇托于妻族没鹿回部(没鹿回部即后来的窦氏),手刃其妻及妻兄没鹿回部大人,才使拓跋部振兴起来,而其妻窦氏后来却不以罪人论而是被尊为北魏的始祖皇后,与始祖力微配享;窦氏所生之子,即没鹿回部之甥,就是后来被尊为文帝的沙漠汗。"力微的事例也许能证明其父诘汾也是杀妻族部落大人,才使拓跋部延续了部落联盟领袖的地位,才使其子力微得以继承其位。于是"诘汾无妇家,力微无舅家"的传说就编造出来了。"这个推想,道理应当可以成立,具体情节难说准确。"②

关于"诘汾皇帝无妇家,力微皇帝无舅家"的传说,笔者从家庭史的角度试做另一种解释。妇家、舅家的事实和观念,或者具体地说,家庭的事实和观念,不是人类血缘组织一出现就有的。在两合氏族的婚姻关系之中,结为婚姻的男女仍然属于各自的氏族,并不能脱离自己的氏族而组成稳定的家庭。所以说,那时只有氏族而没有家庭,个体家庭的出现是人类亲属制度史上一个重大的转折。个体家庭的出现是必然的趋势,子女由母亲氏族抚养改为由个体家庭抚养,并继承父亲的身份和财产也成为必然。所谓"诘汾皇帝无妇家,力微皇帝无舅家"正是这个过程中的现象,而并非毫无根据的杜撰。史云:"初,圣武皇帝尝率数万骑田于山泽,欻见辎軿自天而下,既至,见美妇人,侍卫甚盛。帝异而问之,对曰:我,天女也,受命相偶。遂同寝宿。"这表现的正是中国古代所说的"野合"。李衡眉先生据人类学家的研究指出,在实行两合氏族婚姻的集团中,同一氏族的男人集团与女人集团之间只存在经济关系而绝对禁止婚姻关系;同时,不同氏族的男人集团与女人集团之间,只存在婚姻关系而无经济关系。四个婚姻集团相互接近,甚至形成一个居民点,但仍然保持彼此隔离的传统,在两个集团之间

---

① 《魏书》卷一《序纪》,北京:中华书局,1974年,第2—3页。李昉等:《太平御览》卷一〇一引《魏书·序纪》略同。
② 田余庆:《拓跋史探》,第99页。

还要划出一条明确的分界线。所谓野合,就是两合氏族婚姻时期曾经有过的一般男女隔离,特别是性伴侣隔离的形形色色的遗迹。①在两合氏族中交好的男女都属于各自氏族,经过短暂的燕好之后,不能脱离氏族组成个体家庭,于是不得不分离。拓跋诘汾与天女的关系就是野合习俗的反映。史书又云:"旦,请还,曰:明年周时,复会此处。言终而别,去如风雨。"所谓"明年周时相会",实际上是两合氏族为族中男女定期相会订立的制度,使分属两个氏族的夫妇得以定期相见。"及期,帝先至所田处,果复相见。天女以所生男授帝,曰:此君之子也,善视之,子孙相承,世为帝王。语讫而去,即始祖神元皇帝也。"这是子女由母亲氏族转入父亲氏族抚养的写照,是拓跋部家庭制度发展的分水岭,从此以后,由舅甥继承制改为父子继承制。诘汾之称圣祖,力微之称始祖,其意义或许在此。《魏书·序纪》在力微之前记载了十四世先祖,而以力微为始祖,其原因何在?笔者颇疑诘汾之前拓跋部的继承关系都是舅甥继承制或兄终弟及制,而力微之后,才出现子女由母亲氏族转入父亲氏族的现象,有了稳定的父子继承制。②故力微在这一意义上才可称为拓跋部的始祖。当然,鲜卑拓跋部的父子继承制或者个体家庭的建立,并非如《序纪》所载如此简单、和平,必然经历了长期与传统习俗的斗争才终于在力微一代获得成功。正如田余庆先生所猜想的,力微杀妻的故事就是诘汾故事的延续。这或许反映了力微经过复杂、残酷的斗争才脱离妻子氏族没鹿回部而成为拓跋部领袖的。笔者推测力微的妻族可能还保持着氏族的习俗和传统,阻挠个体家庭的出现,或是禁止子女转入父亲氏族抚养,于是就和力微发生了冲突。力微之杀妻事件,可能与诘汾之隐瞒妻族有共同性。然正如田余庆先生所云,具体情节可能不同。当然这个故事不一定完全都是诘汾、力微两代发生的,也可能是拓跋部此前所经历的家庭变革史的缩影,因诘汾、力微两代实现了从氏族组织向个体家庭转化的突破,所以将这一变革抽象并缩浓于这两代之间。

田先生又云:"《三国志·魏志·乌丸传》注引王沈《魏书》以及《后汉书·乌桓传》都记有乌桓之俗,'怒则杀父兄,而终不害其母,以母有族类,父兄则无相仇报故也。'这说的是乌桓。但在前二书的《鲜卑传》里又都说到鲜卑的言语习俗与乌桓同,然则鲜卑拓跋部自然也有怒则杀其父兄而

---

① 李衡眉:《野合习俗的由来》,《社会科学战线》1990年第1期,此据《中国古代婚姻史论集》,长春:吉林文史出版社,1992年,第87—88页。参李衡眉《昭穆制度研究》,济南:齐鲁书社,1996年,第134—140页。
② 《魏书·序纪》所记的献帝拓跋邻年老,以位授子拓跋诘汾,可能是后世依据父子继承制而拟制的父子关系;也有另一种可能,即当时实行的是尚不稳定的父子继承制。

终不害母之俗。正是从这里，很容易出现母后拥权以及母族介入拓跋君位传承事务的可能性。"①笔者认为从这个例证看，鲜卑拓跋部倚仗母族、妻族绝不仅仅是家庭史上的特例，而是具有普遍性的人类学现象，不仅拓跋氏，与鲜卑、乌桓出于相同阶段的各族都会有相似的现象。子女杀父不害母可能与其归属母亲氏族，而与父亲氏族相异的传统观念紧密相连。

　　田先生还指出，北魏道武帝以前几代君主都有强有力的母后，新君靠母后护持，才能得位和固位。至少从桓帝祁后以来，拓跋部女强人辈出。道武帝本人之母贺太后就是很有能力的女强人。道武帝如果没有这样的母亲根本不可能登君位。这些事实证明拓跋部已经形成了母强子立的传统。拓跋旧制，"七姓""十族"血缘相近，百世不通婚，婚姻必取之拓跋以外的部落。拓跋部居部落联盟领袖地位，其妻族和母族一般具有相当实力。按习俗，这是一种政治婚姻，它能巩固婚姻部族的利益，也有利于部落联盟的维系与巩固。母族、妻族有强大的部族背景，本部族的影响力也因而增大。道武帝母后所出的贺兰部及道武帝皇后所出的独孤部都是强大的部族，道武帝如果因袭这一传统，靠母族、妻族支撑自己的部落联盟领袖地位，是可以办得到的；但要靠它树立超越一切的专制君权是办不到的。道武帝必须有一个集中权力的过程，其中包括剥夺母族、妻族权力，特别是他们干预拓跋事务的权力。②于是就产生了离散部落和子贵母死制度。故《魏书·太宗纪》曰："初，母刘贵人赐死，太祖高帝曰：昔汉武帝将立其子而杀其母，不令妇人后与国政，使外家为乱。汝当继统，故吾远同汉武，为长久之计。"③田先生又说，"细审道武创业战争的主要攻战对手，叔父窟咄除外（这正是由于拓跋部并未建立严格的嫡长子继承制度，拓跋珪不被一致认同为当然继承人的缘故），几乎都是与拓跋世婚的外家部族，即道武妻族独孤刘氏诸部，母族贺兰贺氏诸部，祖母族慕容诸部，其中并没有一个是拓跋部的宿敌。这岂不正好证明，道武创业的主要障碍不是别人，而是拓跋部的外家部族吗？这岂不正好证明，道武建立'子贵母死'之制，不惜以杀妻为代价来巩固北魏帝业，是有鉴于拓跋历代强后及后族干政引发动乱的惨痛教训吗？"所以"子贵母死"和离散部落的实施，都是针对拓跋部母强子立和倚仗外族（母党、妻党）的婚姻礼俗而产生的。

　　神元帝拓跋力微以后直至道武帝拓跋珪，拓跋部的君位继承次序错乱，矛盾尖锐，田先生将其特征归纳为以下四点：首先可以看到，长子地位

---

① 田余庆：《拓跋史探》，第103—104页。
② 田余庆：《拓跋史探》，第98页。
③ 《魏书》卷三《太宗纪》，第49页。

特殊的观念虽已出现,但长子并不具备当然的继承权。其次,嫡庶观念不明,拓跋部没有中国古代严格意义的后与妃、嫡与庶的分别。再次,还可以看到,残酷的君位之争主要在兄弟之间进行。最后值得注意的是,在主要是兄弟相争的过程中,皇后、母后各护持自己的子嗣争位,形成与兄终弟及秩序相抗衡而又交错出现的现象。① 这四点都是舅权压制父权的基本现象,是诘汾、力微父子初步确立父子继承制之后,母党、妻党企图延续古老习俗,继续控制拓跋部,并恢复舅甥继承制和两合婚姻制而与拓跋部发生的冲突。这一冲突直到道武帝建立了"子贵母死"之制,并且实施了离散部落策略之后才真正停止。所以笔者认为,鲜卑拓跋部早期——道武帝以前——的婚姻礼俗的实质就是舅权与父权的冲突,而一切措施都是两种争斗的结果。

2. 北朝士族倚仗姻缘礼法的婚俗根源

如前所述,北朝士族的社会-政治地位大致与三项因素密切相关,即姻援、门望、才艺。② 才艺或称人身、人才,是指不依赖出身而具有的个人才能,与门望、门户完全不同。史云宋弁"性好矜伐,自许膏腴。高祖以郭祚晋魏名门,从容谓弁曰:'卿固应推郭祚之门也。'弁笑曰:'臣家未肯推祚。'高祖曰:'卿自汉魏以来,既无高官,又无儁秀,何得不推?'弁曰:'臣清素自立,要尔不推。'侍臣出后,高祖谓彭城王勰曰:'弁人身良自不恶,乃复欲以门户自矜,殊为可怪。'"③ 足以证明当时将"门户"(门望、门第)和"人身"(人才、才艺)分开考虑。而姻援及门望也不相同,在仕进方面,妻党母党的作用更是不可小觑,连皇子贵胄也要依靠妻党谋求进身之阶。④ 联姻势家以攀结姻缘,被视为"荣利之事"⑤。因此,身居选官要职者总是营

---

① 田余庆:《拓跋史探》,第 20 — 22 页。
② 姻援一词源于杨播《诫子书》:其略云:"吾自惟文武才艺、门望、姻援不胜他人,一旦位登侍中、尚书,四历九卿,十为刺史,光禄大夫、仪同开府、司徒、太保,〔杨〕津今复为司空者,正由忠贞,小心谨慎,口不尝论人过,无贵无贱,待之以礼,以是故至此耳。"(《魏书》卷五八《杨播传附椿传》,北京:中华书局,1974 年,第 1290 页。《北史》卷四一《杨播传附椿传》略同,北京:中华书局,1974 年,1490 页)中华书局本《魏书》、《北史》于门望和姻援之间都未点断,恐不当,门望与姻援乃两个概念,不当混为一谈。西晋初年王浚与王浑争平吴之功时所上自理表云:"然臣孤根独立,朝无党援,久弃外……而结怨将宗,取怨豪族……今浑之支党姻族,内外皆根据盘互,并处世位。"(《晋书》卷四二《王浚传》,北京:中华书局,1974 年,1213 页)王浚所云党援,对照下文而言,应指宗族之援和姻亲之援,可与《魏书、北史·杨椿传》参看。
③ 《魏书》卷六三《宋弁传》,第 1416 页。
④ 《北史》卷一八《景穆十二王传》,第 670 页。
⑤ 《魏书》卷六三《王肃附翊传》,第 1413 页,又崔光韶《戒子孙书》云:"吾兄弟自幼及老,衣服饮食未尝一片不同,至于儿女官婚,荣利之事,未尝不先以推弟。"《北史》卷四四《崔亮附光韶传》,第 1638 页。

91

婚不暇,时论以为地势使然;更有甚者巧宦钻营,至于专以姊妹儿女谋取官位,如刘芳之子刘逖。①这体现了文武才艺之外,姻缘是不可或缺的仕进要素。北朝家庭中,妻族母党在宗族后裔的继承问题上,具有决定性的意义。在两妻都是士族的情形下,妻族的门第高低成了各自男性后代是否具有嗣子地位和士族身分的决定性因素,陆定国、司马徽亮等人的事例最为典型。②仅就宗族内部而言,北朝隋唐士族并非如五代人所说,只须具备诸如崔、卢、李、郑、王等高门姓氏就能自然获得无差别的士族身分,这时母党的门第高低、教养程度就是辨识同姓宗族后裔的标尺,母党门第高者获得收举,有承嗣权利;母党卑贱者不被收举,行同奴仆,无承嗣权利。这里姓氏所代表的父系宗族的权利受到了母党权利的严格制约。母亲代表的不仅是其个人,更重要的是作为本家权利的延伸在夫家发挥重要的作用。

如果追溯倚仗姻援的早期婚俗来源,必然也要注意古史上关于舅权和父权的冲突的事例。汉族史料中外亲继承而导致舅权与父权冲突的事例,与鲜卑拓跋部早期的情形具有可比性。《春秋》云:"鲁襄公六年,'秋……莒人灭鄫。'"③《谷梁传》云:"莒人灭鄫,非灭也;中国日,卑国月,夷狄时。鄫,中国也,而时,非灭也;家有既亡,国有既灭,灭而不自知,由别之而不别也。莒人灭鄫,非灭也,立异姓以莅祭祀,灭亡之道也。"④这个异姓是谁?这须参考前一年的《公羊传》才清楚。《公羊传》襄公五年曰:"取后乎莒也……莒女有为鄫夫人者,盖欲立其出(即甥)也。"注云:"时莒女嫁为鄫后夫人,夫人无男有女,还嫁之莒。有外孙;鄫子爱后夫人,而无子,欲立其外孙。"⑤外孙就下一辈而言,就是外甥。所以《谷梁传》在"莒人灭鄫"条下范宁注云:"莒是鄫甥,立以为后,非其族类,神不歆其祀,故言灭。"又云:"立其甥为后,异姓故言灭也。"这就是说,在春秋时期人民看来,鄫人之后不以同族,而以外甥,是自取灭亡;莒人以其公子后鄫,是灭人之国。李衡眉先生认为,"《谷梁传》中'别之而不别'一语,最可玩味。父系好不容易从母系分别出来,是'别之',如今却要把外孙或外甥取来,作为继立之人,是'不别',是行了夷狄之道,是把父系搅乱了,把父权颠覆了,真是非同小可,必须予以重重地贬斥!说灭是重贬了鄫人;说'莒人灭'是严

---

① 《北史》卷四二《刘芳附逖传》,第1552页。
② 详见拙稿《南北朝士族婚姻礼法比较研究》,荣新江主编《唐研究》第十三卷,北京:北京大学出版社,2007年,第177—202页。
③ 左丘明著,杜预注,孔颖达正义:《春秋左传正义》,《十三经注疏》本,北京:中华书局,1980年,第1937页。
④ 《春秋谷梁传注疏》,《十三经注疏》本,北京:中华书局,1980年,第2426页。
⑤ 何休注、徐彦疏:《春秋公羊传注疏》,《十三经注疏》本,第2302页。

斥了莒国。后立嗣不许立姊妹之子，各家家谱上都特别申戒'异姓抱养不书'当都是鉴于'莒人灭鄫'的一类例子而来。"① 谢苗诺夫指出，随士族组织（血缘的）向公社（婚姻的）转化过程中，原来男孩都转入母亲兄弟的集团，即他的母亲的氏族的男人集团，现在则转入其父亲所在的集团，即他自己出生的公社的男人集团了。中国古代文献所记载的冥婚也是这类转变的反映，即男子到女家成婚，或两人因游牧而相遇，而且两人之间有天然的婚姻关系（如《魏书·序纪》诘汾之事，天女受命相偶，而卢充则秉承父命，也是一种宿命关系的反映）所生之子则先在母家，其后则转入父家。以上特征与谢苗诺夫所描述的原始社会的婚姻状况十分相似，这提示我们注意冥婚是与其起源年代的婚姻制度分不开的，它必然带有那个时代的某些特征。

春秋时代存在婚姻制度转变时两种传统的斗争，外亲入嗣本宗，造成祖宗祭祀的主体发生变化，莒国之后继承鄫国国君的地位，鄫国的祖先祭祀就被莒国祖先祭祀所代替，这在极为重视祖先祭祀的古代中国是非常重大的变化。这实际上是继承制度的复古，在个体婚姻和家庭出现之前，甥舅继承是普遍和必然的，而当个体婚姻和个体家庭产生之后，甥舅继承制逐渐向父子继承制转变，其间经历了极为复杂和残酷的斗争，汉族历史上此类记载多在各姓起源的传说之中。后世的汉族史料中仍然不乏外孙、外甥继承身份、爵位的记载，虽然究其实质与春秋时代改变祖宗祭祀主体的莒国灭鄫不同，但从中仍然可以看出继承制变迁过程的历史痕迹，也是舅权与父权冲突的一种形式。《晋书》卷四十《贾充传》云：

〔贾〕充遂无胤嗣。及薨，〔郭〕槐辄以外孙韩谧为〔贾〕黎民子，奉充后。郎中令韩咸、中尉曹轸谏槐曰："礼，大宗无后，以小宗支子后之，无异姓为后之文。无令先公怀腆后土，良史书过，岂不痛心。"槐不从。咸等上书求改立嗣，事寝不报。槐遂表陈是充遗意。帝乃诏曰："太宰、鲁公充，崇德立勋，勤劳佐命，背世徂陨，每用悼心。又胤子早终，世嗣未立。古者列国无嗣，取始封支庶，以绍其统，而近代更除其国。至于周之公旦，汉之萧何，或豫建元子，或封爵元妃，盖尊显勋庸，不同常例。太宰素取外孙韩谧为世子黎民后。吾退而断之，外孙骨肉至近，推恩计情，合于人心。其以谧为鲁公世孙，以嗣其国。自非功如太宰，始封无后如太宰，所取必以己自出不如太宰，皆不得以为

---

① 李衡眉：《昭穆制度研究》，第 112—113 页。

比。"及下礼官议充谥,博士秦秀议谥曰荒,帝不纳。

《晋书》卷五十《秦秀传》:

> 及充薨,秀议曰:"充舍宗族弗授,而以异姓为后,悖礼溺情,以乱大伦。昔鄫养外孙莒公子为后,《春秋》书'莒人灭鄫'。圣人岂不知外孙亲邪!但以义推之,则无父子耳。又案诏书'自非功如太宰,始封无后如太宰,所取必已自出如太宰,不得以为比'。然则以外孙为后,自非元功显德,不之得也。天子之礼,盖可然乎?绝父祖之血食,开朝廷之祸门。《谥法》'昏乱纪度曰荒',请谥荒公。"不从。

实际上贾充外孙韩谧作为贾氏的继承者,其祖宗祭祀主体并未改变,韩谧须改姓贾氏,并未"绝父祖之血食"。但是我们看到秦秀抗议这种以外孙为嗣的行为时,将《春秋》"莒人灭鄫"的典故当作谴责外甥、外孙继承的礼法依据,这说明两个事例在当时士人的心目中是具有相似性的。对此,武帝虽曰"外孙骨肉至近,推恩计情,合于人心",但也不得不将这种行为限制在很小的范围之内,"自非功如太宰,始封无后如太宰,所取必以已自出不如太宰,皆不得以为比"。可见当时以秦秀为代表的新礼法已经占有一席之地,皇权也不得不略作让步。永嘉南渡之后,新礼法随之渡江,在东晋南朝成为普遍礼法,而旧的传统则由北方继承,故北魏时家庭中舅权仍有较大的作用。《魏书》卷二四《崔玄伯传附邪利传》也有这样的事例:

> 初,真君末,车驾南克邹山,〔崔〕模兄协子邪利为刘义隆鲁郡太守,以郡降,赐爵临淄子,拜广宁太守,卒于郡。邪利二子。怀顺以父入国,故不出仕,及国家克青州,怀顺迎邪利丧,还葬青州。次恩,累政州主簿,至刺史陆龙城时谋叛,聚城北高柳村,将攻州城,龙城讨斩之。怀顺与冲智子徽伯俱奔江外。始邪利与二女俱入国,一女为张氏妇,一女为刘休宾妻,生子文晔。邪利后生庶子法始。邪利亡后,二女侮法始庶孽,常欲令文晔袭外祖父爵临淄子。法始恨怼,无所不为。后怀顺归北迎丧,始与法始相见。未几,法始得袭爵,传至孙延族,正光中,为冠军将军、中散大夫。①

---

① 《魏书》卷二四《崔玄伯传附邪利传》,第 627－628 页。

崔邪利长子怀顺抗迹不仕,无异于放弃承袭爵位的权利,后来又叛逃江南;次子崔恩谋叛被杀。于是庶子崔法始的嫡兄都已不在,已不存在承袭爵位的障碍。但他的嫡姊却因他身为庶子,企图剥夺他的继承权,而让崔邪利的外孙刘文晔继承爵位。刘文晔是外孙,有继承外祖爵位的可能,继承顺序竟在庶子之前,而且崔法始之最后能承袭爵位,原因可能是刘文晔已经取得了爵位之故。刘文晔是刘休宾之子,刘休宾虽然也归降北魏,但却并未如崔法邪利、房法寿等人受赠爵位,只作过一任县令而已。休宾死后,文晔无爵可袭,故其母常欲令文晔袭外族临淄子之爵。太和中(大约在十一年以后)魏孝文帝幸方山,文晔当面诉屈,才得赐爵。[①]这与莒人后郮的事例如出一辙,《谷梁传》以为外孙继承是"别之而不别",罪莫大焉,而北魏一般观念则以为可行,足见重舅权观念的风行。这种风尚到唐朝仍然不绝,故有"大凡人情,于外家则深,于宗属则薄"的论调,与柳芳所云"山东之人质,故尚婚娅,其信可与也;及其弊,则尚婚娅者先外族,后本宗"相一致。[②]

二、实质:宗族和妻党、母党的冲突与合作

远古社会甥舅之亲是最为重要的亲属关系之一,故《周礼》《礼记》《左传》《诗经》等书都将甥舅关系与父子关系、兄弟关系并提,异姓联姻则为甥舅之国,后世少数民族与中原汉族联姻,以自身的亲属制度视之,仍称为甥舅之国。至五代才有父子之国的拟制类型,或许可以从另一个侧面为宗族与婚姻关系重要性的转化划上一条界标。父权的发展,父系意识的发展,都需要压制舅权,这也证明了初民社会中舅权之强大。汉族礼制中,甥舅之服为缌麻,据李衡眉先生研究,也是压制舅权的表现之一。[③]这一点少数民族与汉族并无差别,只是表现形式稍有不同而已。田余庆先生从政治史的层面,或者说以当时的政治问题为例,揭示了离散部落与子贵母死之

---

① 《魏书》卷四三《刘休宾传附文晔传》,第 964 — 969 页。
② 王溥:《唐会要》卷二五《辍朝》曰:"大中十一年,右羽林统军郑光卒,上之元舅也。诏赠司徒,辍朝三日。御史大夫李景俭上疏曰:'郑光是陛下亲舅;外族之爱,诚轸圣心。今以辍朝之数,比于亲王、公主,即前例所无,纵有,似不可施用。何者?先王制礼,所贵防微。大凡人情,于外家则深,于宗属则薄,先王制礼,割爱厚亲。据《开元礼》,外祖父母亲舅丧,止服小功五月,若亲叔伯兄弟,即服齐缞周年。所以疏其外而密于内也。'"第552 页。
③ 李衡眉:《昭穆制度研究》,第 107 — 115 页。

制都是压制舅权的表现。实际这除了基于现实政治问题的考虑之外,还存在着非常重要的亲属制度上的因素。今天我们应更多地着眼于亲属制度的变迁,如果从这个角度看,北魏太武帝之离散部落与子贵母死就不再是一个特例,而是具有普遍意义的人类发展史上的重要现象。

从"子贵母死"到婚必高门只有一步之遥,因为"子贵母死"是从"母强子立"而来,它与婚必高门的实质完全一致。北魏建国之初,拓跋部需要依靠周边具有实力的部族,即其母族和妻族;一旦拓跋部逐渐完成从血缘性氏族集团到地域性个体家庭的亲属制度转变之后,必然要改变传统,摆脱母族、妻族的控制,抑制舅权的扩展。当孝文帝推行汉化以后,注意到汉族的婚姻传统具有双系继承的特征,子嗣的身份不仅来自宗族,而且也来自母族,同时也要借助妻族的力量。① 而长期打击母族、妻族的鲜卑拓跋部在迈入汉化(或曰士族化)的门槛时忽然发现,自身"拟匹卑滥,舅氏轻微"的婚姻关系与汉族士族的传统是那么地不协调,已经成为鲜卑拓跋部汉化的一个重要障碍。他们不仅要与汉族高门联姻,更重要的是必须转变旧俗,认同汉族士族倚仗姻援的风俗。所以北魏孝文帝以后的子贵母死制度已经蜕变成了宫闱斗争的手段,已非当初太武帝抑制舅权、离散部落的初衷了。② 拓跋氏皇族此时与汉族氏族联姻,已经不再有当初受制外家之虞了:从汉族姻亲那里只有得到社会地位和身份的提升,而不必担心汉族士族会像鲜卑别部大人那样干预皇位的传承。如果说鲜卑母强子立的旧俗是舅权与父权的全面冲突,那么汉族的倚仗姻援就是舅权与父权的全面合作。母强子立须用子贵母死来抑制,目的不仅在皇后本人的权利,而更主要的是抑制妻党、母党的权利,这种舅权与父权的冲突甚至不得不用流血的方式来解决。汉族士族的礼法与鲜卑最初的婚俗极为相似,孝文帝联姻士族,认同并利用汉族的礼法,以不流血的方式,取得汉族舅权与鲜卑父权的全面合作,是其汉化策略必然之选。

北魏孝文帝的转变,以下诏为六王娶高门之女为始,其诏云:"太祖龙飞九五,始稽远则,而拨乱创业,日仄不暇,至于诸王娉合之仪,宗室婚姻之戒,或得贤淑,或乖好逑。自兹以后,其风渐缺,皆人乏窈窕,族非百两,拟匹卑滥,舅氏轻微,违典滞俗,深用为叹。"③ 可见舅氏轻微对于皇室,尤其是迁都变俗之后的北魏皇室而言,是一个重大问题。此前,正如田余庆先生所言,舅氏势力的强大势必会干预拓跋氏皇位继承,这是鲜卑式的婚姻关

---

① 由于重娶风俗盛行,娶于母党成为北朝婚姻的显著特点,所以母党和妻党往往重合。
② 参田余庆:《拓跋史探》,第 51—59 页。
③ 《魏书》卷二一上《咸阳王禧传》,第 534—535 页。

系决定的,而汉人式的婚姻关系则是依靠外家的势力支持宗族的继承。两种婚姻表现形式虽然不同,但其实质是完全相同的。北魏孝文帝深知汉人的婚姻礼法,并刻意模仿,与其说和四姓联姻是以东汉的四姓小侯为典据,还不如说是孝文帝对于当时汉人婚姻礼法的深切认同(即重婚娅之礼法)。为六王娶高门之女,意味着鲜卑皇室的士族化,而士族化之后就必须按士族的婚姻礼法行事。此后六王及其他鲜卑贵族仍不能完全认同汉人观念,又产生出许多冲突,如不礼答汉族高门出身的王妃,而宠爱小妾等等,但解决之道却又不得不回到汉人礼法上来。如京兆王元愉本纳范姓高门、顺皇后之妹于氏为妃,却钟情于徐州歌女东郡人杨氏,于是假托右中郎将赵郡李恃显为养父,就其家以礼迎娶。① 赵郡李氏的身份对于皇子而言是保证婚姻必要的前提,否则既有损皇室声名,其后裔也难以进入皇室属籍。而身后我们从墓志上看到的杨氏家族谱系却与史书又不相同。其子《元宝月墓志》曰:"皇妣杨妃,恒农人。父次德,兰陵太守。祖伯念,秦州刺史。"② 无论是假托高门还是伪造谱系,都是为了改变歌女杨氏的卑微身份和确保其子女继承权的重要手段,后杨氏之子元宝月等得附皇室属籍,幼子元宝炬甚至被宇文泰立为西魏皇帝,是与此密不可分的。杨氏不如此不能获得正妃的地位,不足以支持其所生子的继承权。③ 何德章先生指出杨氏郡望系伪托,但却没有认识到京兆王元愉及杨氏不得不伪托郡望的苦心孤诣④。这也是皇室必须与高门联姻以为门户的最佳例证。

三、机制:唤醒沉睡的记忆

通过比较,我们能发现鲜卑拓跋部的早期婚姻礼俗与汉族礼俗并无不同之处。田余庆先生将拓跋部婚姻礼俗归纳为以下四点:

---

① 《魏书》卷二二《京兆王愉传》,第589－590页。北魏孝文帝以后,如果皇子纳不如礼,亦不得为妃,见《北史》卷一九《文成五王传》,第686页。
② 《魏故平公元王墓志铭》,释录见赵超《汉魏南北朝墓志汇编》,第176－178页。值得注意的是此方墓志对于正妃于氏只字未提,而称杨氏为皇妣,显然是从元宝月兄弟的立场看待元愉的婚姻关系以及嫡庶地位,同时这可能也一定程度上代表了官方的认定。总之,元愉和杨氏没有枉费一片苦心。
③ 《魏书》卷二二《京兆王愉传》,第589－591页。又《元宝月墓志》,《汉魏南北朝墓志汇编》,第176－178页。
④ 何德章:《伪托望族与冒袭先祖:以北族人墓志为中心——读北朝碑志札记之二》,武汉大学历史系《魏晋南北朝隋唐史资料》十七辑,武汉:武汉大学出版社,2000年。

首先可以看到，长子地位特殊的观念虽已出现，但长子并不具备当然的继承权。其次，嫡庶观念不明，拓跋部没有中国古代严格意义的后与妃、嫡与庶的分别。再次，还可以看到，残酷的君位之争主要在兄弟之间进行。最后值得注意的是，在主要是兄弟相争的过程中，皇后、母后各护持自己的子嗣争位，形成与兄终弟及秩序相抗衡而又交错出现的现象。①

而汉魏西晋时期的家庭妻妾嫡庶地位不稳定，嫡出和庶出有天渊之别，结为婚姻的两家关系十分密切，而一旦作为婚姻纽带的女性被出或去世，则婚姻关系也即告终结，故结为婚姻的两家为保持婚姻关系常常采取多重联姻的方式，主张"姻亲不失其旧""外亲无二统"，子女在宗族中的地位主要依靠母党、妻党的门第来决定。母系亲缘有时会成为辨别子女身分的重要标志，所以异母兄弟之间的关系普遍紧张，在父亲身后常常就嫡庶身份和继承权问题发生诉讼，继母压制、虐待前妻之子的情形十分常见。②可以看出，鲜卑和汉族的婚姻礼法和基本亲属关系是相同的。只不过鲜卑拓跋部为了摆脱妻族、母族的挟制，制定了"子贵母死"的制度；而孝文帝汉化改制，又重新认同汉族婚姻礼法，走回倚仗姻援的道路上来。

北朝婚姻礼法之倚重母族和鲜卑贵族之抑制母族，其表相虽异，但实质相同。西晋时人对于倚仗姻援和抑制舅权实质的类同早就有所认识，这并非笔者的武断臆测，而是以当时社会的一般观念为参照和依据的。《晋书》卷六四《武十三王传》曰：

> 及冲太孙薨，齐王冏表曰："东宫旷然，冢嗣莫继。天下大业，帝王神器，必建储副，以固洪基。今者后宫未有孕育，不可庶幸将来而虚天绪，非祖宗之遗志，社稷之长计也。礼，兄弟之子犹子。故汉成无嗣，继由定陶；孝和之绝，安以绍兴。此先王之令典，往代之成式也。清河王覃神姿岐嶷，慧智早成，康王正妃所生，先帝诸孙之中，于今为嫡。昔薄姬贤明，文则承位。覃外祖恢世载名德，覃宜奉宗庙之重，统无穷之祚，以宁四海颙颙之望。覃兄弟虽并出绍，可简令淑还为国胤，不替其嗣。辄谘大将军颖及群公卿士，咸同大愿。请具礼仪，择日迎拜。"遂立为皇太子"③

---

① 田余庆：《拓跋史探》，第20－22页。
② 详见本文第二节。
③ 《晋书》卷六四《武十三王传》，第1723页。

这是西晋时代因母族家世而影响宗族继承的事例,值得我们着重分析。① 首先分析司马覃的外祖家族——汝南周氏。周恢的事迹见于《世说新语·品藻篇》"刘令言始入洛"条刘孝标注引王隐《晋书》,其略云:"周恢字弘武,汝南人,祖斐(嘉锡案:周斐著有《汝南先贤传》五卷,本书赏誉篇注曾引之,他书引用尤多)永宁少府。父隆,州从事。恢仕至秦相,秩中二千石。"② 又《世说新语》此条云:"刘令言始入洛,见诸名士而叹曰:王夷甫太鲜明,乐彦辅我所敬,张茂先我所不解,周弘武巧于用短,杜方叔拙于用长。"③ 故知周恢出身显赫德汝南周氏,为西晋名士。刘讷处入洛阳,所举皆最为有名的人士,周恢与王衍、乐广、张华、杜育等首屈一指的名士相提并论,足见声誉之高。不仅刘讷称誉周恢,其同族之内也备受钦重。《晋书》卷六一《周浚传》云:"周浚字开林,汝南安成人也。父裴,少府卿……武帝问浚:卿宗后生,称谁为可?答曰:'臣叔父子恢,称重臣宗;从父子馥,称清臣宗。'帝并召用。"④ 周浚又曾为常侍⑤,党附贾谧,为二十四友之一⑥,皆可补刘注引王隐《晋书》之不足。周恢之女嫁给晋武帝之子清河康王遐,即齐王冏所说的康王正妃周氏。⑦ 齐王冏曰:"覃外祖恢世载名德,覃宜奉宗庙之重,统无穷之祚。",将外祖这一因素当作立司马覃为皇太子的重要条件提出来,可见西晋时代宗族继承中母族地位的主要作用。此外,齐王冏上疏中将这种倚重母族的观念与西汉初年抑制外戚的行为相比附,值得重视。齐王曰:"薄姬贤明,文则承位。"这是西晋人一种错位的历史记忆。如所周知,汉文帝得立,乃因其母族势力较弱之故。《汉书》卷三八《高五王传》云:"大臣欲立齐王,皆曰:母家驷钧恶戾,虎而冠者也。访以吕氏故,几乱天下,今又立齐王,是欲复为吕氏也。代王母家薄氏,君子长

---

① 齐王冏此篇奏疏是支持司马覃继位的重要文献,他所胪列的理由应当视作当时人的一般观念,具有强大的说服力,否则齐王冏也不会特别强调此点,徒费笔墨了。因此我们重点分析这篇奏疏才是有意义的。
② 刘义庆著、余嘉锡笺疏:《世说新语笺疏》,上海:上海古籍出版社,1993年,第507－508页。
③ 《世说新语笺疏》,第507页。《晋书》卷六九《刘隗传》与此略同:"隗伯父讷,字令言,有人伦鉴识。初入洛,见诸名士而叹曰:王夷甫太鲜明,乐彦辅我所敬,张茂先我所不解,周弘武巧于用短,杜方叔拙于用长。"(第1841页)
④ 《晋书》卷六一《周浚传》,第1659页。校勘记云:"劳校:裴当作斐,斐著《汝南先贤传》五卷,见《隋书·经籍志》。"按,如裴为斐之误,则周浚当为周恢的伯父或叔父,不当称叔父子。但武帝明言卿宗后生,周浚不会以长辈应对。故周裴当为周斐之子,隆之兄、恢之伯父,与周斐并非一人。
⑤ 《晋书》卷三九《荀勖传》曰:"遣常侍周恢谕旨,勖乃奉诏视职。"1157页。
⑥ 《晋书》卷四〇《贾充传附孙谧传》,第1173页。
⑦ 《晋书》卷六四《武十三王传》,第1723页。

99

者,且代王高帝子,于今见在最为长。以子则顺,以善人则大臣安。于是乃谋迎代王。"①又《汉书》卷九七上《外戚传》云:"代王立十七年,高后崩。大臣议立后,疾外家吕氏强暴,皆称薄氏仁善,故迎立代王为皇帝,尊太后为皇太后,封弟昭为枳侯。太后母亦前死,葬栎阳北。乃追尊太后父为灵文侯,会稽郡致园邑三百家,长丞以下使奉守寝庙,上食祠如法。栎阳亦置灵文夫人园,令如灵文侯园仪。太后蚤失父,其奉太后外家魏氏有力,乃召复魏氏,赏赐各以亲疏受之。薄氏侯者一人。"②很明显,文帝以外家薄氏而入篡大统和司马覃因外家周氏而立为皇太子的原因是不同的。文帝即位之时,薄氏本人是高祖失宠的嫔妃,薄姬的父母早已去世(薄姬本人也是在外家魏氏长大的),宗族只有弟弟薄昭一人而已,可见其宗族势力之微弱。故汉初大臣选择文帝,完全是出于抑制外戚的考虑。他们将薄氏与吕氏、驷氏家族相比,选择薄氏家族为外戚是理所当然的。而司马覃得立为皇太子,外家周氏的实力和声望起了决定性的作用。汝南周氏自东汉以来就是世家大族。《后汉书》所记的周燕、周嘉、周畅③、周燮④皆汝南安城人,即恢之先世⑤。汝南又有汝阳之周氏,东汉时有周扬、周防、周举、周勰、周恂⑥,然周扬少孤微,又自扬至恂,六世一身,虽知名当时,但后嗣不振,终逊安城周氏一筹。西晋,周恢为一流名士,永嘉乱后,与琅邪王氏异同渡江,仍为高门,既有学问,又具谋略。⑦周恢之子周穆为司马覃之舅,也支持司马覃继立,在覃被废之后,还力图重立为太子。《晋书·东海王越传》云:"及怀帝即位,委政于越。吏部郎周穆,清河王覃舅,越之姑子也,与其妹夫诸葛玫共说越曰:'主上之为太弟,张方意也。清河王本太子,为群凶所废。先帝暴崩,多疑东宫。公盍思伊霍之事,以宁社稷乎?'"⑧可见齐王冏以外家周

---

① 《汉书》卷三八《高五王传》,第1995页。
② 《汉书》卷九七上《外戚传》,第3941—3942页。
③ 以上见《后汉书》卷八一《独行·周嘉传》,第2675—2676页。
④ 《后汉书》卷五三《周燮传》,第1742页。
⑤ 《晋书》卷六一《周浚传》云"汝南安成人",字偶不同耳(1657页)。又安城周斐所作《汝南先贤传》曾记载周举废寒食事,见《后汉书》卷六一《周举传》注,第2025页。
⑥ 见《后汉书》卷六一《周举传》(2023—2031页)、卷七九上《儒林·周防传》,第2558—2560页。
⑦ 《晋书》卷六一《周浚传》,第1657—1665页。周氏家族具有非常强大的实力,周恢为武帝所用,其从父弟周馥也因清河王覃之立而加卫将军、录尚书,馥不受,见《周浚传附馥传》(1663页)。时周馥为守河南尹,是一方重镇,周浚之子周顗亦曾参东海王越之子毗镇军将军幕府。
⑧ 《晋书》卷五九《东海王越传》,第1623页。后周穆为东海王司马越所杀,周恢一家缺乏史传的记载,可能与他们支持司马覃,而与司马越以及同系的东晋元帝司马睿发生冲突有关。

100

氏为司马覃得立的依据,并非一厢情愿,周氏家族确实拥护司马覃。由此可知,齐王冏上疏中说周恢世载名德,决非虚言。周氏的家世和实力是司马覃得立的重要砝码。这与当时母族影响宗族继承,宗族也主动倚仗母族的一般观念和行为相一致。

但是看上去如此不同的西汉和西晋两个事例又是怎么被司马冏当作连类相比的事例,同时也是作为最有说服力的、为当时一般人所接受的理由提出来呢?原因就是在这两件看似不同的事件背后,有着惊人的一致,即其婚姻礼法机制的统一性,正是这种一致,才使晋人潜意识中将两者相提并论。西汉事例中,大臣们不仅出于自身政治利益的考量之外,也是为了尽量避免外戚势力干扰刘氏皇室的继承事务,才选择了文帝。因为文帝母族寒微,势力单弱,无从干预刘氏宗族的继承事务,刘氏宗族可以依照宗法制度来实现皇权的平稳、正常的交替,而不至于因外族的干预而失序(如吕后养他人之子于后宫,诈称惠帝之子,以便继续掌控政权)。西晋事例中,齐王冏、陈眕、上官已等人拥立司马覃的理由,一方面从宗族的角度出发,认为司马覃在"先帝(武帝司马炎)众孙之中,于今为嫡",继承顺序仅次于已薨的冲太孙①,并引用礼经的典据和汉代的故事来支持这一理由,即"《礼》,兄弟之子犹子。故汉成无嗣,继由定陶;孝和之绝,安以绍兴。此先王之令典,往代之成式也";另一方面,强调司马覃母族的世德,而且置于上条宗族地位之前,即"〔清河〕康王正妃周氏所生"和"外祖〔周〕恢世载名德"。实际上,以上礼经的典据却不足以支持将司马覃立为太子,因为晋武帝有二十六子,除去早夭的八人以外,还有十六人,再除去已经继承皇位的惠帝,这十五人所生之子,同样符合"兄弟之子犹子"的条件。真正起决定性作用的是母族因素,即"康王正妃周氏所生"和"外祖〔周〕恢世载名德"。② 西汉事例和西晋事例的共性就在于母族在宗族继承问题上都起了决定性的作用,虽然那一个是排斥外家的影响而选择外戚势力微弱的继承人,一个是为了倚仗母族势力而选择外家名望显著的继承人,但妻党母族因素之重要则完全相同。齐王冏将这两个事例连类相比,就是基于他们内部机制的共性而言的。而且这不仅是齐王冏一人的观念,也是当时人充分认同的一般观念。母党、妻党是决定自身在宗族中地位的重要因素,这是两个事例之间最重要的共通之处。

与鲜卑部早期诘汾、力微事例相同的情节,我们在汉族各姓起源故事

---

① 冲太孙即愍怀太子遹之子尚,原封襄阳王,见《晋书》卷五三《愍怀太子传》,第1464页。
② 所谓决定性因素仅就齐王冏奏疏中明言的婚姻礼法因素而言,暂不考虑政治因素。

中也能发现。例如前引卢充"幽婚"的故事,与《周礼》"嫁殇"相吻合,是远古氏族向个体家庭转化过程中子女抚养权转移的记忆遗存[①]。这也表明在婚姻礼俗方面,鲜卑与汉族实际上相差不远。

　　汉族和鲜卑的婚姻礼俗原本是各自起源发展的,其亲属制度之源是相同的,而且各自长期保持着传统,如同两条平行线;而鲜卑进入中原,与汉族互相交融时,则将汉族婚姻礼法中某些原始因素唤醒了。汉族原本保留着局部交换婚姻关系之下的一系列传统礼法,其所产生的基础——即亲属制度——与鲜卑拓跋部的亲属制度并无二致,所以鲜卑与汉族的交融,更加强化了汉族内部重外家轻本宗的礼法。所以我们看到,汉代到西晋虽然存在这种礼法,也受到礼经的肯定,却并未形成其时代突出的婚姻礼法特点;直到北魏,这一特征得到空前的强化,嫡庶纷争、倚仗姻援等等事例不胜枚举,以致柳芳总结山东婚俗,以"尚婚娅者先外族而后本宗"为其重要特征。[②]

四、总结：汉族与周边民族婚俗的交互影响

　　汉族虽与鲜卑的婚姻礼俗相近,但其相互影响并非如我们想象的那么简单,即鲜卑等少数民族入主中原,中原汉族因与之交错杂居而渐染胡俗,于是汉族闺门无礼之事史不绝书。虽说汉族与鲜卑族的婚姻礼俗实质相同,但它们的礼俗是各自有其渊源的。汉族早期的婚俗传统并未因为进入高度发达的文明社会而遗忘,而是仍旧顽强地保存下来,有的写入礼经,有的还存在人们的行为之中。

　　汉族婚姻礼法有其自身的原始婚俗渊源,例如舅甥继承制在中国春秋时代仍有保存,魏晋北朝隋唐时期也一直实行。而且,凡是具有局部交换婚姻关系的家族,都遵循大致相同的婚姻礼法,即:妻妾嫡庶地位不稳定,嫡出和庶出有天渊之别,结为婚姻的两家关系十分密切,而一旦作为婚姻纽带的女性被出或去世,则婚姻关系也即告终结,故结为婚姻的两家为保持婚姻关系常常采取多重联姻的方式,主张"姻亲不失其旧""外亲无二统",子女在宗族中的地位主要依靠母党、妻党的门第来决定,母系亲缘有时会成为辨别子女身份的重要标志,所以异母兄弟之间的关系普遍紧张,

---

① 参见拙稿《先秦秦汉婚姻礼法的溯源》,待刊。
② 《新唐书》卷一九九《儒学·柳冲附芳传》,第5679页。

在父亲身后常常就嫡庶身份和继承权问题发生诉讼,继母压制、虐待前妻之子的情形十分常见,等等。

礼是经典化的风俗、规则、禁忌、信仰,其原生性的性格比我们已往所知要强大得多。礼的经典化绝不意味着他的死亡,而是强化;也不意味着礼与社会生活的绝对分离,而是另一种方式的结合。尽管我们可以指出礼的原生性(或曰实质意义)随着时代的演进,尤其是社会分化的加强而逐渐弱化、消亡,但这是一个漫长的历史过程,与社会形态的演进并没有十分密切的关系。已往我们总是以为春秋时代的礼崩乐坏事礼治秩序的终结,但是研究结果表明,因暴政而短命的王朝,其覆灭的原因总是对于礼治秩序的破坏。礼治秩序作为一种统一性、融合性的政治文化,和他作为一种统一性的社会伦理所发挥作用的历史一样悠远(参阅步克书)。我们注意到,汉魏南北朝隋唐时代,人们与礼之间的关系十分密切,生活与礼是统一的。人们以行为实践礼法,又以礼法规范生活,这可以从当时的文献记载中考见。同时,大约相同的时代,汉族和周边少数民族在婚姻礼俗上仍然具有相同的特点,这一现象本身就是值得关注的。这是中原汉族与周边少数民族在中古时代婚姻礼俗、亲属制度相似性的一个有力证据。

汉族婚姻礼法与北方少数民族婚俗的关系问题,一直以来不能获得令人满意的研究成果,其关键在于学术界总是有一种错误的假设,即中原汉族与周边少数民族处于不同的文明阶段,用传统史学的概念来说,周边少数民族处于原始社会或奴隶社会,而中原汉族早已进入封建社会,两者的文明阶段不同,即生产力水平不同,生产关系不同,所以两者的婚姻家庭制度也必然处于不同的阶段。如果利用以上结论作为研究婚姻家庭史问题的前提,尤其是汉族与少数民族婚俗关系问题时,得出的结论必然难以令人信服。现代文化人类学的成果告诉我们,人类婚姻家庭的理论和行为模式并不随人类文明线性演进,而且不同的家庭婚姻模式也并没有先进落后或优劣之分,《家庭史》一书明确论证过这一点。[①] 根据我们的研究,尽管秦汉之后,中国社会进入封建社会时期,其文明进程与周边少数民族不同,但这并决定着汉族的婚姻家庭礼法与少数民族有着阶段性的差异,也

---

① 安德烈·比尔基埃等主编的《家庭史》第一卷《绪论》论亲族体系时说:"不要因此而将初级体系与所谓原始社会等同起来,将复合体系与工业化社会等同起来。有许多所谓的古来社会实行的是与我们的亲族体系一模一样的复合体系。同样,应避免将'初级'与'复合'对立起来,这两个词并不是'简单'和'复杂'的同义词:有的初级亲族体系社会运行起来比许多复合体系社会要复杂得多。"(第44—45页)列维-施特劳斯《野性的思维》更从哲学上加以论证。巴黎,1962年;李幼蒸译,北京:商务印书馆,1987年。

就是说,当我们发现汉族确实存在着与少数民族相同或相似的婚姻礼俗时,就不一定解释为是受少数民族的影响所致,及时的确存在某种影响,其机制也未必是我们以前所假设的接触－传播的方式,而很可能通过其他方式——例如本文提出的"唤醒机制"——来实现。

另外,我们存在那种认为汉族与少数民族婚俗处于不同阶段的假设很大程度上是因为我们对汉族婚姻礼法历史演变的研究远没有对少数民族婚俗研究充分,尤其不如民族学(或文化人类学)领域的成果丰富。在这个假设背后,存在着另一个假设,即汉族父系家长制在秦汉以后形成并保持二千余年没有变化的。这样的研究水平与中国古代极为丰富的家庭史记载是极不相称的,这种不均衡严重阻碍了中国婚姻史家庭史研究的发展。已往学术界在汉族古代婚姻家庭史研究不充分的情况下,总是以清代或近代社会的婚姻家庭模式当作中国古代婚姻家庭史的一般模式,这必然在研究过程中产生偏见,难于得出正确的结论。其实我国学术界并不缺乏利用现代社会科学理论,包括法律学、社会学、人类学、人口学等方法来研究中国家庭史的论著,但是多少存在食洋不化的问题。历史学家对待理论问题存在着不同的态度,正如彼得·伯克所说,有的是始终遵循一种理论,有的则只是利用理论来发现问题。中国社会的问题远较现代文化人类学家所调查的无文字、无历史的民族复杂得多,仅仅依靠理论或田野工作,而忽视传统文献资料,是不能难以得到深入而新颖的认识的。

论魏晋南北朝"礼"与"法"的结合

梁满仓

"礼"与"法"的关系是中国古代史和中国古代法律史长期探讨的重要课题,对这个问题的研究有各种各样的观点。有论者认为西汉中期开始引礼入法,魏晋南北朝则是礼法融合。[①] 有的认为汉武帝开启了"隆礼至法"的时代,古代礼法关系最终确立。[②] 有人认为真正完成礼法结合由理论到实践而成为治国方略过程的就是董仲舒。[③] 也有人指出两汉所开辟的引礼入法的多种渠道,为礼入于法、礼法结合开创了有利条件,魏晋至唐沿着这条路线终于完成了历史性的礼法结合。[④] 还有人指出:"礼与法律本身并非对立的概念和关系,对立的只是先秦时期儒法两家的社会主张而已。"[⑤] 上述各种观点不乏有价值的创见,但魏晋南北朝时期的礼和法的关系与秦汉有巨大区别,用"礼法融合""礼法合流""隆礼至法"概括此时期礼法关系则有失准确。"礼法结合"则符合魏晋南北朝的实际,但缺乏详尽的论证。笔者认为,战国至秦儒法两家所据以对立的不仅仅是社会主张,而且也涉及了社会实践。特别是法家,把儒家的礼视为迂阔的说教、过时的主张加以排斥,无论治国治家还是安民,都主张用严刑峻法,从而使"无书简之文,以法为教;无先王之语,以吏为师"[⑥],成为整个秦朝安邦治国的实践。正是这种社会主张及其实践,使得"礼"与"法"这对本非对立的东西形成了非此即彼的对立关系。这种对立情况至汉武帝以后开始发生变化,由于强大的、中央集权的、统一的大帝国的出现,董仲舒提出了"罢黜百家,

---

[①] 孙喆:《传统法律文化视野下的礼法关系探视》,《广播电视大学学报》2010 年第 3 期。
[②] 石玥:《浅析中国传统之礼与法》,《法制与社会》2009 年第 7 期。
[③] 谭宝刚:《先秦时期的礼法之争与秦汉时期的礼法合流》,《商丘师范学院学报》2004 年第 1 期。
[④] 张晋藩:《中国法律的传统与近代转型》,北京:法律出版社,1997 年,第 28 页。
[⑤] 杨振红:《从出土秦汉律看中国古代的"礼"、"法"观念及其法律体现——中国古代法律之儒家化说商兑》,《中国史研究》2010 年第 4 期。
[⑥] 王先慎:《韩非子集解》卷一九《五蠹》,北京:中华书局,1998 年,第 452 页。

独尊儒术"的主张,礼、法关系的角色得以转换。董仲舒提出的儒家理论,与春秋初期的儒家大不相同,而是一种已被改造了的儒家思想和法家思想为基础的封建政治思想体系。董仲舒认为,秦王朝实行法家严刑峻法,重刑法而不重儒家的德治教化,再加上繁重的赋役负担,结果激起人民的反抗而导致灭亡。因此,他主张德刑并用,侧重于儒家德治教化的统治原则。毫无疑问,董仲舒的这套理论,可谓初露"礼""法"结合之端倪。魏晋南北朝"礼"与"法"的结合,既是西汉以降的继续,也是这个过程发展的新阶段。

一、从概念看"礼"与"法"的结合

礼法一词的含义,最早指以礼为核心的国家制度,其所规范的是人们的生活习俗、交往行为、宗教信仰等方面的社会活动。"及周室衰,礼法堕,诸侯刻桷丹楹,大夫山节藻棁,八佾舞于庭,《雍》彻于堂。"①此处的"礼法堕",指的是诸侯大夫们在日常生活中的一系列越礼现象,并没有后来"法律"的内容。到战国时,荀子提出比较完整的礼制思想,高扬"隆礼重法"旗号,声称"隆礼尊贤而王,重法爱民而霸"②,认为礼是"法之大分,类之纲纪"③,初步涉及到礼法之间关系,但他仍强调"礼者,所以正身也"④,是"道德之极"⑤,即将礼限定在道德层面,将法使用于制度层面。而韩非子、李斯则强调"法"治,至秦统一而完全形成轻礼重法的局面。秦朝二世而亡,使汉初统治者与思想家们重新考虑礼与法的关系,于是出现叔孙通制礼,萧何制法,即《汉书》所称"叔孙通所撰礼仪,与律令同录,臧于理官"⑥,显然礼法仍然分为两途。

至于董仲舒完成礼法结合过程的说法,实有夸大之嫌。且不说董氏《春秋繁露》中论述的"礼"仍是道德层面的概念,就连"礼法"一词都没有出现过,而且他受到另一大儒公孙弘的排挤,出膠西王相,甚至董氏"恐久获罪,疾免居家"⑦。当然,我们也承认董氏"春秋决狱"含有某些"礼法结

---

① 《汉书》卷九一《货殖列传》,北京:中华书局,1965年,第3681页。
② 王先慎:《荀子集解》卷一九《大略》,北京:中华书局,1988年,第485页。
③ 王先慎:《荀子集解》卷一《劝学》,第12页。
④ 王先慎:《荀子集解》卷一《修身》,第33页。
⑤ 王先慎:《荀子集解》卷一《劝学》,第12页。
⑥ 《汉书》卷二二《礼乐志二》,第1035页。
⑦ 《史记》卷一二一《儒林传》,北京:中华书局,1965年,第3128页。

合"的因素,但事实上并未得到朝廷欣赏而正式施行,因此不能估计过高。据笔者研究,东汉晚年"礼法"结合的程度也不能与魏晋南北朝同日而语。朱穆[①]《崇厚论》说:"德性失然后贵仁义,是以仁义起而道德迁,礼法兴而淳朴散。故道德以仁义为薄,淳朴以礼法为贼也。"[②]据李贤注引《老子》说:"失道而后德,失德而后仁,失仁而后义,失义而后礼。夫礼者,忠信之薄而乱之首也。"可见《崇厚论》所说的"礼法",其实仍然就是"礼"。应该指出,两汉时期,古代传统法律体系已经形成,礼法的结合的现象已经出现,然而在人们的观念中,"礼法"概念仍然停留在过去的习惯中,亦见礼与法的结合还没到深入人心的地步。

礼法结合的情况到东汉末曹魏初开始有了变化。曹操《对酒》说:

> 对酒歌,太平时,吏不呼门。王者贤且明,宰相股肱皆忠良,咸礼让,民无所争讼。三年耕有九年储,仓谷满盈,斑白不负戴。雨泽如此,五谷用成。郄走马以粪其土田。爵公侯伯子男,咸爱其民,以黜陟幽明,子养有若父与兄。犯礼法,轻重随其刑。路无拾遗之私,囹圄空虚,冬节不断人。耄耋皆得以寿终,恩德广及草木昆虫。[③]

所谓"民无所争讼",即没有或少有民间诉讼官司,而这种情况要通过大家"礼让"途径实现,体现了礼与法结合的思想;而"犯礼法,轻重随其刑"一语,礼法并列,便是指国家礼仪制度和法律。

魏晋南北朝时期的礼法概念不但指国家礼仪制度和法律,还包括家礼和家法。南朝刘宋王弘,"明敏有思致,既以民望所宗,造次必存礼法,凡动止施为,及书翰仪体,后人皆依仿之,谓为王太保家法。"[④]可见王弘的礼法即家礼与家法。南齐高帝萧道成皇后刘氏,十余岁嫁给萧道成,"严正有礼法,家庭肃然"[⑤]。南朝萧齐"家法"的记载史有明文,齐高帝的第四子萧晃任豫州刺史时,擅杀典签,齐高帝大怒,"手诏赐杖"[⑥]。武帝第三子萧子卿任荆州刺史,在任营造服饰,多违制度,武帝对他说:"凡诸服章,自今不启吾知复专辄作者,后有所闻,当复得痛杖。"[⑦]对子弟动辄加以杖责,可见当时

---

① 朱穆卒于延熹六年,当为东汉晚期人。
② 《后汉书》卷四三《朱晖附孙朱穆传》,北京:中华书局,第1464页。
③ 《宋书》卷二一《乐志三》,北京:中华书局,第606页。
④ 《宋书》卷四二《王弘传》,第1322页。
⑤ 《南齐书》卷二〇《高昭刘皇后传》,北京:中华书局,1972年,第390页。
⑥ 《南齐书》卷三五《长沙王萧晃传》,第623页。
⑦ 《南齐书》卷四〇《庐陵王萧子卿传》,第703页。

家法之严厉。

北朝也有类似的例子。北魏甄琛，"少敏悟，闺门之内，兄弟戏狎，不以礼法自居"。其受父命进京考取秀才，不思进取，终年弈棋度日，甚至通宵达旦，而且令仆人秉烛陪伴，稍有困顿，便大加杖罚。仆人对甄琛说："郎君辞父母，仕宦京师，若为读书执烛，奴不敢辞罪，乃以围棋，日夜不息，岂是向京之意？而赐加杖罚，不亦非理！"①甄琛不以礼法自居，有其具体内容，闺门之内，兄弟戏狎为不尊家礼，对仆人无理惩罚为滥用家法。北齐高欢曾对儿子高澄发怒，拳打脚踢，破口大骂。高欢的功曹参军陈元康知道后对高欢说："王教训世子，自有礼法，仪刑式瞻，岂宜至是。"②陈元康所说的"仪刑"，也是指家礼和家法。

与礼法概念相同的还有"礼律"。古代的"律"特指刑律，与狭义的"法"是同等概念。礼律并列的概念更是直接地反映了礼法的结合。汉献帝册魏公九锡文说曹操"经纬礼律，为民轨仪"③，轨仪即引导规范，与礼律相对，正好说明礼律的内含。三国孙吴孙权时，"诸官司有所患疾，欲增重科防，以检御臣下，泽每曰'宜依礼、律'"④。所谓科防，即用禁令刑律加以防范，是否加重科防，看起来似乎只是个法令法律问题，却要依照礼和律处理，这说明礼在法律法令问题上也是起一定作用的。至于礼起什么作用，由于史料记载简单，我们无法详细知道。然而发生在西晋的一件事，能反映礼在法律事件中的作用。西晋中书令庾纯与尚书令贾充矛盾极深，在贾充的弹劾下，庾纯被免官。贾充想把庾纯进一步置于死地，便又弹劾他不供养年老的父亲。武帝让众臣评议，太傅何曾、太尉荀顗、骠骑将军齐王司马攸都认为："凡断正臧否，宜先稽之礼、律。八十者，一子不从政。九十者，其家不从政。新令亦如之。按纯父年八十一，兄弟六人，三人在家，不废侍养。纯不求供养，其于礼、律未有违也。"司徒西曹掾刘斌议以为："礼，年八十，一子不从政。纯有二弟在家，不为违礼。又令，年九十，乃听悉归。今纯父实未九十，不为犯令。"⑤可见赡养老人在西晋不仅有法的规定，也有礼的规范，违礼违法都可以作为受到惩罚的根据。

"礼律"概念在魏晋南北朝时期流行比"礼法"更加普遍。其普遍性表现在两个方面：

---

① 《魏书》卷六八《甄琛传》，北京：中华书局，1974年，第1509页。
② 《北齐书》卷二四《陈元康传》，北京：中华书局，1972年，第342页。
③ 《三国志》卷一《武帝纪》，北京：中华书局，1959年，第39页。
④ 《三国志》卷五三《阚泽传》，第1249—1250页。
⑤ 《晋书》卷五〇《庾纯传》，北京：中华书局，1974年，第1398—1399页。

第一，其流行于魏晋南北朝各个时期。三国、西晋时期前已叙述。此将其他时期礼律概念的使用列举如下：

东晋荆州刺史殷仲堪，"以异姓相养，礼律所不许，子孙继亲族无后者，唯令主其蒸尝，不听别籍以避役也"①。南朝刘宋傅隆说："原夫礼律之兴，盖本之自然，求之情理，非从天堕，非从地出也。"②南齐和帝萧宝融策萧衍为梁公书说："以公礼律兼修，刑德备举，哀矜折狱，罔不用情，是用锡公大辂、戎辂各一，玄牡二驷。"③天监中梁武帝引见张率于玉衡殿，对他说："卿东南物望，朕宿昔所闻。卿言宰相是何人，不从天下，不由地出。卿名家奇才，若复以礼律为意，便是其人。"④北魏辛雄上疏说："帝王之道，莫尚于安民，安民之本，莫加于礼律"⑤。北齐天保初，高洋"诏铉与殿中尚书邢邵、中书令魏收等参议礼律，仍兼国子博士"⑥。北周初年，司玉大夫崔仲方与斛斯征、柳敏等同修礼律。⑦

第二，礼律概念使用于社会生活的多种场合。

出现在皇帝诏书中。西晋泰始四年六月，武帝对地方行政长官下了一道很长的诏令，要求他们定期巡行属县，规定了一系列具体任务。其中有一条为"协礼律"。其中"存问耆老，亲见百年"为礼，"录囚徒，理冤枉"为律；"敦喻五教"举"孝悌忠信"为礼，对"悖礼弃常，不率法令者，纠而罪之"为律；"礼教设"为礼，"禁令行"为律。这道诏书可视为对"协礼律"内容的具体诠释。⑧

出现在政治斗争中。西晋惠帝时，录尚书事卫瓘与汝南王司马亮共辅朝政，具有剑履上殿、入朝不趋之特权。因赞同遣诸王回藩国之策，深得楚

---

① 《晋书》卷八四《殷仲堪传》，第2195页。
② 《宋书》卷五五《傅隆传》，第1550页。
③ 《梁书》卷一《武帝纪上》，北京：中华书局，1973年，第20页。
④ 《南史》卷三一《张裕附张率传》，北京：中华书局，1975年，第816页。
⑤ 《魏书》卷七七《辛雄传》，第1695页。
⑥ 《北齐书》卷四四《李铉传》，第585页。
⑦ 《北史》卷三二《崔挺附崔仲方传》，北京：中华书局，1975年，第1176页。
⑧ 《晋书》卷三《武帝纪》载（泰始四年）六月丙申朔，诏曰："郡国守相，三载一巡行属县，必以春，此古者所以述职宣风展义也。见长吏，观风俗，协礼律，考度量，存问耆老，亲见百年。录囚徒，理冤枉，详察政刑得失，知百姓所患苦。无有远近，便若朕亲临之。敦喻五教，劝务农功，勉励学者，思勤正典，无为百家庸末，致远必泥。士庶有好学笃道，孝弟忠信，清白异行者，举而进之。有不孝敬于父母，不长悌于族党，悖礼弃常，不率法令者，纠而罪之。田畴辟，生业修，礼教设，禁令行，则长吏之能也。人穷匮，农事荒，奸盗起，刑狱烦，下陵上替，礼义不兴，斯长吏之否也。若长吏在官公廉，虑不及私，正色直节，不饰名誉者，及身行贪秽，诌黩求容，公节不立，而私门日富者，并谨察之。扬清激浊，举善弹违，此朕所以垂拱总纲，责成于良二二千石也。于戏戒哉。"第57页。

王司马玮之怨恨。司马玮与卫瓘的矛盾,恰好为一直想除掉卫瓘的皇后贾南风提供了机会。她诬谤卫瓘专权,欲做当朝的伊尹、霍光,从惠帝那里骗来诏书交给司马玮,让他处置卫瓘。司马玮当夜便派人到卫瓘处传旨,卫瓘左右怀疑司马玮假传诏旨,都劝卫瓘说:"礼律刑名,台辅大臣,未有此比,且请距之。须自表得报,就戮未晚也。"①卫瓘不听,结果全家被杀。在这里,礼律刑名作为处置台辅大臣是否合法的根据。

出现在宗法继承制度讨论中。华廙是西晋太常卿华表的长子。朝廷赐给华表三名在鬲县的佃客,华表派华廙到鬲县接收,鬲县县令袁毅给了华廙三名奴客代替。后来,袁毅因行贿犯罪,供词把以奴代客交代为送给华廙三名奴客。恰巧中书监荀勖与华廙有私仇,便向皇帝进言,说袁毅行贿所牵扯的官员众多,不可能全部问罪,应选择与他关系最近的人治罪,这个人就是华廙。因此华廙受到免官、削爵土、不能承袭父爵的处罚。有关部门认为,华廙为家中长子,已经受到免官、削爵土的处罚,再取消他袭封的权利,就是刑罚再加,应依律听其袭封。晋武帝下诏说:"诸侯薨,子逾年即位,此古制也。应即位而废之,爵命皆去矣,何为罪罚再加?且吾之责廙,以肃贪秽,本不论常法也。诸贤不能将明此意,乃更诡易礼律,不顾宪度,君命废之,而群下复之,此为上下正相反也。"于是有司奏免议者官。②

出现在处理婚姻伦理关中。刘颂把女儿嫁给临淮人陈矫。陈矫本姓刘,与刘颂是近亲,后来被姑姑收养,改姓陈。此举遭到郡中正刘友非议,刘颂却说:"舜后姚虞、陈田本同根系,而世皆为婚,礼律不禁。今与此同义,为婚可也。"险些被刘友弹劾。③

出现在朝廷大礼中。北魏太和十六年,孝文帝发诏书说:"夫四时享祀,人子常道。然祭荐之礼,贵贱不同。故有邑之君,祭以首时,无田之士,荐以仲月。况七庙之重,而用中节者哉!自顷蒸尝之礼,颇违旧义。今将仰遵远式,以此孟月,祔祫于太庙。但朝典初改,众务殷凑,无遑斋洁,遂及于今。又接神飨祖,必须择日。今礼律未宣,有司或不知此。可敕太常令克日以闻。"④孝文帝此诏,针对有司主张在冬十一月祭祀宗庙神主而发,认为这是由于"礼律未宣"所造成的。

出现在讨论丧葬服制中。晋武帝太康元年,东平王司马茂上言说,国相王昌的父亲王毖,汉末从长沙至中原,三国分裂时,因在曹魏政权中任

---

① 《晋书》卷三六《卫瓘传》,第1059页。
② 《晋书》卷四四《华表传》,第1260－1261页。
③ 《晋书》卷四六《刘颂传》,第1308－1309页。
④ 《魏书》卷一〇八《礼志一》,第2749－2750页。

职,与在长沙的妻子儿女消息隔绝,便另娶妻,生子王昌。如今天下一统,王昌知道前母早已过世,请求朝廷评议怎样服丧。仓曹属卫恒说:"或云,嫡不可二,前妻宜绝。此为夺旧与新,违母从子,礼律所不许,人情所未安也。或云,绝与死同,无嫌二嫡,邃其相及,欲令有服。此为论嫡则死,议服则生,还自相伐,理又不通。愚以为地绝死绝,诚无异也,宜一如前母,不复追服。"①

出现在案情判断中。南朝刘宋孝武帝时,南郡王刘义宣谋反兵败身亡。后来,有个名叫谢士先的人告发申坦也是刘义宣的同谋。当时申坦已死,他的儿子申令孙为山阳郡太守,听到这个消息,便到廷尉投案请罪。廷尉卿蔡兴宗说:"若坦昔为戎首,身今尚存,累经肆眚,犹应蒙宥。令孙天属,理相为隐。况人亡事远,追相诬评,断以礼律,义不合关。若士先审知逆谋,当时即应闻启,苞藏积年,发因私怨,况称风声路传,实无定主,而干黩欺罔,罪合极法。"②

出现在法律文件中。西魏宇文泰时,苏绰曾为朝廷起草六条诏书,其中的"恤狱讼"可视为指导刑狱的法律文件。文件说:"人受阴阳之气以生,有情有性。性则为善,情则为恶。善恶既分,而赏罚随焉。赏罚得中,则恶止而善劝。赏罚不中,则民无所措手足。民无所措手足,则怨叛之心生。是以先王重之,特加戒慎。夫戒慎者,欲使治狱之官,精心悉意,推究事源。先之以五听,参之以证验,妙睹情状,穷鉴隐伏,使奸无所容,罪人必得。然后随事加刑,轻重皆当,赦过矜愚,得情勿喜。又能消息情理,斟酌礼律,无不曲尽人心,远明大教,使获罪者如归。此则善之上也。"③

"礼法"概念内容的变化,"礼律"并列概念的出现与广泛运用,标志着自秦汉以来礼与法的关系出现了前所未有的新内容。二者之间不再是非此即彼的对立关系,也不是倚重倚轻的主次关系,而是在治理国家和社会方面各自发挥其作用基础上的有机结合。

礼法概念内涵的变化反映了人们礼法观念的变化,礼法观念的变化又是社会变化以及礼的社会功能变化的结果。

谈到社会变化,当从秦汉说起。先秦时期的宗法社会基本上靠"尊尊亲亲"这套礼仪制度维系的,这套礼仪制度血缘关系特征十分明显。秦朝建立起统一封建中央集权专制国家,郡县制代替了分封制,官僚制代替了宗法制,礼轻法重的格局完全形成。国家机器的各个部件,各级封建官僚

---

① 《晋书》卷二〇《礼志中》,第636页。
② 《宋书》卷五七《蔡廓附子蔡兴宗传》,第1574页。
③ 《周书》卷二三《苏绰传》,北京:中华书局,1971年,第388页。

111

之间不存在分封的血缘关系,而是由国家任命的政治关系。因此,先秦时期的礼仪制度自然被秦朝统治者抛弃,整个社会基本上靠严厉的法律制度维系。然而,宗法关系依然在国家官僚制度下存在,各个大大小小的宗族包括皇帝宗族,都是宗族关系存在的载体。官僚政治偏重法律治理,血缘宗法偏重礼义维护,秦朝政治层面表现为国家官僚制度,社会层面则存在着宗法制度,决定了礼法不可偏废,抛弃法律制度仅仅靠严刑苛法维系也成了秦朝社会仅仅维系了十几年的重要原因之一。社会仅仅靠法来维系行不行?还需要不需要礼?需要什么样的礼制?这不仅是理论问题,也是实践问题。都说汉承秦制,然而在上述问题上,汉并没有完全继承秦制,如前所说,尤其以董仲舒提出"罢黜百家,独尊儒术"、主张"春秋决狱"为契机,礼、法关系的角色得以开始转换,统一的王朝也持续了四百多年。

魏晋南北朝社会与秦汉相比有十分明显的特点:第一,表面长期分裂,趋势向着统一。在这长达近四百年的历史中,只有西晋52年的统一。虽然是长期分裂,但两汉四百多年的统一观念却牢牢植根其中。三国政权追求的目标是统一,西晋实现了统一,东晋政权多次发动北伐也意在谋求统一,十六国前秦南征目的也是统一,南北朝时南北双方也不甘心永久只占半壁江山。第二,文化因素造成的分裂远远强于政治经济因素。魏晋南北朝时期的分裂分为两类情况,一类是政治经济等因素造成的,一类是民族因素造成的。汉末三国属于前者,东晋十六国、南北朝属于后者。政治经济因素造成的分裂仅70年,而民族因素造成的分裂则有273年。陈寅恪先生指出:"精神文化方面尤为融合复杂民族之要道","汉人与胡人之分别,在北朝时代文化较血统尤为重要。"①这说明,民族因素实质上是文化因素。第三,血缘宗族与官僚政治交互影响。魏晋南北朝将近四百年的时间里,出现过大大小小数十个政权,这些政权有的是汉人建立的,有些是进入中原的少数民族建立的,有些政权是禅代交替的,有些政权是同时并立的,但无论如何,这些政权行政上几乎都是采用郡县制,政治上几乎都是官僚制。另一方面,这些政权的皇室、门阀士族、庶族又具有各自的血缘宗族,并不同程度地影响着政治。

上述三个社会特点,都对礼法的结合产生重要影响。如果说秦汉政治事件的经验表明,治理统一的中央集权国家需要礼法的结合,那么,与秦汉政权性质相同的个局部统一政权的治理同样需要礼法结合。而要实现天下一统,首先要解决民族文化问题,解决这个问题,仅仅靠法律是远远不够

---

① 陈寅恪:《唐代政治史述论稿》,北京:印务印书馆,2011年,第198、200页。

的,更需要礼法的结合。

新的社会特点也使礼的社会功能发生了变化,整个魏晋南北朝时期,礼对国家的治理功能不断得到强化,礼对于治理国家的作用越来越明显的发挥出来,礼与法是治理国家不可偏废的两个方面。这是礼法结合的重要基础和前提。

二、"礼"与"法"结合的轨迹

魏晋南北朝是礼与法结合的重要历史时期。礼与法的结合不是一蹴而就的事情,它是一个过程,这个过程大致可分为初步结合、紧密结合两个阶段。

初步结合大致发生在汉末三国。初步结合的特点是礼法二者在治理国家的作用方面并驾齐驱,不分伯仲。东汉章帝时,尚书陈宠曾这样论述礼与法的关系:"礼之所去,刑之所取,失礼即入刑,相为表里者也。"[①] 礼所管不到的事务由刑法来解决,在这里,法已成为礼的不可或缺的重要补充。班固也这样形容二者的关系:"制礼以止刑,犹堤之防溢水也。"[②] 礼是河堤,刑是河水,河堤挡水,水冲河堤,二者长期磨合,必然使一些堤土融入河水,一些河水浸入河堤。但是需要强调指出的是,无论陈宠还是班固,他们虽讨论礼与法之间关系,但仍视为两途,礼、法两者仍在磨合过程之中。礼法结合标志性事件是:汉献帝建安元年(196),曾经做过泰安太守的应劭删定律令,以为《汉议》,并上表奏曰:"臣累世受恩,荣祚丰衍,窃不自揆,贪少云补,辄撰具《律本章句》、《尚书旧事》、《廷尉板令》、《决事比例》、《司徒都目》、《五曹诏书》及《春秋断狱》凡二百五十篇。"[③] 应该说,应劭把《春秋断狱》列为法律文件上奏,并得到朝廷的首肯,礼法结合,这正是礼与法长期磨合的结果。上述所举曹操《对酒》正是这一结果的写照。

在东汉长期磨合的基础上,魏晋时期礼与法的关系开始出现新的局面。一个值得注意的现象,就是礼和刑何者为先的讨论。曹魏黄门侍郎刘廙主张先刑后礼,其所著关于刑礼关系的文章影响所及,甚至到江东的孙吴。孙吴谢景十分欣赏刘廙的理论,而陆逊则不赞成谢景的态度,指责他说:"礼之长于刑久矣,廙以细辩而诡先圣之教,皆非也。君今侍东宫,宜

---

① 《晋书》卷三〇《刑法志》,第 920 页。
② 《汉书》卷二三《刑法志》,第 1109 页。
③ 《后汉书》卷四八《应劭传》,第 1613 页。

遵仁义以彰德音,若彼之谈,不须讲也。"①曹操封魏王后,下令说:"夫治定之化,以礼为首。拨乱之政,以刑为先。是以舜流四凶族,皋陶作士。汉祖除秦苛法,萧何定律。掾清识平当,明于宪典,勉恤之哉。"②礼与刑何者为先,当时不可能有最终的结论。曹操的令文提出确定何者为先要根据具体情况,清明安定的社会以礼义教化为首,治理动乱的社会应以刑法为先。然而这只是理论原则,实际操作起来并非那么简单。曹操当政时期,士家之法相当严厉,士兵逃亡,其作为人质的妻子要处死。一个名叫宋金的士兵逃亡,"太祖患犹不息,更重其刑。金有母妻及二弟皆给官,主者奏尽杀之",其严厉程度超过了一般规定。负责刑狱的高柔启奏说:"士卒亡军,诚在可疾,然窃闻其中时有悔者。愚谓乃宜贷其妻子,一可使贼中不信,二可使诱其还心。正如前科,固已绝其意望,而猥复重之,柔恐自今在军之士,见一人亡逃,诛将及己,亦且相随而走,不可复得杀也。此重刑非所以止亡,乃所以益走耳。"③高柔主张对逃亡者采取宽恕政策,给其悔过的机会,并指出重刑不但不能止住逃亡,反而会增加士兵的逃亡。这里的宽恕便体现了礼的原则。魏明帝时规定:"吏遭大丧者,百日后皆给役。"司徒吏解弘丧父,一百日后正赶上该服军役,但他提出大丧期间健康损伤得厉害,不能服役。明帝大怒,说:"汝非曾、闵,何言毁邪?"下令逮捕解弘将其处死。高柔见了解弘,看到他身体确实相当羸弱,并非故意推脱,便上疏陈述实情,请求宽贷解弘。魏明帝下诏说:"孝哉弘也!其原之。"④以废重刑宋金得到宽恕,因尽孝心解弘免于处罚,都表明了礼在法先。

应当指出,并不能因为以上两个案件的处理就得出礼在法先的结论。在三国那个被认为是动荡不定的乱世,治理应以刑罚为先的原则和在处理上礼在法先的实际,正反映了礼与法孰先孰后难解难分。

礼与法孰先孰后虽然是一场无解的讨论,但它透露出一个重要的事实,即礼在治国方面的作用开始凸显。⑤在此以前,法律一直处于治理国家不可或缺的重要地位。秦代重法自不必言,即使在独尊儒术的汉代,法律在国家治理中的重要作用也丝毫没有减弱。⑥而礼的作用在很大程度上局

---

① 《三国志》卷一三《陆逊传》、《三国志》卷二一《刘廙传》。
② 《三国志》卷二四《高柔传》,第683—684页。
③ 《三国志》卷二四《高柔传》,第684页。
④ 《三国志》卷二四《高柔传》,第687页。
⑤ 这个问题笔者曾有专门论述,参见拙著《魏晋南北朝五礼制度考论》第一章第一节,北京:社会科学文献出版社,2009年。
⑥ 《汉书》卷二三《刑法志》:"鞭扑不可弛于家,刑罚不可废于国,征伐不可偃于天下;用之有本末,行之有逆顺耳。"第1091页。

限于对人的教化和对人情的引导。在这种情况下,礼与法很难在治国领域里一争轩轾。只有在人们的观念中,礼的治国作用越来越强化,以至于和法律并驾齐驱时,二者孰先孰后的讨论才会发生。

礼法紧密结合阶段开始于两晋时期。北魏则在孝文帝太和以后更加清晰。礼法紧密结合的一个突出表现,就是二者在思想认识、法律制定、司法实践等全方位的结合。

在思想认识方面,西晋太康年间,华谭被举为秀才,武帝亲自接见,就一系列政治问题进行策问,在谈到法律问题时,武帝问道:"夫法令之设,所以随时制也。时险则峻法以取平,时泰则宽网以将化。今天下太平,四方无事,百姓承德,将就无为而义。至于律令,应有所损益不?"华谭回答说:"臣闻五帝殊礼,三王异教,故或禅让以光政,或干戈以攻取。至于兴礼乐以和人,流清风以宁俗,其归一也。今诚风教大同,四海无虞,人皆感化,去邪从正。夫以尧舜之盛,而犹设象刑。殷周之隆,而甫侯制律。律令之存,何妨于政。若乃大道四达,礼乐交通,凡人修行,黎庶励节,刑罚悬而不用,律令存而无施,适足以隆太平之雅化,飞仁风乎无外矣。"[1] 西晋太康年间,"天下书同文,车同轨,牛马被野,馀粮栖亩,行旅草舍,外闾不闭,民相遇者如亲,其匮乏者,取资于道路,故于时有天下无穷人之谚"[2],一片太平景象。太平之下,还要不要法律,华谭认为"律令之存,何妨于政"[3],反映了礼法并存的思想。东晋初年,元帝曾下诏令说:"礼乐不兴,则刑罚不中,是以明罚敕法,先王所慎,自元康已来,事故荐臻,法禁滋漫。大理所上,宜朝堂会议,蠲除诏书不可用者,此孤所虚心者也。"[4] 这是一道整饬法令的诏书,饬法令的现实理由,是"自元康已来,事故荐臻,法禁滋漫",而其理论根据就是"礼乐不兴,则刑罚不中",在东晋元帝看来,当时礼乐发展的程度足以支持对法令的整饬。

在北方,十六国时期,前秦王猛提出"宰宁国以礼,治乱邦以法"[5],其认识水平与"治定之化,以礼为首。拨乱之政,以刑为先"相当。北魏崛起之初,治国采用重刑峻法[6],至孝文帝时,情况有了重大变化。太和元年,孝文帝下诏:"民由化穆,非严刑所制。防之虽峻,陷者弥甚。今犯法至死,同入

---

[1] 《晋书》卷五二《华谭传》,第 1451 页。
[2] 《文选》卷四九《史论上·晋纪总论》,上海:上海古籍出版社,1986 年,第 2178—2179 页。
[3] 《晉書》卷五二《华谭传》,第 1451 页。
[4] 《晋书》卷三〇《刑法志》,第 939—940 页。
[5] 《晋书》卷一一四《苻坚载记下附王猛传》,第 2930 页。
[6] 杜佑《通典》卷一六四《刑法典》:"后魏起自北方,属晋室之乱,部落渐盛,其主乃峻刑法,每以军令从事。人乘宽政,多以违令得罪,死者以万计。"北京:中华书局,1988 年,第 4225 页。

斩刑,去衣裸体,男女媟见。岂齐之以法,示之以礼者也。今具为之制。"①他强调理国治民仅靠严刑不能达到,应该"齐之以法,示之以礼",正反映了北魏孝文帝对礼法结合的新认识。

在法律制定方面,西晋代魏前夕,司马炎命贾充、郑冲、荀𫖮、杜预等人制定《晋律》,"改旧律为《刑名》、《法例》,辨《囚律》为《告劾》、《系讯》、《断狱》,分《盗律》为《请赇》、《诈伪》、《水火》、《毁亡》,因事类为《卫宫》、《违制》,撰《周官》为《诸侯律》,合二十篇,六百二十条,二万七千六百五十七言。"明法掾张裴上注律表说:"律始于《刑名》者,所以定罪制也。终于《诸侯》者,所以毕其政也。王政布于上,诸侯奉于下,礼乐抚于中,故有三才之义焉,其相须而成,若一体焉。"②礼乐法令相须而成,浑若一体,礼与法结合的紧密程度,大大高于汉末三国时期。

应当指出,《晋律》所表现的礼法结合,不仅仅是礼法相须而成浑若一体这样抽象的概念,而是有实实在在的内容。《晋律》中规定了故、失、谩、诈、不敬、斗、戏、贼、过失、不道、恶逆、戕、造意、谋、率、强、略、群、盗、赃二十种律义的名称。明法掾张裴这样解释说:

其知而犯之谓之"故",意以为然谓之"失",违忠欺上谓之"谩",背信藏巧谓之"诈",亏礼废节谓之"不敬",两讼相趣谓之"斗",两和相害谓之"戏",无变斩击谓之"贼",不意误犯谓之"过失",逆节绝理谓之"不道",陵上僭贵谓之"恶逆",将害未发谓之"戕",唱首先言谓之"造意",二人对议谓之"谋",制众建计谓之"率",不和谓之"强",攻恶谓之"略",三人谓之"群",取非其物谓之"盗",货财之利谓之"赃"。③

其中"谩"、"诈"、"不敬"、"不道"、"恶逆"都与礼有密切关系,反映出礼法结合的事实。

司法实践是礼法结合的具体表现,也是礼法结合的最具实质性的内容。在这方面具有典型意义的就是对"不敬"、"不道"、"违制"的处理。

晋律中的"不敬"之罪与"大不敬"区别不仅仅是字面上的差别,而且内容也不相同。"大不敬"是要处死的重罪,而晋律中的"不敬"则指亏礼废节的行为,"法律中诸不敬,违仪失式,及犯罪为公为私,赃入身不入身,皆随事轻重取法,以例求其名也"④,并非必须处死的重罪。西晋武帝皇太子上朝,其仪仗鼓吹要从东掖门进入,司隶校尉刘毅认为此举属不敬,将

---

① 《魏书》卷一一一《刑罚志》,第 2877 页。
② 《晋书》卷三〇《刑法志》,第 928 页。
③ 《晋书》卷三〇《刑法志》,第 928 页。
④ 《晋书》卷三〇《刑法志》,第 930 页。

太子仪仗拦在东掖门外,并对太子太保太傅进行弹劾①。可见太子仪仗进东掖门是违礼行为。咸宁四年(278),景献皇后羊氏去世,众臣前往弘训宫出席丧礼。按照当时礼制,众臣在宫殿外面排座次时,司隶校尉坐在众卿之上,并且是单独的席位。但在宫殿之内,就按本来的品秩在诸卿下就坐,而且是和众卿坐在一起。主持礼仪的人认为丧礼是在弘训宫内,所以按照礼制把时任司隶校尉的傅玄安排在诸卿之下。傅玄大怒,厉声苛责安排者,当他听说是尚书所定,便大骂尚书。御史中丞庾纯弹劾傅玄不敬,上奏将其免官。②

"不道"在《晋律》中的内容既不同于汉律,也有异于唐律。汉代的"不道无正法,以所犯剧易为罪"③。汉末三国和唐都以杀三个无辜的人为"不道"④。"逆节绝理"的内容只有在《晋律》中才有。关于惩治"逆节绝理"不道之罪的司法实践,南朝刘宋及北魏都有记载。刘宋孝武帝大明年间,沛郡相唐赐到邻村朋友家饮酒,回来后便得病死去。临死前告诉他的妻子张氏,将自己解剖,以查死因。张氏遵循遗嘱将丈夫尸体剖开,发现五脏全部破碎。但是郡县认为张氏解剖丈夫为残忍伤夫,为不道,儿子没有制止为不孝,结果被判有罪。⑤北魏孝武帝太和七年十二月下诏,禁止同姓通婚,"有犯以不道论"⑥。可见伤夫害夫、婚姻违礼、亲族乱伦等逆节绝理的行为都被视为犯罪。⑦刘宋和北魏的法律与《晋律》有继承关系⑧,其司法实践也可证两晋时期的情况。

《违制》也是《晋律》的内容之一。西晋有父母年八十岁一子不从政,年九十其家不从政的规定,河南尹庾纯因为其父八十没有回家供养险些被

---

① 《晋书》卷四五《刘毅传》,第 1272 页。
② 《晋书》卷四七《傅玄传》,第 1322 – 1323 页。
③ 《汉书》卷七〇《陈汤传》,第 3026 页。
④ 《汉书》卷八四《翟方进传》:"后丞相宣以一不道贼,请遣掾督趣司隶校尉"。颜师古注引如淳曰:"律,杀不辜一家三人为不道。"第 3415 – 3416 页。长孙无忌:《唐律疏议》卷一《名例·十恶》:"五曰不道。(谓杀一家非死罪三人,支解人,造畜蛊毒、厌魅)"中华书局,1983 年,第 9 页。
⑤ 《宋书》卷八一《顾觊之传》,第 2080 页。
⑥ 《魏书》卷七《高祖纪上》,第 153 页。
⑦ 《魏书》卷一九《安定王元休附元愿平传》记载:灵太后时,"宗室元愿平裸其妻王氏于其男女之前,又强奸妻妹于妻母之侧。御史中丞侯刚案以不道,处死,绞刑,会赦免",可见亲族乱伦也属不道。第 519 页。
⑧ 程树德《九朝律考·晋律考序》:"晋自泰始四年,颁定新律,刘宋因之"。北京:中华书局,1963 年,第 225 页。陈寅恪:《隋唐制度渊源略论稿》:"元魏刑律实综汇中原士族仅传之汉学及永嘉乱后河西流寓儒者所保持或发展之汉魏晋文化,并加以江左所承西晋以来之律学,此诚可谓集当日之大成者。"北京:商务印书馆,2011 年,第 123 页。

治罪。①然而父母年未满八十擅自归家供养,也是违制的行为。南朝刘宋张岱任司徒左西曹时,"母年八十,籍注未满,岱便去官从实还养,有司以岱违制,将欲纠举"②。北魏裴仲规在担任司徒主簿时,其父在乡疾病,裴仲规"弃官奔赴,以违制免"③。显然,违反丧服规制也是一种违制行为。太和十九年,太师冯熙去世,几个儿子年纪尚幼,有人建议年幼的儿子不应像成年人一样为冯熙穿重孝,丧服不穿下衣,头上腰上也不系绖带,只系一根粗麻凝成的绳子。博士孙惠蔚认为这样做"是为与轻而夺重,非《礼》之意",不符合礼制要求。如果"不行于己,而立制于人,是为违制以为法,从制以误人。"④延昌二年春,偏将军乙龙虎丧父,给假二十七月,而乙龙虎把闰月做两个月,所以不到二十七个月便诣府求上。领军元珍上言:"案《违制律》,居三年之丧而冒哀求仕,五岁刑。龙虎未尽二十七月而请宿卫,依律结刑五岁。"⑤

　　违背舆服制度也属于违制。西晋曾下《己巳诏书》申明律令,诸士卒百工以上,所服乘皆不得违制。若一县一岁之中,有违犯者三家,洛阳县十家以上,官长免。⑥南齐庐陵王萧子卿在做荆州刺史的时候,"营造服饰,多违制度"。武帝训敕他说:"吾前后有敕,非复一两过,道诸王不得作乖体格服饰,汝何意都不忆吾敕邪?忽作瑇瑁乘具,何意?已成不须坏,可速送下。纯银乘具,乃复可尔,何以作镫亦是银?可即坏之。忽用金薄裹箭脚,何意?亦速坏去。凡诸服章,自今不启吾知复专辄作者,后有所闻,当复得痛杖。"⑦可见违制是要被国法或家法惩治的。

　　考察魏晋南北朝时期礼法结合的轨迹可以发现,其发展轨迹与礼制发展轨迹基本上是吻合的。笔者曾经指出,汉末三国是五礼制度的孕育期,两晋及南朝宋齐是五礼制度的发育期,萧梁天监及北魏太和以后是五礼制度的基本成熟期。⑧这种吻合表明,魏晋南北朝礼法结合的紧密程度与这个时期礼制的发展有密切关系。礼制自身的发展变化,使得礼法结合成为可能,而礼法结合的结果,又对法律发生极大的影响,从而使二者结合的紧密程度大大加强,进入了一个前所未有的发展阶段。

---

① 《晋书》卷五〇《庾纯传》,第1397—1399页。
② 《南齐书》卷三二《张岱传》,第580页。
③ 《魏书》卷六九《裴延儁传》,第1533页。
④ 《魏书》卷一〇八《礼志三》,第2790—2791页。
⑤ 《魏书》卷一〇八《礼志四》,第2796页。
⑥ 《晋书》卷四六《李重传》,第1310页。
⑦ 《南齐书》卷四〇《庐陵王萧子卿传》,第703页。
⑧ 参见拙著《魏晋南北朝五礼制度考论》第三章第二节。

三、"礼""法"结合的特点

魏晋南北朝时期礼法结合的紧密程度是前所未有的,二者你中有我,我中有你,连成了一个有机的整体,共同承担着治理国家维护社会的功能。《北史》卷八七《酷吏传序》说:"夫为国之体有四焉:一曰仁义,二曰礼制,三曰法令,四曰刑罚。仁义、礼制,教之本也。法令、刑罚,教之末也。无本不立,无末不成。"李延寿用本和末分别形容礼制和刑法,不是区别其主次和轻重,而是将它们形容为"无本不立,无末不成"的有机整体。有机结合可以说是魏晋南北朝礼法结合区别于前代历史的特点。其有机性体现在以下几个方面:

第一,礼制执行的刚性化。

传统思想对礼和法功能有明确的区分。礼的作用是教化,法的作用是惩治[①],礼是柔性的,法是刚性的。然而魏晋南北朝时期,礼的治国作用越来越被强化,在此基础上形成的五礼制度则具有十分明显的刚性,即礼制具有强制性、不可侵犯性,在一些领域里具有法律化的特点。

东晋成帝时,丞相王导称病不入朝,但私下里却对车骑将军郗鉴迎来送往。尚书令卞壶弹劾王导"亏法从私,无大臣之节",而负责监察百官的御史中丞钟雅"阿挠王典",对王导的行为"不加准绳",卞壶要求将他们一并免官。[②] 从这个事件中可以看出,东晋朝廷对于大臣朝见是有明确的礼制规定的,借故不朝是一种"亏法违典"的行为,要受到免官惩罚,朝见之礼具有强制性法律化的特点。

东晋初年,淮南小中正王式的继母因前夫死,改嫁给王式的父亲。王式的父亲死后,继母在丧期过后又回到前夫家,被前夫的继子奉养至终,死后与前夫合葬。王式认为,在父亲临终之时,母亲要求回去,得到父亲的许可,因此,以"出母"待之。卞壶认为,"出母"即王式之父"休妻",如果王式之父休妻,必须明确休妻的理由,并且要在活的时候休之,没有让绝义之妻留在家里终守丧服之理。如果是父亲临终神志不清,言语错乱,王式应当正之以礼,不从其乱。王式身为国士,"闺门之内犯礼违义,开辟未有,于父则无追亡之善,于母则无孝敬之道,存则去留自由,亡则合葬路人,可谓

---

① 荀子说:"故古者圣人以人之性恶,以为偏险而不正,悖乱而不治,故为之立君上之埶以临之,明礼义以化之,起法正以治之,重刑罚以禁之,使天下皆出于治,合于善也。"王先慎:《荀子集解》,第440页。同书《王制篇》:"听政之大分:以善至者待之以礼,以不善至者待之以刑。"第149页。
② 《晋书》卷七〇《卞壶传》,第1870页。

生事不以礼,死葬不以礼者也。"这样的人,"亏损世教,不可以居人伦诠正之任"。侍中、司徒司马组、扬州大中正陆晔等人不能率礼正违,崇孝敬之教,也应被免官①。事情虽仅仅以王式废弃终身告终,但也说明了婚丧礼制的不可违犯性。

南朝梁时,社会上办理丧事"多不遵礼,朝终夕殡,相尚以速",针对这种现象,侍中徐勉上疏:

> 《礼记·问丧》云:"三日而后敛者,以俟其生也。三日而不生,亦不生矣。"自顷以来,不遵斯制。送终之礼,殡以期日,闾屋豪家,乃或半晷。衣衾棺椁,以速为荣,亲戚徒隶,各念休反。故属纩才毕,灰钉已具,忘狐鼠之顾步,愧燕雀之徊翔。伤情灭理,莫此为大,且人子承衾之时,志懑心绝,丧事所资,悉关他手,爱憎深浅,事实难原,如觊视或爽,存没违滥,使万有其一,怨酷已多,岂不缓其告敛之晨,申其望生之冀,请自今士庶,宜悉依古,三日大殓。如有不奉,加以纠绳。②

这个奏疏得到了梁武帝的批准。这反映了萧梁时期的一个值得注意的变化:在此以前,"三日而后殓"只是一个礼俗上的约束,没有法律的强制性,所以才会有"送终之礼,殡以期日","衣衾棺椁,以速为荣"的社会风气。在此以后,如有不奉"三日大殓"之制者"加以绳纠",治丧不以礼已成为违法之举了。陈武帝代梁后,在制定《律》三十卷,《令律》四十卷的基础上,又规定"缙绅之族,犯亏名教,不孝及内乱者,发诏弃之,终身不齿。先与士人为婚者,许妻家夺之。"③进一步给名教、孝悌以法律地位。

在北朝,婚丧祭祀等礼仪制度也具有法律化的表现。北魏文成帝和平四年十二月辛丑下诏说:"名位不同,礼亦异数,所以殊等级,示轨仪。今丧葬嫁娶,大礼未备,贵势豪富,越度奢靡,非所谓式昭典宪者也。有司可为之条格,使贵贱有章,上下咸序,著之于令。"壬寅,又下诏:

> 夫婚姻者,人道之始。是以夫妇之义,三纲之首,礼之重者,莫过于斯。尊卑高下,宜令区别。然中代以来,贵族之门多不率法,或贪利财贿,或因缘私好,在于苟合,无所选择,令贵贱不分,巨细同贯,尘秽清化,亏损人伦,将何以宣示典谟,垂之来裔。今制皇族、师傅、王公侯

---

① 《晋书》卷七〇《卞壸传》,第 1868 — 1869 页。
② 《梁书》卷二五《徐勉传》,第 378 页。
③ 《隋书》卷二五《刑法志》,北京:中华书局,1974 年,第 702 页。

伯及士民之家,不得与百工、伎巧、卑姓为婚,犯者加罪。①

孝文帝太和二年五月下诏说:

> 婚娉过礼,则嫁娶有失时之弊;厚葬送终,则生者有糜费之苦。圣王知其如此,故申之以礼数,约之以法禁。乃者,民渐奢尚,婚葬越轨,致贫富相高,贵贱无别。又皇族贵戚及士民之家,不惟氏族,下与非类婚偶。先帝亲发明诏,为之科禁,而百姓习常,仍不肃改。朕今宪章旧典,祇案先制,著之律令,永为定准。犯者以违制论。②

西魏大统九年(543)正月,诏"禁中外及从母兄弟姊妹为婚。"③北周武帝建德六年(577)六月下诏:"同姓百世,婚姻不通,盖为重别,周道然也。而娶妻买妾,有纳母氏之族,虽曰异宗,犹为混杂。自今以后,悉不得娶母同姓,以为妻妾。其已定未成者,即令改聘。"④

关于祭祀之礼,北魏孝文帝延兴二年二月乙巳诏书说:

> 尼父禀达圣之姿,体生知之量,穷理尽性,道光四海。顷者淮徐未宾,庙隔非所,致令祠典寝顿,礼章殄灭,遂使女巫妖觋,淫进非礼,杀生鼓舞,倡优媟狎,岂所以尊明神敬圣道者也。自今已后,有祭孔子庙,制用酒脯而已,不听妇女合杂,以祈非望之福。犯者以违制论。其公家有事,自如常礼。牺牲粢盛,务尽丰洁。临事致敬,令肃如也,牧司之官,明纠不法,使禁令必行。⑤

上述关于婚姻、丧葬、祭祀等的诏令,显然是从"礼"的角度出发来考虑的,无疑具有刚性的"法"的效力。

第二,刑事案件中的礼法结合。

南朝萧齐时,建康曾发生这样一起刑事案件:有一个名叫张悌的人,因家里一贫如洗,无力供养老母,便向邻居富人求借。富人不与,张悌便纠结了另外三人到富人家抢劫,所得衣物又全被三人拿走,自己没得到一文

---

① 《魏书》卷五《高宗纪》,第122页。
② 《魏书》卷七《高祖纪上》,第145页。
③ 《北史》卷五《魏本纪》,第178页。
④ 《周书》卷六《武帝纪下》,第103页。
⑤ 《魏书》卷七《高祖纪上》,第136页。

钱。案发后县里判张悌死罪。张悌的长兄张松听说后,跑到县衙说:"与弟景是前母子,后母唯生悌,松长不能教诲,乞代悌死。"张景也跑到县衙请求代替张悌去死。张悌的母亲表示,张悌犯了死罪,已经承认,应当去死,不能连累兄弟。县衙将此案上报朝廷,朝廷认为张悌家一门孝义,特免张悌一死。① 与之类似的是东汉末期孔融收留张俭案件:

> 山阳张俭为中常侍侯览所怨,览为刊章下州郡,以名捕俭。俭与融兄褒有旧,亡抵于褒,不遇。时融年十六,俭少之而不告。融见其有窘色,谓曰:"兄虽在外,吾独不能为君主邪?"因留舍之。后事泄,国相以下,密就掩捕,俭得脱走,遂并收褒、融送狱。二人未知所坐。融曰:"保纳舍藏者,融也,当坐之。"褒曰:"彼来求我,非弟之过,请甘其罪。"吏问其母,母曰:"家事任长,妾当其辜。"一门争死,郡县疑不能决,乃上谳之。诏书竟坐褒焉。②

同是一门争死,但二者有很大区别:第一,前者是纯粹的刑事案件,事主是民间的普通百姓;后者则是与"党锢之祸"有关的政治案件,事主是社会名流。第二,前者处理结果是为张扬张氏一家的孝义,显示了刑事案件中的礼的精神;后者则以孔融的哥哥孔褒坐罪结束,与张悌一家的结果大相径庭。

南朝萧齐时,南郡江陵县人苟胡之的妻子被曾口寺沙门奸淫,苟胡之的哥哥苟蒋之杀死沙门。后苟蒋之被县衙问罪。苟蒋之供词说,此家门秽行,耻于告官宣扬,又无法忍受心中恶气,便杀了沙门。苟胡之也到衙门自首,供词与哥哥一样,兄弟二人争死。县衙将此案报道州府,州刺史谘议袁彖说:"夫迅寒急节,乃见松筠之操,危机迥构,方识贞孤之风。窃以蒋之、胡之杀人,原心非暴,辩谳之日,友于让生,事怜左右,义哀行路。昔文举引谤,狭漏疏网,蒋之心迹,同符古人,若陷以深刑,实伤为善。"因此,苟氏兄弟俱免死。③ 在这里,袁彖也举出孔融的例子,但苟家兄弟免死的原因一是他们"原心非暴",二是他们的"友悌大义",这与孔融之案也有本质的不同。

北朝也有类似的案例。北魏孝文帝时,长孙虑的母亲因为饮酒受到丈夫长孙真的呵叱,争执中,长孙真用木棍将妻子误伤致死。长孙真因此被县衙囚执,判以死罪。长孙虑致书尚书为父亲辩解说:"父母忿争,本无余

---

① 《南史》卷七四《滕昙恭传》,第 1836 页。
② 《后汉书》卷七〇《孔融传》,第 2262 页。
③ 《南史》卷二六《袁湛附袁彖传》,第 707－708 页。

恶。直以谬误,一朝横祸。今母丧未殡,父命旦夕。虑兄弟五人,并各幼稚。虑身居长,今年十五,有一女弟,始向四岁,更相鞠养,不能保全。父若就刑,交坠沟壑,乞以身代老父命,使婴弱众孤得蒙存立。"尚书向朝廷奏疏说:"虑于父为孝子,于弟为仁兄。寻究情状,特可矜感。"孝文帝便下诏特恕长孙真死罪。① 类似的案子有汉代的缇萦救父,② 但二者的区别是,缇萦以道理说服皇帝,长孙虑以孝悌之义感动皇帝,法礼结合成为区别两个案子的最大特点。

礼不但作为处理刑事案件的根据,也被作为处理刑事案件的手段。《梁书·王志传》载,王志任宣城内史时,清谨有恩惠。郡民张倪、吴庆争田,经年不决。志到官,父老乃相谓曰:"王府君有德政,吾曹乡里乃有此争。"倪、庆因相携请罪,所讼地遂为闲田。王志用什么办法平息了郡民田地的争讼,史书没有详细记载,但我们可以通过王志的为人作一推测。史载王志在讲究宽恕的王家门风中为尤其惇厚者。"所历职,不以罪咎劾人"。门下客曾盗窃他的车卖之,他知而不问,待之如初。宾客游其门者,专覆其过而称其善③。根据王志的这种为人处事方式,可以推测他解决民间争讼的方法是以身作则,提倡礼让。如果说王志处理民间争讼的方法还是一种推测,那么,北魏清河太守房景伯母亲崔氏教育不孝之子便是典型的用礼处理刑事案件的例子:

> 贝丘民列子不孝,吏欲案之。景伯为之悲伤,入白其母。母曰:"吾闻闻不如见,山民未见礼教,何足责哉?但呼其母来,吾与之同居。其子置汝左右,令其见汝事吾,或应自改。"景伯遂召其母,崔氏处之于榻,与之共食。景伯之温清,其子侍立堂下。未及旬日,悔过求还。崔氏曰:"此虽颜惭,未知心愧,且可置之。"凡经二十余日,其子叩头

---

① 《魏书》卷八六《长孙虑传》,第1882页。
② 《史记》卷一〇《孝文本纪》:齐太仓令淳于公有罪当刑,诏狱逮徙系长安。太仓公无男,有女五人。太仓公将行会逮,骂其女曰:"生子不生男,有缓急非有益也!"其少女缇萦自伤泣,乃随其父至长安,上书曰:"妾父为吏,齐中皆称其廉平,今坐法当刑。妾伤夫死者不可复生,刑者不可复属,虽复欲改过自新,其道无由也。妾愿没入为官婢,赎父刑罪,使得自新。"书奏天子,天子怜悲其意,乃下诏曰:"盖闻有虞氏之时,画衣冠异章服以为僇,而民不犯。何则?至治也。今法有肉刑三,而奸不止,其咎安在?非乃朕德薄而教不明欤?吾甚自愧。故夫驯道不纯而愚民陷焉。诗曰'恺悌君子,民之父母'。今人有过,教未施而刑加焉?或欲改行为善而道毋由也。朕甚怜之。夫刑至断支体,刻肌肤,终身不息,何其楚痛而不德也,岂称为民父母之意哉!其除肉刑。"第427-428页。
③ 《梁书》卷二一《王志传》,第320页。

流血,其母涕泣乞还,然后听之,终以孝闻。①

"贝丘民列子不孝,吏欲案之",说明不孝之子的行为已经成为刑事案件,但崔氏母子并没有用刑律惩处,而是以孝敬之礼示范教育,使其痛改前非。即是对那些负罪入狱的囚犯,也不乏以礼待之的例子。王志为东阳太守时,郡狱有重囚十余人,冬至日悉遣还家过节,要求他们过节返回。结果只有一人失期,狱司要求处置。王志说:"此自太守事,主者勿忧。"第二天,失期者果然返回,晚回来的原因是照顾怀孕的媳妇。②北齐张华原任兖州刺史时,"州狱先有系囚千余人,华原科简轻重,随事决遣。至年暮,唯有重罪者数十人。华原各给假五日,曰:'期尽速还也。'囚等曰:'有君如是,何忍背之。'依期毕至。"③王志、张华原对囚犯的处理,体现了礼的信任、尊重、感化精神。

第三,不因礼废法。

礼法结合并非以礼代法,当礼与法发生冲突时,特别是有人以礼作为不执行法的借口时,不可因礼废法的原则就显得十分必要。东晋时,朝廷准备召南阳人乐谟为郡中正,颍川人庾怡为廷尉评。乐谟的父亲名乐广,庾怡的父亲名庾珉,都是西晋朝廷的名臣。乐广、庾怡都称父亲有遗命,不接受征召。子承父命,遵从遗训符合"礼"的要求,但具体到这件事则于法于政均有害处。尚书令卞壶就指出:"有父必有命,居职必有悔。"如果每家各私其子,会使"王者无人,职不轨物,官不立政",其后果就会使"先圣之言废,五教之训塞,君臣之道散,上下之化替"。如果顺从乐谟父亲之意,"则人皆不为郡中正,人伦废矣"。如果顺从庾怡父之意,"人皆不为狱官,则刑辟息矣"。乐谟的行为是借父之名亏国家之法,庾怡的做法为肯定亲情可以不顾国法而自行其是。朝廷应该下一道命令,"不得以私废公。绝其表疏,以为永制。"结果是"朝议以为然。谟、怡不得已,各居所职"④。

北魏时,河东郡民李怜投毒害死人命,被判以死刑。李怜的母亲上诉说:"一身年老,更无期亲,例合上请。"但还没等州府做出是否接受上诉的决定,李怜的母亲就去世了。州府判决为让李怜为其母亲守丧三年,期满之后行刑。司徒法曹参军许琰认为州判合理。主簿李玚反驳,主要讲三点理由,一,《法例律》规定:诸犯死罪,若祖父母、父母年七十以上,无成人子

---

① 《魏书》卷九二《房爱亲妻崔氏传》,第1980—1981页。
② 《梁书》卷二一《王志传》,第319页。
③ 《北史》卷八六《张华原传》,第2873页。
④ 《晋书》卷七〇《卞壶传》,第1870页。

孙,旁无期亲者,具状上请。流者鞭笞,留养其亲,终则从流。不在原赦之例。二,上请之言,非应府州所决。三,李怜既怀鸩毒之心,不可参邻人伍。即使其母在,都应全家放逐,何况其母已死,怎能对他实行三年之礼呢?李玚主张,今已卒哭,不合更延。可依法处斩,流其妻子。李玚的主张得到朝廷采纳。①

第四,法不离礼独行。

曹魏末期,司马氏专权,政治斗争异常残酷。曹魏尚书王经因参与曹髦反击司马昭的行动被杀。王经任郡守时,河内山阳人向雄在他手下任主簿,后来王经任司隶校尉,又提拔向雄为都官从事。王经被杀,向雄在刑场放声痛哭,感动整个刑场。②钟会任司隶校尉时,把在狱中的向雄放出来。后来,钟会因反叛身死,无人殡殓,向雄又"迎丧而葬之"。司马昭召向雄责问:"往者王经之死,卿哭王经于东市,我不问也。今钟会躬为叛逆,又辄收葬,若复相容,其如王法何。"向雄回答:"昔者先王掩骼埋胔,仁流朽骨,当时岂先卜其功罪而后葬之哉。今王诛既加,于法已备。雄感义收葬,教亦无缺。法立于上,教弘于下,何必使雄违生背死以立于时。殿下仇枯骨而捐之中野,为将来仁贤之资,不亦惜乎。"③司马昭诛杀叛贼"于法已备",向雄感义收葬,"教亦无缺",司马昭对向雄行为和辩解的认可,实际上认可了不可因法废礼。

东晋初年,由于朝廷草创,出现议断不循法律,人立异议,临事改制,朝作夕改,法律不一,令出多门的现象。主簿熊远上奏说,"礼以崇善,法以间非,故礼有常典,法有常防",法令多变,也破坏了礼之常典。他主张"凡为驳议者,若违律令节度,当合经传及前比故事,不得任情以破成法。愚谓宜令录事更立条制,诸立议者皆当引律令经传,不得直以情言,无所依准,以亏旧典也。"④熊远认为,随意解释法律,不仅破坏了成法,也破坏了礼典。议法者必须根据律令经传,反映了不可行无礼之法的思想。

南北朝时,一些刑法的规定,也伴随着礼的影子。梁武帝天监十一年正月壬辰下诏:

> 夫刑法悼耄,罪不收孥,礼著明文,史彰前事,盖所以申其哀矜,故罚有弗及。近代相因,厥网弥峻,髫年华发,同坐入眚。虽惩恶劝善,

---

① 《魏书》卷一一一《刑法志》,第2885页。
② 《三国志》卷九《夏侯玄传》注引《世语》,第305页。
③ 《晋书》卷四八《向雄传》,第1335页。
④ 《晋书》卷三〇《刑法志》,第938－939页。

宜穷其制,而老幼流离,良亦可愍。自今逋谪之家及罪应质作,若年有老小,可停将送。①

中大同元年七月诏:

禽兽知母而不知父,无赖子弟过于禽兽,至于父母并皆不知,多触王宪,致及老人,耆年禁执,大可伤愍。自今有犯罪者,父母祖父母勿坐。唯大逆不预今恩。②

北魏孝文帝太和十二年春正月乙未诏:

镇戍流徙之人,年满七十,孤单穷独,虽有妻妾而无子孙,诸如此等,听解名还本。诸犯死刑者,父母、祖父母年老,更无成人子孙,旁无期亲者,具状以闻。③

太和十八年七月丙寅诏:

诸北城人,年满七十以上及废疾之徒,校其元犯,以准新律,事当从坐老,听一身还乡,又令一子扶养,终命之后,乃遣归边。自余之处,如此之犯,年八十以上,皆听还。④

上述四个诏书,分别属于南朝和北朝,都是有关处理死刑流放等罪犯的,毫无例外都牵涉到其年迈父母的问题。既对罪犯进行刑法处理,又考虑到他们年迈父母的养老,前者是刑法处理,后者是礼制问题,可见在这个问题上刑法不是离开礼制单独执行的。

四、礼法结合的必然性

礼法有机结合在魏晋南北朝时期实现并非偶然,其必然性由三方面因

---

① 《梁书》卷二《武帝纪中》,第51—52页。
② 《梁书》卷三《武帝纪下》,第92页。
③ 《魏书》卷七《高祖纪下》,第163页。
④ 《魏书》卷七《高祖纪下》,第174—175页。

素所决定。

第一个因素,礼法各自的发展程度。魏晋南北朝时期的礼法结合既不同于"以礼入法",也有别于"礼法融合"。所谓以礼入法,法主礼次的意味非常明显;"礼法融合"也有以谁为主体的问题,而"礼法结合"则指发生密切联系的双方都是事物的主体。魏晋南北朝时期之所以会发生礼法有机结合,首先是因为礼与法都发展到了具有主体资格的程度。

历史地考察,礼源于氏族社会的祭祀,刑源于氏族部落彼此之间的征伐战争,即所谓"刑起于兵"。原始的礼和法各具分工:礼主要是维持氏族社会内部的秩序,法主要是用于对异族或敌对部落的征服或镇压。春秋以前的三代之礼,是维护宗法社会秩序的主要手段,法虽然存在,但远远不具备与礼相提并论的主体资格。春秋战国,三代之礼分崩离析,只以碎片的形式对人们的日常生活加以规范和影响,而各国的变法活动使得法的地位和作用大大提升,成为治理国家的主要手段。礼法结合的问题,只存在于一些思想家的理论之中,很少付诸国家治理的实践。秦朝以法治国,在轻礼重法的社会氛围中,法律体系一步步发展,礼的发展程度远远落后于法。汉代惩于秦亡的教训,开始在社会实践中尝试礼法结合的途径,但由于二者的发展程度不同,结合的形式始终局限于"以礼入法"。

到了魏晋时期,情况发生了根本性的变化。一方面,自秦汉以来法律体系的发展日趋成熟,其标志即《晋律》的产生。程树德先生指出:晋律"承用已经三代,凡二百三十七年,六朝诸律中,行世无如是之久者,是亦有故焉。晋自文帝秉政,即议改定律令,事在魏咸熙之初,从容坐论,凡历六载。其时议律诸人,如羊祜杜预,又皆一时之俊,史称新律颁于天下,百姓便之,是在当日即以众论翕然。又有张斐杜预为之注解,故江左相承,皆用晋世张杜律。"[①]另一方面,礼学及礼仪制度经两汉的长期发展,特别是汉末三国时期的孕育,至西晋时新的礼仪制度已经诞生,这就是五礼制度。晋律和五礼制度标志着此时礼法已经各自成熟到具备了主体地位,二者的有机结合条件成熟。

第二个因素,世家大族的兴起。魏晋南北朝时期的世家大族有两个重要特点,一个是深厚的文化背景,一个是高层次的政治地位。这两个特点成就了世家大族在礼法结合过程中的不可忽视的作用。

陈寅恪先生指出:"东汉以后学术文化,其重心不在政治中心之首都,而分散于各地之明都大邑。是以地方大族盛门乃为学术文化之所寄托。

---

① 程树德:《九朝律考》,北京:中华书局,1963年,第225页。

中原经五胡之乱,而学术文化尚能保持不坠者,故由地方大族之力,而汉族之学术文化变为地方化即家门化矣。故论学术,只有家学可言,而学术与大族盛门常不可分离也。"①魏晋南北朝缤纷绚丽的文化现象中,学术文化与世家大族的关系最为密切,而学术文化中主要是儒家文化成为士族宗族发展兴盛的精神支撑。

  魏晋南北朝时期的世家大族,有的发端于汉末,有的兴起于魏晋,有的起家于南北朝,尽管兴起的时间不同,但有一点是共同的,就是在他们初起的时候大多与儒学有着联系。发端于汉末者:例如琅邪王祥是儒家"孝"的典范,太原王昶的《家诫》也显示出浓重的儒家思想。颍川荀爽,"年十二,通《春秋》、《论语》"②。涿郡卢植,"名著海内,学为儒宗,士之楷模,国之桢干"③。荥阳郑浑,为汉代名儒之后,其兄郑泰为汉末名士。兴起于两晋者,例如山阴贺循,"少玩篇籍,善属文,博览众书,尤精礼传"④,东晋初建,"为一时儒宗"⑤。起家于南北朝者,赵郡李顺,"博涉经史,有才策,知名于世"⑥。清河崔浩,注《诗》《论语》《尚书》《易》,当时有人甚至夸赞说,虽马、郑、王、贾注述《六经》,"不如浩之精微"。博陵崔绰,"敦心《六经》,游思文藻"⑦。琅邪王氏、太原王氏、颍川荀氏、涿郡卢氏、荥阳郑氏、赵郡李氏、清河崔氏、博陵崔氏、山阴贺氏都是魏晋南北朝时期的世家大族,王祥、王昶、荀爽、卢植、郑浑、李顺、崔浩、崔绰、贺循分别是这些家族刚刚兴起时的代表人物,他们与儒学的关系,反映了这些士家大族初兴起时与儒学的关系。早期兴起的世家大族的延续,后来兴起的世家大族的加入,宛如一条河流,既有源头之水,又有中途支流的注入,构成了世家大族与儒学联系的主流。

  世家大族与儒家礼学的联系,不但是天然的,而且是密切的,其密切性表现在儒家礼学方面有着延绵不断的家学传承。例如琅邪王规,十二岁便"《五经》大义,并略能通"。王承七岁通《周易》。⑧王逸之,自幼"礼学博闻",是家学培养出的礼学家。⑨山阴人贺玚,"少传家业",精通礼学。⑩河内温

---

① 陈寅恪:《金明馆丛稿初编》,第131页,上海:上海古籍出版社,1980年。
② 《三国志》卷一〇《荀彧传》裴松之注引《续汉书》,第307页。
③ 《后汉书》卷六四《卢植传》,第2119页。
④ 《晋书》卷六八《贺循传》,第1830页。
⑤ 《三国志》卷二〇《贺邵传》裴松之注引虞预《晋书》,第1459页。
⑥ 《魏书》卷三六《李顺传》,第829页。
⑦ 《魏书》卷四八《高允传》,第1082页。
⑧ 《梁书》卷四一《王规传》、《王承传》,第581、585页。
⑨ 《南齐书》卷五二《王逸之传》,第902页。
⑩ 《梁书》卷四八《贺玚传》,第672页。

人司马褧,少传家业,强力专精,手不释卷,凡礼文所涉之书,略皆遍睹。[1] 东海郯人何承天,五岁失父,自幼随母徐氏学儒史百家。[2] 北地灵州人傅昭,祖、父均善《三礼》,傅昭传承家学。[3] 南朝梁明山宾,"七岁能言名理,十三博通经传",得家学之真传。[4] 范阳涿人卢辩,累世儒学。[5] 可见南北朝时许多世家大族都有家传儒学的传统。

  魏晋南北朝时期的世家大族政治地位极高。西晋司马氏靠世家大族的支持取代曹魏;东晋世家大族与皇族司马氏共有天下;南朝世家大族虽然门阀政治的风光不再,但仍然是支撑皇帝中央集权的重要政治力量;北朝世家大族在北魏初期便是拓跋政权极力争取的政治势力,在魏孝文帝定姓族以后,更是支撑北魏政权的中坚力量。可以说,在整个魏晋南北朝时期,世家大族基本上处于国家政治结构的上层。掌握了国家治理权力的世家大族在行政实践中,必然将家族的治理实践扩展到治国实践中,必然会把家传之礼与治国之法结合起来,所以说,世家大族是魏晋南北朝礼法结合的粘合剂。

  第三个因素,民族融合的推动。西晋末期,边地的少数民族大举进入中原地区,十六国至北朝,少数民族在北方纷纷建立政权。由于社会发展阶段以及文化上的落后,这些统治中原的少数民族大多是从只讲严刑峻法的阶段走过来的。如乌丸鲜卑,"其约法,违大人言死,盗不止死。其相残杀,令都落自相报,相报不止,诣大人平之,有罪者出其牛羊以赎死命,乃止。自杀其父兄无罪。"[6] 统一北方的拓跋鲜卑,还没进入中原时"部落渐盛,其主乃峻刑法,每以军令从事。人乘宽政,多以违令得罪,死者以万计。"[7] 因此,西晋灭亡以后,由于少数民族政权的建立,北方刚刚开始的礼法结合的进程就被打断了。然而打断不意味着停止,社会发展阶段和文化相对落后的民族进入中原后,落脚扎根长治久安的需要,决定他们必然要学习吸收中原文化的先进部分,这是民族融合的规律。在民族融合规律的推动下,北方的礼法结合大致经过了被动和自觉两个阶段。大体说来,孝文帝改制以前为被动阶段。拓跋焘统一北方后,"患旧制太峻,命三公郎王德除其酷法,约定科令",神年间,又让崔浩定律令,其晚年"又令胡方回、

---

[1] 《梁书》卷四〇《司马褧传》,第567页。
[2] 《宋书》卷六四《何承天传》,第1701页。
[3] 《梁书》卷二六《傅昭传》,第392页。
[4] 《梁书》卷二七《明山宾传》,第405页。
[5] 《周书》卷二四《卢辩传》,第403页。
[6] 《三国志》卷三〇《乌丸鲜卑东夷传》裴注引《魏书》,第833页。
[7] 杜佑:《通典》卷一六四《刑制中》,第4225页。

游雅改定律制"。孝文帝太和初年,"令高闾修改旧文,随例增减","除群行剽劫首谋门诛,律重者止枭首。"①用汉人修改初期的严刑厉法,自然会加入汉礼文化的因素。孝文帝改制以后,建立了五礼制度,至北齐北周,渐渐成熟完备。与此同时,一套以律、令、格、式为框架的法律体系也在逐渐完善。研究唐代法律的学者指出,律是"刑法",令文全都不是"刑法"条款,格大部分不是刑法,式基本不是刑法。②这虽然是唐代的情况,但其源头却在北朝。③五礼制度的成熟与法律体系的建立,使得礼法结合不仅成为可能,而且也成为必然。

礼与法的有机结合无论在礼制发展史还是法律发展史都是一个非常重要的事情。在这种结合中,各自自身都发生了变化,"礼"具备了不可违背的法的权威,"法"具备了服务人文的礼的精神。自从形成了礼法的有机结合,这种结构就变得牢不可破,一直影响至今。

---

① 杜佑:《通典》卷一六四《刑制中》,第4226页。
② 钱大群《律、令、格、式与唐律的性质》,《法学研究》1995年第5期。
③ 李书吉:《北朝礼制法系研究》,北京:人民出版社,2002年。

北魏迎气祭祀礼试探

张鹤泉

天兴元年,北魏国家开始实行迎气祭祀礼,并使这一祭祀礼在国家祭典中处于比较重要的地位。而且,北魏国家实行的迎气祭祀礼,与国家的施政方略也有密切关系。因此,考察迎气祭祀礼在北魏实行的情况,对认识当时中原系统祭典的影响以及祭祀活动与国家统治联系的特点都是必要的。可是,前人对北魏国家祭礼的考证,只注意到了郊祀礼的实行情况[1],却忽略了迎气祭祀礼。所以,本文拟对北魏迎气祭祀礼实行的相关问题做一些探讨,以期对北魏国家祭礼研究的深化有所裨益。

一、迎气祭祀礼的实行

北魏国家建立后,很重视国家祭典的制定。可是,北魏国家制定的祭典却是分为不同系统的。台湾学者康乐认为,北魏国家的祭祀礼是由北亚系统及中原系统的祭典组成,并且,差不多就构成了国家祭典的全部。[2]北魏的北亚系统的祭典,正是对拓跋鲜卑部族的祭祀礼俗的保留和改造,而中原系统的祭典,则是仿照晋代的祭祀礼仪制定的。这两个系统的祭典,都在北魏国家祭祀制度中占有重要的地位。而且,拓跋鲜卑统治者入主中原后,为了有效地统治占领的汉人居住的地区,他们也就更注意中原祭典的推行,进而象征他们统治具有正统性,因此,在逐渐完善国家各项制度的同时,也就不断地改善中原系统的祭典。北魏国家迎气祭祀礼,正是在这种社会背景下开始实行的。然而,北魏迎气祭祀礼并不是在拓跋鲜卑国家建立后开始实行的,而是随着国家制度的完善,迎气祭祀礼才为拓跋鲜卑

---

[1] 康乐:《从西郊到南郊——国家祭典与北魏政治》,台北:稻禾出版社,1995年,第165—207页。

[2] 康乐:《从西郊到南郊——国家祭典与北魏政治》,第171页。

统治者所注意。就拓跋珪建国历程而言,实际经历了从不完善的带有浓厚鲜卑部族特色的早期国家,向以中原汉族王朝的制度为模式,进而使各项制度都比较完善的国家演进的过程。

实际上,登国元年,拓跋珪开始建立代国。这时的国家,只是在拓跋鲜卑部落联盟基础上建立的,因而,国家制度的主体,是对拓跋鲜卑部族规定的沿袭,所以,国家的礼仪带有浓厚拓跋鲜卑部族的特征。从祭祀礼的实行来看,在拓跋珪称代王时,便在牛川举行"郊天"祭祀。[1]拓跋珪举行郊天祭祀,是要表明他建国的合法性。可是,拓跋珪实行郊天礼仪,应该在西郊进行。[2]所以,这一礼仪是按拓跋鲜卑部族的仪式进行的,应该属于北亚系统的祭典体系。显然,在拓跋珪初建国家时,当时国家所实行的,只能是拓跋鲜卑的祭祀礼,也就是北亚系统的祭典。

皇始元年,拓跋珪开始称帝,改国号为魏。实际在拓跋珪称帝的过程中,也使国家制度不断地完善。可以说,北魏国家对国家制度的完善,主要是对中原汉族国家所实行的各种规定的吸纳。正如《魏书》卷二《道武帝纪》所言,"(皇始元年)初建台省,置百官,封公、侯、将军、刺史、太守,尚书郎已下悉用文人。"这里提到的"文人",正是进入北魏政权中的汉族士人。这些汉族士人,则是北魏国家能够仿照实行中原汉族王朝制度的保证。事实上,从皇始元年至天兴元年,在这三年中,北魏国家的面貌发生了很大的改变。《魏书》卷二《道武帝纪》:

> (天兴元年)十有一月辛亥,诏尚书吏部郎中邓渊典官制,立爵品,定律吕,协音乐;仪曹郎中董谧撰郊庙、社稷、朝觐、飨宴之仪;三公郎中王德定律令,申科禁;太史令晁崇造浑仪,考天象;吏部尚书崔玄伯总而裁之。

很明显,道武帝拓跋珪任用汉族士人,按中原汉族王朝的规定制定各项制度。其中重要的就是,使北魏开始按照晋代国家的模式确定国家礼仪。天兴二年,道武帝"初祠上帝于南郊。以始祖神元皇帝配,降坛视燎,成礼而反。"[3]这种在南郊举行的郊祀礼与西郊的郊祀礼不同,应该是汉族中原王朝实行的礼仪,因此,属于中原王朝的祭典。这种中原王朝的祭典是一个祭祀体系,所以,也就包括诸多的不同祭礼。在这些祭礼中,很重要的一项

---

[1] 《魏书》卷二《道武帝纪》,北京:中华书局,1974年,第20页。
[2] 康乐:《从西郊到南郊——国家祭典与北魏政治》,第167页。
[3] 《魏书》卷二《道武帝纪》,第34页。

便是迎气祭祀。所以,在道武帝实行南郊郊祀礼的同时,也开始实行迎气祭祀礼。《魏书》卷二《道武帝纪》:

> (天兴元年)诏百司议定行次,尚书崔玄伯等奏从土德,服色尚黄,数用五,未祖辰腊,牺牲用白,五郊立气,宣赞时令,敬授民时,行夏之正。

这一记载中提到的"五郊立气",便是指迎气祭祀礼。北魏国家实行迎气祭祀礼,固然是要仿照中原王朝的祭典实行汉族色彩的祭礼,以此作为统治中原汉人的象征。可是,促使道武帝实行迎气祭祀礼,还有其他的社会因素。从迎气祭祀礼的主要特征来看,是与农业社会的生产特点相适应的。正因如此,在中原社会很早便出现按时节举行的迎气活动,并使这种迎气活动与农耕有诸多关系。关于这一点,最早见之于《礼记·月令》。在《月令》规定的四季迎气仪式中,多有涉及农业活动的记载。例如,孟春之月,"天气下降,地气上腾,天地和同,草木萌动,王命布农事。命田舍东郊,皆脩封疆,审端经术。善相丘陵,阪险,原隰,土地所宜,五谷所殖,以教道,民必躬亲之。田事既饬,先定准直,农乃不惑。""(孟夏之月)命司徒巡行县鄙,命农勉作,毋休于都。是月也,驱兽毋害五谷,毋大田猎,农乃登麦。""(孟秋之月)是月也,农乃登谷,天子尝新,先荐寝庙。命百官始收敛,完堤防,谨壅塞。""(孟冬之月)天子乃祈来年于天宗,大割祠于公社,及门闾。腊先祖五祀,劳农以休息之。"很显然,中原的迎气活动一个重要的目的,就是按时节规定相应的农耕活动。东汉开始实行的迎气祭祀礼,主要是以《月令》的规定为基础制定的,因此,迎气祭祀的所涉及的一些内容,也就与农业生产有密切的联系。迎气祭祀礼的这种特点,应该说,是与原来拓跋鲜卑人以游牧为主要生产活动的状况是完全不适应的。因此,拓跋鲜卑统治者接受,并实行迎气祭祀礼,应该与占统治地位的拓跋鲜卑人的生产活动的变化有很大的关系。

应该说,在北魏国家制度完善的过程中,社会组织也发生很大的变化。《魏书》卷一一三《官氏志》:"登国初,太祖散诸部落,始同为编民。"《魏书》卷八三上《外戚上·贺讷传》:"离散诸部,分土定居,不听迁徙,其君长大人皆同编户。"这些记载说明,拓跋珪开始打破原来的拓跋鲜卑人的部落组织,使他们成为国家的编户民。而且,在拓跋鲜卑人基层社会组织变化的同时,他们原来的生产活动也在改变。《魏书》卷一一〇《食货志》:"既定中山,分徙吏民及徒何种人、工伎巧十万余家以充京都,各给耕牛,计口授田。"说明北魏国家使一些拓跋鲜卑人开始从事农耕生产。特别是,天兴元年,道武帝"诏有司正封畿,制郊甸,端径术,标道里,平五权,较五量,定五度。"① 所谓"正封畿",就是划定京畿。正如《魏书》卷一一〇《食货志》说:"天兴初,制定京邑,东至代郡,西及善无,南极阴馆,北尽参合,为畿内之田;其外四方四维置八部帅以监之,劝课农耕,量校收入,以为殿最,又躬耕籍田率先百姓。自后比岁大熟,匹中八十余斛。"北魏国家这样做的目的,是将京畿内的编户民主要确定为拓跋鲜卑族人,而京畿外的编户民,则由八部帅监督的拓跋鲜卑人以及被征服的汉族人组成。但是,无论京畿内,还是京畿外,拓跋鲜卑人从事的,主要都是农业生产。正如陈连庆先生所言,对拓跋族人来讲,是由游牧向农耕,来了一个飞跃。② 由于拓跋鲜卑民族生产活动与汉族日渐趋向一致,因而,也就使他们需要适应农耕社会的祭祀活动。由此来看,拓跋鲜卑人在国家建立后,迅速实现由游牧向农耕生产的飞跃,正是北魏国家可以实行迎气祭祀礼的社会基础。

道武帝在完善国家统治机构之时,应该说受到中原汉族王朝施治的理念的很大影响。中原汉族王朝的统治者,很重视按时节确定实行不同的工作。因此,在《月令》中,特别强调,如果实行不顺应时节的施政措施,就将危害国家的统治。诸如,"孟春行夏令,则雨水不时,草木蚤落,国时有恐。行秋令,则其民大疫,猋风暴雨总至,藜莠蓬蒿并兴。行冬令,则水潦为败,雪霜大挚,首种不入。""孟夏行秋令,则苦雨数来,五谷不滋,四鄙入保。行冬令,则草木蚤枯,後乃大水,败其城郭。行春令,则蝗虫为灾,暴风来格,秀草不实。""孟秋行冬令,则阴气大胜,介虫败谷,戎兵乃来。行春令,则其国乃旱,阳气复还,五谷无实。行夏令,则国多火灾,寒热不节,民多疟疾。""孟冬行春令,则冻闭不密,地气上泄,民多流亡。行夏令,则国多暴风,方冬不寒,蛰虫复出。行秋令,则雪霜不时,小兵时起,土地侵削。"虽然《月令》成书于战国,但是,却是周代国家施治方略的总结。并且,这种施政方略对后世国家统治者产生重大的影响。因此,东汉人蔡邕《月令篇名》称:"因天时,制人事,天子发号施令,祀神受职,每月异礼,故谓之《月令》。所以顺阴阳,奉四时,郊气物,行王政也。"也就是说,顺应时节规定施政的措施,成为中原王朝统治者必须要遵守的原则。顾颉刚先生认为,东汉前期,国家制定的各项礼仪实行后,"顺时令"一义遂成

---

① 《魏书》卷二《道武帝纪》,第33页。
② 陈连庆:《〈晋书·食货志〉校注〈魏书·食货志〉校注》,长春:东北师范大学出版社,1999年,第234页。

为帝王施政的总纲。①尤其是,东汉国家将这种迎气活动,改造为国家的礼仪,也就更表明对"顺时令"治国的重视。北魏国家实行迎气祭祀,并将这种祭祀与"宣赞时令,敬授民时"②结合在一起。这表明,北魏国家统治者要吸纳汉族的施政方式,也要仿效中原汉族王朝"顺时令"治国的方略,因此,北魏国家实行迎气祭祀,正是要将按时节布政的做法,通过祭礼加以宣示。因此,可以说,北魏国家吸收中原汉族王朝顺时气的施政方略,也就直接促使迎气祭祀礼的实行。

不过,道武帝开始实行的迎气祭祀礼,实际有一个逐渐完善的过程。因此,为了更好地实行这一祭礼,明元帝又进一步对迎气祭祀礼仪采取改进的措施。《魏书》卷一〇八之一《礼志一》:

> 泰常三年,为五精帝兆于四郊,远近依五行数。各为方坛四陛,埒墠三重,通四门。以大皞等及诸佐随配。侑祭黄帝,常以立秋前十八日。余四帝,各以四立之日。牲各用牛一,有司主之。

据此可见,明元帝对迎气祭祀的神祇、地点、时间、牺牲和主祭者都做了更明确的规定。明元帝实行的这些规定,当然是要表明国家对迎气祭祀礼实行的高度重视。然而,明元帝实行的这些做法,不过是仿照晋代国家的迎气祭祀礼对原来仪式进行的补充。

就晋代的迎气祭祀礼而言,实际在西晋就开始实行。《晋书》卷一九《礼志上》:"汉仪,太史每岁上其年历,先立春、立夏、大暑、立秋、立冬常读五时令,皇帝所服,各随五时之色……及晋受命,亦有其制。"显然,晋代国家要在四季一时举行迎气祭祀,并且,要颁布五时令。晋代国家还将迎气祭祀置于重要地位。《晋书》卷二五《舆服志》:"祀天地、五郊、明堂,舞人服之。"《晋书》卷二二《乐志上》载晋的祭祀乐有:《祠天地五郊夕牲歌》《祠天地五郊迎送神歌》《飨天地五郊歌》。这说明,"五郊"迎气祭祀与郊祀天地和明堂祭祀一样,都是国家重要的祭祀礼。其实,晋代迎气祭祀是承袭东汉的礼仪。正如《宋书》卷一六《礼志三》:"汉明帝据《月令》有五郊迎气服色之礼,因采元始中故事,兆五郊于洛阳,祭其帝与神,车服各顺方色。魏、晋依之。"可以说,北魏国家实行的迎气祭祀,不仅以晋制为模式,实际还承袭了迎气祭祀始创时的重要规定。这些情况说明,明元帝完

---

① 顾颉刚:《秦汉的方士与儒生》,上海:上海人民出版社,1956年,第118页。
② 《魏书》卷二《道武帝纪》,第34页。

善迎气祭祀礼,并没有掺入拓跋鲜卑部族的习俗,因此,它属于纯粹的中原系统的祭典。而且,北魏国家实行这一祭祀礼,并不只是一种形式,而是与国家的施政方略有密切联系的礼仪。

由于北魏实行的迎气祭祀礼是以吸纳晋代礼仪规定为基础而形成的,因而,也就需要根据国家统治的需要,不断地改进这一礼仪。尤其是,孝文帝改革后,积极推行汉化措施,因而,北魏国家依据传统的祭典修正迎气礼仪的措施也就成为重要的礼制活动。例如,宣武帝时,刘芳"以所置五郊及日月之位,去城里数于礼有违"。所以,北魏国家进一步明确迎气祭祀祭坛为,"汉不设王畿,则以其方数为郊处,故东郊八里,南郊七里,西郊九里,北郊六里,中郊在西南未地,五里。"①又如,胡太后执政,又请太学博士崔瓒等议定迎气祭祀服饰。崔瓒提出:"谨集门下及学官以上四十三人,寻考史传,量古校今,一同国子前议,帻随服变,冠冕弗改。又四门博士臣王僧奇、蒋雅哲二人,以为五时冠冕,宜从衣变。臣等谓从国子前议为允。"②很明显,孝文帝改革后,北魏国家统治者不断地实行改进迎气祭祀礼的举措,都是对这一祭祀礼仪重视的明确体现。

当然,还需要强调的是,孝文帝进行礼仪改革的一项重要的措施,便是将迎气祭祀礼在国家祭典中所处的地位更加明确化。《魏书》卷七下《孝文帝纪下》:"(太和十六年)车驾初迎气南郊,自此为常。"可见,孝文帝在举行迎气祭祀活动时,开始实行皇帝亲祭的做法。这种做法改变了北魏前期举行迎气祭祀礼,是由"有司主之"的规定。这说明,孝文帝将迎气祭祀礼在国家祭典中的地位进一步提高。《魏书》卷七下《孝文帝纪下》:"太后崩后,亦不以介意。听览政事,莫不从善如流。哀矜百姓,恒思所以济益。天地、五郊、宗庙二分之礼,常必躬亲,不以寒暑为倦。"这说明,孝文帝明确将"五郊"迎气祭祀礼置于与郊祀礼、宗庙祭祀礼等同的位置。孝文帝采取这种做法,是要表明国家要进一步实行"顺时令"的施政方略,因此,也就将迎气祭祀礼确定在国家重要的祭典的范围内。

总之,北魏国家实行的迎气祭祀礼属于中原系统的祭典。这种祭典在北魏国家制度完善化的过程中开始实行。北魏国家确立这种祭祀礼,是与北魏社会中的拓跋鲜卑人由游牧向农耕的转变,进而实现与汉族农耕生产活动一致化的状况相适应的。可以说,拓跋鲜卑人与汉人的生产活动日益趋同,正是迎气祭祀礼实行的社会条件。但是,更重要的是,拓跋鲜卑统治

---

① 《魏书》卷五五《刘芳传》,第1222—1223页。
② 《魏书》卷一〇八之四《礼志四》,第2818页。

者要仿照晋制实行"顺时令"的统治方略,因此,实行迎气祭祀礼,则成为适应政治统治需要的象征。正因如此,北魏国家就使迎气祭祀礼成为国家重要的祭典之一。而且,为了更好地实行这一祭礼,北魏国家不断地完善这一礼仪。特别是,孝文帝改革后,不仅进一步完善迎气祭祀礼,并且,提高迎气祭祀的地位,将这一祭祀置于与郊祀与宗庙祭祀等同的地位。因此,北魏迎气祭祀也就成为与国家施政措施有密切联系的重要祭祀礼。

二、迎气祭祀礼的神祇与祭坛的设置

在北魏国家实行的迎气祭祀礼仪中,重要的是神祇的规定和祭坛的设置。因为神祇和祭坛的设置,直接影响迎气祭祀的特点。就迎气祭祀的神祇而言,在北魏国家确定迎气祭祀时,就已经明确了。前引《魏书》卷一〇八之一《礼志一》:"泰常三年,为五精帝兆于四郊,远近依五行数。"这就是说,北魏国家迎气祭祀的神祇称为"五精帝"。北魏国家将"五精帝"作为迎气祭祀的神祇,是从晋代承袭来的。因为在中原系统的祭典中出现"五精帝",最早见于西晋。《晋书》卷一九《礼志一》:"明堂南郊,宜除五帝之坐,五郊改五精之号,皆同称昊天上帝,各设一坐而已。"《通典》卷四四《礼四》:"(泰始)十年十月,诏复明堂五帝位。时以五精帝佐天育物,前代相因,莫之或废。"这说明,西晋时,五帝也可以称为"五精帝"。《宋书》卷一六《礼志三》:"曹郎朱膺之议:'案先儒论郊,其议不一。《周礼》有冬至日圆丘之祭。《月令》孟春有祈谷于上帝。郑氏说,圆丘祀昊天上帝,以帝喾配,所谓禘也。祈谷祀五精之帝,以后稷配,所谓郊也。二祭异时,其神不同。'"显然,将五帝又称为"五精帝"是出自郑玄说。郑玄对五帝的这种看法,在南朝和北朝影响很大,因而,当时出现以"五精帝"代称五帝的风气。例如,南齐"祠部郎何佟之议曰:'雩帝,谓为坛南郊之旁,祭五精之帝,配以先帝也。'"[①] 又如,北魏公孙稚、祖莹上表引《孝经》言:"'严父莫大于配天。'宗祀文王于明堂,以配上帝,即五精之帝也。"[②] 由此可见,在当时流行的"五精帝",不过是五帝的变换说法。可以说,北魏迎气祭祀的"五精帝",实际也就是五帝。因此,要说明北魏"五精帝"在迎气祭祀时的神性特征,就需要对五帝出现及与迎气祭祀的关系做一些阐释。

---

① 萧子显:《南齐书》卷九《礼志上》,北京:中华书局,1972年,第127页。
② 《魏书》卷一〇九《乐志》,第2840页。

应该说,五帝神祇的出现时间较早。在《周礼》中,已经将五帝作为重要的祭祀神祇。《周礼·春官·小宗伯》:"兆五帝于四郊。"《周礼·秋官·大司寇》:"若禋祀五帝,则戒之日。"但是,《周礼》中的五帝并不是在西周,而是在战国时期出现的。五帝神的出现,实际是战国时期阴阳五行和术数观念的盛行所影响的结果。不过,《周礼》只是将五帝作为祭祀对象,并没有与时令结合起来。只是在《礼记·月令》中,才使五帝与迎气活动联系在一起。《礼记·月令》:"孟春之月……其帝大皞。其神句芒……立春之日,天子亲帅三公、九卿、诸侯、大夫,以迎春于东郊。""孟夏之月……其帝炎帝,其神祝融……天子亲帅三公、九卿、大夫,以迎夏于南郊。""中央土。其日戊己,其帝黄帝,其神后土……天子居大庙大室,乘大路,驾黄马,载黄旂,衣黄衣,服黄玉,食稷与牛。""孟秋之月……其帝少皞,其神蓐收……天子亲帅三公、九卿、诸侯、大夫,以迎秋于西郊。""孟冬之月……其帝颛顼,其神玄冥……天子亲帅三公、九卿、大夫,以迎冬于北郊。"在《月令》中提到与迎气活动结合的大皞、炎帝、黄帝、少皞、颛顼,就是五帝。这些神祇与战国盛行的阴阳五行说联系在一起,也被称为青帝、赤帝、黄帝、白帝、黑帝。在《月令》中,将五帝与辅佐的人神组合在一起,因而,成为一种特殊的神祇组合。在这种组合中,五帝是主神,而人神只是辅助神。由于在《月令》中,将五帝与迎气活动相结合,所以,它们也就具有了季节受职神和五方方位神的特征。换言之,因为当时人赋予五帝神具有季节和方位神的多重神性,因此,也就决定了迎气活动的特点。不过,《月令》中的迎气只是与五帝神结合的活动,并不是对五帝的祭祀。因此,《月令》只是提供了迎气祭祀的神祇理念的依据。

实际上,将迎气活动改造为迎气祭祀礼仪,是从东汉开始的。《后汉书》卷二《明帝纪》:"(永平二年)始迎气于五郊。"《续汉书·祭祀志中》:"迎时气,五郊之兆。自永平中,以《礼谶》及《月令》有五郊迎气服色,因采元始中故事,兆五郊于洛阳四方。"就是说,汉明帝制定和实行五郊迎气祭祀礼,才将祭祀五帝与迎时气、颁月令的活动联系在一起,因而,五帝也就成为举行迎气仪式必须供奉的神祇。《续汉书·祭祀中》说:"立春之日,迎春于东郊,祭青帝句芒……立夏之日,迎夏于南郊,祭赤帝祝融……先立秋十八日,迎黄灵于中兆,祭黄帝后土……立秋之日,迎秋于西郊,祭白帝蓐收……立冬之日,迎冬于北郊,祭黑帝玄冥。"很显然,东汉迎气祭祀是在立春、立夏、立秋、立冬四季分别祭祀青帝、赤帝、白帝、黑帝,并在先立秋十八日,祭祀黄帝。东汉国家实行的这种祭祀五帝的方式,不仅被魏、晋承袭,也成为北魏迎气祭祀仿照的模式。由此来看,应该说,北魏国家将"五精帝"作为迎气祭祀的神祇,正是继承了东汉实行的五郊迎气祭祀礼的做法。

从东汉开始实行迎气祭祀礼,并将五帝作为供奉的神祇,所祭祀的五帝神性的特征就表现出多元性。《续汉书·祭祀志上》:"(建武)二年正月,初制郊兆于雒阳城南七里,依鄗。采元始中故事。为圆坛八陛,中又为重坛,天地位其上,皆南乡,西上。其外坛上为五帝位。青帝位在甲寅之地,赤帝位在丙巳之地,黄帝位在丁未之地,白帝位在庚申之地,黑帝位在壬亥之地。"可见,东汉国家将所设郊祀祭坛分为重坛和外坛。五帝被设在外坛,显然是被作为郊祀的从属神。可是,五帝又分别被设在甲寅、丙巳、丁未、庚申、壬亥之地。实际甲寅之地代表东方、丙巳之地代表南方、庚申之地代表西方、壬亥之地代表北方、丁未为未地,因此,五帝既被视为上帝的从属神,也被看做象征方向的方位神。《后汉书》卷六〇下《蔡邕传》:"天子以四立及季夏之节,迎五帝于郊。"李贤注:"四立谓立春、立夏、立秋、立冬。各以其日,天子亲迎气于其方,并祭其方之帝。季夏之末,祭中央帝也。"说明东汉迎气祭祀五帝神,也是季节受职神。由此可见,东汉五帝的神性表现出,天帝的从属神、方位神和季节受职神的特征。

北魏迎气祭祀的"五精帝"的神性,实际是与东汉是基本相同的。也就是说,北魏国家沿袭了传统迎气祭祀礼对神祇的设置。因此,北魏的"五精帝"的神性也是多元的。《魏书》卷一〇八之一《礼志一》:

> (天兴)二年正月,帝亲祀上帝于南郊,以始祖神元皇帝配。为坛通四陛,为壝埒三重。天位在其上,南面,神元西面。五精帝在坛内,壝内四帝,各于其方,一帝在未。

很显然,在北魏国家设置的郊祀祭坛中,也设置了"五精帝"之位。这说明,北魏的"五精帝"也被视为天帝的从属神和方位神。并且,实行迎气祭祀时,"为五精帝兆于四郊,远近依五行数。各为方坛四陛,壝埒三重,通四门。以大皥等及诸佐随配。侑祭黄帝,常以立秋前十八日。余四帝,各以四立之日。"[①]说明北魏国家同样也将"五精帝"作为季节受职神。由此可见,北魏国家使"五精帝"具有多元的神性与中原系统祭典的传统规定是没有差别的。由于北魏国家为迎气祭祀这样设置神祇,对迎气祭祀在国家祭典中的地位以及迎气祭坛的设置和迎气祭祀的时间的确定都产生重大

---

① 《魏书》卷一〇八之一《礼志一》,第2737页。

的影响。可以说,与传统的中原王朝的迎气祭祀礼一样,五帝方位神的特征,决定设置祭坛的位置;五帝季节受职神的特征,决定迎气祭祀的日期和按时节决定所做的事务;而五帝作为上帝从属神的特征,也就使迎气祭祀礼的地位要低于国家郊祀礼。但是,由于北魏南郊祭祀将至上神天帝与五帝联系起来,所以,可以象征迎气祭祀礼与国家的施政有密切关联,实际是为国家政治服务的。应该说,这正是现实的政治关系在北魏国家所设的神祇系统中的明确反映。

从北魏迎气祭祀祭坛的设置来看,与北魏国家规定"五精帝"所具有的方位神性有很大的关系。因为传统的迎气祭祀礼规定祭坛设置,就分别设在东郊、南郊、中兆、西郊、北郊。[1]因此,北魏国家确定迎气祭祀的祭坛,正是仿照传统的中原王朝的规定,使"五精帝兆于四郊……各为方坛四陛,埒墠三重,通四门。"[2]当然,在四郊所设祭坛包括祭黄帝的中兆。而且,还沿袭传统中原迎气祭祀礼的规定,确定这些祭坛距离京城的位置。《魏书》卷一〇八之一《礼志一》提到泰常二年,明元帝确定迎气祭祀的祭坛,"远近依五行数。"也就是说,要按五行之数确定祭坛距离京城的里数。所谓"五行之数",来自于《礼记·月令》。在《月令》中,不仅按阴阳五行观念规定季节受职神为五帝,并且,还将五帝与战国盛行的术数观念结合在一起。《月令》记载:"孟春之月……其帝大皞,其神句芒……其数八。""孟夏之月……其帝炎帝,其神祝融……其数七。""仲夏之月……其帝炎帝,其神祝融……其数五。""孟秋之月……其帝少皞,其神蓐收……其数九。""孟冬之月……其帝颛顼,其神玄冥……其数六。"显然,五帝中的每一神都有相对应的数字。这些数字分别为八、七、五、九、六。由于这些数字来自当时与阴阳五行观相适应的术数理念,并且,还与五帝神对应,所以,也就称为"五行之数"。既然明元帝要以"五行之数"确定迎气祭祀祭坛的位置,因此,可以明确,这些四郊祭坛与京城的距离分别为八、七、五、九、六里。《续汉书·祭祀志中》刘昭注引《月令章句》:"东郊去邑八里,因木数也。""南郊七里,因火数也。""去邑五里,因土数也。""西郊九里,因金数也。""北郊六里,因水数也。"这是东汉实行迎气祭祀礼时对祭坛位置的规定。这说明,明元帝设置迎气祭祀祭坛位置,显然是比照了中原传统的迎气祭祀礼的规定。

北魏迁都洛阳后,依然为迎气祭祀设置祭坛。《隋书》卷七《礼仪志

---

[1] 《续汉书·祭祀志中》,第3181—3182页。
[2] 《魏书》卷一〇八之一《礼志一》,第2737页。

二》：“后齐五郊迎气，为坛各于四郊，又为黄坛于未地。所祀天帝及配帝五官之神同梁。”北齐迎气祭祀祭坛的设置，应该是承袭孝文帝礼仪改革后规定的制度。不过，在祭坛位置具体设置过程中，还要依据传统礼制规定实行一些修正。《魏书》卷五五《刘芳传》：“（刘芳）以所置五郊及日月之位，去城里数于礼有违，又灵星、周公之祀，不应隶太常，乃上疏。”说明北魏迁都洛阳后，一度出现迎气祭祀的祭坛设置违背礼制规定的情况。因此，宣武帝时，侍中刘芳明确提出：“汉不设王畿，则以其方数为郊处，故东郊八里，南郊七里，西郊九里，北郊六里，中郊在西南未地，五里。"①据此可见，北魏政权中的汉族士人对北魏迎气祭祀祭坛设置是非常关注的。这说明，在孝文帝礼仪改革后，国家就更注意按中原礼制进一步规范北魏国家迎气祭祀礼中祭坛的设置。

由上述可见，北魏国家实行迎气祭祀礼，对于神祇和祭坛的设置是很重视的。应该说，北魏迎气祭祀礼的神祇和祭坛，都是按照中原祭典的传统规定设置的。更明确地说，北魏国家设置迎气祭祀礼的神祇和祭坛，所遵循的正是东汉明帝开始制定的迎气祭祀礼的规定。因此，可以说，在迎气祭祀礼的神祇和祭坛的设置上，并没有受到拓跋鲜卑祭祀礼俗的影响。由于神祇和祭坛都严格按照中原传统的祭祀礼仪实行，所以，实行迎气祭祀礼，就成为拓跋鲜卑统治者积极吸收汉族王朝礼仪的明显体现。

三、迎气祭祀礼的主要礼仪规定

北魏国家的迎气祭祀礼，在仪式的规定上，是比较完备的。可以说，北魏国家对这一祭祀举行的时间、祭祀献祭、祭祀乐舞、祭祀服饰和祭祀用牲都有明确的规定。

从北魏迎气祭祀举行的时间来看，应该说有固定的规定。《魏书》卷一〇八之一《礼志一》：“（泰常二年）侑祭黄帝，常以立秋前十八日。余四帝，各以四立之日。”这里提到的"四立"，就是立春、立夏、立秋、立冬之日。立秋前十八日，则是祭祀黄帝的时间。北魏国家对迎气祭祀举行的时间规定，并不是当时国家的创造，而承袭了传统的中原迎气祭祀礼的规定。但中原迎气祭祀礼在举行时间的规定，则依据是是《月令》。东汉国家依据《月令》，确定迎气祭祀，"立春之日，迎春于东郊。""立夏之日，迎夏于

---

① 《魏书》卷五五《刘芳传》，第1224页。

南郊。""先立秋十八日,迎黄灵于中兆。""立秋之日,迎秋于西郊。""立冬之日,迎冬于北郊。"①因此,北魏国家迎气祭祀五帝的时间,是与东汉实行的时间是完全相同。因此,可以明确,《月令》确定的迎气活动的时间理念,也为北魏迎气祭祀礼所沿袭。

北魏迎气祭祀礼的献祭仪式,是这一祭祀活动实现的重要环节。参加献祭活动的有主者和助祭者。可是,在孝文帝改革前、后,北魏国家对参与迎气祭祀的主祭者的规定是不同的。在孝文帝改革前,迎气祭祀的主祭者是主管的官员。正如《魏书》卷一〇八之四《礼志四》载道武帝天兴二年规定所言,"二至郊天地,四节祠五帝,或公卿行事。"然而,孝文帝礼仪改革后,却改变了迎气祭祀的主祭情况。《魏书》卷七下《孝文帝纪下》:"(太和十六年)车驾初迎气南郊,自此为常。"也就是说,迎气祭祀开始由皇帝主祭。这种做法一直延续至北齐。因此《隋书》卷七《礼仪志二》称:"后齐五郊迎气……其仪与南郊同。帝及后各以夕牲日之旦,太尉陈币,告请其庙,以就配焉。其从祀之官,位皆南陛之东,西向。"北魏国家对主祭者做这样的变动,一方面通过皇帝主祭来体现对这项祭祀的重视。但更重要的是,要以皇帝为中心来展开祭祀礼仪活动。《隋书》卷七《礼仪志二》载迎气祭祀仪式:"坛上设馔毕,太宰丞设馔于其座。亚献毕,太常少卿乃于其所献。事毕,皆撤。"在这一记载中提到迎气祭祀中有"亚献"。这说明,北齐迎气祭祀礼的献祭,应该有三献的仪式。当然,北齐国家的这种规定,应该是承袭北魏后期的做法。因此,可以明确,孝文帝礼仪改革后,迎气祭祀仪式的展开,必须要由皇帝进行首献。正因如此,北魏后期的迎气祭祀礼的献祭仪式,应该是很隆重的。然而,北魏迎气祭祀礼的献祭仪式,并不是由北魏统治者创建,而是沿袭和仿照了传统迎气祭祀礼的献祭方式。

在北魏国家迎气祭祀仪式中,乐舞也是不能缺少的活动。就中原迎气祭祀的乐舞活动而言,是占有很重要的地位。正如《礼记·祭统》称:"夫祭有三重焉。献之属莫重於祼,声莫重於升歌,舞莫重於武宿夜,此周道也。"而祭祀中的乐舞,是延续原始宗教的重要仪式,实际是要达到降神的目的。《周礼·春官·大司乐》:"云门之舞,冬日至,于地上之圜丘奏之,若乐六变,则天神皆降,可得而礼矣。"表述的正是祭祀乐舞所起到的作用。对迎气祭祀活动来说,也是如此。实际上,迎气祭祀礼是在改造原始的迎气活动的基础上编制而成的,所以,也就不能缺少以乐舞降神的仪式。在最早实行的东汉迎气祭祀礼中,对祭五帝所采用的乐舞的规定是很明确

---

① 《续汉书·祭祀志中》,第3181—3182页。

的。《后汉书》卷二《明帝纪》李贤注引《续汉书》："迎气五郊之兆。四方之兆,各依其位。中央之兆在未,坛皆二尺。立春之日,迎春于东郊,祭青帝句芒……歌《青阳》,八佾舞《云翘》之舞。立夏之日,迎夏于南郊,祭赤帝祝融……歌《朱明》,八佾舞《云翘》之舞。先立秋十八日,迎黄灵于中兆,祭黄帝后土……歌《朱明》,八佾舞《云翘》、《育命》之舞。立秋之日,迎秋于西郊,祭白帝蓐收……歌《白藏》,八佾舞《育命》之舞。立冬之日,迎冬于北郊,祭黑帝玄冥……歌《玄冥》,八佾舞《育命》之舞。"这说明,东汉的迎气祭祀礼为不同时节的祭祀以及供奉的五帝,都制定了相应的乐舞。东汉国家的这种做法,对后世迎气祭祀乐舞的规定影响重大。《魏书》卷一〇九《乐志》载永熙二年长孙稚、祖莹上表提到:"今后宫飨会及五郊之祭,皆用两悬之乐,详揽先诰,大为纰缪。"这说明,北魏国家实行的迎气祭祀与乐舞的结合是很密切的。《魏书》卷一〇八之四《礼志四》:"太祖天兴二年……二至郊天地,四节祠五帝,或公卿行事,唯四月郊天,帝常亲行,乐加钟悬,以为迎送之节焉。"这就是说,北魏国家将迎气祭祀与郊祀一样,都规定为国家的重要祭祀,因而,迎气祭祀与郊祀所用乐舞应该是相同的。因为北魏迎气祭祀礼,主要是仿照晋制制定的,而在晋制中,郊祀乐舞与迎气祭祀乐舞是不分的。如西晋编定有《祠天地五郊夕牲歌》、《祠天地五郊迎送神歌》、《飨天地五郊歌》。[1]对北魏郊祀乐舞而言,《魏书》卷一〇九《乐志》:"太祖初,冬至祭天于南郊圆丘,乐用《皇矣》,奏《云和》之舞,事讫,奏《维皇》,将燎;夏至祭地祇于北郊方泽,乐用《天祚》,奏《大武》之舞。正月上日,飨群臣,宣布政教,备列宫悬正乐,兼奏燕、赵、秦、吴之音,五方殊俗之曲,四时飨会亦用焉。"道武帝南郊祭天所用的《皇矣》《天祚》乐,应该取自晋代郊祀的《天地郊明堂夕牲歌》《飨天地五郊歌》。《大武》则是取自曹魏所改的《五行》舞。[2]《维皇》乐,不见前代所使用,应该是北魏国家编定的。至于《云和》舞,也不见前代使用,也应该为北魏国家编定的。但这种舞却与早期祭祀舞有关。《周礼·春官·大司乐》:"圜钟为宫,黄钟为角,大蔟为徵,姑洗为羽。雷鼓雷鼗,孤竹之管,云和之琴瑟,云门之舞。"《太平御览》五二七引傅玄《正都赋》:"尔乃太簇为征,圆锺为宫,吹孤竹而拊云和,修轩辕之遗风。"因此,能够判断,《云和》舞应该是由琴瑟伴奏的古老的云门之舞。尤其值得注意的是,在北魏郊祀所用乐中,还有"燕、赵、秦、吴之音,五方殊俗之曲。"[3]北魏国家郊祀所用乐舞,应该在迎气

---

[1] 房玄龄等:《晋书》卷二二《乐志上》,北京:中华书局,1974年,第680页。
[2] 沈约:《宋书》卷一九《乐志一》,北京:中华书局,1974年,第534页。
[3] 《魏书》卷一〇八之四《礼志四》,第2828页。

祭祀中也使用。由此可见,北魏国家开始实行迎气祭祀礼时,所使用的乐舞,重新编定的要多于承袭的。而且,承袭的只是魏、晋的乐舞。因为从东汉迎气祭祀所用乐舞来看,所用歌有《青阳》、《朱明》、《西皓》、《玄冥》;所用舞则有《云翘》、《育命》舞。① 显然,东汉国家实行迎气祭祀礼所用乐舞,都没有为北魏所采用。孝文帝礼仪改革后,对迎气祭祀所用乐舞也有改进。《魏书》卷一〇九《乐志》:"初,高祖讨淮、汉,世宗定寿春,收其声伎。江左所传中原旧曲,《明君》、《圣主》、《公莫》、《白鸠》之属,及江南吴歌、荆楚四声,总谓《清商》。至于殿庭飨宴,兼奏之。其圆丘、方泽、上辛、地祇、五郊、四时拜庙、三元、冬至、社稷、马射、籍四、乐人之数,各有差等焉。"很明显,北魏后期迎气祭祀乐舞中,又增加南朝所传中原旧曲。北魏国家在迎气祭祀礼中,不采用东汉迎气祭祀礼所用乐舞,而是根据需要,使用自制乐舞和当时流行乐歌,是具有政治统治意图的。可以说,北魏国家正是要通过迎气祭祀礼的乐舞,表现实行迎气祭祀礼是体现国家统治的正统性和施政的特色,进而也就表现出拓跋鲜卑人统治中原地区也具有明显的合理性。

北魏迎气祭祀礼,是要在四季一时向五帝神献祭,因此,国家对参加祭祀者的祭服也有特殊的规定。可以说,北魏国家对参加迎气祭祀者祭服的要求,是根据五帝神所具有的特征决定的。如前所述,迎气祭祀的五帝是在阴阳五行观念影响下产生的神祇,因此,五帝也就分别被称为青帝、赤帝、黄帝、白帝、黑帝,以此表现它们为方位神和季节神的特征。因此,在东汉国家实行的迎气祭祀礼中,青帝、赤帝、黄帝、白帝、黑帝是作为季节受职神分别祭祀的。北魏承袭东汉迎气祭祀礼,自然也要在规定的时节分别祭祀五帝。然而,由于迎气祭祀礼是从原始的迎气活动演变而来的,所以,祭祀者的祭服也就有诸多的象征性。《魏书》卷一〇八之四《礼志四》载侍中、仪同三司崔光提到:"五郊衣帻,各如方色。"所谓"方色",正是指五帝神的不同颜色。也就是说,由于五帝神是方位神和季节神,所以,依据五行观五帝分别被规定为青、赤、黄、白、黑五色。而北魏国家要求参加迎气祭祀者,正是按五帝的不同颜色穿着的不同的祭服。北魏国家对迎气祭祀服饰的这种规定,也是从传统的中原迎气祭礼承袭而来的。

实际上,从东汉国家开始实行迎气祭祀礼,就对车服有明确的要求。《续汉书·祭祀志中》:"立春之日,迎春于东郊,祭青帝句芒。车旗服饰皆青。""立夏之日,迎夏于南郊,祭赤帝祝融。车旗服饰皆赤。""先立秋

---

① 《续汉书·祭祀志中》,第3182页。

十八日,迎黄灵于中兆,祭黄帝后土。车旗服饰皆黄。""立秋之日,迎秋于西郊,祭白帝蓐收。车旗服饰皆白。""立冬之日,迎冬于北郊,祭黑帝玄冥。车旗服饰皆黑。"东汉国家对参加迎气祭祀者服饰的颜色的规定,对后世的影响是重大的。《太平御览》卷二〇引《晋书·礼志》:"太史每岁上其年历,先立春,读五时令,服名随方色。"说明晋代的规定,与东汉实行迎气祭祀的情况是大体相同的。可以说,北魏国家对参加迎气祭祀服饰的规定,正是沿袭了汉、晋的做法。正如北魏侍中崔光所言:"自汉逮于魏晋,迎气五郊,用帻从服,改色随气。斯制因循,相承不革,冠仍旧,未闻有变。"① 不过,需要提及的是,当时国家对参加迎气祭祀者服饰的要求,并不是全部人员。《晋书》卷二五《舆服志》:"汉制,一岁五郊,天子与执事者所服各如方色,百官不执事者服常服绛衣以从。"这就是说,东汉国家对迎气祭祀参加者的服饰规定,只是对执行礼仪者的要求,并不是全部参加祭祀者。因此,可以确定,北魏国家对迎气祭祀参加者的服饰要求,也应该如此。

  北魏国家对迎气祭祀的用牲规定也是明确的。明元帝完善迎气祭祀礼时,便确定,"侑祭黄帝,常以立秋前十八日。余四帝,各以四立之日。牲各用牛一。"但是,"立春之日,遣有司迎春于东郊,祭用酒、脯、枣、栗,无牲币。"② 北魏迎气祭祀的用牲规定,应该是承袭中原传统的迎气祭祀礼的做法。《续汉书·礼仪志上》:"明堂、五郊、宗庙、太社稷、六宗夕牲,皆以昼漏十四刻初纳,夜漏未尽七刻初纳,进熟献,送神,还,有司告事毕。"说明在东汉的迎气祭祀礼中,有"夕牲"的规定。西晋迎气祭祀也有《祠天地五郊夕牲歌》。汉、晋迎气祭祀礼中的"夕牲"也称"展牲",正如唐人颜师古说:"未祭一日,其夕展视牲具,谓之夕牲。"③ 也就是对祭祀用牲的检视。这说明,汉、晋迎气祭祀,除特别规定,都是需要用牲的。因此,北魏迎气祭祀礼的用牲规定正是在汉、晋制度影响下制定的。不过,北魏国家对迎气祭祀的用牲规定也有改进。秘书令李彪提到北魏迎气祭祀用牲,"至于五帝,各象其方色,亦有其义。"④ 说明北魏后期迎气祭祀用牲皮色,要依据五帝的颜色来决定。北魏后期的这种做法一直延续到北齐。《隋书》卷七《礼仪志二》:"后齐五郊迎气……其玉帛牲各以其方色。"由此可见,北魏后期迎气祭祀开始注意所用牺牲皮色的象征意义。这应该是北魏国家对迎气祭祀礼用牲规定的重要改进措施。

---

  ① 《魏书》卷一〇八之四《礼志四》,第2817页。
  ② 《魏书》卷一〇八之一《礼志一》,第2737页。
  ③ 《汉书》卷七四《丙吉传》,颜师古注,北京:中华书局,1962年,第3148页。
  ④ 《魏书》卷一〇八之一《礼志一》,第2752页。

综上所述,应该说,北魏迎气祭祀的仪式是很完备的。北魏国家为迎气祭祀规定了举行祭祀的时间、献祭的仪式、祭祀的乐舞、祭祀的祭服和所用牺牲。这些祭祀仪式规定,大部分都是承袭传统中原迎气祭祀礼的规定。但是,为了使迎气祭祀礼更好地与国家政治统治相适应,也对一些仪式做了改变。这主要表现在祭祀乐舞的规定上。可以说,北魏迎气祭祀的乐舞与东汉完全不同,并且,吸收晋代的乐舞也是少量的。实际上,大部分乐舞都是北魏国家自行编制的。北魏国家对迎气祭祀礼所用乐舞实行这种做法,正是要通过这一祭祀的乐舞表现出国家的统治的特色。尽管北魏迎气祭祀的仪式有一些变动,但是,从主体上看,依然是对中原传统迎气祭祀仪式的继承,并没有受到拓跋鲜卑的北亚系统祭典的影响。

四、余论

北魏建国之后,开始实行有利于国家统治的祭祀礼仪。由于北魏国家是拓跋鲜卑人建立的,因此,国家的祭祀礼仪,既有以拓跋鲜卑礼俗为基础而设置的祭礼,也有模仿晋代国家实行的祭礼。因此,康乐先生将北魏国家祭礼分为北亚系统的祭典和中原系统的祭典。尽管北魏国家祭礼是由两个系统构成,可是,并不能因为北魏国家的统治者是拓跋鲜卑族,便由此确定北亚系统的祭礼在国家礼仪中占主要地位的。实际上,北魏的建国,经历了由国家的雏形向成熟国家的过渡过程。在这个过程中,道武帝不断地吸收汉族所建国家的制度,尤其是模仿晋制构建国家制度。北魏国家不仅参照晋制规定国家制度,并且,也注意吸取汉族国家的统治经验。在这些经验中,很重要的一项,就是要顺时令颁行施政的措施,而要实行这种施政方略,当然,也就需要通过迎气祭祀这种敬神的活动做出明确的体现。因此,北魏在国家制度完善后,就开始实行迎气祭祀礼,显然是要适应顺时令布政的统治理念的需要。另外,在北魏向成熟国家演变的过程中,北魏国家统治者,还使拓跋鲜卑人的生产由游牧转向农耕转变,因而,进入中原的拓跋鲜卑人的生产活动,开始与汉族人逐渐取得一致。也就是说,他们开始以农耕为主要生产活动,而汉族国家传统的迎气祭祀礼,正是农耕社会的产物。因此,在北魏占统治地位的拓跋鲜卑人生产活动的这种变化,自然是北魏国家迎气祭祀礼的实行的社会基础。可以说,北魏建国后,实行迎气祭祀礼,完全是与拓跋鲜卑统治者的施政理念和拓跋鲜卑民族生产活动的转变相适应的。

北魏国家迎气祭祀礼,并不是拓跋鲜卑统治者的创造,而是对中原迎气祭祀礼的承袭。应该说,传统的中原迎气祭祀礼,是从东汉开始制定的。但是,这种祭祀礼制定所依据的,正是《礼记·月令》阐发的迎气活动。《月令》中的迎气活动所遵奉的神祇,是以战国流行的阴阳五行观和术数观为基础创造的五帝。因此,五帝就成为传统迎气祭祀礼祭祀的神祇;象征五帝的不同数字,则成为修建迎气祭祀祭坛的依据。北魏国家实行迎气祭祀的神祇与祭坛,依然与中原传统迎气祭祀礼的规定保持不变,只是将五帝改称"五精帝"。从北魏国家迎气祭祀的仪式来看,基本上也是承袭中原迎气祭祀礼,只是在祭祀乐舞上有所改变。因为北魏国家统治者对迎气祭祀礼的实行,是持积极推行的态度,所以,这一祭礼在北魏中原系统的祭典中占有很重要的地位。在孝文帝礼仪改革后,由于实行皇帝亲自参与迎气祭祀的礼仪活动,就更加重了这一礼仪的地位。从这一方面来看,在北魏国家开始实行迎气祭祀礼之时,就将这一祭祀与国家顺时令的施政方略结合在一起,因此,这一祭祀礼的实行,并不是北魏国家的一种点缀,作为统治中原汉民族的象征,[①] 而是北魏国家要将施政特点通过祭礼明确地进行宣示。因此,也就不能简单地将迎气祭祀礼的举行视为一种形式化的活动。实际上,北魏实行迎气祭祀礼,是包含不容忽视的与国家统治有重要关联的政治意义。所以,无论在北魏前期,还是在北魏后期,迎气祭祀礼的实行,对北魏国家的政治统治都产生了很大的影响,因而,也就不能忽视实行这一祭礼所具有的重要社会功能。

---

① 康乐:《从西郊到南郊——国家祭典与北魏政治》,第172页。

从经学的折衷到礼制的折衷
——由《开元礼》五方帝问题所想到的

吴丽娱

一、引子:《开元礼》折衷说的由来

《唐会要·五礼篇目》记唐朝《开元礼》的制作有曰:

> 开元十年,诏国子司业韦绦为礼仪使,专掌五礼。十四年,通事舍人王嵒〔上〕疏,请〔改〕撰《礼记》,削去旧文,而以今事编之。诏付集贤院学士详议。右丞相张说奏曰:"《礼记》汉朝所编,遂为历代不刊之典。今去圣久远,恐难改易。今之五礼仪注,贞观、显庆两度所修,前后颇有不同,其中或未折衷。望与学士等更讨论古今,删改行用。"制从之。①

这里记开元十四年讨论《开元礼》编撰方式,宰相张说始提出以"折衷"《贞观》《显庆》二礼,取代通事舍人王嵒提出的按《礼记》框架编撰《开元礼》即"改撰"之法。所以陈寅恪先生总结唐承隋礼,有"玄宗时制定之《开元礼》,乃折中《贞观》、《显庆》二礼者,故亦仍间接袭用隋礼也"的看法。②可见陈先生也认为,《开元礼》的主要精神是继承和折衷(中)前二礼。

"折衷(中)"一词,辞典解释它的意思是"调和而使之适中"。而《礼记·中庸》解释中庸的"中和"或许最能道出它的本意,也是它最早的来源。

---

① 王溥:《唐会要》卷三七《五礼篇目》,上海:上海古籍出版社,1991年,第783页;补字据《旧唐书》卷二一《礼仪志一》,北京:中华书局,1975年,第818页。
② 陈寅恪:《隋唐制度渊源略论稿·礼仪篇》,北京:中华书局,1963年,第61页。

所说"中也者,天下之大本也;和也者,天下之达道也"则涉及儒学更广大的追求。① 那么,具体到《开元礼》,究竟什么是折衷?折衷的原则和对《贞观》《显庆》二礼的"删改行用"在《开元礼》如何体现?于此则不妨读读《新唐书·王仲丘传》,其交待正月上幸南郊祈谷的天帝祭祀实际已经言明:

> 时典章差驳,仲丘欲合《贞观》《显庆》二礼,据"有其举之,莫可废之"之谊,即上言:"《贞观礼》,正月上辛,祀感帝于南郊。《显庆礼》,祀昊天上帝于圆丘以祈谷。臣谓《诗》'春夏祈谷于上帝'。《礼》,上辛祈谷于上帝。则上帝当昊天矣。郑玄曰:'天之五帝递王,王者必感一以兴。故夏正月祭所生于郊,以其祖配之,因以祈谷。'感帝之祀,《贞观》用之矣。请因祈谷之坛,徧祭五方帝。五帝者,五行之精,九谷之宗也。请二礼皆用。"②

此处乃宣告祈谷对《贞观》《显庆》二礼通同吸收,及虽以昊天为中心,却须与五方帝并祀的立场。其中"有其举之,莫可废之"一语来自《礼记·曲礼下》,原文是:"凡祭,有其废之,莫敢举也;有其举之,莫敢废也。"其意即孔颖达所说"此明祭有常典,不可辄擅废兴"③。可见"有其举之,莫可废之"本是祭祀保留传统的原则和常规,却被王仲丘拿来作为抹杀对立,求同存异的依据。王仲丘在此下还谈到孟夏雩祀和季秋明堂两项,《开元礼》都是将其祭祀对象昊天和五方帝合一(详下)。王仲丘提出以上祭祀的理由是虽然《显庆礼》专祀昊天"与《月令》合""合于经",但"贞观尝祀五帝(五方帝)"已为既成事实,所以必须"二礼皆用"。其说得皇帝"诏可",因此"有其举之,莫可废之"和"二礼皆用"成为《开元礼》制作的初衷,也是"折衷"一词的集中体现。

对天帝祭祀的继承和"折衷"显然是整个《开元礼》的灵魂与核心。为此,《开元礼》亦在其《序例》部分简明扼要地记述了以上观点,《王仲丘传》其实是它的节略。按照郑玄理论,"王者之先祖皆感大微五帝之精以生",因此郊天的主祭对象应当包括其"先祖所由生"的感生帝,也就是灵威仰、赤熛怒等青、赤、黄、白、黑五方上帝之一。④ 于是他解释《礼记·祭法》

---

① 郑玄注,孔颖达正义:《礼记正义》卷五二《中庸》,《十三经注疏》本,北京:中华书局,1980年,第1625页。
② 《新唐书》卷二〇〇《儒学下》,北京:中华书局,1975年,第5700页。
③ 见《礼记正义》卷五,第1268页。
④ 郑玄注,孔颖达正义:《礼记正义》卷三四《大传》,第1506页。

中"禘、郊、祖、宗"四字的含义,便是:"谓祭祀以配食也。此禘谓祭昊天于圜丘也,祭上帝于南郊曰郊,祭五帝、五神于明堂曰祖、宗,祖、宗通言尔。"① 其中禘、郊即分祀昊天与感生帝于圜丘和南郊。而由上述《王仲丘传》引文,我们知道《贞观礼》和《显庆礼》原来的矛盾焦点即在于感生帝——五方上帝是否作为天帝祭祀。《贞观礼》祭天行(南)郊(圜)丘分离,由此将昊天与感帝分别作为天帝祭祀完全是依据郑学的理论。相反《显庆礼》却是宗照王肃学说,"以为天体唯一,安得有六?圜丘之与郊祀,实名异而体同。所云帝者,兆五人帝于四郊,岂得称之天帝!"② 不但将祀天的南郊与圆(圜)丘合为一祀,亦将上述郊祀中的天帝统一为昊天一帝。③

以上即常所云郊丘分合之别与六天一天之争,其中本末亦已为研究者基本廓清。内以金子修一先生的研究最为系统。从他梳理魏晋隋唐的郊祀制度的线索来看,大致是曹魏虽行郑学,但两晋南朝的郊祀基本依据王肃行郊丘合一,且东晋以后,取消了冬至、夏正的郊祀,减少为仅行正月上辛二年一次的南郊。而北朝和隋则确立了依据郑学建立的郊祀制度,实行郊丘分祭,而有昊天上帝和感生帝的不同对象。因此《贞观礼》是继承北朝系统,但《显庆礼》则通过郊丘合一与昊天的独祀对郑说加以否定④,彻底改变了这一趋势。

而正如金子修一先生所说,待到《开元礼》编撰之时,在郊祀方面仍主要遵循《显庆礼》,强调了"天之唯一性"的立场,以昊天作为主祀。但在祈谷、雩祀和明堂礼祭祀中,还是本着折衷原则,以已在实行不需废除为由采用了《贞观礼》。⑤ 这就是《开元礼·序例》所谓"二礼并行,六神咸祀"⑥。《开元礼》就是通过这样的含混与妥协,调和并解决了经学难题及以往二礼的矛盾。对比张说领衔"历年不就",而萧嵩代为集贤院学士,却使王仲丘不过年余即修订完成,"(开元)二十年九月,颁所司行用焉"⑦,可以知道折衷

---

① 郑玄注,孔颖达正义:《礼记正义》卷四六《祭法》,第1587页,下引王肃同。
② 杜佑:《通典》卷四二《郊天上》,北京:中华书局,1988年,第1167页。
③ 按:同时亦有北郊皇地祇与方丘祭神州的合并,见《旧唐书》卷二一《礼仪志一》,第824—825页。
④ 当然地祇的祭祀在南北朝亦有分别,此不具论。参见金子修一《关于魏晋到隋唐的郊祀、宗庙制度》,原载《史学杂志》88编10号,1979年;译文见《日本中青年学者论隋唐史》(六朝隋唐卷),上海:上海古籍出版社,1995年,第337—386页,说见337—362页。并见氏著《中国古代皇帝祭祀の研究》第二章,東京:岩波书店,2006年,第70—91页。
⑤ 说见《关于魏晋到隋唐的郊祀、宗庙制度》,第362,365页。
⑥ 语见《大唐开元礼》卷一《序例上·神位》,影印洪氏公善堂本,北京·民族出版社,2000年,第14页。
⑦ 《旧唐书》卷二一《礼仪志一》,第818页。

原则的落实及五方帝问题的解决对《开元礼》成书是多么关键。

因此对"折衷"这一原则的理解无疑是认识《开元礼》思想与制作的门径及锁钥。虽然前人涉此曾做过不少论述[1],笔者也有关于折衷含义的探索[2],但近日因校勘《大唐开元礼》文本,发现以往关于五方帝祭祀还有一些问题并没有被注意或发现。由于其中内容既关系到经学内涵,又涉及礼制具体的操作,其实有着相当复杂的背景和理论渊源,所以对折衷的实际含义需要做更多的发掘。本文即拟在前人基础上,从对比《开元礼》诸仪祭祀五方帝的不同方式和细微差别出发,细究其原因,并就此对唐代礼制的形成过程及其与经学关系作深入追踪和解读,以期对变化中的中古国家思想脉络,提供概观性的认识。

二、《开元礼》五方帝祭祀的不同等次

以上《开元礼·序例》及《新唐书·王仲丘传》等对《开元礼》的原则叙述清楚,因此感生帝的祭祀已不存在。且从所引王仲丘奏言看,无论郊天以及明堂的五方帝,似乎都是作为昊天的配角、属从安排的。但是,在《开元礼》卷一《择日》规定的大、中、小祀的祭祀等级中,五方帝是与昊天上帝、皇地祇等一样列为大祀的,这本身就不无矛盾。如对《开元礼》涉及五方帝的诸仪仔细分析,就知道所谓"折衷"并不意味着各项祀仪的具体细节通同一致。事实上,包括冬至祀圜丘、祈谷、雩祀和明堂,还有立春、立夏、立秋、立冬和季夏土王日五方帝的分祀以及封禅,几乎涵盖了所有重要的祭天名目。以下即从诸仪郊坛或堂上神位,以及对应神位的尊罍设置加以考察对比。尊罍的方位及数量与五齐三酒配合,也是所祭祀神祇最重要的等级标志与地位象征。

第一即《开元礼·序例上》放在郊天首位的冬至祀圜丘。冬至祀圜丘是诸神合祀的大祭祀。《序例上·神位》定此礼乃"冬至祀昊天上帝于圜丘坛上,以高祖神尧皇帝配坐",此下再列等次。第一等是"东方青帝灵威仰、南方赤帝赤熛怒、中央黄帝含枢纽、西方白帝白招拒、北方黑帝叶光纪及大明、夜明七座"也即五方帝与日、月;第二等有天皇大帝、北辰、北斗、

---

[1] 相关论述见金子修一《关于魏晋到隋唐的郊祀、宗庙制度》,第360—374页;任爽:《唐代礼制研究》上编第一章《吉礼:昊天上帝与五方帝》,第12—26页;杨华:《论〈开元礼〉对郑玄和王肃礼学的择从》,《中国史研究》2003年第1期。

[2] 吴丽娱:《营造盛世:〈大唐开元礼〉的撰作缘起》,《中国史研究》2005年第3期。

天一、太一和紫微五帝,之外内官诸座等四十九座;第三等有中官市垣帝座、七公、日星等及中官星一百四十二座,内中亦有太微,此外,则是"又祀外官一百五座于内壝之内,又设众星之座三百六十座于内壝之外"①。因此,冬至圜丘规模最大,唐代的祭天以此为中心,天宝以后更统一为天地合祀。

而昊天上帝在冬至仪中的独尊之位除所在坛位,也是通过盛酒之器的尊罍来体现的。《开元礼》的尊罍是沿袭《周礼》的尊彝制度而略加变化。《开元礼·皇帝冬至祀圜丘》"陈设"一节说:

  设酒尊之位,上帝太尊二,著尊二,牺尊二,山罍二,在坛上东南隅,北向。象尊二,壶尊二,山罍四,在坛下南陛之东,北向,俱西上。设配帝著尊二,牺尊二,象尊二,山罍二,在坛上于上帝酒尊之东,北向西上。五帝、日、月各太尊二,在第一等;内官每陛间各象尊二,在第二等;中官每陛间各壶尊二,在第三等。外官每道间各概尊二,于坛下。众星每道间各散尊二,于内壝之外。凡尊各设于神座之左而右向。(尊皆加勺、幂。五帝、日、月以上之尊,皆有坫以置爵)②

这里,昊天上帝用了坛上六尊二罍、坛下四尊四罍的最高规格。以下只有配帝(高祖神尧皇帝)有六尊二罍设于坛上,其他神位包括五方上帝和日、月等,都有尊无罍;且只有不同的"二尊"按次设于坛中各等。其"君""臣"、主次地位是分明的。此礼的"进熟"一节中,在以皇帝为首向昊天上帝和配帝进奠的三献(分别由皇帝、太尉、光禄卿完成)和饮福完成后,虽亦有第一等、第二等、三等和更低层次的奠献,但与对主神的三献明显高低有别。总之,五方上帝和日、月以下,无论是尊罍安放的位置还是数量,都无法与昊天上帝比肩。

第二是封禅。封禅是庆贺帝王功成的大典,场景与冬至有不同。其特点是不但郊天禅地不在一起,郊天的主场亦分成两处:于泰山上建圆台,并立"四面各为一陛"的方坛之外,又建"三成十二陛,如圜丘之制"的封祀坛于山下。③当日具体设置则是:

  祀日未明五刻,太史令、郊社令各服其服升,设昊天上帝神坐于山

---

① 萧嵩等:《大唐开元礼》卷一《序例一·神位》,第13页。
② 萧嵩等:《大唐开元礼》卷四,第37页。
③ 萧嵩等:《大唐开元礼》卷六三《皇帝封祀于泰山·制度》,第329—330页,下引文并见《陈设》,第331页。

上圆台之上北方,南向,以三脊茅为神藉;设高祖神尧皇帝神座于东方,西向,席以莞,设神座皆于坐首。又太史令、郊社令设五天帝、日、月神座于山下封祀坛之上;青帝于东陛之北,赤帝于南陛之东,黄帝于南陛之西,白帝于西陛之南,黑帝于北陛之西,大明于东陛之南,夜明于西陛之北,席皆以藁秸。设五星、十二辰、河汉及内官之座于第二等,十有二陛之间,各依方向(面),凡席皆内向。其内官中有北斗、北辰,位于南陛之内,差在行位前。设二十八宿及中官之座于第三等,亦如之。布外官席位于内壝之内,众星席位于内壝之外,各依方次,席皆以莞,设神位各于座首。

按照这一布置,山上、山下坛是分祀的,山上只有昊天上帝和配帝,山下则是五方帝、日、月和星辰以下,而尊罍的设置也随分两处。一是山上,"设昊天上帝酒尊位于圆台坛之上下",配帝也在坛上,位置和尊罍数量与冬至圜丘规格完全相等。一是山下,"其山下封祀坛设五帝、日、月,俱太尊二,在神座之左",以下亦同圜丘,内官、中官、外官、众星亦分层列于二等、三等及内壝之内、外,尊罍数量也为太尊二。由于在这个设置中,山下坛分三层,所以如果将山上坛作为郊天坛最高一层,则仍可认为是坛有四层(成),完全等同一个圜丘,且以昊天至上的精神也与冬至郊天分毫不爽。这一点对照《册府元龟·掌礼部二》所载玄宗封禅就更加明白:

> (开元)十三年(725),将封泰山,帝以灵山清洁,不欲多人上,欲初献于山上坛行事,亚献、终献于山下坛行事。因召礼官学士贺知章等入讲仪注,因问之。知章等奏曰:"昊天上帝,君位;五方精帝,臣位;帝号虽同,而君臣异位。陛下享君位于山上,群臣祀臣位于山下,诚足以垂范来叶,为变礼之大者也。礼成于三,初献、亚、终合于一处。"帝曰:"朕正欲如是,故问卿耳。"于是敕三献于山上行事,其五方帝及诸神于山下坛行事。①

也就是说,虽然初、亚、终三献都在山上完成,但对五方帝、诸神的仪式却放在山下。山上、山下祭祀分别由皇帝、大臣进行,而昊天和五方帝两坛也有意分为君位、臣位,以对应君臣关系,性质、等级分明,天帝的独一性和象征人主的意义是明确的。

---

① 王钦若等:《册府元龟》卷五六四《掌礼部·制礼二》,北京:中华书局,1960年,第6774页。

第三和第四即上面已提到的祈谷和雩祀。《开元礼·序例上》言：

> 正月上辛祈谷，祀昊天上帝于圜丘，以高祖神尧皇帝配座。又祀五方帝于坛之第一等。（下略）
>
> 孟夏雩祀昊天上帝于圜丘，以太宗文武圣皇帝配座。又祀五方帝于坛之第一等，又祀五帝（太昊、炎帝、轩辕、少昊、颛顼。）于坛之第二等，又祀五官（句芒、祝融、后土、蓐收、玄冥）于内壝之外。（下略）①

祈谷和雩祀都主祭昊天，但仍置五方帝于"坛之第一等"的陪祀之位，即《开元礼》所谓"万物之精"的日月星辰之类，与主神和配帝不在一个层面上。雩祀还有五帝和五官，等次亦在五方帝之下。祈谷和雩祀虽不是天神的大合祀，但等位问题仍参照冬至祀圜丘为准的。具体安排则是青、赤、黄、白、黑五方帝围绕昊天及配帝，分方位列在东西南北四陲周围。

而两者酒尊的设置自也随之。其昊天和配帝与冬至相比酒尊差异不大，唯一的不同是五方帝。祈谷是"五方帝各太尊二，著尊二，牺尊二，山罍一，在第一等神座之左而右向"，只比昊天略少；雩祀更少一些，"五方帝各太尊二，牺尊二，山罍一，在第一等"②。虽不完全一致，但尊罍数量都超过冬至的"各太尊二"。特别是祈谷，五方帝的尊罍待遇更接近主神昊天，这是它们与冬至祀仪有区别之处。

第五是明堂，《开元礼·序例上》：

> 季秋大享明堂，祀昊天上帝。以睿宗大圣真皇帝配座，又以五方帝、五帝、五官从祀。③

明堂祭祀称为"大享"，其规格实际超过祈谷和雩祀，而仅次于冬至郊天。但明堂祭祀与前二者不同，乃在于前者是坛祭，后者则是殿堂之内。祭祀天帝（不含山川、宗庙等）采取此种方式的只有明堂。明堂祭祀不行天神合祀的坛祭，但并不是没有等级高下。这里只说"从祀"，但如何从祀呢？我们仍从《皇帝季秋大享于明堂》的"陈设"一节来讨论这一问题：

---

① 萧嵩等：《大唐开元礼》卷一《序例上·神位》，第14页。
② 萧嵩等：《大唐开元礼》卷六《皇帝正月上辛祈谷于圜丘》，卷八《皇帝孟夏雩祀于圜丘》，第51、63页。
③ 萧嵩等：《大唐开元礼》卷一《序例上·神位》，第14页。

祀日未明五刻，太史令、郊社令升，设昊天上帝神座于明堂太室之内中央，南向，席以藁秸。设睿宗大圣真皇帝神座于上帝之东南，西向，席以莞。设青帝于木室，西向；赤帝于火室，北向；黄帝于太室南户之西，北向；白帝于金室，东向；黑帝于水室，南向；席皆以藁秸。设太昊、炎帝、轩辕、少昊、颛顼之座，各于五方帝之左，俱内向，差退。（若非明堂五室，皆如雩坛设座之礼）设五官之座于明堂之庭，各于（依？）其方，俱内向，席皆以莞。设神座各于座首。①

从中可知，明堂的神位安排仍然以昊天上帝和配帝在堂上的"太室"为中心，而五方帝亦按照东西南北之位围绕太室和昊天，分居金木水火（土）的各室之中。但与前述坛祭不同的是五方帝和五帝神位都在堂上，虽仍以昊天和配帝为中心，却不再分层，只有五官被移到阶下。酒尊的排列则随之。昊天的尊罍分堂上和堂下两处，数量与冬至圜丘同，配帝尊罍亦在堂上。不同的是五方帝尊罍，不仅在堂上"室内神座之左"，且"各太尊二，著尊二，牺尊二，罍一"②，数量与昊天相比，仅少一罍（与祈谷同），说明五方帝与主神昊天地位更加接近。

第六乃是立春、立夏、立秋、立冬和季夏土王日对青、赤、黄、白、黑五方帝的分祀，此礼"武德贞观之制"即有之，故《贞观礼》置之毋庸置疑。《开元礼》仍各据一卷，总占五卷之多。

以五帝分祀于东、南、西、北郊，又号称迎气，"郊"的概念仍因此保留。不过，此五帝在《显庆礼》称为"太微五帝"，而《开元礼》仅称青、赤、黄、白、黑五帝，就是《序例上·神位》冬至圜丘坛列在第一等的"东方青帝灵威仰、南方赤帝赤熛怒、中央黄帝含枢纽、西方白帝白招拒、北方黑帝叶光纪"，实也即五方帝。为之配祀的则分别是五人帝。

从形式看，此仪明显等同五方帝的主祀，其诸帝的地位与前面三种很不一样。如在祀青帝的"陈设"中"设青帝灵威仰神位于坛上北方……设帝太昊氏神座于东方……设岁星、三辰之座于坛之东北，七宿之座于坛之西北，各于坛下……设句芒氏之座于坛之东南"③，即以灵威仰等为中心安排座次，它作为五帝之一不仅有诸星环绕，尊罍的设置似乎也不无几分昊天的气派和威风：

---

① 萧嵩等：《大唐开元礼》卷一〇〇《皇帝季秋大享于明堂》，第75页。
② 萧嵩等：《大唐开元礼》卷一〇〇《皇帝季秋大享于明堂》，第74页。
③ 萧嵩等：《大唐开元礼》卷一〇〇《皇帝立春祀青帝于东郊》，第85页，下引文同。

设青帝酒尊于坛之上下,太尊二,著尊二,牺尊二,山罍二,在坛上于东南隅,北向;象尊二,壶尊二,山罍二,在坛下,皆于南陛之东,北向西上。设配帝著尊二、牺尊二,象尊二,山罍二①,在坛上于青帝酒尊之东,北向西上。岁星、三辰、句芒氏俱象尊二,各设于神座之左,皆右向。七宿壶尊二,设于神座之右而左向。(青帝、配帝之尊置于坫,星辰以下尊藉以席,皆加勺、幂,设爵于尊下)

这里青帝的尊罍坛上用了最高数量的六尊二罍,坛下四尊二罍,比冬至昊天仅少二罍;无论是位置还是数量,都与昊天几乎等同。相比之下,本来处在圜丘图同一等的日、月,其主祭只有"太尊二,著尊二,罍一"②。可见在这个没有昊天参加的"迎气"诸仪上,五方帝还是"暗自"保留了其帝君规格。《唐会要·缘祀裁制》的记载表明③,四立及季夏土王日的五方帝独祭是一直保留至唐后期的。

以上从第一至第六,五方帝所在位置从边缘向中心发展,尊罍数量也从最少的"二尊"向接近或等同天帝的数额增加,五方帝的地位、待遇可以说是由低至高。如排在第一位的冬至祀圜丘,五方帝的属从位置没有丝毫疑义,其不但处于坛之第一等而低下于主位,而且尊罍的设置数目对照天帝也体现出绝然的差别。因此可以认为是昊天至上和《开元礼》思想观念的说明。排在第二的封禅,则是冬至圜丘的翻版。但排在第三和第四的祈谷和雩祀,五方帝虽仍被搁置在臣位,尊罍的数目却缩短了它们与昊天的距离。列在第五位的明堂不仅尊罍设置,且神位本身所在与主神之间也距离相近,可以说它们的性质本身就已经有些模糊。至于排在第六的五帝独祀或曰迎气,是五方帝单独擅场,其中尊罍设置和诸星环绕簇拥的氛围上都向昊天看齐,与《开元礼·择日》中被规定为第一等的大祀完全相符。由此得知《开元礼》对五方帝处理方式并不是一刀切。

附 《开元礼》五方帝尊罍数量

祭祀名	太尊	象尊	著尊	牺尊	壶尊	山罍	总数
圜丘	坛上2						坛上2尊
封禅	坛上2						坛上2尊

---

① "二"原作"一",据四库本及同书卷一三《立春祀青帝于东郊有司摄事》改。按圜丘、祈谷、雩祀等卷配帝尊罍数皆与昊天上帝同,则此处更不应低于青帝。
② 萧嵩等:《大唐开元礼》卷二四《皇帝春分朝日于东郊》、卷二六《皇帝秋分夕月于西郊》,第148、155页。
③ 王溥:《唐会要》卷二三《缘祀裁制》,第514—516页。

156

续表

祭祀名	太尊	象尊	著尊	牺尊	壶尊	山罍	总数
祈谷	坛上2		坛上2	坛上2		坛上1	坛上6尊1罍
雩祀	坛上2			坛上2		坛上1	坛上4尊1罍
明堂	堂上2		堂上2	堂上2		堂上1	堂上6尊1罍
五时迎气	坛上2	坛下2	坛上2	坛上2	坛下2	坛上2 坛下2	坛上6尊2罍 下4尊2罍

三、《开元礼》五方帝祭祀的具体来源和形成因素

总结以上郊天仪式，可以认为《开元礼》总体上恪守《序例上·神位》精神，即以昊天作为最高天帝之神，特别是在昊天与五方帝同祭的场合，一定会拉开两者的距离，而树立昊天的至高权威和中心地位。诸仪看来均不违背这一原则，然而在具体"折衷"的做法上，还是有一定程度的差别和保留，其中的标准和尺度是不一样的。

那么，为何会造成以上状况呢？杨华讨论《开元礼》的形成，曾以"郑王择从"来解释，即指出《开元礼》中的某些不同做法是分别选取《贞观礼》依从的郑学或者《显庆礼》推崇的王学[1]。但"择从"并非简单任意而是有其深层原因。对《开元礼》而言，诸仪成就的理论渊源固然重要，惟其在当代的形成更是不能小觑。礼制的变革有长期的实践为基础，所有的问题并非自开元始发生。前代的祭祀成说是在唐礼的形成过程中被逐步淘汰、扬弃和统一，才最终"折衷"为新理论落实于唐代制度，所以务必将此两者具体结合，才能够抓住其中之要害，理解当时的制礼方式。

而从上诸仪来看，也可以分为三种情况。

1. 顺理成章、水到渠成的冬至祀圜丘和封禅

《通典》解《周礼·大司乐》云"冬日至，祀天于地上之圜丘"，又《大宗伯》之职亦曰"以禋祀，祀昊天上帝"[2]。冬至祀圜丘本来是昊天的主祀，郑玄将此释为"禘"。虽然关于禘的解释郑、王不同，但对昊天的祭祀本身并无异议。此礼北朝和隋代以来即已确立无疑，《贞观》《显庆》二礼大致无差。这一点，造成《开元礼》关于此仪的定夺比较没有争议，或者说毫无留

---

[1] 杨华：《论〈开元礼〉对郑玄和王肃礼学的择从》，《中国史研究》2003年第1期。
[2] 郑玄注、贾公彦疏：《周礼注疏》卷二二、一八，《十三经注疏》本，北京：中华书局，1980年，第789、757页；并参《通典》卷四二《郊天上》，第1162页。

难。至于说到形成过程,除了武德、贞观以来礼、令的规定之外,也应注意到玄宗朝郊天礼较早的实践。《册府元龟》记曰:

> 唐张说为中书令,开元十一年,与秘书监贺知章参定南郊之礼,奏议曰:"……臣等按《祠令》,五星已下内官五十三座,中官一百六十座,外官一百四座,众星三百六十座。臣共所由勘史传及《星经》,内外所主职有尊卑。旧图座位升降颇错,今奉墨勅授尊卑升降,又新加降等座总三百一十九座,并众星三百六十九座,凡六百八十七(八?)座,具图如左。"诏遂颁于有司,以为例程。①

前揭礼仪使的设置在开元十年,应认为是玄宗朝廷大礼活动开张之始,而郊天大典即在此后一年。这里虽未及诸神等位,但言及祭祀神位实际688座,与《开元礼》卷四《皇帝冬至祀圜丘》所载神位总688座(昊天与配帝2座,五方帝、日月7座,五星以下及内官55座,二十八宿及中官159座,外官105座,众星官360座)完全相等。②《唐六典》的神位数与之相同③,应也是依据《开元礼》。说明冬至圜丘坛的神位开元十一年已经确认,而诸神等次无疑也是那时即规定下来。冬至圜丘作为合祀,为天神所在位置等级提供了说明,也为《开元礼》全部郊天礼定下基调,引领其他诸仪而起到标尺的作用。

接下来又举行过后土、宗庙等的皇帝亲祀,最后便是开元十三年封禅了。封禅是儒家郊天礼的最高形式,帝王功德圆满的象征,所以某种程度上,开元十一年的郊天只是封禅的前奏和预演,郊天仪神位的确定无疑为封禅作了准备。

在玄宗封禅之前,太宗、高宗和武则天三朝都为封禅撰写了仪注。贞观讨论是在《贞观礼》快要修成之际。《旧唐书·礼仪志三》言"(贞观)至十一年,群臣复劝封山,始议其礼"。由于上封事者所见不同,所以太宗勅令秘书少监颜师古、谏议大夫朱子奢等,与四方名儒博物之士参议得失,其最终奏议有"今请祭于泰山下,设坛以祀上帝,以景皇帝配享。坛长一十二丈,高一丈二尺"的昊天上帝坛。说明以昊天为主祀的大典于山下进行。此外又有泰山上"广五丈,高九尺""而就上封玉牒"的圆坛(但未见仪式),以及回到山下后"礼行告至"的告至坛。至贞观十五年下诏封

---

① 王钦若等:《册府元龟》卷五八九《掌礼部·奏议一七》,第7038页。
② 萧嵩等:《大唐开元礼》卷四,第37—38页。
③ 李林甫等:《唐六典》卷四,北京:中华书局,1992年,第120页。

禅,仍只有"颜师古上书申明前议"①。太宗虽"览其奏,多依师古所陈为定",但贞观一朝,最终未能举行。

史料未载高宗定礼之际封禅仪有何变化,直到高宗麟德二年(665)准备封禅时,才有礼官、博士所奏新仪注出现,因此《显庆礼》封禅仪制很可能只是承继贞观。但麟德仪注不仅定"封祀以高祖、太宗同配,禅社首以太穆皇后、文德皇后同配",简、策、匦、玺和石礛等器物也与贞观形制不同,且明确有了四坛规制。此即山下太岳南四里所建"三成,十二阶,如圆丘之制"的封祀圆坛,山上"上径五丈,高九尺,四出陛"的登封坛,社首山"如方丘之制"专祭皇地祇的降禅坛,以及封禅告成后举办朝会庆典的朝觐坛。《旧唐书·礼仪志三》也言封禅具体过程是:"(麟德)三年正月,帝亲享昊天上帝于山下封祀之坛,如圆丘之仪。祭讫,亲封玉策,置石礛,聚五色土封之……其日,帝率侍臣已下升泰山。翌日,就山上登封之坛封玉策讫,复还山下之斋宫。其明日,亲祀皇地祇于社首山上降禅之坛,如方丘之仪。皇后为亚献,越国太妃燕氏为终献。翌日,上御朝觐坛以朝群臣,如元日之仪。礼毕,燕文武百寮,大赦,改元。"②由此看来,高宗封禅虽有山下、山上坛的建制,但将主要祭天仪式还是放在山下,山上封玉策只是山下郊祀礼的继续,然后才是禅社首祭地和告成之仪。山上坛并没有改变祭祀神位,君臣的祭祀对象、地点也没有区分。

此后高宗及武则天又欲将封禅扩大至嵩山。从永淳二年(683)正月朝臣韦叔夏和裴守贞等详定仪注来看,仍有封祀、登封、禅祭、朝觐四坛之别。武则天时代扩大了登封的道教和神仙祭祀,但并没有改变坛的基本格局。

玄宗延续了四坛之设,但不同的是皇帝改于山上行祭昊天主仪的三献,而山下祀五帝以下由群臣行事,分割了山上和山下坛的祭祀对象和功能,从而与冬至郊天格局完全统一,更突出了天帝的唯一和皇帝祭祀的对应性,而这一点也是在开元十三年就实现的。阅读今本《开元礼》可以发现,它在封禅器物形制方面,基本依从高宗以来实即开元十三年制度,且因其时批驳所谓"周人尚臭"理论,已改《显庆礼》的祭前燔柴为遵《贞观礼》祭后燔柴③。说明《开元礼》是有着高宗、武则天以来和本朝的实践作基础。不过,唐初二礼封禅的格局基本一致,且从高宗、武则天到玄宗,只是对昊

---

① 以上参见《旧唐书》卷二三《礼仪志三》,第882—884页。
② 以上参见《旧唐书》卷二三《礼仪志三》,第885—886、888页。
③ 《旧唐书》卷二三《礼仪志三》,第894—896页;王钦若等:《册府元龟》卷三六《帝王部·封禅二》,第399页。

天独一地位的不断明确,其大方向毫无龃龉,故冬至和封禅二仪可以说是循序渐进而顺理成章的。

2. 祈谷、雩祀和明堂的纠结与摆平

冬至、封禅郊天图的形式格局,应当为唐朝郊天神位提供了基本标准和依据。但在某些原来以五方帝为主祀的场合,贯彻其原则就很困难。祈谷、雩祀和明堂就是这样的三仪。故《开元礼·序例》在折衷问题和"二礼并行,六神咸祀"的解说上,主要针对此三仪。其矛盾纠结处在于,由于前儒对郊祀的解释完全是截然相悖的两途,很难调和。且汉魏已降,"礼是郑学"①,唐初礼学基本是继承北朝尊郑玄说为正统,孔颖达《五经正义》为《礼记》作疏,也本着"疏不破注"的原则,并没有对郑说提出质疑;所以,如果认为《显庆礼》"合于经",便不仅是对《贞观礼》的否定,也是对北朝乃至唐初经学传统的背弃。

而之所以祈谷等三仪产生纠结,乃是祭祀主神和郊丘问题上《贞观》《显庆》二礼理论意识的根本不兼容。因为所谓"六神咸祀"是行郊丘分离,各有各的主场,除冬至、封禅诸神合祭的场合,没有并祀的情况。此即前揭郑玄注《祭法》释禘、郊之义,昊天与感帝分主丘郊,是一而二的;但《显庆礼》针对《贞观礼》,取消了原来南郊感帝的主祀之位,而改为均是圜丘专祀昊天的二而一②,由是原来五方帝在郊坛上的君位也被改作丘坛上的臣位。而明堂虽无郊、丘问题,但主神对象由五方帝变为昊天上帝,意义也是一样的。

但《大唐前礼》感生帝或五方帝祭祀都并非自贞观始。祈谷之说是源自《月令》孟春,"是月也,天子乃以元日,祈谷于上帝"。而仲夏之月则"命有司为民祈祀山川百源,大雩帝,用盛乐。乃命百县雩祀百辟卿士有益于民者,以祈谷实"③。《春秋》也言"凡祀,启蛰而郊,龙见而雩。"④祈谷、雩祀都是为了求谷实获丰收,分在春、夏,二者皆与季候和农事相关。郑玄注祈谷"谓以上辛郊祭天也",并言"上帝,太微之帝也"。由于前述郑玄的郊天理论是正月南郊祀感生帝,由此又将祈谷与郊祀感帝联在一起。东晋南朝将圜丘与郊天一体化,故正月上辛南郊祀皇天上帝而无感帝,但北朝齐、周至隋都有正月上辛祀感帝。《武德令》也是"孟春辛日,祈谷,祀感帝于南

---

① 郑玄注,孔颖达正义:《礼记正义》卷一四《月令》疏,第1352页。
② 萧嵩等:《大唐开元礼》卷一,第14页。
③ 郑玄注,孔颖达正义:《礼记正义》卷一四《月令》,第1356、1369页,下引郑玄注见1356页。
④ 左丘明著,杜预注,孔颖达正义:《春秋左传正义》卷六,《十三经注疏》本,第1748—1749页。

郊"①。《贞观礼》直接承继了这一渊源。

雩祀则略有曲折。郑玄解释《月令》雩祀称:"雩帝,谓为坛南郊之旁,雩五精之帝,配以先帝也。"②《隋书》亦明谓梁有大雩坛在南郊之左,祭五方上帝及五人帝,而后齐孟夏祭太微五精帝于夏郊之东。隋则雩坛在国南十三里启夏门外,"孟夏之月,龙星见,则雩五方上帝,配以五人帝于上,以太祖武元帝配飨,五官从配于下"③,看来南北是一致的。但《旧唐书·礼仪志》一记《武德令》"孟夏之月,雩祀昊天上帝于圆丘,景帝配,牲用苍犊二。五方上帝、五人帝、五官并从祀,用方色犊十"④,不知何故已有主祀昊天而兼祀五方帝。然而这样一来,《武德令》的规定或许就成为后来雩祀"折衷"的先行。只是《贞观礼》仍依从隋礼,看来经学理论基本还是一脉相承。

从《开元礼》祈谷和雩祀对五方帝尊罍的设置,可以见出礼仪传统和郑学的影响。由于《显庆礼》祈谷已不祭感帝,所以关于尊罍数量似乎应当都是《开元礼》的规定。不过史料记载高宗东封刚还的乾封初(666),由司礼少常伯郝处俊等上奏,称"显庆新礼,废感帝之祀,改为祈谷。昊天上帝,以高祖太武皇帝配。检旧礼,感帝以世祖元皇帝配。今既奉敕依旧复祈谷为感帝,以高祖太武皇帝配神州。又高祖依新礼见配圆丘昊天上帝及方丘皇地祇,若更配感帝神州,便恐有乖古礼"⑤。从奏文看,当时已有敕依《贞观礼》恢复感帝,郝处俊等提出的只是高祖身兼始祖、太祖二任,于礼经及郑说不合的问题。史载高宗朝一直在祈谷祀昊天还是感帝问题上摇摆,雩祀在五方帝问题上也是同样。但敕令和奏疏都说明此二仪大约也像后来的明堂一样,已开始走"折衷"路线(详下明堂),其中变化不能对后来定礼没有影响。所以《开元礼》的主撰者即便采取了《显庆礼》的"一天"理念,也还是不能不充分地考虑到原来二礼中感帝(或五方帝)作为主祀的事实,由此为之保留了适当的余地,作为曾经感帝之祀的祈谷尤突出五方帝尊罍之数就是为此。这样一种微妙的处理,今人在不经意中或许很易忽略,但对减少当时理论冲突而言,却不能不说是一种颇有深意的抉择。

以上二仪虽然有小小的扭曲,但究竟无碍以昊天独重的大局。较之二

---

① 《旧唐书》卷二一《礼仪志一》,第820页。
② 郑玄注,孔颖达正义:《礼记正义》卷一六,第1369页。
③ 《隋书》卷七《礼仪志二》,北京:中华书局,1973年,第128—130页。
④ 《旧唐书》卷二一《礼仪志一》,第820页。
⑤ 《旧唐书》卷二一《礼仪志一》,第825—826页。

仪冲突更多更大的是明堂。郑玄解释《孝经》"宗祀文王于明堂以配上帝"即"泛配五帝也"之五方上帝。又因《明堂月令》而增五人帝、五官①；实自两汉以来明堂即多祠五方上帝（西汉并祠太一）。至西晋虽一度改为昊天，旋又复之。至梁又有五人帝配享。隋则明堂之议久而不定，故"终隋代，季秋祀五方上帝于雩坛上"。武德定令"每岁季秋祀五方上帝于明堂，以元帝配，五人帝、五官并从祀"②。迄于贞观末，明堂虽未建，但制度未改。因此可以说，五方上帝的祭祀是有传统的，明堂是五方上帝或称五天帝的主场，在《显庆礼》改祀昊天之前，一直如此。

众所周知关于《贞观》《显庆》二礼行用的争议是在上述乾封初郝处俊的奏文后愈演愈烈的。奏文指出了新、旧礼理论不同的矛盾，此后皇帝"又下诏依郑玄义祭五天帝，其雩及明堂并准勅祭祀"，但连下的诏书并未能制止争议。在"异论纷纭，是非莫定"的情况下，皇帝于乾封二年（667）十二月再下诏，令"自今以后，祭圆丘、五方、明堂、感帝、神州等祠，高祖太武皇帝、太宗文皇帝崇配，仍总祭昊天上帝及五帝于明堂"③。可见明堂的祭祀已经成为争论的焦点，所以诏令始行昊天上帝及五帝的兼祀。

而仪凤二（当作"三"，678）年七月太常少卿韦万石奏言："明堂大享，准古礼郑玄义，祀五天帝；王肃义，祀五行帝。《贞观礼》依郑玄义祀五天帝，显庆已来新修礼祀昊天上帝。奉乾封二年勅祀五帝，又奉制兼祀昊天上帝。伏奉上元三年（676）三月勅，五礼并依贞观年礼为定。又奉去年勅，并依周礼行事。今用乐须定所祀之神，未审依古礼及《贞观礼》，为复依见行之礼？"等于为一直以来的明堂争议作了综述。由于明堂祭祀传统上一直是以五帝为主祀，无论郑、王都没有祭昊天之说，因此《显庆礼》的明堂最无依据，引起的质疑自然也最多最大。史言"时高宗及宰臣并不能断，依违久而不决。寻又诏尚书省及学者详议，事仍不定。自此明堂大享，兼用贞观、显庆二礼"。

所谓兼用二礼，对明堂而言，应就是指昊天上帝与五方帝、五人帝、五官的兼祀。韦万石奏言说明，明堂究行何祀的问题，至少纠缠已达十余年之久。而这一兼祀之法事实上也持续到武则天掌政和登基之后。史载垂拱四年（688），毁东都乾元殿，建成明堂，号万象神宫。《资治通鉴》永昌元年（689）正月乙卯朔，大飨万象神宫。时太后服衮冕为初献，皇帝为亚献，太子为终献。"先诣昊天上帝座，次高祖、太宗、高宗，次魏国先王，次

---

① 《礼记注疏》卷三四《大传》、卷四六《祭法》，第1506、1587页。
② 以上并见《通典》卷四四《大享明堂》，第1221页。
③ 《旧唐书》卷二一《礼仪志一》，第826—827页，下引文同。

五方帝座。太后御则天门,赦天下,改元"①。其中五方帝虽排在昊天上帝和唐三帝及魏王武士彟之后,但也忝居明堂的主祀之一。《开元礼》明堂五方帝列在坛上,且尊罍数目比昊天略低,与此规格是一致的。至天授二年(691)正月乙酉,武则天再次亲祀明堂,不但实行天地合祭,且"以周文王及武氏先考、先妣配,百神从祀",实现了完全的以周代唐。② 史载其时春官郎中韦叔夏奏曰:

> 谨按明堂大享,惟祀五帝。故《月令》云:"是月也,大享帝。"……又按《祭法》云:"祖文王而宗武王。"郑玄注云:"祭五帝、五神于明堂曰祖、宗。故《孝经》云:'宗祀文王于明堂,以配上帝。'"据此诸文,明堂正礼,唯祀五帝,配以祖宗及五帝、五官神等,自外余神,并不合预。伏惟陛下追远情深,崇禋志切,于明堂享祀,加昊天上帝、皇地祇,重之以先帝、先后配享,此乃补前王之阙典,弘严配之虔诚。往以神都郊坛未建,乃于明堂之下,广祭众神,盖义出权时,非不刊之礼也……望请每岁元日,惟祀天地大神,配以帝后。其五岳以下,请依礼于冬夏二至,从方丘、圆丘,庶不烦黩。

这次明堂祭祀,其中一项即继续永昌元年的昊天与五方帝的共祀,并举行天地共主、百神从祀的大合祭。另一项则是武氏先考、先妣的配享。以后妃配地只有魏晋实行过或试图实行,意义在以皇后对应"地郊"③。武则天以女主的身份,仍将天地共主与帝后并祀作为其祭祀的主题。

韦叔夏的奏文并不敢反对明堂天地合祀及武氏考妣配享,也没有批判五方帝、五帝和五官兼祭的传统格局,而只是否定了五岳以下的众神合祀。他的说法得武则天"从之",可见即使武后专政,也不再抛弃高宗时代"兼用贞观、显庆二礼"的既定原则。至中宗神龙初仍行天地合祭,仅改以高宗配,其法应当未变。《开元礼》取消天地合祀以及先后配地,并改以睿宗配天,同时改以季秋圆坛行事,但昊天与五方帝兼祀却一如既往。其内容

---

① 司马光:《资治通鉴》卷二〇四,则天后永昌元年(688),北京:中华书局,1956年,第6456页。
② 《旧唐书》卷二二《礼仪志二》,第864—865页,下引文同。
③ 见《晋书》卷一九《礼志上》(北京:中华书局,1974年,第583页)魏景初元年(237)十月诏令"地郊所祭曰皇地之祇,以武宣皇后配"。但晋武帝泰始元年(265)十月,博士孔晁已针对当时"天郊当以宣皇帝配,地郊宣皇后配,明堂当以景皇帝、文皇帝配"的议论提出反对,认为不合礼制,见《太平御览》卷五二七《礼仪部六·郊丘》,北京:中华书局,1960年,第2394页。

163

显然不仅是折衷《贞观》《显庆》二礼,更不是玄宗时代的独创,而是遵循一直以来的惯例,吸收和延续高宗、武则天制度的结果。

与此有关,我们在校勘过程中,曾发现《开元礼》洪氏公善堂本和文津、文渊阁四库全书本在《皇帝季秋大享明堂·陈设》一仪中安排尊罍次序,都是本着先昊天、再配帝,再五方帝和五帝、五官的次序,但在接下来的《奠玉帛》仪中,却出现了不同。其中洪本如下:

> 凡六尊之次,太尊为上,实以泛齐;著尊次之,实以醴齐;牺尊次之,实以盎齐;象尊次之,实以醍齐;壶尊次之,实以沈齐;山罍为下,实以三酒。五方帝太尊为上,实以泛齐;著尊次之,实以醴齐;牺尊次之,实以盎齐。配帝著尊为上,实以泛齐;牺尊次之,实以醴齐;象尊次之,实以盎齐。五帝之著尊,实以醴齐。五官之象尊,实以醍齐。玄酒各实于五齐之上尊。①

也就是叙尊罍排列次序,改为五方帝插入昊天之后,置于配帝之先。卷一一《季秋大享于明堂有司摄事》也是如此。对照之下,文津阁四库全书本亦同洪本,但文渊阁四库本的皇帝卷中,次序却被变作配帝在五方帝之前。只是在明堂有司摄事卷中,才保持了与洪本一致的排列。②也就是说,不同版本中,六处竟有五处是五方帝在前,配帝在后,这不仅与前面的《陈设》一仪列序矛盾,而且也表明了原礼在五方帝尊罍排位次序上的不确定性。

问题在于,配帝在五方帝的前后并不能看作小事。因为配帝是用以配天帝,假如配帝位置在五方帝之后,就表明同时为昊天和五方帝作配,两者都成主角。因此次序的不同,其实代表了对五方帝的态度。

既然祈谷、雩祀的排列,都是五方帝在配帝之后无疑,明堂的五方帝与五人帝、五官等照理也只应是从祀。但是从校勘的角度分析,三个版本,六处中五处被抄错的可能性不大。因此不嫌武断地说,《开元礼》原本有可能就是五方帝在前,反过来文渊阁四库本配帝在前的次序倒是错的。③还可以作为证据的是《开元礼》下面"奠玉帛"的程序:

---

① 萧嵩等:《大唐开元礼》卷一〇〇《皇帝季秋大享明堂·奠玉帛》,第75页。
② 萧嵩等:《大唐开元礼》卷一〇,文渊阁《四库全书》本,第646册,上海:上海古籍出版社,1987年,第117页。
③ 最近,笔者又阅读到长春图书馆藏天禄琳琅本及国家图书馆藏李璋煜抄本的《大唐开元礼》,情况与洪氏公善堂本相同,对此也可以证明。

>太常卿引皇帝进北面,跪奠于昊天上帝神座前,俛伏,兴。太常卿引皇帝立于南方,北面;五方帝之太祝奉玉帛各奠于其神座,还尊所。皇帝再拜讫,太祝又以配帝之币授侍中,侍中奉币西向进,皇帝受币。太常卿引皇帝进,东面跪奠于睿宗大圣真皇帝神座前,俛伏,兴。(下五帝五官略)①

在这一程序中,奉币的对象依次仍是昊天、五方帝、配帝,虽然五方帝不由皇帝而是改由太祝奠献,表明五方帝是在臣位而非君位,但次序却在配帝之先。皇帝要"再拜"后才能再亲奠配帝,与上述尊罍的次序是一致的。

那么,进一步的问题是,为何同一卷中会发生这样的矛盾和不同?从逻辑上推测,我们也许可以认为是官员在抄写过程中因"折衷"二礼发生的混乱,比如照抄《贞观礼》遵循了原来次序,而忽略了与《显庆礼》有矛盾的地方,或者没有经过细致的比对和统一,在抄改的过程中将位置插错。但这种可能性很小。从前面论述来看,哪怕是对于五方帝的地位有不同处理,毕竟在同一种礼仪中,未曾出现两种相反的处理办法,编修者不会混乱到这种地步。

其实发生这样的问题还是不能单从抄写错误考虑,因为如何措置可能还涉及编撰者的观念。在初唐的改革中,明堂作为曾经的五方帝主场争议最大。联系上面所说高宗时朝廷的争议和最后定"总祭昊天上帝及五帝于明堂",以及武则天时代将五方帝座位列于主神之一,证明对明堂中五方帝的帝位并没有彻底取消或完全无视。这一具体的排序做法或者正是秉承高宗、武则天制度的余绪,尽管这与《开元礼》前面宣称的原则不无矛盾,而与技术性错误相比,我更倾向于这方面的可能。无论如何,明堂礼仪的"折衷"相对前朝已别开生面,但其间蕴含的委曲和波折却更超过其它各仪。

3. "太微五帝"概念的批判和保留

郑玄的感帝和五天帝理论已见前述,郑玄说"王者之先祖皆感大微五帝之精以生"②,所以五天帝也因有太微五帝或五精帝之名。关于五帝的分祀复源于《月令》五时(四时并季夏土王日)迎气。如孟春之月即有"其帝大皞,其神句芒……天子居青阳左个,乘鸾路,驾仓龙,载青旗,衣青衣,服

---

① 萧嵩等:《大唐开元礼》卷一〇〇《皇帝季秋大享明堂·奠玉帛》,第76页。
② 郑玄注,孔颖达正义:《礼记正义》卷三四《大传》,第1506页。

仓玉，食麦与羊……立春之日，天子亲帅三公、九卿、诸侯大夫，以迎春于东郊（下略）"①。而孟夏是"其帝炎帝，其神祝融"，季夏土日是"其帝黄帝，其神后土"，孟秋是"其帝少皞，其神蓐收"，孟冬是"其帝颛顼，其神玄冥"②。不过，此五时迎气，在郑玄都认为是以五天帝分祀，如孟春则是"迎春，祭仓（苍）帝灵威仰于东郊之兆也"，而太皞、句芒之属不过是"苍精之君，木官之臣，自古以来著德立功"的配角而已。③

与之相应，对《周礼》"以苍璧礼天，以黄琮礼地，以青圭礼东方，以赤璋礼南方，以白琥礼西方，以玄璜礼北方"，郑玄注以为："礼东方以立春，谓苍精之帝，而太昊、勾芒食焉；礼南方以立夏，谓赤精之帝，而炎帝、祝融食焉；礼西方以立秋，谓白精之帝，而少昊、蓐收食焉；礼北方以立冬，谓黑精之帝，而颛顼、玄冥食焉。"贾疏释："皆据《月令》四时迎气，皆在四立之日，故以立春、立夏、立秋、立冬言之。"④贾公彦又解五帝曰："《春秋纬·运斗枢》云太微宫有五帝座星，即《春秋纬文耀钩》云春起青受制，其名灵威仰；夏起赤受制，其名赤熛怒；秋起白受制，其名白招拒；冬起黑受制，其名汁（叶）光纪；季夏六月火受制，其名含枢纽。又《元命包》云太微为天庭，五帝以合时，此等是五帝之号也。"⑤《诗·含神雾》也说"云五精星坐（座），其东苍帝坐（座），神名灵威仰，精为青龙之类是也"⑥。可见郑玄的说法又以纬书为据。

但五方天帝既被说成太微五帝，其性质也遭到质疑。有一种说法是太微五帝本为天宫之星。如《史记·天官书》就说"太微，三光之廷"、"其内五星，五帝坐（座）"。⑦对此，后来学者如朱熹也给予解释。他指出郑玄以天帝为北极是错误的，认为"北极只是星，如太微是帝之庭，紫微是帝之居"，即太微、紫微都是有众多星辰的所在，不是真指五帝。⑧而王肃则与郑玄针锋相对，他反对感帝之说，认为五帝是五行之神。《孔子家语》言"古之王者，易代而改号，取法五行，五行更王，终始相生，亦象其义。故其〔生？〕为明王者，而死配五行。是以太皞配木，炎帝配火，黄帝配土，少皞

---

① 郑玄注，孔颖达正义：《礼记正义》卷一四《月令》，第1352—1355页。
② 分见《礼记正义》卷一五、卷一六、卷一七《月令》，第1364、1372、1380页。
③ 郑玄注，孔颖达正义：《礼记正义》卷一四《月令》，第1355、1352页。
④ 郑玄注、贾公彦疏：《周礼注疏》卷一八《大宗伯》，第762页。
⑤ 郑玄注、贾公彦疏：《周礼注疏》卷一八，第757页。
⑥ 《史记》卷二七《天官书·索隐》，北京：中华书局，2013年，第1545页。
⑦ 《史记》卷二七《天官书》，第1544页。
⑧ 黎靖德编：《朱子语类》卷六八《易·乾上》，《朱子全书》第16册，上海：上海古籍出版社、合肥：安徽教育出版社，2002年，第2258页。

配金,颛顼配水"。又称孔子曰:"五行佐成上帝而称帝,太皞之属配焉,亦云帝,从其号。"而王肃解释其意,也认为"上天以其五行佐成天事,谓之五帝。以地有五行,而其精神在上,故亦为帝。五帝、黄帝之属,故亦称帝,盖从天五帝之号"①。这样五行帝又与五人帝产生了关系。两者虽非一回事,但又被视作一体,如《隋书·礼仪志》即谓"五时迎气,皆是祭五行人帝太皞之属,非祭天也。田称皇天,亦称上帝,亦直称帝。五行人帝亦得称上帝,但不得称天。故五时迎气及文、武配祭明堂,皆祭人帝,非祭天也,此则王学之所宗也"②。但是又说灵威仰、赤熛怒等五天帝之名号,"皆以其德而名焉。梁、陈、后齐、后周及隋,制度相循,皆以其时之日,各于其郊迎,而以太皞之属五人帝配祭。并以五官、三辰、七宿于其方从祀焉。"③可见即使南朝,也没有完全遵从王肃之说。

这里涉及天帝祭祀,不能不提到董仲舒"天地之气,合而为一,分为阴阳,判为四时,列为五行"的阴阳五行论。④甘怀真讨论汉唐时代郊祀,专门讨论了受元气论影响而形成的气化宇宙观问题。这一理论主张,宇宙原始是"一气"之"大一",世间万物,包括天地、四时都由气所构成,四时运化受五行支配,而天帝则是世间万物之主宰。由天子承担圣人之职位,代表生民与天地沟通,建立安定的宇宙秩序。由于农业收成的取得仰赖于天帝,故向天帝祈福和报功,祈谷和雩祀等意义都在于此,而五帝祭祀也尤与天时及农业收成联系起来。迎气之说固亦源于此。王肃与郑玄的不同就在于,他主张的五帝是以五行帝也即五人帝理论否定谶纬之说,与五行的原始理论更接近,其说法显然也与《月令》"其帝大皞"的原意更相符合。

而许敬宗接受王肃理念,基本是兼取星辰和人主之说。其言:"又案《史记·天官书》等,太微宫有五帝者,自是五精之神,五星所奉。以其是人主之象,故况之曰帝,亦如房星为天王之象,岂是天乎!《周礼》云'兆五帝于四郊',又云'祀五帝则掌百官之誓戒',唯称五帝皆不言天,此太微之神,本非穹昊之祭。"⑤如论者所言,这里他所说的"五精之帝"已非五方上

---

① 王肃编著,张绵周标点:《孔子家语》卷六《五帝第二十四》,上海:上海古籍出版社,1990年,第65页。
② 《隋书》卷六《礼仪志一》,第107页。
③ 《隋书》卷七《礼仪志一》,第128-129页。
④ 甘怀真:《西汉郊祀礼的成立》《大唐开元礼中的天神观》,收入氏著《皇权、礼仪与经典诠释:中国古代政治史研究》,台北:喜玛拉雅基金会,2003年,说见第60-63、181-182、192-193页。
⑤ 《旧唐书》卷二一《礼仪志一》,第824页,下引许敬宗文同。

帝而是五行之精了。①

不过,由于奏议中有"今请宪章姬孔,考取王郑,四郊迎气,存太微五帝之祀;南郊明堂,废纬书六天之义"的请求,若认为《显庆礼》"迎气"就是分祀太皞等五人帝还是很可疑的,因为即使是南朝也没有此先例。许敬宗"五精之神"的说法,仅是不将五帝当作天而已,不等于完全取消五方帝。孔颖达《正义》曾为《礼记·月令》郑注"迎春祭苍帝灵威仰"辩解说:"此一节论立春天子迎春气及行赏之事……案贾、马、蔡邕皆为迎春祭太皞及句芒……今郑独以为苍帝灵威仰者,以《春秋·文耀钩》云苍帝灵威仰。《礼器》云飨帝于郊而风雨寒暑时,若是人帝,何能使风雨寒暑得时!又《诗》及《尚书》云上帝皆为天也。《周礼·司服》云王祀昊天上帝则服大裘而冕,祀五帝亦如之。五帝若是人帝,何得与天帝同服!"②

宋人杨复亦批评王肃五人帝的看法说:"然以五人帝为五帝则非也。夫有天地则有五行四时,有五行四时则有五帝。帝者气之主也,《易》所谓帝出乎震是也。果以五人帝为五帝,则五人帝之前其无司四时者乎?郑则失矣,王亦未为得也。"③可见五人帝说并非完全能使人接受,与"五行四时"的一贯意识也有相龃龉之处。以王肃之论难以推翻郑玄的迎气说,故而放弃祀五方帝几不可能。我推测许敬宗虽然强调太微五帝是人主之象,但仍在"存太微五帝之祀"的对象和方式上承继《贞观礼》,其实就是对郑玄理论的变相接受,也可以说是《显庆礼》对郑学的"折衷"。

《开元礼》批判了天皇大帝、太微五帝为天帝说,也否定了感帝。据上《开元礼·神位》,言"天皇大帝、北辰、北斗、天一、太一、紫微五帝座,并差在行位前。余内官诸座及五星、十二辰、河汉,都四十九座,齐列俱在第二等十二陛间"。按照同书卷四《皇帝冬至祀圜丘·陈设》中的说法,是第二等所置神位共55座,如减去49座后只剩天皇大帝等一共6座,紫微五帝只能共占一座而非五座。同样《开元礼·神位》和《皇帝冬至祀圜丘》都言帝座、七公加上太微等一共17座,太微也只是十七分之一而不是十七分之五。这说明是将紫微五帝和太微五帝都按星辰之座视作五位一体,不加区分。这与五方帝须分列五位明显意义不同。可见在理论上,《开元礼》是尽量与郑玄原说划清界限的,所说列在坛第三等的太微五帝与《开元礼》和玄宗开元二十二年亲迎气时的五方帝已不是一个概念。

---

① 董仲舒:《春秋繁露》卷一三《五行相生》,北京:中华书局,1975年,第427页。
② 郑玄注,孔颖达正义:《礼记正义》卷一四《月令》,第1355—1356页。
③ 马端临:《文献通考》卷六八《郊社考·郊》,万有文库十通本,北京:中华书局,1986年,第618页。

但像许敬宗一样，《开元礼》仍为五方帝祭祀留有一定位置。本文最初部分引王仲丘说："感帝之祀，《贞观》用之矣。请因祈谷之坛，徧祭五方帝。五帝者，五行之精，九谷之宗也。请二礼皆用。"《开元礼·序例》更将其中的"五帝"明确写作"五方帝"。这句话的前半，是说以五方帝取代感帝行祈谷之法；后半则是明言将五方帝作为代表"九谷之宗"的五行帝。这一名实完全不符的做法恐怕同样不是其自身的新创，而正是继承许敬宗之说和前礼的结果。《开元礼》其实是接受《显庆礼》的做法，采取原则上的坚执和具体实行时的圆通，或者说精神实质的肯定和形式上的否定。虽然看起来不伦不类，却通过调和矛盾，强调了传统思想中的一些基本元素，这就是天神信仰中所体现的天帝对天地和阴阳五行——也即整个宇宙运行的支配和整个农业国度的关照。总之《开元礼》的折衷否定谶纬之说，虽有对一直以来郊祀和郑玄学说的考虑，但以王肃学说为正宗为主体，事实上是对这一儒学理念的修复和坚持，反映了时代发展之下礼制改革的方向和新貌。

四、《开元礼》相关五方帝祭法的吸收与经学的统一

以上《开元礼》关于五方帝的祭祀显然不是一朝一夕成功的，而是久经波折，说明所谓二礼并行的"折衷"是一复杂的过程，而《开元礼》最终采取了不完全相同的处理方式，也说明在对待感帝和五方帝的问题上并非胶柱鼓瑟，坚执一端，而是能够新旧兼顾，灵活变通。《开元礼》的形成，有其一贯的基础和礼制发展的成因，当代礼制观念的变化也与经学的统一进程构成相互影响、密不可分的因果关系。

1.《开元礼》祭祀原则的形成原因

《开元礼》对五方帝祭祀原则的制定，受历史因素的影响，笔者认为主要是基于两个方面：

一是继承对于郑学的批判态度，其最重要的一点就是《开元礼》在祭天中完全抛弃了"祖之所出"的感生帝，所增加或者保留的五帝或五方帝，已与感生帝全不相干，这说明《开元礼》在经学方面的开拓和创新，但《开元礼》仍有注重五方帝祭祀的历来传统和对古礼郑学吸收的一面。例如在上述三种情况中，《开元礼》给予五方帝的地位、待遇都不一样，但并非任意而为，而是有原来古礼经学和《开皇》《贞观礼》的基础。如旧礼本以五方帝为主祀，便会在总体改以昊天独祀的原则下，于具体细节上给以因

袭和补偿。其吸收经学、旧礼的程度也和五方帝本身在经学、旧礼中的地位和影响密切相关。愈是与新定原则有矛盾不易调和处,则为五方帝保留的内容和余地越多,甚至不惜偷换概念,而它的始终存在,也是由于魏晋以降郑学理论在诸多方面的无可替代。

二是唐初以来礼制不断变革的实践。《开元礼》的变革不是自《开元礼》开始,《开元礼》的"折衷"也不是《开元礼》所独创,这种情况从本文上面对诸郊天仪来源的追究中已可明了。例如"一天"与"六天"的矛盾和变化早在南北朝郊祀礼中发生,《隋书·礼仪志》即在讨论郑、王所宗时说明"梁、陈以降,以迄于隋,议者各宗所师,故郊丘互有变异"[1]。

某些与隋礼不同的"折衷"方式也早在《武德令》中出现。但是针对北朝以迄唐初礼制变化最大的还是在《显庆礼》制定之后,而唐高宗、武则天时期是其关键。《显庆礼》虽然对《贞观礼》进行了大刀阔斧的改革,但后来的贯彻并非一帆风顺,朝野风评更差:"时许敬宗、李义府用事,其所损益,多涉希旨,行用已后,学者纷议,以为不及贞观。"[2]上面已谈到高宗一朝郊天问题的争论。笔者曾经撰文指出,高宗时代明堂和五方帝祭祀依违于《贞观》《显庆》二礼之间,为朝廷政争所左右,与武后参与朝政关系极大。不同观点的分歧代表着不同的政治倾向,甚至是两派政治势力的殊死搏斗,所以当时提出兼用《贞观》《显庆》二礼,毋宁说是皇帝维持平衡的一种妥协,也是某种不得已但平息争议的有效选择。[3]

玄宗一朝政治斗争既已经结束,学术争议也进入尾声,故《开元礼》在萧嵩和王仲丘主持制作期间对于前朝礼制的改革是采取全盘接受的态度,融合前朝礼制的变异,化解其中的矛盾则是趋势所向,《开元礼》不过是对唐朝前期礼制的总结,是一直以来改革的继续。其不执拗于某一学说门派而是兼收并蓄,使中古礼制得以打破上古樊篱和门户之见,走出自己的新路径。这个新路径自然就是按照现实思想标准和实际需要进行调和统一,对已往的认识加以折衷,从而得出能够让所在时代普遍接受和认可的新理念。《礼记·中庸》篇有"非天子不议礼,不制度,不考文。今天下车同轨,书同文,行同伦。虽有其位,苟无其德,不敢作礼乐焉;虽有其德,苟无其位,亦不敢作礼乐焉。"[4]认为礼乐制度的建立和"中道"的实行必须由天子进行,且依赖于国家的统一与有德君主取得权位,而试图更新礼乐的开元

---

[1] 《隋书》卷六《礼仪志一》,第107—108页。
[2] 《旧唐书》卷二一《礼仪志一》,第818页。
[3] 参见笔者《试析唐高宗朝的礼法编纂与武周革命》,《文史》2016年第1辑。
[4] 郑玄注,孔颖达正义:《礼记正义》卷五三《中庸》,第1634页。

时代无疑最能符合其说。

有一点毋庸置疑,就是所有礼制的折衷都是围绕经学的主题,以经学的争议和统一为先导。所有重大的郊祀改革无一不涉及对郑玄理论的批判,其中尝试突破经学的困境,解决冲突、疑难是改礼的前提,但前者须通过后者以实现。所以礼制是当代经学的实践,其变化反映了时代对经学理念的追求和变化,而两者矛盾的爆发也一定会在礼制改革之先。

事实上就唐代而言,两者的矛盾和问题至少在贞观初就发生了,当然求取统一和改革的努力也并非始于唐。南朝的王俭、梁武帝是统筹经学和礼制的高手,多达千余卷的梁朝《五礼》就是南朝齐、梁礼仪制度精华的汇总和最高成就。隋统一以后,内涵丰富的南朝礼制被规入统治者视野,"高祖命牛弘、辛彦之等采梁及《北齐仪注》,以为五礼云"①。但主持人牛弘显然是抱着对南朝礼的偏见,指责南朝制礼作乐的"元首""江南王俭,偏隅一臣,私撰仪注,多违古法",并批判"两萧累代,举国遵行,后魏及齐,风牛本隔,殊不寻究,遥相师祖",对北朝汲取南朝礼制之法表示极大反感。结果他所定的隋礼便是"悉用《东齐仪注》以为准,亦微采王俭礼"②。陈寅恪先生注意到南朝礼仪制度对隋唐礼制的影响,并从王肃的北奔嘲讽牛弘"数典忘祖"③。但近年论者撰文讨论齐梁《五礼仪注》,认为虽有如陈先生所说衣冠制度吸收南朝后期礼仪的情况,但这样的例子不是很多。包括许多郊祀礼的仪节、器物等具体问题上,独树一帜的齐梁之礼并未被隋礼全部吸收。④

或者也正因为如此,虽然梁五礼可称南朝礼仪文化的最高成就,但以"东齐仪注"为依准的隋《开皇礼》仍基本可以看作一部集北朝大成的礼典。⑤唐朝建立后,为南北学术交流和统一提供了进一步的可能,但是上述南、北礼典在某些基本理念和体制上的冲突却也显现出来。如论者所注意到的,即《隋礼》相关郊庙体制的变化甚少,这种情况,甚至持续到武德、贞观⑥,所以郊庙礼正是南北最大的分歧所在。《隋书·礼仪志》前二卷记述

---

① 《隋书》卷六《礼仪志一》,第107页。
② 《隋书》卷八《礼仪志三》,第156页。
③ 陈寅恪:《隋唐制度渊源略论稿·礼仪篇》,第12—14页。
④ 参见闫宁《齐梁〈五礼仪注〉修撰考》,《文史》2011年第4辑。说见"齐梁《五礼仪注》在礼制史上的意义"一节,第98—109页。
⑤ 近赵永磊《北朝至隋唐国家祭祀形成研究》一文(北京大学博士学位论文,2017年)论证隋唐国家祭祀主要来自西魏北周一源。笔者认为齐、周虽有差异,但郊丘制度大体延自北魏,基本同源。
⑥ 高明士:《论武德到贞观礼的成立——唐朝立国政策的研究之一》,《第二届国际唐代学术会议论文集》,台北:文津出版社,1993年,第1159—1214页。

南北郊祀,将南(梁、陈)北(北齐、北周、隋)两大系统的沿革及特色同异述说分明。但是在述及郊丘制度之前,先出示郑、王在天地、郊丘之礼的冲突,指明郑、王之学所宗之要,并说明"梁、陈以降,以迄于隋,议者各宗所师,故郊丘互有变异"的状况,以下才分别记述南、北各朝的郊丘型制、分合、祭祀对象、方式沿革,以及隋朝对郊祀制度的改造整合。

由是可知《隋志》作者非常明了其时南北异同及其渊源。《隋书》除由魏徵主持外,参撰者还有颜师古、孔颖达和许敬宗等,史载《隋书》各志的撰作者均学有专长。郑樵曾评论"《隋志》极有伦类,而本末兼明",甚至"迁、固以来皆不及也"。但认为颜、孔等不明天文地理之序,故只令修纪传,志则付于志宁、李淳风等辈。① 此说看似有理,却值得怀疑。魏、颜、孔的经学背景自不必说,唐长孺先生就指出《儒林传》很可能由孔氏执笔。② 且诸儒都参修《贞观礼》,许敬宗后来更预修《显庆礼》策动礼制改革,《礼仪志》制作非其辈莫属,若说全无参与几无可能。《隋志》的记述或者代表了他们对南北礼制的清理,唐初《贞观礼》的制定正是在此基础上,也几乎是同时进行。

2.《五经正义》《类礼》和义疏的折衷——改撰意向与经学、礼制变迁

以往关于五方帝祭祀或者《开元礼》的讨论很少与贞观初官方的经学制作联系起来,但既然经学中的疑难和不同学说反映在南、北各自的礼典中,那么在隋、唐统一的过程中,这个问题自然就愈来愈不能回避。且如果说隋朝因刻意以北朝为主,尚不能在涉及国家观念的郊天大礼中,吸取南朝礼制的精华;那么唐朝在政权进一步稳定之后,如何公平客观地对待经学上的"不同政见",在相关制度上取得平衡和统一就变得刻不容缓。统一是一切事务的大局和中心,这就是为什么《隋书·礼仪志》的撰作者要将制度的分别、来源讲得如此清晰。因此虽然同书《经籍志》言及北朝学问,有"暨夫太和之后,盛修文教,摺绅硕学,济济盈朝,缝掖巨儒,往往杰出,其雅诰奥义,宋及齐、梁不能尚也"的评价③,但是就唐初见于著录的南北朝经学和礼书文献而言,南朝著作之目却远远超过北朝。这不但可以说明南朝的经学、礼制的研究始终活跃丰富而超过北朝,而且说明统治者对这部分资源的重视。

---

① 郑樵:《通志》卷六五《艺文略三·正史·隋书》,万有文库十通本,北京:中华书局,1987年,第772页。
② 唐长孺:《魏晋南北朝隋唐史三论》第四章《唐代思想的变化》,武汉:武汉大学出版社,1992年,第461页。
③ 《隋书》卷七五《儒林传》,第1706页。

正是由于如此,贞观初统合南北文化,经学理论的统一则是首位的。于此《五经》的考定和《五经正义》的制作最值得注意。《旧唐书·儒林传》说:"太宗又以经籍去圣久远,文字多讹谬,诏前中书侍郎颜师古考定《五经》,颁于天下,命学者习焉。又以儒学多门,章句繁杂,诏国子祭酒孔颖达与诸儒撰定《五经义疏》,凡一百七十卷,名曰《五经正义》,令天下传习。"①可见二位一体,颜师古订正《五经》文字,而孔颖达的任务,则是统一义疏。所采取的办法,就是在存世义疏中选取最好的一种,而以他疏校订补充,如《礼记正义》,就是选取江左皇侃、北朝熊安生二家,"虽体例既别,不可因循,今奉敕删理,仍据皇氏以为本,其有不备,以熊氏补焉。必取文证详悉,义理精审,翦其繁芜,撮其机要"②。于是贞观十四年(640)成书的《正义》遂被作为取则的标准。③特别当永徽四年(659)朝廷诏颁天下并作为明经考试依据后④,《正义》便成为当世官方唯一认定的《五经》义疏。虽然《旧唐书·儒林传》言太宗贞观十四年诏令"梁皇侃、褚仲都,周熊安生、沉重,陈沈文阿、周弘正、张讥,隋何妥、刘炫等,并前代名儒,经术可纪。加以所在学徒,多行其疏,宜加优异,以劝后生。可访其子孙见在者,录名奏闻,当加引擢",但旧义疏衰亡的趋势殆不可免。《四库提要》指出《周易》之学在"王俭、颜延年以后,此扬彼抑,互诘不休,至颖达等奉诏作疏,始专崇王(弼)注,而众说皆废"⑤;《毛诗正义》也说是"至唐贞观十六年,命孔颖达等因郑笺为《正义》,乃论归一定,无复歧途"⑥。可见在《正义》颁布后,其他义疏均已废弃不存,经颜师古考定过的经文版本也和孔疏相配套,这一点通过科举而强化,故南北朝和隋以前的诸家义疏只剩下从孔疏的征引中所见的一鳞半爪。可见这是第一次由朝廷下令和组织,进行学术统一和思想统一的大工程。

　　值得注意的是,在《五经正义》成书稍前的贞观十一年,《贞观礼》已经撰成。孔、颜二人都曾参加《贞观礼》的制作,从史料可见他们在贞观封禅、明堂、籍田、宗庙等郊庙大礼争议中的言论。经书的刊正与礼制修撰既在同时,则两者的撰作恐怕是不可分的。

　　与之相应,《贞观礼》所涉诸多礼制问题,在《正义》中同样有所反映,

---

① 《旧唐书》卷一八九上《儒学上》,第4941—4942页。
② 孔颖达:《礼记正义序》,《十三经注疏》本,第1222—1223页。
③ 按此据《资治通鉴》卷一九五,贞观十四年二月,第6153页。《唐会要》卷七七《贡举下·论经义》记在贞观十二年,第1661页。
④ 《旧唐书》卷四《高宗纪上》,第71页。
⑤ 《四库全书总目》卷一《经部·易类一》,北京:中华书局,1965年,第3页。
⑥ 《四库全书总目》卷一五《经部·诗类一》,第119—120页。

而两者基本观点无疑一致,如郊天理论大多仍依北学及郑玄说。不过因为《正义》在多家义疏基础之上产生,也汇入了中古时代对经文经说的不同认识。清代以来,研究者已注意到《正义》和贾公彦稍后的《周礼疏》在注疏方式上有别[①]。孙诒让指出:"凡疏家通例,皆先释经,次述注。然郑注本极详博,贾氏释经,随文阐义,或与注复,而释注转多疏略;于杜郑三君异义,但有纠驳,略无申证,故书今制,掔核阙如。"[②]就是说,贾疏关于郑注的发挥不多,虽有对不同意见的纠正驳斥,但很少加以引证申论,这样就使疏中缺乏对古今制度的研讨核校。

今天看来,《周礼疏》多数时候只是单纯解说经文和郑注,如释《周礼·典瑞》时,针对"四圭有邸,以祀天旅上帝"的经文和郑注,只客观介绍前郑(司农,众)后郑(玄)说法不同,"司农意与孔、王等,无六天之义也。玄谓祀天,夏正郊天也者",及"凡天有六"的内容含义。[③]而《正义》相比之下,显然更注重阐扬经文和郑注之观点,《月令》孔疏关于迎春祀感帝灵威仰而非人帝的宣告就是典型一例。又如《周礼疏》关于《司服》经文"王之吉服,祀昊天上帝则服大裘而冕,祀五帝亦如之。享先王则衮冕"一条,关注点主要在郑注所云"六服同冕"和"古天子冕服十二章"[④]。然而《正义》却在《月令》季夏之月"以共皇天上帝"和郑注"皇天,北辰耀魄宝,冬至所祭于圜丘也;上帝,大微五帝"之下,申明:"《周礼·司服》云祀昊天上帝大裘而冕,祀五帝亦如之。既别云五帝,故知昊天上帝亦唯一神,此《月令》皇天上帝之下更无别五帝之文,故分为二。"[⑤]以之作为郑玄以六天说释《月令》的有力支持和依据。

《正义》更令人瞩目的是对不同意见和理念的引述,包括南北多家注疏及与郑玄对立的王肃学说。例如在《礼记·祭法》一节,孔颖达先对经文和郑玄注禘、郊、祖、宗之义——"禘谓祭昊天于圜丘也,祭上帝于南郊曰郊,祭五帝五神于明堂曰祖、宗"作出详细解释,并因此指明其郊、丘分

---

① 如清人陈澧注意到贾疏的解经方法(见氏著《东塾读书记》卷八,上海:上海古籍出版社,2012年,第131页);〔日〕蜂屋邦夫:《仪礼士昏疏》(东京:东京大学东洋文化研究所,1986年,第500页)也说其方法在于"论理展开";桥本秀美则认为以皇侃和贾公彦代表的旧义疏学特点在于"思维、推理、经注主义"(乔秀岩:《义疏学衰亡史论》,台北:万卷楼,2013年,第98—99页)。按贾疏与《正义》之比较及贾疏特色,并见李洛旻《贾公彦〈仪礼疏〉研究》第6章、7章,清华大学2016年博士学位论文,第138—195页。
② 孙诒让:《周礼正义略例十二凡》,氏著《周礼正义》,许嘉璐主编《孙诒让全集》,北京:中华书局,2015年,第8页。
③ 郑玄注、贾公彦疏:《周礼注疏》卷二〇《典瑞》,第777页。
④ 郑玄注、贾公彦疏:《周礼注疏》卷二一《司服》,第781页。
⑤ 郑玄注,孔颖达正义:《礼记正义》卷一六《月令》,第1371页。

离的观点。然后即因经典中释"禘"义的不同而引用《圣证论》王肃关于"郊与圜丘是一郊,即圜丘""所郊则圜丘,圜丘则郊,犹王城之内,与京师异名而同处"的质疑和论难,以及马昭、张融申郑之同异①,进一步明确历史上在郊天学说中的分歧。

《礼记·郊特牲》"郊特牲而社稷太牢"章节之初,《正义》亦开宗明义地指出此一节"既以郊祭名篇,先儒说郊,其义有二。案(王肃)《圣证论》以天体无二,郊即圜丘,圜丘即郊。郑氏以为天有六天,丘郊各异。今具载郑义,兼以王氏难郑氏"②。为此先列举《说文》《毛诗》《周礼·司服》《小宗伯》《礼记·礼器》《春秋纬》等证明郑氏的有据,和贾逵、马融、王肃等唯用《家语》证五帝非天,而是太皞、炎帝、黄帝等五人帝的不足。再杂取经文说法对"王肃以郊丘是一,而郑氏以为二"展开辨析,证明郊丘非一。

这样一种做法,势必会有对某些对立观点的辨析批驳,但也要看具体情况。例如在解释下文的"郊之用辛也,周之始郊,日以至"时,即一方面对郑玄认为经文误将鲁礼当作周郊的看法详加叙述;另一方面又因"王肃用董仲舒、刘向之说,以此为周郊"和崔氏(灵恩)、皇氏(侃)用王肃之说与郑玄不同,以及郊丘是否合一的问题,详引《圣证论》中王肃难郑之语与代表郑学的马昭一派的辩驳。引文中王肃不仅否定了郑玄关于郊之时日及鲁礼之说,而且反对郑以《祭法》禘喾为圜丘,认为禘"皆祭宗庙之名,则禘是五年大祭先祖,非圜丘及郊也",结论是"《郊特牲》云周之始郊日以至。《周礼》云冬至祭天于圜丘,知圜丘与郊是一也"。对此孔颖达未加指正,反而解释说:"《孔子家语》云定公问孔子郊祀之事,孔子对之,与此《郊特牲》文同,皆以为天子郊祭之事如《圣证论》之言,王肃所据经传分明,郑必别为其说者。"刘子玄(知幾)说:"王肃著书,发扬郑短,凡有小失,皆在《圣证》。"③但《正义》不仅毫无避忌地引用,而且并没有轻易地偏袒郑玄,其文结论是"但郊丘大事王、郑不同,故略陈二家所据而言之也"④,意为仅是客观陈述。于是乎南北注疏中的理解差异,以及汉晋南北朝以来郊丘、天帝的矛盾对立被悉数揭发,但其书亦因此遭致批评。史载马嘉运即"以颖达所撰《正义》颇多繁杂,每掎摭之"⑤。所谓"繁杂",当就指这种广陈杂采却不谨守一家的做法。

---

① 郑玄注,孔颖达正义:《礼记正义》卷四六《祭法》,《十三经注疏》本,第1587—1588页。
② 郑玄注,孔颖达正义:《礼记正义》卷二五,第1442—1443页。
③ 王溥:《唐会要》卷七七《论经义》,第1664页。
④ 郑玄注,孔颖达正义:《礼记正义》卷二六《郊特牲》,第1452—1453页。
⑤ 《旧唐书》卷七三《孔颖达传附》,第2603—2604页。

或认为,孔氏《正义》大量吸收、拣选观点各异的诸家学说,与贾疏的深入解读、详尽阐释恰体现了《隋书·儒林传》所说"南人约简,得其英华;北学深芜,穷其枝叶"的不同风格。①清人皮锡瑞即将隋唐列在南北朝"经学分立时代"后的"经学统一时代",认为"经学统一之后,有南学,无北学"。由于《正义》取材,《周易》取王弼注,《尚书》取伪孔安国传,《左传》取杜预集解,"是伪孔、王、杜之盛行,郑(玄)、服(虔)之浸微,皆在隋时,故天下统一以后,经学亦统一,而北学从此绝矣"②。唐长孺先生也引皮锡瑞所言,指出孔颖达注皆"舍北从南"③。由于《正义》内《尚书》《诗》《左传》等三疏,均是以刘焯、刘炫二家为本,二刘本乃北学传人,但《隋书·儒林传》言其"拔萃出类,学通南北,博极古今"④,故多被认为兼有南学特色。皮氏即据孔颖达《尚书正义序》批评"焯乃组织经文,穿凿孔穴……使教者烦而多惑,学者劳而少功……炫嫌焯之烦杂,就而删焉……义既太略,辞又过华。虽为文笔之善,乃非开奖之路",认为"是二刘以北人而染南习,变朴实说经之体,蹈华腴害骨之讥,改为风气转移,不得不俯从时尚也"。

皮氏所言固是,但亦有疑问。即二刘虽或染南习,毕竟是熊安生门人。⑤他们"同受《诗》于同郡刘轨思,受《左传》于广平郭懋当,问《礼》于阜城熊安生"⑥。三人都不是南学传人。刘焯"组织经文,穿凿孔穴",又焉知不是"北学深芜"的遗风?他们的根底至少还是北学。孔颖达批评之下,实际对二刘也颇多欣赏。其《尚书正义序》提出"惟刘焯、刘炫,最为详雅"⑦。"详雅"正是北学深厚所致。《毛诗正义序》谓"然焯、炫并聪颖特达,文而又儒……于其所作疏内,特为殊绝。今奉敕删定,故据以为本。"⑧《左传》义疏虽有南学的沈文阿、苏宽等多家,然"刘炫于数君之内,实为翘楚","今奉敕删定,据以为本,其有疏漏,以沈氏补焉"。⑨由是可见,孔颖达在经疏的选用上,还是充分重视了北人北学,或者说是挑选了有北学根底

---

① 语出《隋书》卷七五《儒林传》,第1706页,并参李洛旻《贾公彦〈仪礼疏〉研究》,第203页。
② 皮锡瑞:《经学历史》,北京:中华书局,2004年,第137—138页,下引皮氏言同。
③ 唐长孺:《魏晋南北朝隋唐史三论》第四章,第460页。
④ 《隋书》卷七五《儒林传》,第1707页。
⑤ 《周书》卷四五《熊安生传》,北京:中华书局,1971年,第814页。
⑥ 《隋书》卷七五《儒林·刘焯传》,第1718—1719页。
⑦ 孔颖达《尚书正义序》,《十三经注疏》本,第110页。
⑧ 孔颖达《毛诗正义序》,《十三经注疏》本,第261页。
⑨ 孔颖达《春秋正义序》,《十三经注疏》本,第1698—1699页。

而能够兼融南学色彩的人,并不是一味注重南学。[1]

因此不妨说,孔颖达《正义》从制作到内容,很大程度上已打破了门户之见,而采取了兼收并蓄、实事求是的立场,虽然这一点在当时不免受到攻击。唐初学术走向自是延续北朝的惯性思维,但在国土统一、政治统一的基础上,对南北的思想文化交流显然有更开放的态度。何况南方衣冠礼乐兴盛于北方乃是事实,所以孔颖达奉敕撰疏,应当并非仅仅是个人好恶,而是代表朝廷混一南北的立场,与国家统治皇权支配不断强化的趋势,他的态度也可以视为唐朝整体学术文化的信号。尽管唐人似乎还没有表现出十分的主动和自觉,但《正义》正是试图通过对不同学说的客观分析来建立经学的观念和标准,以为当世取则。此即苏冕所谓"我唐始基,刊定礼乐,去亡隋之繁杂,备前古之雅正。作万代法,成四海仪,光阐皇猷,永固帝业"[2]。为此,孔疏虽然在郊天大礼等问题上表达了坚执汉晋以来郑学传统的立场,但毕竟展示了不同论说和争议的平台。不可否认的是,孔疏实际上已将历史上经学的疑难和分歧问题尽数祭出,特别是前人对郑学的质疑和纠结所在,这无疑成为后来改经的契点。所以客观地说,贞观以后诸多经学与礼制的争议大都可以从《五经正义》中寻其渊源,甚至所引用的数据、观点竟不出孔疏范围,由此可以知道《正义》给予后人怎样的启发!

但也有一种看法认为,《五经正义》在礼制上遵从郑玄之说,所以代表遵循传统的立场。这与礼制上主张革新的颜师古、魏徵等是对立的。魏徵贞观十四年作《类礼》(也称《次礼记》),史家认为是"改撰"《礼记》的开始。同年他与颜师古等改革服制,显然也等于直接的改经,所以所作所为总体是对《五经正义》的否定,代表了不同的立场。[3] 笔者认为,这一观点固然不错,但是不应过分强调两者的对立。因为《五经正义》体现贞观初朝廷意向。而如果从反映不同学术观点,启迪后来的礼制改革角度看,也可以认为是唐朝经学折衷或者改革的开始,是礼制折衷的来源。所以说经学是礼制的先导,而礼制是经学的实践,这就是为什么后来在《开元礼》中

---

[1] 乔秀岩《义疏学衰亡史论》认为,二刘上三疏与皇侃《论语疏》、贾公彦《周礼》《仪礼疏》学术方法及态度全然不同,而与《礼记正义》有同有异,并考证其学术与旧学不同之特点是"现实、合理",且"读书精敏,于古书语例颇多心得"。他又指出二刘引书不仅广博,且为精审,论说常以各类事实为证。由于打破旧义疏学传统,致旧义疏学不得不衰亡。所以《五经正义》之学术特点原出二刘,只是二刘往往随意攻驳先儒,孔颖达却态度审慎,不一味排斥旧说。见《义疏学衰亡史论》第二章、第三章,台北:万卷楼,2013年,第31－128页。说见第56－57、71、75、99、126－128页。
[2] 王溥:《唐会要》卷三七《五礼篇目》,第781－782页。
[3] 岛一:《贞观年间の礼の修定と『礼记正义』》(上)(下),分见《学林》第26号,京都:立命馆大学文学部,1997年,第27－48页;《立命馆文学》549,1997年,第665－698页。

涉及的争论和问题几乎无一不自孔疏发端的原因。

当然，这一切都是从追求文化和思想统一开始的。制礼作乐如《中庸》所言需要国家统一作为前提，而大一统局面之下，制礼作乐的目标也是实现思想的统一。从这个角度而言皮锡瑞将隋唐归为"经学统一时代"是完全正确的，只是他认为《五经正义》后有南学无北学的看法却未免失之偏颇。因为如果说此后没有北学，那么实际上也无纯粹的南学，以上的郊天说即可证明。《五经正义》的制作源于唐太宗要求整理繁芜的经疏，出自要将经学认识加以统一的目的。孔颖达综合各家注疏，并企图修正错误，加以刊正总结，正是遵从此一要求，而其作品行于世，也果真实现了最初的目的。但事物总是有相反的一面。由于长期以来，相关经学的认识实在是五花八门，既难判断是非，对立观念也不容易消除，故为求得统一，反而使需要解决的矛盾和问题被突出了。这些矛盾反映在当朝礼制的制定中，或者说与礼制交织在一起，就形成《贞观》《显庆》和《开元礼》，从继承、否定郑学传统到最终取得折衷的曲折历程。

不过《五经正义》毕竟是以继承前代经学为取向为主体，所以它对郑玄注和旧义疏的辨析都比较公允，对于不同意见也仅限客观陈述，而很少有直接的修正或批判（这一点，与仅改隋礼29条的《贞观礼》也是一致的）。在此之后，涉及"折衷"说以及对经文注疏的"改撰"恐怕还要提到魏徵的《类礼》（也名《次礼记》）和元行冲的《类礼义疏》。关于《类礼》一书，史料记载甚简。《旧唐书·魏徵传》只说：

> 征以戴圣《礼记》编次不伦（《新唐书·魏徵传》作"综汇不伦"），遂为《类礼》二十卷，以类相从，削其重复，采先儒训注，择善从之，研精覃思，数年而毕。太宗览而善之，赐物一千段，录数本以赐太子及诸王，仍藏之秘府。[1]

意思是魏徵不过按分别事类的方法编辑原文，并且对先儒的训注"择善而从"，并无多少观点变化。但高宗时王方庆作《魏郑公谏录》，却称其书"乃依圣所记，更事编录，以类相从，别为篇第，并更注解，文义粲然。遂得先圣微言，因兹重阐，后之学者，多有弘益"[2]。其中"并更注解"和"重阐"二字说明，魏徵不但对注释有所更正，更将自己的见解添加进去而重加阐发，这

---

[1] 《旧唐书》卷七一《魏徵传》，第2559页。并参《新唐书》卷九七《魏徵传》，第3881页。
[2] 王方庆撰：《魏郑公谏录》卷五《上类戴氏礼》，文渊阁《四库全书》本，第446册，上海：上海古籍出版社，1987年，第202页。

就比《五经正义》的实质性改动更大了。所以这之后，改正经书经注性质的著作便被打开了门径，如武则天时四门博士王元感就有《尚书纠谬》《春秋振滞》《礼记绳愆》等书，诏书说他"掎前达之失，究先圣之旨"①，结合书名，可知也是针对诸经旧注疏的发挥和批判，而且很可能从否定、批驳注疏发展到疑经改经。

更进一步的发展是至开元中，在玄宗的支持下，又有了元行冲的《类礼义疏》：

> 初，有左卫率府长史魏光乘奏请行用魏徵所注《类礼》，上遽令行冲集学者撰义疏，将立学官。行冲于是引国子博士范行恭、四门助教施敬本检讨刊削，勒成五十卷，十四年八月奏上之。尚书左丞相张说驳奏曰："今之《礼记》，是前汉戴德、戴圣所编录，历代传习，已向千年，著为经教，不可刊削。至魏孙炎始改旧本，以类相比，有同抄书，先儒所非，竟不行用。贞观中，魏徵因孙炎所修，更加整比，兼为之注，先朝虽厚加赏锡，其书竟亦不行。今行冲等解徵所注，勒成一家，然与先儒第乖，章句隔绝，若欲行用，窃恐未可。"上然其奏，于是赐行冲等绢二百匹，留其书贮于内府，竟不得立于学官。②

此义疏专为魏徵的新注作疏，本欲立于学官，但因张说反对未果。可知其作明显是与原来的章句之学解经之义大唱反调，而发展了魏书的批判意义。据说元行冲"患诸儒排己"，退而著《释疑》一文以自释，也称其书在《类礼》基础上"甄分旧义。其有注移往说，理变新文，务加搜穷，积稔方毕"，即意在打破旧注，不惜将变更旧说的义理新文搜罗穷尽。只是因"章句之士，坚持昔言，特嫌知新悆，欲仍旧贯，沉疑多月，摈压不申"，才与魏书一起遭到排斥而未能颁行，可见当时阻力之大。而据《释疑》中特别提到"又王肃改郑六十八条，张融核之，将定臧否。融称玄注泉（渊）深广博，两汉四百余年，未有伟于玄者。然二郊之祭，殊天之祀，此玄误也。其如皇天祖所自出之帝，亦玄虑之失也"，即通过张融之说，一方面肯定郑玄，一方面又对郑玄二郊（圜丘、南郊）六天和感帝的理论加以批评，明指郑玄失误。这应当代表了元行冲自己的态度。虽然其书今已不存，但完全有理由怀疑，在"折衷"的思想意图之下，元行冲的义疏甚至魏徵的《类礼》中，已经

---

① 《旧唐书》卷一八九下《儒学下·王玄感传》，第4963页。
② 《旧唐书》卷一〇二《元行冲传》，第4178页；下引文并见同传，第4179、4181页。

采用了王肃等相关郊天学说,只不过元行冲的引书或更全面,对郑玄的批评也更加鲜明和直接。

因此,我们可以认为是在《开元礼》的撰作之前,包括郊天理论在内的经学讨论早已开展。值得注意的是,不但张说反对其书的说辞与《开元礼》同出一辙,且其书奏上也和《开元礼》开始制作几乎同时,可见二书的理念一致,即都有从"折衷"走向"改撰"经说的意向和追求,两者也可以说是相互结合的。

从这一意向出发,高宗以降的礼制的改革和争议,乃至《开元礼》的折衷,固然均可以看作是贞观以降改经改礼的继续和延伸。开元时代帝位稳固,统一、强盛的局面超过贞观,而思想也更加活跃。与之相合,此期不仅有元行冲的《类礼义疏》,更相继开展了对其他经文注疏乃至经文自身的"改撰",玄宗有"御刊定《礼记月令》"及亲撰《孝经注》、亲注《金刚经》和《老子道德经》并修义疏八卷,此外又有裴光庭等大臣秉承帝旨撰作《续春秋》经传、李林甫等《月令》注、元行冲《孝经》疏[①],以致开、天中改撰或重撰注疏乃至疑经改经逐渐形成风气,更启迪了日后的礼制改革。限于篇幅,笔者不拟再在这里作逐一讨论。但是,随着经学风气的变化及"改撰"的深入,礼制改革的尺度也在不断扩大,已是不争之事实。

总之,经学和礼制从来是两条线,但经学变革永远走在礼制之先,并且其变化也与当朝礼制彼此交融在一起。在修正经学、总结天神观的同时,就是当朝礼制对其认识和实践的过程。所以在礼制发生改变的同时,也意味着经学的异论、异念早已存在和产生,这些异论、异念是导致经学最终发生变化的成因。诚如以往学者所论,这种改变是有社会基础的,即如强调天的唯一性其实是相对于皇权的超越性,是以强化皇帝权力为目标的,这一政治的、社会的发展方向左右了经学和礼制的前景。不过相关经学本身,却表现为对传统理论的批判和改造,也可视作一种维新。

其实经学作为古代治国的基本思想和理念一直在随着时代而变,这方面汉晋南北朝相对上古已有诸多创造,郑、王之学及相关注疏就更新了彼时对经文内涵的认识,而唐朝以降则是通过对前者的批判和改撰树立了新的时代观念和标准。可以说从《五经正义》到后来的《开元礼》都在做着同一件事,所有的一切都通过"折衷"来完成。折衷从经学、礼制而言都是对古今、新旧和南北观念的统一,是对作为中庸理想境界的一种追求。只

---

① 参见《新唐书》卷五七《艺文志一》,第1434页;王溥:《唐会要》卷三六《修撰》,第767页;王钦若等:《册府元龟》卷五三《帝王部·尚黄老一》,第592页;《旧唐书》卷八四《裴光庭传》,《旧唐书》卷一〇二《元行冲传》,第2807、3178页。

是时代不一,折衷、维新程度有不一,每一具体礼制的处理也有差距。两者的关系呈现出这样的一种特点,即一方面通过经学概念的修正与统一解决时代的总体定位,保持与传统的联系;一方面通过当代礼制具体内容的改革建立现实操作的标尺,两者互为因果而密不可分。作为主导的经学理论的改革、改撰也在这一过程中发生,这便是中国古代社会统治思想形成的基本路径,也是中国社会终极追求与当代制度结合的一贯思维。

但在一定时限内,所谓折衷无论是对于礼制还是经学的改革而言都是不彻底的,折衷实际上只是对新意识、新观念的一种平衡和认可。《开元礼》虽然否定了郑玄,实现了冬至、祈谷、大雩、明堂同祀昊天,并且原来的南郊祭祀改为圜丘,但仅就此数祀而言,郊丘合一、天地合一,也并没有就此完全实现。不仅上述五方帝的独祀是以郊为名,腊日祀百神是于南郊而非圜丘,地祇和神州的祭祀也分在方丘和北郊,这说明从礼到经的改革还没有完成。唐朝一直到天宝元年(742),才因诏令"合祭天地于南郊。自后有事圜丘,皆天地合祭"进一步统一天地、郊丘概念[1],而改经之路,也自此方走上新的历程。所以,"折衷"是长期的改革过程,如欲观察中古时代的思想如何在传承的同时破旧立新,还须放眼经学和礼制的发展轨迹,方能找到线索,取得贯通性的理解。

---

[1] 马端临:《文献通考》卷七〇《郊社三·郊》,第635页。

唐五代的葬事礼俗
——以宋代笔记为核心的考察

张剑光

每个人都无法摆脱生命的自然规律,都会迎来生命的终点直至死亡。《论语·为政》中孔子说:"生,事之以礼;死,葬之以礼,祭之以礼。"一个人死了,他的人生走完了全程,活着的时候要讲究礼仪,死后落葬和祭祀要符合礼法。人的生命的最后归宿就是入土为安,所以古代对葬礼看得很重,对墓地都要精心挑选和建造。因为尊礼重孝,子孙后代对祖先的葬礼小心谨慎地按照古代礼节的规定去做。按礼仪下葬祖先成了一种伦理的要求,是尽孝心的体现。唐五代的葬礼,继续了魏晋南北朝以来的传统,在社会不出现大动乱的情况下,基本上是依古礼而行的。

在目前存世的宋代笔记中[①],有相当部分或多或少记录到了唐五代的葬事礼俗,这些史料有其独特的一面,是研究唐五代历史的重要参考资料。深入、详细地对这些资料进行整理研究,对唐五代礼制研究是十分有益的,既可以拓展唐五代礼制研究的资料范围,又可以深入进行社会文化习俗的探讨,从而细致地了解唐五代人们生活的文化面貌,应该引起学术界的足够重视。

一、墓地的选择

人死了以后,家人要举办丧事。在这过程中,大多数人信奉的是入土为安,因而家人就会考虑替死者选择一块上好的墓地,以作为他的终身归

[①] 本文引用的宋代笔记,主要收录在由傅璇琮、朱易安、戴建国主编的《全宋笔记》前六编中,郑州:大象出版社分别于 2003 年出版第一编,2006 年出版第二编,2008 年出版第三编,2010 年出版第四编,2012 年出版第五编,2013 年出版第六编。本文后引资料出自《全宋笔记》者,只注明编数,不再另外标明出版年份。

依之所。

墓地是人死后的归宿。宋人云:"天下之言葬者,皆宗郭璞,所谓《青囊书》是也。"意谓郭璞有了挑选墓地的一套理论,从此人们就看重墓地风水了。又云:"今之俗师必曰:某山某水,可以求福,可以避祸。其说甚严,以为百事纤悉莫不由此。"①虽然这是宋代的事情,但事实上唐代亦是差不多,人们把祖先的坟墓与后代的祸福扯到了一块儿,认为两者之间有必然的联系。唐代"有宅墓之书,世人多尚其事",虽然有人不相信,但有很多事实例子,让人不得不信。比如唐初杜正伦,与京兆杜氏不是同一支,常被他们看不起,心中一直记恨着。后来杜正伦仕途上发达了,"因事堑断杜陵山脉,由是诸杜数代不振",京兆杜氏的前途因为祖坟脉络被断,从此一蹶不振。再如中唐鲜于仲通兄弟,阆州新井县人,后来做了高官。"望气者以其祖先坟上有异气,降敕堑断之",从此家族里就出不了大官。如裔孙鲜于岳,"历官终于普州安岳县令,不免风尘"。同样是阆州人唐峰,早年只是个小商贩,但一个术士指着他的祖坟说:"此坟茔子孙合至公相。"结果前蜀建立,"峰亦典郡,其二子道袭官,皆至节将"②。这些例子都可以显示,当时的社会将坟墓与后代子孙的发展紧密地联系在一起,所以十分看重坟墓的挑选。

唐代人重视祖坟墓地的位置,不是随便想选哪里都行的,要经过严格的占卜。温大雅改葬祖父时,卜筮说:"葬于此地,害兄而福弟。"如果按挑选的这个好地方,那末对兄长是不利的,但对弟弟会带来幸福。温大雅说:"若得家弟永康,我将含笑入地。"葬后一年多,温大雅死了,而其弟温彦博"官至端揆,年六十四;大有为中书侍郎"③。时人相信,祖宗坟墓的风水对后辈影响极大。元稹得暴疾死后,"卜葬之夕,为火所焚,以煨烬之余瘗之也"④。元稹虽然可能是被火化的,但亦要经过卜葬仪式,以选择埋葬地点。南唐保大年间,以尚书郎致仕的沈彬闲居在江西高安,一天他和家人一起来到郊外,在平地间种了一棵树,告诉诸子:"异日葬吾此地,违之者非人子也。"他为自己挑选了墓地。几年后,沈彬死,他的几个儿子打算在种树的地方挖个坟墓,但有一位术士对他们谈风水吉凶,认为应该在"近树北数尺之地卜葬,家人诺之"。当晚诸子梦中都被沈彬责骂一通,说他们不听他的话擅移葬地。于是第二天家人不管术士,按以前沈彬所说的,"伐树

---

① 孔平仲:《珩璜新论》卷二,第二编第五册,第252页。
② 孙光宪:《北梦琐言》卷一二"堑杜氏山岗",第一编第一册,第149页。
③ 孔平仲:《续世说》卷一"德行",第二编第五册,第7页。
④ 钱易:《南部新书》卷庚,第一编第四册,第83页。

183

掘土,深丈余,得一石椁,工用精妙","乃举棺就椁而葬之,广狭之间皆中其度"①。这事虽说得有点玄妙,但坟墓的选择是有讲究的,要有专人定位置。即使一般的普通百姓,亦要卜葬:"乡人卜葬,皆以即日求地开茔故也。"老百姓卜葬,可能比较简单,当天看好地方,马上开挖下葬。前蜀王建还没发迹时葬其父,"发地数尺而瘞"。没想到棺材跳了出来,当时有人说:"此天子之地,汝小民何容卜葬!"②意谓这里是天子葬的地方,你们普通人怎能卜葬到这个地方啊。棺材跳出来是假,主要是为了说明王建葬父亲是葬到了天子之地,为他后来当蜀国皇帝张本。再如庐陵人彭氏葬父亲,请了术士占卜葬地,说:"葬此当世为藩牧郡守。"接着开始挖圹,术士说:"深无过九尺。"③结合上条深数尺和这条深九尺来看,当时的墓穴一般为数尺深,并不是越深越好。

坟墓大多是选择地势较高的地方。如宋初王洙说:"昔有一士人,病其家数世未葬,亟出钱买地一方,稍近爽垲者。"④这里所指的是唐末五代时期的情况,这位士人挑选墓地的标准是"稍近爽垲",意谓路不要太远,地势干燥高一点的地方。《江南野史》卷六记载南唐沈彬"近居阜上,有一大树可数拱",他看中了这个位置后就对家人说:"吾死可葬于是。"⑤可知当时一般的观点坟地是要选高阜之地。

坟墓的规模,因人而异。帝王的陵墓自有独特的规定,但一般人都是按等级享用着不同规模的坟墓。《南部新书》卷丙写道:"旧令:一品,坟高一丈八尺。惟郭子仪薨,特加十尺。"⑥说明官员的坟墓按等级是分成不同的规模大小。唐初李密死后,徐世勣"表请收藏其尸,乃具威仪,以君礼葬于黎阳山西南五里,坟高七仞"。李密是按君礼下葬的,所以墓在黎阳山西南,坟高七仞,规模较为庞大。北宋政和年间,因为开导黄河,李密的墓要迁走,"有司以闻,诏以礼改葬之"。开河者将其墓打开,"多取去金玉"⑦,说明墓里陪葬品很多,金玉宝贝是按礼制要求放入的。

一些官员的坟墓规模较大,墓室较深,地面上到墓室要建往斜向的甬道。苏禹珪薨,侍御史何登说:"漆宫永闷,沙府告成。"为什么这样说呢,

---

① 郑文宝:《南唐近事》卷一,第一编第二册,第212页。
② 佚名:《五国故事》卷上,第一编第三册,第242页。
③ 徐铉:《稽神录》补遗"庐陵彭氏",第123页。
④ 王钦若:《王氏谈录》之"论阴阳拘忌",第三编第三册,第7页。
⑤ 龙衮:《江南野史》卷六"沈彬",第一编第三册,第197页。
⑥ 钱易:《南部新书》卷丙,第一编第四册,第28页。
⑦ 蔡绦:《铁围山丛谈》卷四,第三编第九册,第214页。

主要是"自隧道至窆棺之穴,皆铺沙,以防阴雨泥滑"①,所以称其为沙府。但这种是大墓,一般人的墓不过是开挖一个深圹,不可能建甬道的。

坟墓一般都是封土的。后蜀明德二年六月,江原县民张元母死,于是"负土成坟"。当时据说"有白兔驯绕其庐,群鸟衔土置于坟上"②,这当然是吹吹牛的,但可以看到老百姓的坟墓都是封土成一坟堆的。封土的形状,当时一般有两种。《清异录》卷下云:"堡处土封,谓之'魂楼',凡两品,一如平顶炊饼,一如倒合水桶,上作铜锣形,亦有更用一重砖甃者,或刻镇物象,名'墓衣'。"③即一种是梯形的封土,上部是平顶的;一是覆钵形的,有的上部还用砖砌的,有的立着石刻像。

坟墓上要种树。如有人种植了荆棘,宋人谈到:"唐魏郑公、狄梁公、张燕公墓棘直而不歧,世以为异。"④意谓他们几位的墓上种的荆刺长得比较挺直,而一般的荆棘是丛生多刺,杂乱无章的。但亦有些坟上种植死者喜欢的树木。南唐锺辐妻子死后,"不植他木,惟海棠数枝,方叶凋萼谢"⑤。再如深州博野县女子李氏为父亲庐墓三十七年,"其坟上先无树木,李氏手自栽植杂树一千根,并高数尺"⑥。李氏亲手所植树是"杂树",显然树种并无一定的要求。郑畋对晚年的西门思恭十分恭敬,"有如父焉"。思恭死,"畋葬于凤翔西冈,松柏皆手植之"⑦。郑畋为了报恩,因而墓上自己亲手种树,以表达孝思,所种树为松树和柏树。显然,亲手种树是孝子孝女表达自己情感的一种方式。

二、出殡下葬的礼俗

将棺材从家里运到墓地下葬叫出殡、出丧、发引。苏颋下葬日,唐玄宗恰好在游咸宜宫,"将出猎,闻颋丧出",怆然曰:"苏颋今日葬,吾宁忍娱游?"于是"中路还宫"⑧。从这条资料来看,高官出丧是很隆重的,连皇帝都难过到想避让三分。亲朋好友一路扶送到葬地,叫送葬。唐德宗贞元

---

① 陶谷:《清异录》卷下《丧葬门》"漆宫沙府",第一编第二册,第112页。
② 张唐英:《蜀梼杌》卷下,第一编第八册,第53页。
③ 陶谷:《清异录》卷下《丧葬门》"魂楼墓衣",第一编第二册,第111页。
④ 陈师道:《后山谈丛》卷二,第二编第六册,第85页。
⑤ 文莹:《湘山野录》卷中,第一编第六册,第39页。
⑥ 钱易:《南部新书》卷癸,第一编第四册,第121页。
⑦ 孙光宪:《北梦琐言》卷一三"郑文公报恩",第一编第一册,第152页。
⑧ 孔平仲:《续世说》卷五"赏誉",第二编第五册,第84页。

十二年，宰相卢迈丧弟，"请出城临。近年宰相多拘守，而迈有此行，时人美之"①。因为是宰相，不能自由参加亲人的葬礼，而卢迈特地出城送其弟下葬，是要有战胜社会习俗的勇气。南唐一营妓死后，尽管是火化，但仍有送葬仪式。江淮间名娼徐月英和宠爱这位营妓的南唐徐氏公子一起送葬。②晋王景遂，是南唐先主李昪的第三子。吴让皇死于丹阳，先主派景遂前去送葬，"望柩哀恸雨泪，观者为之出涕"③。前蜀为后唐灭，王衍在押解洛阳途中被杀，嘉王宗寿到洛阳，"表请以公礼葬衍"。后唐庄宗于是追封王衍为顺正公，"出葬之日，宗寿步从之"④。谓送葬的人是和棺材一起步行出城到墓地。

出殡是葬礼中比较奢侈花钱最厉害的一个环节。唐玄宗时，"送葬者或当冲设祭，张施帏幕，有假花、假果、粉人、粉帐之属。然大不过方丈，室高不逾数尺，识者犹或非之"。在丧车要经过的路中央，人们搭棚张幕，里面放上假花假果假人等。安史之乱后，"此风大扇，祭盘帐幕，高至九十尺，用床三四百张，雕镂饰画，穷极技巧，馔具牲牢，复居其外"。幕越搭越高大，十分华丽，而要供的祭品，已经放到帐篷的外面了。其时，一些官员的出殡更是开了极欲奢华风气之先。如代宗大历年间，太原节度辛云京葬日，诸道节度使都派人修祭。其中范阳节度使的祭盘最为高大，祭盘"刻木为尉迟鄂公与突厥斗将之戏，机关动作，不异于生"。祭讫，灵车欲过去了，使者请求说："对数未尽。"于是灵车停下来，使者"设项羽与汉祖会鸿门之象，良久乃毕"。亦就是说，祭盘上的内容等于是演了两场戏，而送葬的队伍悲痛之情堆在脸上，不得不停下来，"缞绖者皆手擘布幕，辍哭观戏"。使者是来送葬修祭的，辛云京的儿子不能怠慢了人家，于是传语与使人："祭盘大好，赏马两匹。"修祭之人和丧家都是大手笔。再如滑州令狐节度使母亡，四方节度使过境致祭，"昭义节度初于淇门载船桅以充幕柱，至时嫌短，特于卫州大河船上取长桅代之"。之后昭义节度薛嵩薨，灵柩要归葬绛州，"诸方并管内县涂阳城南设祭，每半里一祭，至漳河二十余里，连延相次。大者费千余贯，小者三四百贯，互相窥觎，竞为新奇。柩车暂过，皆为弃物矣。盖自开辟至今，奠祭鬼神，未有如斯之盛者"⑤。各级地方政府纷纷致祭，向薛嵩表达哀悼，所以一路上全在祭祀，还要送上几百上千贯的

---

① 钱易：《南部新书》卷乙，第一编第四册，第17页。
② 孙光宪：《北梦琐言》卷九"鱼玄机"，第一编第一册，第112页。
③ 文莹：《玉壶清话》卷一〇，第一编第六册，第180页。
④ 佚名：《五国故事》卷上，第一编第三册，第244页。
⑤ 王谠：《唐语林》卷八"补遗"，第三编第二册，第279页。

钱表示礼节。当然，这种出殡路上的修祭，只是政府和有钱人才会这样，普通人出殡距离是不会这么远，亦不可能有这么多有钱人来献物献钱的，是不会有这么大排场的。

送葬时间一般是在下午。房光庭"尝送亲故葬，出定鼎门，际晚且饥，会鬻蒸饼者，与同行数人食之"①。送到城外，棺材下葬，回来时已是傍晚，所以大家才会饥饿而买蒸饼。送葬的时候要使用纸钱。后周显德六年，世宗柴荣出殡，"发引之日，百司设祭于道"，各个部门都要在路上祭祀。其时翰林院"楮泉大若盏口，余令雕印字文文之，黄曰'泉台上宝'，白曰'冥游亚宝'"②。翰林院自己制作的纸钱大如碗口，上面还印着文字，有黄白两种。就是不知这种纸钱是撒向空中的还是直接用火焚烧的。

人死了要多长时间才能下葬？《稽神录》卷4谈到天成二年，浙西有典客吏赵某妻死，"未及旬，将葬，忽大叫而活"③。这里说赵某妻从死到葬，不到十天。但从实际史料来看，并无一定。比如宣宗大中年间，徐泗节度下的定远县百姓周裕，"闰七月十二日身死，至二十五日埋葬讫"④，前后有十三天。由于这是在皇帝的敕文中提到的，因而从死到下葬的时间是比较可信的。不过人们一般认为，祖先死了要及时下葬。但唐末五代一些人死了却得不到及时下葬，主要是他们家里人认为祖先的遗骸能保佑自己的发家致富。宋初王洙说："昔有一士人，病其家数世未葬，亟出钱买地一方，稍近爽垲者。自祖考及缌麻小功之亲，悉以昭穆之次葬之，都无岁月日时阴阳忌讳与茔穴之法。人且讥其易而谓祸福未可知。岁中辄迁官秩，后其家益盛。以此观之，真达者也。今之人稽留葬礼，动且逾纪，邀求不信之福于祖先遗骸，真罪人也。"⑤这种过了一年而不葬祖先的，唐末五代宋初之际越来越流行。但更多的人长期不将其祖先下葬，主要原因是家里没钱。郭元振在太学时，家里送来钱四十万，碰到有一位衣着"缞服者叩门，自言五世未葬，愿假以治丧"。元振虽然不认识这人，亦没有问其姓名，想想人家连祖先都无法下葬，十分可怜，就没多考虑将钱全部给了他。⑥

城市里的人死了后，一般是就近葬在城郊。如广陵人张嘉猷，"唐宝应初为明州司马，遇疾卒。载丧还家，葬于广陵南郭门外。永泰初，其故人

---

① 钱易：《南部新书》卷庚，第一编第四册，第74页。
② 陶谷：《清异录》卷下《丧葬门》"泉台上宝冥游亚宝"，第一编第二册，第111页。
③ 徐铉：《稽神录》卷四"赵某妻"，北京：中华书局，1996年，第60页。
④ 钱易：《南部新书》卷癸，第一编第四册，第119页。
⑤ 王钦若：《王氏谈录》之"论阴阳拘忌"，第三编第三册，第7页。
⑥ 朱翌：《猗觉寮杂记》卷下，第三编第九册，第64页。

有劳氏者,行至郭南,坐浮图下,忽见猷白马自南来"①。在明州任职的张嘉猷死后,葬回到广陵的南郭门外。长洲县丞陆某女儿死后,"权殡长洲县"。"有陆某者,曾省其姑。姑家与女殡相近。经殡宫过,有小婢随后……云:'……今临顿李十八求婚,吾是室女,义难自嫁,可与白大人,若许为婚,当传语至此。'其人尚留殡宫中,少时,当州坊正从殡宫边过,见有衣带出外,视之,见妇人,以白丞,丞自往……"②陆县丞女死后的临时葬地离州城不远,坊正否则不会经过这里,临顿里的李十八亦不会向她求冥婚。颜真卿在大梁被李希烈杀害,"瘗于城南"③。扬州、苏州等城内人死了,一般葬于城市之南比较多见。南唐保大年间,"广陵理城隍,因及古冢",发现了石头的墓志一方,上有诗云:"日为箭兮月为弓,四时射人兮无穷。但得天将明月化,不觉人随流水空。山川秀兮碧穹窿,崇夫人墓兮直其中。猿啼鸟啸烟蒙蒙,千年万年松柏风。"时人猜测诗可能是李白写的,④这种判断倒不一定是对的,但可以看到唐代中期人死后墓就埋在广陵城墙外不远处。南唐升元二年,"城海陵县为郡,侵人冢墓",即海陵县升为郡,城市要扩大,就碰到了人家的坟墓,许多人就要改葬祖宗。市侩夏氏祖先的墓在城西,已有一百多年了,只能开挖重葬。⑤说明城里人一般是葬在离城不远的地方。

唐代人十分重视死者的安葬,因为墓葬涉及到一个家族的风水,涉及到子孙后代的幸福。能让前人安静地躺在风景秀丽的墓地中,这是子孙们不断思考的重要问题。反过来说,要想惩罚一个人,弄臭一个人,亦往往从他的墓地和尸骨上想法子。安史之乱后,唐肃宗"欲救诸将克长安日,发李林甫墓,焚骨扬灰"。因为早年李林甫为相时,"自以始谋不佐皇太子,虑为后患,故屡起大狱以危之,赖太子重慎无过,流言不入"⑥。唐肃宗想到当年李林甫差一点要害死他,所以要挖开其墓,想焚骨扬灰,这应该是对死者最大的羞辱了。李泌对肃宗说:"陛下方定天下,奈何仇死者。彼枯骨何知?徒示圣德之不宏尔。"⑦对死者虽然恨,但焚骨扬灰并没有大意思,这样反

---

① 李昉等:《太平广记》卷一〇五引《广异记》"张嘉猷",第711页。
② 李昉等:《太平广记》卷三三三引《广异记》"长洲陆氏女",第2648页。
③ 刘斧:《青琐高议》前集卷一"颜鲁公",第二编第二册,第20页。
④ 郑文宝:《南唐近事》佚文,第一编第二册,第229页。佚文引自《诗话总龟》前集卷五〇《鬼神门》。此条郑文宝《江表志》卷中(第一编第二册,第264页)亦有记载,云:"苏洪至扬州版筑,发一冢,不题姓名,刊石为铭曰:,'日为箭兮月为弓射四方兮无终穷。但见天将明月在,不觉人随流水空。南山石兮高穹隆,夫人墓兮在其中,猿啼马叫烟蒙蒙,千年万岁松柏风。'"
⑤ 徐铉:《稽神录》补遗"海陵夏氏",第130页。
⑥ 刘昫:《旧唐书》卷一〇六《李林甫传》,第3239页。
⑦ 孔平仲:《续世说》卷一"言语",第二编第五册,第16页。

而显得皇帝不够宽宏大量了。宦官鱼朝恩恶郭子仪,就"使人发其父墓"。挖人祖上的坟墓,这是对人最大的不敬,因为子女在而父母的墓被挖,父母在坟里不得安宁,这是做子女的大不孝。后来郭子仪入朝,大家都认为郭子仪会和鱼朝恩拚命了。想不到郭子仪说:"臣久主兵,不能禁暴。军士残人之墓,固亦多矣。此臣不忠不孝,上获天谴,非人患也。"①郭子仪宽宏大量,不计鱼朝恩的罪,反而说自己的士兵亦曾残人之墓,自己早已是做了不忠不孝的事情,所以此事就扯平了。代宗赐死元载,还觉得不够解恨,于是"毁载父母及祖坟,断棺弃柩,焚家庙木主"②,将其祖坟挖开,将棺柩抬出来扔掉,这是对人最恶毒的一招,现在用到了元载身上,表达了代宗对他极端的愤恨。五代时高季兴为了修筑江陵城,"大兴力役,重筑城垒",江陵郭外五十里的坟墓,"皆令发掘,取砖以甃之"。但问题亦来了,挖人坟墓,是对他人最大的不尊重,所以"阴惨之夜,皆闻鬼哭,鬼火数起,将扑之,奄然而灭。如此者,累月方定,论者以为发掘坟冢,使幽魂不安故也"③。

三、墓中的死者棺木

人死了后,一般最为常见的是用棺材下葬。镇州和尚普化,咸通初,将示灭,"时临济令送与一棺",普化和尚笑曰:"临济厮儿饶舌。"于是"便受之"④,说明常见僧人死后是用棺材下葬的。如果碰到有人想厚葬,棺材就做成很大,而且还十分注重棺木的质量。五代天成、开运以后,"俗尚巨棺,有停之中寝,人立两边不相见者,凶肆号'布漆山'"⑤。棺材太大,停着办丧事时,棺材这面的人看不到另一面的人。这种棺材一般是由凶肆提供的,由于棺材漆成黑色,所以称为布漆山。当时的棺材大多在外部使用黑漆。陶谷曾参加母亲娘家人的丧礼,"正见漆工髹裏凶器","因言棺椁甚如法",说明髹黑漆是较为常见的做法。漆工认为死者虽生前富贵,但死后只有一座漆宅,所以自己的工作不能卤莽,要认真上漆⑥。因此这样的涂黑漆是当时通常采用的工艺。时人棺材大多举办葬礼时从凶肆买来,再临时上漆加

---

① 孔平仲:《续世说》卷一"言语",第二编第五册,第20页。
② 孔平仲:《续世说》卷一二"奸佞",第二编第五册,第226页。
③ 周羽翀:《三楚新录》卷三,第一编第二册,第129页。
④ 钱易:《南部新书》卷庚,第一编第四册,第80页。
⑤ 陶谷:《清异录》卷下《丧葬门》"布漆山",第一编第二册,第112页。
⑥ 陶谷:《清异录》卷下《丧葬门》"漆宅",第一编第二册,第112页。

工,但亦有人是生前早已制作好。有位叫正己的右补阙,四十四岁就致仕,提前做好了棺材,放在寝室里。有人劝他搬到房子的角落里去,他说:"吾欲见之,常运死想,灭除贪爱耳。"①当然他是比较豁达的,对死亡并不忌讳。

棺材是死亡后普遍采用的安放尸体的器物,即使有些人死在异乡,也是要用棺材运回老家。其时有点地位的官员或士大夫,如果是客死异乡,其亲人就特别想要将其尸骨迁回家乡。这些人在异地外乡死了,亲属就直接将死者安放在棺材中,从死亡的地方将棺材运到死者的家乡安葬。唐初王义方因为与刑部尚书张亮有来往,被贬儋州吉安丞,后又改洹水丞。时张亮兄子张皎因为叔叔的原因被贬配流崖州,后来他投奔王义方。不久张皎病死,临终前将自己的老婆和儿子拜托王义方照顾,还希望他能"致尸还乡",即让义方能带了张皎的遗体回老家安葬。于是王义方让奴仆扛了棺材,张皎妻抱了儿子,乘了义方的马匹,义方自己徒步行走,一起回到北方,至原武,将张皎下葬至家族墓中。②死在外地,千方百计要将尸体遗骸运回老家安葬,这是很多人的想法。

有些人暂时回不了家乡,不能直接载了尸体回去,就只能在死亡的城市近郊先临时性用棺材葬一下,时称假葬。山阴县尉李佐时,自会稽至龙丘的路上,因病死了,"其妻郑氏在会稽,丧船至之夕,婢忽作佐时灵语云:'王女已别嫁,但遣我送妻还。'言甚凄怆也"③。天宝中,李勉与一书生同到宋州一逆旅住下,后来"书生疾作,遂至不救"。即将断气前,书生对李勉说:"某家住洪州,将于北都求官,于此得疾且死,其命也。"于是拿出口袋里黄金百两给李勉,让他为自己办丧事,"足下为我毕死事,余金奉之",剩下的就给李勉。"李公许为办事。及礼毕,置金于墓中而同葬焉"④。像这个书生,只能在宋州附近买墓下葬,但应该也是采用了棺材下葬的。

棺材用的木材,可能品种较多。五代时军吏徐彦成,经常到信州山里购买木材。后来将"大杉板四枚"运回秦淮,"会吴帅殂,纳杉板为棺,以求材之尤异者"⑤。徐彦成运回的杉木,"良而价廉",质量上乘,是做棺木较理想的材料。南唐潘扆病终于紫极宫,"临终上言乞桐棺葬于近地,后当尸解,上从之,使中贵人护葬于金波园"。潘扆是个特例,因为他说自己的尸体能尸解,所以用了桐棺。保大中,南唐元宗"命亲信发冢观之,骸骨尚在,

---

① 陶谷:《清异录》卷下《丧葬门》"永息庵",第一编第二册,第112页。
② 孔平仲:《续世说》卷一"德行",第二编第五册,第12页。
③ 李昉等:《太平广记》卷三〇五引《广异记》"李佐时",第2415页。
④ 王谠:《唐语林》卷一"德行",第三编第二册,第11页。
⑤ 徐铉:《稽神录》卷三"徐彦成",第48页。

迄无异焉"①。这种用桐木做的棺材,在当时可能是比较高档的一种木料。

一些人用不起棺材,官方常会出面解决。池阳人胡澄佣耕自给,生活比较困难。其妻卒,"官给棺以葬"。后来碰到了他妻子变成的鬼,说:"我昔葬时,官给葬具。虽免暴骨,然至今为所司督责其直。计无所出,卖此以偿之耳。"②百姓贫困无财力下葬,官方给钱办丧事,但后来是要还的,说明这钱是借的。南唐陈省躬为永新令时,"彬、衡之盗入境暴掠",健卒前去抵抗,死了不少人。省躬"遂给府缗,市棺殡葬"。郡守下官符认为他不请示就动用公款,是做错了事情,省躬大怒,在郡符下写道:"开官库,使官缗,买棺木,葬官军,何过之有?"派人送给郡守,郡守看后亦不能再说什么了。③买了棺材下葬战死的官军,在当时认为天经地义。

民间一些有识之士和有钱者,会想办法出钱葬弃尸。代宗大历年间,关东饥疫,死人不少。郑损"率有力者,每乡为一大墓,以葬弃尸,谓之乡葬,翕然有仁义之声"。郑损是卢藏用的外甥,是个平民百姓,但他有威望,当时乡里称他为"云居先生"④,在他的带动下,一些有钱人出钱出力,每乡建一大墓葬弃尸。这种大墓葬,不是官方行为,是民间自发的举动,是一种义举,因而墓葬的形式肯定是比较特殊的。

附带说一下,也有一些人由于种种原因是不用棺材的。如一些人用不起棺材,就只能以席贮尸。代宗大历八年七月,晋州男子郇谟打算上书言事,但怕自己不成功,就"以麻辫发,持苇席,哭于东市"。他说如果上书不成,"即以席贮尸,弃之于野"⑤。亦就是说他认为如果不能有棺材下葬,只能是"以席贮尸",抛之荒野了。这种将尸体抛之荒野的情况在唐代的史书里记载较多:"太原旧俗,有僧徒以习禅为业,及死不殓,但以尸送近郊以饲鸟兽。如是积年,土人号其地为黄坑,侧有饿狗千数,食死人肉,因侵害幼弱,远近患之。"⑥唐敬宗宝历年间,福建观察使卫中行被贬播州,后来因为大赦回到北方,"死于播之馆,置于臼塘中"。为什么会放在这水塘中呢?主要是因为"南人送死,无棺椁之具。稻熟时理米,凿木若小舟以为臼,土人呼为臼塘"⑦。这种葬俗实际上就是抛尸野外,在唐五代的部分地区是一种比较奇特的风俗。

---

① 郑文宝:《南唐近事》卷一,第一编第二册,第215页。
② 徐铉:《稽神录》卷三"胡澄",北京:中华书局,1996年,第4—8页。
③ 龙衮:《江南野史》卷七《陈省躬》,第一编第三册,第198页。
④ 王谠:《唐语林》卷四"栖逸",第三编第二册,第157页。
⑤ 钱易:《南部新书》卷戊,第一编第四册,第49页。
⑥ 刘昫:《旧唐书》卷一一二《李暠传》,第3335页。
⑦ 钱易:《南部新书》卷庚,第一编第四册,第83页。

尸体还有火化的,那就更不需要棺材了。五代时,后蜀先主孟昶与东川董太尉合兵进围遂州城。城中有一位姓宋的贫穷乞丐,与其他重围中的人一样"皆饥殍,宋亦饿殒于州市"。认识他的人用竹席将他的尸体裹起来,埋在城墙下,"俟时平焚之"①,即想等到战事停了再挖出来火化。这则数据告诉我们,在蜀地有人死了以后不是入土下葬坟墓的,而是采取火化的方式来处理尸体。是否这是一种普遍现象,还是只因为这位姓宋的是乞丐,或是战时的临时手段才火化的,这有待于我们深入地观察。事实上,这一阶段火葬的事例还真不少。南唐金陵徐氏诸公子"宠一营妓,卒乃焚之"。火化者亦有送葬仪式,当时名娼徐月英开玩笑说:"此娘平生风流,没亦带焰。"②宋人笔记载元稹死后可能亦是火化的:"元相稹之薨也,卜葬之夕,为火所焚,以煴烬之余瘞之也。"③五十三岁的元稹按白居易《元稹墓志铭》记载是"遇暴疾"死的,应该是突然得了什么病,所以其尸体如果是真的为火所焚,应该不是个意外,是有意识的行为。但元稹被焚其他史书均未见记载,不知此条数据的准确性到底如何。

无法下葬的尸体,常被火化。李德裕被贬至海南,看到一古寺,于是进去逛逛。在一老僧的房间里,见其内壁挂了十余个葫芦,李德裕问:"中有药物乎?弟子颇足疲,愿得以救。"还以为僧人在里面放了药丸仙丹之类。没想到和尚叹一声说:"此非药也,皆人骼灰耳!此太尉当朝时,为私憾黜于此者,贫道悯之,因收其骸焚之,以贮其灰,俟其子孙来访耳!"④这些都是李德裕当政时贬黜到海南的官员,死了就火化,僧人是收藏了他们的骨灰在小葫芦里,等人家子孙来拿回家。从这里可以看到,火化后的骨灰常会保存一些的,但不是用棺材下葬,而是在陶罐或葫芦之类的容器中。

四、刻墓志与墓碑的习俗

官员士大夫死了,坟墓前立碑⑤,坟墓内有墓志。宋人认为:"碑者,施

---

① 黄休复:《茅亭客话》卷四"丁元和",第二编第一册,第31页。
② 孙光宪:《北梦琐言》卷九"鱼玄机",第一编第一册,第112页。
③ 钱易:《南部新书》卷庚,第一编第四册,第83页。
④ 王谠:《唐语林》卷七"补遗",第三编第二册,第244页。
⑤ 唐五代墓碑的概况性介绍,可参看卢蓉《中国墓碑研究》第一章《生死并立:中国墓碑的历史沿革》之第四节:《隋唐墓碑—高峰阶段》,北京:社会科学文献出版社,2015年,第61—78页。

于墓则下棺,施于庙则系牲,古人因刻文其上。"①碑原是为了下棺时能沿着碑滑进墓圹里,但后来演化为树立在墓道上。又云:"石碑皆有圆空。盖碑者,悲也,本墟墓间物。每一墓有四焉。初葬,穿绳于孔以下棺,乃古悬窆之礼。"隋代对立碑有了具体的规定:"隋之制:五品以上立碑,螭首龟趺,上不得过四尺,载在《丧葬令》。"②唐代大体上继承了前朝的做法:"碑碣之制,五品已上碑;七品已上碣;若隐沦道素,孝义着闻,虽不仕亦立碣。"③之后,只要有钱,都想为父母立碑:"近代碑碣稍众,有力之家多辇金帛以祈作者。虽人子罔极之心,顺情虚饰,遂成风俗。"④这么说来,有的人有墓碑,却不是个官员,不过是有钱罢了。墓碑分为碑、碣二种,汉人认为"方者谓之碑,圆者谓之碣",但到了唐朝主要看官的级别。级别高的用碑,级别低的及一些不是官但行为很突出的人都用碣。

墓碑一般是先立后刻。宋陈善说:"前世牌额,必先挂而后书,碑石必先立而后刻。"陈善提供了一个例子,说中唐吐突承璀欲立石纪功德,"李绛上言请罢之。帝悟,命百牛倒石,此先立之验也。今则先刻而后立"⑤。不过陈善说的是纪功德碑,如果是墓碑,猜测时间催得紧,工期要求很高,亦不一定非是先立后刻。

张说死的时候,玄宗"自制神道碑文"⑥。作为一位高级官员,坟墓的神道上立碑在唐代是十分流行的。安陆城东三十里,有"唐许氏之茔域,俗谓之相公林。旧有孝昌公碑,高六七尺,阔三尺余,白石也"。此碑上的文字到宋代被人磨去,只是碑额上有"大唐孝昌公许君墓碑"九字。不过有人曾拓了此碑,"所存者序四百字、铭二百六十八字耳。文多缺落,于序为甚"⑦。此碑应立在唐朝一位高级官员的墓前,所以碑上文字较多。有的碑树立在墓侧,如白居易死后葬在龙门山,"河南尹卢贞刻《醉吟先生传》,立于墓侧,至今犹存"⑧。

---

① 宋祁:《宋景文公笔记》卷上"释俗",第一编第五册,第44页。
② 王谠:《唐语林》卷八"补遗",第三编第二册,第278页。《隋书》卷八《礼仪三》云:"三品已上立碑,螭首龟趺。趺上高不得过九尺。七品已上立碣,高四尺。圭首方趺。若隐沦道素,孝义着闻者,虽无爵,奏,听立碣。"(中华书局,1973年,第157页)隋朝立碑的品级和墓碑的形制有详细的规定。从这段话中,可以看到隋朝庶人一般是不能立碑、碣的,除了特殊人物的事迹上报朝廷得到批准后才能立碑。
③ 钱易:《南部新书》卷壬,第一编第四册,第104页。长孙无忌:《唐律疏议》卷二七"杂律"引《丧葬令》亦云:"五品以上听立碑,七品以上立碣。茔域之内,亦有石兽。"
④ 王谠:《唐语林》卷八"补遗",第三编第二册,第278页。
⑤ 陈善:《扪虱新话》卷九"前代牌额先挂后书碑石先立后刻",第五编第十册,第75页。
⑥ 孔平仲:《续世说》卷五"赏誉",第二编第五册,第85页。
⑦ 王得臣:《麈史》卷中"碑碣",第一编第十册,第54页。
⑧ 钱易:《南部新书》卷庚,第一编第四册,第78页。

唐人认为"古葬无石志,近代贵贱通用之"。南北朝时雕刻墓志盛行,到了唐代只要有一定经济实力的人都撰写墓志埋进墓内。"施石志于圹内",虽不是古代的丧礼内容,但"孝子无以扬先人之德",只能通过"刻石纪功"来办到。① 碑文和墓志,大多是请有名望的官员和文人撰写。比如李邕早年就以才气出名,"尤长碑颂,虽贬职在外,中朝衣冠及天下寺观,多持金帛往求其文。前后所制凡数百首,馈遗亦巨万。时议以自古鬻文获财,未有如邕者"②。唐人说他"平生撰碑八百首"③,因而通过写碑志他发了横财,这在唐代是人人皆知的事情,大家都知道他是个写碑志的能手。其实只要能写文章,都有人请去帮忙,获得不菲的收入。王仲舒为郎中时,与马逢友善。马逢经济很困难,所以王仲舒常常责怪马逢说:"贫不可堪,何不寻碑志相救?"意谓你写几首碑志,收入马上就来了,会解生活上的窘急之态。而马逢笑着说:"适见人家走马呼医,立可得也。"④ 看到人家骑着马去叫医生,说明病情紧急,因而这人马上就要死了,会很快找他去写墓志的。其时很多人发现写碑志能赚钱,就蜂拥而至这个行当中:"长安中争为碑志,若市贾然。大官薨,其门如市,至有喧竞构致,不由丧家者。"⑤一旦有人家里死了人,这些写碑志的人都竞相奔至,抢着想把这赚钱的事情揽到手。

但唐代有很多文人官员并不媚俗,并不轻易为人撰写碑志。韦贯之的文才远近闻名,但十分清高。裴均子"持万缣诣韦贯之",求他为自己的先人写墓志铭。没想到韦贯之不看重钱财,说:"吾宁饿死,岂肯为此哉?"⑥ 南唐韩熙载才名远闻,因而"四方载金帛求为文章碑表如李邕焉,俸入赏赉,倍于他等"⑦。用今天的话说,为了求他写碑表,很多人是出了高价的。比如当时的仆射严续"位高寡学,为时所鄙",所以觉得很难为情。他觉得韩熙载名气很大,遂一再请他为自己的父亲写神道碑,"欲苟称誉取信于人",为自己挣点面子。为此,他"以珍货几万缗",再加上一个长得很漂亮而且能唱歌的美女,作为韩熙载的酬劳。韩熙载"纳赠受姬,遂纳其请,文既成,但叙谱裔品秩及薨葬褒赠之典而已,无点墨道及续之事业者",即收了他们送的礼物,写的神道碑只是些任官的经历和死了后皇帝的褒赠之类,没有

---

① 赵令畤:《侯鲭录》卷六,第二编第六册,第244页。王谠《唐语林》卷6"补遗"(第三编第二册,第217页)亦有记载。
② 孔平仲:《续世说》卷二"文学",第二编第五册,第37页。
③ 赵令畤:《侯鲭录》卷四,第二编第六册,第223页。
④ 赵令畤:《侯鲭录》卷六,第二编第六册,第244页。
⑤ 王谠:《唐语林》卷一"德行",第三编第二册,第17页。
⑥ 孔平仲:《续世说》卷三"方正",第二编第五册,第48页。
⑦ 文莹:《玉壶清话》卷一〇,第一编第六册,第182页。

什么漂亮的文采来美化。严续一看不对,退回碑文,希望韩熙载能改写一下,"熙载亟以向所赠及歌姬悉还之",登车就走。[①]

一些人不相信外人写的内容,碑志如果是自己家里的人写才放心。如吕廷之、吕渭、吕温三代人,"俱有盛名重任"。吕氏家风,祖先的碑志,"不假于人,皆子孙自撰",还说:"欲传庆善于信词,儆文学之荒坠也。"[②]相信自己后代的文字,认为社会上一些人写得不好。

还有一些人趁自己活着的时候就先作准备,为自己写好了碑文和墓志。对这种现象,宋人记道:"杜牧之、白乐天、辛秘、李栖筠、王绩、严挺之、柳子华皆自撰墓志。卢照邻、李适、司空图自作墓。卫大经自凿墓,自为志。颜鲁公在蔡州,度必死,乃作遗表、墓志、祭文。谓之达亦可,谓之近名亦可。处死若鲁公,可也。"[③]这种情况在文人和有个性的官员身上常会发生,所以宋人认为他们对死亡看得十分通达。宋人还谈到白居易和元稹友善,元稹死了白居易有《挽元相》诗思念他,但到了自撰墓志时只谈到"与彭城刘梦得为诗友",认为他不谈元稹,怀疑他们有"隙终也"[④]。颜给事荛尝自草《墓志》,内中谈到:"寓于东吴,与吴郡陆龟蒙为诗文之交,一纪无渝。龟蒙卒,为其就木至穴,情礼不缺。"[⑤]再如裴度就自撰墓铭,云:"裴子为子之道,备存乎家牒;为臣之道,备存乎国史。"杜牧为自己写的铭文是:"嗟尔小子,亦克厥修。"颜真卿在蔡州,"知必祸及,自为志铭置左右"[⑥]。这些为自己作好碑文和墓志的,大多是比较有文采和性格的,在当时是一些特别的事例。

碑志本来是为了颂扬自己前辈的事迹而竖立的,但宋人发现唐代人都不是直呼其祖先名字的:"碑志之作,本孝子慈孙欲以称扬其父祖之功德,播之当时,而垂之后世,当直存其名字,无所避隐。"这样做让人看不大清楚,不知这碑上是说的谁:"自唐及本朝名人文集所志,往往只称君讳某字某,至于记序之文亦然……然亦不书其名,使之少获表见,又为可惜也。"[⑦]认为这是十分可惜的。

当然,有碑文和墓志,大多是高级官员,而一般官员,或者官员犯了错误,这些就不一定会具备了。唐郝处俊,高宗时曾为中书侍郎,君臣之间

---

① 文莹:《湘山野录》卷下,第一编第六册,第56页。
② 钱易:《南部新书》卷辛,第一编第四册,第89页。
③ 朱翌:《猗觉寮杂记》卷下,第三编第十册,第73页。
④ 孙光宪:《北梦琐言》卷六"白太付墓志",第一编第一册,第82页。
⑤ 孙光宪:《北梦琐言》卷六"颜给事墓铭",第一编第一册,第81页。
⑥ 王谠:《唐语林》卷二"文学",第三编第二册,第64页。
⑦ 洪迈:《容斋三笔》卷一一"碑志不书名",第五编第六册,第126页。

关系密切。处俊临死前,对前去看望他的侍中裴炎说:"生死既无益明时,死后何宜烦费。瞑目之后,傥有恩赐赠物,及归乡递送,葬日营造,不欲劳官司供给。"不过之后他的孙子郝象贤在武则天时坐事伏诛,"临刑言多不顺"。武则天大怒,不但发其父母坟墓,而且处罚郝处俊,"亦坐斫棺毁柩"①。郝处俊的墓在安陆城西南三十里,最早葬的时候不知是否立碑,但后来被武则天斫棺毁柩了,墓前不可能再有碑了。北宋庆历中,"太守、校理孙公甫之翰尝命令狐子先为文,将镌石,立于涢津之侧以表之。会温成张氏方以修媛宠贵,之翰畏谗,终不立,议者或讥其太忌"②。孙甫想为郝处俊立一块碑,但因故未立,说明武则天毁墓后是肯定没碑的。

五、落葬后的祭扫

一些有名望的人死后,还会建祠堂庙宇来纪念。有一穿着丧服的人半夜到窦参的家里,而窦参以为是政敌陆贽派人来暗杀他。来人说"家有大丧,贫甚,不办葬礼",听闻窦宰相人很好,所以来讨点钱。窦参吓得要命,说:"某罄所有,当封绢千匹而已,方具修家庙赀,今以为赠。"③说我送你的绢可以办葬礼,还可以修家庙。可知有钱以后丧礼办了,还要修家庙来祭祀。当然如果家里没钱的普通人,家庙是不可能修建的。五代后汉刘审为汝州防御使,当地人对他比较有好感。后来他卒于任上,"郡人聚哭柩所",十分心痛,"列状乞留葬本州岛界,建祠立碑"④。留葬在郡内,还要建立祠庙方便人们经常纪念。

坟墓建好,将死者安葬,一般还要在坟前祭奠。南唐金陵书生锺辐,带了仆女青箱到后周都城洛阳考试,得甲科第二名。回来时在采石渡,青箱心疼,"数刻暴卒。生感悼无奈,忽忽槀葬于一新坟之侧"。锺辐回家,发现"门巷空闃,榛荆封莇,妻亦亡已数月"。几天后,"亲友具舟携辐致奠于葬所",想让锺辐到妻子墓前致奠,却发现就是"青箱槀葬之侧新坟"⑤。可知到新坟前致奠亲人是当时想念亲人的一项活动。

唐朝人对祖先的坟墓特别重视,所以常常要祭扫坟墓,表达自己的孝

---

① 刘昫:《旧唐书》卷八四《郝处俊传》,第2801页。
② 王得臣:《麈史》卷中"碑碣",第一编第十册,第56页。
③ 王谠:《唐语林》卷六"补遗",第三编第二册,第213页。
④ 孔平仲:《续世说》卷二"政事",第二编第五册,第31页。
⑤ 文莹:《湘山野录》卷中,第一编第六册,第39页。

思。唐中宗时,魏元忠为中书令,"请归乡拜扫"[①]。白居易死后葬在洛阳龙门山,"洛阳士庶及四方游人过其墓者,必奠以卮酒,冢前常成泥泞"[②]。白居易的文章阅读的人很多,他是个影响力较大的人物,所以前去祭扫的人特别多,可知唐代人扫墓习俗盛行,祭扫时最通行的做法是"奠以卮酒"。洛阳士庶和四方游人的祭扫活动,应该不会是同一天前去,估计一年四季祭扫的日子是没有限制的。后梁开平元年,朱温封钱镠为吴越王。于是钱镠改自己的出生地临安县为临安衣锦军,"是年省茔垄,延故老,旌钺鼓吹振耀山谷"[③],乘着衣锦还乡的时候去扫一次祖宗的墓。扫墓的时间,有的地区是有规定的。如宋代前期,成都一带"正月二日、三日上冢"[④]。这种风气的形成,可能来自于唐末五代。唐代皇宫内级别较低女性们的墓,时称"宫人斜","四仲遣使者祭之",[⑤] 即每季的第二月派使者去扫墓。

人刚死,佛教要念斋,一般是每七天一斋的七七斋最为多见。《唐语林》卷8云:"俗间凶疏,本叙时序朔望,以表远感之怀,此合于情理。至有叙经斋七日,此出释教,不当形于书疏。"[⑥]可知七七斋在唐代是十分盛行的,以与传统的根据季节或初一、十五的祭奠有很大的不同。每隔一定时日的佛教斋会和斋仪,在民间很有市场。唐末扬州法云寺僧珉楚尝与中山贾人章某关系很亲热,"章死,珉楚为设斋诵经数月"[⑦]。数月的斋会,估计是七七斋。一些人会请道士做斋。润州延陵县农村有人死了老婆,就请灵宝观道人谢及损前去念斋。"妇死已半月矣,忽闻摧棺而呼"[⑧],是否有这么长时间人能活过来,这个是比较难说的,但死了半月还没有下葬是事实,说明每隔一段时间道人就要去念斋,这种形式和佛教的七七斋可能是大同小异。道、佛在设斋上可能相互都受到了影响。

人死一周年,亦要做斋会。《稽神录》补遗谈到:"高安村人有小儿作田中,为人所杀,不获其贼。至明年死日,家人为设斋,尔日有里中儿方见其一小儿,谓之曰:'我某家死儿也。今日家人设斋,吾与尔同往食乎?'里中儿即随之至其家,共坐灵床,食至辄餐。"[⑨]小孩周年忌日,家人设斋会,有

---

① 孔平仲:《续世说》卷五"赏誉",第二编第五册,第84页。
② 钱易:《南部新书》卷庚,第一编第四册,第78页。
③ 文莹:《湘山野录》卷中,第一编第六册,第38页。
④ 范镇:《东斋记事》卷四,第一编第六册,第221页。
⑤ 宋敏求:《春明退朝录》卷上,第一编第六册,第263页。
⑥ 王谠:《唐语林》卷八"补遗",第三编第二册,第279页。
⑦ 徐铉:《稽神录》卷三"僧珉楚",第41页。
⑧ 徐铉:《稽神录》卷四"延陵村人妻",第59页。
⑨ 徐铉:《稽神录》补遗"高安村小儿",第122页。

餐饮招待大家。不过从"灵床"来看,家里仍是设灵位的。再如建阳县录事陈勋,性格"刚狷,不容物",结果被县吏诬陷,竟坐弃市。到了第二年死日,"家为设斋,妻哭毕,独叹于灵前曰:'君平生以刚直称,今枉死逾年,精魂何寂然耶!'"①可见周年忌日民间常设斋会祭奠,斋会上妻子还号哭不停,死者仍有灵位放在家里。四时都要祭奠故人。杨收被贬死岭外后,就请求到南海的郑愚祭奠他:"欲托尚书宴犒,兼借钱十万缗。"于是郑愚在北郊"具酒馔素钱以祭之"②。这种遥祭要备好酒和食物,还要烧纸钱。南唐史虚白临死前对儿子说:"四时慎勿享奠,无益劳费,何利死者?吾当不歆矣。"所以他的儿子在他死后,"顿绝时祀,每因节序,必修奠讫,爇纸缗于灵座,纸皆不化,用意焚之,火则自灭,遂不复更祭奠矣"③。史虚白四时不让祭奠是个特例,而社会上一般都是要祭奠的。上述这些斋会祭祀,一般是在家里灵位前或在祠庙里做的,并不是在墓前。

人死后,要进入地下空间,所以唐五代人的头脑里会有一个冥天世界,这个地下空间里会有一个管理的机构叫冥司。卢怀慎突然昏死过去,不过后来又苏醒了。睁开眼睛后他说自己到地下走了一圈:"冥司三十炉,日夕为张说鼓铸货财,我无一焉。"④管理地下的有关部门做得不公平,他还有点愤愤然的样子。《北梦琐言》里亦记有一个地下的官衙。说是宰相武元衡和司徒王潜关系很好,武元衡被刺后,王潜就四时烧点纸钱纪念他一下。后来王潜到了荆南任职,有一染户许琛突然暴亡,第二天却复活了。他写了榜子到衙门要见王潜,于是问他什么事情。许琛说:"初被使人追摄,至一衙府,未见王,且领至判官厅。见一官人凭几曰:'此人错来,自是鹰坊许琛,不干汝事。'即发遣回,谓许琛曰:'司徒安否?我即武相公也。大有门生故吏,鲜有念旧于身后者。唯司徒不忘,每岁常以纸钱见遗,深感恩德。然所赐纸钱多穿不得,司徒事多,检点不至,仰为我诣衙具导此意。'"⑤亦就是说,许琛到地府里走了一遭,主要是地府里搞错了人,但他看到了在地府任判官的武元衡。虽然地府的最高统治者"王"没有看到,却看到了助手。可知,一个现实世界的官府被复制到了阴间。

唐五代对葬事的礼制和风俗其实有很多,本文只是根据宋代笔记中的

---

① 徐铉:《稽神录》补遗"陈勋",第 123 页。
② 孙光宪:《北梦琐言》卷九"杨相报杨玄价",第一编第一册,第 107 页。
③ 郑文宝:《南唐近事》卷一,第一编第二册,第 210 页。
④ 钱易:《南部新书》卷丙,第一编第四册,第 35 页。
⑤ 孙光宪:《北梦琐言》卷一二"王司徒烧纸钱",第一编第一册,第 147 页。

记述进行了叙述。不过宋人的叙述有时是十分详细的,比一般的唐代史料更加充实。站在宋人的角度谈唐代的风俗习惯,宋人往往会联想到他们所处的时代的情况,因而也唐代的史料记述还是有不少出入的。将葬事礼俗习惯从唐代贯串到宋代,更加有利于看出其发展和变化的源流,有利于正确地评价在历史中的地位。

唐前期色役性质考辨

吴树国

色役是唐代赋役研究中比较重要的问题。由于唐代史籍中对色役没有清晰的概念界定,因而学术界对唐代色役性质一直存在争议。一种观点认为色役包括在杂徭之中。如日本学者曾我部静雄比较班田收授法下的赋役制度后认为,色役是一种杂役,无论在唐或在日本,都包括在杂徭之中。[1]这一观点在日本学者中颇具代表性。唐长孺先生也认为:"在最广泛的意义上,所有色役不管哪一类都属杂徭",但他也指出唐代前期杂徭与色役存在区别。[2]另一种观点来自杨际平先生的《唐代前期的杂徭与色役》一文,认为:"色役不是独立于正役、杂徭之外的另一种徭役,而只是正役或杂徭的一种使用形式。"[3]以上两种观点都倾向于从性质上否定色役。当然,大多数学者还是承认色役的独立役种地位。如王永兴先生指出了色役"分番供役,不役纳资"以及身份性特征。张泽咸先生对色役与杂徭、杂任、职役、差科都作了尝试性剖析。[4]但值得注意的是,对色役的性质,特别是在何种意义上色役与正役、杂徭相区别,迄今仍显模糊。由于色役的性质问题不仅关涉到对唐代赋役结构的整体认识,也是厘清汉唐役制承续与唐宋役制变迁的关键节点。所以本文尝试在前人研究的基础上,对唐代色役问题重新加以诠释。鉴于唐后期色役已经趋向与正役、杂徭的融合,故本文将研究时域放在唐前期。

---

[1] [日]曾我部静雄:《均田法及其税役制度》,東京:講談社,1953年;另见《两税法成立的由来》,《唐宋附五代史研究论集》,台北:大陆杂志社,1967年,第242页。
[2] 唐长孺:《唐代色役管见》,《山居存稿》,北京:中华书局,1989年。
[3] 杨际平:《唐代前期的杂徭与色役》,《历史研究》1994年第3期。
[4] 王永兴:《敦煌唐代差课簿考释》和《唐天宝敦煌差科簿研究——兼论唐代的色役制和其他问题》,《陈门问学丛稿》,南昌:江西人民出版社1993年,第21－133页。张泽咸:《唐五代赋役史草》,北京:中华书局,1984年。

一、杂色役：色役由杂色身份人承担

唐代比较早出现色役称谓的是唐中宗时期的《中宗即位赦》："其诸司官员，并杂色役掌（闲）、幕士、门役之徒，兼音声之人及丁匠等，非灼然要籍，并量事减省，所司速为条制。"①上述赦文中将掌闲、幕士、门役、音声之人及丁匠都称为"杂色役"。色役被冠以杂色役称呼，并非偶然，它实际上是色役性质的反映，即色役本身是一种杂色之役。

色役中的"色"为"类"，即类别和种类之意。唐前期的色役种类很多，故色役又经常被表述为诸色役。如唐中宗神龙二年八月敕称："立部伎舞人，以后更不得改补入诸色役。"②唐玄宗开元二十二年敕也有："其杂匠及幕士，并诸色同类有番役合免征行者，一户之内，四丁已上，任此色役，不得过两人。三丁已上，不得过一人。"③正因为色役有多种役构成，因而显得繁杂，这正反映出色役的一个特征，即色役属于复合型役种，由类型相同、性质相近的多类役种构成。与其相比，正役、杂徭就属于单一型役种。当然，仅此特征尚不能构成色役与正役、杂徭的性质分野。实际上，色役的"杂色役"性质重点不是"杂"，而是在"杂色"上，进一步讲是唐前期承担色役的"杂色人"身份。

关于杂色人，唐代典籍中多有记载。不过杂色人的概念并不一致，在不同场合涵义不同。一类是选官领域，相对于科举知识分子的杂色人。唐太宗设定文武官员数额时谈道："朕设此官员，以待贤士。工商杂色之流，假令术踰侪类，止可厚给财物，必不可授之官秩。"④此时杂色包含工商业者。至唐高宗显庆初年，黄门侍郎刘祥道以选举渐弊，又提及杂色："吏部比来取人，伤多且滥：每年入流数过千四百人，是伤多；不简杂色人即注官，是伤滥。经学时务等比杂色，三分不居其一。"⑤《通典》接着对杂色的注释是三卫、内外行署、内外番官、亲事、帐内、品子任杂掌、伎术、直司、书手、兵部品子、兵部散官、勋官、记室及功曹、参军、检校官、屯副、驿长、校尉、牧长。另一种是相对于国家户籍上农业人口的其他类杂色人。如陈子

---

① 《唐大诏令集》卷二《中宗即位赦》。北京：商务印书馆，1959年，第7页。吴宗国先生认为"杂色役掌"是专门提法，但明刻本《文苑英华》中补充为"杂色役掌闲、幕士"。学术界也多认为掌后脱"闲"字，故本文从后者。另这一赦文是唐代色役在史籍中较早出现的，杨际平在《唐代前期的杂徭与色役》（《历史研究》1994年第3期）中有所考证。
② 王溥：《唐会要》卷三三《谥乐》，北京：中华书局，1955年，第609页。
③ 王溥：《唐会要》卷八三《租税上》，第1553页。
④ 《旧唐书》卷一四四《唐确传》，北京：中华书局，1975年，第4607页。
⑤ 杜佑：《通典》卷一七《选举五》，北京：中华书局，1988年，第403页。

昂在《上军国机要事》中谈道:"即日江南、淮南诸州租船数千艘,已至巩、洛,计有百余万斛。所司便勒往幽州纳充军粮,其船夫多是客户、游手隳业、无赖杂色人。"①此处的杂色是不专心农业生产的人员。

尽管史籍中对杂色的解释有多种提法。不过,役事征派中的杂色人有其特定的范围。敦煌写本唐开元水部式中记载:"都水监渔师二百五十人,其中长上十人,随驾东都。短番一百廿人,出虢州,明资一百廿人,出房州,各为分四番上下,每番送卅人,并取白丁及杂色人五等以下户充,并简善采捕者为之,免其课役及杂徭。本司杂户、官户并令教习,年满廿补替渔师。其应上人,限每月卅日文牒并身到所由。"②此处的渔师色役由白丁及杂色人五等以下户充,说明杂色人区别于白丁。唐前期诸牧监补牧长则要求,"以六品已下子、白丁、杂色人等为之"③。可见,杂色人与品官亦有别。武则天在《置鸿宜鼎稷等州制》中针对浮逃户、寄住户还规定:"卫士、杂色人等,并限百日内首尽,任于神都及畿内怀、郑、汴、许、汝等州附贯。给复一年,复满便依本番上下。其官人百姓,有情愿于洛、怀等七州附贯者亦听。"④文中的杂色人除了不包括官员、百姓外,也没有卫士。

排除上述诸色后,杂色人指哪类人群呢?比照前面关于杂色人的提法,似乎客户、游手隳业、无赖杂色人应排除,因为起码他们还归属于百姓、白丁之内。而《通典》中对杂色人的定义:三卫、内外行署、内外番官、亲事、帐内、品子任杂掌、伎术、直司、书手、兵部品子、兵部散官、勋官、记室及功曹、参军、检校官、屯副、驿长、校尉、牧长。这些人区别于官员和百姓,应是杂色人的主体。对此,在敦煌吐鲁番的差科簿文书中出现的杂色人稍可补正。吐鲁番阿斯塔纳那42号墓所出《唐令狐鼠鼻等差科簿》⑤是唐太宗贞观时期的文书,具体为:

  1 [ ]十八年请送妹入京未还
  2 [ ]廿六 父相怀年五十二 白丁 中下户
  3 [ ]见在应过
  4 [ ]卅五人杂色

---

① 董诰编:《全唐文》卷二一一《上军国机要事》,北京:中华书局,1983年,第2136页。
② 王永兴:《敦煌写本唐开元水部式(伯二五〇七)校释》《陈门问学丛稿》,南昌:江西人民出版社,1993年,第288页。
③ 李林甫等:《唐六典》一七《太仆寺》,第486页。
④ 董诰编:《全唐文》卷九五《置鸿宜鼎稷等州制》,第952页。
⑤ 《吐鲁番出土文书》第6册,北京:文物出版社,1985年,第213—214页。

5　八　人　勋　官
6　二人昆丘道征给复
7　　　武骑尉令狐鼠鼻廿七　兄智达年卅二　外侍　下上户
8　　　武骑尉张智觉廿八　兄智相卅六　白丁　下上户
9　六　人　不　行
10　武骑尉石服屯年卅五　男贺婆年十九　中男　下上户
11　云骑尉魏隆护年廿八　弟隆柱廿四　　白丁　下上户
……（节略）
20　七人里正

又《唐年次未详［八世纪前半］西州高昌县宁昌乡差科簿》①亦载：
1　宁昌乡
2　　　合当乡据籍杂色［　］
3　　　九　十　九　［　］
4　　　六　十　［　］
5　　　侯进感弟□素卅八　［　］
6　　　氾逸之廿二五品子□我　［　］
（后欠）

上述对杂色的记载，《唐令狐鼠鼻等差科簿》中杂色人45人，其中的勋官8人和里正7人应在杂色人之列。而高昌县宁昌乡差科簿中有当乡据籍杂色字样，下面出现了五品子。对照《通典》中的定义，勋官赫然在列，虽然没有里正，但它可归入外行署；五品子也与其中的品子任杂掌相关。因此，《通典》中关于杂色人的定义可以相信。不过，是否唐代的杂色仅此上述人群呢？值得注意的是，前述有关杂色人的说法中还有工商业者，史籍中多记为工匠，《唐律疏议》中有："丁谓正役，夫谓杂徭，及杂色工匠，诸司工、乐、杂户"②，也说明杂色工匠属于杂色人中的一种。此外，都水监分番的渔师由白丁和杂色人五等以下户充，那么渔师是否还属于白丁？前面《通典》中的杂色都属于诸色职掌人，他们按规定都免除白丁的课役负担③。《唐令狐鼠鼻等差科簿》文书中，某人十八年请送妹入京未还，既然本人不在，就无从谈及课役，而下文中则出现"见在应过"和"卅五人杂

---

① 池田温：《中国古代籍帐研究》，录文与插图部分，北京：中华书局，2007年，第237页。
② 长孙无忌：《唐律疏议》卷二八，北京：中华书局，1983年，第534页。
③ 《唐六典》在谈到丁户优复蠲免之制时指出了下列人群："诸皇宗籍属宗正者及诸亲，五品已上父祖、兄弟、子孙，及诸色杂有职掌人。"《唐六典》卷三，第77页。

色",联系勋官和里正都免除课役,则可以推断其意为杂色人虽然见在,但属于免除课役的人群。从这一角度观之,渔师既然"免其课役及杂徭",他在服役人身份上也就区别于白丁。渔师不属于白丁,又不可能是品官、卫士,最可能的也属于杂色人之列。同时,充渔师的条件中不仅提到杂色人,还有"善采捕者",能达到这一要求只能是水手。水手不属于服正役的白丁,那他也应属于杂色人。另外,都水监的杂户、官户也可以补充渔师,不惟从免役角度而言,仅就杂户、官户的身份来说更应属于杂色人行列。由此来看,渔师由白丁和杂色人补充就不是虚言了。白丁充任渔师后其服役身份已经发生变化,即由白丁服役身份变成了杂色人。王永兴先生在分析唐天宝差科簿时已经注意到在差科簿第二部分第三段都有色役役称或某人身份,如白丁(土镇)等[①],如从杂色人角度看,这些标注应是区别白丁而服色役的杂色人身份的标志。由此可见,唐前期杂色人既包括那些职事官以下的胥吏阶层,主要是流外官和杂任,关于这一点已有学者指出过。[②]除此之外还包括一些工匠、渔师、官户、杂户等特殊人户。另外,尽管杂色人不包括卫士,但《通典》中注释的杂色人包括"兵部品子、兵部散官、勋官、记室及功曹、参军"等,这些人的原有身份不能排除由卫士转化而来,故卫士不属于杂色人,但有些杂色人会从卫士转化而来。

　　杂色人概念被明确后能够发现,尽管不是所有的杂色人都承担色役,但色役却都是由杂色人来承担。如三卫、亲事、帐内、品子、无职事的散官、勋官,还有工匠、渔师、水手、官户、杂户等。这其中有些人本身就属于杂色人,如吏的阶层、工匠、官户、杂户,这可能是因为一方面它们的身份区别于白丁,另一方面这些人在南北朝以来都属于身份卑贱的阶层。还有的杂色人原来属于白丁,但承担了色役以后变为免课役群体,其身份也进入了杂色人行列。若从赋役理论上分析,决定一种税的性质关键在于征税对象,这一点在征役上也不例外,征役对象也是研究役种性质的首要因素。唐前期色役在征役对象上既区别于正役的丁,也区别杂徭的丁夫和中男,它是由一个特殊的杂色人群体作为征役对象。也正因为如此,色役不仅表现为相对于正役杂徭的杂类役性质,其派役对象的杂色人身份也进一步增加了其杂色役的属性。

[①] 王永兴:《唐天宝敦煌差科簿研究——兼论唐代的色役制和其他问题》,《陈门问学丛稿》,第94页。李林甫等:《唐六典》卷十七《太仆寺》,第486页。
[②] 参见曾我布静雄:《关于日本古代的杂任与杂色人及入色者》,《律令を中心とした日中關係史の研究》(上,下),吉川弘文馆,1970年;张广达:《论唐代的吏》,《北京大学学报》1989年第2期。

需要注意的是,在唐前期有关色役的史料中也经常出现"本色"和"本色人",如《唐律疏议》中对犯徒刑者经过加杖刑后,可以"还依本色者,工、乐还掌本业,杂户、太常音声人还上本司,习天文生还归本局,给使、散使各送本所。"[①]这里的工、乐,部分是色役人,而杂户、太常音声人则完全属于色役人群,从"本色"的法律用语可以看出这是对单类色役役种的表述。与其相近的还有亲事、帐内,"皆限十周年,则听其简试。文理高者送吏部,其余留本司,全下者退还本色"[②]。对于不是本色的,一般称为非本色,如铸钱的工匠。玄宗时期,"国忠恃权宠,又邀名称,多征诸州县农人令铸钱,农夫既非本色工匠,被所由抑令就役,多遭笞罚,人不聊生。"[③]因此,当时铸钱内作使判官韦伦认为"铸钱须得本色人"[④]。又天宝四年敕云:"将作监所置,且合取当司本色人充直者,宜即简择发遣。内作使典,亦不得辄取外司人充,其诸司非本色直,及额外直者,亦一切并停。"[⑤]这是主张对将作监直官选举选取用本色工匠担任,排除"非本色"人员。从上述行文来看,"本色""本色人"和"非本色"是在色役内部相对单个具体役种的称呼习惯,而"杂色"和"杂色人"是色役作为整体相对于官员、白丁和卫士的称谓。

二、职役:色役与职事官、职掌的关联

《唐六典》在"兵部郎中员外郎"条有关卫士的选取中规定:"皆取六品已下子孙,及白丁无职役者点充。"[⑥]此处出现了职役。关于职役,学术界的通常认为它属于宋代役种。实际上,宋代时期的文献像《宋大诏令集》和《续资治通鉴长编》中很少用职役称谓,包括元人所修《宋史》也是如此,更多的称差役。职役是马端临在《文献通考》中对宋代乡长、里正等前代乡官入役的定性。张泽咸认为《唐六典》"兵部郎中员外郎"条中的职役与宋代差役性职役不同,但他将此役归于对诸色职掌的驱役。这里的问题是职掌是否都是服役?职掌与职役的区别?

在唐代文献中,职掌被列于文武官之后,如《通典》中记载:

---

① 长孙无忌:《唐律疏议》卷三,第75页。
② 《旧唐书》卷四三《职官二》,第1833页。
③ 《旧唐书》卷一三八《韦伦传》,第3780页。
④ 《旧唐书》卷一三八《韦伦传》,第3780页。
⑤ 王溥:《唐会要》卷六六《将作监》,第1156页。
⑥ 李林甫等:《唐六典》卷五《兵部郎中员外郎》,第156页。

右内外文武官员凡万八千八百五。文官万四千七百七十四,武官四千三十一,内官二千六百二十,外官州县、折冲府、镇、戍、关、庙、岳、渎等万六千一百八十五。内职掌:斋郎、府史、亭长、掌固、主膳、幕士、习驭、驾士、门仆、陵户、乐工、供膳、兽医、学生、执御、门事、学生、后士、鱼师、监门校尉、直屯、备身、主仗、典食、监门直长、亲事、帐内等。外职掌:州县仓督、录事、佐史、府史、典狱、门事、执刀、白直、市令、市丞、助教、津吏、里正及岳庙斋郎并折冲府旅帅、队正、队副等。总三十四万九千八百六十三。内三万五千一百七十七,外三十一万四千六百八十六。都计文武官及诸色胥史等,总三十六万八千六百六十八人。制为九品,各有从。①

此处的内外文武官主要是流内九品职事官。因为后面有"制为九品,各有从",流内品官有正、从之分,流外官无从品。职掌应是与流内九品职事官相对的称谓,如唐玄宗时期的诏令中经常出现"文武百官及有司职掌""文武百官及有职掌"等字样。②职掌既然是非流内九品官,那只能是有流外品和无品供事官府的人员组成。那么,职掌是否都是役的性质呢?根据有关学者对杜佑《通典》中内外职掌人待遇的研究,流外品组成的行署人员有官服、食贮粮、有菜钱,又由国家供给俸料。非行署和番官也都有俸料。长上的使典和无品直司也都有粮料,可能也有厨食。只有轮番的斋郎、主膳、幕士、驾士、习驭以及州县的执事、问事、典狱、白直等上番日给粮。③如果从役的无偿性、固定性、强制性来观察,只有轮番的诸色职掌(不包括流外番官)具有服役的性质。因此,职掌与役之间的交集比较小,《唐六典》中卫士取人条件中的"职役"范围会很大,否则就没有强调的必要。

实际上,唐代官府部门在具体运行中,除了职事官和职掌人外,还有一部分隶属人员。如前述诸工、乐、杂户及太常音声人等特殊人户,"此等不同百姓,职掌唯在太常、少府等诸司"④。尽管称这些人职掌在太常、少府,但此处职掌并非概念性的职掌,因为在《通典》职掌中,并没有它们。通典中虽有乐工,但疑为"乐正"之讹。⑤那他们属于什么呢?《唐六典》中对乐人及音声人记载更为详细,"凡应教习,皆著簿籍,核其名数而分番上

---

① 杜佑:《通典》卷四〇《职官十九》,第1106页。
② 董诰编:《全唐文》卷二三《迎气东郊推恩制》《全唐文》卷四〇《南效大赦文》,第269、434页。
③ 李锦绣:《唐代财政史稿》上卷,北京:北京大学出版社,1995年,第905—919页。
④ 长孙无忌:《唐律疏议》卷三,第74页。
⑤ 唐长孺:《唐代色役管见》,《山居存稿》,第169页。

下……皆教习检察,以供其事。若有故及不任供奉,则输资钱以充伎衣、乐器之用。"① 乐人及音声人属于应教习之人,分番上下,不役纳资,这属于色役无疑。既然"职掌唯在太常、少府等诸司",又不属于官方意义上的职掌,而属于供役之人,那他们最终的身份就是职役人。如果说诸工、乐、杂户及太常音声人为职役人还仅仅停留在字面解析的话,那么,可以看一下唐代工部中的水部以及都水监,它们也都设有府史、亭长、录事、典事、掌固、监漕、漕史、渔师、津吏等职掌,但在保留下来的敦煌写本开元水部式中还有大量职掌以外的具体人员。兹按照王永兴先生的统计,将开元水部式中所涉人员撮略如下:

人员名称	人员来源	身份及人数	是否分番	免役规定
龙首泾等堰守堰人	所在州县	中男廿人,匠十二人	分番看守	
蓝田新开渠斗门长		一人,有水槽处置二人	恒令巡行	
扬子津开闭斗门人	扬州所管三府兵	三府兵及轻疾	分番守当	
沧、瀛等十州水手	沧、瀛等十州	三千四百人海运,二千人平河。	宜二年与替	仍折免将役年及正役年课役,每夫一年各帖一丁,人出二千五百文资助
都水监渔师	短番一百廿人,出虢州,明资一百廿人,出房州	二百五十人,其中长上十人。取白丁及杂色人五等已下户充。本司杂户、官户,并令教习,年满廿,补替渔师	各分为四番上下,每番送三十人。其应上人,限每月卅日文牒并身到所由	免其课役及杂徭
胜州转运水手	均出晋、绛两州	一百廿人取勋官充,不足兼取白丁	并二年与替	其勋官每年赐勋一转,赐绢三疋、布三端,以当州应入京钱物充。其白丁充者,应免课役及资助,并准海运水手例,不愿代者听之

---

① 李林甫等:《唐六典》卷一四《太常寺》,第 406 页。

续表

人员名称	人员来源	身份及人数	是否分番	免役规定
河阳桥、大阳桥水手	其河阳桥水手于河阳县取一百人,余出河清、济源、偃师、氾水、巩、温等县。大阳桥水手出当州	河阳桥置水手二百五十人,陕州大阳桥置水手二百人,仍各置竹木匠十人,在水手数内。并于八等以下户取白丁灼然解水者	分为四番。一补以后,非身死遭忧,不得辄替	并免课役,不在征防、杂抽使役及简点之限
都水监三津守桥人	都水监三津所在州县	卅人,于白丁、中男内取灼然便水者充	分为四番上下	仍不在简点及杂徭之限
三津木匠	都水监三津所在州县		四番上下	
蒲津桥水匠	本州	水匠十五人,并于本州白丁便水及解木(作)者充	四番上下	免其课役
孝义桥运笼水手		船别给水手一人	分为四番	

上表中的渔师在《通典》中明确为内职掌,斗门长虽不见于《通典》记载,但与外职掌津吏相似。除上述渔师和斗门长以外,还有守堰人、水手、供桥木匠、水匠、守桥人等。这些人不属于职掌,那么,属于什么身份呢?笔者认为他们也属于职役人。

首先,上述人都具有职的性质。从开元水部式的相关记载来看,上述人员有这样几个共性:第一,有各自固定员额。多到3400人的海运,还是少到每船仅给水手1人,都非常详细。第二,有各自固定的名称。像守堰人、水手、供桥木匠、水匠、守桥人等,都是专属名称,并且在一段时期内保持稳定。像沧、瀛等十州水手、胜州转运水手都是二年一替,就是说在二年周期里,其服务身份就是水手。而河阳桥、大阳桥水手非身死遭忧,不得辄替,几乎终身属于水手。第三,都隶属于水部司和都水监的职事范围。这些人员之所以被列入水部式中,是从法律上固定了他们被水部司和都水监驱使的义务。尽管水部式中涉及上述人员都有县司和检校官负责勾当检查,但经常会出现都水官司、专当官司、津司字样,说明他们都在水务部门的管理之下。另外,尽管这些人附贯于州县,但他们也会像乐人、音声人那样"皆著簿籍,核其名数而分番上下",因为据李锦绣先生研究,那些供桥杂匠,"如当年无役,准式征课",这些资课是纳于水部司或都水监,作为公廨财源的补充。既然这样,哪些人以式上番,哪些人追番不到,准式纳课,作为水部司或都水监的收益部门,不会不掌握具体情况。尽管囿于史料,尚看不到中央和地方水务部门的管理名簿。但日本宁乐美术馆藏吐鲁番文书中有都督府和折冲府各种管理上番烽子和镇人的簿籍,如《唐蒲昌府承帐、随番、不役、停番等名簿》《唐蒲昌府番上、不番上等名簿》《唐蒲昌府支配诸所人等名簿》《唐蒲昌府番上烽、镇人名簿》,[①]蒲昌府的这些名簿应该是上一年制定的。但在实际执行中人员有变化,如有死亡、差替、服丧、逃亡、没番等,故负责基层派役的蒲昌府要向上一级西州都督府申牒,并形成执行中的辅助名簿,如《唐蒲昌府军行不回、没番等名簿》、《唐蒲昌府终服、没番及现支配诸所等名簿》,根据上述名簿最终形成《唐蒲昌府来月应当番名簿》。[②]这些簿籍反映了唐前期军事部门在地方差课基础上更细密化的管理,由此反观唐前期地方水务部门,肯定对各色当番人有全面的掌握。这实际上意味着守堰人、水手、供桥木匠、水匠、守桥人与中央水部司、都水监和地方都水官司、津司的人事隶属关系。

上述人员所具有的共性特征与中国古代职官系统具有某种契合之处。这是因为,第一,中国古代因事设官,官有固定员数。如《唐律疏议》"诸官有员数"条称:"'官有员数',谓内外百司,杂任以上,在令各有员数。"[③]而且"署置过限及不应置而置,谓非奏授者。一人杖一百,三人加一等,十人徒二年"[④]。尽管唐代法律特别指出是杂任役上,起码职掌人有固定员数,但从开元水部式来看,僚属所驱使的人也有固定员数。第二,中国古代设官分职,因事设名。《周礼》中的设官分职,郑玄注云:"各有所职,而百事举。"[⑤]说的是因事设官,因官存名,在行政管理上有其优点。开元水部式中各类人员名称不一,供事不同,也是行政管理的需要。除此之外,开元水部式中各类人员是唐中央水部司与都水监行政职能系统的延伸。也就是说,

---

① 陈国灿、刘永增编:《日本宁乐美术馆藏吐鲁番文书》,第93页、第100页、第102页、第104页。
② 陈国灿、刘永增编:《日本宁乐美术馆藏吐鲁番文书》,第99页、第96页、第106页。
③ 长孙无忌:《唐律疏议》卷九,第182页。
④ 长孙无忌:《唐律疏议》卷九,182页。
⑤ 李学勤主编:《周礼注疏》,北京:北京大学出版社,1999年,第5页。

唐中央水部司与都水监要完成管理水务的职责,这些人员是其必要组成部分。正如前面所言,这些人之所以被列入水部式中,也是从法律上将他们与水部司和都水监绑定在一起。因此,虽然他们没有职官、职掌的管理权力,但却是行政运行中的具体执行者,也是整个水务系统履职的部分。

其次,上述人也具有役的性质。像沧、瀛等十州水手、胜州转运水手、河阳桥水手、大阳桥水手、都水监三津守桥人、孝义桥运笼水手,都有免课役,或免杂徭、征防、杂抽使等,说明他们属于课户,之所以免除课役,是因为他们本身正在服役。同时,上述人员多由白丁充役,而且分番供役。《唐六典》"工部水部郎中"条还记载各地渡子的分番供役:"渭水冯渡船四艘,泾水合泾渡、韩渡、刘控坂渡、眭城坂渡、覆篱渡船各一艘,济州津、平阴津、风陵津、兴德津船各两艘,洛水渡口船三艘,渡子皆取侧近残疾、中男解水者充。会宁船别五人,兴德船别四人,自余船别三人。薪州江津渡、荆州洪亭松滋渡、江州马颊檀头渡船各一艘,船别六人;越州·杭州浙江渡、洪州城下渡、九江渡船各三艘,船别四人,渡子并须近江白丁便水者充,分为五番,年别一替。"①白丁身份和分番说明这些人都属于均田农民,其治生之本为务农,分番是使其不误生产。役的特征是强制性、固定性和无偿性。上述人员尽管在是否从事上述服务上有所选择,但就为官府无偿服务方面是固定的义务,带有强制性。至于沧、瀛等十州水手的贴丁,唐长孺先生认为其服役时间超出了正丁免课役的50天界限。

综上观之,唐代工部所属水部以及都水监中管理的守堰人、水手、供桥木匠、水匠、守桥人等属于职役人。这样水部以及都水监的行政结构就比较清晰,即职事官——职掌——职役人三个层面。职事官居官任事,享禄食俸;职掌成分复杂,无流内品的流外官仍然具有部分官的待遇,无品职掌大部分通过长上谋得治生之资,属于胥吏阶层,职掌人都有机会跻身下层品官之列,而职役人本质上属于各行各业的劳动者,通过分番供役得以免除白丁类课役。在唐前期役制结构中,这些职役人分番所承担的役属于色役。这样,从职事官、职掌的角度分析,色役具有另一种性质就是职役。当然,色役作为职役,与职掌和职官的界限并非完全分明。唐长孺先生就曾指出职掌中幕士、门仆都属于色役,并进而认为:"内职掌中与幕士同属殿中省、同一类型的执驭、驾士等亦当是色役。其他如内职掌中渔师、亲事、帐内,外职掌中的白直,虽未见明标色役的记载,一般都认为是色役。"②

---

① 李林甫等:《唐六典》卷七《尚书工部》,第 226—227 页。
② 唐长孺:《唐代色役管见》,《山居存稿》,第 170 页。

可见,有些色役是职役与职掌兼而有之,换句话说,有些职掌本身也是职役人。同时,还有一些流内官也需要分番供色役,他们主要是无职事的低级散官和勋官,通过色役获得职资,从而进入职掌或职事官行列。故他们虽然身份是官,但也属于职役人,即也要服色役。

三、部门役:色役服务于官府的专门机构

前面谈及唐代色役的杂色役和职役性质,其中都隐含着色役为专门机构,包括机构中的特定等级官员服务的因素,不论是杂色人脱离白丁的免课役,还是职役人附于职事官、职掌之下的分番供役都与此密切相关。由此,凸显出色役的第三个性质,即部门役性质。如果从宏观角度考察,中国古代南北朝至唐前期官府用役系统具有层次性。一种是国家、社会层面用役,属于大系统,主体役种是正役和杂徭,这种用役带有公共性,但在皇权专制社会下,都带有"御中发征"[①]的私属色彩;另一种是各个官府部门的小系统用役,目标是完成其应承担的行政职能。正常情况下,属于官府部门的工作人员,应该有俸禄,或者说薪酬,但国家财政拿不出那么多钱来,故只能通过强制征用的役形式。从这一角度来说,国家行政人员的役化是中国古代官府解决财政负担的手段,从唐宋以后职役日渐占据征役主体地位来看,这也是中国古代社会后期役制发展的方向。部门用役的杂和职源于官府的分类设官,层层分职,它作为一个职能系统的末梢和最基础部分,最终发挥了不可替代的作用。

色役部门役的性质能让我们对其与正役、杂徭的区别有更深层次的认识。关于唐代官府部门的用役,中央六部各司以及寺、监的色役情况,史籍记载非常清晰。如乐人、音声人为太常寺色役,渔师为都水监色役;工匠比较复杂,有将作监、少府监,包括都水监也有专门的工匠。对此本文不再赘述。地方官府部门的色役倒是值得注意。尽管地方官府机构人员少、规模小,但其行政职能却面面俱到。唐中央有六部,地方官府则相应设置六曹,如州一级有司功参军、司仓参军、司户参军、司兵参军、司法参军和司士参军,到县一级,则有功、仓、户、兵、法、士六部门,对应州的六判司,每一个分支机构要完成行政职能都需要一定的职掌或职役人。就色役来说,除了白直、执刀、问事、门仆等,可能还有一些尚不为人熟知的色役形式。张玉

---

① 《睡虎地秦墓竹简·秦律十八种释文》,北京:文物出版社,1990年,第47页。

兴先生曾搜罗《唐六典》中未载的县级胥吏,有五百(伍伯)、捉不良或不良人、县门卒、县医工、手力、游缴、散手、县厅吏。[1]这里面最有可能为色役人的是县医工和不良人。据《太平广记》记载:"高邮县医工王攀,乡里推其长者,恒往来广陵城东。每数月,辄一直县。"[2]王攀作为医工,每数月到县当值,实为色役的分番和上番。关于唐代的不良人,《春明梦余录》中称:"缉拿番役,在唐称不良人"[3]。将这类役称为番役不乏吴震方立足清代役状的理解,但这类役也不排除唐代就是轮番服役的色役形式。由此不难发现,唐前期地方州县官府是具有部门役性质色役的深厚土壤,其色役种类远比史籍记录的复杂得多。

唐前期的官府部门还包括军事部门,如中央各卫、地方都督府和折冲府等,这也是色役作为部门役亟待厘清的领域。关于军事机构的色役,史籍中常见的有三卫、烽子和仗身,折冲府旅帅、队正、队副等也属于色役范畴。

三卫的概念出自《唐六典》"兵部郎中员外郎"条:"凡左、右卫亲卫、勋卫、翊卫,及左、右率府亲、勋、翊卫,及诸卫之翊卫,通谓之三卫。"又称:"凡诸卫及率府三卫贯京兆、河南、蒲、司、华、岐、陕、怀、汝、郑等州,皆令番上,余州皆纳资而已。"[4]三卫不纳资需要番上,这就涉及具体部门。虽然三卫的考核、纳资由兵部负责,但其具体所属部门却是中央各卫,管理者为各卫大将军以及中郎将,史载:"中郎将掌领其府校尉、旅帅、亲卫、勋卫、翊卫之属以宿卫,而总其府事;左、右郎将贰焉。若大朝会及巡幸,则如卤簿之法,以领其仪仗。凡五府之亲、勋、翊卫应番上者,则以其名簿上大将军,配于所职。"[5]三卫的服役内容主要是防卫皇帝、太子或宫城、皇城。从府兵设置来说,张国刚先生论证了三卫与外府折冲府相对的内府性质[6],这意味着三卫在本质上属于府兵卫士,但由于三卫由特殊的五品以上官子弟担任,又具体供职于中央军事管理部门,因而又具有职役色彩。由此能够发现,色役由白丁转化而成并非特例,卫士人群的特殊使役也能形成色役。无独有偶,部分烽子之役也有卫士承担的现象。《唐六典》"兵部职方郎中、员外郎"条中谈到置烽候之法,"大率相去三十里,(若有山冈隔绝,须逐便

---

[1] 张玉兴:《唐代县官与地方社会研究》,天津:天津古籍出版社,2009年,第156—157页。
[2] 李昉等:《太平广记》卷三五五《王攀》,北京:中华书局,1961年,第2814页。
[3] 孙承泽:《春明梦余录》卷六三,扬州:江苏广陵古籍刻印社,1990年,第429页。
[4] 李林甫等:《唐六典》卷五《尚书兵部》,第154、155页。
[5] 李林甫等:《唐六典》卷二四《诸卫》,第618页。
[6] 张国刚:《唐代府兵制的渊源与色役》,《历史研究》1989年第6期。

安置,得相望见,不必要限三十里)其逼边境者,筑城以置之。每烽置帅一人、副一人。"将烽候放在兵部,说明其隶属于军事部门,而且烽帅与烽副的设置更体现了这一特征。对烽子的征派,《烽式》中规定:"每烽置烽子六人,并取谨信有家口者充。副帅往来检校。烽子五人,分更刻望;视一人掌送符牒,并二年一代。代日须教新人通解,始得代去。如边境用兵时,更加卫兵五人兼守。烽城无卫兵,则选乡丁武健者给仗充"①。烽子二年一代,说明由白丁充当,但在边境地区,烽子可以由卫士或乡丁充任。因此,吐鲁番文书中上烽的烽子中出现卫士并不奇怪。

如果说三卫属于中央各卫的色役,烽子属于地方与军事机构相关的烽堠色役,那么,旅帅、队正、队副等则属于地方折冲府的色役。旅帅、队正、队副在《通典》中属于外职掌,但在《天圣令·杂令》中去不见于"杂任"条,而"杂任"条中所列为"折冲府录事、府、史"。②其个中原因是杂任属于长上人群,而旅帅、队正、队副需要分番供役的,属于色役。这方面新发现的《唐永徽五年(654)九月西州诸府主帅牒为请替番上事》③文书反映出这一情况。文书中称某人应当在今月一日番上,但值秋收时忙,请求更替,下面是"永徽五年九月一日岸头府旅帅张",说明这个姓张的人是岸头府的旅帅,应在九月一日上番服役。与其相连的还有"蒲昌府队正张元相",因后有"依替"字样,说明队正张元相与旅帅张某类似。另《唐永徽六年(655)某月西州诸府主帅牒为请替番上事》④文书也有"身当今月十六日番","种麦时忙"和"蒲昌府队副康护"字样。王永兴先生在天宝差科簿中曾谈到队副属于色役的问题,从这些文书的分番供役也能发现其色役属性。值得注意的是,旅帅、队正、队副供职于地方地方折冲府,同时属于卫官身份,也就是说其本身就是卫士。由此,在进一步呈现色役部门役性质的同时,也再次说明卫士服役中还有色役产生。

除产生于官府军事机构的色役外,对军事机构长官个人的配役也形成了仗身类色役。《唐六典》"刑部比部郎中员外郎"条谈到镇戍之官配仗身:"上镇将给仗身四人,中、下镇将、上镇副各三人,中、下镇副各二人,仓曹、兵曹、戍主、副各一人。其仗身十五日一替,收资六百四十文。"⑤《新唐

---

① 曾公亮:《武经总要·前集》卷五《烽火》,《中国兵书集成》第三册,北京:解放军出版社,沈阳:辽沈出版社,1988年,第205页。
② 《天一阁藏明抄本天圣令校证(附唐令复原研究)》,北京:中华书局,2006年,第377页。
③ 荣新江、李肖、孟宪实主编:《新获吐鲁番出土文献》,北京:中华书局,2008年,第116页。
④ 荣新江、李肖、孟宪实主编:《新获吐鲁番出土文献》,第118页。
⑤ 李林甫等:《唐六典》卷六《尚书刑部》,第195页。

书·食货志》分别谈到折冲府官、都护府官、宿卫官置仗身的规定。特别值得注意的是规定都护府官仗身"皆取于防人卫士,十五日而代",宿卫官仗身"取于番上卫士,役而不收课"①。仗身由卫士和具有军事性质的防人来承担非常明确。黄惠贤先生认为,仗身均为临时性派遣,包含在原色役和兵役之内,并不构成另一种役。②如果从卫士派役文书来看,的确杂乱无章,如有充仗身,有戍守,还有的上烽,但实际征派未必如此。前已谈到,日本宁乐美术馆藏吐鲁番文书中有都督府和折冲府各种管理上番烽子和镇人的簿籍,说明烽子上番管理非常严密。同时,仗身纳资也不会那么随意,不可能想纳资就纳资,想现役就现役,至少周期在一年之内,因为卫士上番一年也就三四次。所以,仗身在本质上和派给其他官员的防阁、庶仆、幕士、白直同样都是色役,只是它来自卫士、防人而已。

总之,在唐代前期,官府各机构用役已经自成系统。由于服役者在本部门之内附于职事官、职掌之后,人数固定,职责分明,因而具有职役性质。同时,承役者区别于官员、白丁、卫士等,归于特定的杂色人群体。故唐前期的色役无论在役的承担对象、服役内容,还是征派单位上都有别于正役、杂徭,是独立的役种之一。色役之所以没有被列入到《唐律疏议》或《唐六典》等法律文献的赋役之制中,是因为色役作为部门役的性质,更为重要的是色役一度为见役,不像正役、杂徭的庸被纳入到国家"支度国用"的计划中。这一点与户税具有地方支用性质没有与租、调、地税并列类似。因此,不能说法律文献中没有色役,就将其归入杂徭。关于色役与杂徭的区别,在承役者、服役内容以及派役机构上都差别明显,而且杂徭与正役一样,是国家财政"支度国用"的重要内容。③色役作为部门性役充斥着官府的各个机构,包括重要的军事机构,而色役人的来源更为复杂,有散官、勋官等流内品官,有官户、杂户等奴婢贱民,特别是还有一些色役从府兵的卫士身份中产生,这些流内品官、部曲奴婢以及卫士是不课户,本身就没有白丁的课役负担,故不能因为有些色役的免课役特征就认为它是正役、杂徭的替代形式。另外,分番供役与不役纳资的确是色役区别正役、杂徭的典型特征,但不构成色役的性质。因为分番供役是唐前期所有役的共性,包括府兵,甚至不算完全性质役的流外番役。尽管正役的二十日役期较短,但也是分番供役。如《隋书》载:"(高祖)仍依周制,役丁为十二番,匠则六

---

① 《新唐书》卷五五《食货志五》北京:中华书局,1975年,第1396、1398页。
② 黄惠贤:《唐代前身仗身制的考察》,《敦煌吐鲁番文书初探二编》,武汉:武汉大学出版社,1990年,第265页。
③ 吴树国:《试论唐前期"支度国用"中的杂徭》,《求是学刊》2007年第3期。

番"①,足见分番供役的渊源。至于不役纳资,在唐前期诸役中也很普遍,正役、杂徭不役纳庸,甚至色役中课与庸之间都有直接关联,至于不役纳资为赀钱,而非庸绢,最直接的原因是公廨钱以钱为本,这恰恰反映了色役部门役性质。

① 《隋书》卷二四《食货志》,北京:中华书局,1973年,第680页。

唐宋时期分家律法演进趋势论析

王美华

分家,是指家产的分割继承、户籍的拆分另立,是指门户的代际传承,是家族制度体系构建的重要内容,更是中国古代社会演进中的基本节拍。[①]中国古代的分家制度是动态的制度,呈现出渐趋演进的脉络轨迹,而其中的关键点正是唐宋时期。唐宋时期,国家礼、法体制不断完善,礼教推行意识不断提升,国家针对分家事务的律法比以往时代更趋明确、细致和严格,表现出了从宏观调控到具体规制、从宣示礼教原则到制定具体操作性举措的演变。[②]把脉和厘清由唐至北宋再至南宋这一"长时段"内分家律法的演变轨迹,分析其背因,揭示其内涵,无疑有助于今人更趋清晰地认知中古家族制度的发展脉络,更为全面地界定唐宋时代社会变革的趋势特征。

---

① 一般而言,家庭是为由祖、父、孙三代或者父、子两代直系血亲关系组成的生活单元结构,是中国古代社会中的基本构成单位。当一个家庭分析为若干个家庭时,这若干个血缘关系近密的家庭总合称为家族。若干个血缘关系较为疏远的同姓宗亲家族的总合则称为宗族。因此,个体家庭的析分,是家庭的延续和传承,更是家族的构建和发展。

② 20世纪上半期日本学者仁井田陞以及滋贺秀三首先围绕中古家族财产继承权问题展开争论;20世纪后期,柳田节子、高桥芳郎、大泽正昭等人亦纷纷发表论著阐述论点。国内学者的关注兴起于20世纪80年代以后,先是在张晋藩、刘俊文等人的法制史研究中有所涉及,其后袁俐、魏天安、郭东旭等人开始进行专题研究,邢铁在90年代以后对唐宋分家制度展开深入探讨。柳立言、李淑媛等台湾地区学者自90年代亦对分家问题有所讨论。本世纪初以来,包伟民、尹成波等人陆续发表论述。总的来看,针对唐宋时期分家制度的研究,学者关注点或者集中于唐,或者集中于宋,或者只是通论著述中涉及到唐、宋而已,对贯穿唐宋两代的"长时段"的讨论,尤其对由唐至宋分家律法演变的梳理仍有欠缺。此外,以往研究多数从法制史的视角阐释问题,少数从社会经济史的视角来考论分家律法,从礼教推行、国家加强对家族干预的视角的考察仍有明显阙略。本文正是在以往研究成果的基础上,以贯通唐宋的"长时段"考察为基础,力求清晰梳理由唐至宋分家律法规定的演进脉络,以揭示国家对家族干预不断强化的趋势特征。

一、父母在禁别籍异财：唐代针对分家析产的律法规定

一般认为，中国古代的分家模式至迟于战国时代就已成型，其时"生分"①（父子异财别居）之俗已现，秦时更曾直接颁行民有二男以上分居的政令②。至于汉代，父母逝而兄弟仍同居者甚至"乡党高其义"，社会中父母在诸子已分家的情况普遍。然汉代以来，随着儒家思想主导地位确立，礼教伦理观念直接影响着国家制度法令，由此开始强调父母在诸子不得分居析产，提倡父母亡后诸兄弟再行分家。③至曹魏订修律令之际，直接"除异子之科，使父子无异财"④，明确宣示着符合儒家礼教伦理观念的父子同居共财的家庭范式成为律法的导向。南朝刘宋时，针对江南地区士大夫之家"父母在而兄弟异计"、庶人之家"父子殊产"的情况，有臣僚直接指明此为"教之不敦"，认为朝廷应该宣明禁令"以革其风"，"先有善于家者，即务其赏，自今不改，则没其财"，⑤也正是源于儒家孝悌伦理观念、推行礼教的意识。隋时为防止民家避役免赋，在州县大索貌阅清查户口、施行析籍括户举措时，强令"大功已下，兼令析籍，各为户头，以防容隐"⑥，亦只是要求堂兄弟辈必须析产异居别籍，而不要求父子析籍析产。

李唐王朝建立之后，在沿袭、损益前代律法的基础上，撰制完善本朝的律令制度，颁行《唐律》，父子同居共财的礼教导向在唐律中得到了着意凸显和清晰诠释。《唐律·户婚》之"子孙别籍异财"条曰：

> 诸祖父母、父母在，而子孙别籍、异财者，徒三年。别籍、异财不相须，下条准此。若祖父母、父母令别籍及子孙妄继人后者，徒二年；子孙不坐。⑦

---

① 《汉书》卷二八下《地理志下》，北京：中华书局，1964年，第1647页。
② 据《史记·商君列传》中的记载，商鞅于秦国施行新法时，曾规定民有二男以上不分居者"倍其赋"，意在秦国推行个体小家庭模式，禁止父子兄弟同居的家族生活形态。
③ 邢铁指出：中国古代有两种分家模式：多次性析分和一次性析分。前者指父母在世时诸子随着结婚而陆续分财异居，到父母年迈或去世以后再分一次，最后分清。后者指父母在世时不分财异居，父母亡后诸子一次性分清财产。参见《唐宋分家制度》，北京：商务印书馆，2010年，第7—33页。
④ 《晋书》卷三〇《刑法志》，北京：中华书局，1974年，第925页。瞿同祖认为："儒家有系统之修改法律则自曹魏始"，以礼入法的程序自魏晋已经开始；中国法律的儒家化经魏晋南北朝已大体完成，不待隋唐始然。《中国法律与中国社会》，北京：中华书局，2003年，第362页。
⑤ 《宋书》卷八二《周朗传》，北京：中华书局，1974年，第2097页。
⑥ 《隋书》卷二四《食货志》，北京：中华书局，1982年，第681页。
⑦ 刘俊文：《唐律疏议笺解》卷一二《户婚》，北京：中华书局，1996年，第936页。

律文包含两方面涵义:一是对子孙别籍异财的刑罚,二是对尊长令子孙别籍的刑罚。对于前者,按《疏议》所云:"若子孙别生户籍,财产不同者,子孙各徒三年",所谓"别籍、异财不相须",亦即无论是籍别财同还是户同财异,皆徒三年。在此明确了尊长(祖父母、父母)在则子孙不得分家析居、另立户籍的原则态度,违反者将受到徒刑三年的惩罚。对于后者,《疏议》又有云:若尊长"令子孙别籍",尊长得徒二年,子孙不坐。只云"令别籍"而不云"令其异财",在于"令异财者,明其无罪"。①显然律法给予尊长分析家产的主导权,而未给其令子孙别籍即另立户籍的权力。换言之,祖父母、父母可以进行"生分"令子孙异财,只要不另立户籍即不构成违法犯罪。值得注意的是,唐律还特别将父母在子孙不得别籍异财的限制要求延伸到了父母"不在"时,亦即父母的丧期中。唐律"居父母丧生子"条规定:"诸居父母丧生子及兄弟别籍、异财者,徒一年"②。明确禁止诸子在父母丧期内③析分家产、别籍异居,允许其在父母丧期结束后进行分家活动。居丧分家,之所以成罪,亦在于其实为"背礼"。"礼以亲丧为大痛",居丧时子孙当沉浸于哀伤之中,守制行礼,以示尊亲;居丧别籍、异财,析分财产、各立门户,乃是"忘哀违亲"的不孝之举,败礼丧俗,遂不得不加以惩戒。④总体而言,唐律循礼教精神,倡导父子同居共财的家庭模式,明确尊长(祖父母、父母)在家内对财产分析的主导权,对于违背尊长意愿的分家行为给予严厉惩罚。

  唐律规定了子孙别籍异财罪、父祖强令别籍罪的刑罚标准,二者皆属于"违礼即罚"。前者为"子孙有亏侍养",后者乃"父祖教子不伦","故律设此专条惩治之"。⑤前者之罪罚尤重,因违背孝道,恶伤礼教,"稽之典礼,罪恶难容",遂被定为"不孝",列入"十恶"之中。⑥"十恶"之条,在唐律中被特别置于篇首,为危害甚大的罪行,犯此罪者常赦不原,不准议请减,有官者除名。子孙别籍异财罪的甚大危害恰恰在于其违背孝悌伦理之道,败坏了礼教宗法精神。《四库全书总目提要》中曾云:"论者谓唐律一准乎礼,以为出入得古今之平"。旗帜鲜明地倡导父子共财同居,强调孝悌礼教,禁绝父子别籍异财之事,恰是唐律"一准乎礼"的重要体现。亦需注意

---

① 刘俊文:《唐律疏议笺解》卷一二《户婚》,第 936 页。
② 刘俊文:《唐律疏议笺解》卷一二《户婚》,第 939 页。
③ 此处所谓丧期,按照唐制实为二十七月。亦即居父母丧的二十七月内,兄弟不得别籍、异财。
④ 刘俊文:《唐律疏议笺解》卷一二《户婚》,第 940 页。
⑤ 刘俊文:《唐律疏议笺解》卷一二《户婚》,第 937 页。
⑥ 刘俊文:《唐律疏议笺解》卷一二《户婚》,第 937 - 938 页。

的是,唐律禁止子孙违背尊长意愿强行分家,允许尊长主导的分家析产的行为,是因为家产的分析只是家内之事,这也是国法对于尊长治家权的认可;然律法明确禁止尊长令子孙别立户籍的行为,是因为户籍的析分则涉及到国家赋役征收①,而此已经不是家内之事了。这种界定,促成了分家的民间与官方的二重意义,由民间来说,异财就是分家,但从官方而言,别籍才承认分家,于是可看到唐代民间出现的父子、兄弟异财分居但持有共同户籍的"实分名不分"现象。②

唐代律法虽然就分家问题明确列出了刑罚禁绝,然一方面因其并不具体干涉尊长析产别居与否,以及如何析产,给予尊长治家的较大运作空间③,另一方面其对父母丧后的分家活动亦只是简单规制,即令文所谓:父母丧后分析家产时,应分田宅及财物者,兄弟均分;妻家所得之财,不在分限;兄弟亡者,子承父分。或者亦可以认为,唐代分家律法的规定其实只是一种较为"宽泛"的礼教倡导、宏观调控而已,并非细致具体。天宝元年正月,唐玄宗曾就"百姓之内,有户高丁多,苟为规避,父母见在,乃别籍异居"的情况,特颁敕令州县勘会,"其一家之中,有十丁已上者,放两丁征行赋役。五丁已上,放一丁。即令同籍共居,以敦风教。其侍丁孝假,免差科。"④针对民间为规避赋役而父子别籍异财的情形,朝廷显然并未一味强调执行律令、严惩重罚,反而敦促州县采取放两丁或一丁征行赋役的方式,减轻"户高丁多"之家的赋役负担,以敦劝民家同籍共居,倡导孝悌之道。从天宝元年敕文可见,在既有国法律条、刑罚规制的前提下,玄宗并未打算使用强制高压手段来执行别籍异财之法,而是选择行用温和劝导的"化民之术"⑤,由此我们对唐代分家律法的礼教内涵将有更进一步的理解。然唐代国家针对分家的律法却在肃宗时有了更为严厉的刑罚规定。乾元元年四月敕曰:"百姓中有事亲不孝,别籍异财,玷污风俗,亏败名教,先决六十,配隶碛西。有官品者,禁身奏闻。"⑥此敕更改唐律中子孙别籍异财"徒三

---

① 当我们在考量分家析居的普遍意识之际,不可忽视唐代赋役征收制度中按照田产、丁男确定户等高低的做法,对分家析产、另立户籍有直接影响。
② 参见张国刚《唐代家庭与社会》,北京:中华书局,2014年,第30页。
③ 唐代律法将父祖在世时子孙违背尊长意愿的分家行为定位为"不孝"之罪,如何判定分析家产违背尊长意愿,就需要尊长提出诉讼,而这种情况在由尊长占据主导的家庭内部,似又不会经常出现,因为当尊长无法制止子孙的分家意愿时,往往就会同意析产异财,以平息矛盾。
④ 《旧唐书》卷四八《食货志上》,北京:中华书局,1975年,第2091页。
⑤ 顾炎武撰、栾保君、吕宗力校、黄汝成集释:《日知录集释》卷一三《分居》,上海:上海古籍出版社,2006年,第812页。
⑥ 王钦若等:《册府元龟》卷六一二《刑法部·定律令四》,南京:凤凰出版社,2006年,第7070页。

年"的刑罚规定,实行先决六十的杖刑,再配隶碛西的流刑,杖流并施实际正是"由一刑变二刑,由徒刑入流刑"①,处罚明确加重,且对有官品者提出附加的特殊惩处措施。学者多认为,这种改变可能出于赋役征收的考虑②。仔细分析敕文内容可知,其针对的还是子孙"事亲不孝"违背尊长意愿的分家行为,同样并不涉及尊长主导的分家活动。即使是明确加重了刑罚标准,肃宗此份敕令可能也是为了着意督责百姓尤其是官员遵守礼法规制,在乱世之中极力申明孝悌伦理、礼教之道,因此乾元敕文的礼教导向意义依然鲜明。

综上所述,在沿袭前代旧制的基础上,唐代国家针对分家事务进行了明晰的规制,凸显了对父子同居共财的家庭模式的倡导,着重对违反尊长意识的分家行为的刑罚,充分体现了律法准于礼、违礼即罚的特点。但是,唐代律法对于分家的规定仍保留了较大的运作空间,更大意义上只能算是一种礼教原则的宣示。至于宋代,这种情况却发生了明显的变化。

二、许占田以充祭祀:北宋国家应对分家诉求的举措与规制

赵宋王朝建立后,礼法诸事多沿唐制。建隆初所定《宋刑统》,"参酌轻重为详,世称平允"③,其基本体例、条目多损益唐律而来。唐律准于礼的精神亦被《宋刑统》所承袭。《宋刑统·户婚律》之"父母在及居丧别籍异财居丧生子"条即定:

> 诸祖父母、父母在,而子孙别籍异财者,徒三年。别籍异财不相须,下条准此。若祖父母、父母令别籍,以及子孙妄继人后者,徒二年,子孙不坐。
>
> 诸居父母丧生子,及兄弟别籍异财者,徒一年。④

无论是律文规定,还是疏议所述,《宋刑统》与《唐律疏议》之间相差无几。《宋刑统·名例》之"十恶"条目中,亦将祖父母、父母在而子孙别籍异财,

---

① 刘俊文:《唐律疏义笺解》卷一二《户婚》,第938页。
② 李淑媛:《争财竞产:唐宋的家产与法律》,北京:北京大学出版社,2007年,第15页。
③ 《宋史》卷一九九《刑法志一》,北京:中华书局,1977年,第4962页。
④ 《宋刑统》卷一二《户婚》,北京:中华书局,1984年,第192页。

定义为"不孝"之罪①,收列其中。显然,宋初国家对维护家法伦理、倡导同居共财、推行礼仪教化的态度,是与唐代一致的。而此亦使我们更进一步界定唐肃宗乾元元年敕文的重罚,是战乱时整治风俗、强调礼仪秩序的急需之举,而非常态。值得注意的是,类似重罚举措亦出现于北宋时期,其刑罚甚至更"重"。

开宝元年六月,宋太祖针对西川及山南诸道地区由来已久的"亲在多别籍异财"风俗②,进行打击禁绝,特颁诏所在长吏"明加告谕,不得更习旧风"③,申戒百姓"违者论如律"④。此时平定后蜀仅三年,从诏文可见,宋朝廷意欲在川蜀之地推行王化礼教,宣明朝廷的礼教态度,强调国家律法规范,以纠正蜀地旧俗。这也是北宋国家力欲在蜀地迅速建立权威的一种手段和途径。但由于效果不显,旧俗难改,开宝二年八月,宋太祖再次颁诏,加大重罚的力度,明令川峡诸地"察民有父母在而别籍异财者,论死。"⑤别籍异财者"论死",可谓是重罚之极了。后蜀旧地的严判重罚直到宋太宗时期才予以解除。太平兴国八年十一月,有诏云:"川、峡民祖父母、父母在,别籍异财者,前诏并弃市,自今除之,论如律"⑥。"论死"之罚被废止,恢复了按循律文的判罚。沈家本在《历代刑法考·律令六》中评价此项举措时曾云:"此法太重,当为一时一地而设,故太宗除之。"⑦沈氏从历代刑法的沿革考察,认为别籍之罪定为死刑,判罚太重,然其亦指明此乃一时一地之特设。尽管宋太祖针对蜀地别籍异财固习的重罚之举,只是一时之需未能持久,但由此却可见宋人显然比唐人更趋关注分家的律法规制、宗法伦理的规范在基层地域社会中的实际推行⑧。

值得注意的是,宋时强调分家法令在地域社会中的实际推行,却并非一味强调重罚严判,亦有根据实际民情的缓和做法。例如,天禧三年七月,真宗特颁诏曰:"福建州军伪命已前部民子孙别籍异财,今祖父母已

---

① 《宋刑统》卷一《名例》,第11页。
② 《宋史》卷八九《地理志五》,第2230页。
③ 佚名:《宋大诏令集》卷一九八《禁西川山南诸道祖父母父母在别籍异财诏》,北京:中华书局,1962年,第730页。
④ 李焘:《续资治通鉴长编》卷九,太祖开宝元年六月癸亥,北京:中华书局,2004年,第203页。
⑤ 《宋史》卷二《太祖本纪二》,第30页。
⑥ 李焘:《续资治通鉴长编》卷二四,太宗太平兴国八年十一月癸丑,第556页。
⑦ 沈家本:《历代刑法考》之《律令六》,北京:中华书局,1985年,第971页。
⑧ 包伟民、尹成波在《宋代"别籍异财法"的演变及其原因探析》文中分析了宋代"别籍异财法"的演变原因:第一,新平定地区的固有习俗;第二,繁重的差役;第三,家庭内部财产纠纷。《浙江大学学报》2009年第3期。

亡,诣官诉均分不平者,不限有无契要,并以见佃为主,官司勿为受理。"①此诏正力欲解决福建地域推行父子共财同居的礼法规制而引发诉讼纷纭的局面,其后真宗"寻诏江南诸州军亦如之",正是针对别籍异财律法在江南地域实际推行的考量。但礼教原则、律法规制与南方地域父子别籍异财的固习之间的相违,显然并非轻易解决得了的。至天圣七年五月,仁宗还曾特下诏:"广南民自今祖父母、父母在而别籍者论如律,已分居者勿论。"②此时距赵宋统治进入两广之地几近60年,两广地域不仅析产分家旧案诉讼风潮并未平息,父子别籍异财的风俗显然亦仍存在,朝廷不得不再次强调,已成事实者不论,而"自今"以后必须论判如律。事实上,无论是川蜀地区的重罚举措,还是福建两广地域的缓和推进,无不表明比之唐时,宋代国家的分家律令在地方社会得到了更趋广泛地推行。

北宋中期,分家律法在沿袭唐律的基础上有了新的变化,开始着重关注对父母逝世后分家析产进行具体条理和规制。换言之,宋代国家对分家事务的关注点开始从"不分"的礼教倡导扩展到对"如何分"的具体制约。而这一情形的出现与朝廷层面、官僚群体的分家诉讼纠纷不断直接相关。从文献记载来看,宋初以来,官宦之家分家析产诉讼纷纭,其中亦不乏名臣世家,皇帝也屡屡参与到显贵官僚分家具务之中③,以免重臣身死诸子争产不断而"辱于父"④。官僚士大夫群体对分家争讼败坏礼法的清晰认知,对"父在已析居异籍,亲未尽已如路人"的痛心疾首,直接推动了朝廷的政令举措。真宗曾明诏有司将"诱人子弟析家产者"擒捕流配,意在维系家内秩序、推行禁止父子别籍异财的法令。然此时却有官僚特别奏请朝廷颁令强调:父祖未葬者"毋得辄析"⑤,亦即允许葬后分析,明确缩短了父祖亡后禁止分析的时限。葬后分析,与"居丧"不得别籍异财的律法旧制明显相违,显然已不再坚持按礼义定制,而是针对士民百姓往往是"父祖未葬而析居"的实情进行的律令调整。此后,北宋国家对于父祖亡后的分家活动的规制日趋细致。

仁宗景祐四年正月,诏曰:"应祖父母、父母服阕后,不以同居、异居,非因祖父母财及因官自置财产,不在论分之限。"又诏:"士庶之家,应祖父

---

① 李焘:《续资治通鉴长编》卷九四,真宗天禧三年七月丁卯,第2160页。
② 李焘:《续资治通鉴长编》卷一〇八,仁宗天圣七年五月己巳,第2513页。
③ 江少虞:《宋朝事实类苑》卷二三《官政治绩》,上海:上海古籍出版社,1981年,第278页。
④ 《宋史》卷二五九《崔彦进传》,第9007页。
⑤ 《宋史》卷二九八《马亮传》,第9917页。

母、父母未葬者,不得析居。若期尚远,即听以所费钱送官,候葬日给之。"①此两诏的颁布,表露出国家应对社会上普遍存在的分家诉求的举措。宋初律法沿用唐制,规定:分家时,应分田宅及财物由兄弟均分,唯"妻家所得之财,不在分限"②。前一诏令特别提出了非因祖父母财及因官自置财产不得论分,事实上是改进律法,明确了子孙自有财产权,进一步界定了析分家产的范围,对于子孙个体的私产予以保护,亦在于减少分析家产之际的纠纷诉讼。后者则是在真宗时"父祖未葬毋得析居"律令基础上的进一步调整,特别强调士庶之家在父祖下葬(葬礼仪式完整举行)之后才能析居,意欲限制父祖丧未及葬子孙便急于析产分居的行为。然诏令亦考虑到延迟下葬甚至多年停柩不葬的社会风俗的存在,申明若葬期不定则子孙亦可分家析居,为确保父祖将来的安葬之礼能够得以实行,不至于因为子孙析居之后或陷入贫苦窘迫无力安葬,抑或因争财各顾私家不愿负担葬礼费用,致使父祖灵柩久停无法下葬,遂需先将举行葬礼所需的资金交付官府,才可进行分家析居的活动。景祐四年诏令,既顾及到子孙私财的权益,也放宽了父祖丧后分家的限制,从中可以看到,朝廷贴近官民之家的生活实际规范分家行为,定制的具体律法具有明确操作性。

神宗时更趋周备的分家规制渐趋形成。熙宁元年二月,神宗颁诏:"今后曾任中书、枢密院及节度使以上,所居第宅,子孙不得分割。"③表明国家直接以法令强制手段干预高级官僚群体的分家事务,以求宰相、枢密使等国家高级显贵阶层在身死后,子孙分析之际其家族能够保留居第旧宅。尽管这种祖宅保护法令能在多大程度上真正维系显贵家族的传承和延续还是值得商榷的,但是显然其时朝廷层面已经清晰意识到了进一步干预分家事务的必要性。哲宗元祐元年,在熙宁元年诏令基础上规定:宰臣执政之子孙,"不能乞分祖父所置居第及坟地,若实穷乏,有司验实听分"④。明确将坟地亦纳入到了不可析分的范畴之中。虽然仍有子孙穷乏的实际考量,但国家禁止私分居第及坟地以维系家族延续的明确态度却是毋庸置疑的。至元祐三年九月,根据三省奏请所下诏敕,分家限控再趋详尽⑤,主要在于:其一,限控显贵官员群体的范围扩大,由原来的宰相、执政层次扩展到太中大夫、观察使以上;其二,调控禁分的家财范围扩展,从居第及坟地不在分

---

① 李焘:《续资治通鉴长编》卷一二〇,仁宗景祐四年春正月乙未,第2820页。
② 参见《宋刑统》卷一二《户婚律》之"卑幼私用财",第197页。
③ 徐松辑:《宋会要辑稿》刑法2之33,北京:中华书局,1997年,第6512页。
④ 李焘:《续资治通鉴长编》卷三八九,哲宗元祐元年十月丙申,第9468页。
⑤ 李焘:《续资治通鉴长编》卷四一四,哲宗元祐三年九月乙丑,第10064页。

限,扩展到"许占田以供祭祀",即在分析之前可以预留出固定数量的田地作为供给祭祀者,此祭田单独定立税籍不许分割典卖;其三,明确祭田的用处以及典卖祭田的刑罚标准,祭田所得供祭祀之余,可"分赡本族","如辄典卖,依卑幼私辄典卖法"。同时还强调不得无故毁拆及斫伐墓地内林木。检视此次诏意,新创之举显然在于明确"许占田以供祭祀",即从法律角度强调设置家族"祭田",此祭田单独注册税籍,不许子孙分割典卖、只供家族祭祀、有余则分赡本族。从祖宅、墓地不在分限,到设置祭田专供祭祀并赡养本族,国家力图维系官僚显贵的家族秩序,使其家族祭祀不因子孙析居分财陷入贫困而断绝,使其族人不因穷乏困窘而分崩离析的用意彰显无疑。元祐七年七月,哲宗又颁诏对宗亲的分家事宜进行了规范①,基本遵循了元祐三年的分家诏敕规制。及至元祐七年十一月,朝廷又将诸太中大夫、观察使以外的官民全部纳入到了分产限控范围之内,诏曰:"余官及民庶愿以田宅充祖宗缯祀之费者亦听,官给公据,改正税籍,不许子孙分割典卖,止供祭祀,有余均赡本族。已上辄典卖,依卑幼私辄典卖法。"另外,此次还对元祐三年诏令予以补充,规定太中大夫、观察使以上居第"虽有分人",亦不得无故毁拆典卖。②至此,宋代国家的分家限控明确扩展到了所有官民层面,从法律层面力求保障家族祭祀、救济的费用,确保家族延续的根基。值得注意的是,关于祭田的设置,无论是在元祐三年诏令中的"许"字,还是元祐七年诏文中的"愿"与"听"二字,都表明其是一种考虑官民之家实际生活状态的礼法倡导,而非强制要求。

总的来看,北宋仁宗朝以后,国家对分家事务干预限控越来越明确具体,干预对象从高级显贵群体外延到普通官吏民庶之家,限控内容从居宅、墓地不可分割,扩展到专设祭田以保证家族祭祀并周济族人。这些具有针对性的分家干预限控规制,表明在家族维系艰难之际,在争讼析产、典卖祖宅、毁拆墓地、断绝祭祀等败坏礼法者屡屡常见的情况下,国家着意于维护家族礼法秩序的努力。正如前文已有论及,秦汉以来子壮则出、父子别居异财的现象其实一直普遍,即使由魏晋至隋唐朝廷礼教姿态渐趋详明,但是父子别居异财的现象仍然常见,尤其中原以外的地域中因礼法观念薄弱,父子别籍异财更为固习。③然入宋以后,朝廷屡颁诏令推行别籍异财

---

① 李焘:《续资治通鉴长编》卷四七五,哲宗元祐七年七月庚戌,第11324页。
② 李焘:《续资治通鉴长编》卷四七八,哲宗元祐七年十一月甲申,第11393页。
③ 《隋书·地理志》载曰:蜀之地域,"小人薄于情礼,父子率多异居";江南"俗信鬼神,好淫祀,父子或异居,此大抵然也";自岭已南二十余郡,"其人性并轻悍,易兴逆节……父子别业,父贫,乃有质身于子"。第830页、886页、888页。

之法,更直接干预官僚宗室乃至民庶的分家事务,制定禁止典卖祖宅和毁坏墓地的法令,提出设置祭田以维系家族延续的举措,这是以往任何朝代皆未曾有之事,标志着中古分家律法的重要演进。北宋时期分家律法的发展,表露出国家意图在分家析居的诉求下,在个体小家庭的基础上,构建一种具有普遍意义的家族礼法体制的努力,而此与北宋中期以来官僚士大夫群体积极倡导、鼓吹的敬宗收族的风气无疑直接相关。[1]

三、亲在即许分析:南宋时期分家律法的纠结与推进

南宋建立之初,政局不稳,无心礼教之事。及国势稳定,礼教法制的推行即提上日程。倡导父子同居共财、禁止别籍异财等律法,因关涉到家族的稳定以及社会秩序的维系而备受重视,北宋时期的分家律令基本被承续下来。绍兴十二年六月,有上言者奏请:"乞禁止父母在,别籍异财之事"。宋高宗却曰:"此固当禁,然恐行法有弊,州县之吏科率不均,民畏户口大而科率重,不得已而为,诚可怜者。宜并申严科率之条,乃善。"[2]高宗之言表明了此时针对别籍异财法实际推行的考量,已非全然礼教原则的宣示,而是强调考虑民家之所需,顾及州县科率所造成的困扰,士庶百姓之家可能会因为科率困扰不顾礼法规制直接分家析居、别立户籍。换言之,同居共财的倡导,不只是单纯礼法规制,更与地方基层社会的赋役体系、民户之家的生活需求等直接相关。恰因这种清晰认知和现实关注,南宋分家律法的着重点表现在于对父母在世时别籍异财法的改进。

唐律"子孙别籍异财"条规定,父祖"令别籍"者徒二年而未言及"令异财"的刑罚,其隐含之意在于"令异财"者无罪;北宋沿袭此法文句不变,亦隐含认可尊长对家内财产的析分。南宋孝宗朝律令删定之际,修改别籍异财旧法,将此隐含之意公开宣示出来,明确父母在世时分拨财产、令子孙异财的合法性,并收入当朝汇编的《淳熙事类》[3]之中。然此举遭到一些崇尚礼教的官僚士大夫的质疑。例如朱熹曾指出《淳熙事类》中删改

---

[1] 参见王善军《宋代宗族和宗族制度研究》之《唐宋之际宗族制度变革概论》,石家庄:河北教育出版社,2000年,第 20－32 页。

[2] 李心传:《建炎以来系年要录》卷一四五,高宗绍兴十二年六月乙亥,北京:中华书局,2013年,第 2739 页。

[3] 《淳熙事类》即《淳熙条法事类》,今此书已经佚失。按《玉海》卷66《诏令·律令下》之"淳熙条法事类"条记载:淳熙四年八月修成《淳熙敕令格式》,及淳熙六年又有诏取敕令格式"随事分门"纂成一书,七年五月成书,明年三月颁行,是为《淳熙条法事类》。

旧法太多"遂失当初立法之意",其最突出者就是"著令"父母在堂"许私分"。①朱熹明确反对因欲避免父母亡后的析产诉讼而"著令"允许父母在世时异财析产,认为这是"以一时之弊,变万世之良法"。②再如吏部侍郎李椿亦奏议指出:著令"父母在日,许令标拨产业",往往造成父母逝后"词诉纷纷"的局面,因轻议改旧法"以从私欲",不行礼教"遂致风俗薄恶",而"不复有中原承平浑厚之风"。李椿因此特请悉循旧法,"以绝争端,以正风俗"③。朱熹和李椿的观点无疑代表一些官僚士大夫积极倡导父子同居共财、严格禁止父母在别籍异财、强化家族礼法秩序的礼教认知。而这种认知不仅表现在其对朝廷改进别籍异财法的质疑和谴责,还屡屡表现其在地方社会具体的司法实践之中,严判别籍异财类的诉讼,或将父母同意进行析产的"关约""尽行毁抹",令谕兄弟"依旧同居共财"④,或者以父祖令异财析产者"罪之"。朱熹知南康军时甚至特颁劝谕榜文,严禁父母在析产异居,明确指出"更有似此弃违礼法、伤害风教之人",长吏当"教训纠禁"。⑤这种督责析产别居者复同居共财、明确禁止父母在析产异居的行为,更多遵循的是礼教精神而非当朝别籍异财法令,以至于光宗绍熙初御史林大中针对此倾向特别提出奏议。其曰:

> 律有别籍异财之禁,祖父母、父母令别籍者减一等,而令异财者无罪。淳熙敕令所看详亦然。今州县不明法意,父祖令异财者亦罪之。知美风教之虚名,而不知坏风教之实祸。欲申严律文疏议及淳熙指挥,若止令其异财,初不析开户籍,自不应坐父祖之罪。其非理破荡所异田宅者,理为已分则不肖者,不萌昏赖之心,而其余子孙皆可自安,实美化移风之大要也。⑥

奏上,光宗有诏颁行,督责州县地方按朝廷分家析产的律令行事,不得严苛刑罚,不得定罪父祖主导的分家异财行为。在绍熙三年三月的户部看详

---

① 黎靖德:《朱子语类》卷一〇六《外任·漳州》,北京:中华书局,1986年,第2650页。
② 黎靖德:《朱子语类》卷一〇六《外任·漳州》,第2649页。
③ 杨士奇等:《历代名臣奏议》卷一一七《风俗》,文渊阁《四库全书》本,第436册306页。
④ 朱熹:《晦庵先生朱文公文集》卷九九《晓谕兄弟争财产事》,《朱子全书》本,上海:上海古籍出版社,合肥:安徽教育出版社,2002年,第4585—4586页。
⑤ 朱熹:《晦庵先生朱文公文集》卷九九《晓谕兄弟争财产事》,《朱子全书》本,第4585—4586页。
⑥ 楼钥:《攻媿集》卷九八《签书枢密院事致仕赠资政殿学士正惠林公神道碑》,文渊阁《四库全书》本,第1153册507页。

中,亦有明文曰:"凡祖父母、父母愿为摽拨而有照据者,合与行使,无出入其说,以起争端"①。按此,朝廷特别重申了祖父母、父母主持的异财行为的合法化,明确父祖令异财无罪,公开承认尊长主导"生分"的字据文书的合法性。而此次特别申严律令的出发点也值得关注,恰如林大中所言:承认父祖主导的"生分"异财,有助于家族内部的稳定,维护子孙的各自利益。鉴于社会上"父母高年,怠于管干,多将财产均给子孙"②的现象很是常见,因此这一规制到宁宗时仍被认为"至今为便"。在宣明"生分"的合法性的基础上,至理宗时南宋朝廷进一步明确了"生分"时设置养老保障的问题,以确保诸子析产别居之后,父母养老有所依。其法在于:分家之际预留一定数量养老田,以做赡养之资,其余田产物业由诸子均分。③此举显然是对"生分"的具体操作的细致干预和限控④,以使父母在世时主导的分家活动更趋符合国家维系家族秩序的礼教意志。

  表面看来,南宋时期分家律法并未表现出值得特别凸显的明确进展,只是将别籍异财旧法的隐意著令明晰,对父母主导家内析产的"生分"活动进行明确规制而已,可见南宋在分家律法方面的作为其实有限。然如果全面审视唐代以来分家律法的演进轨迹,则可体味到南宋分家律法的调整改易具有着极为重要的意义。将朱熹、李椿和林大中等人的观点对比分析可见,其时的纠结和质疑源于对"生分"异财的界定问题,前者认为是乱家之举,有违礼义,而后者认为是安家之法,美风移俗。换言之,若欲规范家内礼法秩序、维系家族传承,前者认为应当强制同居共财,制止"生分";而后者认为"生分"异财亦是家内安定敦睦的重要方式。事实上,这是为了实现同一目标的两种路径、方式的矛盾和纠结,反映了律法议定之际按礼义经典的"承古"与贴近现实需求的"应时"的两种思路的存在。从国家律法议定、调整的结果来看,无论是明令宣示父子异财别居的合法性,还是

---

① 《名公书判清明集》卷一〇《人伦门·兄弟》之"兄弟之讼",北京:中华书局,1987年,第372页。
② 袁采:《袁氏世范》卷一《处己》,文渊阁《四库全书》本,第698册第610页。
③ 按《名公书判清明集》卷九《户婚门·违法交易》之"业未分而私立契盗卖"判文中所云:"合照淳祐七年敕令所揭详到平江府陈师仁分法,拨田与李氏(亡父之妾)赡养,自余田产物业,作三分(三子)均分,各自立户,庶几下合人情,上合法意,可以永远无所争竞"。(参见《名公书判清明集》卷九《户婚门·违法交易》,第303-304页)由此判文所记可见,淳祐七年已经从法律层面正式确认了养老田的设置,这种民间的惯习做法遂进入国家律法之中,成为由国家强制规范的"生分"式养老保障。
④ 柳立言认为:"淳祐七年敕令所反映的,是养老田已被视为养老的重要方法,使养老田的设置由父母自愿变为特殊情况下由法令强制实施"。参见氏著《宋代的家庭和法律》之"养儿防老:宋代的法律、家庭与社会",上海:上海古籍出版社,2008年,第403页。

确定养老田的设置,南宋国家针对"生分"的细规表明,其时贴近现实需求的"应时"思路无疑成为分家律法修改的主因。由此,自北宋以来分家律法贴近士民现实生活的倾向无疑得到了进一步彰显。

结语:唐宋国家对家族干预的强化

中国古代的分家制度是复杂多维的制度,其中既有国家层面的律法规制,亦有民间习俗的约法限定,更有家法族规的影响作用,就国家层面的分家律法而言,其与现实生活中的分家过程当然会有差距。即使由唐至宋分家律法日趋细致周备,其所涉及的方面仍是有限,并未对分家活动进行完整系统的具体规制,依然给予民众一定的"自理"运作空间。但是,唐宋时期分家律法的发展演变能够明确反映出中古分家制度的迅速推进,透射出国家对个体之家的分家事务干预的日趋强化,这一点显然是毋庸置疑的。

唐代分家律法重点在于强调父母在世子孙不得别籍异财,倡导共财同居,凸显礼教精神;北宋分家律法在继续倡导同居共财的基础上,重点关注对唐律未曾明晰的父母亡后诸子析产活动进行规范、限控,以维持家族的延续,体现国家的礼教意志;南宋分家律法则着力于明确亲在即许分析的合法性,坚持细规"生分"之制以安定家内秩序。由唐至宋,分家律法从简单粗略到细致周备,从偏重强调礼教原则到重视具体实践、贴近士民生活实际,表现出了清晰的演进轨迹。虽然宋代分家律法尤其是南宋时期分家律法的演进,在某种意义上表露出对父子同居共财、居丧不得分析等礼教原则、礼法旧制的违背,对时事世俗的迎合,但仔细审视却可发现这种做法其实是在秉承礼教传统、宣示礼教精神基础上,使礼法与现实生活进一步结合,表面看来是对传统礼教精神的违背,事实上却是礼教理想向现实生活的延展与推进。由此,国家礼法规范扩展进入更为广泛的社会生活领域之中,影响家族伦理观念,促进家族体制的变革和发展。唐宋时期是中国古代家族体制嬗变的关键时期,家族体制的嬗变不仅是社会变革冲击的结果,不仅是具有礼教精神的官僚士大夫群体努力倡导的结果,更是国家从律法角度引导规范甚至强制干预的结果。

宋代嘉礼内容演变探析

张志云

《周礼》详细记载"五礼"体系,然古代第一部以"五礼"体系建构的礼典为西晋初年修订的《晋礼》,此后各朝制定礼典均以"五礼"为内容。作为"五礼"之一的嘉礼是我国古代礼制体系中最为庞杂的礼仪,这不仅表现为其内容之丰富,而且随时代变迁,其内容亦不断出现变化。目前国内已有学者对古代嘉礼性质及不同历史时期的嘉礼等问题做过相关研究[1],然对于唐宋文献中所载嘉礼内容及结构的变化以及产生变化之缘由等相关问题尚需作进一步探讨。笔者不揣浅陋,在前人研究基础上,试对唐宋礼典及相关文献中嘉礼条目的异同及其背后原因等问题加以探究,舛误之处,尚祈方家指正。

依据《周礼》之构想,嘉礼是亲睦兄弟、男女、朋友、宾客和邦国万民的一套礼仪制度,其包括饮食、婚冠、宾射、飨燕、脤膰、贺庆等六类。[2]秦始皇统一六国,国家政体由之前分封制转变为郡县制。《周礼》中六类嘉礼是儒家基于先秦礼制提出的理想[3],随着后世政体变化,嘉礼在内容和结构上必定也发生变化。此变化主要表现为:其一,在宗法血缘贵族君主制的政体之下,饮食是指天子在宗族内部举行的宴会,飨燕则是天子接待来朝的诸侯和卿大夫的宴会。秦汉以后文献中很少记载皇室宗族内部宴会,而招待群臣宾客的宴会往往与元会等大典交织在一起。如正月元会是皇帝举

---

[1] 相关研究主要有:杨志刚:《中国礼仪制度研究》,上海:华东师范大学出版社,2001年;梁满仓:《魏晋南北朝五礼制度考论》,北京:社会科学文献出版社,2009年;林金树:《明代嘉礼中文武百官的"以品序立"》,《史学集刊》1994年第4期;耿元骊:《五代嘉礼考述》,《长春师范学院学报》2006年第4期。
[2] 孙诒让撰,王文锦等点校:《周礼正义》卷34《春官·大宗伯》,北京:中华书局,1987年,第1359-1366页。
[3] 很多学者都认同此观点,如杨志刚、梁满仓、彭林等。参见杨志刚:《中国礼仪制度研究》,第109页;梁满仓:《魏晋南北朝五礼制度考论》,第127页;彭林:《中国古代礼仪文明》,北京:中华书局,2013年,第75页。

行的接受群臣朝贺、飨燕群臣的大礼。其二,宾射的礼仪色彩日益淡化,即其娱乐性要远远大于礼仪性。其三,脤膰在先秦指天子将祭祀社稷宗庙的祭肉赐给同姓之国,使相互关系更加密切。秦实行郡县制之后,脤膰之礼发生转化,即变成皇帝于祭祀宗庙、社郊之后,把祭肉赐给群臣。换言之,后世仍有"赐胙"之礼,不过其融于祭祀吉礼之中,不再隶属嘉礼。其四,庆贺之礼融于婚冠、朝会、册封等礼仪,不再具有独立性。

古代礼制史中标志"五礼"制度的完善是唐代《开元礼》的编订。该礼典对《贞观礼》及《显庆礼》加以删改,是一部产生于大唐开元盛世的礼典。其中嘉礼四十卷,礼仪条目共计六十五项,以皇帝、皇后、皇太子、亲王、公主、品官先后排序,内容可分为冠笄、婚嫁、朝贺、读时令、册封、遣使慰劳、养老、乡饮酒礼等。[①] 宋代嘉礼与唐代相比作了部分调整,而且在两宋先后制定的诸部礼典中,部分嘉礼条目的归属也发生了变化。本文试从宋代礼典、正史、诏令和政书中的记载对宋代嘉礼的内容变化及原因做一分析。

一、《政和五礼新仪》嘉礼内容的变化及原因

两宋先后制定的重要礼典有北宋《开宝通礼》《太常因革礼》《政和五礼新仪》和南宋《中兴礼书》及《中兴礼书续编》。以上礼典中《开宝通礼》散佚不存,其他礼典均有部分保存,其中徽宗朝《政和五礼新仪》相对完整。该礼典较之唐《开元礼》,在礼仪结构上作了诸多调整,下文主要讨论"嘉礼"部分的变化。

(一)《政和五礼新仪》之"嘉礼"对《开元礼》的沿革

宋徽宗大观初年专门设置议礼局,组织礼官制订礼制,《政和五礼新仪》便是由议礼局组织人员编制而成的一部官方典礼。该礼典是由议礼局官、知枢密院郑居中及白时中、慕容彦逢、强渊明等奉敕修撰。政和三年(1113),礼典修成,专门设置礼直官,允许士庶民众就新礼内容加以咨询。该礼典前有宋徽宗御制序文和御制冠礼十卷,御制冠礼分为"冠议"和"冠仪"两部分。《政和五礼新仪》分序例、吉礼、宾礼、军礼、嘉礼、凶礼,共二百二十卷。今本卷七十四、卷八十八至九十、卷一百零八至一百二十、卷

---

① 萧嵩等:《大唐开元礼》,北京:民族出版社,2000年,第9—11页。

一百二十八至一百三十、卷二百仅存目而内容散佚；卷七十五、卷九十一、卷九十二部分内容佚失。现将该礼典与《开元礼》中"嘉礼"部分加以比较如下表1。

表1 《开元礼》与《政和五礼新仪》之"嘉礼"对照表

	《开元礼》	《政和五礼新仪》	《政和五礼新仪》处理方式
冠笄	皇帝、皇太子加元服；亲王、品官嫡子庶子冠	皇太子冠、皇子冠、品官嫡子庶子冠、庶人嫡子庶子冠	减去皇帝、亲王冠仪；增加皇子和庶人嫡子庶人冠仪
婚嫁	皇帝纳后、皇太子纳妃、亲王纳妃、公主降嫁、品官婚	纳皇后、皇太子纳妃、皇子纳夫人、帝姬降嫁、诸王婚、宗姬族姬嫁、品官婚、庶人婚	增加皇子、宗姬族姬、庶人婚嫁仪①
册封	册命皇后、册命皇太子、册命诸王大臣、册命内命妇二品以上、遣使册授官爵	册皇后、册皇太子、册帝姬、册内命妇	减去遣使册授官爵，增加册帝姬仪，将册命诸王大臣仪移入军礼
朝贺	皇帝、皇后、皇太子正至受朝贺，皇帝千秋节受朝贺，朔日受朝	均视为宾礼	移入宾礼
读时令	皇帝于明堂读春、夏、秋、冬令，皇帝于明堂及太极殿读五时令	无	删除
朝集使	朝集使引见、皇太子受朝集使参辞、朝集使礼见	无	删除
遣使诸州	皇帝遣使慰劳诸番；遣使巡抚诸州；遣使诸州宣制劳会；遣使诸州宣赦书	无	删除
养老	皇帝养老于太学	皇帝养老于太学	保留
乡饮酒	乡饮酒、正齿位	无	删除
宣赦书	宣赦书	无	删除
上表	群臣诣阙上表、诸州上表	无	删除
宣制	无	文德殿宣制	增加

① 《政和五礼新仪》将婚仪升于冠仪之前。

续表

	《开元礼》	《政和五礼新仪》	《政和五礼新仪》处理方式
宴饮	无	集英殿春秋大宴、集英殿饮福大宴、垂拱殿曲宴仪、上巳重阳赐宴仪、辟雍赐闻喜宴仪、节日赐饮食仪	增加
上寿仪	无①	天宁节上寿	增加
宴射仪	无	皇帝宴射仪	增加
赐脤膰仪	无	赐脤膰仪	增加
贺祥瑞仪	无	紫宸殿贺祥瑞仪	增加

通过比对唐《开元礼》与北宋《政和五礼新仪》的嘉礼条目,我们可以看出后者对前者的沿用部分主要是冠笄、婚嫁、册封和养老礼;删除部分主要是读时令、朝集使、乡饮酒、宣赦书、上表、遣使诸州等;增加部分为宣制、上寿、宴饮、宴射、赐脤膰、贺祥瑞等。此外,把婚礼放在冠礼之前、把朝贺礼移到宾礼、把册封诸王大臣移到军礼,这些变化与宋徽宗意图借制定礼典恢复《周礼》直接相关,下文试详析之。

(二)《政和五礼新仪》之"嘉礼"结构调整及原因

北宋大观初年,尚书省下设议礼局编修礼制。大观三年完成《吉礼》231卷、《祭服制度》16卷,政和元年续修477卷。②在此基础上,政和三年修成《政和五礼新仪》,宋徽宗亲自为之作序。宋徽宗在序文中先阐述礼的功能并对先王用礼"成教化、移风俗"表达了"深所慕之"之情③,在序文结尾论述曰:

今天下去周千有余岁,道之不明未有疏于此时也;世染污俗,冒上无等,未有甚于此时也。朕因今之俗,仿古之政,以道损益而用之,

---

① 其实在唐代《开元礼》中,正至大朝会中亦有群臣上寿仪式,但《开元礼》并未将上寿仪直接单列为嘉礼之条目。参见杜佑《通典》卷123《开元礼纂类十八·礼八十三·嘉礼二》,北京:中华书局,1988年,第3155-3156页。
② 《宋史》卷九八《礼志一》,北京:中华书局,1977年,第2423页。
③ 郑居中等:《政和五礼新仪·原序》,文渊阁《四库全书》本,台湾商务印书馆,第2页。

推而行之。由乎百世之后,奋乎百世之上,等百世之王,若合符契,其归一揆,所谓百世而继周者也。虽其法其制未颁天下,朕将礼刑并用,俟之以庆赏刑威,逾观厥成焉。①

宋徽宗认为北宋后期已处于"道不明""世染俗"的境地,故希望仿照周代之王政,制定出一部继承周代制度的礼典,并通过礼刑并用,借助赏罚俱行的方式,达到治理天下之目的。因此,这部礼典在编修上完全遵照宋徽宗的意图,不仅依照《周礼》之五礼分类,而且极为牵强地解读《周礼》。下文详细分析宋徽宗如何决定《政和五礼新仪》嘉礼结构的最终形成。

1. 升婚礼于冠礼之前

大观二年,议礼局向徽宗进呈冠礼。是年十二月十七日徽宗御笔如下:

> 因嘉礼以观万民,以昏冠之礼亲成男女。自本而观,昏以亲之,冠以成之,先昏而后冠也。考于《仪礼》,以嘉为五礼之首,以冠居昏礼之上,殆失周王制礼后先之次,则知《仪礼》乃诸儒之论,非先王之典。后世因之,源流并革,本数末度,乱伦失序,不足取法。今有司以礼来上,先冠后昏,习非成误,失礼之意。其昏者,人道之始;冠者,人道之成,亲之而后成之,事之序也。可依周制改正,余依所奏。②

宋徽宗把《周礼》中"以婚冠之礼亲成男女"理解为:婚为亲男女、冠为成男女,认为先有婚礼,后有冠礼;并指出后世"先冠后婚"是"乱伦失序"、"失礼之意"。按照我们常识性理解,个体一生自然是先有成人冠笄之礼,再行婚嫁礼。宋徽宗之"亲成之论"实在牵强,而《政和五礼新仪》正是遵照他的旨意升婚礼于冠礼之前。南宋学者及礼官在编订礼典时并未采纳,如朱熹撰《朱子家礼》依然置冠礼于婚礼之前。③

2. 朝会列于宾礼

大观四年四月,议礼局针对修订礼典的体例问题上奏:"宾礼据《周礼·春官》,以朝、宗、觐、遇、会、同、问、视为宾礼,盖以古者天子之于诸侯,

---

① 郑居中等:《政和五礼新仪·原序》,第3页。
② 郑居中等:《政和五礼新仪·卷首》,第8页。
③ 《朱子家礼》卷二为冠礼,卷三为婚礼。参见朱熹《朱子全书·家礼》,上海:上海古籍出版社,2010年,第867—868页。另《政和五礼新仪提要》载,升婚仪于冠仪前,徽宗所定也。是书颇为朱子所不取,自《中兴礼书》既出,遂陷不行,故流传绝少。参见郑居中等:《政和五礼新仪》,第1—2页。

有不纯臣之义。故其来也,以宾礼待之。开元及开宝,惟以藩国使朝见为宾礼,自大朝会以下,并于嘉礼修入。"① 议礼局官员认为,古代天子之于诸侯,并非等同于君臣关系,故诸侯朝见天子,以宾礼待之。故《开元礼》和宋初《开宝通礼》仅对藩国使者朝见用宾礼,而大朝会之类作为嘉礼。徽宗却有不同看法:

> 宾礼,《鹿鸣》之诗,以燕群臣。而其诗曰"以燕乐嘉宾之心",盖方其燕乐,则群臣亦谓之宾,非特诸侯也。王尊宾卑,君为主而尊,臣为宾而卑,此宾主尊卑之义辨矣。今虽不封建诸侯,宾礼岂可废缺?自罢侯置守,守臣亦古诸侯也。其赴阙来朝,被召奏事之类,则朝、觐、会、遇之礼,岂可废乎?唐不知此而移于嘉礼,非先王制礼之意。可依《周礼》参详,去取修立。②

徽宗引用《诗经》中"燕乐嘉宾",认为群臣也是宾,并非特指诸侯。在徽宗看来,自秦废封建置郡守以来,守臣便相当于古代诸侯,他们上朝奏事应该用宾礼,《开元礼》把朝会礼列为嘉礼是违背了先王制礼的本意。因此,我们现在所看到的《政和五礼新仪》把朝会、朝仪等均列为宾礼。

3. 册命诸王大臣移入军礼

在修编军礼时,议礼局上奏指出,《周礼》中军礼有大封之礼,自秦代置郡县之后,其礼不存。《开元礼》和《开宝通礼》虽然保留了大封礼,但是册拜诸王公仪是放在嘉礼中编入。③ 宋徽宗对此回复:"至如大封,今有五等封爵,然无合众之事,在所去取。礼缘人情,因情立制,古有今无,则不必胶古;古无今有,则自我有作,惟当而已。"④ 按照徽宗的理解,宋代尽管没有《周礼》中分封疆域时聚合民众一事,但是还有五等封爵;封爵就是大封之礼,应该列为军礼。因此,册命诸王大臣仪在《政和五礼新仪》中由以往的嘉礼移至军礼中。

4. 增加宴饮礼和脤膰礼

大观四年议礼局的上奏中,还对如何编订嘉礼请示宋徽宗:"嘉礼除依

---

① 郑居中等:《政和五礼新仪·卷首》,第17页。此外,《续资治通鉴长编拾补》将议礼局此奏系于大观四年四月丁丑,参见黄以周等辑注:《续资治通鉴长编拾补》卷二九,徽宗大观四年四月丁丑,顾吉辰点校,北京:中华书局,1990年,第974页。
② 郑居中等:《政和五礼新仪·卷首》,第17页。
③ 郑居中等:《政和五礼新仪·卷首》,第17页。
④ 郑居中等:《政和五礼新仪·卷首》,第18页。

《周礼》合编外,有饮食之礼,亲宗族兄弟;有飨燕之礼,亲四方之宾客;古者饮食、燕飨之礼,其事不同,行之或在路寝、或在祖庙,今朝廷所行,均谓之燕礼。又有脤膰之礼,亲兄弟之国,贺庆之礼,亲异姓之国。说者谓兄弟同姓之国也,异姓婚姻甥舅之国也。今虽有赐胙之礼,祀事既毕,止及群臣,其仪已具吉礼。昏姻甥舅,置第京师,非如昔时裂土受封。开元及开宝定礼,并无上件仪注。右伏乞断自圣裁,降本局遵依编修,取进止。"①议礼局官员指出宋代朝廷对饮食、飨燕不作区分,均谓之燕礼;宋代有赐胙之礼,祭祀后赐予群臣,故列为吉礼;脤膰之礼本适用于同姓之国,宋代皇室及外戚虽在京师安置府邸,然而并未裂土受封。故《开元礼》和《开宝通礼》嘉礼中未列脤膰之礼。徽宗对此作出裁断:

> 嘉礼饮食以亲宗族兄弟,今宗室亲王,皆有岁时生饩酒食之赐是也。脤膰以亲兄弟之国,今兄弟虽不之国,祭而受福,岂可不与兄弟共之?有司自当参酌时事,考循古意,以立礼制。②

徽宗认为宋代宗室亲王在岁时都参加赐宴,这就是古代饮食之礼,应予制订相应礼仪;宋代宗室亲王尽管没有分封侯国,但是古代脤膰之礼还应保留。总之,宋徽宗直接决定了《政和五礼新仪》嘉礼的内容结构:其一,升婚礼于冠礼之前;其二,朝会礼从《开元礼》中的嘉礼移至宾礼;其三,册封诸王公大臣由《开元礼》的嘉礼移至军礼;其四,嘉礼中增加宴饮和脤膰。这些变动多为宋徽宗不切实际地搬抄《周礼》所导致。

二、宋代诸礼典中嘉礼内容分析

有宋一代,徽宗朝《政和五礼新仪》并非国家制定唯一礼典,此外还有开宝年间所修《开宝通礼》、嘉祐年间修订《太常因革礼》、南宋孝宗淳熙年间修订《中兴礼书》及宁宗嘉泰年间修订《中兴礼书续编》。从上引大观四年议礼局的劄子来看,《开宝通礼》的五礼结构与《开元礼》大致相同,惜此礼典现已散佚,不得其详矣。《宋史·礼志》亦载:"《开宝通礼》二百卷,本唐《开元礼》而损益之。"③又大观初年修定《吉礼》,议礼局则"请分秩五

---

① 郑居中等:《政和五礼新仪·卷首》,第17页。
② 郑居中等:《政和五礼新仪·卷首》,第18页。
③ 《宋史》卷九八《礼志一》,第2421页。

礼,诏依《开宝通礼》之序。"① 在此基础上,续修其他四礼,政和三年修成《政和五礼新仪》。可见在五礼排序上,《开元礼》《开宝通礼》与《政和五礼新仪》是前后相承的。

严格意义上说,北宋嘉祐时期编纂《太常因革礼》的目的并非是要重新制定一部礼典,而是在《开宝通礼》的基础上,记载建隆至嘉祐年间的仪礼变化。因此,建隆至嘉祐年间不变的礼文,《太常因革礼》并不记载;《开宝通礼》之后新实行的礼文叫"新礼";《开宝通礼》已有而并不实行者叫"废礼"②。以此推之,现在我们所看到的"嘉礼"也只是北宋建国至嘉祐时期发生变化的部分,当然列入"新礼"中亦有嘉礼条文,如朝贺、上寿、上尊号、册封贵妃等。但是我们应当注意,《太常因革礼》所载嘉礼依然不是北宋嘉祐时期完整的嘉礼,因为还有那些建隆至嘉祐不变的礼文。

《中兴礼书》主要记载建炎至淳熙时期朝廷所实行的祭祀、内禅、上尊号、庆寿圣节、朝会、册命等仪式及乐舞器服制度等。《中兴礼书续编》是嘉泰元年九月大臣上言续修孝宗一朝典礼,并由礼部太常寺官员费士寅、木待问和叶宗鲁编制而成。总之,两部礼书是对南宋高宗、孝宗两朝已行之礼的汇编,是研究这一时期礼制的重要文献。

关于宋代诸礼典中嘉礼内容前后发生变化,笔者试图列表加以述论,因《开宝通礼》不存,故仅列《太常因革礼》《政和五礼新仪》《中兴礼书》及《中兴礼书续编》四部礼典③有关嘉礼条目如下表2:

表2 宋代诸礼典中嘉礼内容变化表

	《太常因革礼》	《政和五礼新仪》	《中兴礼书》及《中兴礼书续编》
登极改元	未列	未列	太上皇内禅、登宝位、改元 《续编》:孝宗皇帝内禅
冠笄	未列	皇太子冠、皇子冠、品官嫡子庶子冠、庶人嫡子庶子冠	未列

---

① 《宋史》卷九八《礼志一》,第2423页。
② 欧阳修等:《太常因革礼》,丛书集成初编本,北京:中华书局,1985年,第2页。
③ 参见欧阳修等:《太常因革礼·序》;郑居中等:《政和五礼新仪·原序》;宋礼部太常寺撰修,徐松辑:《中兴礼书》,续修四库全书本;宋礼部太常寺撰修,徐松辑:《中兴礼书续编》,续修四库全书本。

续表

	《太常因革礼》	《政和五礼新仪》	《中兴礼书》及《中兴礼书续编》
婚嫁	亲王纳妃、宗室娶妇、公主降嫁、郡县主降嫁	纳皇后、皇太子纳妃、皇子纳夫人、帝姬降嫁、诸王婚、宗姬族姬嫁、品官婚、庶人婚	未列
朝贺上寿	元日受群臣朝贺上寿、冬至受群臣朝贺上寿、圣节御殿受群臣朝贺、五月朔受文武百僚朝；降圣节皇太子率文武百僚奉觞上寿、百官诣万安宫贺皇太后；内外命妇称贺、皇太后御会庆殿受群臣朝贺、皇太后内殿受内外命妇朝贺、皇帝率百官诸军将校等上皇太后寿、长宁节宰臣百僚上皇太后寿；长宁节内外命妇上皇太后寿①	天宁节上寿（朝贺及朝参列入宾礼）	朔望冬至正旦皇帝诣德寿宫、奉上太上皇帝尊号宝册（礼）毕庆寿、大朝会、元旦冬至群臣朝贺 《续编》：奉上太上皇帝太上皇后尊号宝册礼毕庆寿；魏王府讲堂接见教官
上尊号	群臣上尊号、上皇太后尊号宝册②	未列	奉上太上皇帝尊号宝册 《续编》：奉上太上皇帝太上皇后尊号册宝
册命	册命皇后、临轩册命皇太子、册命亲王大臣、册命贵妃③	册皇后、册皇太子、册帝姬、册内命妇（册命亲王大臣仪列入军礼）	奉上皇太后宝册、皇太后回銮、册命皇后、册命皇太子、册妃、册命亲王
朝参	入阁、视朝、常参起居	列入宾礼	未列
宣制	未列	文德殿宣制	未列

---

① 《太常因革礼》将"五月朔受文武百僚朝、降圣节皇太子率文武百僚奉觞上寿、百官诣万安宫贺皇太后；上皇太后尊号宝册、内外命妇称贺、皇太后御会庆殿受群臣朝贺、皇太后内殿受内外命妇朝贺、皇帝率百官诸军将校等上皇太后寿、长宁节宰臣百僚上皇太后寿、长宁节内外命妇上皇太后寿"均列入新礼，因《太常因革礼》之"嘉礼"中已列入"元日受群臣朝贺上寿、冬至受群臣朝贺上寿、圣节御殿受群臣朝贺"，对比视之，明显上引"新礼"之礼仪条目当属嘉礼。
② 《太常因革礼》将"上皇太后尊号宝册"列为新礼，当属嘉礼。
③ 《太常因革礼》将"册命贵妃"列为新礼，当属嘉礼。

237

续表

	《太常因革礼》	《政和五礼新仪》	《中兴礼书》及《中兴礼书续编》
养老	未列	皇帝养老于太学	未列
宴饮	未列	集英殿春秋大宴、集英殿饮福大宴、垂拱殿曲宴仪、上巳重阳赐宴仪、辟雍赐闻喜宴仪、节日赐饮食仪	《续编》：宴饯旧弼
乡饮酒	乡饮酒	未列	未列
上表	群臣上表	未列	未列
宴射	未列	皇帝宴射仪	玉津园宴射列为军礼
脤膰	未列	赐脤膰仪	未列
贺祥瑞	未列	紫宸殿贺祥瑞仪	未列
庆节	未单列	天宁节上寿	天申节、会庆节
进书仪	未列	未列	进呈安奉仙源类谱、积庆图、庆系录、玉牒、宝训、实录；进呈安奉三朝帝；进呈安奉徽宗皇帝御集；迎奉安奉徽宗皇帝手诏题记；迎奉安奉永祐陵迎奉录；进呈安奉皇太后回銮事实；进呈安奉中兴圣统；进呈安奉太上皇帝圣政；进呈安奉太上皇帝日历、崇奉宝藏孝宗皇帝日历；进呈安奉孝宗皇帝日历。《续编》：进呈玉牒、四朝列传、会要
幸秘书省	未列	未列	车驾幸秘书省
皇太子议事	未列	未列	《续编》：皇太子议事堂

上表反映了北宋前期、后期以及南宋高、孝两朝的礼典中嘉礼的取舍与设

置。通过比对诸礼典,我们可以得出以下结论:其一,仅在《太常因革礼》记载的嘉礼有朝参、乡饮酒、上表等,前文提及《太常因革礼》以《开宝通礼》基础、《开宝通礼》"本《开元礼》",故仅出现于《太常因革礼》中的嘉礼应是延续了《开元礼》。其二,《政和五礼新仪》较之《太常因革礼》,增加了冠笄礼、宴饮、养老、宣制、宴射、脤膰、贺祥瑞等,婚嫁方面增加了纳皇后、皇太子纳妃、皇子纳夫人、宗姬族姬嫁、品官婚、庶人婚;册命亲王大臣仪列入军礼;朝会、朝参移入宾礼;仅保留天宁节上寿仪。其三,登基及改元至《中兴礼书》才列入嘉礼。其四,《中兴礼书》增加了内禅仪、进书仪、幸秘书省和皇太子议事堂等礼仪。由于这些礼仪尤其是后三者仅实行于南宋,这又反映了宋人修礼典时的适时性。其五,《中兴礼书》并未遵行《政和五礼新仪》的分类模式,重新将朝会、朝参等列为嘉礼。其六,很多嘉礼条目是综合式的兼有此前我们所细分的礼文。如朝贺往往和上寿、宴饮连在一起,诸庆节往往和朝贺、赐酺、上寿等相互关联。

三、正史、诏令及政书所见宋代嘉礼条目分析

现有宋代史料中,记载嘉礼的文献除官方礼典外,还有诏令奏议《宋大诏令集》、政书《宋会要辑稿》和正史《宋史·礼志》。《宋大诏令集》收录了大量北宋时期诏令,其内容依帝统、太皇太后、皇太后、嫔妃、皇太子、宗室、公主、礼典等排序,其中很多诏令有关嘉礼。[①]《宋会要辑稿》无疑是一部极为重要、极有价值的宋代文献。该文献分帝系、后妃、乐、礼、舆服、仪制、瑞异、运历、崇儒、职官、选举、食货、刑法、兵、方域、藩夷、道释等十七类,其中礼及仪制部分涉及宋代嘉礼。[②]《宋史·礼志》在嘉礼部分载曰:"旧史以饮食、婚冠、宾射、飨宴、脤膰、庆贺之礼为嘉礼,又以岁时朝会、养老、宣赦、拜表、临轩命官附之,今依《政和礼》分朝会为宾礼,余如其旧云。"[③]这表明,元人修《宋史·礼志》时参照了《政和五礼新仪》的分类方法,此处"余如其旧"到底是指称哪些部分呢?依上引文字,按前后逻辑分析,应该指"饮食、婚冠、宾射、飨宴、脤膰、庆贺之礼以及养老、宣赦、拜表、临轩

---

① 据《宋大诏令集》目录统计,涉及嘉礼内容有即位、圣节、改元、尊号批答、尊号册、内禅、册命、庆节、朝贺、巡幸、游观、宴乐等。参见佚名编:《宋大诏令集》(目录),司义祖整理,北京:中华书局,1962年,第1—43页。
② 徐松辑:《宋会要辑稿》(目录),刘琳等点校,上海:上海古籍出版社,2014年,第1—19页。
③ 《宋史》卷一一〇《礼志十三》,第2639页。

命官"。但实际上,《宋史·礼志》时并没有宾射、脤膰、拜表等内容。有学者对《宋史·礼志》和《政和五礼新仪》所列礼仪条目做过统计表①,二者有诸多不同之处。这说明元人在修《宋史·礼志》时并未完全遵照《政和五礼新仪》的礼仪条目分类,如《政和五礼新仪》将"册命亲王大臣仪"列入军礼,而《宋史·礼志》回归唐《开元礼》及《太常因革礼》之"五礼"分类模式,将其重新归入嘉礼。上述三部文献中所涉宋代嘉礼条目,笔者列表3如下:

表3 《宋大诏令集》、《宋会要辑稿》及《宋史·礼志》之嘉礼条目对照表

	《宋大诏令集》	《宋会要辑稿》	《宋史·礼志》
登极改元	《帝统》:即位、改元、内禅、遗制	《礼五四》:改元诏	《礼志十三》:高宗内禅仪
朝会朝贺	《礼典》:朝贺	《礼八》:朝贺、朝会 《礼五六》:朝会、皇帝朝德寿宫、命妇内朝 《礼五七》:朝会 《仪制一》:垂拱殿视朝、入阁、文德殿视朝 《仪制二》:常参起居、德寿宫起居 《仪制三》:朝仪班序	列入"宾礼"
上寿	未收录	《礼五六》:上寿	未收录
上尊号	《帝统》:尊号批答、尊号赦、尊号册 《太皇太后》:尊立、受册 《皇太后》:尊立、尊号、册文、礼仪 《皇太妃》:尊立、礼仪、追命 《皇后》:尊立、册文、追命	《礼四九》:尊号 《礼五〇》:后妃尊号	《礼志十三》:上尊号仪

---

① 汤勤福、王志跃:《宋史礼志辨证》,上海:上海三联书店,2011年,第1101—1107页。

240

续表

	《宋大诏令集》	《宋会要辑稿》	《宋史·礼志》
册封	《嫔妃》：册文、追命 《皇太子》：建立、册文、庆贺 《皇子》：立子 《亲王》：进拜 《皇女》：封拜 《宗室》：拜封	《礼五三》：册后、册命皇太子妃 《礼五九》：册命亲王大臣、赐功臣号	《礼志十三》：上皇太后太妃册宝仪 《礼志十四》：册立皇后仪、册命皇太子仪、册命太子妃仪、公主受封仪、册命亲王大臣仪
冠笄	未收录	未收录	《礼志十七》：皇太子冠礼皇子附、公主笄礼
婚嫁	《皇太子》：纳妃 《皇女》：杂诏	《礼五三》：亲王娶	《礼志十七》：公主下降仪宗室附、亲王纳妃、品官婚礼、士庶人婚礼
圣节	《帝统》：诞节 《太皇太后》：诞节 《礼典》：纪节	《礼五七》：诞圣节、节一、节二	《礼志十五》：圣节、诸庆节
宴飨赐酺	《礼典》：宴集	《礼四五》：宴享、杂宴 《礼六〇》：赐酺	《礼志十六》：宴飨、赐酺
旌表	未收录	《礼八》：旌表节妇 《礼六一》：旌表	未收录
游观	《礼典》：游观	《帝系一〇》：三元灯	《礼志十六》：游观
巡幸	《礼典》：巡幸	《礼五二》：巡幸	《礼志十六》：巡幸
养老	未收录	未收录	《礼志十六》：养老
视学	未收录	《礼十六》：幸太学、幸武学	《礼志十六》：视学、赐进士宴
幸秘书省	未收录	未收录	《礼志十六》：幸秘书省
进书仪	未收录	未收录	《礼志十六》：进书仪
大射仪	未收录	未收录	《礼志十六》：大射仪
乡饮酒	未收录	《礼四六》：乡饮酒礼	《礼志十六》：乡饮酒礼

上表大致反映了这三部文献关于宋代嘉礼的分布状况,其中《宋大诏令集》仅收录北宋诏令,故南宋时期嘉礼如"进书仪""幸秘书省"等条目未显现。从表中分布来看,我们可以得出以下结论:其一,《宋大诏令集》之登极、改元、上尊号以及册封之类的诏令收录相对全面;其二,《宋会要辑稿》之朝会、朝贺史料较为详细,而且从嘉礼类别而言,除冠笄、养老、进书仪、幸秘书省、大射仪之外,其他嘉礼均有记载;其三,《宋史·礼志》据《政和五礼新仪》把朝会列为宾礼,而且吸收了《中兴礼书》及《续编》中出现的仅在南宋产生的幸秘书省、进书仪等。元人修《宋史·礼志》时除参照宋代礼典外,还收录了《宋会要》所载嘉礼之"册命亲王大臣、赐功臣号""赐酺""幸太学、幸武学""乡饮酒礼"等相关史料。在众多有关宋代嘉礼的文献中,《宋史·礼志》编修年代最晚,因此在探讨宋代嘉礼时,应以《宋史·礼志》为基础,兼及其未收录的嘉礼,如"登基""改元""上寿"等;对于朝会礼,尽管《宋史·礼志》将其纳入宾礼,然宋代其他礼典如《太常因革礼》《中兴礼书》等均视其为嘉礼,因此也应视为研究对象。

结　论

《周礼》中六类嘉礼是基于先秦礼制提出的理想,随着后世政体变化,嘉礼在内容和结构上发生重大变化。宋代《政和五礼新仪》中嘉礼对唐《开元礼》做了诸多变更,这与宋徽宗在修礼典时企图恢复《周礼》直接相关。通过比对宋代现存礼典中嘉礼相关资料,可以看出南宋所修《中兴礼书》及《中兴礼书续编》并未遵循《政和五礼新仪》的分类模式,而且增加了仅实行于南宋的进书仪、幸秘书省及皇太子议事堂等嘉礼,这反映了宋人修礼时的适时性。此外,元人所修《宋史·礼志》不仅参照了《政和五礼新仪》及《中兴礼书》等礼典,而且收录了诏令及政书文献如《宋大诏令集》《宋会要》中嘉礼相关内容。通过比对有关宋代嘉礼文献中的前后变化,我们不仅可以洞察宋代嘉礼的运行演变,亦可探究编撰者的编撰意图及其史料来源。

宋代水上信仰的神灵体系及其新变

黄纯艳

宋代内河和海上航行空前繁荣，航行于水上的各种群体数量剧增。行走于水上世界的人们认知自然的角度和心理与陆上脚踏实地的人们有很大的区别。他们所信仰的神灵与陆上信仰既有交叉，又成相对独立的体系，有其独立的特点。本文所言水上信仰是指人们在水上活动中尊奉的神灵信仰。学界对海神信仰、圣妃（天妃）信仰、长江水府神等水上信仰有已多有研究，对民间信仰和国家礼制的相关研究中也论及水上神灵信仰。[①]本文主要考察现有研究未系统关注的宋代水上信仰神灵体系的构成及其新变化。

一、宋代水上神灵系统的构成

在中国古代的神灵系统中，水上世界的江河湖海自有其神灵体系。宋代的山川祭祀，即"岳镇海渎之祀"中，水上的神灵有四海四渎之祀。所谓海，即四海，包括东海、南海、西海、北海。所谓渎，即四渎，包括江渎、淮渎、河渎、济渎。宋朝平定四方以后，逐步建立岳镇海渎的常祀，废除分裂政权时期的所谓伪号，重新赐封，建立宋朝皇帝与岳镇海渎神灵的统辖关系，以昭显"天子之命，非但行于明也，亦行乎幽。朝廷之事，非但百官受职也，百神亦受其职"[②]。海、渎之祀立春日祀东海于莱州，淮渎于唐州；立夏日祀

---

① 古林广森研究了宋代东海神和南海神信仰，以及宋代长江水神信仰（主要是水府信仰）；王元林考察了南海神信仰和水府信仰的发展源流；李伯重等学者考察了妈祖信仰的功能和演变。这些学者的研究内容直接与本文论题相关。朱溢对宋代吉礼的研究、贾二强对唐宋民间信仰的研究、皮庆生对宋代祠神信仰的研究等也涉及本论题的内容。以上学者的研究我们将随文讨论，此不罗列。

② 郑刚中：《北山集》卷一四《枢密行府祭江神文》《宣谕祭江神文》，文渊阁《四库全书》本，1990 年。

南海于广州,江渎于成都府;立秋日祀西海、河渎并于河中府,西海就河渎庙望祭;立冬祀祭北海、济渎并于孟州,北海就济渎庙望祭。"各祭于所隶之州,长吏以次为献官","各以本县令兼庙令,尉兼庙丞,专掌祀事"。①这是国家最高层次的水上神灵祭祀。

在四海中,东海和南海是有实指的海域,东海神和南海神有明确的管辖区域。宋人所言东海包括渤海、黄海和今东海,甚至南及福建。北宋时,东海神庙设于莱州,"东海神庙在莱州府东门外十五里,下瞰海咫尺"②。莱州在渤海湾内。北宋初,东海神封爵为广德王,曾遣官于莱州本庙祭祀。《政和五礼新仪》规定的岳镇海渎祭祀中东海神祭于莱州。③登州和密州板桥皆有海神广德王庙,应是东海神行祠。④康定元年东海神加封为渊圣广德王。元丰元年安焘奉使高丽,顺利完成使命,在其建议下于明州定海、昌国两县之间建东海神行祠,并"往来商旅听助营葺"。大观四年及宣和五年又因高丽使回,奏请加封助顺和显灵四字。建炎四年,因宋高宗从海道成功脱险,下旨改封东海神为助顺佑圣渊德显灵王。⑤乾道五年因该封号内有二字犯钦宗皇帝讳,改封为助顺孚圣广德威济王。⑥

南宋初,仍以莱州东海庙为东海神本庙。但莱州已入金朝境,故绍兴十三年祭岳镇海渎时,莱州东海助顺渊圣广德王仍作为"道路未通去处",在南宋控制疆域之外,实行望祭。而"路通去处"的海、渎神只有广州南海洪圣广利昭顺威显王和益州南渎大江广源王,由朝廷差使臣前去与所在州县排办祭告。⑦乾道五年宋孝宗采纳了太常少卿林栗的建议,参照广州祭南海礼例,在明州设东海神庙祭祀。⑧次年(乾道六年)祭五岳四海四渎时已将明州东海助顺孚圣广德威济王与广州南海洪圣广利昭顺威显王和益州南渎大江昭灵孚应威烈广源王一起作为道路可通去处。⑨此后南宋在明

---

① 《宋史》卷一〇二《礼五》,北京:中华书局,1977年,第2485页。
② 朱彧著,李国强点校:《萍洲可谈》卷二,《全宋笔记》第二编第六册,郑州:大象出版社,2013年,第159页。
③ 马端临:《文献通考》卷八三《郊社考十六》,上海:上海古籍出版社,2011年,第2551页。
④ 苏轼:《苏轼全集·诗集》卷二六《登州海市并叙》、卷三六《顷年杨康功使高丽还,奏乞立海神庙于板桥》,石家庄:河北人民出版社,2010年,第2915、4113页。
⑤ 罗浚:《宝庆四明志》卷一九《定海县志第二·神庙》,《宋元方志丛刊》本,北京:中华书局,1990年,第5239页。
⑥ 徐松辑:《宋会要辑稿》礼二一,上海:上海古籍出版社,2014年,第1085页。
⑦ 徐松辑:《宋会要辑稿》礼二,第525页。
⑧ 马端临:《文献通考》卷八三《郊社考十六》,第2560页。
⑨ 周必大:《文忠集》卷一一七《郊祀大礼礼毕祭谢五岳四海四渎祝文》,文渊阁《四库全书》本,1990年。

州定海县设东海神本庙,其庙在定海县城东北五里,所封八字王改为助顺孚圣广德威济王。"岁度道士,俾主香火"。宝庆三年以朝廷所降祠牒,郡增给缗钱及士夫民旅捐助重新修缮。①说明东海神在官民商旅生活中有十分重要的意义。

南海神祭于广州,唐代已封广利王,庙在"广州之东南海道八十里,扶胥之口,黄木之湾"。②宋太祖平广南后,即"遣司农少卿李继芳祭南海。刘鋹先尊南海神为昭明帝,庙为聪正宫,其衣饰以龙凤。诏削其号及宫名,易以一品之服"③。降低了南海神的封爵,也是为了与东海神等同。康定元年加封南海神为洪圣广利王。皇祐五年以侬智高遁,加封南海神为洪圣广利招顺王。④绍兴七年加封南海神为洪圣广利昭顺威显王。⑤关于南海的范围,宋人洪迈解释四海:"北至于青、沧,则云北海。南至于交、广,则云南海。东渐吴、越,则云东海,无由有所谓西海者。"⑥宋人所言的南海就是广南和交趾以外的海域,包括今天整个南中国海,有时甚至将东南亚以西也泛称南海。即周去非所言"三佛齐国在南海之中,诸蕃水道之要冲也"⑦。

但洪迈所言四海,显然不符合上文宋人对东海的界定,也与北宋在孟州望祭北海之举不符。开宝五年令地方官员负责祭祀海、渎神的诏书中也未言西海和北海:"自今岳、渎并东海、南海庙各以本县令兼庙令,尉兼庙丞,专掌祀事","本州长吏,每月一诣庙察举"⑧。西海和北海并无实指海域,如上文所引,宋人解释"其西、北海远在夷貊,独即方州行二时望祭之礼"。也就是宋朝封域之内并无西海和北海。政和三年《五礼新仪》所定诸岳镇海渎祭祀,祭"西海、西渎大河于河中府界","北海、北渎大济于孟州界"。⑨西海神和北海神分别在西渎庙和北渎庙望祭。南宋时,西海和北海更只能望祭。绍兴十三年及此后,祭岳镇海渎时,西海通圣广润王和北海冲圣广泽王都实行望祭。⑩

---

① 罗浚:《宝庆四明志》卷一九《定海县志第二·神庙》,第5239页。
② 《锦绣万花谷》前集卷六《海神庙》,文渊阁《四库全书》本,1990年。
③ 马端临:《文献通考》卷八三《郊社考十六》,第2556页。
④ 《宋史》卷一〇二《礼五》,第2488页。
⑤ 李心传:《建炎以来系年要录》卷一一四,绍兴七年九月戊子,北京:中华书局,2013年,第2141页。
⑥ 洪迈:《容斋随笔》卷三《四海一也》。
⑦ 周去非著、杨武泉校注:《岭外代答校注》卷二《三佛齐国》,北京:中华书局,1999年,第86页。
⑧ 马端临:《文献通考》卷八三《郊社考十六》,第2556页。
⑨ 马端临:《文献通考》卷八三《郊社考十六》,第2559页。
⑩ 徐松辑:《宋会要辑稿》礼二,第525页;周必大:《文忠集》卷一一七《郊祀大礼礼毕祭谢五岳四海四渎祝文》。

内河最高层次的水上神灵是四渎神。四渎分别为江、河、淮、济。宋太祖朝定祭祀之制：立春日祀淮渎（东渎）于唐州；立夏日祀江渎（南渎）于成都府；立秋日祀河渎（西渎）于河中府；立冬祀济渎（北渎）于孟州。①开宝五年三月有诏令四渎神庙所在"本县令兼庙令，尉兼庙丞。祀事一以委之。""逐处长吏每月亲自检视"②。康定元年诏封江渎为广源王，河渎为显圣灵源王，淮渎为长源王，济渎为清源王。③江渎神本庙在成都，自隋开皇二年建。清前期，庙在城内南门西。④李顺之乱时，知蜀州杨怀忠率军攻成都，与李顺军战于成都城外的江渎庙前。⑤可见宋代庙还在城外。五代时四川为前、后蜀割据，后周曾在扬州扬子江口祭祀江渎神。乾德六年才令复祭于成都府。⑥开宝六年宋太祖下令修葺，庆历七年、淳熙三年、庆元五年又几次修缮。

江渎本就称为"四渎之首"⑦。南宋江防成为边防要务，江渎地位显著提高。绍兴三十一年因采石之战胜利，江渎神从广源王特增六字，封昭灵孚应威烈广源王，赐庙额曰佑德。⑧按照宋朝制定，"诸神祠加封，无爵号者赐庙额，已赐庙额者加封爵。初封侯，再封公，次封王。先有爵位者从其本号。妇人之神封夫人，再封妃。其封号者初二字，再加四字。神仙封号，初真人，次真君。如此，则锡命驭神，恩礼有序"⑨。正常每次加封二字，所以一次加六字实属特例。所以奏请加封的太常寺称这是本系二字，"特增加六字，作八字"。这次加封赐额的是建康的行祠（庙在建康城西清凉寺东），而"广源王本庙系在成都府"，"令本庙一体称呼"。⑩江渎神行祠不仅建康有，三峡和沙市亦有。陆游过三峡，曾游新滩两岸的江渎北庙和南庙，过沙市时还特"祭江渎庙，用壶酒、特豕"。范成大曾"宿

---

① 《宋史》卷一〇二《礼五》，第 2486 页。
② 佚名：《宋大诏令集》卷一三七《五岳四渎庙长吏每月点检令兼庙令尉兼庙丞诏（开宝五年三月壬辰）》，北京：中华书局，1962 年，第 483 页。
③ 《宋史》卷一〇二《礼五》，第 2488 页。
④ 廷桂等：雍正重修《四川通志》卷二八上《祠庙·成都府》，文渊阁《四库全书》本，1990 年。
⑤ 李焘：《续资治通鉴长编》卷四六，咸平三年正月乙未，北京：中华书局，2004 年，第 989－990 页。
⑥ 马端临：《文献通考》卷八三《郊社考十六》，第 2556 页。
⑦ 陆游：《渭南文集》卷一六《成都府江渎庙碑（淳熙四年五月一日）》，《四部丛刊》初编本；袁说友：《东塘集》卷一九《跋御赐江渎庙碑》，文渊阁《四库全书》本，1990 年。
⑧ 李心传：《建炎以来系年要录》卷一九四，绍兴三十一年十一月甲午，第 3810 页。
⑨ 徐松辑：《宋会要辑稿》礼二一，第 1081 页。
⑩ 周应合：《景定建康志》卷四四《祠祀志一》，《宋元方志丛刊》本，北京：中华书局，1990 年，第 2050 页。

江渎庙前"①。

淮渎、河渎和济渎南宋时都已在金朝版图。北宋时还遣官到淮渎求雨,并曾修葺庙宇,增补祭器,百姓祭祀者也多②,而南宋则只能望祭。济渎的祭祀在北宋也只是例行仪式,并无特别重视。三渎神中因黄河事关开封的安危和汴河供水,北宋朝廷除了河中府本庙的例行祭祀,每年还在汴口祭祀河渎神。宋真宗曾先后于大中祥符元年和四年亲至澶州河渎庙和河中府河渎神本庙祭祀。③但南宋河中府已入金朝疆域,只有江渎神本庙及行祠在宋朝境内,因而江渎神获得了其他三渎都没有的八字王的封爵。

宋朝沿袭了隋唐三祀制度。隋朝始立三祀制度,规定"昊天上帝、五方上帝、日月、皇地祇、神州社稷、宗庙等为大祀;星辰、五祀、四望等为中祀;司中、司命、风师、雨师及诸星、诸山川等为小祀"④。唐承隋制,而祭祀对象略有变化,但四海四渎始终为中祀,而风师、雨师、山林、川泽、五龙祠、州县社稷及诸神祠等为小祀。⑤宋代水上神灵祭祀中地位最高的海、渎在北宋前期(宋太祖至宋英宗朝)列入中祀,川泽诸神列入小祀。宋神宗熙宁年间海、渎、川、泽、风、雨等由州县主持的神灵都退出太常寺主持的中祀和小祀,只是参照太常寺中祀和小祀的标准,到元丰年间才重新恢复海、渎的中祀地位。政和新礼规定海、渎为中祀,川、泽诸神为小祀。风、雨神则有太常寺祭祀(为中祀)和州县祭祀(为小祀)之别。⑥马端临列举了若干"杂祠、淫祠"。其中杂祠基本上属于小祀。他所举杂祠中水上神灵有长江三水府神、杭州吴山庙涛神、广济王李冰、南康军䢼亭庙神、顺济龙王等,以及虽是山神却在江中护佑航船的镇江焦山神等。这一类水上神灵难以枚举。如《咸淳临安志》记载,地方祭祀中"若土域、山、海、湖、江之神,若先贤往哲、有道有德之祭,若御灾捍患以死勤事之族,率皆锡之爵命,被之宠光,或岁时荐飨,间遣有司行事"⑦。沿海及内河沿线有大量上述各类神灵,而且神灵的构成是不断变动的。皮庆生指出,宋代祠神信仰中正祀只占一

---

① 陆游撰、李昌宪整理:《入蜀记》卷五、卷六,《全书笔记》第五编,郑州:大象出版社,2012年,第207、214页;范成大撰、方健整理:《吴船录》卷下,《全宋笔记》第五编第七册,郑州:大象出版社,2012年,第81页。
② 李焘:《续资治通鉴长编》卷八三,大中祥符七年十一月庚戌;卷四四,元祐五年冬十月己亥,第1904、10791页。
③ 王应麟:《玉海》卷一〇二《宋朝山川祠》,扬州:广陵书社,2003年,第1879页。
④ 《隋书》卷六《礼仪一》,北京:中华书局,1973年,第117页。
⑤ 朱溢:《事邦国之神祇:唐至北宋吉礼变迁研究》,上海:上海古籍出版社,2014年,第57页。
⑥ 皮庆生:《宋代民众祠神信仰研究》,上海:上海古籍出版社,2008年,第58、67—84页。
⑦ 潜说友:《咸淳临安志》卷七一《祠祀一》,《宋元方志丛刊》本,北京:中华书局,1990年,第3994页。

小部分,大部分是待消灭的淫祀,以及介于正祀和淫祀之间的中间地带的民众祠神信仰。不少起自民间自发的信仰,最初未入正祀,甚至为"淫祀",逐步得到官方承认,被纳入国家祀典,成为正祀。① 宋朝规定"神祠不在祀典者毁之","禁军民擅立神祠",但不在祀典的淫祠数量还是很大。政和元年仅开封一地"凡毁一千三十八区"。直到南宋,臣僚仍说国家"禁止淫祠,不为不至,而愚民无知,至于杀人以祭巫鬼,笃信不疑。湖、广、夔、峡自昔为甚,近岁此风又寖行于他路""浙东又有杀人而祭海神者"。绍兴二十三年又一次"毁撤巫鬼淫祠"②。陆游在沙市江渎庙看到"两庑淫祠尤多,盖荆楚旧俗也"③。南宋末,陈淳仍说"南人好尚淫祀""自城邑至村墟,淫鬼之名号者至不一,而所以为庙宇者亦何啻数百所"。④ 可见淫祠不仅未能消除,而且大量存在。这些淫祠一小部分会被毁灭,而大部分以中间状态存在或升入正祀。

除了上述所示宋代水上神灵体系从层次最高的列入中祀的四海、四渎,到属于小祀的各种江神、涛神、潮神、水府神,以及各种杂祀,再到未入祀典的淫祠及中间地带的民间信仰等三个垂直层次构成以外,该体系内的神灵与诸行祠间又构成空间上的子系统,如下文所述圣妃信仰。一些本非川泽神灵的神灵因航行者的崇拜而被新赋予护佑航行的职能,从而成为水上神灵信仰体系的组成部分,如下文所述曹娥信仰。宋代水上神灵信仰构成一个纵横交错的神灵体系。

二、原有水上信仰神灵在宋代的新变化

四海神信仰除了上述在宋神宗朝出现的中祀地位变化外,南宋时在背海立国的环境下又发生了显著的新变化。一是东海神本庙移驻明州,二是海神祭祀升格为大祀。古林广森对宋代东海神和南海神信仰的研究主要关注了神庙的赐封和修葺,东海神和南海神的功能,没有注意东海神和南海神信仰在南宋的变化。王元林对南海神的研究也是如此。⑤ 乾道五年

---

① 皮庆生:《宋代民众祠神信仰研究》,上海:上海古籍出版社,2008年,第294页。
② 马端临:《文献通考》卷九〇《郊社考二十三》,第2772—2773页。
③ 陆游:《入蜀记》卷五,第207页。
④ 陈淳:《北溪大全集》卷四三《上赵寺丞论淫祀》,文渊阁《四库全书》本,1990年。
⑤ 古林广森:《中国宋代的社会与经济》第一部第六章"宋代海神庙的考察",东京:国书刊行会,1995年,第112—136页;王元林:《国家祭祀与海上丝路遗迹——广州南海神庙研究》,北京:中华书局,2006年。

太常少卿林栗奏请:"国家驻跸东南,东海、南海实在封域之内。检照《国朝祀仪》,立春祭东海于莱州,立夏祭南海于广州,其西、北海远在夷貊,独即方州行二时望祭之礼。自渡江以后,惟南海广利王庙岁时降御书祝文,令广州行礼,并绍兴七年,加封至八字王爵。如东海之祠,但以莱州隔绝,不曾令沿海官司致其时祭。殊不知通、泰、明、越、温、台、泉、福,皆东海分界也。"绍兴三十一年,胶西海战"神灵助顺,则东海之神于国为有功矣"。且元丰时已建东海神庙于明州定海县,所以"东海之祠,本朝累加崇奉,皆在明州,不必泥于莱州矣"。宋孝宗根据他的建议在明州设东海神本庙祭祀。[①]这是东海神信仰在南宋的一大新变。

　　这一方面是海防对于南宋国家安全的重要性显著提高,如林栗所言胶西之战的胜利被理解为东海神相助。南宋定都临安,在江阴、许浦、金山、定海一线及长江口北的通州料角等建立水军据点,构建海防体系,这是宋人理解的东海界内,需用东海神的护佑。另一方面东海神的祭祀涉及与金朝的正统之争。在林栗上奏的前五年,即金大定四年(1164),金朝制定了祭祀岳镇海渎仪制。其仪制包括岳镇海渎"以四立、土王日就本庙致祭,其在他界者遥祀"。立春祭东海于莱州,东渎大淮于唐州;立夏望祭南海、南渎大江于莱州;立秋祭望祭西海、西渎于河中府;立冬祭望祭北海、北渎大济于孟州。"其封爵并仍唐、宋之旧"。而且金朝使用的就是宋朝的《五礼新仪》[②]。对四海神的祭祀具有重要的政治意义。如宋朝在祭祀西海和北海神的乐章里所言,祭祀的目的是显示宋朝"布润施泽,功均迩遐。我秩祀典,四海一家","一视同仁,我心则怡"。[③]南宋朝廷将东海神本庙移驻明州,不言望祭,而实行与南海神一样的祭祀礼,还具有与金朝争夺正统地位的重要意义。在南宋建国四十余年后,时间又在金朝颁行岳镇海渎祭祀仪制五年后,这一变化显然是应对金朝的重要举措。

　　北宋建国以来本沿袭唐代,将岳镇海渎置于中祀,低于天、地、宗庙、五帝等大祀,而高于山、川、风、雨等小祀。这一制度一直延续至南宋中期。淳祐十二年宋理宗下旨,称"中兴以来依海建都,宜以海神为大祀",并"诏海神为大祀",在临安建海神坛,令太常议礼,马光祖建殿望祭,自宝祐元年施行[④]。并在杭州东青门外太平桥东设海神坛,"祭江海神,为太祀,以春

---

① 马端临:《文献通考》卷八三《郊社考十六》,第 2560 — 2561 页。
② 《金史》卷三四《礼七》,北京:中华书局,1975 年,第 810 页;《大金集礼》卷三四《岳镇海渎》,文渊阁《四库全书》本,1990 年。
③ 《宋史》卷一三六《乐十一》,第 3202 页。
④ 潜说友:《咸淳临安志》卷三《海神坛》,第 3379 页;《宋史》卷四三《理宗三》,第 847 页。

秋二仲遣从官行望祭礼"①。宋代的大、中、小祀继承了唐制。唐朝礼制规定"凡国有大祀、中祀、小祀。昊天上帝、五方上帝、皇地祇、神州宗庙皆为大祀"②。《政和五礼新仪》即承袭了这一制度，作了更具体的说明。③升为大祀之列的海神在国家祭祀体系中地位超过了内河的四渎之神，与天地宗庙神灵同列，居于水上神灵体系中的最高位。此外，我们还可以看到，南海神在宋代，相对于前代地位大幅增重。唐封南海神为广利王，宋朝经开宝四年、康定元年、皇祐五年和绍兴七年四次加封，进封为八字王。宋徽宗朝还封南海神妻为显仁妃，长子封辅灵侯，次子封赞宁侯，女封惠佑夫人。④

不论东海神还是南海神地位的增重，都与宋代，特别是南宋官民与海洋关系更加密切有关。一方面海神与渎神，以及其他诸多神灵信仰一样，有护佑一方百姓，免灾祈福的功能，人们也希望海神保佑一方百姓的风调雨顺，无灾无疾。⑤这是诸多神灵都可以寄托的功能，但东海神和南海神地位凸显，不仅超过其他地方神灵，也超过西海神和北海神，即因东海和南海是宋人日益频繁的海洋活动场所。宋人祭祀南海的歌词有"南溟浮天，旁通百蛮。风樯迅疾，琛舶来还。民商永赖，坐消寇奸"⑥。南海神是保护商人百姓航行安全的神灵。宋人还祈望海神帮助讨灭海盗，"鲸波浩渺，实为危道，非神力助顺，岂能必济"⑦。洪适在《谢舶船风便文》中表达的完全是海神对商船的护佑之恩："大贾乘巨舸，往来蛟龙沧溟之中，一瞬千里，风稍失便，则沦溺破碎，不可救，非神相之，安能布帆无恙。今也归樯泊步，人免鱼腹之患，而珍宝杂袭，所以富国甚腆，则报可忘乎。"⑧即如叶适所说，是希望"江海之间，风波不耸"。⑨

长江水路原有神灵信仰的空前繁荣，也是宋代社会经济新发展在水上信仰方面折射的一大变化。宋代南方经济繁荣，经济重心南移，以及经济最繁荣的四川与东南地区间联系的日益密切，使长江水上活动空前频繁。江渎地位的增重即为一例。另一个代表性变化就是水府神信仰的上升。

---

① 吴自牧：《梦粱录》卷一四《祠祭》，杭州：浙江人民出版社，1980年，第123页。
② 萧嵩等：《大唐开元礼》卷一《序例上》，文渊阁《四库全书》本，1990年。
③ 郑居中等撰：《政和五礼新仪》卷一《序例》，文渊阁《四库全书》本，1990年。
④ 徐松辑：《宋会要辑稿》礼二一，第1085页。王元林：《国家祭祀与海上丝路遗迹——广州南海神庙研究》对宋代赐封南海神亦有探讨。
⑤ 真德秀：《西山文集》卷五四《海神祝文》，文渊阁《四库全书》本，1990年。
⑥ 《宋史》卷一三六《乐十一》，第3202页。
⑦ 真德秀：《西山文集》卷五四《海神祝文》。
⑧ 洪适：《盘洲文集》卷七一《谢舶船风便文》，《四部丛刊》初编本。
⑨ 叶适著，刘公纯等点校：《叶适集·水心文集》卷二六《修海神庙疏文》，北京：中华书局，1961页，第534页。

水府即所谓"积水之府"[1]，即古代构想的一个水下神灵世界，其主宰者是龙王，即"水府龙王"[2]、"金焦之间，龙君水府所宫"[3]。且有一套神灵官僚，"下盘鱼龙之宫，神灵之府"[4]，有"群真下集水仙府"[5]。"温太真然犀照牛渚，见朱衣车马一一如人间"，就是世间所称水府官。[6]饶州人齐琚死前"梦人持文书至。曰某王请秀才为水府判官"[7]，就是水府中的官职。这些官员被置籍管理。唐代象山县童翁浦孔氏死后托梦与人，称"上帝录吾平生之善，命为此境神，姓名已籍于水府"[8]。可知人们想象中的水府是一个水下的神灵体系。古林广森对水府信仰的起源，赐封，功能作了较系统的讨论，王元林除讨论了唐宋水府信仰外，对宋代以后水府信仰的演变略作了讨论。[9]本文主要考察宋代水府信仰相对于唐代和五代的新发展。

唐代已有颇多水府的记载。如王勃在马当遇中元水府君相助，一夕船至洪州，作滕王阁序。[10]雷满凿深池于府中，称"蛟龙水怪皆窟于此，盖水府也"[11]。《太平广记》记载的唐代下第秀才白幽求入海底见水府真君。郑德璘江上遇水府君。周邯昆仑奴探汴州八角井，"此井乃龙神所处，水府灵司"。而最著名的水府故事莫柳毅往水府龙宫为龙王之女传送书信。[12]唐朝还曾"以瞿塘为水府，春秋祭之"[13]。唐代随着道教的盛行，水府与天、地并称三官，成为与天、地并列的三元世界，举行投龙仪式，祈雨求福。[14]但唐代尚未给水府神颁赐封爵。

最早封赐水府的是五代杨吴政权的杨溥于乾贞二年封马当上水府为

---

[1] 郭知达编：《九家集注杜诗》卷一八《陪郑广文游何将军山林十首》，文渊阁《四库全书》本，1990年。
[2] 潜说友：《咸淳临安志》卷七一《祠祀一》，第3998页。
[3] 《至顺镇江志》卷八《神庙》，《宋元方志丛刊》，北京：中华书局，1990年，第2731页。
[4] 祝穆撰，施金和点校：《方舆胜览》卷三《镇江府》，北京：中华书局，2003年，第57页。
[5] 张镃：《南湖集》卷二《马当山水府庙》，文渊阁《四库全书》本，1990年。
[6] 黄震：《黄氏日抄》卷八六《玉皇殿记》，文渊阁《四库全书》本，1990年。
[7] 洪迈撰，何卓点校：《夷坚甲志》卷四《水府判官》，北京：中华书局，1981年，第32页。
[8] 罗浚：《宝庆四明志》卷一九《定海县志第二神庙》，第5239页。
[9] 古林广森：《中国宋代的社会与经济》第一部第五章"宋代长江流域的水神信仰"，第86－108页；王元林、钱逢顺：《长江三水府信仰源流考》《安徽史学》2014年第4期。
[10] 祝穆：《古今事文类聚》前集卷一一《作滕王阁记》，文渊阁《四库全书》本，1990年。
[11] 《新五代史》卷四一《雷满传》，北京：中华书局，1974年，第445页。
[12] 李昉等：《太平广记》卷四一《神仙四十一》；卷四六《神仙四十六》；卷一五二《郑德王》；卷二三二《周邯》；卷四一九《柳毅》，北京：中华书局，1961年，第257、285、1089、1780、3410页。
[13] 孙光宪撰，俞钢整理：《北梦琐言》卷七《李学士赋讖刘昌美勾伟附》，《全宋笔记》第一编第一册，郑州：大象出版社，2014年，第89页。
[14] 张泽洪：《唐代道教的投龙仪式》《陕西师范大学学报》2007年第1期。

宁江王,采石中水府为定江王,金山下水府为镇江王。①南唐保大年间加封马当上水府为广佑宁江王,采石中水府为济远定江王,金山下水府为灵肃镇江王。②水府赐封王爵是一大提升,但杨吴和南唐只是割据政权,所封长江三水府反映了其政权的地域特点。

宋代仍以道家观念将天、地、水府称为三官,如杭州承天灵应观"旧为天、地、水府三官堂"③。宋朝廷也每岁投龙简。天圣年间将岁投龙简减少为二十处洞府,包括江州马当山上水府、太平州中水府、润州金山下水府、杭州钱唐江水府、河阳济渎北海水府、凤翔府圣湫仙游潭、河中府百丈泓龙潭、杭州天目山龙潭、华州车箱潭等水府。④宋代长江航行的政权疆界限制消除,且由于商品贸易和官方漕运的需求,长江航运重要性更甚五代,长江三元水府神信仰达于高峰。不仅较前代有大的发展,此后的明清还出现了衰退。⑤

史载三水府庙的位置,"上、中、下三水府,上居江州马当,中居太平州采石,下居润州金山"。下元水府庙最初附于金山龙游寺。元丰初,佛印禅师了元见"民间祈祷,病涉又多,割牲享祭,深叹其非",经州请于朝廷,迁之江南岸处水陆要津之西津。⑥水府庙就在西津渡口。建炎三年宋高宗从扬州南逃,渡江,"至西津口,坐于水府庙中"⑦。魏良臣、王绘出使金国,从西津渡江,至江口,遇"风色暴猛,渡江不得。绘只得在水府庙以俟"⑧。中水府庙在太平州之采石矶。⑨"过采石矶望夫山,其下即中水府也"⑩,有中元水府庙⑪。上元水府庙在江州彭泽县境之马当山,山上"上元水府庙,楼阁华焕"⑫。位于池州东流县与江州彭泽县交界处。过东流县,"至马当,所谓下元水府"⑬。

----

① 《新五代史》卷六一《吴世家一》,第 758 页。
② 徐松辑:《宋会要辑稿》礼二一,第 1081 页。
③ 《咸淳临安志》卷七五《寺观一》,第 4030 页。
④ 周煇撰,刘永翔校注:《清波杂志校注》卷九《洞府投简》,北京:中华书局,1994 年,第 376 页。
⑤ 王元林、钱逢顺:《长江三水府信仰源流考》《安徽史学》2014 年第 4 期。
⑥ 《至顺镇江志》卷八《神庙》,第 2731 页。
⑦ 徐梦莘:《三朝北盟会编》卷一二〇,建炎三年二月三日壬子,上海:上海古籍出版社,1987 年,第 880 页。
⑧ 《三朝北盟会编》卷一六二,绍兴四年九月十九日,第 1169 页。
⑨ 周必大:《文忠集》卷一八三《记太平州牛渚矶》。
⑩ 张舜民:《画墁集》卷七《郴行录》,文渊阁《四库全书》本,1990 年。
⑪ 祝穆:《方舆胜览》卷一五《太平州》,第 264 页。
⑫ 周必大:《文忠集》卷一六七《泛舟游山录》。
⑬ 陆游:《入蜀记》卷三,第 184—185 页。

大中祥符二年废去南唐的封号,重新赐封三元水府。江州马当上水府广佑宁江王改封福善安江王;太平州采石中水府济远定江王改封顺圣平江王;润州金山下水府虚肃镇江王改封昭信泰江王。即"旧封江南保大中伪号,至是始易之"①。按宋朝对诸神加封"初封侯,再封公,次封王"的制度,宋朝改封时沿用了原有爵位,直接封王,给予很高的礼遇。同时,宋代也明确了三元水府神地位在江渎神之下。绍兴末,宋军在采石水战中击败金军,在镇江对峙中使金军不战而退,认为是水府神阴佑,有人奏请给水府神加封帝号。礼部、太常寺讨论后认为"四渎止封王,水府不应在四渎上",未予封帝。②当时的江渎神封号是昭灵孚应威烈广源王。虽然地位被认为低于江渎神,但因为三水府地处南宋江防最重要的江段,也是拱卫临安的正面防线,所以与江渎神一样获封八字王,于绍兴十四年加封为八字王,即顺济英惠昭信泰江王。③

人们希望水府神"有难即除,无厄不解"④。水府神被赋予的具体职责一是保护舟楫航行,二是祈降雨雪。建炎四年宋军在长江击败金军,"战无不克,赖神阴相"。绍兴十四年宋徽宗梓宫过江"无巨浪风帆之警",也被认为是下元水府神庇佑。⑤因为水府神掌管江上风浪,所以在三元水府地界航行的船只都拜谒水府庙。如李流谦诗所言"大小孤山专绝险,上中水府柄幽权。行人股栗船头拜,小艇横江来觅钱"⑥。陆游和周必大经镇江都曾祭祀下元水府。"以一豮壶酒谒英灵助顺王祠,所谓下元水府也"。"祠属金山寺。寺常以二僧守之,无他祝史,然牓云'赛祭猪头,例归本庙',观者无不笑"⑦。中元水府和上元水府也是舟人必须祭祀之所。⑧

治平四年诏"差朝臣五岳、四渎、诸水府祈雨"⑨。水府的职责有"相上帝而泽下民"。"若冬又无雪,则无麦,春又无雨,则无禾"。地方官遇无雪雨有至采石祈求水府神者。⑩祈雨最灵验的是中元水府神,"神之能以云雨

---

① 徐松辑:《宋会要辑稿》礼二一,第1107页。
② 陆游:《入蜀记》卷一,第165页。
③ 《至顺镇江志》卷八《神庙》,第2731页。
④ 阳枋:《字溪集》卷九《祭水府文》,文渊阁《四库全书》本,1990年。
⑤ 《至顺镇江志》卷八《神庙》,第2731页。
⑥ 李流谦:《澹斋集》卷八《舟中》,文渊阁《四库全书》本,1990年。
⑦ 陆游:《入蜀记》卷一,第165页;周必大:《文忠集》卷一七〇《乾道庚寅奏事录》。
⑧ 杨杰:《无为集》卷四《牛渚矶修水府祠并序》;张镃:《南湖集》卷二《马当山水府庙》,文渊阁《四库全书》本,1990年。
⑨ 徐松辑:《宋会要辑稿》礼一八,第955页。
⑩ 真德秀:《西山文集》卷五二《中元水府庙祝文》。

出灵者,惟中元最闻"①,而且中元水府神"每感必应,无隐不周"②。郑刚中曾应旨"祷雨中元水府","奉祝出闱阖,祷雨祠中元"。③李曾伯也曾因江浙大旱,田稼槁枯,行舟莫通,受命向采石中元水府祈雨。④下元水府也有此功能。江淮一带大旱,真德秀曾受命向下元水府祈雨。⑤

综上可见,三元水府信仰在宋代得到很大发展,发生若干变化。不仅被封以前所未有的八字王爵,升至很高的地位,而且赋予保佑航行和祈降雨雪的使命,官民的祭祀活动更是大为频繁。这是长江航运和江防重要性空前增加的结果。

宋代长江水上信仰的另一显著变化是是小龙信仰的发展。"凡江行,有水族登舟,舟人以为神见"⑥,都会被视为神灵现身。宋人将航行中见到的蜥蜴或小蛇视为龙的具象,称为小龙,加以崇拜。崇宁中,淮河汴口一艘船上有"小龙者出连纲之舟尾","缘柁而上","有柁工之妇不识也,谓是蜥蜴"。该小龙被宋徽宗迎入宫中,"为具酒核以祝之。龙辄跃出盌,两爪据金杯,饮几醋",有爪,显然非蛇,而是蜥蜴。也有以蛇为小龙的具象的。"此龙常游舟楫间,与常蛇无辨,但蛇行必蜿蜒,而此乃直行,江人常以此辨之"⑦。熙宁中宋朝征交趾,运输军杖的数十艘船泛江而南,"自离真州,即有一小蛇登船,船师识之,曰此彭蠡小龙也"⑧。小龙祭祀的本庙设于鄱阳湖边的洪州,故称彭蠡小龙。彭蠡小龙一再获得赐封。大中祥符六年封顺济侯,即彭蠡小龙:"顺济侯,俗曰小龙。"⑨熙宁九年封顺济王,徽宗崇宁三年封英灵顺济王,四年诏加灵顺昭应安济王,宣和二年封为灵顺昭应安济惠泽王⑩,进封为八字王。因而小龙又称顺济龙王。

"彭蠡小龙"的辖区被认为西起淮泗与运河交界的汴口,东到洞庭湖。

---

① 郑刚中:《北山集》卷一四《祭中元水府文》。
② 李之仪:《姑溪居士前集》卷四四《路西政和圩共修青山中元水府行宫》,文渊阁《四库全书》本,1990年。
③ 郑刚中:《北山集》卷一二《丁巳年七月二十一日祷雨中元水府……》。
④ 李曾伯:《可斋杂稿》卷二四《采石水府庙祈雨》,文渊阁《四库全书》本,1990年。
⑤ 真德秀:《西山文集》卷四八《下元水府祈雨青词》。
⑥ 曾敏行撰,朱杰人整理:《独醒杂志》卷五,《全宋笔记》第四编第五册,郑州:大象出版社,2008年,第153页。
⑦ 蔡絛撰,李国强整理:《铁围山丛谈》卷六,《全宋笔记》第三编第九册,郑州:大象出版社,2008年,第254页。
⑧ 沈括撰,胡静宜整理:《梦溪笔谈》卷二〇《神奇》,《全宋笔记》第二编第三册,郑州:大象出版社,2013年,第151页。
⑨ 李焘:《续资治通鉴长编》卷二七七,熙宁九年七月丙寅,第6770页。
⑩ 徐松辑:《宋会要辑稿》礼二一,第1082页。

苏轼称"顺济王之威灵,南放于洞庭,北被于淮泗"①。熙宁时宋军运输船队在真州见有一小蛇登船,即彭蠡小龙现异。小龙即小蛇随船队至洞庭,"附一商人船回南康。世传其封域止于洞庭,未尝逾洞庭而南也"②。小龙的活动区域即"小龙所隶南北当江、湖间,素不至二浙",即只在江东、江西及湖南、湖北一带,而不到两浙路。但特殊情况下,其活动范围可到杭州和江陵。汴口小龙因受过蔡京之恩,大观末蔡京赴东南,舟行至汴口,见小龙出迎。政和间,蔡京在杭州,小龙出现于其家中。靖康初,蔡京被贬岭外,行至江陵,小龙复出见。③非特殊情况下,小龙的辖域东起淮河汴口,沿扬楚运河和长江,西到江陵,而向南,东段不入两浙折,西段不入洞庭,实即管理长江中下游航行的神灵。

"彭蠡小龙"的主要职能就是保护长江上行船的安全。熙宁中宋军船队从真州到洞庭湖"船乘便风,日棹数百里,未尝有波涛之恐",就是因为彭蠡小龙"来护军杖","主典者以洁器荐之,蛇伏其中",一路护佑。林希受宋神宗之命,前往敕封彭蠡小龙,小龙即"一蛇坠祝肩上。祝曰龙君至矣"。使者船还时,"蛇在船后送之,逾彭蠡而回"。护送使者船。而且"彭蠡小龙显异至多,人人能道之"④,即如此之类的显异颇多。

人们相信行船者恭敬侍奉,小龙即给护佑和回报。苏轼从海南岛北归,舣舟于顺济龙王祠下,"进谒而还,逍遥江上"⑤。大观三年陆端藻过舣舟南康之顺济祠,顺济龙王托其作祠记,并许顺风相送。后又任南康丞,有"蜿蜒之物见于桥者三日",即小龙也。⑥范成大船行于江州境泊波斯夹,"船人相云小龙见于岸侧,竞往观"⑦。小龙信仰在船人中十分盛行,对小龙也十分尊崇。周必大航行于鄱阳湖,"至邬子寨,谒庙毕,令寨兵前导,入湖"。"有小蛇昂首引舟,抵岸乃回"。周必大作诗称"却是江神不世情"⑧。若对其不恭,则会招祸。真州的小龙行祠"有小龙盘旋几案上","稍怒则摇撼坤关,翻海摧岳而后已。所以舣舟而祷者,袂相属焉"⑨。上述崇宁间在汴口,柁工之妇不识小龙,误以为蜥蜴,"举火柴击其首。随击,霹雳大震一声,而

---

① 苏轼:《苏轼全集校注·文集》卷一二《顺济王庙新获石砮记》,第1280页。
② 《梦溪笔谈》卷二〇《神奇》,第151页。
③ 蔡絛:《铁围山丛谈》卷六,第254页。
④ 沈括:《梦溪笔谈》卷二〇《神奇》,第150—151页。
⑤ 苏轼:《苏轼全集校注·文集》卷一二《顺济王庙新获石砮记》,第1279页。
⑥ 洪迈:《夷坚志丁》卷一《南康神惠庙碑》,第968页。
⑦ 范成大:《吴船录》卷下,第88页。
⑧ 周必大:《文忠集》卷一七一《乾道壬辰南归录》。
⑨ 《锦绣万花谷》前集卷四〇《记录》。

汴口所积舟,不问官私舟柂与士大夫家所座船七百只,举自相撞击俱碎,死数十百人"①。一姓朱之教授航行于长江,"舟人忽报小龙见,请祷之。朱出视之,小蛇也"。朱"以箸夹入沸汤中,蛇跃出,自投于江",片刻雷声大作,烟雾蔽舟,朱毙于舟中。②

将水上蛇或蜥蜴视为小龙并非仅长江中游有之。宋仁宗朝皇宫中"一宫婢汲井,有小龙缠其汲绠而出"③。仙居县有曹潭,淳熙十四年令苏光庭祷,出一黑一黄二小龙。④海中也有小龙显异。宣和五年徐兢使团出使高丽,在定海县祭东海神,见"神物出现,状如蜥蜴,实东海龙君也"⑤。但彭蠡小龙最为重要,信仰者最多,显异最频,且如此之盛为前代所未曾见。

在宋代,一些原本与航行无关的神灵被新增护佑航行的职能,也是水上信仰的一个新变化。田相公信仰被长江航行者信奉就是一例。文天祥从镇江逃往真州,沿途皆元军战船和巡船,急往顺风。"舟子拜且祷云'江南田相公'。即得顺风,各稽首以更生贺"⑥。江南田相公应是指兴起于江南西路的田相公信仰,所奉者为唐大中间任吉州刺史的田阳,在任"留心抚恤,物阜民和,卒于官"。临终曰"吾死不忘护吉州之民"。死后立祠祀之,有田相公庙。⑦原本是地方护佑神,宋代为其新增护佑航行的功能。另如福建连江昭利庙所祀唐代福建观察使陈岩之长子,本为连江县区域神灵,未见与航海有关。到宣和二年"始降于州,民遂置祠"。即北宋末才从连江县扩及福州。此举应与福建商人信仰之有关。宣和五年路允迪使高丽,在海上遇风祷而获平安。"归以闻,诏赐庙额昭利"。这个信仰由此传播到明州。因路允迪的奏请,宣和五年在明州也建了昭利庙。⑧

会稽县有昭顺灵孝夫人庙,所祀曹娥在宋代从此前的孝女到航行之神的转变也很有代表性。曹娥本汉代蹈水救父视死如归的孝女,立庙于曹娥

---

① 蔡絛:《铁围山丛谈》卷六,第254页。
② 周密撰,张茂鹏点校:《齐东野语》卷一一《朱芮杀龙》,北京:中华书局,1983年,第208页。
③ 欧阳修著,李逸安点校:《欧阳修全集》卷一一九《又三事》,北京:中华书局,2001年,1841页。
④ 陈耆卿:《嘉定赤城志》卷二五《山水门七》《宋元方志丛刊》本,北京:中华书局,1990年,第7466页。
⑤ 徐兢撰,虞云国、孙旭整理:《宣和奉使高丽图经》卷三四《海道一》,《全宋笔记》第三编第八册,郑州:大象出版社,2008年,第131页。
⑥ 文天祥撰,焦飞等校点:《文天祥全集》卷一七《纪年录》,南昌:江西人民出版社,1987年,第698页。
⑦ 《江西通志》卷六一《名宦五》,文渊阁《四库全书》本,1990年。
⑧ 梁克家:《淳熙三山志》卷八《祠庙》,《宋元方志丛刊》本,北京:中华书局,1990年,第7864页;罗浚:《宝庆四明志》卷一九《定海县志第二神庙》,第5239页。

镇江岸。其父溺水而死。按照明代人的说法,其"父以溺死,则水府乃其深仇"[1]。直到北宋中期,曹娥仍然只是一个孝女形象,治平二年还以孝女朱娥立像配食于曹娥庙。因曹娥镇位于曹娥江和浙东运河的交汇处,是明州与杭州间官私航运的要冲。宋徽宗朝曹娥神被赋予了保护运河航行的职责。政和五年十一月"高丽遣使入贡经从,适值小汛,严祭借潮,即获感应"。因高丽使节之请,加封灵孝昭顺夫人。此后经运河过曹娥镇者多祭祀之。淳熙中皇子魏王判明州经过曹娥镇,"亦值小汛,祈祷借潮,感应"[2]。家在明州的史浩多次往返于明州和杭州,也拜谒曹娥庙。他称"某自罢相东归,几十五年,每过祠下,非拥旌麾,即趋召节,圣恩深厚,皆神力有以佽助"[3]。实际上,自宋徽宗以后曹娥已经成为浙东运河和曹娥江江神。明人将蒲田林氏和会稽曹娥并称为"江、海二神"[4]。

三、宋代新创护航神灵

宋代因航行所需而新创了诸多护佑航行的神灵信仰,本文略举其要。其中最著名的莫过于妈祖信仰,宋代所封最高爵为妃,尊称圣妃,可用圣妃信仰指称宋代的妈祖信仰。贾二强指出,天妃(圣妃)信仰代表着宋代海神信仰出现向人格神的大转折。[5]圣妃信仰最早是兴起于福建莆田民间信仰。圣妃神是有具体原型的,本"莆阳湄州林氏女"。湄洲为莆田海上岛屿。圣妃"少能言人祸福","室居三十岁而卒","殁,庙祀之,号通贤神女,或曰龙女也"。"数著灵异",即多次显灵救难。圣妃信仰始于莆田民间信仰,即所以淫祀,而后纳入祀典。所以陈淳说"所谓圣妃者,莆鬼也"[6],"莆人户祠之,若乡若里,悉有祠。所谓湄州、圣堆、白湖、江口特其大者耳"。圣堆为莆田之一岛,圣堆祠最早,元祐间为民间所建。应即《方舆胜览》所言"圣妃庙,在海岛上,舟人皆敬事之"[7]。

---

[1] 沈德符:《万历野获编》卷一四《女神名号》,北京:中华书局,1959年,第357页。
[2] 张淏:《宝庆会稽续志》卷三《祠庙》,《宋元方志丛刊》本,北京:中华书局,1990年,第7130页;施宿等:《嘉泰会稽志》卷六《祠庙》,《宋元方志丛刊》本,北京:中华书局,1990年,第6805页。
[3] 史浩:《鄮峰真隐漫录》卷四二《谒曹娥庙祝文》,文渊阁《四库全书》本,1990年。
[4] 《万历野获编》卷一四《女神名号》,第358页。
[5] 贾二强:《唐宋民间信仰》,福州:福建人民出版社,2002年,第143页。另,该书讨论宋代妈祖信仰时以元代以后称呼,用"天妃"一词,未妥。
[6] 陈淳:《北溪大全集》卷四三《上赵寺丞论淫祀》,文渊阁《四库全书》本,1990年。
[7] 祝穆:《方舆胜览》卷一三《兴化军》,第220页。

宣和间官方赐庙额曰顺济,列入国家祀典。宣和五年路允迪出使高丽,船队遇风浪,路允迪船因"神降于樯,获安济"。次年奏于朝,赐庙额曰顺济。这与福建航海人的信仰密切相关。因该使团雇用了六艘闽浙"客舟"即商船,使团"挟闽商以往,中流适有风涛之变,因商之言,赖神以免难"①。福建航海人有遇海难时祈祷林氏的信仰,使团幸免于海难因而被认为得到林氏的庇佑。此后圣妃信仰不断兴盛。绍兴间又于莆田之江口立祠,不久丞相陈俊卿以地券立祠于莆田之白湖。且"神之祠不独盛于莆,闽、广、江、浙、淮甸皆祠也"。杭州建有顺济圣妃庙,在艮山门外,开禧、宝庆一再创建。又有别祠在候潮门外萧公桥。②镇江之丹徒县有圣妃庙,"在竖士山东。旧在潮闸之西,宋淳祐间贡士翁戴翼迁创于此"③。建康之卢龙山与马鞍山之间也有圣妃庙。④广州有圣妃庙。刘克庄在广东看到"广人事妃无异于莆。盖妃之威灵远矣"。刘克庄作为福建人,在广州多次拜谒圣妃庙。⑤宋代在莆田、明州、临安、泉州、南雄州、梧州、镇江丹徒县、兴化军仙溪县、漳州等地共有十处圣妃行祠。⑥封号也不断增加。绍兴二十六年以郊典,封灵惠夫人。后多次有去疫、平盗、救旱等功,加赐庙额。绍熙三年改封灵惠妃,庆元四年加助顺,嘉熙间加封为灵惠助顺嘉应英烈妃。元朝至元十八年封护国明著天妃。⑦按照宋朝制度,"妇人之神封夫人,再封妃。其封号者初二字,再加四字"⑧。封八字妃已到最高荣宠。

圣妃信仰的兴起和传播主要是海上航行商人的信奉。⑨圣妃的职能之一就是护佑航海。吴自牧说"妃之灵者,多于海洋之中佑护船舶,其功甚大"⑩。所以"凡航海之人仰恃以为司命"⑪,"贾客入海,必致祷祠下"⑫,也即《方舆胜览》所称"舟人皆敬事之"。其首次被朝廷赐封的原因就是宣

---

① 邱濬:《重编琼台稿》卷一七《天妃宫碑》,文渊阁《四库全书》本,1990年。
② 潜说友:《咸淳临安志》卷七三《祠祀三》,第4014页。
③ 《至顺镇江志》卷八《神庙》,第2730页。
④ 周应合:《景定建康志》卷一七《山川志一》,第1562页。
⑤ 刘克庄:《后村集》卷三六《圣妃庙(广东作)》,文渊阁《四库全书》本,1990年。
⑥ 皮庆生:《宋代民众祠神信仰研究》,上海:上海古籍出版社,2008年,第352－353页。
⑦ 《至顺镇江志》卷八《神庙》,第2730页;潜说友:《咸淳临安志》卷七三《祠祀三》,第4014页。
⑧ 徐松辑:《宋会要辑稿》礼二一,第1081页。
⑨ 韩森著,包伟民译:《变迁之神:南宋时期的民间信仰》,杭州:浙江人民出版社,1999年,第146页。
⑩ 吴自牧:《梦粱录》卷一四《外郡行祠》,第130页。
⑪ 真德秀:《西山文集》卷五四《圣妃宫祝文》。
⑫ 《夷坚志》卷九《林夫人庙》,第950－951页。

和五年护佑宋朝出使高丽的使船,即"护鸡林之使"[①]。在莆田,圣妃也有护航的功绩,当广南粮船北来时却遇"朔风弥旬,南舟不至,神为反风,人免艰食"[②]。正是商人将圣妃信仰传播到浙、淮、广南等地。除了保护航行,圣妃还是承担多方面职能的乡土之神。[③]"灵惠妃宅于白湖,福此闽粤,雨旸稍愆,靡所不应",管理水旱。惠安县发生旱灾,曾祈雨于圣妃宫。圣妃还帮助福建沿海平定海盗。莆田海寇入境,"神(圣妃)为胶舟,悉就擒获"[④]。真德秀在福州任官,屡有海盗"方舟南下,所至剽夺,重为民旅之害"。官兵多次平寇,都寄功于圣妃护佑。[⑤]圣妃还为国抵御外敌。开禧年间,金军犯淮南,宋朝"遣戍兵,载神(即圣妃)香火以行。一战花黶镇,再战紫金山,三战解合肥之围,神以身现云中",护佑宋军得胜。人们对圣妃的期望随着圣妃信仰的兴盛而增多:"神虽莆神,所福遍宇内。故凡潮迎汐送,以神为心;回南簸北,以神为信;边防里捍,以神为命。商贩者不问食货之低昂,惟神之听。"[⑥]国家乡里安危、水旱灾害,从陆到海,圣妃无所不管。

明人邱浚评价圣妃信仰产生的意义道:"宋以前四海之神各封以王爵,然所祀者海也,而未有专神。"[⑦]圣妃是宋代大航海的背景下新产生的海洋专神,因为福建商人的传播而扩及沿海各地,被纳入国家祀典,不断加封。尽管四海神在国家祭祀中地位高于圣妃,但对于航海人而言,宋代以后圣妃信仰已逐步成为最重要的信仰。元代封天妃,清代加天后,并播及海外。

除圣妃信仰以外,宋代还新创了诸多航行护佑神。嵊县崿浦有显应庙,就是宋代完全新创的信仰,所祀神名陈廓,宋代睦州青溪县人,尝为台州永安(仙居)县令,经此,"忽舟覆,遂溺死。自尔灵显。民遂祠之",称陈长官庙,庆元元年赐额。[⑧]澉浦有显应侯庙,始于建炎二年,宝庆三年赐庙额,勅封显应侯,"初无姓名来历,今里人俗呼为黄道大王","庙中有神曰

---

① 楼钥:《攻媿集》卷三四《兴化军莆田县顺济庙灵惠昭应崇福善利夫人封灵惠妃》,《四部丛刊》初编本。
② 潜说友:《咸淳临安志》卷七三《祠祀三》,第 4015 页。
③ 李伯重:《"乡土之神"、"公务之神"与"海商之神"——简论妈祖形象的演变》《中国社会经济史研究》1997 年第 2 期。
④ 潜说友:《咸淳临安志》卷七三《祠祀三》,第 4015 页。
⑤ 真德秀:《西山文集》卷五四《圣妃宫祝文》、《圣妃祝文》。
⑥ 潜说友:《咸淳临安志》卷七三《祠祀三》,第 4015 页。
⑦ 邱濬:《重编琼台稿》卷一七《天妃宫碑》。
⑧ 张淏:《宝庆会稽续志》卷三《祠庙》,第 7130 页。

杨太尉,尤为灵异。凡客舟渡海祈祷,感应如响"[1],是宋代新出现的区域性航海保护神。台州有黄山庙,乾道八年建,"庙有石,穿如牛鼻,父老云昔海船系缆处"[2],后获封护国感应显庆王。该庙并非异地神灵的行祠,而是因航海人泊船而新生的信仰。

金山顺济庙所祀英烈钱侯也是宋代新创的航海护佑神。神本为福建商人,即"家阀氏钱,行位居七,航海而商,舶帆轻从","起身七闽,浮舶而商"。死后获祭于金山,祠祀尤严。每年"季夏之月廿一日,维侯生辰,沿海祭祠,在在加谨","常岁是日,盐商海估(贾)、赛伍亭丁,社鼓喧迎,香花罗供"。最初只是民间祭祀,即"前无位号,未应国经,仗队弓刀,遥称太尉,殆几野庙,殊阙声猷"。因"青齐向化之年,金人犹竞,东鄙兴师,侯能助顺",而得朝廷封赐[3]。

杭州也有顺济庙,所祀之神"姓冯讳俊,字德明,世钱塘人,生于熙宁甲寅六月十四日","幼孤,事母孝,年十有八梦帝遣神,易其肺腑,云将有徽命……有扣以祸福莫不前知"。生前即受尊奉。自称"上帝命司江涛事","足未尝履阈,人或遇之江海上。元祐年中,一日有舟渡江,值大风涛,分必死,公即现形其间,自言名氏,叱咤之顷,骇浪恬息"。大观三年,年三十六而卒。除元祐年中护佑航行的功绩外,浙江中有沙碛为舟害,"有司致祷,其沙即平"。其神力又不止于管理江海航行,"不惟商贾舟舶之所依怙,而环王畿千里之内水旱有扣,亟蒙丕答"。绍兴三十年赐顺济庙额,绍定间封英烈王[4]。

唐代宰相李德裕在宋代首次被赋予了海神的身份。宋代温州人陆维则撰有《海神灵应录》一书,记载一个故事:"元祐中,知温州范峋梦海神曰'吾唐李德裕也'。郡城东北隅海仙坛之上有庙,初不知其为何代人。峋明日往谒其像,即梦中所见。自是多响应。然封爵训词惟曰海神而已。"[5]南宋温州人薛季宣写有《拟祭海神英烈忠亮李公(德裕)文》,说李德裕对百姓的祈祷"无言不酬,无求不获",称其"混溁沧溟,允宜配食"。[6]可知宋代温州一带确把李德裕奉为海神。

---

① 常棠:《澉水志》卷上《寺庙门》,第 4665 页。
② 陈耆卿:《嘉定赤城志》卷三一《祠庙门》,第 7523 页。
③ 赵孟坚:《彝斋文编》卷四《金山顺济庙英烈钱侯碑文》,文渊阁《四库全书》本,1990 年。
④ 潜说友:《咸淳临安志》卷七一《祠祀一》,第 3998 页。
⑤ 马端临:《文献通考》卷一九九《经籍考二十六》,第 5727 页。
⑥ 薛季宣:《浪语集》卷一五《拟祭海神英烈忠亮李公(德裕)文》,文渊阁《四库全书》本,1990 年。

四、结论

从国家政策来看,宋代水上神灵形成了高与低、正式与非正式的体系。四海四渎处于水上神灵体系的最高层,北宋基本上列入中祀,而南宋升入大祀。川泽神则入小祀,风雨神则有太常寺主持祭祀(中祀)和州县主持祭祀(小祀)之别。正祀之外还存在大量未纳入国家祀典的民间信仰,或为淫祀,或出于淫祀与正祀的中间地带。除了上述的垂直体系外,水上神灵与其行祠也构成若干子系统,还有诸多本非川泽神灵而被赋予护佑航行的神灵也被纳入水上神灵信仰体系,共同构成了交错复杂的体系。

宋代水上神灵信仰出现的新变主要表现在两个方面:一是原有信仰出现的新变化。首先表现在神灵原有功能的增强和地位的提高若干,其次是给原本与航行无关的旧有神灵新增护佑航行的职能若干。二是宋代因航行所需而新创的神灵信仰。宋代水上神灵信仰的新变化是宋代历史发展新特点的直接反映。宋代是水上航行大发展的时代。宋代由于商品经济发展,海上贸易繁荣,以及官方漕运规模巨大等因素,水上航行空前频繁,水上航行人数也极大增长,水上信仰也有了巨大发展。水上航行国家财政供给、社会经济运行,以及百姓生活的联系也空前密切,民间和国家对水上信仰也十分重视,是促生水上信仰出现若干新变的深层原因。

论宋代的礼图学

刘 丰

在中国传统学术思想的谱系中,图与书常常相配,所谓"左图右史"就是关于中国古代历史记载的传说。与书相配的图包罗万象,如地图、宗教祭祀中所用的各种图像等,这些图在今天分属不同的学科门类,如地理学、美术史、科技史、宗教学等,并且都有专门的研究。礼学研究领域的礼图,在传统学术体系中属于经图的一类。

以图解经,本是经学研究中的一种方法。经学史家马宗霍说,汉代经学体例在传、注、章句等之外,"别有谱学图学(如郑玄《诗谱》、《三礼图》之类),纲举目张,力鲜思寡,盖亦与经说相发明者也。"①据《隋书·经籍志》,郑玄以及东汉阮谌等曾撰有《三礼图》九卷。据此,从郑玄就开始就用图谱来注解三《礼》及其他经典了。

除《三礼图》之外,《隋书·经籍志》还著录了一些解经的谱图,如礼类的有《周官礼图》十四卷,注中提及梁时有《郊祀图》二卷;祁谌撰《周室王城明堂宗庙图》一卷,注中还提到《冠服图》一卷,《五宗图》一卷,《月令图》一卷;王俭撰《丧服图》一卷;贺游撰《丧服图》一卷;崔逸《丧服图》一卷,注里又提到《戴氏丧服五家要记图谱》五卷,《丧服君臣图仪》一卷;还有不署作者名的《五服图》《五服图仪》《丧服礼图》等。此外还有乐类的《乐悬图》,《尔雅》类的《尔雅图》等。这些著作主要以丧服图为主,且大多是魏晋南北朝时期的作品,说明魏晋南朝丧服礼学兴盛的时候,已经出现了一批以图解经的作品。到了宋代,以图解经的方法得到了充分的发展,图谱成为经学研究当中的一个重要的门类。《通志·艺文略》在经类的《易》《书》《诗》《春秋》《尔雅》下面,礼类的《周官》、丧服、会礼等诸小类下面,都专门列了"图"类,汇集了一些以图解经的著作,不过这些著作大多都是宋代以前的作品。《宋史·艺文志》礼类收录了宋代重要的礼

---

① 马宗霍:《中国经学史》,北京:商务印书馆,1998年,第56页。

图学著作,如聂崇义《三礼图集注》二十卷、龚原《礼图》十卷、郑景炎《周礼开方图说》一卷、项安世《周礼丘乘图说》、杨复《仪礼图解》十七卷等,经解类收录了杨甲《六经图》六卷、叶仲堪《六经图》七卷、俞言《六经图说》十二卷等。

图谱学在宋代有了很大的发展,郑樵《通志》二十略中有《图谱略》,正式将图谱学作为一门独立的专学。郑樵在《图谱略》的《索象》篇中,首先回顾了图谱学的发展历史。在郑樵看来,本来,河出图,洛出书,图书在上古三代的学术发展中是并存的。即使秦代废儒学,也没有完全废弃图书,这是因为"诚以为国之具,不可一日无图"①。郑樵对刘向刘歆父子批评很多,其中一个主要的原因就是因为他们在整理古籍的时候"只收书,不收图,艺文之目,递相因习,故天禄、兰台,三馆四库,内外之藏,但闻有书而已。"②只有南朝的王俭作《七志》,其中开创了《图谱志》。这在中国古代目录学的发展历史上是一创举。但后来的阮孝绪《七录》并没有继承这一传统,《七录》"散图而归部录,杂谱而归记注"③,将图谱散落在其他部类当中,而没有当作一个独立的门类进行收录、研究。图谱学的真正兴起是从宋代开始的。在经学研究当中,重视图谱也是宋代经学的一大特色,礼图学成为宋代礼学的一个重要的分支。

郑樵指出:

> 今总天下之书,古今之学术,而条其所以为图谱之用者十有六:一曰天文,二曰地理,三曰宫室,四曰器用,五曰车旂,六曰衣裳,七曰坛兆,八曰都邑,九曰城筑,十曰田里,十一曰会计,十二曰法制,十三曰班爵,十四曰古今,十五曰名物,十六曰书。凡此十六类,有书无图,不可用也。④

郑樵指出的治学需要图谱的这十六个方面中,宫室、器用、车旂、衣裳、坛兆、都邑、城筑、班爵、名物等,显然都属于礼学研究的内容,即使在其他领域,也会涉及到礼。郑樵《图谱略》还有"记有"和"记无"两篇,其中"记无"篇包括地理图、会要图、纪运图、百官图、易图、诗图、礼图、乐图、春秋图、孝经图、论语图、经学图、小学图、刑法图、天文图、时令图、算数图、阴阳

---

① 郑樵:《通志·图谱略》,见《通志二十略》,北京:中华书局,1995年,第1825页。
② 郑樵:《通志·图谱略》,见《通志二十略》,第1826页。
③ 郑樵:《通志·图谱略》,见《通志二十略》,第1826页。
④ 郑樵:《通志·图谱略》,见《通志二十略》,第1828页。

图、道家图、释氏图、符瑞图、兵家图、艺术图、食货图、医药图、世系图等。在这些图类当中,除了专门的礼图之外,其他门类当中(如诗图、春秋图、经学图等)也都与礼有一定的关联。因此,从郑樵的总结来看,礼学研究与图谱的关系最为密切。郑樵的《图谱略》也可以作为宋代礼图学的一篇纲领性文献。

一、宋代礼图学的兴起及主要内容

北宋时期图书学的兴起与发展,不但是宋代学术史上的一项重要内容,同时对于当时的哲学思想与学术的发展,也都产生了不同程度的影响。朱伯崑先生指出:"北宋时期,图书学派十分流行,成为学术界的一大思潮。宋中期的道学家周敦颐和邵雍都是从图书学派中分化出来的哲学家。宋明的哲学史也可以说是从图书学派开始的。"[1]这样的评价,对于图书学派在宋代思想学术界以及整个中国古代哲学史上的地位,可谓一目了然。

图书学起源于易学。易学在发展演变中逐渐形成象数与义理两大派。前人总结说:

> 汉儒言象数,去古未远也,一变而为京、焦,入于机祥,再变而为陈、邵,务穷造化,易遂不切于民用。王弼尽黜象数,说以老庄,一变而为胡瑗、程子,始阐明儒理,再变而李光、杨万里,又参证史事。易遂日启其论端。此两派六宗,已互相攻驳。[2]

这是从汉代至宋代易学发展的基本形态。宋人解《易》,从传统的象数学中又分化出图书学一派。《四库总目提要》说:"汉儒言易多主象数,至宋而象数之中复歧出图书一派。"[3]按照朱伯崑先生的说法,图书学派"来源于道教的解易系统。魏伯阳《参同契》的易学,被唐朝和五代的道教继承下来,并以种种图式,表示其炼丹的理论。此种解易的学风,到宋代演变为图书学派。此派推崇河图和洛书,并以此解释《周易》的原理。"[4]

在现存先秦典籍当中,《尚书·顾命》篇最早出现"河图"一词。《论

---

[1] 朱伯崑:《易学哲学史》中册,北京:北京大学出版社,1988年,第9页。
[2] 《四库全书总目》卷一,北京:中华书局,1965年影印本,第1页。
[3] 《四库全书总目》卷二《易数钩隐图》,第5页。
[4] 朱伯崑:《易学哲学史》中册,第7页。

语·子罕》篇记孔子之言曰:"凤鸟不至,河不出图,吾已矣夫。"从孔子的感慨来推测,他所谓的"河图"大约相当于祥瑞一类的事物。《周易·系辞》有"河出图,洛出书,圣人则之"一语,河图洛书至此与易学发生了关系。孔安国以及王肃都说《尚书·顾命》篇说的"河图"是"八卦"。图书学就是依照《系辞》中的这句话来构造不同的图解与易学体系。但是,《尚书》以及孔子都没有明确说明河图(以及洛书)的具体所指,汉唐时期的易学家也没有具体的说明。宋初的象数学派在道教的影响下,将《系辞》中的大衍之数、天地之数同河洛联系起来,并为河图洛书制定了不同的图式,用来解释《周易》的原理。这样,就形成了易学当中的图书学派。

北宋易学的图书派始于陈抟。前文引述过朱震所叙述的宋代易学的传承,就是始于陈抟的《先天图》(见《宋史》卷四三五《儒林传五·朱震传》)。陈抟是宋初的炼丹家。朱熹就曾说:"《先天图》传自希夷,希夷又自有所传。盖方士技术用以修炼,《参同契》所言是也。"① 自唐五代以来,就出现了用《周易》的卦象解释炼丹术的各种图式,如五代彭晓注《参同契》,有《明镜图》《水火匡廓图》《三五至精图》等,这已形成一种风气。陈抟继承了这种解《易》的风气,他研究《周易》,以图式代替文字,用《周易》中的卦爻象和阴阳之数来解释道教《参同契》中的炼丹术。因此,以图式解易是陈抟易学的一大特征。

据朱震所叙述的宋代易学传授系统,陈抟的图书学经传种放、李溉、许坚、范谔昌,至刘牧。刘牧是北宋中期图书学的代表人物,继承了陈抟的龙图,并将它发展至五十五degree。刘牧著《易数钩隐图》,《郡斋读书志》著录为三卷。《四库总目提要》说:"其学盛行于仁宗时,黄黎献作《略例》、《隐诀》,吴秘作《通神》,程大昌作《易原》,皆发明牧说。而叶昌龄则作《图义》以驳之。宋咸则作《王刘易辨》以攻之,李觏复有《删定易图论》。"②

黄黎献受学于刘牧,作《略例》一卷、《隐诀》一卷。吴秘受学于黄黎献,作《通神》三十四篇,用以解释《易数钩隐图》。另外,还有常豫撰《易源》,石汝砺撰《乾生归一图》二卷,徐庸撰《易蕴》一卷,鲜于侁撰《周易圣断》七卷,皆为发挥刘牧图书学的著作。南宋时期,朱震《汉上易传》附《卦图》三卷,程大昌《易原》八卷,亦多发挥刘牧之说。

对于刘牧的图学,也有学者持批评态度。李觏撰《删定易图序论》,认为刘牧的图书学"穿凿以从傀异,考之破碎,鲜可信用。大惧诖误学子,坏

---

① 黎靖德:《朱子语类》卷一〇〇,第2552页。
② 《四库全书总目》卷二,第5页。

堕世教"①,将其图删去五十二图,只保留了《河图》《洛书》与《八卦》三图。宋咸作《王刘易辨》二卷,指责刘牧象数学穿凿附会之处。叶昌龄又撰《周易图义》二卷(见《中兴馆阁书目》),列举出四十五条材料,对刘牧《钩隐图》作了系统的批驳。

陈抟以图解《易》,他提出的图主要有先天太极图、龙图和无极图。他提出的这些图式虽然与道教有着十分密切的关系,但通过传授,直接影响了周敦颐与邵雍,而他们又从儒家的立场继承并发展了这些图式,成为理学的开创者。

周敦颐是理学的开山。黄百家说:"孔、孟而后,汉儒止有传经之学,性道微言之绝久矣。元公崛起,二程嗣之,又复横渠诸大儒辈出,圣学大昌。故安定、徂徕卓乎有儒者之规矩,然仅可谓有开之必先。若论阐发心性义理之精微,端数元公之破暗也。"②从今日学术史研究的角度而论,周敦颐与二程、张载未必有如此密切的学脉承接关系,但从道学内部的立场来看,周敦颐确实是道学的开山。由于他的"崛起",打破了儒学自孔孟以后千年的幽暗历史,从此心性义理之学彰显,成为儒学发展的源头活水。周敦颐有首创之功,之后二程、张载辈兴起,由此促成了道学的兴盛。

周敦颐的理学著作中重要的一篇是《太极图说》。经清代学者的考证,周敦颐的《太极图》来源于道教系统,与陈抟的《无极图》有渊源关系,这一点是确定无疑的。道教用此图来说明宇宙的形成,其目的是讲炼丹术,而周敦颐则从儒家的立场解释太极图,说明了宇宙的产生、仁义道德的基础以及圣人的内在依据。周敦颐的《太极图说》的框架是理学的,而且对首句"无极而太极"或"自无极而为太极"的争论,成为理学内部争论的重要问题,在某种程度上也是促使道学分化、推动道学发展的内部动因。

邵雍是北宋著名的易学家。他的以图解易的方式也来源于陈抟,并且进一步发展了陈抟易学的数学特色。邵雍的易学也称作先天学,因为他认为《周易》的八卦中,以乾坤坎离为正四卦的图式是伏羲所画,这类图式为先天图,其学为先天学;汉易中以坎离震兑为正四卦的图式是文王易,是对伏羲易的推演,为后天学。朱熹曾说:"据邵氏说,先天者,伏羲所画之易也;后天者,文王所演之易也。伏羲之易初无文字,只有一图以寓其象数,而天地万物之理,阴阳终始之变具焉。文王之易即今之《周易》,而孔子所

---

① 李觏:《删定易图序论》,《李觏集》卷四,北京:中华书局,2011年,第54页。
② 黄宗羲等:《宋元学案》卷一一《濂溪学案》上,北京:中华书局,1986年,第482页。

为作传者是也。"①朱熹的概括基本符合邵雍的思想。邵雍易学的重点是对先天易学图式的推演与研究。据后来学者推测,邵雍的先天图共有十四图,朱熹的《周易本义》中将伏羲先天图归结为伏羲八卦次序图、伏羲八卦方位图、伏羲六十四卦次序图与伏羲六十四卦方位图四种。朱子归纳的伏羲四图是邵雍易学的基本内容,对后来易学与理学的发展都产生了重要的影响。钱穆先生指出:"朱子治《易》既重象数,乃亦深信邵康节之《先天图》。"②

宋代易学继承了传统象数学的图式以及道教为炼丹而改造的各种《易》图,提出了各种图式,宋代著名的易学家陈抟、刘牧、李之才、周敦颐、邵雍等都用各种图式来解释易学思想。在朱子的《周易本义》中依然保留了九幅易图。

在宋代的思想学术界,由于易图的兴盛,图书学的流行成为学界的一大思潮。在这种风气的影响之下,礼学也出现了以图解经的著作。礼学中的礼图学是宋代图书学派中的重要组成部分。

宋代的易图多有道教的渊源,除了对八卦、六十四卦的次序、方位的排比、推演之外,重点用图式说明《易传》当中"易有太极,是生两仪""天地之数五十五"等比较抽象的宇宙生化过程,以及河图洛书、易与阴阳二气的变化、五行的生成等问题。与此相比较,礼图则通常用具体、形象的图形、图式,来说明繁复的礼器、礼制以及礼仪操演的过程。

有宋一代经图、礼图著作不断出现,图谱学成为礼学的一个重要分支,除了受到易学图书学的影响之外,统治者制礼作乐的礼制建设的需求,也是一个重要的因素。宋代的儒家学者与帝王相互配合,相互鼓励,以实现三代理想为最高目标,因此,制礼作乐也是宋代政治活动中的重要内容。《玉海·艺文》除了收录《三礼图》,还著录了其他近五十种图谱,如《淳化大射图》《咸平龙图阁五经图》《景德崇和殿尚书礼记图》《中庸图》《祥符尚书图》《景德礼记图》《祥符释奠祭器图》《祥符四图》《天禧大礼称庆合班图》《皇祐迩英阁无逸图》《孝经图》《至和周礼器图》《嘉祐周礼乐图》《仁宗御制洛书五事图》《治平八庙图》《元祐无逸图》《绍兴讲殿御书无逸图》《绍兴资善堂孝经图》《乾道御制敬天图》《嘉熙敬天图》等。从这些经图、礼图的名称就可以知道,这些礼图的内容都是有关礼制、礼器的,这在当时的现实政治中是非常实用的。从整体上来看,宋代礼图学当

---

① 朱熹:《晦庵先生朱文公》卷三八《答袁机仲书》,《朱子全书》本,第21册,第1665页。
② 钱穆:《朱子新学案》中册,成都:巴蜀书社,1986年,第1255页。

中具有代表性的是以下几部著作：

（一）聂崇义《三礼图》

据《宋史》卷四三一《儒林传》，聂崇义为河南洛阳人。"少举《三礼》，善礼学，通经旨。"后汉乾祐中，累官至国子《礼记》博士。后周显德中，累迁国子司业兼太常博士。北宋建隆中，聂崇义根据世传六种旧礼图，参校考定，撰成《新定三礼图》[①]。

聂崇义编纂的《三礼图》共二十卷，依次为：冕服图、后服图、冠冕图、宫室图、投壶图、射侯图上、射侯图下、弓矢图、旌旗图、玉瑞图、祭玉图、匏爵图、鼎俎图、尊彝图、丧服图上、丧服图下、袭敛图、丧器图上、丧器图下和目录，总共三百八十一图。聂崇义《三礼图》是在综合前人礼图的基础上删定而成的。他所参考的六种旧礼图，《郡斋读书志》说"以郑康成、阮谌等六家图刊定。"《直斋书录解题》又说："盖用旧图六本参定，故题集注。"《四库提要》对六家说得更加明确：

> 考礼图始于后汉侍中阮谌，其后有梁正者，题谌图云："陈留阮士信，受学于颍川綦母君，取其说为图三卷，多不案礼文而引汉事，与郑君之文违错正称。"《隋书·经籍志》列郑玄及阮谌等《三礼图》九卷，《唐书·艺文志》有夏侯伏朗《三礼图》十二卷，张镒《三礼图》九卷。《崇文总目》有梁正《三礼图》九卷。《宋史》载吏部尚书张昭等奏云："《四部书目》内有《三礼图》十二卷，是开皇中敕礼部修撰。其图第一、第二题云'梁氏'，第十后题云'郑氏'，今书府有《三礼图》，亦题梁氏、郑氏。"则所谓六本者，郑玄一，阮谌二，夏侯伏朗三，张镒四，梁正五，开皇所撰六也。然勘验郑志，玄实未尝为图，殆习郑氏学者作图，归之郑氏欤？[②]

这里对聂崇义所参考的六种旧礼图讲得非常明确。聂崇义就是在这些旧图的基础之上，考定参校出新的《三礼图》。《三礼图》颁行后广为流传，成为当时制礼的重要参考标准。但其错误也在所难免。如哲宗时太常

[①] 当代学术界有关《三礼图》的研究主要有：金中枢：《宋代学术思想研究》一书的第一章第一节对聂崇义《三礼图》有较为详细的研究与批评。王锷在评论丁鼎整理的《三礼图》时也比较全面地评述了《三礼图》的编纂与价值。参见金中枢：《宋代学术思想研究》，台北：幼狮文化事业公司，1989年，第17－56页。王锷：《宋聂崇义〈新定三礼图〉的价值和整理——兼评丁鼎先生整理的〈新定三礼图〉》，《孔子研究》2008年第2期。

[②] 《四库全书总目》卷二二，第176页。

博士陈祥道专于礼乐,作《礼书》一百五十卷,"比之聂崇义图,尤为精密",因此范祖禹建议"请付太常寺,与聂崇义图参用。"①《四库提要》也说:

> 沈括《梦溪笔谈》讥其牺象尊、黄目尊之误,欧阳修《集古录》讥其篡图与刘原甫所得真古篡不同,赵彦卫《云麓漫钞》讥其爵为雀背承一器,牺象尊作一器绘牛象,林光朝亦讥之曰:"聂氏《三礼图》全无来历,穀璧则画穀,蒲璧则画蒲,皆以意为之,不知穀璧止如今腰带銙上粟文耳。"是宋代诸儒亦不以所图为然。然其书钞撮诸家,亦颇承旧式,不尽出于杜撰。②

《四库提要》虽然也引用了宋人的一些批评,但总体上还是肯定了聂崇义《三礼图》抄撮诸家的贡献。当代也有学者还在陆续指出《三礼图》的一些错误,③但不可否认的是,聂崇义的《三礼图》是汉唐以来以图的形式研究三《礼》的一部集大成之作,在礼图以及礼学发展史上具有承前启后的重要作用。正如钱玄先生所指出的:"这是一部继往开来的书,清人戴震、程瑶田的《考工记》图,黄以周《礼书通故》中的名物图,都是从聂图发展而来的。"④

(二)杨甲《六经图》六卷。

杨甲《六经图》成于南宋绍兴(1131-1162)中。毛邦翰补杨甲本,成于乾道元年(1165),此书或称程森汇刻大本。继杨毛本之后,又有叶仲堪重编毛邦翰之本,以及杨复《仪礼图》十七卷。

《四库提要》说:

> 宋杨甲撰,毛邦翰补。甲,字鼎卿,昌州人。乾道二年进士。成都《文类》载其数诗,而不详其仕履。其书成于绍兴中。邦翰不知何许人,尝官抚州教授。其书成于乾道中。据王象之《舆地纪胜》碑目,甲图尝勒碑昌州郡学,今未见拓本,无由考其原目。陈振孙《书录解题》引《馆阁书目》,载邦翰所补之本,《易》七十图,《书》五十有五图,

---

① 李焘:《续资治通鉴长编》卷四五〇,北京:中华书局,2004年,第10808页。
② 《四库全书总目》卷二二,第176页。
③ 如金中枢在《宋代学术思想研究》一书中对聂图的批评。另外参见乔辉、骆瑞鹤《聂崇义〈三礼图集注〉指瑕四则》,《广西社会科学》2014年第7期。
④ 钱玄:《三礼通论》,南京:南京师范大学出版社,1996年,第61页。

《诗》四十有七图,《周礼》六十有五图,《礼记》四十有三图,《春秋》二十有九图,合为三百有九图。此本惟《易》、《书》二经图与《馆阁书目》数相合。《诗》则四十有五,《礼记》四十有一,皆较原数少二。《周礼》六十有八,较原数多三。《春秋》四十有三,较原数多十四。不知何人所更定。考《书录解题》载有东嘉叶仲堪字思文,重编毛氏之书,定为《易》图一百三十,《书》图六十三,《周礼》图六十一,《礼记》图六十三,《春秋图》七十二,惟《诗》图无所增损。其卷则增为七,亦与此本不符。然则亦非仲堪书。盖明人刊刻旧本,无不臆为窜乱者。其损益之源委,无从究诘。以其本出杨毛二家,姑从始事之例,题甲及邦翰名云尔。[①]

由《四库提要》的叙述可知,由于此书历代均有增补,所以《六经图》中每一经的具体数字也有多种说法。据通行的四库本,《六经图》中《周礼》图《周礼文物大全图》依次为:

> 天官冢宰、地官司徒、春官宗伯、秋官司寇、冬官考工记、王宫制图、营国制图、经九轨图、朝位寝庙社稷图、宗庙图、社稷图、治朝图、燕朝图、外朝图、夏世室、商重屋、周明堂、宫寝制图、次扆制图、几筵制图、王畿千里图、王畿乡遂采地图、井田之法图、四井为邑图、四邑为邱图、四邱为甸图、四甸为县图、四县为都图、四都为同图、六乡图、六遂图、五等采地图、六乡乡地图、职方氏九服图、职方氏九州图、行人六服朝贡图、王公侯卿士冕服图、后服制图、圭璧璋瓒缫藉制图、圆丘乐图、方丘乐图、宗庙乐图、分舞乐图、笋簴钟磬制图、凫氏图、木铎金铎、鼓人四金图、舞师乐师舞制图、鼓制图、乐器制图、祭器制图、六尊制图、六彝制图、掌客器图、邑人制图、金车玉辂制图、墨车制度图、厌翟车制图、轮人为盖图、九旗制图、射侯制图、冯相太岁图、龟人图、筮人图、土圭测日图、水地法图、传授图。

《礼记》图为《礼记制度示掌图》,依次为:

> 四十九篇数、二十四气图、七十二候图、月令中星图、月令明堂图、十二律还相为宫图、月令十二律管候气图、月令所属图、月令仲春昏星

---

① 《四库全书总目》卷三三,第271页。

图、月令仲夏昏星图、月令仲秋昏星图、月令仲冬昏星图、五社制度图、五帝坐位图、王制商建国图、王制周建国图、王制公卿大夫图、天子县内图、周公明堂图、武舞表位图、冠冕制图、器用制图、七庙制图、祫庙制图、五庙三庙图、别子祖宗图、郊禘宗祖图、堂上昭穆图、室中昭穆图、燕礼图、投壶礼图、乡饮礼图、养老礼图、冠礼器图、昏礼器图、习射礼图、飨礼图、内外用事之日图、祭祀用樽之数图、礼记名数图、礼记传授图。

从这些名目来看，《六经图》书中的礼图的范围是很广的。礼书中的重要制度，如井田、乡遂、明堂等，以及礼仪形式、名物，用图可以非常直观明了地把握与理解。此外，礼经的传授、礼经的主体结构也可以用图表示，对礼学研究也可以起到提纲挈领的作用。正如南宋苗昌言《六经图序》说："盖尝论之，自汉儒章句传注之学行，而士之道学益不明，逮本朝以经术取士，大儒继出，讲解一新，而后天下之士皆知渊源之归。今是图之作，凡六籍之制度、名数，桀然可一二数，使学者因是求其全书而读之，则造微诣远，兹实其指南也。"① 这正说明了用图解经的作用与意义。

除了礼图之外，《尚书轨范撮要图》中的"十二章服图""尧制五服图""弼成五服图""商七庙图"等，《毛诗正变指南图》中的"我将明堂图""清庙閟宫图""辟雍泮宫图"等，也都与礼图相关。

另外，《宋史·艺文志》还有俞言《六经图说》十二卷、赵元辅《六经图》五卷、叶仲堪《六经图》七卷。《千顷堂书目》还收录了赵元辅《大易象数钩深图》三卷，有学者认为可能就是《六经图》的《易》图部分。② 此外，《直斋书录解题》有唐仲友《帝王经世图谱》（亦称《六经图谱》）十卷，122篇。周必大《题辞》云："凡天文、地理、礼乐、刑政、阴阳、度数、兵农、王霸，皆本之经典，兼采传注，类聚群分，旁通午贯，使事时相参，形声相配，或推消长之象，或列休咎之证，而于郊庙、学校、畿疆、井野，尤致详焉。各为总说附其后，始终条理，如指诸掌。"③

（三）南宋杨复《仪礼图》十七卷。

其序曰：

---

① 朱彝尊：《经义考》卷二四三，《经义考新校》第九册，上海：上海古籍出版社，2010年，第4375—4376页。
② 张富祥：《宋代文献学研究》，上海：上海古籍出版社，2006年，第510页。
③ 马端临：《文献通考》卷二二八《经籍考五十五》，北京：中华书局，2011年，第6267页。

> 学者多苦《仪礼》难读……虽然,莫难明于《易》,可以象而求;莫难读于《礼仪》,可以图而见。图亦象也。复曩从先师朱文公读《仪礼》,求其辞而不可得,则拟为图以象之,图成而易显。凡依位之先后秩序,物之轻重权衡,礼之恭逊文明,仁之忠厚恳至,义之时措从宜,智之文理密察,精粗本末,昭然可见……赵彦肃尝作特牲、少牢二礼图,质诸先师,先师喜曰:"更得冠昏礼及堂室制度并考之,乃为佳耳。"盖《仪礼》原未有图,故先师欲学者考订以成之也。

《仪礼图》是按照朱熹的意见而作的,因此在义例上亦本于《仪礼经传通解》。全书共分冠礼、士昏礼、士相见礼、乡饮酒礼、乡射礼、燕礼、大射礼、聘礼、公食大夫礼、觐礼、丧服礼、士丧礼、既夕礼、士虞礼、特牲馈食礼、少牢馈食礼、有司彻十七门,共 205 图。书末又附《仪礼旁通图》一卷,分宫庙、冕弁、牲鼎礼器三门,共有 25 图。正文部分先录《仪礼经传通解》原文,然后绘图,再加详细考证说明。

(四)《周礼》的礼图

在宋代的礼图学当中,《周礼》的礼图是比较专门的一类。其实,《周礼》一书本身就是由三百多个职官按照六官的体系构筑而成的,其中有很多内容涉及到上古时期的政治、经济、军事等制度。如果就文字来看,缠绕复杂,但如果把这些内容用图表的形式直观地表现出来,则一目了然,易于理解和把握。《六经图》当中关于《周礼》的礼图,就是这样的。因此,在宋代的礼图学当中还有一些有关《周礼》名物制度的专门的礼图。如《宋史·艺文志》收录有龚原《周礼图》十卷、郑景炎《周礼开方图说》一卷、项安世《周礼丘乘图说》一卷等,其中后二书应该是有关《周礼》的专题礼图。在《周礼》的各种礼图中,南宋夏休的《周礼井田谱》二十卷,是具有代表性的一部著作。《四库提要》指出:

> 其书因井田之法,别以己意推演,创立规制。于乡遂之官联,沟遂之纵横,王侯之畿疆,田莱之差数,兵农之相因,颁禄之多寡,门子游倅之法,兆域昭穆之制,郊社宗庙之位,城郭内外之分,以及次舍庐室、市廛次叙、三鼓四金、五常九旗、五路五车、和门八节,皆摹绘为图,若真可坐言起行者。其考订旧文,亦多出新意。①

---

① 《四库全书总目》卷二三,第 188 — 189 页。

南宋陈傅良对此书评价颇高。他在《夏休井田谱序》中说:"苟得如《井田谱》与近时所传林勋《本证书》者数十家,各致其说,取其通如此者,去其泥不通如彼者,则周制可得而考矣。周制可得而考,则天下亦几于理矣。"①

另外,还有余希文《井田王制图》一卷32图。② 林希逸《考工记解》二卷,是有关《周礼·考工记》的专著,其中也有几十幅附图。其实,《周礼》书中有关国野、乡遂制度,最适合用图表的形式来研究,其中的井田图应当是《周礼》礼图当中比较突出的一类。

二、金石学与礼图学的发展

金石学也是宋代形成的一门新兴的学问。王国维曾说:"古来新学问起,大都由于新发见。有孔子壁中书出,而后有汉以来古文家之学。有赵宋古器出,而后有宋以来古器物、古文字之学。"③ 从先秦直至隋唐时期,对古代青铜器以及铭文的搜集、考释,仅有一些零星的、不成系统的记载。宋代儒学复兴,士大夫普遍有超越汉唐而直达三代的豪迈志愿,对三代遗存自然有着特殊的爱好与兴趣,对古代器物的收集、研究蔚然成风,由此在传统学术体系当中形成了一门相对独立的学问。宋代金石学主要包括搜集古器物及其拓本,鉴定古器物与考释金石文字,以及由古器物及金石文字的考订而考订三代历史以及典章制度。刘敞《先秦古器图》是宋代著录、考释、研究古器的较为成型的一部著作,他在序言中说:

> 先秦古器,十有一物,制作精巧,有款识,皆科斗书,为古学者莫能尽通,以它书参之,乃十得五六。就其可知者校其世,或出周文、武时,于今盖二千有余岁矣。嗟乎! 三王之事,万不存一,《诗》《书》所记,圣王所立,有可长太息者矣。独器也乎哉? 兑之戈,和之弓,离磬崇鼎,三代传以为宝,非赖其用也,亦云上古而已矣。孔子曰:"多见而识

---

① 黄宗羲等:《宋元学案》卷五三《止斋学案》,第1717—1718页。
② 《玉海·艺文》卷五,见武秀成、赵庶洋:《玉海艺文校证》卷五,南京:凤凰出版社,2013年,第216页。
③ 王国维:《最近二三十年中国新发见之学问》,收入《静庵文集续编》,见《王国维遗书》第三册,上海:上海书店出版社,2011年,第699—700页。

之,知之次也。"众不可盖,安知天下无能尽辨之者哉?使工模其文,刻于石,又并图其象,以俟好古博雅之君子焉。终此意者,礼家明其制度,小学正其文字,谱牒次其世谥,乃为能尽之。①

刘敞是宋初儒学复兴过程中的一位承前启后的重要人物。南宋吴曾引《国史》云:"庆历以前,学者尚文辞,多守章句注疏之学。至刘原父为《七经小传》,始异诸儒之说。王荆公修经义,盖本于原父。"②《四库总目》也说:"盖好以己意改经,变先儒淳实之风者,实自敞始。"③这都说明,刘敞在《七经小传》中对儒家经典提出的诸多质疑刺激并推动了宋代儒学的发展,这是刘敞在宋代儒学史上的贡献。同时,刘敞也是宋代金石学的首倡者之一,他说的明制度、正文字、次世系,正是当时人们热衷于金石学的主要学术兴趣。因此,宋人的金石学并非仅仅是为了博古的雅好,而是通过研究古代器物、考释古代文字,最终达到通晓古代历史与礼制,并且进而由此认识三代理想的目的。

宋代金石学家主要研究的是古代器物的形制以及文字的考释,这样的学问在今天属于考古学、历史学以及古文字学的范畴,但由于古代器物多为礼器,其形制大多属于礼制的范围,因此古铜器图多与礼器图并列,一同著录,而且与现实中的实用礼器也有关系。这样,宋代金石学所搜集、描摹的古代器物图也属于礼图的范围,因此《玉海·艺文》将宋代重要的古器物图录都汇拢到《建隆重集三礼图》和《至道国子监三礼图》条下,说明这些古器图也属于礼图,是礼学研究的一个分支。

对宋代金石学的发展,当时人已经有了相当自觉的认识。时人蔡絛曾说:

> 虞夏而降,制器尚象,著焉后世……独国朝来寖乃珍重,始则有刘原父侍读公为之倡,而成于欧阳文忠公。又后而和之者,则若伯父君谟(蔡襄)、东坡数公云尔。初,原父号博雅,有盛名,曩时出守长安。长安号多古簠、敦、镜、甗、尊、彝之属,因自著一书,号《先秦古器记》。而文忠公喜集往古石刻,遂又著书名《集古录》,咸载原父所得古器铭款。由是学士大夫雅多好之,此风遂一煽矣。元丰后,又有文士李公麟者出。公麟字伯时,实善画,性希古,则又取平生所得暨其闻睹者,

---

① 《宋文鉴》卷七九,见《吕祖谦全集》第十三册,杭州:浙江古籍出版社,2008年,第444页。
② 吴曾:《能改斋漫录》卷二,文渊阁《四库全书》本。又见《郡斋读书志》卷一上。
③ 《四库全书总目》卷三三,第270页。

作为图状,说其所以,而名之曰《考古图》,传流至元符间,太上皇帝即为,宪章古始,眇然追唐、虞之思,因大宗尚。及大观初,乃效公麟之《考古》,作《宣和殿博古图》。凡所藏者,为大小礼器,则已五百有几。世既知其所以贵爱,故有得一器,其直为钱数十万,后动至百万不翅者。于是天下塜墓,破伐殆尽矣。独政和间为最盛,尚方所贮至六千余数,百器遂尽。见三代典礼文章,而读先儒所讲说,殆有可哂者……于是圣朝郊庙礼乐,一旦遂复古,跨越先代。①

叶梦得也指出:

宣和间,内府尚古器。士大夫家所藏三代秦汉遗物无敢隐者,悉献于上。而好事者复争寻求,不较重价,一器有直千缗者。利之所趋,人竞搜剔山泽,发掘冢墓,无所不至。往往数千载之藏,一旦皆见,不可胜数矣。吴珏为光州固始令,光,申伯之国,而楚之故封也,间有异物,而以僻远,人未之知。乃令民有罪,皆入古器自赎。既而罢官,几得五六十器,与余遇汴上,出以相示。其间数十器尚三代物。后余中表继为守,闻之,微用其法,亦得十余器,乃知此类在世间未见者尚多也。范之才为湖北访察,有给言泽中有鼎,不知其大小,而耳见于外,其间可过六七岁小儿。亟以上闻,诏本部使者发民掘之。凡境内陂泽悉干之,掘数十丈,讫无有。之才寻见谪。②

从以上两段记述可知,上有所好,下必趋之,由于皇帝喜爱古器物,致使当时社会从上到下兴起了一股收藏、发掘、倒卖古器物的风气。这虽是帝王的雅好,但其实也间接地刺激了金石学的发展。据当代学者的研究,北宋时期兴起的金石学大致可以分为三个发展阶段:第一阶段是从仁宗嘉祐到神宗熙宁年间的兴起阶段,其代表著作是刘敞的《先秦古器图记》和欧阳修的《集古录》;第二阶段是从神宗元丰到哲宗元符年间的发展阶段,其代表著作是李公麟和吕大临的两种《考古图》;第三阶段是徽宗在位时的全盛阶段,代表著作是官修的《宣和博古图》和赵明诚的《金石录》。这一时期,北宋在社会政治方面危机四伏,摇摇欲坠,但金石学作为一门新兴的学问却在帝王与士大夫的共同推动下取得了空前的成就,"宋代金石

---

① 蔡絛:《铁围山丛谈》卷四,北京:中华书局,1983年,第79—80页。
② 叶梦得:《避暑录话》卷三,见《石林燕语 避暑录话》,上海:上海古籍出版社,2012年,第144—145页。

学研究的成果，以这六七十年间所得最为集中。"①

南宋绍兴年间翟耆年撰《籀史》，收录了当时所能见到的古器物图录与考释之书三十四种，大致反映了宋代金石学研究的状况。此书共上下两卷。下卷已佚，今只存上卷。清王士禛《居易录》保存了《籀史》原书的目录，倪涛《六艺之一录》所收《籀史》也存下卷目录。

上卷

《宣和博古图》三十卷题宋徽宗御撰

《祀圜丘方泽太庙明堂礼器款识》三卷题宋徽宗御撰

《政和四年夏祭方泽礼器款识》一卷题宋徽宗御撰

《比干墓铜槃记》

《周穆王东巡题名》一卷

《周宣王吉日碑》一卷（按："宣"当作"穆"）

《石鼓碑》一卷

《先圣篆延陵季子墓碑》一卷

《古钲铭碑》一卷徐铉释文，国子监摹版

《皇祐三馆古器图》杨元明序释

《古器图》一卷知和州胡俛刻于熙宁元年，据皇祐初仁宗观书太清楼时所赐摹本上石，不载王洙释文

《考古图》五卷李公麟撰

《周鉴图》一卷李公麟撰

《考古图》二十卷吕大临撰

《先秦古器图碑》一卷刘敞撰

《周秦古器铭碑》一卷天禧元年僧湛泩立碑

《米氏史章训古》一卷米芾以钟鼎字篆书宋徽宗文

《古器物铭碑》十五卷赵明诚撰

《晏氏鼎彝谱》一卷晏溥撰

下卷

《安州古器图》一卷

《吕氏考古图释》不分卷赵九成撰

《维扬燕衎堂古器铭》一卷石公弼撰

《黄氏古器款字》一卷

---

① 参见张富祥《宋代文献学研究》，第419页。

《广川董氏古文集类》十卷董逌撰

《赵氏获古庵记》一卷

《洛阳安氏牧敦图》一卷

《越州刻漏铭》一卷

《梓州蜼彝记》一卷

《青州古器古玉图》一卷

《严真观古器图》一卷

《蔡氏古器款识》三卷（按：原未录撰人，当为蔡肇撰）

《荣氏考古录》十五卷（按：原未录撰人，当为荣咨道撰）

《历代钟鼎彝器款识法帖》二十卷薛尚功撰

《翟氏三代钟鼎款识》三卷（按：未详撰人，疑当为耆年自编之书）①

这些著作大多以收录先秦古器物为主，其中具有代表性的是吕大临《考古图》与《宣和博古图》。

（一）吕大临《考古图》十卷

吕大临是北宋时期"躬行礼教"的关学传人，在张载去世之后又转学二程，他在受到二程理学影响的同时依然保持了重礼的思想特征。吕大临的《考古图》是他考索三代礼制的一部作品。《郡斋读书志》说，此书"裒诸家所藏三代、秦、汉尊彝鼎敦之属，绘之于幅而辨论形制文字。"②《直斋书录解题》记载："其书作于元祐七年，所纪自御府之外凡三十六家所藏古器物，皆图而录之。"③书中所收共古铜器二百二十四件、玉器十三件。

吕大临认为，古代流传下来的器物，"制度法象之所寓，圣人之精义存焉，有古今之所同然，百代所不得变者"④。吕大临多方搜访，"于士大夫之家所阅多矣，每得传摹图写，寖盈卷轴，尚病窾启，未能深考，暇日论次成书，非敢以器为玩也。"⑤吕大临对于每件器物皆确定其名称，然后摹绘图形、款识，记录大小尺寸，考释铭文。由于吕大临创作此书的指导思想是"探其制作之原，以补经传之阙亡，正诸儒之谬误"⑥，因此他在摹绘每件器物之

---

① 参见张富祥《宋代文献学研究》，第447－448页。
② 晁公武：《郡斋读书志》卷四，上海：上海古籍出版社，1990年，第170页。
③ 陈振孙：《直斋书录解题》卷八，上海：上海古籍出版社，1987年，第234页。
④ 吕大临：《考古图后记》，见陈俊民：《蓝田吕氏遗著辑校》，北京：中华书局，1993年，第591页。
⑤ 吕大临：《考古图后记》，《蓝田吕氏遗著辑校》，第592页。
⑥ 吕大临：《考古图后记》，《蓝田吕氏遗著辑校》，第592页。

后,又根据文献资料讨论器物的时代、用途以及相关礼制。因此,《考古图》也属于研究三代礼制的一部礼图学专著。

在吕大临之前,李公麟也著有《考古图》一卷。据《宋史》记载,李公麟"好古博学,长于诗,多识奇字,自夏商以来钟鼎尊彝,皆能考定世次,辨测款识。"(《宋史》卷四四四《文苑传六·李公麟传》)《籀史》也说:

> 李公麟,字伯时,舒城人也。著《考古图》,每卷每器各为图,叙释其制作、镂文、款字、义训及所用,复总为前序后赞,天下传之。士大夫留意三代鼎彝之学,实始于伯时。

李公麟还是当时著名的大画家,因此他所摹绘的《考古图》形制更加准确,为后人所称赞。吕大临《考古图》中不但收录了李公麟的许多藏器,而且书中按语多次称引"李氏《录》"。有学者指出,作为吕大临重要参考资料之一的"李氏《录》"其实就是李公麟的《考古图》。因此,吕大临的《考古图》"实以李氏之书为基础,又广搜众本汇聚而成,既非出于家藏器物,亦非尽由个人传摹图写。"[①]李公麟的《考古图》一书后来佚失了,但其主体内容大多保留在吕大临的书中。

今本吕大临《考古图》后还附有《续考古图》五卷、《释文》一卷。旧题皆为吕大临所作,但《四库提要》则认为"盖南宋人续大临之书而佚其名氏"[②]。其实,这种说法未必准确。《续考古图》与《考古图释文》也当为吕氏遗著,后由赵九成整理成书。

宋代金石学是后世古器物学的基础。吕大临的《考古图》与《续考古图》是现存最早、最为详尽的古器物图录。从礼图学发展的角度来说,《考古图》以最为直接的形式展示了三代礼器的原貌,充实、完善了礼图,从而也是对三《礼》学以及礼学研究的一个有力补充。从制图技法的角度来看,吕大临的《考古图》在宋代金石学中也是最有成就的。当代著名考古学家李济先生指出:"就很多方面说,这部书的出现,不但在中国历史上,并且在世界文化史上,是一件了不得的事件。在这部书内,我们可以看见,还在十一世纪的时候,中国的史学家就能用最准确的方法,最简单的文字,以最客观的态度,处理一批最容易动人感情的材料。他们开始,并且很成功地,用图像摹绘代替文字描写;所测量的,不但是每一器物的高度、宽度、

---

① 参见张富祥《宋代文献学研究》,第454—456页。引文见第455页。
② 《四库全书总目》卷一一五《考古图》,第982页。

长度,连容量与重量都记录下来了;注意的范围,已由器物的本身扩大到它们的流传经过及原在地位;考订的方面,除款识外,兼及器物的形制与纹饰。"①李济先生从考古学的角度高度评价了这部书的意义与价值,并且指出了它对此后出现的《宣和博古图》的影响。正因为《考古图》在古器物的测绘方面取得了如此大的成就,因此它同样也推动了宋代礼图学的发展,成为宋代礼图学发展过程中的一部重要著作。

(二)王黼《宣和博古图》

此书由王黼奉敕编撰,又名《博古图录》,成书于北宋大观年间。据《宋史》本传,王黼"为人美风姿,目睛如金,有口辩,才疏隽而寡学术,然多智善佞。中崇宁进士第,调相州司理参军,编修《九域图志》。"(《宋史》卷四七〇《佞幸传·王黼传》)王黼在徽宗、钦宗朝为官贪腐,入《佞幸传》,在政治、人品各方面均无所取,但他编撰的这部《博古图》在宋代的礼图学史上却占有一定的地位。

据文献记载:

> (大观二年)十一月辛酉,兵部尚书、议礼局详议官薛昂奏:"有司所用礼器,如尊爵簠簋之类,与士大夫家所藏古器不同。盖古器多出于墟墓之间(原作"问"),无虑千数百年,其制作必有所受,非伪为也。传曰:礼失则求之野。今朝廷欲讨正礼文,则苟可以备稽考者,宜博访而取质焉。欲乞下州县,委守令访问士大夫,或民间有蓄藏古礼器者,遣人即其家,图其形制,送议礼局。"从之。(《宋通鉴长编纪事本末》卷一百三十三,中国基本古籍库收"清嘉庆宛委别藏本")

> 政和三年七月己亥,诏:……比哀集三代鼎彝、簠簋、盘匜、爵豆之类,凡五百余器,载之于图,考其制而尚其象,与今荐天地、飨宗庙之器无一有合,去古既远,礼失其传矣……诏有司悉从改造。宫室车服冠冕之度,昏冠丧葬之节,多寡之数,等衰之别,虽尝考定,未能如古。秦汉之弊未革也。(《宋通鉴长编纪事本末》卷一百三十四)

又注文中说:

---

① 李济:《中国古器物学的新基础》,原载台湾大学《文史哲学报》第1期(1950年),收入《李济文集》卷一,上海:上海人民出版社,2006年,第334页。

崇宁以来，稽古殿多聚三代礼器，若鼎彝、簠簋、牺象、尊罍、祭（原作"登"）豆、爵斝、盙洗，凡古制器悉出，因得见商周之旧，始验先儒所传太讹。若谓罍山尊但为器画山雷而已，虽王氏亦曰如是，此殆非也。制度今已传，故不详录。政和既置礼制局，乃请御府所藏悉加讨论，尽改以从古，荐之郊庙，焕然大备。（《宋通鉴长编纪事本末》卷一百三十四）

从这些记载可见，北宋从大观年间开始，政府由于制礼的需求，开始从民间搜集古器物，并重设议礼局。后又置礼制局，以制造、改造礼器。北宋崇礼、制礼的风气是非常浓厚的。《宣和博古图》就是在这种风气之下而产生的。

晁公武《郡斋读书志》记载《博古图》二十卷，"皇朝王楚集三代秦汉彝器，绘其形范，辨其款识，增多于吕氏《考古》十倍矣。"[①]又据《玉海》引《中兴馆阁书目》："《博古图》三十卷。宣和殿所藏彝鼎古器，图其形，辨其款识，推原制器之意而订正同异。"[②]

《四库总目提要》指出：

案晁公武《读书志》称《宣和博古图》为王楚撰，而钱曾《读书敏求记》称元至大中重刻《博古图》，凡臣王黼撰云云，都为削去，殆以人废书。则是书实王黼撰，楚字为传写之伪矣。曾又称《博古图》成于宣和年间，而谓之重修者，盖以采取黄长睿《博古图说》在前也。考陈振孙《书录解题》曰，《博古图说》十卷，秘书郎昭武黄伯思长睿撰，凡诸器五十九品，其数五百二十七，印章十七品，其数四十五。长睿没于政和八年，其后修《博古图》颇采用之，而亦有删改云云。钱曾所说，良信。然考蔡絛《铁围山丛谈》曰：李公麟字伯时，最善画，性喜古，取生平所得及其闻睹者作为图状，而名之曰《考古图》。及大观初，乃仿公麟之《考古》，作《宣和殿博古图》。则此书踵李公麟而作，非踵黄伯思而作，且作于大观初，不作于宣和中。絛，蔡京之子，所说皆其目睹，当必不误，陈氏盖考之未审。其时未有宣和年号，而曰《宣和博古图》者，盖徽宗禁中有宣和殿以藏古器书画。后政和八年改元重和，右丞

---

① 晁公武：《郡斋读书志》卷四，第 171 页。
② 《玉海艺文校正》卷二二，南京：凤凰出版社，2013 年，第 1080 页。《博古图》，《直斋书录解题》作三十卷（卷八，第 234 页），《宋史·艺文志》作"宣和重修博古图录"三十卷"，《通志·艺文略》作六十卷。

范致虚言犯辽国年号,徽宗不乐,遂以常所处殿名其年,且自号曰宣和人。亦见《铁围山丛谈》。则是书实以殿名,不以年号明。自洪迈《容斋随笔》始误称政和、宣和间朝廷置书局以数十计,其荒陋而可笑莫若《博古图》云云。钱曾遂沿以立说,亦失考也。绦又称尚方所贮至六千余数百器,遂尽见三代典礼文章,而读先儒所讲说,殆有可哂者。而洪迈则摘其父癸匜、周义母匜、汉注水匜、楚姬盘、汉梁山鋗及州吁高克诸条,以为诟厉,皆确中其病。知绦说乃回护时局,不为定评。然其书考证虽疏,而形模未失,音释虽谬,而字画俱存,读者尚可因其所绘,以识三代鼎彝之制,款识之文,以重为之核订。当时裒集之功,亦不可没。其支离悠谬之说,不足以当驳诘,置之不论不议可矣。①

《四库总目提要》对历来的各种说法作了较为详尽的考订。第一,《宣和博古图》的作者为王黼。这一点是正确的。第二,据蔡絛《铁围山丛谈》,王黼此书是续李公麟的《考古图》。李公麟的《考古图》已经佚失。第三,《宣和博古图》之"宣和"源于殿名,而非年号。第四,《宣和博古图》虽然有很多缺陷,如"附会古人,动成舛谬",但总体上说它的"裒集之功,亦不可没"。《四库提要》的这几点结论基本是准确的。

今存《重修宣和博古图》为三十卷,二十大类,收录古器物五十九种,539 器(壶类的上卷少计一器,故全书实收 540 器),其中相当一部分为礼器,如书中数量最多的为鼎类,共计 126 器。

《宣和博古图》在器物的考订、文字的考释以及器物的鉴定等方面都有一些纰漏,南宋人洪迈还专门列举出书中许多"荒陋而可笑"之处②,但它与吕大临的《考古图》一样,在宋代金石学发展历史上的地位是不容否认的。同样,由于书中的图大多为礼器图,因此这部书也是宋代礼图学当中的一部重要著作。

由以上叙述可见,各种器物图样是宋代金石学著作当中十分珍贵且有价值的部分。仅吕大临的《考古图》和《续考古图》以及《宣和博古图》这三部著作就有图 1250 张,"可谓规模宏大,其图绘之精,体例之严,阅之有'时代虽遥,犹足动人'之感。"从科学的角度来看,"这些金石学著作用图样摹绘代替文字描写是十分成功的,这些古器物图样,全面而科学地记录

---

① 《四库全书总目》卷一一五,第 983 页。
② 参见洪迈:《容斋随笔》卷一四"博古图"条、《容斋三笔》卷一三"再书博古图",北京:中华书局,2005 年,第 182 − 183 页、第 578 − 580 页。

了古代器物的实况和形制,体现了古人制器尚象的图学传统。"[1]正因为它全面科学地记录了古器物的实况,从而为当时的制礼提供了实物依据,也为后世了解宋代所收藏的三代器物提供了丰富的资料。王国维在《宋代之金石学》一文中专门谈到金石学的应用,其中主要内容还是宋代的礼图在宋代制礼作乐中的实际用途。文中说:

> 更就应用一方面言之,则宋初郊庙礼器皆用聂崇义《三礼图》之说。聂图虽本汉人旧图,然三代礼器自汉已失其制,及宋时古器大出,于是陆师农(佃)作《礼象》十五卷,以改旧图之失。其尊、爵、彝、舟,皆取公卿家及秘府所藏古彝器,与聂图大异。逮徽宗政和中,圜丘、方泽、太庙、明堂,皆别铸新器,一以古礼器为式。后或铸以赐大臣,讫于近世,犹有存者。元明以后各省文庙礼器,皆承用之。然其改革,实自宋人始。又仁宗景祐间李照修雅乐,所铸钟皆圆,与古制颇异。会官帑中获宝稣钟,其形如铃,而不圆,于是倣之作新钟……可见宋人金石之学并运用于实际,非徒空言考订而已。[2]

由以上的论述我们可以知道,古器物的绘图、研究,是中国古代礼制研究与礼学研究的一部分。由礼器实物及其图像可以"尽见三代典礼文章",这也是宋代学者倾注大量热情心血去收集、摹写、研究古代器物的重要原因。

三、宋代礼图学的意义

郑樵的《图谱略》在中国古代史学史上具有重要的意义和价值。梁启超曾指出,中国古代最值得肯定的三位史学家是唐代的刘知幾、宋代的郑樵和清代的章学诚,其中郑樵的"学说在《通志·总序》及《艺文略》、《校雠略》、《图谱略》"[3]。梁启超对于中国古代史学的评价当然仅是一家之言,但郑樵作为中国古代最有识见的史学家之一,《通志》的"二十略"是《通志》全书的精华,而《图谱略》与《艺文略》《校雠略》又是"二十略"中最有价值的部分,同时也是最能体现郑樵史识和史学创见的内容,这一点应

---

[1] 参见刘克明:《中国图学思想史》,北京:科学出版社,2008年,第377、378页。
[2] 王国维:《宋代之金石学》,收入《静庵文集续编》,见《王国维遗书》第三册,第717页。
[3] 梁启超:《中国历史研究法》,上海:上海古籍出版社,2006年,第26页。

该是准确的。不仅如此,正如前文曾经指出的,郑樵的《图谱略》还是宋代礼图学发展过程中的一篇纲领性文献。宋代不仅出现了大量官修、私修的以著录古器物图像为主要内容的《博古图》一类的礼图学著作,而且还出现了像郑樵的《图谱略》这种从理论上总结图谱学的发展、作用与意义的著作,由此我们也可以进一步确认,礼图学已成为宋代礼学发展过程中一个相对独立的分支。

郑樵曾经批评司马迁、班固以及刘向等以往的史学家不重视图谱在史学著作和图书分类中的作用,其实这种现象在礼学研究中也同样存在。即使在现代的礼学研究中,礼图学同样没有受到相应的重视。一般来说,在文献学的研究中会涉及到图谱学,如张富祥著《宋代文献学研究》一书中以图谱学作为宋代文献学的一个分支,其中有一些关于经图和礼图的叙述与介绍。另外,科技史的研究中从绘图技术发展的角度对中国古代的经图和礼图也有一些专题研究。但是,在经学尤其礼学的研究领域,学者们普遍忽视礼图的研究与整理,更没有将礼图学作为礼学当中的一个相对独立的派别而给予应有的重视。宋代由于易学图书学的发达而带动了其他领域图书学的兴盛,使图书学成为宋代学术发展过程中一项重要的内容与特色,在这一过程中同样也涌现出大量礼图学的著作。另外,宋人好古,金石学成为宋代新兴的一门学问,在宋人收集、著录上古三代古器物的金石学著作中,也涉及到大量的礼图,这样就使得礼图学成为礼学研究当中的一个独立的分支。本书将宋代的礼图学作为宋代礼学发展中的一个相对独立且又专门的派别,就是针对学术界的这种状况而发的,同时也希望能够引起学术界的重视,从多角度对宋代的礼图学作进一步的深入研究。

郑樵的《图谱略》是《通志》"二十略"中非常有价值的一篇,在这篇文章中,郑樵对于图谱的功能、价值及其在史学与其他领域的学术发展中的意义有非常深入的认识。郑樵所说的"图谱"之"谱",相当于《史记》中的"表",即历史年表。郑樵认为,"表"对于认识、研究历史具有非常重要的提纲挈领的作用。他说:"《史记》一书,功在十表,犹衣裳之有冠冕,木水之有本原。"[①]在郑樵看来,谱表可以用简明扼要的形式来表述复杂的历史。郑樵还说:"图载象,谱载系,为图所以周知远近,为谱所谓洞察古今。"[②]虽然郑樵一再强调图谱相辅相成,但总的来说,与"谱"相比,"图"具有更加重要的作用。郑樵曾经指出,天文、地理、宫室、器用、车旂、衣裳、

---

① 郑樵:《通志·总序》,见《通志二十略》,第2页。
② 郑樵:《通志》卷二一《年谱·年谱序》,北京:中华书局,1987年影印本,第405页。

坛兆、都邑、城筑、田里、会计、法制、班爵、古今、名物、书(即音韵文字)等十六个方面都需要有图的配合,其实,从实际内容来看,这些大多都与礼图相关,有些甚至完全就是礼制的内容(如器用、车旗、衣裳、坛兆、名物等),因此郑樵对图谱的功能、价值与意义的论述,在很大程度上我们也可以将它看作是对礼图的功能、价值与意义的评论。因此之故,我们将郑樵的《图谱略》作为宋代礼图学的一篇理论总结。

郑樵指出:

> 河出图,天地有自然之象。洛出书,天地有自然之理。天地出此二物以示圣人,使百代宪章必本于此而不可偏废者也。图,经也。书,纬也。一经一纬,相错而成文。图,植物也。书,动物也。一动一植,相须而成变化。见书不见图,闻其声不见其形;见图不见书,见其人不闻其语。图至约也,书至博也,即图而求易,即书而求难。古之学者为学有要,置图于左,置书于右,索象于图,索理于书,故人亦易为学,学亦易为功,举而措之,如执左契。后之学者离图即书,尚辞务说,故人亦难为学,学亦难为功,虽平日胸中有千章万卷,及寘之行事之间,则茫茫然不知所尚。①

郑樵在这里重点强调的是图的重要性。郑樵说图经书纬,这是针对传统学术体系中重书而轻图的倾向而言的。学者如离图而即书,则学问无头绪;如图与书互相配合,"索象于图,索理于书",则学问会事半而功倍。就礼学来说更是如此,绘图是前人在研究实践中总结出来的研究礼学行之有效的方法之一。用图像来表示礼制、礼器等礼学当中复杂的问题,可以达到以简驭繁,纲举目张的目的与效果。郑樵又说:

> 人生覆载之间,而不知天文、地里,此学者之大患也。在天成象,在地成形,星辰之次舍,日月之往来,非图无以见天之象。山川之纪,夷夏之分,非图无以见地之形。天官有书,书不可以仰观,地里有志,志不可以俯察。故曰天文地里,无图有书,不可用也。稽之人事,有宫室之制,有宗庙之制,有明堂辟雍之制,有居庐垩室之制,有台省府寺之制,有庭雷户牖之制。凡宫室之属,非图无以作室。有尊彝爵斝之制,有簠簋俎豆之制,有弓矢鈇钺之制,有圭璋璧琮之制,有玺节之制,

---

① 郑樵:《通志·图谱略》,见《通志二十略》,第1825页。

有金鼓之制,有棺椁之制,有重主之制,有明器祭器之制,有钩盾之制。凡器用之属,非图无以制器。为车旗者,则有车舆之制,有骖服之制,有旟旐之制,有仪卫卤簿之制,非图何以明章程?为衣服者,则有弁冕之制,有之制衣裳,有履舄之制,有笄总之制,有襚含之制,有杖绖之制,非图何以明制度?为坛域者,则有坛堳之制,有丘泽之制,有社稷之制,有兆域之制,大小高深之形,非图不有辨。为都邑者,则有京辅之制,有郡国之制,有闾井之制,有市朝之制,有蕃服之制,内外重轻之势,非图不能纪。为城筑者,则有郭郛之制,有苑囿之制,有台门魏阙之制,有营垒斥候之制,非图无以明关要。为田里者,则有夫家之制,有沟洫之制,有原隰之制,非图无以别经界。为会计者,则有货泉之制,有贡赋之制,有户口之制,非图无以知本末。法有制,非图无以定其制。爵有班,非图无以正其班。有五刑,有五服,五刑之属有适轻重者,五服之别有大宗小宗。权量所以同四海,规矩所以正百工,五声、八音、十二律有节,三歌、六舞有序,昭夏、肆夏,宫陈、轩陈,皆法制之目也,非图不能举。内而公卿大夫,外而州牧侯伯,贵而妃嫔、贱而妾媵,官有品,命有数,禄秩有多寡,考课有殿最,缥籍有数,玉帛有等,上下异仪,尊卑异事,皆班爵之序也,非图不能举要。通古今者,不可以不识三统、五运,而三统之数,五运之纪,非图无以通要。别名物者,不可以不识虫鱼草木,而虫鱼之形,草木之状,非图无以别要。明书者,不可以不识文字、音韵,而音韵之清浊,文字之子母,非图无以明。凡此十六种,可以类举,为学者而不知此,则章句无所用,为治者而不知此,则纲纪文物无所施。[①]

郑樵在这里详细地说明了图在为学的十六个方面所具有的作用与功能。由于这些图大多属于礼图或与礼图相关,"非图无以作室""非图无以制器""非图何以明章程""非图何以明制度",因此,郑樵的这段文字详细地说明了礼图在研究古代礼制以及现实社会制礼中的作用。后明人李维桢在郑樵此说的基础之上进一步提升,将礼图的作用抽象地概括为"载道之器"。他说:"《礼》有之:礼器,是故大备。大备,盛德也。图者,载道之器也。无图则无器,无器则道何以形,礼何以备,而盛德何以见乎?"按,"礼器,是故大备。大备,盛德也"出自《礼记·礼器》篇的首句。此篇名

---

① 郑樵:《通志·图谱略》,见《通志二十略》,第1828—1830页。

《礼器》，如孙希旦所言，"以其在简端耳"①，即以此篇的前两个字来名篇，这本是先秦古籍取名的一个通例，并没有其他特殊的含义，但是，宋人则从道器的角度来解释，如《礼记集解》引宋人方悫言曰："形而上者谓之道，形而下者谓之器。道运而无名，器运而有迹。《礼运》言道之运，《礼器》言器之用。"②认为礼有道和器两个方面，这是典型的宋儒的看法。礼器是三代礼乐盛世以及儒家三代理想的物质载体，而礼图则是对礼器的真实摹写，这样，礼图与儒家的政治理想之间，道与器之间，就发生了必然的有机联系，从而也显示了礼器以及礼图在儒学当中的重要地位。

郑樵的《图谱略》中还有《原学》一篇，专门论述古代学术。郑樵认为，后代学术不及三代之学，主要有两个原因：

> 一者义理之学，二者辞章之学。义理之学尚攻击，辞章之学务雕搜。耽义理者则以辞章之士为不达渊源，玩辞章者则以义理之士为无文彩。要之，辞章虽富，如朝霞晚照，徒焜耀人耳目，义理虽深，如空谷寻声，糜所底止。二者殊途而同归，是皆从事于语言之末，而非为实学也。③

郑樵是历史学家，他在这里所说的是否对义理之学和辞章之学有偏见，可以暂且不论，但有必要指出的是，第一，他将图谱学定性为"实学"，并说"图谱之学不传，则实学尽化为虚文矣"④。郑樵所说的"实学"含义比较广泛，除了包括图谱学之外，还包括史学中的典章制度，天文地理、草木鱼虫等自然科学方面的知识，以及理解儒家经籍的手段文字音韵等。⑤第二，郑樵将图谱学与义理学、辞章学并列，并说"图谱之学，学术之大者"⑥，由此大大提升了图谱在传统学术门类中地位与价值。

由上所述，我们可以看出，由于时代思潮的影响，帝王的雅好，文人的兴趣以及制礼作乐的现实需求，在这些不同因素的影响之下，北宋时期的礼图学极为兴盛，有理论，有实践，成为宋代礼学中极具特色的一个独立流派。

---

① 孙希旦：《礼记集解》卷二三《礼器》，北京：中华书局，1989年，第624页。
② 孙希旦：《礼记集解》卷二三《礼器》，第624页。
③ 郑樵：《通志·图谱略》，见《通志二十略》，第1827页。
④ 郑樵：《通志·图谱略》，见《通志二十略》，第1827页。
⑤ 参见吴怀祺《宋代史学思想史》，合肥：黄山书社，1992年，第142—143页；吴怀祺：《郑樵研究》，厦门：厦门大学出版社，2010年，第74—79页。
⑥ 郑樵：《通志·图谱略》，见《通志二十略》，第1828页。

北宋元丰以前日常朝参制度考略

任 石

礼仪程序与处理政务是朝会制度的两项基本内容。根据礼制等级，宋代的朝会礼仪大致可以区分为三个基本层次，包括：①元正、五月朔、冬至大朝会，②朔望朝参以及③日常朝参。相较于前代，北宋前期的日常朝参制度颇为独特，具有很强的务实性。这主要体现在：首先，在杂糅唐五代旧制的基础之上，形成了内外"套叠"的朝参模式，而这种安排方式的出现，根源于宋廷对优先政务与注重身份的双重顾及。入宋以来，正衙朝见的"旧体制"与内殿起居的"新趋向"长期共存，二者处于"一消一长"的历史过程之中；其后，起居与听政逐渐以"组合"形式进入内廷，听政成为视朝的重心，起居演变为听政的固定"前奏"，日常的朝会礼仪明确地向政务环节靠拢。

学界以往研究宋代的朝会制度，更偏重于政务，对朝参的关注程度明显不足。[①] 本文着重从等级安排的角度出发，选取内外朝参的基本模式、起居与听政的承接方式、内殿起居仪制三个方面，初步探讨北宋元丰改制以

---

① 相关研究主要包括：[日]渡边信一郎：《天空の玉座—中国古代帝国の朝政と仪礼》，東京：柏書房，1996年。[日]松本保宜：《唐王朝の宮城と御前会議—唐代聽政制度の展開》，京都：晃洋书房，2006年；《唐代前半期の常朝》，《东洋史研究》第65卷第2号，2006年，第272—308页。[日]吉田歓：《日中宮城の比較研究》，東京吉川弘文館，2002年。杨希义《唐代君臣朝参制度初探》，《唐史论丛》第10辑，西安：三秦出版社，2008年。谢元鲁：《唐代中央政府决策研究》，台北：文津出版社，1992年。袁刚：《隋唐中枢体制的演变》，台北：文津出版社，1994年。杜文玉《五代起居制度的变化及其特点》，《陕西师范大学学报》2005年第3期，第102—110页。[日]平田茂树著，林松涛、朱刚译：《宋代政治结构研究》，上海：上海古籍出版社，2010年。白钢主编，朱瑞熙著：《中国政治制度通史（宋代卷）》第三章"中央决策体制"，北京：人民出版社，1996年。赵冬梅：《试论通进视角中的唐宋阁门司》，《历史研究》2008年第3期，第128—131页。王化雨：《宋代君主信息渠道研究》，博士学位论文，北京大学，2008年。周佳：《北宋中央日常政务运行研究》，北京：中华书局，2015年。[日]金子由纪：《北宋の大朝会儀礼》，《上智史学》第47号，2002年；《南宋の大朝会儀礼——高宗紹興15年の元会を中心として——》，《纪尾井史学》第48号，2003年。

前的日常朝参制度。

一、内外"套叠"的日常朝参模式

"朝参",是日常朝会中的礼仪程序,以群臣分批分班进入殿廷、向皇帝拜谒行礼为主要内容,侧重强调的是仪式参与者的彼此关系与相对位置,以此规范、强化君臣等级秩序。北宋前期,日常朝参的内容颇为繁复,在皇帝不出御外朝的情形下,"虚仪化"的正衙常朝(外朝)与衔接听政的内殿起居(内廷)同步进行,呈现内外"套叠"的基本模式,这是一个看似矛盾而又耐人寻味的现象。据《春明退朝录》卷中:

> 本朝视朝之制:文德殿曰外朝,凡不厘务朝臣,日赴,是谓"常朝"。垂拱殿曰内殿,宰臣、枢密使以下要近职事者,并武班,日赴,是谓"常起居"。每五日,文武朝臣厘务、(令)[不]厘务并赴内朝,谓之"百官大起居"。是则奉朝之制自为三等。①

此中概括的三等"奉朝之制",正是北宋元丰以前日常朝参的主要形式,包括"常朝""常起居"与"百官大起居"。一、"常朝",不厘务的升朝官,每日赴正衙(文德殿)立班;二、"常起居",宰臣、枢密以下要近职事以及武班,每日赴内殿(垂拱殿)起居;三、"百官大起居",文武朝臣厘务与不厘务者,每五日入内殿起居。三种形式之间,存在着很强的关联性:每日朝参,常朝与常起居内外同步,要近职事与武班优先入内殿起居,不厘务升朝官被阻隔在外朝正衙;五日朝参,厘务与不厘务者共同进入内廷。再推进一步观察,则能够发现,这种朝参模式的内在逻辑,实际上是针对官员的本官("朝官")与差遣("厘务""要近职事")作"双重"安排。那么,宋人为何要大费周章,作如此繁琐的安排?以下具体地进行讨论。

(一)正衙常朝:重视本官

正衙常朝,为日常的正殿朝见礼仪,亦称"常朝"②或"常参"。唐代前

---

① 宋敏求撰,诚刚点校:《春明退朝录》卷中,北京:中华书局,1980年,第27页。
② "常朝"的概念,存在广义、狭义之分:广义上,指日常视朝,包括朝参与听政两部分;狭义上,指唐末五代以后,形式上的正衙朝见礼仪,属于朝参的范畴。

期,皇帝平日御正衙(宣政殿①),职事官五品以上及供奉官、员外郎、监察御史、太常博士,每日朝参;②玄宗天宝年间,皇帝改御内朝便殿(紫宸殿),视朝之日,群臣跟随正衙仗卫进入阁门③,此后,常朝在空间上开始由外朝移向内廷(参见图1)。至唐末五代,正衙常朝之制虽得以承袭,但虚仪化的程度加剧,旨在维系"形式上"的正殿朝见:外朝不常御,常参官赴正衙对立,由宰相一人押班④,阁门官员传宣"不坐"。"押班",指宰相作为外朝官员之首,待内廷奏事结束后,再赴正衙,带领序班臣僚向殿上御座拜谒行礼。后唐天成三年(928)、后晋开运元年(944),都曾就押班宰相是否应与群臣同行拜礼,展开讨论。⑤传宣"不坐",指皇帝虽不御外朝,没有资格入内殿奏事的常参官,仍须赶赴正衙立班,等候内廷传旨"不坐",才可以退朝。事实上,内外"同步"的视朝形式,将不可避免地导致正衙序班者长时间的站立等待,并且很难有机会见到皇帝。基于此,天成元年(926)五月十九日,敕曰:

> 近年已来,虽遇不坐正殿,或是延英对宰臣,或是内殿亲决机务,所司不循旧制,往往及辰巳之时尚未放班,既日色已高,致人心咸倦。今后若遇不坐日,未御内殿前,便令阁门使宣"不坐",放朝退班。⑥

诏旨强调,坐朝之日,御内殿以前便令阁门使传宣"不坐"、退朝放班,这正是为避免正衙序班者因延英奏对⑦或内殿决务时辰拖延而立班过久。此时,宰相押班应被提前至内廷决事之前。

宋初,在承袭唐末五代常朝制度的同时,押班的程序延后至宰臣前殿

---

① 高宗朝以前,皇帝主要居于太极宫,此时太极殿为正衙,两仪殿为便殿。
② 李林甫等:《唐六典》卷四,北京:中华书局,1992年,第114页。杨希义《唐代君臣朝参制度初探》:"参加每日朝参的京司五品以上职事官当主要指'文官'五品以上职事官,因为'武官五品以上,仍每月五日、十一日、二十一日、二十五日参,三品以上,九日、十九日、二十九日又参。'"《唐史论丛》第10辑,第66页。简言之,唐代五品以上武职事官每月四次朝参,三品以上武职事官每月七次朝参,五品以上文职事官每日朝参。
③ 唐代的"阁门",为正衙宣政殿两侧的东西上阁门(参见图1),阁门是朝臣进入内廷的唯一通道。
④ 戴埴:《鼠璞》卷上"正衙常参",《丛书集成》初编本,北京:中华书局,1985年,第17页。
⑤ 两度确定宰相押班亦行拜礼:①后唐天成三年十二月,"今后常朝,押班宰臣亦拜";②后晋开运元年十一月,"其宰臣押班,依旧设拜"。王溥:《五代会要》卷六《常朝》,上海:上海古籍出版社,2006年,第93—94页。
⑥ 参见《五代会要》卷六《常朝》,第93页。
⑦ 后唐"延英对宰臣",应是承袭了唐后期的延英奏对制度,但"延英"并非长安大明宫的延英殿。

奏事结束。

> 祖宗以来，日御垂拱殿，待制、诸司使以上俱赴，而百官班文德殿，日常朝；五日皆入，日起居。平时，宰相垂拱殿奏事毕，赴文德殿押班，或日昃未退，则阁门传宣放班，多不复赴。①

文德殿为外朝正衙，垂拱殿为内朝前殿。常日视朝，皇帝御垂拱殿，职事要近者及武班赴常起居（垂拱殿），不厘务朝官赴正衙常朝（文德殿），内外朝参同步进行。常朝仍由宰相一员押班，即待垂拱殿奏事结束后，宰相再赴文德殿，带领序班朝臣向殿上御座行两拜之礼。②此时，在制度的规定上，与正衙常朝同步完成的应包括常起居（行礼）及宰臣奏事（决务）先后两个环节。但有必要追问的是，宋廷为何不能够将正衙常朝与常起居的进度拉齐？推究其根源，这是由于作为朝臣之首的宰相，需要在常起居与正衙常朝两个场合分别出现，而在常起居结束后，宰相的奏事班次又被安排在其他臣僚之前，因此，为优先保证内廷（皇帝所在）朝会程序的顺利进行，避免虚占有限的决务时间③，就不得不"牺牲"外朝的立班者，延后常朝的进度。但是，基于宰臣前殿奏事的长期拖延，正衙立班者等待过久，内外的行进步调难以再度统一，其后宰相多不再押班，由阁门直接传宣放朝，"百官以序自拜于陛下而出"④，押班也逐渐被默许为宰臣不必要履行的职责⑤。

直至治平四年（1067），神宗即位之初，身为潜邸旧臣的御史中丞王陶以"违故事不押班"为由，弹劾韩琦、曾公亮不臣、跋扈，才使得久已荒废的宰相押班再度被提及。《宋史》卷一一六《礼志十九·宾礼一》载：

> （王）陶坐绌，司马光代为中丞，请令宰相遵国朝旧制押班，不须详

---

① 《宋史》卷一一六《礼志十九·宾礼一》"常朝仪"，北京：中华书局，第2756页。
② 黎靖德：《朱子语类》卷一二八《本朝二·法制》："旧时主上每日不御正殿。然自升朝官以上，凡在京者皆著去立，候宰相奏事罢，却来押班，拜两拜了，日日如此"。北京：中华书局，1985年，第3063页。
③ "卯时一刻"（五时至六时）宫门打开，常起居结束后进入听政程序，辰正（八时）大致为前殿奏事的截止时间，巳正（十时）大致为后殿奏事的截止时间。参见平田茂树《日本宋代政治制度史研究述评》，收入《宋代政治结构研究》，第16页；王化雨：《宋代视朝活动探研：以时间和班次为中心》，《宋史研究论丛》第14辑，保定：河北大学出版社，2013年，第1—18页。
④ 叶梦得撰，侯忠义点校：《石林燕语》卷二，北京：中华书局，1984年，第21页。
⑤ 真宗大中祥符二年，曾重申"押班"之制："自今宰臣依故事赴文德殿常朝立班"，但成效并不显著。参见徐松辑：《宋会要辑稿》仪制二之九，北京：中华书局影印本，1957年。

定。寻诏:"宰相春分辰初、秋分辰正,垂拱殿未退,听勿赴文德殿,令御史台放班。"光又言:"垂拱奏事毕,春分以后鲜有不过辰初,秋分以后鲜有不过辰正,然则自今宰臣常不至文德殿押班。请春分辰正、秋分巳初,奏事未毕,即如今诏,庶几此礼不至遂废。"乃诏春秋分率以辰正。①

最终韩琦罢相,王陶亦免去言职,由司马光代之为中丞。经过此事,恢复宰相押班,至少是名义上的恢复,成为一种形势所需。起初,诏旨规定,宰相前殿奏事以"春分辰初、秋分辰正"为界("辰初"约为七时、"辰正"为八时),若在此之前结束,宰相仍须赴正衙押班。随后,根据司马光的奏请,又将时限延迟至"春分辰正、秋分巳初"("巳初"为九时)。值得注意的是,这里反复强调的"时限",应是垂拱殿奏事的截止时间。易言之,只要宰臣奏事没有占满整个前殿奏对的时间,就必须履行押班的职责,这无疑是在重申宰相押班之制。但是,这一次的重申,也很快失去了效用。熙宁四年(1071)十一月,

> 诏中书门下:自今文德殿常朝,候垂拱殿坐,令御史台一面放班。②

诏令内殿坐朝之时,正衙即放班退朝,意味着宰相不再需要押班。事实上,"不押班"不过是王陶用以弹劾韩琦专权的一个借口,因为押班之制早已无法持续,司马光称之为"细过"也正源于此。

北宋前期,赴正衙常朝的官员范围为不厘务升朝官,也就是没有差遣职任、只以本官奉朝请的升朝官。这样的安排优先考虑的是本官。太宗淳化二年(991)六月十三日,诏曰:

> 文武百官在京监(常)[当]及主判公事,除合免得常朝外,有内殿起居、横行参假、入閤、非时庆贺、侍宴,正冬仗、御楼、御殿,承天节行香,众集议事,城外立班,国忌行香,并令赴班。③

---

① 《宋史》卷一一六《礼志十九·宾礼一》"常朝仪",第2757页。
② 李焘:《续资治通鉴长编》卷二二八,熙宁四年十一月,北京:中华书局,2004年,第5547页。
③ 徐松辑:《宋会要辑稿》仪制二之五、六。

据此,差遣为"在京监当及主判公事"的官员,得以免赴正衙立班,仅赴内殿起居。这里的"内殿起居",应是指五日大起居。可见,这一部分在京厘务者,是被排除在常起居(要近职事及武班)的范畴之外而又免于常朝。也就是说,有差遣的在京官员,或优先赴常起居,或可免常朝,只剩下没有差遣职任的升朝官,才必须赴正衙立班。这样的规定,不免加剧了正衙常朝的日渐萧索。至真宗景德二年(1005),文德殿常朝东西两班已不及三四十人,故诏曰:

> 应三馆秘阁、尚书省二十四司、诸司、寺监朝臣,除内殿起居外,并赴文德殿常参。其审刑院、大理寺、台直官、开封府判官、司录、两县令、司天监、翰林天文官、监仓场榷务等,仍旧免常参。[1]

此时,诏旨又将不赴常起居的在京官员区分为两个层次:其一,"朝臣"中的馆职、尚书省、诸司、寺监官(多为虚职,以本官为主),赴五日大起居的同时,亦赴常朝;其二,刑狱官、伎术官、监当官,多为实职,仍然免于常朝。实际上是在不妨碍日常公务与奏对程序[2]的前提下,尽可能维持常朝的立班人数。然而,虚仪化的常朝旨在维系正殿朝见的"形式",朝廷的竭力挽回,也无法扭转其颓势,多数官员已凭借其差遣,纷纷跳脱出正衙序班的行列。神宗元丰年间,赴常朝者仅余下御史台官与待次阶官,保留常朝的意义更是微乎其微。元丰四年(1081),根据侍御史知杂事满中行的奏请:"今垂拱内殿,宰臣已下既已日参,而文德常朝仍复不废,舛谬倒置,莫此为甚"[3],最终废罢了正衙常朝。这一"舛谬倒置"局面的转变,意味着内殿视朝体系趋于成熟。在听政成为视朝重心、居于内廷的过程中,日常的朝参也随之进入内朝空间,并逐步取代正殿朝见。

(二)五日大起居:兼顾本官与差遣

起居的原意,指日常作息或动静居止。在唐代,"问起居"或"起居"是一种不在正殿进行的非正式(或名义)的朝见[4],属于朝仪的一部分。唐中期以后,常朝在空间上移向内廷,皇帝不出御正衙,非正式的内殿朝见逐渐成为日常朝参的主要内容,但是,内殿朝见在礼制等级、郑重程度、参与

---

[1] 李焘:《续资治通鉴长编》卷六一,景德二年九月戊午,第1365页。
[2] 审刑院、大理寺、御史台、开封府官员,一般需要参与日常的奏对程序。
[3] 李焘:《续资治通鉴长编》卷三二〇,元丰四年十一月己酉,第7732页。
[4] 参见吴丽娱《敦煌书仪与礼法》,兰州:甘肃教育出版社,2013年,第397—406页。

人数等方面都不及正衙朝见。玄宗一朝的"唤仗入阁",正是试图以传唤仗卫入阁门的形式,弥补内廷朝见礼仪的阙失。自五代至宋初,多"事从简略",朝拜仪式日趋减省,在长期维系正殿朝见"形式"的同时,内廷的起居制度发展成为日常朝参的"核心"。

北宋前期的"内殿起居",存在广义与狭义的分别:广义上,为内殿朝见的统称,包括常起居、五日大起居与假日后殿起居;狭义上是指五日大起居。五日大起居,可溯源至后唐明宗时期的五日内殿起居。明宗天成元年(926)五月三日,敕曰:

> 今后宰臣文武百官,除常朝外,每五日一度入内起居。①

此时,作为常朝的补充形式存在,内殿(中兴殿)起居一度与朔望正殿"入阁"并举,明宗强调其创制的用意在于欲"数见群臣"②。具体而言,由于外朝不常御,正衙常朝与内廷决务"同步"进行,不参与内殿奏事的朝臣唯有等到朔望正殿入阁,才得以面见到皇帝,每日立班朝拜的只是殿上御座;而内殿起居的创设,有效缓解了这一矛盾,给予正衙序班者定期进入内廷的机会,并将入见的频度提升到五日一参。后晋、后汉、后周至北宋,都沿用了五日内殿起居之制。入宋以后,这一朝参形式又被称作"内殿起居""五日大起居"或"百官大起居"。其时,赴大起居的官员范围为厘务与不厘务者,主要包括:①日赴常起居的"要近职事及武班"、②免常朝的"在京厘务者"以及③日赴正衙常朝的"不厘务朝官"。由此可见,五日大起居的基本原则是兼顾差遣与本官,将差遣要近的在京官员与无差遣职任的升朝官,共同纳入到内殿朝见的场合之中,从而保障了赴常朝与免常朝者每五日入见的朝参频度。

(三)常起居:优先差遣

不同于百官大起居,常起居为赵宋的创制,其制始于太宗一朝。常起居作为内殿视朝的固定"前奏"③,在程序上,与前殿奏事先后承接,与正衙常朝内外同步。推究其源流,常起居的出现,与视朝重心移入内廷、奏事

---

① 王溥:《五代会要》卷五《朔望朝参》,第86页。
② 其时,御史中丞李琪曾以五日内殿起居非唐旧制,欲废罢其制而复行入阁,明宗曰:"五日起居,吾思所以数见群臣也,不可罢,而朔望入阁可复。"参见《新五代史》卷五四《李琪传》,北京:中华书局,1974年,第618页。
③ 赵冬梅《试论通进视角中的唐宋阁门司》:"常朝与百官大起居常流于形式,常起居是视朝的前奏。"《历史研究》2008年第3期,第130页。

群体日趋庞大不无关系。延英奏对是唐后期至五代时内廷决务的主要形式,《五代会要》所载录的"开延英仪",包含着臣僚上殿奏对前向皇帝拜谒行礼、问候起居的环节。[①]宋代的常起居,应是将这一简短的仪式程序扩展为在日朝听政之前,一定级别的官员统一进入内廷,分批分班行朝拜之礼。易言之,赴常起居的官员与前后殿奏事紧密相关,奏事者得以优先考虑在内。《宋会要辑稿》仪制一之一将北宋中期的日朝听政,概括为功能不同的三个步骤:①垂拱殿早朝,"先宰臣升殿奏事,次枢密使,次三司,次开封府,次审刑院,次群臣,以次升殿";②后殿视事(崇政殿或延和殿),"次军头司引公事,次三班、审官院、流内铨、刑部、群官,以次奏事";③后殿再坐(延和殿),"内臣、近职、诸路走马承受奏,或阅馆阁所进新修写书籍、仓库衣粮器物之式"。其中,固定以公事上殿奏事的诸司臣僚(二府、三司、开封府、审刑院、三班院、审官院、流内铨、刑部等),以及有资格请对的侍从官[②]、台谏官等,大多都包括在赴常起居的范畴之内(要近职事及武班)。据此可知,区别于优先考虑本官的正衙常朝、兼顾差遣与本官的百官大起居,常起居的原则应是优先差遣。

就其本质而论,朝参是臣下的一项义务,亦是一种身份显示。北宋前期日常朝参制度的突出特征,是杂糅唐五代旧制,正衙常朝、百官大起居与常起居配合行用,呈现内外"套叠"的朝参结构。即在皇帝常日不御外殿、视朝重心移入内廷的前提下,外朝正衙再行一套"形式上"的拜谒仪式,并通过百官大起居,确保赴常朝与免常朝者五日一入内廷的朝见频度。事实上,这一空间套叠、程序同步的制度设计,并非纯粹形式上的"叠加""重复",而是另有其用意。

首先,内殿起居与正衙常朝的内外兼行,与唐末五代以来"官与差遣的分离"不无关系。唐代后期,朝谒序班以职事官序列为核心,赴朝参的资格亦优先由职事官决定;入宋以后,职事官已抽离职掌,演变为无权责的本官阶,其"核心""优先"的地位也随之动摇,大量实有职掌的差遣,纷纷优先于本官决定臣僚的入朝资格,进而存在着本官与差遣两组决定朝参

---

① 王溥:《五代会要》卷六《开延英仪》:"次通事舍人引宰臣当殿立班,赞两拜,搢笏舞蹈,又三拜,奏'圣躬万福',又两拜。金口宣'上来'。又两拜,通事舍人引上殿,至御座前,又两拜,问圣体。皇帝宣'安'。又两拜,三呼'万岁',各分班案前立定。……奏事讫,宣'赐茶'。"第91页。
② 徐松辑《宋会要辑稿》仪制一之一:"大两省以上领务京师,若有公事,许时请对。"北宋前期,侍从官的范围主要包括:(本官)两省给舍·谏议以上、(职名)带待制以上职名、(差遣)两制以上。参见张祎《宋代侍从官的范围及其相关概念》,《国学研究》第三十四卷,第83—107页。

资格且相对独立的序列。此时,赴朝参的原则,既不能单一取决于本官,也不能仅仅取决于差遣,而是需要在二者之间寻求某种"平衡"。从这一角度出发,北宋前期正衙常朝、常起居、百官大起居三种朝参形式的共存,恰恰是努力寻求平衡的一种结果。常起居优先差遣,是为保证务实性,避免无资格上殿者虚占有限的奏对时间;正衙常朝注重本官,又是顾及到赴朝参始终是不厘务朝官无法剥夺的一种身份待遇[①];百官大起居兼顾本官与差遣,将厘务与不厘务官员一同带入内廷空间,并将内殿朝见的最低频度维持在五日一参。但是,有必要指出的是,正衙常朝、常起居、百官大起居三者的平衡局面也并非稳固不变,当朝参不断向奏对环节靠拢,重心朝向差遣一侧倾斜,本官一侧则不免被"抽空",平衡的状态便难以再度持续,实际上,真宗以后正衙常朝的日渐萧索,就是源于此。

次之,跳脱出本官与差遣的思考局限,更进一步从身份等级的角度观察,宋代官员的身份要素呈现"一体多元"的发展趋向。抽离职事与实有职掌的官、职名、差遣三个序列共同纳入到标志身份等级的范畴之内,"身份"与"职任"二者已不再是平行分立。就文臣而言,北宋前期大体上形成了宰执、侍从、庶官三个自上而下的身份等级;三者之中,等级越高的官僚群体,待遇越是优先由差遣职任决定,务实性也就越强。内殿朝参的安排方式也与此相关。其中,宰执、侍从以上赴常起居,庶官[②]以上赴五日大起居;在此基础上,常起居优先了一部分不在侍从身份等级范畴内而参与常规奏事的实职(如知审官院、判流内铨、知谏院等),又将另一部分没有职务的升朝官阻挡于阁门之外,在彰显等级秩序的同时,充分兼顾了务实性。

此外,日常朝参模式的内外"套叠",也体现着这一时期内殿朝参的"新趋向"与正殿朝参的"旧体制"的并存。宋廷采取避让、妥协的方式处理其中的矛盾冲突,亦是在不革除"旧体制"的前提下,认可"新趋向"的发展壮大。推究其根源,北宋前期处于一个制度"过渡"与"整合"的时代,统治集团希求稳定少变,又不得不应对现实状况,故而其政策措置的选择立足于对既有框架的局部微调。

统而观之,北宋前期的日常朝参制度,是在"因袭"基础上对既有制度的有效"整合",藉由空间的距离、朝见的频度,将不同等级层次的官员置

---

① 笔者初步推断,北宋前期,虚仪化的正衙常朝得以长期维系,应与本官之上系结着"叙位著"这一基本待遇密切相关。在脱离差遣的情形下,本官(升朝官)仍然能够独立决定赴朝参的资格。

② 有资格赴朝参的庶官,主要包括侍从以下在京厘务官以及无差遣的升朝官。

于相应的朝参场合之中,以强化君臣秩序。朝廷礼仪参与政治秩序的建设,实现官僚等级与朝参形式的"契合""对接",正是朝参的基本原则。基于政治空间逐渐移入内廷,在宋代,能够参与何种朝参场合,尤其是内殿的谒见场合,成为官僚群体身份、地位与权力的一种集中展示,这也是朝廷上下始终在意的根源。

二、衔接听政的内殿起居

在唐代前期,日常朝会的礼仪与政务承接紧密,议政环节往往被置于拜谒礼仪之后,区分为"对仗奏事"与"仗下奏事"[①]。前者多在仪式进行过程之中,仪仗与群臣皆在场,后者则因密议机要之事,需要等到退朝放仗之后。唐中期以后,朝会礼仪与议政程序呈现出日益分离的发展趋向,常朝在空间上逐渐移向内廷[②],"朝参与听政分离"[③],此后入阁(紫宸殿常朝)与延英奏对并举,前者以朝参为主,后者以听政为主,二者相对独立,虽然偶有程序上的衔接、照应[④],但不能够十分稳定地对接。至五代后唐时,虚仪化的正衙常朝与内廷决务内外兼行,明宗天成初年,创设五日内殿起居,省去外朝仪仗,且诏令起居之际,"班行内要奏事者便出班奏对""百官次第转对"[⑤],内廷的拜谒礼仪逐渐稳定地与政务环节相接。北宋前期的日常朝会制度,在承袭唐五代旧制的基础之上,保留内外两套朝见仪式,此时,不同于正衙常朝的日渐衰落,内殿起居与听政以组合形式移入内廷,听政成

---

① 仗,朝会的仪卫、仗卫。仗下,指朝罢放仗。对仗奏事:"(景龙)三年二月二十六日,敕:诸司欲奏大事,并向前三日录所奏状一本,先进,令长官亲押,判官对仗面奏。其御史弹事,亦先进状。"仗下奏事:"永徽二年十二月,诏:五品以上上封事,不能进,听仗下面奏。"王溥:《唐会要》卷二五《百官奏事》,上海:上海古籍出版社,1991年,第556页。
② 根据日本学者松本保宣提出的"内朝常朝说",唐代后期,日常朝会(常日、朔望)的场所移入内朝紫宸殿(便殿),正衙立班与入阁谒见程序衔接,百官先在宣政殿(正衙)前立班,级别较高的官员再经由东西上閤门进入紫宸殿朝见皇帝(入阁),正衙宣"不坐"后退朝。参见氏著《唐王朝の宫城と御前会议——唐代聽政制度の展开》。
③ 根据松本保宣的研究,在唐代后期,作为听政场所的紫宸殿与延英殿,二者出现功能的分化,閤内奏事(紫宸殿)的实际效用降低,逐渐为延英奏对所取代,其后,紫宸殿演变为以朝参活动为主的礼仪性场所,延英殿则成为以奏对活动为主的议政性场所,朝参与听政呈现日益分离的发展趋势。参见氏著《唐王朝の宫城と御前会议——唐代聽政制度の展开》。
④ 据《唐会要》卷二五《杂录》:"仆射、尚书、侍郎、左右丞、五监、九寺大卿监,准开成元年三月敕,每遇延英开,并令候对。如入閤日班退后,各于紫宸殿前东西松树下,依位立,本司有公事,即闻奏者。"第555页。
⑤ 王溥:《五代会要》卷五《待制官》,第71页。

为日常视朝的重心,起居演变为听政的固定"前奏",实际上是制度化的程序铺垫。

(一)基本形态:先后承接

史籍中对宋太祖正式御殿听政的正面记载较少,日朝听政制度(前后殿视事)的确立应是在太宗时期。① 与之相对,朝参制度中的五日大起居、正衙常朝,则是直接承袭了唐五代旧制,在赵宋立国之初,基本轮廓就已颇为清晰。太祖建隆三年(962)二月,

> 甲午,诏:"自今每五日内殿起居,百官以次转对……事关急切者,许非时诣阁上章,不得须候次对。"②

另据《宋朝事实》卷一二:

> 国初因唐与五代之制,文武官每日赴文明殿(原注:即文德殿)正衙常参,宰相一人押班。③

太祖一朝,处于政权的初创时期,加之不时地对外征战,难以持续比较稳定的视朝活动。其时,皇帝裁处日常政务和军国重事的场所并不固定在某一宫殿,甚至宫城内,时间也比较自由。④ 奏对的形式主要包括转对、请对、召对。转对属于常规性的奏对程序,一般与五日内殿起居接轨,即每五日在起居仪式结束后,由两员常参官轮流上殿奏事,有急切要务者,可以不待轮次,直接诣阁门上章论奏。另一方面,朔日入阁⑤时的待制、候对官奏事⑥,也属于转对的范畴,但是,由于入阁的频度较低,且不长期行用,故而转对主要依托于五日内殿起居而存在。关于太祖时期请对、召对的记载颇为稀少,《续资治通鉴长编》(简称《长编》)之中仅见几例,以御史台官、翰林学

---

① 周佳:《北宋前期日朝的形成与运行》,《中国史研究》2013年第2期。
② 李焘:《续资治通鉴长编》卷三,建隆三年二月甲午,第62页。
③ 李攸:《宋朝事实》卷一二《仪注二》,《国学基本丛书》本,北京:中华书局,1955年,第195页。
④ 周佳:《北宋前期日朝的形成与运行》,《中国史研究》2013年第2期。
⑤ 北宋前期的"入阁",承袭自唐五代旧制,为每月朔日在外朝正殿(文德殿)举行的朝会礼仪,其仪式较为隆重,保留有正衙仗卫。
⑥ 李焘:《续资治通鉴长编》卷一:建隆元年八月"戊辰朔,御崇元殿,设仗卫,群臣入阁,置待制、候对官,赐廊下食",第20页。

士为主,包括御史中丞刘温叟请对①以及召对翰林学士窦仪②、卢多逊③等。

常起居与日朝听政以"组合"的形式出现,始见于太宗朝,这正是赵宋的创制。太平兴国八年(982)十二月,权知相州、右补阙、直史馆田锡上疏曰:

> 臣伏见陛下忧民太过,视事太勤,每日早于崇德殿受百僚之朝,未日午于讲武殿视万机之事。④

崇德殿即紫宸殿,为内朝前殿,讲武殿即崇政殿,为后殿。所谓"每日早于崇德殿受百僚之朝",实际上就是常起居,每日视朝,群臣分批分班进入内朝前殿,向皇帝行拜谒之礼。朝见仪式结束后,不参与奏对者退班,皇帝再御后殿听政决事。至淳化四年(993),视朝场所与听政程序均有一定的调整,据《长编》卷三四淳化四年十一月甲寅条载:

> 上孜孜为治,每旦御长春殿受朝,听政罢,即御崇政殿决事,比至日中,尚未御食。⑤

长春殿即垂拱殿,亦属于内朝前殿,位于紫宸殿的西侧(参见图2)。与此前不同,淳化年间,视朝的场所由紫宸殿移至垂拱殿,同时,垂拱殿的功能趋向多元化,在"受朝"之外,伴有"听政"环节。听政程序扩展为前殿听政与后殿决事两部分内容,延长了时间,占据每日视朝的主体。有必要指出的是,紫宸殿与垂拱殿存在着一定的功能区分,前者偏重礼仪性(包括受朝、上寿赐酒、赐宴等),后者兼有礼仪与政务性,故而紫宸殿坐朝时,皇帝仅受百官朝拜,并不视事,听政环节需要移动到垂拱殿或崇政殿,才能够进行。至北宋中期,仁宗亲政以后,听政趋于制度化,日朝的决务程序已经扩

---

① 李焘:《续资治通鉴长编》卷六,乾德三年八月辛酉条:"温叟一日晚归,过明德门西阙前,上方与中黄门数人登楼,骑者潜知之,以白温叟,温叟令传呼依常而过。翌日,请对,具言:'人主非时登楼,则近侍咸望恩宥,辇下诸军亦希赏给。臣所以呵导而过者,欲示众以陛下非时不登楼也。'上善之。"第157页。

② 李焘:《续资治通鉴长编》卷七,乾德四年十一月癸丑条:"上以翰林学士、礼部尚书窦仪在滁州时弗与亲ж绢,每嘉其有执守,屡对大臣言,欲用为相。……上尝纳凉后苑,召仪草制……"第182页。

③ 李焘:《续资治通鉴长编》卷一四,开宝六年六月庚戌条:"卢多逊在翰林,因召对,数毁短普,且言普尝以隙地私易尚食蔬圃,广第宅,营邸店,夺民利",第304页。

④ 李焘:《续资治通鉴长编》卷二四,太平兴国八年十二月,第563页。

⑤ 李焘:《续资治通鉴长编》卷三四,淳化四年十一月甲寅,第758页。

展为垂拱殿早朝、后殿视事(崇政殿或延和殿)、后殿再坐(延和殿)功用不同的三个部分,而在"垂拱殿早朝"之前,仍然存在"垂拱殿受朝"(常起居)这一礼仪环节[①]。

与常日相近,假日视朝时,"起居"与"视事"二者也承接紧密。假日坐朝一般御崇政殿,这一制度始于太祖朝,乾德六年(968)九月十一日,诏:"自今每旬假日御讲武殿"[②]。太宗即位以后,太平兴国二年(977),又诏令"旬休日复视事于讲武殿"[③]。讲武殿即崇政殿;旬假,又称旬休,是指官员每十日休假一次,以供休沐。不同于前代,宋代的皇帝有时在旬休日及一些休假日御后殿听政,而在听政之前,也伴随有群臣入殿起居的环节。据《宋史》卷一一六《礼志十九·宾礼一》:

> (太宗即位)御崇政殿……如假日,起居辞见毕,即移御坐,临轩视事。既退,复有奏事,或阅器物之式者,谓之"后殿再坐"。[④]

太宗时期,假日听政主要包括"临轩视事"与"后殿再坐"两个步骤,在"临轩视事"之前,起居是必不可少的仪式程序。但是,相较于常起居与五日大起居,假日起居的仪式更为简略,班次也尽可能压缩(班次问题详见后文)。真宗以后,假日视朝长期保留有起居的环节。

根据上述,常日视朝与假日视朝,起居成为听政的固定"前奏",听政程序较少脱离朝参而独立存在[⑤]。御垂拱殿、崇政殿时,拜谒礼仪与上殿奏事紧密衔接;若御紫宸殿,则先受群臣朝拜,再移至垂拱殿、崇政殿听政决务,或者有"后殿再坐"(延和殿)。

(二)垂帘时期:程序脱节

在相对特殊的时期,朝参与听政也不可避免地"脱节",仁宗即位之初,刘太后垂帘时即是如此。刘太后是在帝位与政权无法有效衔接的情形之下介入政局、掌握权力的,她的摄政,既使皇帝独一无二的权力受到挑战与威胁,也使皇帝得到护佑,使皇权得以有效继续。但是,在理念上与制度上,唯有皇帝才具有合法的统治权力,太后临朝听政,始终具有一种过渡性

---

① 徐松辑:《宋会要辑稿》仪制一之一。
② 徐松辑:《宋会要辑稿》仪制一之一。
③ 徐松辑:《宋会要辑稿》仪制一之二。
④ 《宋史》卷一一六《礼志十九·宾礼一》"常朝仪",第2755页。
⑤ 此处主要指一般性的视朝日,一些特殊的休假日及放朝日,也存在只有决务而省去起居的情形。

质,即使已掌握实权,也不被承认具有正式的身分。① 在朝会制度中,这一"过渡性质"得以充分体现。

仁宗即位后,乾兴元年(1022)三月戊寅,下诏:

> 自三月十五日禫除后,不以只日、双日,百官并依例常朝,并五日一度赴前殿起居外,如遇只日即皇帝视事,双日前后殿不坐。其余休务并假日,并依旧例。其只日如值假节,只于崇政殿或承明殿视事。②

垂帘时期,仁宗的御殿视朝以"朝参"为主,包括只日视朝、五日大起居、正衙常朝。其中,只日视朝的象征性意义大于听政功能:前殿的理政功能不强,后殿录系囚、检阅禁军、殿试进士诸科等活动,就少年仁宗而言,带有政务实习的意味。③ 实际的听政重心是"五日一垂帘",即刘太后每五日与仁宗同御延和殿垂帘决事,由太后主导。

但是,被视为"流于形式"的仁宗视朝是否"无足轻重"?《长编》卷九八乾兴元年六月癸亥条载:

> 太后尝以上卧起晚,令内侍传旨中书,欲独受群臣朝。谓适在告,冯拯等不敢决,请谓出谋之。及谓出,力陈其不可,且诘拯等不即言,由是稍失太后意。

此事原文据文莹《续湘山野录》:

> 仁庙初纂临,升衮冕,才十二岁,未能待旦,起日高时,明肃太后垂箔拥佑。一日,遣中人传旨中书,为官家年小起晚,恐稽留百官班次,每日(秖)[祗]来这里休语断会。④ 首台丁晋公适在药告,惟冯相拯在中书,覆奏曰:"乞候丁谓出厅商议。"殆丁参告,果传前语,晋公口

---

① 刘静贞:《从皇后干政到太后摄政——北宋真仁之际女主政治权力试探》,《国际宋史研讨会论文集》,台北:中国文化大学,1988年,第579—606页。
② 佚名:《宋大诏令集》卷一四四《双日不坐诏》,北京:中华书局,1962年,第525页。
③ 周佳:《北宋中央日常政务运行研究》,第91页。
④ 原文此句不通。李焘《续资治通鉴长编》卷九八,乾兴元年六月癸亥条注文引《续湘山野录》原文作:"每日只来这里体会",第2286页。江少虞《宋朝事实类苑》卷一一"冯文懿",引作:"每日只来这里休。(明抄本作"取",语断)会首台丁晋公适在药告……"上海:上海古籍出版社,第121页。据此,"每日祗来这里休语断会"一句,应理解为"每日祗来这里体会"。

奏曰:"臣等止闻今上皇帝传宝受遗,若移大政于他处,则社稷之理不顺,难敢遵禀。"晋公由此忤明肃之旨。①

李焘所言"独受"与原文"每日秪来这里体会"并不矛盾。仁宗"年小起晚,恐稽留百官班次",这一环节指的是前殿朝参;"每日秪来这里体会",是令皇帝直接坐便殿(即垂帘之处),不再起早出御前殿。原则上,前殿皇帝视朝在先,便殿太后决事在后。刘太后此举,是欲通过转移坐朝的地点,削减仁宗接受群臣朝拜的郑重程度,所谓"独受",亦是强调刘太后欲便殿见群臣,略过仁宗的皇帝身份。然而,朝参不仅仅是拜谒仪式,更是"大政"之所处②,不可轻易减省,这也是臣下"力陈其不可"的原因。

不可否认,面对实际的政务,礼仪的确存在一定的滞后性、凝固性,或者说呈现"旧的秩序"③;但是,能够长期寓于礼仪制度之中的,也往往是对现实政治依然"有某些价值"的部分,这就是正当、合法的君臣秩序。在政治生活中,日常政务的有效运行,需要合理的秩序作为框架支撑,以保障政治局面的长期稳定。

在仁宗初期,朝会制度呈现仁宗御殿受朝与太后垂帘听政"并存"的基本格局,刘后以太后的身份摄政,真正的皇帝仍是仁宗。因为唯有至尊的皇帝,才有资格在正殿接受百官朝拜,这是统治者"独有"的身份象征,刘后虽握有实权,其摄政却具有过渡性质,仁宗成年以后,终究要归还政治权力,也是刘后临朝听政难以逾越的底线。事实上,皇帝承担着"秩序顶点"(名)与"政务主导"(实)的双重角色,当二重角色集于皇帝一身、名实合一时,朝参与听政多是先后承接、成组出现;但是,当原本合一的角色由皇帝与太后分别承担、名实分离时,朝参与听政则相对独立地存在。此时,区别于实际的政务,朝参的礼制意义、政治功用得以凸显,明示皇帝作为统治者、太后作为摄政者的身份差异,二者彼此牵制——皇帝有名而无实,太后有实而无名。仁宗"形式上"的视朝活动,实质上是藉由朝参守住皇帝之"名分",维持现有的基本格局。

---

① 释文莹撰,郑世刚、杨立扬点校:《续湘山野录》,北京:中华书局,1984年,第71页。
② 丁谓以"若移大政于他处,则社稷之理不顺"为借口,反对刘太后"独受群臣朝",固然有其自身的权力考虑,欲隔绝内外,以便于揽权;但是,能够以"大政"之所处为由反驳太后,也揭示出朝会仪制并非"无足轻重"。
③ 赵冬梅《文武之间:北宋武选官研究》:"礼仪呈现的,通常是旧秩序。那些曾经存在、但在现实中已经或者正在消亡的关系,往往可以在礼仪中找到证据。"北京:北京大学出版社,2010年,第10页。

朝参的关键意义,在于展示皇帝统治身份的合法、政治地位的独尊,也是官僚体系政治秩序的体现。在常态的政治格局下,皇帝统治的稳定时期,朝参的意义看似并非显著,相对程式化地与政务衔接;但在皇权面临某些危机,皇帝无法正常处理政务、须由他人代行权力时,强化统治者身份的正当性、唯一性则尤为必要,以防止暂时的代理者最终取代合法的统治者,这正是群臣抵制垂帘听政的太后在正殿接受朝拜的根本原因,而李焘《长编》中着重强调"独受",亦是在暗示刘太后意欲窃夺仁宗的皇帝之名分。

三、内殿起居仪制

在探讨内外朝参的基本模式、起居与听政的承接方式过后,再次回到起居仪制本身。北宋前期的内殿起居,主要包括常起居、百官大起居与假日起居三种形式。为尽可能地节省时间,避免耽搁奏对程序,起居的仪式已经颇为简易,省去繁琐的外朝仗卫,群臣分批分班进入内殿行礼。

(一)等候入朝

在北宋,官员赴早朝一般需要骑马,南宋以后,改为乘轿。① 视朝之日,约四更至五更时,群臣陆续赶到待漏院,在此等待宫门打开,待漏院的位置在左掖门南(参见图2)。

> 朝,辨色始入,前此集禁门外。宰执以下,皆用白纸糊烛灯一枚,长柄揭之马前,书官位于其上,欲识马所在也。朝时自四鼓,旧城诸门启关放入,都下人谓"四更时,朝马动,朝士至"者,以烛笼相围绕聚首,谓之"火城"。宰执最后至,至则"火城"灭烛。大臣自从官及亲王驸马,皆有位次,在皇城外仗舍,谓之待漏院,不与庶官同处。"火城"每位有翰林司官给酒果,以供朝臣,酒绝佳,果实皆不可咀嚼,欲其久存。②

---

① 赵彦卫撰,傅根清点校:《云麓漫钞》卷七:"故事:百官入朝,并乘马。政和三年十二月十一日,以雪滑,特许暂乘车轿,不得入宫门,候路通,依常制。自渡江后,方乘轿,迄今不改。"北京:中华书局,1996年,第120页。
② 朱彧撰,李伟国点校:《萍洲可谈》卷一,北京:中华书局,2007年,第110页。

由于天还未亮,禁门外臣僚的马前通常提有一枚书写着官位的烛笼,以便于辨识马的位置。宰执最后到达时,其他臣僚马前的烛笼("火城")则全部熄灭,这是一种礼遇,以显示宰执地位尊崇、礼绝众臣。此时,翰林司还会准备一些酒果以供食用,食物中包括炒栗[1]。《丁晋公谈录》也曾提及,待漏院前"来往喧杂",乃至有"卖肝夹粉粥"者。[2] 在待漏院之中,臣僚均有相应的位次,庶官与宰执、侍从的等候地点有所不同,宰执与侍从的漏舍也往往分开。

入朝之前,宰臣需先在漏舍省阅一些文案,以备奏事。《宋史》卷三一六《唐介传》载:

> 熙宁元年,拜参知政事。先时,宰相省阅所进文书于待漏舍,同列不得闻。介谓曾公亮曰:"身在政府而文书弗与知,上或有所问,何辞以对?"乃与同视,后遂为常。[3]

熙宁以前,宰臣在漏舍处理进入中书的文案时,参政无权涉入。其后,在唐介的建议下,由宰臣与参政共同省阅。这些文书中,就包括阁门排出的近几日上殿班次。如仁宗时,

> 吕许公夷简闻包拯之才,欲见之。一日,待漏院见班次,有包拯名,颇喜。及归又问,知居同里巷,意以拯欲便于求见。无几,报拯朝辞,乃就部注一知县而出,尤奇之。[4]

可见,宰相拥有预先知晓上殿班次的权力。且吕夷简所见到的班次安排,与包拯朝辞上殿并非同一日,这意味着在待漏院提前揭晓的班次不局限于当日。不仅如此,在阁门排定班次之前,宰相在待漏院也有机会拦截某些官员上殿。

> (宋祁)初在翰苑,时兄莒公执政……已而莒公守维扬,子京守寿

---

[1] 陆游撰,钱仲联校注:《剑南诗稿校注》卷五《夜食炒栗有感》(漏舍待朝,朝士往往食此。)上海:上海古籍出版社,1985年,第468页。
[2] 潘汝士撰,杨倩描、徐立群点校:《丁晋公谈录》"徐铉敦尚儒素",北京:中华书局,2012年,第13页。至政和年间,官司又禁止市人于宣德门以南的御廊附近买卖商品。参见孟元老撰,伊永文笺注《东京梦华录笺注》卷二《御街》,北京:中华书局,2006年,第78页。
[3] 《宋史》卷三一六《唐介传》,第10329页。
[4] 赵善璙:《自警编》卷五《恬退》,文渊阁《四库全书》本,第875册,第301页。

春。凡贵臣出守,朝辞例有颁赐。子京告下,遂入朝辞榜子。宰相吕许公于漏舍呼阁门询之,曰:"宋学士甚日朝辞?"阁门云:"已得班。"许公于是愕然,曰:"敏哉!"盖欲放谢辞,截其颁赐也。①

宋庠为参政时,其弟宋祁为学士,宋庠与宰相吕夷简政见颇有不同,终因论奏范仲淹,为吕夷简所卖。随后,兄弟二人同时上章告退,各出守外州。"贵臣出守朝辞,例有颁赐",宋祁出守扬州,朝辞时理应上殿奏对,吕夷简却企图利用班次尚未排好之机,放罢谢辞,强行剥夺其上殿的机会。然而,阁门官员称宋祁"已得班",班次难以更改,吕夷简也只好作罢。足见在排班的过程中,不免暗藏着宰相上下其手的空间,尤其是针对那些"尚未得班"的臣僚。此外,宰执偶尔也会在漏舍议事,提前敲定某些上奏的内容。②

与宰执不同,不需要处理文案的侍从官,则鲜少论及政事,而是常常在待漏院休憩、闲聊。

> 吴门下喜论杜子美诗,每对客,未尝不言。绍圣间为户部尚书,叶涛致远为中书舍人,待漏院每从官晨集,多未厌于睡,往往即坐倚壁假寐,不复交谈。惟吴至则强之与论杜诗不已,人以为苦,致远辄迁坐于门外檐次。一日,忽大雨飘洒,同列呼之不至,问其故,曰:"怕老杜诗。"③

"未厌于睡""不复交谈",固然是由于群臣早起赴朝过于疲乏,需要倚靠休息;但更为关键的是,这也是一种巧妙而有效的躲避方式。"献纳论思"的侍从官,是宰执以下最重要的奏事群体之一。凌晨时候,这些隶属于不同官司的臣僚聚集在漏舍,既不便于议论朝政人事,也不能够交流上奏内容;而为避免尴尬,其有限的交谈内容,不得不选择一些不涉政事、无关痛痒的闲话。唐诗也恰巧在此时派上了用场。

卯时天亮以后,宫门即打开,在待漏院等候的臣僚集体进入宫城。其

---

① 陈鹄撰,孔凡礼点校:《西塘集耆旧续闻》卷四《宋莒公兄弟同上章告退》,北京:中华书局,2002年,第319—320页。
② 据《续资治通鉴长编》四五四,元祐六年正月壬午条:"(刘)挚即漏舍谓吕大防曰:'若西省阙人才,则刘安世岂不可用?'大防曰:'诺。今日当先奏知。'"第10885页。
③ 叶梦得:《避暑录话》卷下,《丛书集成》初编本,北京:中华书局,1985年,第68—69页。

中,"从官于第一重隔门下马,宰相即于第二重隔门下马"①;"选人不得乘马入宫门"②,需先在门外下马,再步行入宫门。事实上,趋朝下马也是一种礼遇,身份等级越高的官僚群体,下马的位置越是靠近禁廷。真宗咸平以后,根据坐朝地点的不同,将入朝的路线区分为三条(参见图2):①由左掖门入,向北,于左长庆门外下马;宰执、亲王、宣徽于左银台门外下马。这一路线便于通向紫宸殿(东侧)。②由右掖门入,向东,于中书门东下马,向北,于右长庆门外下马;宰执、亲王、宣徽于右银台门外下马。这一路线则更接近垂拱殿(西侧)。③由东华门入,又分作两个方向:其一向西,通往紫宸、垂拱二殿,于左承天门外下马。其二向北,通往崇政殿(东北侧),于谏门外下马;宰执、亲王、宣徽于横门下马。③

下马之后,群臣"自主廊步入殿门,人从皆不许随,虽宰相亦自抱笏而入"④。其中,宰相、枢密使、亲王、使相、参政、翰林学士各有朱衣吏二人(知枢密院事、副枢、签书则为紫衣)⑤,自下马处前导至殿门。随后,即转入幕次。

> 文德殿门外为朝堂,常以殿前东庑设幕,下置连榻,冬毡夏席,谓之百官幕次。凡朝会必集于此,以待追班然后入。近年则不然,多萃于文德殿后,以至尚衣库、紫宸、垂拱殿门外南庑,其坐于幕次不过十数人而已。⑥

文德殿为外朝正衙,幕次被置于文德殿前东庑,群臣在幕次中等待阁门追班⑦,并由此步入内廷。但在其后,朝臣的聚集地点逐渐内移至紫宸、垂拱殿门外南庑,坐于幕次的臣僚也日趋减少。这一空间位置的变化,应是源于皇帝日常的视朝地点固定于内廷,基于此,除去少数仍赴常朝的不厘务朝官,其他臣僚已无需再经过正衙,可以由其他路线直接抵达紫宸、垂拱殿门外。

---

① 叶梦得:《石林燕语》卷七,第96页。
② 沈括撰,胡道静校注:《新校正梦溪笔谈》卷一《故事一》,北京:中华书局,1957年,第29页。
③ 徐松辑:《宋会要辑稿》职官三四之一七。
④ 叶梦得:《石林燕语》卷七,第96页。
⑤ 周必大:《玉堂杂记》卷下,《丛书集成》初编本,北京:中华书局,1991年,第54页。
⑥ 王得臣撰,俞宗宪点校:《麈史》卷上《朝制》,上海:上海古籍出版社,1986年,第5页。
⑦ 关于追班,《文忠集》卷一八一载:"垂拱常朝,驾坐,吏揖宰臣以下先序立殿门内,皆南向,背殿立,以俟追班。数年前,上自御榻望见衣履于门阈之内,遂传旨令二府在门内东西相向立,侍从以下门外相向立。"

(二) 入殿排班

群臣分批分班自殿门外幕次步入内廷,即宣告起居仪式的正式开始。《宋会要辑稿》仪制二之一、二详细载录了神宗治平四年至元丰改制以前[①]的内殿起居仪制,对朝见的频度与起居的场所均作了细致区分。需要指出的是,《文献通考》卷一○七《王礼二》也载有"长春殿起居""崇德殿起居"仪制,其行用时间更早,大约在太平兴国至明道年间[②],之中的班次安排与《辑稿》仪制二接近(参见表三、表四),但内容颇为简略[③],因此本文以《辑稿》的记载为依准。

1. 垂拱殿起居

《宋会要辑稿》仪制二之一:

> 垂拱殿常朝,皇帝初座,A内侍省都知、押班率内供奉官以下及寄班等先起居。次客[省]、閤门使以下(呈进目者)。次三班使臣。次内殿当直诸班。次长入祇候、东西班殿侍。次御(史)[前]忠佐。次殿前都指挥使率军校至副指挥使。次驸马都尉。次诸王府僚。次殿前司诸军军使、都头。次皇亲将军以下至殿直。次行门指挥使率行门起居。
>
> 如传宣前殿不座,B即①Ⅰ宰臣与枢密使、观文殿大学士以下至宝文阁直学士、三司使、中书舍人、三司副使、直龙图阁、侍讲、谏官、修起居注(如他官纠察在京刑狱、知东西审官、勾当三班院、知通进银台司、审刑院或三司、开封府判官、推官、审刑详议官当奏事者亦赴)。Ⅱ皇城内监库藏朝官、横行及东西班、诸司使副、内殿承制、崇班、供奉官、侍禁、殿直、翰林医官、待诏、医学、艺学等同班入。(……起居毕,宰臣、枢密、宣徽使升殿侍立,余官并出)②次亲王。次侍卫亲军马步军都指挥使率军校至副指挥使。次使相。次节度使。次统军。次两使留后、观察使。次防御、团练使、刺史。次侍卫马步军军使、都头。

[①] 根据文中"宝文阁直学士""三班院""审刑院"等,推断其行用时段在治平四年(神宗即位后)至元丰改制以前。

[②] 马端临:《文献通考》卷一○七《王礼二》"长春殿起居""崇德殿起居",北京:中华书局,2011年,第3270—3271页。根据文中职名"文明殿学士""长春殿""崇德殿"尚未更名,推断其时间约在太平兴国至明道年间。

[③] 对比《通考》与《辑稿》的记载内容,二者区别在于:后者①载有假日崇政殿起居仪制;②增入明道以后新置职名,包括观文殿大学士(皇祐元年)、宝文阁直学士(治平四年);③增入直阁、侍讲、谏官赴内殿起居的内容。

起居讫,宰臣、枢密、宣徽使升殿。少顷,枢密、宣徽使并退。宰臣奏事。次枢密又奏事。(按:引文中的字母为笔者所加)

上述内容属于垂拱殿常起居。所谓"前殿不座",是指不御正衙前殿文德殿①,此时,要近职事及武班赴常起居,不厘务朝官赴正衙常朝。值得注意的是,起居仪制以皇帝初坐殿为始,至宰臣、枢密上殿奏事为止。那么,为何终止于二府奏事,而不是"起居讫"? 推究其原因,这与北宋前期内外"套叠"的朝参模式密切相关。前文已提及,每日视朝,常朝与常起居同步进行,正衙序班者需要等候负责押班的宰相走出内廷,赶赴文德殿,再统一行两拜之礼;同时,作为朝臣之首,二府的奏事程序又优先于其他臣僚,故而"押班"这一环节被安排在宰臣前殿奏事结束以后。也就是说,由宰相押班、阁门传宣退朝,才意味着内外朝见仪式的正式完毕,宰臣奏事也因此长期留存在朝会仪制之中。

垂拱殿常起居大致依照"由内及外"→"先文后武"→"自高至低"的原则排定班次。若以"行门起居"为分界点,可以将起居臣僚分作前后两组。前一组(A)以内廷供职者为主,包括宦官、典礼官(负责祗应、进读奏目、传宣等)、宿卫、管军(殿前司)、王府官、南班官等;后一组(B)为文武朝臣,"要近职事及武班"主要是指这一部分。总体上(A 与 B),遵循着"由内及外"的排班原则。在文武朝臣(B)之内,又可分为两个部分,分别起居:前一部分(①)宰臣、枢密以下,包括文臣要近职事、监库藏朝官、武选官、伎术官;后一部分(②)亲王以下,包括亲王、使相、管军(马步军司)、武臣正任。由①至②,遵循着"先文后武"的排序原则;在①之内,由Ⅰ至Ⅱ,亦大致遵循"先文后武"的原则。同时,在Ⅰ、Ⅱ、②之内,各自遵循着"自高至低"的排序原则。此外,根据注文"如他官纠察在京刑狱、知东西审官、勾当三班院、知通进银台司、审刑院或三司、开封府判官、推官、审刑详议官当奏事者亦赴",不赴常起居且免常朝的在京厘务官,如果参与前后殿奏事,也要一并加入到常起居的行列之中,班次被安排在文臣要近职事之后、监库藏朝官之前。可见,作为听政程序的必要铺垫,常起居需要将其后参与奏对的臣僚统一带入内廷空间。

《宋会要辑稿》仪制二之二:

---

① 文德殿也称"前殿"。据《宋史》卷一一八《礼志二十一·宾礼三》"朝仪班序":"(熙宁二年四月),编修阁门仪制所言:'文明殿即今文德殿,乃正衙前殿也……文德、紫宸通谓之前殿。'"第 2784 页。

如其日百官五日起居,即宰臣、中书舍人、直龙图阁以下至(知)[修]起居注、皇城内监库藏官不入,并随大班起居。B①俟侍卫马步军军使、都头班退,次左右巡使入。②次閤门使引宰臣、文武班分东西入。赴殿庭起居讫,宰臣升殿侍立。俟巡使出,枢密、宣徽使并退,宰臣奏事,余如上仪。

以上内容为垂拱殿五日大起居。内侍省宦官至行门指挥使的起居班次(A)保持不变,文武朝臣的排班次序(B)却发生变化,又分作两组:①枢密、殿阁学士、三司使副、武选官、伎术官、亲王、使相、管军(马步军司)、武臣正任;②宰相、文武大班(中书舍人、直阁、侍讲、谏官、修起居注、皇城内监库藏朝官包括在内)。起居班次的调整,源于参与官员范围的变动。大起居与常起居的区别在于,增入了不赴常起居的在京厘务官与不厘务升朝官。此时,(A)(B)两组排班的首要原则是"由内及外",①②各以枢密、宰臣为首,体现着对内外朝臣的进一步区分;同时,①②之内,各自遵循着"先文后武"→"自高至低"的排序原则。①这一组,枢密、三司、殿阁学士、武选官、伎术官、亲王、使相、三衙管军、正任,或具有内廷供职的性质,或已自内廷走向外朝,在起居仪制中,保留了这一群体的内朝属性。正如《宋史》卷一六一《职官志一》所载:

> 枢密、宣徽、三司使副、学士、诸司而下,谓之"内职"。①

"内职"的称谓,大致对应的就是枢密以下至武选官这一部分。实际上,"内职"这一称谓,揭示的主要是"身份"属性,而不再是"职任"属性。不同于"纵向"的等级划定方式,内职是从"横向"的内外属性上区分官员的身份。而颇具意味的是,被称作"无内朝之患"的宋代,却长期存在着从属于内朝的身份。也就是说,"内职"臣僚的身份与职任呈现"内""外"分离,其保留"在内"的身份始终没有追随"外朝化"的职掌一齐走出内廷,这是宋代特有的一种现象。

以枢密为例,唐后期、五代至北宋前期,枢密的职任自禁廷逐渐走向外朝(长官人选:宦官—武职—文臣)②,掌管军政,与中书门下并称"二府"。但朝会之时,枢密长官依然停留在内廷空间,常"与内诸司使副为

---

① 《宋史》卷一六一《职官志一》,第3769页。
② 参见李全德《从宦官到文臣:唐宋时期枢密院的职能演变与长官人选》,《唐研究》第十一卷,北京:北京大学出版社,2005年,第423—457页。

伍"①,"在内"的印记并未褪去。如常起居时,枢密不出禁廷,宰相赴正衙押班;五日大起居,枢密以下先行起居,宰相率外朝大班入殿在后;月朔入阁,枢密以下先迎谒于垂拱殿,后侍立于文德殿上,宰臣以下则统一立在殿庭。②对此,欧阳修曾指出:

> (枢密)事权进用,禄赐礼遇,与宰相均,惟日趋内朝、侍宴、赐衣等事,尚循唐旧。其任隆辅弼之崇,而杂用内诸司故事,使朝廷制度轻重失序。盖沿革异时,因循不能厘正也。③

枢密与宰相分秉朝政,在事权进用、禄赐礼遇与宰相不相上下的情形下,其"与内诸司为伍"的内职身份,却时常在朝参、侍宴、赐衣、国忌④这样一些礼仪性的场合中,持续地显现出来。欧阳修认为,这种身份与职任内外分离、轻重失序的安排方式出现,正是由于宋廷因循保守、不能够厘正旧制的弊病。

与枢密以下内朝班相对,中书舍人、直阁、侍讲、谏官、修起居注、监库藏朝官皆属于外朝臣僚,故而需要并入以宰相为首的外朝大班。

2. 紫宸殿起居

《宋会要辑稿》仪制二之二:

> 凡紫宸殿常朝,则 A①枢密使以下先就班,俟升座、起居讫,枢密、宣徽使、观文殿学士、枢密直学士、三司、内客省使升殿侍立。余官并出。②次亲王以下至侍卫军使、都头,凡八班。次左右巡使。B 次宰臣率文武班入,宰臣与枢密分东西侍立。次行门殿值入。俟皇帝降

---

① 欧阳修撰,李伟国点校:《归田录》卷二:"国朝之制:大宴,枢密使、副不坐,侍立殿上,既而退就御厨赐食,与閤门、引进、四方馆使列坐庑下,亲王一人伴食。每春秋赐衣门谢,则与内诸司使、副班于垂拱殿外廷中,而中书则别班谢于门上。故朝中为之语曰:'厨中赐食,阶下谢衣'。盖枢密使唐制以内臣为之,故常与内诸司使、副为伍。"北京:中华书局,1981 年,第 27 页。
② 徐松辑:《宋会要辑稿》仪制一之二四、二五。
③ 《归田录》卷二,第 27 页。
④ 真宗景德以后,内职开始参与国忌,大忌时,群臣诣閤门进名奉慰的排班原则与百官大起居颇为接近,枢密以下内职及军职为一班,宰臣以下又为一班。据王曾《王文正公笔录》:"旧制,国忌,迭命宰相、参知政事一员,率文武常参官赴佛寺行香,内职不预焉。景德中,同枢密院事王公(钦若)、陈公(尧叟)率内职同赴,乃听。自今大忌,枢密使、内职学士、内诸司使、军职下洎列校,同为一班,先诣西上閤门进名奉慰;宰相、参知政事、文武百官为一班,次诣閤门进名奉慰讫,退,齐赴佛寺行香。"《左氏百川学海》本,第七册乙集下,第 13 页。

309

座,并退。后诣垂拱殿奏事,如常仪。(如紫宸座日,非百官起居,即宰臣亦在后入)

以上为紫宸殿起居,包括五日大起居与常起居,班次均分作两组:(A)①枢密、殿阁学士、三司使副、武选官、伎术官(其中,枢密、宣徽使、观文殿学士、枢密直学士、三司、内客省使,"升殿侍立");②亲王、使相、管军。(B)宰臣、文武班(常起居,宰臣亦在后入)。与垂拱殿起居的排班原则基本一致,(A)至(B)遵循着"由内及外"的首要原则,各以枢密、宰臣为首;(A)(①至②)、(B)之内,遵循"先文后武"→"自高至低"的排序原则。值得注意的是,紫宸殿起居并不包含"宰臣、枢密奏事"这一环节。其原因在于,紫宸殿的功能重在礼仪性,区别于兼具礼仪与政务性的垂拱殿、崇政殿,紫宸殿坐朝时,听政程序需要等到起居仪式结束以后,再移至垂拱殿进行。

3. 崇政殿假日起居

《宋会要辑稿》仪制二之二:

> 凡崇政殿假日,皇帝初座,A 内侍省都知以下起居。(勾当军头司、礼宾院官亦同班)次客省、閤门使以下。(呈进目者)次殿前马军步军都指挥使至四厢都指挥使。次御前忠佐、马步(都军)[军都]头以下。次殿前指挥使、都虞(侯)[候]以下。次东西班都知以下。次军头司员僚。次皇亲将军以下。次行门殿直。B 次通事舍人引宰臣、枢密使以下、三司使副、观文、枢密直学士、知开封府、内客省使、(知)[修]起居注官、客省使以下、枢密都承旨、通事舍人、皇城内监库藏(头)[朝]臣、诸(使)[司]使、使臣等。(并同一班。学士、知制诰以下朝臣应有公事奏覆者,复同此班)次亲王。并起居讫,奏事如常仪。

崇政殿假日起居,宰臣与枢密合班①,共分作两组:(A)宦官、典礼官、三衙管军、南班官等;(B)宰臣、枢密、三司、殿阁学士、起居官、监当朝官、武选官、亲王。"由内及外"→"先文后武"→"自高至低"这一排序的基本原则保持不变。

统观前述,北宋前期内殿起居排班的首要原则是"由内及外"而不是"先文后武",为何会如此?实际上,这与举行朝会的空间场所以及官僚群

---

① 据《宋会要辑稿》仪制二之一〇:天禧四年三月十四日,右司谏、直集贤院祖士衡上言:"……假日后殿,中书、枢密文武合班,而有閤门祗候一员在班前随班再拜,侧立赞喝。"

体的身份构成密切相关。在唐代,百官朝会的场所以外殿为主,玄宗以后,常朝移入内廷空间,但具有内朝属性的官职一般不参与日常朝参。①其时,朝会排班重在区分文臣与武臣,以及职事侧近的供奉官:殿外序班,"武次于文"②;殿廷立班,供奉官在横班,文臣在东班,武臣在西班。入宋以后,这一局面即发生转变,内殿成为日常视朝的最主要场所,朝会场所移入内廷后,打破了以往内朝臣僚与外朝殿廷的空间阻隔。另一方面,宋廷又将唐末五代以来职任趋向"外朝化"的"内臣",统一编入官员序列,致使官员的类别日益多元化。经过重新整合,身份从属于"内""外"的臣僚——枢密、三司、殿阁学士、武选官、伎术官、禁军统帅、宰臣以下——共同纳入到内殿朝参的行列之中。此时,"内"与"外"成为区分官员类别的首要依据,在此基础上,进一步区别"文"与"武"。

群臣步入殿庭以后,还需要根据石位,站立在相应的班位上,才能够行礼。景祐四年(1037),诏阁门于紫宸、垂拱殿刊石为百官表位。③至嘉祐四年(1059)六月二十四日,

> 御史台言:"乞于紫宸、垂拱两殿庭石位镌定班次……文武百官起居仪制,并依官品序立。缘承久例,只(例)[依]官位序班,恐难更改。今只依旧以官位排定班次,员多者即许重行,员少者合作一班序立。"从之。④

不同于前代,紫宸、垂拱殿石位镌定的起居班次,依据的并不是官品而是官位,这也是宋代班位制度的特色之一。石位所标记的内容,往往会具体到某一个官位。如三司使"内朝班学士之右,独立石位";又如文明殿学士更名,新置观文殿大学士,也随之对石位作了改动。⑤同时,石位上标字的颜色要比较鲜明,以方便辨认。南宋绍兴年间,就曾因字色与石色接近,而将涂料更换为黄蜡与红蜡。⑥当朝臣立班时,班首与班尾"趋就

---

① 王溥:《唐会要》卷二五《文武百官朝谒班序》载:"文官充翰林学士、皇太子侍读、诸王侍读,武官充禁军职事,准旧例,并不常朝参。"第564页。
② 王溥:《唐会要》卷二五《文武百官朝谒班序》,第564—565页。
③ 王应麟:《玉海》卷七〇《景祐百官表位》,江苏古籍出版社、上海书店出版社影印本,1987年,第1332—1333页。
④ 徐松辑:《宋会要辑稿》仪制二之一三、一四。
⑤ 徐松辑:《宋会要辑稿》仪制三之二二。
⑥ 徐松辑:《宋会要辑稿》仪制五之二五。

石位"①,并结合班列的员数多寡,灵活调整实际的状态,员多者"重行",员少者"合班"。至其退班时,则"直身立,俟本班之班首先行,因以次迤逦而去,谓之卷班。"②

此外,带学士、待制职名的在外帅守,因事过阙时,也要加入到赴朝参的班列之中,并以所带职名(在外侍从)与在京侍从官一同序班。

> 常朝官者,皆将相、近臣与执事者而已,故仪矩便习。脱在外侍从尝为守帅,因事过阙还朝,若带学士、待制职名,则便当入缀本班。然帅守在外,以尊大自惯,乍入行缀,又况清禁严肃,率多周章失次。故在内从臣共指目之,每曰:"此下土官人又来也。"③

身为地方大员,兼具侍从身份的安抚使等入朝,不仅因其不谙熟朝中琐细的仪节,导致周章失措,且时常以"尊大自惯"的姿态,招致在京臣僚的反感,故而被轻蔑地讥讽为"下土官人"。

(三)拜谒礼仪

涉及内殿起居时的拜谒之礼,前引《辑稿》"垂拱殿常朝"末尾附有一段注文:

> 凡内殿起居日,止两拜;朔望或连假三日,皆舞蹈。自十月朔至二月朔,每大起居,并赐茶酒,序班于殿门外,再拜讫,集于朝堂。④

据此,朔望起居或连续休假三日,行舞蹈礼。常日起居,则仅行两拜,与正衙常朝的拜数相同。而自十月朔至二月朔大起居时赐茶酒,应是考虑到入冬以后天气寒冷,在殿廷立班的官员人数众多。

隋唐以后,"舞蹈礼"被引入朝会礼仪,用以确认君臣关系,即"伴随特定的动作,表现对皇帝宠爱的无限欢喜和臣服"⑤。其中,应包括臣僚舞动手臂的动作。据南宋张端义《贵耳集》卷下:

---

① 蔡絛撰:《铁围山丛谈》卷二,北京:中华书局,1983年,第25页。
② 蔡絛:《铁围山丛谈》卷二,第25页。
③ 蔡絛:《铁围山丛谈》卷二,第25页。
④ 徐松辑:《宋会要辑稿》仪制二之二。
⑤ [日]渡边信一郎:《元会的建构——中国古代帝国的朝政与礼仪》,收入沟口雄三、小岛毅主编,孙歌等译:《中国的思维世界》,南京:江苏人民出版社,2006年,第397页。

> 寿皇问王抃,如何北使在庭,舞蹈极可观,此间舞蹈,皆不及之。抃奏云:"北人袖窄,但公裳袖大,一举手便可观;南人袖内外俱宽大,举手便不可看。"①

较之北方民族"袖窄",汉人朝服"袖内外俱宽大",将举手的动作掩藏于衣袖之中,行舞蹈礼的观赏性便会大打折扣。正史中对舞蹈礼的记载,始见于《隋书》卷九《礼仪志四》:"正旦及冬至……上寿讫,上下俱拜。皇帝举酒,上下舞蹈,三称万岁。"②可见,在隋代至正朝会的"会"仪(赐酒)之中已出现舞蹈礼。关于舞蹈礼的起源,朱熹解释道:"不知起于何时。元魏末年,方见说那舞,然恐或是夷狄之风。"③隋代朝会礼仪中的"舞蹈礼",很有可能是沿用了北朝旧习。至唐代,舞蹈礼见于至正"朝贺"与"会"仪中:"宣制讫,群官、客使等皆再拜讫,舞蹈,三称万岁";"皇帝举酒,休和之乐作,群臣、客使等上下皆舞蹈,三称万岁。"④根据日本学者渡边信一郎的研究,"元会上的臣服礼仪,由春秋战国时期以来的委贽之礼,鲜明地变化为舞蹈礼。即使同为臣服礼仪,在委贽之礼的情况下,官僚身份的高低导致差别的出现,因为献纳的贽的种类象征着官僚的礼制身份秩序。但是,在舞蹈礼的情况下,面对皇帝,臣下是同等的,统治集团内部的身份制指向被排除。"这一论述确有其道理,臣服礼仪由"委贽之礼"⑤至"舞蹈礼"的变化,是从献物类别的等级参差到行礼动作的齐整合一,仪式更富有表演性、观赏性;然而,臣下行礼动作的统一趋向,并不意味着"身份制指向"的消弭,无论是面对君主,抑或是臣僚之间,朝会礼仪对官员身份等级的强化,仍然依托于诸多载体持续地显现—包括参与场合的等级差别,序位排班的空间布局以及入殿行礼的次序先后等。

五代时,舞蹈礼沿用于朝贺、朔望入阁与延英奏对。后唐天成三年(928)冬至拜表称贺仪注中,"捧表"与"宣制"后,"在位官俱再拜舞蹈,三称万岁,又再拜"⑥,增至两度行舞蹈礼。入阁仪,①宰臣、两省官、金吾将

---

① 张端义:《贵耳集》卷下,北京:中华书局,1958年,第57页。
② 魏徵等:《隋书》卷九《礼仪志四》,北京:中华书局,1973年,第184页。
③ 《朱子语类》卷一二八《本朝二·法制》,第3064页。
④ 萧嵩等:《大唐开元礼》卷九七《皇帝元正冬至受群臣朝贺(并会)》,北京:民族出版社,2000年,第452—456页。
⑤ 源于春秋时"策名委质",向君主贡献礼物以表示臣服。正旦朝会行"委贽之礼",即在新年伊始再度确认君臣关系。参见《元会的建构——中国古代帝国的朝政与礼仪》,第368—371页。
⑥ 王溥:《五代会要》卷五《受朝贺》:"后唐天成三年十月二十一日,中书奏:冬至日,文武百僚诣东上阁门拜表称贺仪注。"第82—83页。

军合班立定后,②宰臣一人至近前跪奏,③待制官奏事完毕,三行舞蹈礼。①开延英仪,宰臣、次对官先后当殿立定,奏事前皆舞蹈,并以舞蹈礼谢赐酒食。②至北宋时,朝贺与朔望朝也包含舞蹈礼。建隆二年(961)"五月朔受文武百僚朝"③仪注,①中书门下、翰林学士、台省官就横行位,②太尉诣御座前致词后,两次舞蹈。天圣五年(1027)"皇太后御会庆殿受群臣朝贺"④仪注,朝贺三次①中书门下·文武百僚就位、②太尉至御座前跪贺、③宣制讫,会仪一次①百官立席后,行舞蹈礼。元丰元年(1078)元正冬至大朝会仪注⑤,"朝贺"与"会"仪,各三行舞蹈礼:朝贺①三师以下至尚书左右丞、亲王以下至百官、御史台等就位,②太尉至近前跪奏,还位,③宣制讫,舞蹈三次;上寿赐酒①皇帝第一次举杯,②公王升殿前,③百官立席后,又舞蹈三次。另一方面,政和年间"文德殿月朔视朝仪"⑥,宰相、执政升殿以前,舞蹈一次。景祐三年(1036)月朔入阁仪注⑦,待制、候对官奏事结束后,也行舞蹈礼。

可见,舞蹈礼在唐代主要运用于礼制等级较高的仪式场合,如至正大朝会、千秋节朝贺、朝集使引见、宣赦书等。五代至北宋,朝会礼仪对舞蹈礼的运用更为广泛且日益频繁:朝贺中添加了舞蹈的次数,朔望视朝增入舞蹈,见谢辞也多行舞蹈礼⑧。宋末陈世崇《随隐漫录》曾对宋代各类朝会场合的拜舞次数进行归纳:"正旦朝贺一十九拜、三舞蹈","冬至朝贺一十三拜、一舞蹈","朔望起居九拜、一舞蹈"⑨。其中,礼制等级越高的朝会场合,行舞蹈礼的次数就越多。据此可知,朔望起居或连假三日行舞蹈礼,并非唐代旧制,而是五代以后舞蹈礼逐渐被引入朔望朝会的结果;与之相对,平日的拜谒礼仪,仅仅是殿下两拜。政和以后,拜谒礼仪除拜舞之外,又增以

---

① 王溥:《五代会要》卷五《入閤仪》,第88页。
② 王溥:《五代会要》卷六《开延英仪》,第91—92页。
③ 欧阳修等:《太常因革礼》卷八六《五月朔受文武百僚朝》,《丛书集成》初编本,北京:中华书局,1985年,第417—420页。
④ 欧阳修等:《太常因革礼》卷八七《皇太后御会庆殿受群臣朝贺》,第429—431页。
⑤ 马端临:《文献通考》卷一〇八《王礼三·朝仪》"元正冬至大朝会仪注",第3293—3297页。
⑥ 郑居中等撰:《政和五礼新仪》卷一三九《文德殿月朔视朝仪》,文渊阁《四库全书》本,第647册,第648—652页。
⑦ 徐松辑:《宋会要辑稿》仪制一之二四。
⑧ 马端临:《文献通考》卷一〇七《王礼二·朝仪》:"其见、谢、辞官,以次入于庭……惟宰相、亲王、使相赴崇德殿,即宣徽使通唤,余皆侧立候通,再拜,舞蹈。致辞,即不舞蹈。见,即将相升殿问圣体,其赐分物酒食及收进奉物,皆舞蹈称谢。"第3271页。
⑨ 陈世崇撰,孔凡礼点校:《随隐漫录》卷一,北京:中华书局,2010年,第3页。

唱喏。①

朱熹曾论及南宋时候的拜谒礼仪,指出:"近日上殿礼简,如所谓舞蹈等事,皆无之。只是直至殿下拜一双,上殿奏事,退又拜,即退","惟授告门谢有舞蹈",并归其因于:

> 这非惟是在下之人懒,亦是人主不能恁地等得,看他在恁地舞手弄脚。更是阁门也懒能教得他;及它有失仪,又著弹奏。②

字里行间,流露出君臣之间对繁琐仪节的"颇不耐烦"(行礼者、受礼者、纠劾者),带有浓厚的"务实"意味。然而,事实并非全如朱熹所论。在宋代,舞蹈礼一般运用于礼制等级在朔望视朝以上的朝会场合,还包括连假三日以及见谢辞。换言之,即使在北宋,日常朝参的拜谒之礼也不过是殿下的两拜,并没有引入舞蹈礼。而拜谒行礼时,群臣往往是在宰相的率领之下,宰相偶尔有记错拜数的情形,在场的臣僚也难以当即纠正。③

四、结语

统而观之,北宋前期的日常朝参制度,充分利用了刚性的身份与弹性的职任,在彰显身份等级的同时,充斥着务实性的安排。其中,以"纵向"的高下等级(宰执、侍从、庶官)划定内殿朝参的频度(大起居、常起居),又以"横向"的内外属性(内朝臣僚、外朝臣僚)区分入殿班次的先后("枢密以下"先入、"宰臣以下"后入);在此基础之上,优先实有职掌的差遣,职事越是"要近",赴内殿朝参的频度也就越高,并将无差遣的升朝官阻挡于外朝正衙。

事实上,这种制度设计的精妙之处,恰恰体现在将"身份""职任"这两种互不相容的取向糅合在同一体系之内,从而有效地避免了日常朝会的

---

① 陆游撰,李剑雄、刘德权点校:《老学庵笔记》卷二,北京:中华书局,1979年,第20页。
② 黎靖德:《朱子语类》卷一二八《本朝二·法制》,第3064页。
③ 据《石林燕语》卷一〇:"绍圣间,常朝起居,章子厚押班。一日,忽少一拜,遽升殿,在廷侍从初不记省,见丞相进殿即止。蔡鲁公时为翰林学士承旨,独徐足一拜而退,当时以为得体。大观间,蔡鲁公在告,张宾志押班,忽多一拜。予时为学士,刘德初、薛肇明皆为尚书,班相近,予觉其误,即语二人。二人曰:'非误,当拜'。余不免亦从之。阁门弹失仪,皆放罪。"第145页。

仪式程序与实际的政务处理之间相互脱节,加深其"虚仪化"的程度,以至再度出现唐后期以来"朝参与听政分离"一类的局面。

至元丰以后,废罢虚仪化的正衙常朝,日常朝参的场所统一移入内廷,分为日参、六参、望参、朔参。此时,朝参的原则也发生了转变,不再是针对官员的身份与职任作"双重"安排,在本官与差遣之间谋求"平衡",而是在框定寄禄官范围的前提之下,优先不同层次的职事官,使原本叠加繁复的朝参模式大为简化。这一局面的扭转,正是源于神宗所推行的元丰官制改革。

表1　唐五代至北宋元丰时期朝会礼仪演变示意

时段	朝会礼仪(大朝会、朔望朝参、日常朝参)
唐代前期	大朝会、朔望朝参、正衙常朝
唐代后期	大朝会、紫宸殿入阁(朔望、常朝)
五代时期	大朝会、朔(望)入阁、五日内殿起居、正衙常朝
北宋前期	大朝会、文德殿月朔入阁、五日大起居、正衙常朝、常起居、假日起居
元丰以后	大朝会、文德殿朔日视朝、紫宸殿朔参·望参·六参、垂拱殿日参、崇政殿假日

表2　北宋朝会诸殿称谓及礼仪功用

朝会殿廷	称谓	礼仪功用(元丰以前)	礼仪功用(元丰以后)
大庆殿(崇元殿)	大朝	大朝会	大朝会
文德殿(文明殿)	正衙、前殿	正衙常朝、月朔入阁	朔日视朝
垂拱殿(长春殿)	内殿、前殿	常起居、五日大起居	日参
紫宸殿(崇德殿)	内殿、前殿	五日大起居(常起居)	六参、望参、朔参
崇政殿(讲武殿)	后殿、便殿	假日起居	假日朝参

表3　熙宁至元丰改制前垂拱殿、紫宸殿、崇政殿起居班次

起居形式	频度	入殿班次	
垂拱殿常起居	每日	(A)宦官、典礼官、宿卫、管军(殿前司)、王府官、南班官等。	(B)①宰臣、枢密、殿阁学士、三司、中书舍人、直阁、侍讲、谏官、起居官、监当朝官、武选官、伎术官;②亲王、使相、管军(马步军司)、武臣正任。

续表

起居形式	频度	入殿班次	
垂拱殿大起居	五日	(A) 宦官、典礼官、宿卫、管军（殿前司）、王府官、南班官等。	(B) ①枢密、殿阁学士、三司使副、武选官、伎术官，亲王、使相、管军（马步军司）、武臣正任。 ②宰相、文武大班。（中书舍人、直阁、侍讲、谏官、起居官、监当朝官包括在内）
紫宸殿起居	五日每日	(A) ①枢密、殿阁学士、三司、武选官、伎术官； ②亲王、使相、管军。	(B) 宰臣、文武大班。 （常起居，宰臣后入）
崇政殿起居	假日	(A) 宦官、典礼官、三衙管军、南班官等。	(B) 宰臣、枢密、三司、殿阁学士、起居官、监当朝官、武选官、亲王。

表4　太平兴国至明道年间长春殿（垂拱殿）、崇德殿（紫宸殿）起居班次

起居形式	入殿班次	
长春殿起居	(A) 宦官、典礼官、宿卫、管军（殿前司）、王府官、南班官等。	(B) ①宰臣、枢密、殿阁学士、三司、中书舍人、起居官、监当朝官、武选官； ②亲王、使相、管军（马步军司）、武臣正任。
崇德殿起居	(A) ①枢密、殿阁学士、三司、中书舍人、起居官、监当朝官、武选官、伎术官； ②亲王、使相、管军、武臣正任。	(B) 宰相、参知政事。

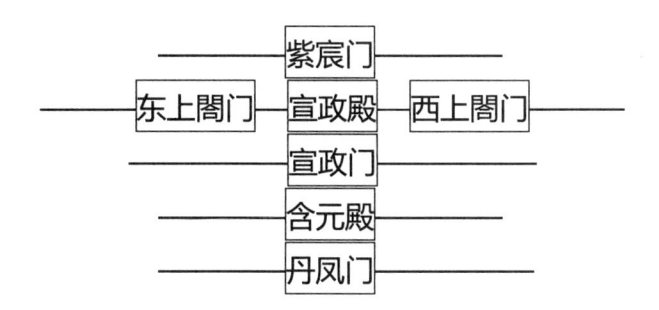

图1　唐长安东内大明宫示意图（局部）[①]

---

① 图1根据徐松撰，李健超增订《增订唐两京城坊考》绘制成，西安：三秦出版社，2006年。含元殿为外朝前殿，宣政殿为正衙；紫宸殿为内朝正殿，延英殿为内朝便殿。

317

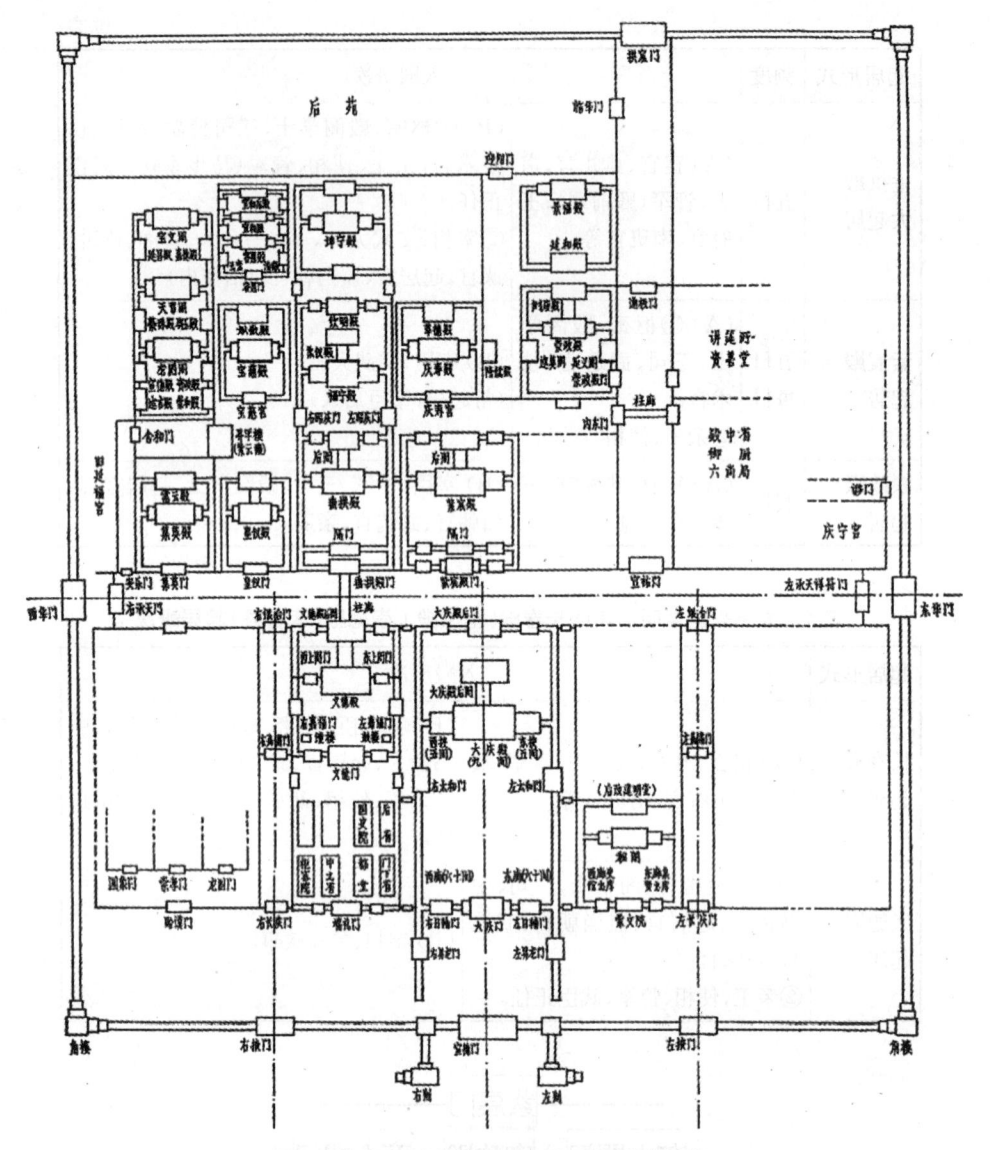

图 2　北宋开封宫城主要部分平面示意图[①]

---

① 原图参见《傅熹年建筑史论文集》，北京：文物出版社，1998年，第296页。图中：大庆殿即崇元殿，为外殿，文德殿即文明殿，为正衙、前殿；垂拱殿（长春殿）、紫宸殿（崇德殿）、崇政殿（讲武殿）、延和殿（承明殿）皆在内朝，紫宸殿、垂拱殿为前殿，崇政殿、延和殿为后殿。

社会变迁视域下的宋代礼、理关系

王志跃

宋代礼、理关系的产生、发展及其演变,是中国礼制史及思想史上一个极为重要的事件,因为它不仅使礼因其理学化而更富哲学内涵,同时可使人们管窥宋儒为对抗佛道、重整社会秩序及加强士大夫对儒学的信仰所做出的努力。此前学者对宋代礼、理关系的探讨从"克己复礼"一词的解释与理学的演变等角度有所发掘[①],但着力从社会变迁角度揭示者尚未及见。故笔者不揣浅陋,拟从社会变迁的视角对宋代礼、理关系进行一番考察,提供学界参考,不妥之处,尚祈方家批评、指正。

一、现实诉求:礼、理结合的背景

唐宋变革论在学界影响颇大,尽管远非定论,但无论是赞同者还是反对者,都会承认唐宋社会确实有较大差异。例如,宋初,在制度上"取士不问家世,婚姻不问阀阅"[②];在信仰上,自隋唐以来崇尚佛道,致使儒学式微,以至有学者认为"两宋诸儒,门庭径路,半出入于佛老"[③];而在社会阶层上,经过唐末五代的大动荡,旧的高门大族已所剩无几,新兴的庶人阶层开始崛起,并日渐成为社会政治的中坚力量。于是,社会的变迁使旧的礼法面临如何适应新的社会态势,原有的儒学体系如何在新的形势下继续生存与

[①] 王启发:《程颢程颐的礼学思想述论》,《中国社会科学院历史研究所学刊》(第五集),2008年4月;何俊:《由礼转理抑或以礼合理:唐宋思想转型的一个视角》,《北京大学学报》2007年第6期;牟坚:《朱子对"克己复礼"的诠释与辨析——论朱子对"以理易礼"说的批评》,《中国哲学史》2009年第1期;殷慧:《宋儒以理释礼的思想历程及其困境》,《中国哲学史》2013年第2期,便多是从理学的产生及演变的角度来揭示宋代礼、理关系的。

[②] 郑樵:《通志》卷二五《氏族序》,文渊阁《四库全书》本,第373册,第254页。

[③] 全祖望:《鲒埼亭集》外编卷三1《题真西山集》,《续修四库全书》,第1430册,第56页。

发展,这一切,迫使宋儒不得不对儒学进行改造与重构,对原有的礼制进行新的改建与论证,以维护王朝的统治与稳定。

尽管道教对儒礼也有妨害,但对宋儒来说,重构儒学的首要任务是对抗佛教的侵袭。因为其时外来的佛教对中国传统的思想与文化以深刻影响,导致宋儒惊呼:"髡发左衽,不士不农不工不商,为夷者半中国。"① 宋儒应对之策,则高举儒家之"礼"。欧阳修即言,礼义者,"胜佛之本也"②,二程也认为:"禅学只到止处,无用处,无礼义。"③ 显然,他们认为礼是战胜佛教的强大武器。又,二程言,"佛氏之道,一务上达而无下学,本末间断,非道也"④,即认为佛教只注重体悟高妙玄虚的义理,而对于具体的社会事务则漠不关心,故本末分离,非圣人之道。理学则不同,理学既注重天理、天则的上达之学,同时也注重形而下的下学工夫,因为他们认为"洒扫应对便是形而上者,理无大小故也。"⑤ 洒扫应对、周旋揖让等正是儒家的基本生活礼仪,理学家认为这些基本礼仪中亦蕴含天理。而佛教则缺乏复礼的工夫,朱熹曾言:"若是佛家,仅有能克己者,虽谓之无己私可也,然却不曾复得礼也。圣人之教,所以以复礼为主。若但知克己,则下梢必堕于空寂,如释氏之为矣。"⑥ 正因为礼是儒家区别与佛家的根本标志,它还是抵御佛教的重要武器,故宋代理学家以天理阐述礼,礼理结合,用以批判佛教,企望重建儒学在中国的地位。

礼虽被视为抵御佛教的重要武器,但传统之礼还远远不能满足宋儒重建礼学体系的需要。因为"在早期礼学中,礼是具象的存在,以特定的器物如玉帛笾豆和动作如揖让周旋为载体的礼节仪式固然不用说,即使作为规范性、原则性的典章制度和道德伦理,也皆能够'践而行之',即落实到人的行动中"⑦。也就是说,传统之礼主要是形而下的实学,而鲜少形而上的阐发⑧。因此,如果以其来解释自然与社会现象,势必会出现强拉硬扯的情形。宋代礼学家李觏在论证乐、刑、政一统于礼时就出现了这种现象,其言:"乐、刑、政虽统于礼,盖以圣人既别异其名,世传已久,止言礼,则人不知乐、刑、政,故并列之……然首之以礼,而乐、刑、政次之,意者谓乐、刑、政

---

① 石介:《徂徕集》卷五《怪说上》,文渊阁《四库全书》本,第1090册,第215页。
② 欧阳修:《文忠集》卷一七《本论中》,文渊阁《四库全书》本,第1102册,第138页。
③ 程颢、程颐:《二程集》,北京:中华书局,1981年,第96页。
④ 程颢、程颐:《二程集》,第1179页。
⑤ 程颢、程颐:《二程集》,第139页。
⑥ 黎靖德:《朱子语类》卷四一,北京:中华书局,1986年,第1045页。
⑦ 惠吉兴:《宋代礼学研究》,保定:河北大学出版社,2011年,第75页。
⑧ 但亦有,如缘情而制礼、依性而作仪、以义起礼等,均是有关传统之礼的哲学阐释。

咸统于礼欤!"① 不难看出,李觏只是从圣人之做法、传世久远等外在层面来论述乐、刑、政统一于礼的原因,而未从人性、心性、性情等内在的角度进行形而上的思辨论证,显然难以回应佛教的挑战。因此,传统之礼需要理的升华,才不至流于表面与具体,而新兴的理学则需借助礼才不至虚空而有所遵依,朱熹即言:"只说理,却空去了。这个礼,是那天理节文,教人有准则处。"②故礼、理结合可谓二者共同的内在需要。

除了上述因素以外,礼自身所具有的一些特点,也为礼、理二者最终合一提供了可能。首先,礼有高深的一面。苏洵即认为"礼无所不可测"③,而张载则说:"礼非止著见于外,亦有无体之礼。"④无体之礼也就是脱离了具体的礼器、礼数的抽象而普遍的原则。而此后理在礼制中也是如此体现的。其次,礼具有普遍性。二程曾言"天下无一物无礼乐"⑤,陈淳也说"礼乐无所不在,所谓'明则有礼乐,幽则有鬼神'"⑥,张载更是认为"除了礼天下更无道矣"⑦。众所周知,普遍性也是理的主要特征。再次,礼乐也有心性内涵。以人性作为礼的内在根据的观点古已有之,孟子即谓"仁、义、礼、智非由外铄我也,我固有之也"⑧。宋儒也认为礼出于性或情,张载就说:"礼所以持性,盖本出于性。"⑨意即礼之所以能使人保持天性,盖因礼本出于天性。又,二程言:"因人情而节文之者,礼也"⑩,则论述了礼与情的关系。礼具有性、情等哲学内涵,以及礼的无所不在与普遍性等特征,使得礼天然就具备了与理相通的优势。而礼、理二者之所以能够在宋代得以适时合流,无疑与二者有着很多相通之处紧密相关。

宋代社会形势有其独特的一面,佛道信仰空前高涨,民族危机骤然加重,新兴的庶民阶层迅速崛起,等等,而与之相关的礼制局面却是"朝廷之上以至天下儒生,无一人识此礼者!然而也是无此人。"⑪又,在丧葬上,人们"遵用夷法,率多火葬"⑫;在婚姻上,恪守陋俗,"娶其妻,不顾门户,直求

---

① 李觏:《李觏集》卷二《礼论第五》,北京:中华书局,1981年,第14页。
② 黎靖德:《朱子语类》卷四一,第1048页。
③ 苏洵:《嘉祐集》卷六《易论》,文渊阁《四库全书》本,第1104册,第880页。
④ 张载:《张载集》,北京:中华书局,1978年,第264页。
⑤ 程颢、程颐:《二程集》,第225页。
⑥ 陈淳:《北溪字义》卷下《礼乐》,文渊阁《四库全书》本,第709册,第40页。
⑦ 张载:《张载集》,第264页。
⑧ 金良年:《孟子译注》,上海:上海古籍出版社,2004年,第236页。
⑨ 张载:《张载集》,第264页。
⑩ 程颢、程颐:《二程集》,第1177页。
⑪ 黎靖德:《朱子语类》卷八四《论后世礼书》,第2184页。
⑫ 王偁:《东都事略》卷二《本纪二》,文渊阁《四库全书》本,第382册,第29页。

资财"①；在社会生活的其他方面也多违礼逾制。如宋初规定，平民不许乘轿。政和三年冬，以雪泞，始"暂许百官乘轿"②。然而，事实上，"京城士人与豪右大姓，出入率以轿自载，四人舁之，甚者饰以棕盖，撤去帘蔽，翼其左右，旁午于通衢。"③尽管上述引文或有夸大之处，但宋代违礼逾制的情况确实存在。因此，在理学家看来，这一混乱的社会局面有赖礼来重新整合。有学者指出："道（理）学虽然以'内圣'显其特色，但'内圣'的终极目的不是人人都成圣成贤，而仍然是合理的人间秩序的重建。"④这一说法是有道理的，因为理学有重建人间秩序的终极目标，而礼则是"安上治民"⑤的良具，且自三代以来，礼即为"国之干也"⑥，故礼、理结合不仅是理学终极目标的要求，同时也是宋代理学家面对失礼无序之社会局面，力纠违礼背理（天理）之行的必然选择。

综上，在佛教从思想与行为上深刻影响宋代社会生活，各种违礼失伦现象不断出现，传统之礼整体上尚处于具象而鲜少哲理发掘的形势下，宋儒欲应对佛教挑战，重构礼学体系，尤其是重建封建社会秩序，对治国之良具——礼进行优化、重组已是势在必行。而礼、理最终水乳交融，密不可分，显然与二者先天有着不少共性有着很大关系。

二、多维交织：理、礼结合的表现

礼、理结合是宋代特殊的社会态势造成的，同时，礼、理结合，"也是宋儒渴望将社会秩序建立在理性与人文的基础上的根本精神的体现。"⑦而关于二者的结合，最主要是从天理的高度对礼进行理学化或哲学化。一般而言，礼的哲学解释主要集中在宇宙论和心性论两方面。⑧以下分而论之。

就宇宙论的角度来说，宋儒首先认为礼为天秩、天则。朱熹曾言："天叙有典，自我五典五敦哉！天秩有礼，自我五礼五庸哉！这个典礼，自是

---

① 蔡襄：《端明集》卷三四《福州五戒文》，文渊阁《四库全书》本，第1090册，第625页。
② 马端临：《文献通考》卷一一九《王礼考十四》，北京：中华书局，1986年，第1078页。
③ 《宋史》卷一五三《舆服志五》，北京：中华书局，1977年，第3576页。
④ 余英时：《朱熹的历史世界——宋代士大夫政治文化的研究》，北京：生活・读书・新知三联书店，2011年，第118页。
⑤ 阮元：《十三经注疏》，北京：中华书局，2009年，第1610页。
⑥ 李梦生：《左传译注》，上海：上海古籍出版社，2004年，第226页。
⑦ 殷慧：《宋儒以理释礼的思想历程及其困境》，《中国哲学史》2013年第2期，第76页。
⑧ 详参彭林《礼的哲学诠释》，《哲学门》2008年第16辑，第23—36页。

天理之当然,欠他一毫不得,添他一毫不得。"①既为天秩、天则,除了具有客观性与普遍性之外,其权威性也是不容忽视的。人们在其面前只有顺从为妙,诚如张载所言"天之生物便有尊卑大小之象,人顺之而已,此所以为礼也"②。其次,将礼的产生归结为天之自然,是天所固有,从而摆脱了圣人制礼的旧观念。张载所言"礼非出于人,虽无人,礼固自然而有,何假于人?……或者专以礼出于人,而不知礼本天之自然"③。朱熹也有类似之语:"凡是所谓冠昏丧祭之礼,与夫典章制度,文物礼乐,车舆衣服,无一件是圣人自做底。都是天做下了,圣人只是依傍他天理行将去。"④这些均强调礼并非出于人,而是源于天之自然,人们在天理或礼面前,只需依傍着去做就行。再次,将礼与性、天道进行对接。张载即言:"知神而后能飨帝飨亲,见易而后能知神。是故不闻性与天道而能制礼作乐者末矣。"⑤即认为要制礼作乐,首先要了解性与天道。而朱熹则认为,"仁义礼智,岂不是天理。君臣、父子、兄弟、夫妇、朋友,岂不是天理?"⑥在宋代理学家看来:天理即天道,仁、义、礼、智则均为性的体现,故天理或天道与礼、性在此也实现了统一。其实,理学虽然关心形而上的宇宙论,但其终极目的则仍是重建涵括三纲五常(形而下)的封建社会秩序,即实现天理与人文的统一。⑦

需要注意的是,宋儒虽认为"礼即是理也"⑧,但事实上,礼和理并非是同一层面的东西。因为在他们看来,理是本,而礼是末。程颢即言:"礼者,理也,文也。理者,实也,本也。文者,华也,末也。"⑨又,朱熹也说"礼者,天理之节文,人事之仪则,似非体而是用"⑩,二者均认为礼只是天理之节文,是天理在现实事务中的具体仪则。此种看法造成的后果之一是人们在思维中会将理置于礼前,或者说重理而轻礼,"欲知礼,必先学穷理,礼所以行其义,知理乃能制礼,然则礼出于理之后"⑪与"视听言动,非理不为,即是礼"⑫,便均认为理是优先于礼的。而这种思想的进一步发展,则容易使人

---

① 黎靖德:《朱子语类》卷八四《论后世礼书》,第2184页。
② 张载:《张载集》,第264页。
③ 张载:《张载集》,第264页。
④ 黎靖德:《朱子语类》卷七八《皋陶谟》,第2020页。
⑤ 张载:《张载集》,第18页。
⑥ 朱熹:《晦庵集》卷五九《答吴斗南》,文渊阁《四库全书》本,第1145册,第55页。
⑦ 详参殷慧《天理与人文的统一——朱熹论礼、理关系》,《中国哲学史》2011年第4期。
⑧ 程颢、程颐:《二程集》,第144页。
⑨ 程颢、程颐:《二程集》,第125页。
⑩ 黎靖德:《朱子语类》卷六《性理三》,第101页。
⑪ 卫湜:《礼记集说》卷九七,文渊阁《四库全书》本,第119册,第136页。
⑫ 程颢、程颐:《二程集》,第144页。

们出现以理代礼的思想,即认为只需体认高妙的天理,而不用从事具体的礼仪实践,就能懂得礼意,"克己则私心去,自然能复礼,虽不学文,而礼意已得"①,便是此种论调。

理学家将礼显现为天理,虽有利于提升礼的哲学内涵,但其负面影响亦不可小觑。表现在:一是使人们无条件地遵守天理或礼。"及于身之所接,则有君臣、父子、夫妇、长幼、朋友之常,是皆必有当然之则,而自不容已,所谓理也"②。"自不容已"表现为一种必然的趋势,将当然之则的礼仪伦常理解为"自不容已"之天理,也就意味着以当然为必然,从而使得礼仪蒙上了一层强制的面纱。二是遏制人们在礼仪实践中的正常欲望。二程曾说:"人虽有意于为善,亦是非礼。无人欲即皆天理。"③朱熹亦言:"己者,人欲之私也;礼者,天理之公也。一心之中,二者不容并立。"④这种将人欲与天理(礼)完全对立的思想,显然不利于礼仪的推行。有学者深刻地指出:"天理之所以未能成为制约人们的实际规范,并不在于天理本身不合理,而在于它没有与吾心(个体意识)融为一体。普遍之理只有与吾心结合起来,转化为内在的道德意识,才能有效地规范主体的行为。"⑤故宋儒在礼、理结合的问题上明显出现了强调集体品德或普遍规范(礼或理),而否定个人欲望与个体需求(己)的偏颇。

就宇宙论角度或天理层面而言,我们会感到"礼如此之严,分明是分毫不可犯"⑥,但从心性论角度去考察宋儒对礼、理关系的阐释,我们又会发现礼、理的结合是如此自然而然,且充满温情与和谐。首先,理学家认为"礼经三百,威仪三千,皆出于性,非伪貌饰情也"⑦,即认为礼出自天性,而非伪装矫饰。又,陆九渊弟子杨简言,"经礼三百,曲礼三千,皆吾心所自有。于父母自然孝,于兄弟自然友恭……复者,复吾所自有之礼,非外取也"⑧,则认为礼是本心所具有的。这些言论表明心性本体是礼的内在根源。礼来自心性,自然就要反映心性的需求。只是在礼即理的浓厚氛围笼罩下,人们对自我需求的一面强调偏少或者鲜有顾及罢了。尽管如此,性

---

① 程颢、程颐:《二程集》,第18页。
② 朱熹:《晦庵集》卷一五《讲义》,文渊阁《四库全书》本,第1143册,第263页。
③ 程颢、程颐:《二程集》,第144页。
④ 朱熹:《四书或问》卷一七,文渊阁《四库全书》本,第197册,第434页。
⑤ 杨国荣:《王学通论——从王阳明到熊十力》,上海:华东师范大学出版社,2008年,第9页。
⑥ 黎靖德:《朱子语类》卷二二《礼之用和为贵章》,第515页。
⑦ 程颢、程颐:《二程集》,第668页。
⑧ 杨简:《慈湖遗书》卷二《复礼斋记》,文渊阁《四库全书》本,第1156册,第629页。

即理与心即理仍然是宋代理学家所一再强调的。①"'性即理'可以简单地理解为人性即天理"②,而天理(或礼)只有符合人性、人情,才能使得人们乐意去遵循与践行。对此,宋儒也有阐发。二程即言:"因人情而节文之者,礼也;行之而人情宜之者,义也"③,也就是说,礼源于情,而行礼应符合人情之宜。朱熹也认为:"礼是恭敬底物事,尔心中自不恭敬,外面空做许多般模样;乐是和乐底物事,尔心中自不和乐,外面强做和乐,也不得。心里不怂地,外面强做,终是有差失。纵饶做得不差失,也只表里不相应,也不是礼乐"④。可见,礼乐是感情自内向外、表里如一的自然流露,而不是强行装出来的。正如朱熹所说那样:"礼乐者,皆天理之自然"⑤,"盖圣人制礼,无一节是强人,皆是合如此"⑥,也一再表明礼乐与天理都是自然而然的发用。综上,从人情、人性的角度来透视礼、理,可以发现,二者均强调自然的修习之道。

自然的修习之道很大程度上也就是顺应天理、符合社会变迁的修习之道。世道人心、风俗人情等即说明了人心、人情很大程度上应该是符合天理的时代形势和社会风俗的反映。而要实现天理与人文的自然统一,除了强调天理或礼之公的一面以外,还要兼顾人情与人心之私的现实。宋代理学家在处理礼、理与情(俗)的关系时即是如此。如拜扫之礼,有人问其何据,程颐言:"此礼古无,但缘习俗,然不害义理。"⑦而关于墓祭,朱熹则认为"二先生(程颐、张载)皆有随俗墓祭不害义理之说,故不敢轻废"⑧。不难看出,理学家在处理理、礼、俗(情)三者关系时,是先以理来判断风俗之好坏,尔后始决定是否纳俗入礼,如果"有大害义理处,则须改之"⑨。因此,从人性⑩、人情的角度来行礼,并根据社会变迁,在不妨害天理的前提下,通过纳俗入礼来对旧礼进行更新与改造,从而使得礼随时变,保持活力。这是宋儒进行礼制改革的需要,也是对古人"礼,时

---

① 详参向世陵《宋代理学的"性即理"与"心即理"》,《哲学研究》2014年第1期。
② 向世陵《宋代理学的"性即理"与"心即理"》,《哲学研究》2014年第1期,第28页。
③ 程颢、程颐:《二程集》,第1177页。
④ 黎靖德:《朱子语类》卷二五《人而不仁如礼何章》,第605页。
⑤ 黎靖德:《朱子语类》卷八七《乐记》,第2253页。
⑥ 黎靖德:《朱子语类》卷二二《礼之用和为贵章》,第513页。
⑦ 程颢、程颐:《二程集》,第241页。
⑧ 朱熹:《晦庵集》卷三〇《答张钦夫》,第673页。
⑨ 朱熹:《晦庵集》卷三〇《与张钦夫论程集改字》,第672页。
⑩ 理学家认为"性"和"情"是相对应的不同状态,陈淳即言:"情与性相对,情者性之动也,在心里面未发动底是性,事物触着便发动出来是情。寂然不动是性,感而遂通是情。"见《北溪字义》卷上《心》,第11页。

为大"①优良传统的继承与发扬。

不过,理学家也认为"礼亦有不须变者,如天叙天秩,如何可变!"②而风俗也有害义理者,朱熹曾言:"今人契拜父母兄弟,极害义理。"③有的地方,理学家虽未明言其害理,而是说其非礼,如"世俗皆画影,置于魂帛之后,男子生时有画像,用之,犹无所谓,至于妇人,生时深居闺门,出则乘辎軿,拥蔽其面,既死,岂可使画工直入深室,揭掩面之帛,执笔訾相,画其容貌,此殊为非礼。"④事实上,非礼即是害理,因为"非理不为,即是礼,礼即是理也"⑤。故此,不难看出,理(礼)与情(俗)或者说天理与人文的自然融合,是指在情(俗)不违背天理情况下的状态。如果情(俗)违背天理,理学家仍然是坚决反对的。同时,还应明了"礼亦有不须变者",而这些地方正是礼仪僵化或者说不随时变之处,它们无法反映社会的变迁。

综而言之,无论是从天理高度对礼进行哲学化提升,使礼变得更富内涵,以应对佛教的挑战,还是在不妨碍天理的前提下,遵循礼以时大的传统,兼顾风土人情与社会习俗。事实上,都是礼、理在社会变迁下才出现的相互交织关系。只不过前者给人的感觉是应对社会变迁,而后者则有迎合或顺应社会变迁的味道。当然,在理学家看来,社会变迁并非均为合"理",因此,他们才以天理来判定一些社会风俗是否可以入礼。

三、忧喜并存:礼理结合的实践

礼、理结合的最终目的仍然是为了维持封建社会秩序,诚如惠吉兴先生所言:"理学家热衷于阐述天道性命之理的绝对性、超越性是为了给封建伦理(礼)提供本体论的证明,而不是为了建立一个超越纲常礼法之上的精神主宰。"⑥维持封建社会秩序显然要推行礼仪,但在礼、理结合之后,其对礼仪的推行有哪些影响?与社会变迁又有哪些关系?以下我们试做分析。

首先,礼、理结合对官方礼的影响。官方礼之实施,礼官责任重大。程

---

① 杨天宇:《礼记译注》,上海:上海古籍出版社,2004年,第285页。
② 张载:《张载集》,第264页。
③ 黎靖德:《朱子语类》卷九一《杂仪》,第2332页。
④ 朱熹:《家礼》卷四《丧礼》,载《朱子全书》,上海:上海古籍出版社,合肥:安徽教育出版社,2002年,第905页。
⑤ 程颢、程颐:《二程集》,第144页。
⑥ 惠吉兴:《宋代礼学研究》,第168页。

颐即言："礼官之责最大,朝廷一有违礼,皆礼官任其责,岂得为闲官？"①除了言论上重视礼官之外,理学家们还曾亲自担任礼官,或对官方礼发表见解,或亲自主持修订官方礼。如"正叔(程颐)谓子厚(张载)在礼院所定龙女衣冠,使依封号夫人品秩为准。正叔语其非,此事合理会"②,便记述了张载担任礼官时制定龙女衣冠品秩之礼,而程颐对其发表不同见解之事。又,程颐亦曾出任礼官。史载,"温公(司马光)薨,朝廷命伊川先生主其丧事……他日国忌,祷于相国寺,伊川令供素馔"③,记述了程颐以礼官身份主持司马光丧及国忌之事。不过,程颐的部分礼仪主张遭致了苏轼的反对。如国忌"令供素馔",苏轼即诘之曰:"正叔不好佛,胡为食俗？……于是范淳夫辈食素,秦、黄辈食肉。"④由范淳夫与秦、黄辈荤素分食,可知程颐的礼仪主张未被完全执行。而较程颐更惨的是朱熹在官方礼的参与上则遭致了彻底的失败。其突出体现在祧庙之议上。朱熹曾言:"今日天下基本盖出于此人(僖祖),安得谓无功业？故朝廷复立僖祖庙,为得礼"⑤,又言:"三岁祫享,则僖祖东向如故,而自顺祖以下至于孝宗,皆合食焉,则于心为安,而于礼为顺矣。"⑥即朱熹先从天理与人心的角度论述了正僖祖(始祖)东向之位的合理性,接着朱熹还从人情角度进一步论述了宜正僖祖位的理由:"人情而论之,则生居九重,穷极壮丽,而没祭一室,不过寻丈之间,甚或无地以容鼎俎而阴损其数,孝子顺孙之心,于此宜亦有所不安矣。"⑦虽然朱熹从天理、人心与人情等角度深入阐述了正僖祖(始祖)位的合理性,但事实上据李衡眉先生考证古代昭穆制度中实无"始祖"这一称呼。⑧又,朱熹的祧庙之议亦有硬伤,即他"虽以太祖、太宗为一世,同为穆庙,但哲宗、徽宗、钦宗、高宗皆是兄弟,却昭穆不同,前后标准歧异"⑨。对此,朱熹晚年亦有认识:"当日议状奏札,出于匆匆,不曾分别始祖、世室、亲庙三者之异,故其为说易致混乱。"⑩事实上,即便有始祖之误称、僖祖无功业的实情,王安石

---

① 程颢、程颐:《二程集》,第177页。
② 程颢、程颐:《二程集》,第406页。
③ 程颢、程颐:《二程集》,第415－416页。
④ 程颢、程颐:《二程集》,第416页。
⑤ 朱熹:《晦庵集》卷一五《祧庙议状并图》,第271页。
⑥ 朱熹:《晦庵集》卷一五《祧庙议状并图》,第270页。
⑦ 朱熹:《晦庵集》卷六九《禘祫议》,文渊阁《四库全书》本,第1145册,第355页。
⑧ 李衡眉《历代昭穆制度中"始祖"称呼之误厘正》,《求是学刊》1995年第3期。
⑨ 张焕君:《宋代太庙中的始祖之争——以绍熙五年为中心》,《中国文化研究》2006年第2期,第55页。关于哲宗、徽宗、钦宗、高宗分别为昭穆之原始史料,见《晦庵集》卷一五《祧庙议状并图》,文渊阁《四库全书》本,第1143册,第270页。
⑩ 朱熹:《晦庵集》卷六九《别定庙议图说》,第362页。

主政时僖祖仍处于东向之尊。太祖之所以能正东向之尊,据张焕君先生考证,与嫡长子继承制对皇位合法性的影响,尤其太宗一支的政治权力机构被完全打破,而太祖一支掌控皇权后有很大关系。[1]说白了,社会政治变迁是导致朱熹以理说礼惨败的主因。

其次,礼、理结合对民间礼的影响。注重践履的张载"始治丧服,轻重如礼;家祭始行四时之荐,曲尽诚洁。闻者始或疑笑,终乃信而从之,一变从古者甚众"[2],应该说取得了不错的效果。但其他理学家以礼御俗或易俗的效果则并不理想,如程颐曾言:"某家治丧,不用浮图。在洛,亦有一二人家化之,自不用释氏。"[3]此外,关于二程对佛教的抵制未获成功,明代知府洛阳人周济居丧作佛事,"乡人咎之",其感叹道:"昔程子之贤亦不能化,况我辈乎"[4],亦可为证。事实上,即便贤明如朱熹面对类似的社会习气也觉为难,《朱子语类》载:"或问:'亲死遗嘱教用僧道,则如何?曰:'便是难处。'或曰:'也可以不用否?'曰:'人子之心有所不忍。这事,须子细商量'"[5],便是这一窘境的反映。尽管朱熹等对民间礼的改易效果不佳,但他们指示的社会改革方向则无疑是正确的。因为朱熹前辈们所追求的是以政治为切入,由上而下地展开其政治蓝图,但王安石变法的失败及其后南宋相权擅政等社会现实的打击,迫使朱熹等开始目光下移,以基层社会为重点,自下而上的推进其政治理想[6],这其中也包括礼制的推行。同时,南宋时家礼书籍的增多,也是这一转向的反映。并且这一转向随着理学队伍的不断壮大及理学官方地位的日渐确立,其对民间礼仪普及的影响也日益显著。而后世"《家礼》行天下"[7]局面的出现,则更是对理学家根据社会环境变化,从而转变礼制实施方向正确性的最好诠释。

最后,礼、理结合对学术实践的影响。礼、理结合很大程度上是学术领域的事。这一点从理学的演变上也可看出。北宋时,理学只是在民间流布

---

[1] 详参张焕君《宋代太庙中的始祖之争——以绍熙五年为中心》,《中国文化研究》2006年第2期。
[2] 张载:《张载集》,第383页。
[3] 程颢、程颐:《二程集》,第114页。
[4] 李贤:《古穰集》卷一九《中顺大夫安庆知府周公行状》,文渊阁《四库全书》本,第1244册,第682页。
[5] 黎靖德:《朱子语类》卷八九《丧》,第2281页。
[6] 详参何俊《由礼转理抑或以礼合理:唐宋思想转型的一个视角》,《北京大学学报》2007年第6期。
[7] 程敏政:《篁墩文集》卷一四《赵氏祠堂记》,文渊阁《四库全书》本,第1252册,第243页。

的一个小学派。南渡后,理学才逐步壮大并最终确立其官学地位。[1]与之相应的是,礼、理二者在北宋史籍中,仅周敦颐、张载、二程等少数理学家论及,而南宋则显然有更多学者参与,无论朱熹、张栻为代表的义理学派,还是陈亮、叶适为代表的事功学派,抑或陆九渊为代表的心学一支,皆对礼、理二者有所论及。因此,有关礼、理二者的论述,随着理学的变迁,不仅在史籍的分量上越来越大,而且在广度与深度上也有所提升。但是作为体认天理的主要方法——格物致知,则不利于礼、理结合后在认识上的提升。格物致知包括两个方面:其一,即物穷理:"而今只且就事物上格去……端身正坐以观事物之来,便格它。"[2]所谓"端身正坐,以观物来",也就是通过静观对象以穷理;其二,参研推究:"须是子细参研方得。此便是格物穷理。"[3]所谓参研,即是通过比较分析以把握事理:"学问须严密理会,铢分豪(毫)析。"[4]尽管朱熹的格物致知说也涉及对客观事物的认识,但从总体上看则有内在缺陷。"这不仅在于朱氏所说的致知无非是唤醒印于人心(天赋于人心)之理,而且突出表现在朱熹始终把格物穷理限制在'知'的范围之内。不论是端身正坐,静观对象,还是仔细参研,分析推究,都不超出知的领域。换言之,在朱熹看来,主体可以在行之外,仅仅通过知而达到对天理的自觉。"[5]然而礼是实践之学,是社会的制度规范,人们体认天理的最终目的是为了达到"从心所欲不逾矩"的境界。因此,仅仅通过思想上的"知"是不行的,必须投入到社会实践中去。在实践失败后总结出来的知,才更切合实际,更具指导意义。朱熹即是在祧庙之议失败后,才对祧庙有了更为深入的认识,这在其所撰《仪礼经传通解》中多所体现。[6]拥有超常思辨能力的朱熹尚且是在礼、理结合的社会实践失败后,才在礼、理结合的学术实践上有符合实际的提升,遑论他人!因此,礼、理结合对学术实践活动产生了两种影响:一是随着理学的发展,在史籍数量中简单记载的增加;二是个别人经过实践后,在学术理论上的推进。相对而言,后者较少。

统而言之,礼、理二者是在佛教影响日益广泛、礼制自身缺乏哲学发掘,及礼制在宋代遭受严峻挑战,而儒家期望借礼来重整社会秩序的背景下结合在一起的。礼、理结合后,礼的哲学内涵大为提升的同时,也使礼蒙

---

[1] 详参李华瑞《九百年来社会变迁与王安石历史地位的沉浮(上)》,《河北学刊》2004年第2期。
[2] 黎靖德:《朱子语类》卷一五《大学二》,第286页。
[3] 黎靖德:《朱子语类》卷八《学二》,第141页。
[4] 李光地:《御纂性理精义》卷七《学类一》,文渊阁《四库全书》本,第719册,第701页。
[5] 杨国荣:《王学通论——从王阳明到熊十力》,第18页。
[6] 详参殷慧《学术与政治纠结中的朱熹祧庙之议》,《湖南大学学报》2009年第4期。

上了一层强制的面纱。不过,礼的人性内涵与天理对自然的强调,又使得礼可以在符合天理的前提下援俗入礼,从而使得部分礼仪尤其是民间礼有了空前的发展空间。礼、理结合在实践中,虽有成功之处,但在皇权、人情及风俗的现实阻挠下,其失败的色彩似乎更浓。之所以如此,是因为礼、理结合毕竟只是宋儒为创建理学体系而采取的权宜之计,是宋代社会变迁在思想史与礼制史上的独特投射,具有很强的时代特征。后代未再像宋一样强调礼、理结合,便是明证。当然,学术与现实之间本身就有很大隔阂,二程与朱熹等大儒尚且难以将二者合理结合,学疏才浅之辈何足为！因此,礼、理结合欲在礼仪实践中发现实际作用,显然还有很长的路要走。

元代的经筵与礼制论略

刘 舫

经筵是为帝王研读经史而设立的御前讲席,是中原王朝的宫廷教育制度之一。经筵的产生最初源于皇帝读书时需要有人在旁"从容近对,延访大义"[①],早在汉代就有召儒生入廷讲论经书的记载,到唐代正式设立侍讲、侍读官职,经筵的制度初具规模。北宋仁宗朝在延义阁(后改称迩英殿)于每年二月至五月和八月至十月间的固定时间听取侍讲官讲解经史,经筵制度正式确立。侍讲和侍读学士对经典的选择和理解影响着皇帝的思考和决策。元代经筵延续了中原王朝经筵的基本形式,但由于蒙古统治者自身的文化背景,又赋予元代经筵特殊的色彩,其历史沿革和具体规制已有很好的研究[②],但对于经筵所涉及的汉文化思想对元代的影响似乎并未深入,本文试图通过选取若干元代经筵中最常进讲的汉文化典籍,分析经筵对于元代礼制所产生的影响,以求正于方家。

一、《大学衍义》与国朝大事

元代经筵进讲的书目有,王鹗(1190-1273)"进讲《孝经》、《书》、《易》,及齐家治国之道,古今事物之变"[③];徐世隆(1206—1285)"取《书》所载帝王事以对,帝喜曰:'汝为朕直解进读,我将听之。'书成,帝命翰

---

① 王钦若等:《册府元龟》卷五九九《学校部三·侍讲》,北京:中华书局,1960年,第7190页。
② 张帆:《元代经筵述论》,收入《元史论丛》第5辑,北京:中国社会科学出版社,1993年,第136—159页;王风雷:《元代的经筵》,《内蒙古大学学报》1993年第2期。陈高华、张帆、刘晓:《元代文化史》第三编第二章,广州:广东教育出版社,2009年。姜海军:《经筵制度与蒙元政权的儒化、汉化》,《五邑大学学报》2012年第4期。
③ 《元史》卷一六〇《王鹗传》。

林承旨安藏译写以进"①；王思廉（1238—1320）"尝进读《通鉴》"②；"会诏左丞许衡、学士窦默及京师诸儒，各陈经史所载前代帝王嘉言善政，选进读之士"③；"（商）挺与姚枢、窦默、王鹗、杨果纂《五经要语》凡二十八类以进"④。成宗"召公（韩公麟）读《资治通鉴》、《大学衍义》"⑤；大德十一年（1311）六月，仁宗命节译《大学衍义》，与《图像孝经》《列女传》一起刊印并颁赐群臣⑥；从仁宗和英宗开始，经筵的教材基本定型：《尚书》《大学衍义》《资治通鉴》以及帝王之学⑦。从书目来看，蒙古君主主要通过蒙文翻译的经典学习中原文化元典，这些译本虽由汉儒选出，但显然并不指望他们深入掌握中原的基本典籍，而是有针对性的速成，因此传统的五经中，除《尚书》和《易》被单独列出外，其余被择要编为二十八类进讲。从蒙古君主方面来说，其最感兴趣的是帝王之学，指名要听"前代帝王嘉言善政"，并不论其出处，可见正心之学比不上御民之术更能吸引他们的注意力。

《大学衍义》是元代经筵的必修读本，此书很早就为蒙古人所识。"是时国言语未尽通中原，亦未始知有经传之学也"。忽必烈为亲王时召见少年有才的赵璧（1220-1276），不仅对他赞赏有加，还"敕璧习国语，译《大学衍义》"⑧。《大学衍义》是南宋大儒真德秀（1178-1235）的著作，能够被从未接触过中原儒学的忽必烈钦点作为第一部全本翻译的汉语著作，肯定缘于赵璧的力荐，而同时听闻过孔子、朱子之言的忽必烈也采纳了赵璧的建议，通过译本可以系统完整地阅读《大学衍义》。从该书的目录可知，此书是专为君王了解历代帝治和宋代理学而作的简要读本，千言万语道尽于一书，所以元仁宗评价"治天下此一书足矣"⑨。忽必烈读了赵璧的译本后盛赞"汉人乃能为国语深细若此。"⑩这不仅是对赵璧精湛译技的褒奖，更应该理解为《大学衍义》让忽必烈充分领略到为中原帝

---

① 《元史》卷一六〇《徐世隆传》。
② 《元史》卷一六〇《王思廉传》。
③ 《元史》卷一六四《魏初传》。
④ 《元史》卷一五九《商挺传》。
⑤ 苏天爵：《资善大夫太医院使韩公行状》，《滋溪文稿》卷二二，北京：中华书局，1997年，第372页。
⑥ 《元史》卷二四《仁宗本纪一》。
⑦ 张帆：《元代经筵述论》，收入《元史论丛》第5辑，北京：中国社会科学出版社，1993年。
⑧ 《元史》卷一五九《赵璧传》。
⑨ 《元史》卷二四《仁宗本纪一》。
⑩ 虞集：《道园学古录》卷一二《中书平章政事赵璧谥议》，北京：商务印书馆，1937年，第221页。

王的"深细"。因此赵璧被评价"有潜融密化于几微之间者,无迹之可纪,而生民实受其赐"[1]。忽必烈推行汉法,必有读《大学衍义》之功,而赵璧的"潜融密化"确实不著而彰。

真德秀服膺程朱理学,尤其推重被朱熹称为"大人之学"的《大学》。经他之手,《大学》更升格为"帝王之学"。他在《大学衍义》的序言中写道:"愿治之君,倪取其书玩而绎之,则凡帝王为治之序、为学之本,洞然于胸次矣。臣不佞,窃思所以羽翼是书者,故刱取经文二百有五字载于是编,而先之以尧典、皋谟、伊训与思齐之诗、家人之卦者见前,圣之规模不异乎此也;继之以子思、孟子、荀况、董仲舒、杨雄、周敦颐之说者见后,贤之议论不能外乎此也。"[2] 其中"刱取经文二百有五字载于是编"即指"因《大学》之条目,附之以经史,纂集为书"[3],按"格物""致知""诚意正心""修身""齐家"顺序,目下再列子目予以论说。这样就把《大学》和为帝王学的内容糅合起来,全面阐发"正君心、肃宫闱、抑权倖"[4]的主旨。

相对于《大学》的"八目",该书止于"齐家",缺"治国"和"平天下",可见真德秀认为"内圣"必达"外王",只要心正意诚,自然天下可治,因此他说"本之一身者,体也;达之天下者,用也"。[5] 理学提出的"体用一源,显微无间"的思想在这里被演绎为君王的正己之道与治国之略的体用关系,得体而达用,只要君王正心诚意,修身齐家,那么必然能治国以平天下,而该书为成就理想的圣王提供了充分的进阶指引。

《大学衍义》全书围绕如何治君心展开,不管是前代帝王的事迹还是圣贤的箴言,很多都通过"礼"来阐明,虽然全书纲目未着一个"礼"字,但若说行必由礼来落实"正心"也不为过。礼类经典贯穿全书,如《仪礼》所载婚礼、大射、燕礼[6]等;《礼记》的《曲礼》《礼运》《表记》《玉藻》《文王世子》[7]等;《大戴礼记》的《践阼篇》[8];还涉及到师礼、郊祀、军礼、威仪,以及礼仪机构和建筑[9]。对于不曾了解中华礼仪的蒙古君王来说足以感受到中原之礼是一个完整系统,在帝王的生活中更要处处讲求"动静皆仪",而礼

---

[1] 虞集:《道园学古录》卷一二《中书平章政事赵璧谥议》,第221页。
[2] 真德秀:《大学衍义》,上海:华东师范大学出版社,2010年,第1页。
[3] 真德秀:《尚书省劄子》,《大学衍义》,第6页。
[4] 《钦定四库全书总目(整理本)》卷九二《子部·儒家类》,北京:中华书局,1997年,第1216页。
[5] 真德秀:《尚书省劄子》,第6页。
[6] 《大学衍义》,第137、460、516页。
[7] 《大学衍义》,第442、486、443、558、668页。
[8] 《大学衍义》,第35页。
[9] 《大学衍义》,第55、454、537、562、55页。

的思想也通过具体的史实和先贤的言说展现出来。

人有礼仪好比天有四时,真氏引用《周易·乾·文言》后说:"天有此德,吾亦有此德……吾之动容周旋,莫不中礼,三千三百,灿然明备,即天之夏,生意畅达,而物物嘉美也。"①《礼记》首章《曲礼》即云"毋不敬",真氏指出"敬者,礼之纲领"②。"齐明盛服,非礼不动,所以修身也"③。"齐明盛服,非礼不动,此所谓敬也。敬则意诚、心正在其中矣"④。"非礼不动"是修身、诚意、正心在行为上的体现,原因在于"心有万虑未易执持,惟内主于敬而视听言动不敢肆焉,则周旋中礼而无一念之不中矣"⑤。此正是《尚书·仲虺之诰》所说的"以礼制心"。

书中评价汉明帝事师礼节之周备,历代君王中无出其右,但是真氏指出他的政绩却丝毫看不出以礼治化,可见明帝仅得礼仪,未得礼义,没有领会先贤礼论微旨,只知道礼的形制而已。⑥以礼乐内外交养的做法,并不是讲求"玉帛钟鼓"的繁文缛节,而是以礼乐正心,因此要警惕"淫乐慝礼"之惑,如此才能识得"圣门之教,立之以礼,而成则以乐"⑦的含义,而且过分的用礼,只会造成"礼胜则离,其失为徒敬"⑧的后果,也是"心"缺位的表现。但反过来说,礼也并非虚陈高义,仍要通过践履才能落实。真氏引用《论语》"克己复礼"章比譬《大学》以"正心"为根本,心不正则后面工夫都无着落,但"徒举其纲而不告以用力之地,是犹教人以克己复礼而不语以视听言动之目,其能有益乎?"⑨

君臣之礼也是本书的重点。真氏云:"君之资于臣,主之资于宾,果为何事哉?欲闻道义而已。故饮食以享之,琴瑟以乐之,币帛以将之,则庶乎好爱我而示我以道矣。夫贤者岂以币帛饮食为悦哉?"⑩君臣之间的燕乐赏赐之礼并不是为了满足物欲,而是为了营造双方道义交流的机制,"君使臣以礼,臣事君以忠"是治世的必要条件。该书还论及礼制和刑罚的区别。真氏引贾谊上疏汉文帝论"礼禁于将然,法禁于已然",认为《周官》设司徒、司寇、司刺掌之设,以刑典为教,"刑措不用四十载",置天下于仁义,

---

① 《大学衍义》卷五,第71页。
② 《大学衍义》卷二八,第442页。
③ 《大学衍义》卷一,第16页。
④ 《大学衍义》卷一,第20页。
⑤ 《大学衍义》卷一,第29页。
⑥ 《大学衍义》卷四,第55页。
⑦ 《大学衍义》卷二九,第474页。
⑧ 《大学衍义》卷六,第91页。
⑨ 《大学衍义》卷四,第60页。又,卷一一,第175-180页。
⑩ 《大学衍义》卷九,第151页。

从而成就大治。及秦用新法,二世而亡。①

除《大学衍义》,另一本重要的帝王学的经筵教材是唐太宗李世民撰著的《帝范》。仁宗在位时就要求时为太子的英宗研习该书的节译本②,其中第十二篇"崇文"中写道:"夫功成设乐,治定制礼。礼乐之兴,以儒为本。"③强调了武力征服天下后,必要用礼乐才能保持长治久安的儒家思想。

经筵所及帝王之学的主旨,无论是修己还是安人,治国还是平天下,都不外乎以礼行事,制礼作乐是取得政权后的首要亟务。然而,有元一代,"国朝大事,曰征伐,曰蒐狩,曰宴飨,三者而已……虽矢庙谟,定国论,亦在于樽俎餍饫之际。"④宴飨位列"国朝大事"并非蒙古人特重宴饮,而是为了决策"国是",如"一二二九年春,议选大汗,召集'忽里勒台'大聚会。八月术赤诸皇子鄂尔达、拔都、昔班、唐古戒、伯勒克、伯勒克察儿、脱哈帖木耳及察哈台诸子,斡赤斤等,诸王验马万户咸集。初会,宴乐三日,听取各方意见"⑤。蒙古宗亲聚会议政与宴飨是一体的。又如"(太宗六年)春,会诸王,宴射于斡儿寒河"⑥。"六年,帝(宪宗)会诸王、百官于欲儿陌哥都之地,设宴六十余日,赐金帛有差,仍定拟诸王岁赐钱谷"⑦。因此,窝阔台汗曾谕令:"凡当会不赴而私宴者,斩。"⑧"当会不赴"说明对诸王之会的参与者身份有着严格的限定,因此该条谕令相当于法令,而违令者斩的刑罚更突出了赴会的重要性。此令中"私宴"一词值得注意,作为"当会不赴"的最重要嫌疑,"宴"与"会"所指称的事物是相同的,而"私宴"当斩的原因即在于背公之会而结私谋叛,可见以宴谋事是蒙古贵族的传统,其重要性不能和汉地燕礼相比,虽然同样是天子设宴款待大臣,但不可以"燕义"⑨求其礼。

《元史·礼乐志》开首云:"元之有国,肇兴朔漠,朝会燕飨之礼,多从本俗。太祖元年,大会诸侯王于阿难河,即皇帝位,始建九斿白旗。世祖

---

① 《大学衍义》卷二五,第 402 — 403 页。
② 王士点、商企翁编:《秘书监志》卷五《秘书库》,杭州:浙江古籍出版社,1992 年,第 95 页。
③ 李世民:《帝范》,北京:中华书局,1985 年,第 41 页。
④ 王恽:《大元故关西军储大使吕公神道碑》,《秋涧集》卷五七,《元人文集珍本丛刊》,台北:新文丰出版社,1985 年,第 166 页。
⑤ 冯承钧译:《多桑蒙古史》,北京:中华书局,1962 年。《蒙古秘史》第二六九节只言"聚会",未详宴飨之事。事在鼠儿年(戊子,1228),姚从吾注:据元史太宗纪,卷一四六耶律楚材传等知:太宗窝阔台即位那一年,是己丑年,西元 1229 年,较秘史此处退后一年。戊子年依蒙古旧俗,召集聚会……太宗实在即位的年月,应是 1229 年。
⑥ 《元史》卷二《太宗纪》。
⑦ 《元史》卷三《宪宗纪》。
⑧ 《元史》卷二《太宗纪》。
⑨ 《礼记》有《燕义》篇阐述燕礼的礼义。

至元八年，命刘秉忠、许衡始制朝仪。自是，皇帝即位、元正、天寿节，及诸王、外国来朝，册立皇后、皇太子，群臣上尊号，进太皇太后、皇太后册宝，暨郊庙礼成、群臣朝贺，皆如朝会之仪；大飨宗亲、锡宴大臣，犹用本俗之礼为多。"①意思是成吉思汗称汗时已有即位仪式，但到了忽必烈称帝中原后，汉臣们参酌古今制作了一套汉地王朝的朝仪，为蒙古统治者接受并一直使用。然而燕飨之礼仍然保持了浓重的草原传统。将"朝会"和"燕飨"置于《礼乐志》之首，足见"燕飨"礼之于元朝的重要性，然而元代制朝仪恐怕并非如叔孙通之于汉高祖。《经世大典》云："国有朝会、庆典，宗王、大臣来朝，岁时行幸，皆有燕飨之礼，亲疏定位，贵贱殊列，其礼乐之盛，恩泽之普，法令之严，有以见祖宗之意深远矣。"②由此看来，虽然朝会、庆典等之礼仪如何未知，但燕飨之礼所体现的亲疏贵贱，礼乐和鸣，进退有矩，绝不亚于中原礼乐。于是问题产生：为什么蒙古人拥有悠久传统的燕飨所形成的良好礼序，却同时在朝仪上显得蒙昧无知，杂乱无章？

"己丑，太宗即皇帝位，公（耶律楚材）定册立仪礼，皇族尊长，皆令就班列拜，尊长之有拜礼，盖自此始。"③这可以看作制朝仪之始，但似乎并未定制，蒙古人南下后仍无朝仪可观。陶宗仪《南村辍耕录》："大元受天命，肇造区夏，列圣相承，至于世皇至元初，尚未遑兴建宫阙。凡遇称贺，则臣庶皆集帐前，无有尊卑贵贱之辨。执法官厌其喧杂，挥杖击逐之，去而复来者数次。翰林承旨王文忠公磐时兼太常卿，虑将贻笑外国，奏请立朝仪。遂如其言。"④"（至元）六年，作新大都于燕……时宫阙落成，而朝仪未立。公（徐世隆）奏曰：'今四海一家，万国会同，朝廷之礼，不可不肃。宜定百官朝会仪。'从之。"⑤"至元五年……未遑文治，四方来朝贡者礼尤简易。太保奏起朝仪，诏公（赵文昭）及史公杠等十人共讨论之，又选近侍二百人肄习之。公颇采古礼，杂就金制，度时所能行者习之。月余，帝临观焉，大悦……八年秋八月，帝以生日为天寿节，诸侯群臣咸朝，公请行新礼……自是每元旦受朝贺，冬至进历日，册立皇后、皇太子，建国号，上徽号，宣大诏令，诸国来朝，合行典礼皆公所论著也"⑥。以上三条材料勾勒了蒙古人建立元朝后颁定朝仪的过程，从起因来看，儒臣们建议立朝仪的原因在于"尚未遑兴建宫阙，凡遇称贺，则臣庶皆集帐前，无有尊卑贵贱之辨"；"时宫阙

---

① 《元史》卷六七《礼乐志》。
② 《经世大典・礼典・燕飨》，《元文类》卷四一，第546页。
③ 苏天爵：《元朝名臣事略》卷五《中书耶律文正王》，北京：中华书局，1996年，第76页。
④ 陶宗仪：《南村辍耕录》卷一《朝仪》，济南：齐鲁书社，2007年，第15－16页。
⑤ 苏天爵：《元朝名臣事略》卷一二《太常徐公》，第252－253页。
⑥ 苏天爵：《赵文昭公行状》，《滋溪文稿》卷二二，第366－367页。

落成……朝廷之礼,不可不肃";"未遑文治,四方来朝贡者礼尤简易"。不外乎游牧民族因为没有住过砖瓦的房子,为了能让万国来朝者瞻仰到大元帝国的巍巍之象,应立朝仪扬我文治。然而,"帐外"的称贺者喧哗无序,并不能说明蒙古大汗斡耳朵大帐内的秩序也一片混乱,没有固定房舍是蒙古族的特征,并不是缺乏文明的表现。再看看马可波罗进入忽必烈大帐内所看到的情形:"大汗开任何大朝会之时,其列席之法如下:大汗之席位置最高,坐于殿北,面南向。其第一妻坐其左。右方较低之处,诸皇子侄及亲属之座在焉。皇族等座更低,其坐处头与大汗之足平,其下诸大臣列坐于他席。妇女座位亦同,盖皇子侄及其他亲属之诸妻,坐于左方较低之处,诸大臣骑尉之妻坐处更低。个人席次皆由君主指定,务使诸席布置,大汗皆能见之,人数虽众,布置亦如此也。殿外往来者四万余人,缘有不少人贡献方物于君主,而此种人盖为贡献异物之外国人也。"① 这绝不是因为立朝仪之后才形成的秩序,而是蒙古贵族议事燕飨的传统,诚如《经世大典》所言,正是这样紧密有序的机制支撑蒙古帝国称霸亚欧,而到了中原,朝仪要到至元八年(1271)才正式启用,所用的仪式包括元旦受朝贺,冬至进历日,册立皇后、皇太子,建国号,上徽号,宣大诏令,诸国来朝等,也是中原王朝的典礼,未见用于蒙古人本有的庆典仪式,其中就包括极其重要的燕飨礼。

综上所述,元帝虽然在经筵中表现了中原历代王朝治国经验的重视,其中包括对制礼作乐重要性的一再强调,也采纳汉臣的提议举行汉地的典礼,但他们仍然保持了本有的政治决策方式,对于以大汗为中心的权贵秩序也无意参照中原的礼秩加以调整。

二、《孝经》与祭祖礼

另一部为蒙古君主所重视的汉地典籍是《孝经》。太宗元年(1229),窝阔台邀请全真教道士李志常(1193—1256)为太子讲经,《孝经》与《易》《诗》《书》《道德》并列,秉承了全真教始祖王重阳打通三教的思想。忽必烈本人"事太后至孝"②,对于皇太子真金也使其"少从姚枢、窦默受《孝经》"③。大德十一年(1307)八月,武宗下诏命中书省版刻蒙古语《孝经》赐

---

① 冯承钧译:《马可波罗行纪》,第八五章,上海:上海书店出版社,2001年,第182页。
② 《元史》卷四《世祖本纪一》。
③ 《元史》卷一一五《裕宗传》。

诸王大臣。①同年,畏兀人贯云石(小云石海涯)作《孝经直解》,配以赵孟𬱖的绘图,题为《新刊全相成斋孝经直解》,是元代图解经书的范本。诸元帝都对《孝经》十分重视,尤其是要求皇太子受其学,国子学"凡读书必先《孝经》、《小学》、《论语》、《孟子》、《大学》、《中庸》"②。元顺帝时,翰林学士兼谕德李好文集历代帝王孝友故事教授太子③。

"孝"是蒙古文化和中原文明都有的,这也是《孝经》思想很快得到蒙古统治者认同的原因,但是两种文化中"孝"观念的文质并非完全一致。《孝经圣治章》云:"人之行,莫大于孝。孝莫大于严父。严父莫大于配天,则周公其人也。昔者周公郊祀后稷以配天,宗祀文王于明堂,以配上帝。是以四海之内,各以其职来祭。"④在汉文化中,体现孝亲的最高礼仪是祭祖,孝的情感是维系宗族的重要凝聚力。相较而言,"在游牧民族社会制度中,为了血缘关系的强化,共同祖先的观念,是极其重要的。因此在秘史,以及许多蒙文史料中,除把可汗的世系整齐地写出之外,把各族各支的家世,也弄得清清楚楚。拜祭祖先,是当时一项包括宗教和政治双重内涵的重要仪礼。在秘史中,尤其是有关训诲的部分,不断强调祖先与长辈的重要,和他们的话语;但游牧民族所谓的'孝',其感情的成分——如:爱、恩慈以及顺服,是胜过理论与仪礼的成分。这一点是与儒家的'孝',所不同的地方。"⑤不管此论对汉地的孝道是否公允,至少可以推断以蒙古文化角度来看,孝道在宗教和政治中的重要性显然超出其伦理的意义,因为广义地说,所有生活在草原上的族群都有着或近或远的血缘关系,即使没有血缘关系,也会因为部族间冲突而形成从属关系,产生名义上的亲缘关系,所以不需要再区分"亲"和"非亲",因而"忠孝"就是忠诚于君主,以忠为孝,并不含有孝亲的意思。从蒙古法的核心《大札撒》看,"忠主"是蒙古民族最核心的道德观念,他们也讲求"敬老",但与"忠主"是两回事。⑥成吉思汗麾下骁将木华黎之子塔思少年时"每语必先忠孝,曰:'大丈夫受天子厚恩,当效死行阵间,以图报称,安能委靡苟且目前,以骧先世勋业哉。'"⑦忽必烈与阿里不哥兄弟间的夺位之战中,奉诏征讨六盘山浑都海军的汪良臣,在两军对垒中誓将说:"今日之事,系国安危,胜则富贵可保,败则身戮

---

① 《元史》卷二二《武宗纪一》。
② 《元史》卷八一《选举志一》。
③ 《元史》卷一八三《李好文传》。
④ 《孝经》,四部备要本,上海:中华书局,1936年。
⑤ 札奇斯钦:《蒙古文化与社会》,台北:台湾商务印书馆,1992年,第126页。
⑥ 吴海航:《元代法文化研究》,北京:北京师范大学出版社,2000年,第60—61页。
⑦ 《元史》卷一一九《木华黎传》。

家亡。苟能用命,纵死行间,不失忠孝之名。"①塔思和汪良臣所言"忠孝"都是指忠君报国,并不牵涉孝亲。这与中原由"孝"推得"忠"的观念联结很不一样。孔子说:"其为人也孝弟,而好犯上者,鲜矣;不好犯上,而好作乱者,未之有也。君子务本,本立而道生。孝弟也者,其为仁之本与!"②忠以孝为本。"资于事父以事君"③"忠孝不能两全"的思想都是将"孝"与"忠"并置思考的成例,这源于中原由封建向集权过渡的社会结构。有"廉孟子"之称的畏兀儿人廉希宪(1231-1280)在回应劝说其皈依藏传佛教的忽必烈时说:"'臣已受孔子戒矣。'上曰:'汝孔子亦有戒耶?'对曰:'为臣当忠,为子当孝,孔门之戒,如是而已。'"④这段对话中廉希宪以"忠"和"孝"作为孔子学说的最根本理念,将"忠"列于"孝"前,并定位为"戒",都是顺应蒙古文化的思维对孔子学说的"格义"。

围绕着这种孝的观念,蒙古人有自己的礼仪,主要源于本民族的萨满信仰。如由萨满向北方大呼成吉思汗及诸故汗名,洒马湩于地以为祭的祭祖仪式,"约在1282年,元朝忽必烈时期钦定成吉思汗四时大典,产生规范的祭文、祭词,守护、祭祀人有了详细的分工"⑤。比起作为黄金家族的第一代大汗,成吉思汗更应该被视为蒙古人的精神始祖,这就意味着祭礼浓重的政治意味,类似于汉地皇室祭祀始祖的禘祫礼。蒙古人被逐出祭礼,就等于被除族。⑥《蒙古秘史》记载,成吉思汗九岁时,父亲也速该遭仇人部落杀害,铁木真和母亲遭到本部落的歧视。在一次祭祖活动中,成吉思汗的母亲诃额仑夫人晚到,仪式没有等她就开始了,于是她就责问:"因为也速该·把阿秃儿已经死了,我的孩子们还没有长大吗?你们为什么在分领祭祖的胙肉和供酒之时,故意不等我呢?"⑦可见,蒙古人非常重视祭祀,因为任何人无法在草原上单独生活,归属于族群是维持生计的必要条件,这就把维系族亲关系与生命联结在一起,而在汉文化中最倡导孝道的儒家并不是一个宗教,没有对神灵的敬畏和人世活动的根本依据,因缺乏生存的维度而显得单薄,即使有更为复杂和完备的礼仪,反而只能看作是对孝的感情的补充。因此,对于重要的示孝礼仪,如祭祖、丧礼、丁忧,以及事亲礼

---

① 《元史》卷一五五《汪世显传》。
② 《论语·学而》。
③ 此语同见于《大戴礼记·本命》和《礼记·丧服四制》。
④ 苏天爵:《元朝名臣事略》,第135页。
⑤ 旺楚阁编:《成吉思汗陵》,呼和浩特:内蒙古人民出版社,2004年,第172页。
⑥ 札奇斯钦:《蒙古文化与社会》,第236页。
⑦ 札奇斯钦:《蒙古秘史新译并注释》,第七十节,台北:联经出版事业公司,1979年,第72页。

等,蒙古统治者都没有很积极地响应,或是汉蒙并行,或是各行其制。

除了成吉思汗祭祀以外,蒙古本俗以烧饭礼祭祀先代大汗,"元君立,另设一帐房,极金碧之盛,名为斡耳朵。及崩即架阁起。新君立,复自作斡耳朵"①。元帝立则设斡耳朵,即如中原皇帝即位即修皇陵一样,不同的是,中原皇陵藏骸,神位立于宗庙,魂和魄各安其处;而蒙古则以此斡耳朵象征先君本体,这与游牧民族的生存方式是一致的。据高荣盛研究,"新即位的皇帝在宫廷中建造一座草原式的斡耳朵,死后'架阁'起来,由一位后妃'奉宫祭管',每年定时在大都的'烧饭院'中对已故皇帝进行祭祀,并随队巡幸上都"②。烧饭礼是蒙古族祭祀祖先的特有仪式,仪式的主要内容为焚烧酒食以享祖先。③"每岁,九月内及十二月十六日以后,于烧饭院中,用马一,羊三,马湩,酒醴,红织金币及里绢各三匹,命蒙古达官一员,偕蒙古巫觋,掘地为坎以燎肉,仍以酒醴、马湩杂烧之。巫觋以国语呼累朝御名而祭焉。"④"烧饭园在蓬莱坊南……其园内无殿宇。惟松柏成行,数十株森郁,宛然著高凄怆之意。阑与墙西有烧饭红门者,乃十一室之神门,来往烧饭之所由,无人敢行。往有军人把守。每祭,则自内庭骑从酒物,呵从携持祭物于内。烧饭师婆以国语祝祈,遍洒湩酪酒物。以火烧所祭之肉,而祝语甚详"⑤。

蒙古人本无固定居所的观念,因而没有筑室为庙,制主以依神的做法。进入中原之前,蒙古无宗庙制度。忽必烈建立元朝后,汉臣即为其筹建太庙。中统元年(1260)"秋七月丁丑,始设神位于中书省,用登歌乐,遣必阇赤致祭焉"⑥。中书省是忽必烈模仿汉制行使蒙古国最高行政长官达鲁花赤(断事官)和必阇赤长职权的机构,建于中统元年四月,任命王文统为平章,张文谦为左丞。"七月癸酉,以燕京路宣慰使祃祃行中书省事,燕京路宣慰使赵璧平章政事,张启元参知政事,王鹗翰林学士承旨兼修国史"⑦。然

---

① 叶子奇:《草木子》卷三下《杂制篇》,北京:中华书局,1959年,第63页。
② 高荣盛《元代"火室"与怯薛/女孩儿/火者》,收入氏著《元史浅识》,南京:凤凰出版社,2010年。
③ 烧饭礼研究自王国维始,氏著《蒙古札记·烧饭》,《观堂集林》卷一六;陈述:《论辽金元烧饭之俗》,《历史研究》1980年第5期;贾敬颜:《烧饭之俗小议》,《中央民族学院学报》1982年第1期;宋德金:《烧饭琐议》,《中国史研究》1983年第2期;蔡志纯:《元代"烧饭"之礼研究》,《史学月刊》1984年第1期;那木吉拉:《"烧饭"、"抛盏"刍议》,《中央民族大学学报》1994年第6期;高荣盛:《元代祭礼三题》,《南京大学学报》2000年第6期。
④ 《元史》卷七七《祭祀志·国俗旧礼》。
⑤ 熊梦祥:《析津志辑佚》,北京:北京古籍出版社,1983年,第115页。
⑥ 《元史》卷七四《祭祀志三》。
⑦ 《元史》卷四《世祖本纪一》。

而,设神位而无太庙;所用登歌乐原是为宪宗二年(1252)祭祀日月山所准备的,当时"用新制雅乐,享祖宗于中书省……礼毕……命太常礼乐人复还东平"①;且仅遣必阇赤前来致祭,必阇赤只是掌管文书的官员。以上足以表明,这场蒙古帝王在中原进行的首次祭祖典礼只是汉人一厢情愿的自弹自唱而已,忽必烈没有表现出丝毫兴趣。"(中统三年)十二月癸亥,享太庙"。但此时未建太庙,如何言"享太庙"?《祭祀志》:"三年十二月癸亥,即中书省备三献官、大礼使、司徒摄祀事。礼毕,神主复藏瑞像殿"。原来是把中统二年(1261)因"徙中书署"而迁于圣安寺的神主请回中书省进行祭祀,此次典礼没有用乐的记载,因为此时乐工们还在东平常加演习,"以备朝廷之用"②。三献官、大礼使、司徒也是由中书省自备,上次忽必烈还遣使致祭,而此次祭祀的似乎未达帝听。更有趣的是,请出神主祭祀后再还归的做法,于汉地礼制绝不符合,但是如果对照上文提及的蒙古本俗的烧饭礼,却有可比之处。因而这次从圣安寺③请出神主享于中书省的做法,就不得不得出这样的结论,在较之于在佛寺行中原天子礼,汉臣们还是选择了借用蒙古国俗的仪节曲折地完成了没有太庙的宗庙礼,这不能不说是一次委曲求全式的蒙汉并制。至元元年(1264)十月,太庙建成,直到顺宗后至元六年(1340),终元一朝,太庙室次每每随着新帝即位不断地进行更动,对于蒙古君王,用宗庙胜于尊宗庙,忽必烈仅迁太祖和睿宗入燕京太庙,已经开了破坏庙制的风气。武宗的亲祀太庙、立太庙廪牲署、改制金表神主等动作无一不是出于政治目的。他们对于践祚并不介意,因为只要"追尊"即可,如成宗追尊裕宗、武宗追尊顺宗,而如果对先帝不满,可以毁室和不袝太庙,如文宗毁显宗室,不袝泰定帝以及顺宗毁文宗室。宗庙室次一再更动可以看作对忽必烈的仿效,而宗庙尊尊的礼义完全没有被蒙古人领会,反而成为扬"私"的所在。太庙制度沦为他们宣誓权利的工具,而汉臣们只能遵照皇帝的指示行事,比如汲汲于恢复汉地昭穆古制,对先帝位次的安排多有建言,并将蒙古祭祖习俗融入到太庙祭祀的仪节中④,但从未置喙于未践祚者入庙之事,说明太庙从一开始就没有成为蒙古君王祭祖礼的代偿,而是被看作一种中原特有的象征政治权力的把式而已。与此同时,蒙古皇帝每年夏天离开大都赴上都,仍然还要按蒙古礼祭祀祖先,包括

---

① 《元史》卷六八《礼乐志二》。
② 《元史》卷六七《礼乐志一》。
③ 关于圣安寺,刘迎胜在《从七室到八室之祀——忽必烈朝太庙祭祀中的蒙汉因素》(收入氏著《蒙元帝国与13—15世纪的世界》,北京:生活·读书·新知三联书店,2013年)指出该寺是金代燕京名刹,安置金代帝王御容。
④ 参见高荣盛《元代祭礼三题》。

保留至今的成吉思汗祭祀。

　　对于其他孝礼，蒙古统治者也没有欣然接受。如廉希宪"丁母忧，率亲族行古丧礼，勺饮不入口者三日，恸则呕血，不能起，寝卧草土，庐于墓傍。宰执以忧制未定，欲极力起之，相与诣庐，闻号痛声，竟不忍言。未几，有诏夺情起复，希宪虽不敢违旨，然出则素服从事，入必缞绖。及丧父，亦如之"①。致和元年（1328），"塔失帖木儿、倒剌沙请凡蒙古、色目人效汉法丁忧者除其名，从之"②。"天历二年，诏：官吏丁忧，各依本俗，蒙古、色目仿效汉人者，不用。部议：蒙古、色目人愿丁父母忧者听。"③因此，对汉语诠孝经典的提倡和示孝礼仪的排斥显示出蒙古人对中原礼制的隔膜。

三、经筵对礼制影响的有限性

　　蒙古帝国的统治者在进入中原之前已开始延请汉儒讲问治道并非因为对经筵之制有所了解，仅是出于了解中原文化的实际需要。"世祖之在潜藩也，尽收亡金诸儒学士，及一时豪杰知经术者，而顾问焉。论定大业，厥有成宪"④。"好访问前代帝王事迹，闻唐文皇为秦王时，广延四方文学之士，讲论治道，终致太平，喜而慕焉"⑤。已有研究指出，忽必烈建立元朝之后，仍不断向儒臣问取汉籍经典大义，而之后元代经筵的发展与诸帝自身的汉文化修养有也着直接的关系。其中仁宗（1312—1320年在位）较先帝成宗（1295—1307年在位）、武宗（1308—1311年在位）具有更高的汉文化水平，他问经筵尤勤，广泛涉猎经史，对儒家思想很有心得；其子英宗（1321—1323年在位）自太子时即沐濡儒风，虽史载不多，但经筵的形式仍被重视，因此至泰定帝元年（1324）正式设立经筵，"命平章政事张珪、翰林学士承旨忽都鲁都儿迷失、学士吴澄、集贤直学士邓文原，以《帝范》、《资治通鉴》、《大学衍义》、《贞观政要》等书进讲，复敕右丞相也先帖木儿领之"⑥。此时经筵俨然成为元帝和重臣共同参与的重要活动，而进讲的官员也不局限于汉人，蒙古、色目儒士也位列其中，这种氛围应该是泰定帝

---

① 《元史》卷一二六《廉希宪传》。
② 《元史》卷三〇《泰定帝纪》。
③ 《元史》卷八三《选举三》。
④ 苏天爵编：《经世大典·礼典·进讲》，《元文类》卷四一，北京：商务印书馆，1936年，第547页。
⑤ 苏天爵辑：《元朝名臣事略》卷一二《内翰王文康公》，第238页。
⑥ 《元史》卷二九《泰定帝纪一》。

以前就逐渐开始形成的。此后明宗"凝情经史,爱礼儒士"①,文宗设奎章阁学士院,成为专职经筵机构;顺帝时改奎章阁为宣文阁,经筵之制一直延续到元朝末年。元人巙巙说:"天下事在宰相当言。宰相不得言则台谏言之,台谏不敢言则经筵言之。备位经筵,得言人所不敢言于天子之前,志愿足矣。"②巙巙是西域人(康里),是著名儒士、官居中书平章政事、昭文馆大学士不忽木之子,顺帝时任翰林学士承旨,从他话中可以知道元代的经筵还成为规谏皇帝的重要手段之一。总体来说,元代虽由蒙古人主政,但经筵制度仍然得以继承。

然而,从忽必烈开始的元代君主几乎都不能完全掌握文言文,需要通过翻译来阅读汉语经典和与汉人经筵官交流,因此问对的方式也无法使其系统地学习汉语经典;而翻译过程中必然遇到误译和简化的问题,又使经典的原义无法完全呈现。另一方面,蒙古统治者通过经筵对中原的礼制从观念到仪式都有全面的了解,但是他们始终将中原视为大蒙古帝国疆域的一部分,将治理汉地视为统治征服地区的一部分,那么他们必然站在本民族的角度,秉承本俗的礼俗,而对中原礼制中各种礼仪所要表达的观念无意也无法完全地了解。

首先,经筵进讲中要求帝王和统治阶层尊礼,其最终的目的是革心,即通过日常活动中的进退有矩和文质彬彬,经过不断地仪节操练逐渐认同汉文化的价值追求。蒙古大汗并不是要做好一个汉人的天子,他只需要了解汉人期待的理想君王是什么样子。对此,参与经筵的汉臣已有自知之明,许衡说:"臣之所学迂远,与陛下圣谟神算未尽吻合。"③在经筵中倡礼是向蒙古统治者传递汉地思想的重要途径,必须竭尽全力为之,但希望因此就有立竿见影,在文化上彻底收服蒙古人也是不可能的,更是蒙古人不能接受的。

其次,汉人以礼治国在蒙古人看来是一种弱化,尤其对于原先生活在北方的游牧民族,辽之契丹,金之女真,在进入中原之后融入汉文化,失去民族的本性,而他们的对手南宋更是不堪一击。因此他们不屑于朝廷中汉臣们最热衷的礼制问题,也无法理解议礼与治国的切要关系。泰定元年(1324)初开经筵任命江南大儒吴澄为讲官,之前英宗为安奉仁宗的神主下诏扩建太庙,要求礼官集议室次,吴澄坚持古制建议重新调整昭穆,但有司急于行事,仍按旧次,吴澄大失所望,不久弃官南归。中书省向泰定帝解

---

① 欧阳玄:《曲阜重修宣圣庙碑》,《圭斋文集》卷九,四部丛刊景明成化本。
② 《元史》卷一四三《巙巙传》。
③ 苏天爵:《元朝名臣事略》,第172页。

释说其年老欲归,并建议封号赏赐。①历仕武宗、仁宗、英宗、泰定帝四朝的吴澄必须接受蒙古人对中原礼制的疏离,他们只主张自身的理解,比如太庙神室已满,无法安奉新主。至于昭穆、数量、方位等是否按照中原古制,需要具备深厚的汉文化底蕴才能明白。

因此,如果按中原王朝应具备的完整礼制来看,元代的情况显得残缺不全,据《续通典》②,郊祀于建元七十年(1330)方行亲祀;有太庙而无禘袷;冠、昏、乡饮、大射均缺。丧礼仅见初丧、大敛、荐车马明器及饰棺、祔祭等环节,丧服更为简疏。其中有记载的,也是鉴于民俗流弊,并非有所建制,如江南厚葬侈靡为孝,朝廷规定禁用金银宝玉器玩敛棺,违者以不孝坐罪。那么包括经筵在内的对蒙古统治者传达礼制思想的影响也就不言自明了。

---

① 《元史》卷一七一《吴澄传》。
② 乾隆官修:《续通典》,杭州:浙江古籍出版社,2000年。

元代礼失百年与明初礼制变革

吴恩荣

一般易代之际,典制未备,新王朝多因袭前朝礼制,然后在实践中斟酌时宜,不断改进、完善,形成一代之礼。正如万历时郭正域所言:"周人初年,肇称殷礼。汉帝草仪,杂采秦法。唐皇修文,多用隋礼。宋初通礼,半约唐仪。即有损益,所因居多。"①唯有明太祖开国之初即弃元礼不用,而另谋擘划一代礼制。吴元年(1367)二月设礼局,召儒士议礼制乐,洪武三年(1370年)九月纂成《大明集礼》。终洪武朝,制礼作乐活动频举,奠定了明代礼制的基本格局。朱元璋将礼制的政治功用推到前所未有的高度,是为了应对怎样的礼俗现状?又是出于怎样的政治目的?他又为何改变因袭前朝礼制的传统,另行创制?对这些问题的解答,不仅益于我们更好理解元明之际的礼制变革,也能更好把握明代礼制的基本走向与演变。对该问题的研究,目前学界已有一些成果②,但尚难深入解析明初礼制变革的内在动力,尤其难以回答元明之际礼制断裂的问题,故笔者爰撰此文,以就正于方家。

一、"华风沦没、彝道倾颓":元明之际的礼俗现状

朱元璋甫登大位,即着手大范围的礼制变革,而且带有明显的革除元代礼俗的特点。制度变革往往针对的是现实的不足,元明之际究竟是怎样的礼俗现状,引起朱元璋强烈不满,乃亟亟以礼乐为先务?朱元璋曾评论元代礼俗曰:"昔者元处华夏,实非华夏之仪,所以九十三年之

---

① 郭正域:《皇明典礼志》卷首《皇明典礼志序》,《续修四库全书》,第824册,第7页。
② 张佳的《新天下之化——明初礼俗改革研究》探讨了明初的服饰、婚丧、日常杂礼等礼俗改革。上海:复旦大学出版社,2014年。盖中武的硕士论文《明太祖礼治思想探析》(北京语言大学,2004年)论述了明太祖的礼治思想。

治,华风沦没,彝道倾颓"①。这种现状的造成,是因为元代统治者"昧于先王之道,酣溺胡虏之俗",没有积极绍续前代礼制,才会"制度疏阔,礼乐无闻"②。在经过元朝近百年施政后,中原大地究竟呈现出怎样的礼俗现状呢?

一是华风不振,胡风盛行。元朝是蒙古族建立的政权,在国家礼制建设上多沿用本族礼俗,而较少改用传统的儒家礼乐,久而汉族地区亦渐染其习。首先,衣冠服饰往往最具朝代、民族特色,元朝用本俗服饰,对于汉族传统的成人礼——冠礼,亦废而不行。至明初时,"士庶咸辫发椎髻、深襜胡俗。衣服则为袴褶窄袖,及辫线腰褶。妇女衣窄袖短衣,下服裙裳,无复中国衣冠之旧"。朱元璋对此"久厌之",洪武元年(1368)二月,"诏复衣冠如唐制",以复中国之旧。③十一月,又定命妇冠服,就是为了"不许仍用胡俗服两截短衣"④。洪武五年(1372)五月,又以"民间妇女首饰衣服尚循旧习",令集议冠服定制颁行,"务复古典,以革旧习"。⑤明廷再三以国家的力量颁行新制,申禁胡服,可见明初胡服流行的深广。其次,姓名与语言无疑是民族文化的象征,经过元朝统治后,至明初仍有人"易其姓氏为胡名,习胡语",而且"俗化既久,恬不知怪"。洪武元年,朱元璋在申禁胡服的同时,亦申禁胡语、胡姓,"于是百有余年胡俗,悉复中国之旧矣。"⑥又次,跪拜礼是元代礼仪的特色,亦影响广泛。明初"军民行礼尚循胡俗,饮宴行酒多以跪拜为礼"。为改变这种现状,洪武四年(1371)十二月,朱元璋诏定官民揖拜礼,令天下遵行,"其余一切胡礼,悉禁勿用"。⑦又"元俗官僚相见,辄跪一足以为礼,拜则以叩头为致敬,既拜复跪一足。属官下人见上司官长与为礼,即引手于后退却,若避之然"。朱元璋"甚厌之,自即位之初即加禁止,然旧习不能尽革"⑧,可见明初元礼影响之深固。乃于洪武五年,命礼部重定官民相见礼,颁布推行。

二是伦常渎乱,风俗奢靡。传统的婚丧礼制最能践行儒家伦理秩序,但元朝婚葬俱用其国俗,久而汉族地区亦染其俗。如明初婚姻循"前元之胡俗","同姓两姨、姑舅为婚","兄收弟妇,弟收兄妻,子承父妾。有一

---

① 朱元璋:《御制大诰》卷首《御制大诰序》,《续修四库全书》,第862册,第243页。
② 《明太祖实录》卷三九,洪武二年二月丙寅,第783页。
③ 《明太祖实录》卷三〇,洪武元年二月壬子,第525页。
④ 《明太祖实录》卷三六下,洪武元年十一月甲子,第693页。
⑤ 孔贞运辑:《皇明诏制》卷一,《续修四库全书》,第457册,第559－560页。
⑥ 《明太祖实录》卷三〇,洪武元年二月壬子,第525页。
⑦ 《明太祖实录》卷七〇,洪武四年十二月壬寅,第1310－1311页。
⑧ 《明太祖实录》卷七三,洪武五年三月辛亥,第1335页。

妇事于父,生子一,父亡之后,其妾事于正妻之子,亦生子一。所以夫妇无别,纲常大坏"[1]。为革此习,朱元璋特别于《大诰》中申禁之。明初丧葬则沿袭了元代娱尸、火葬之俗。实录载,"京师人民循习元氏旧俗,凡有丧葬,设宴会亲友,作乐娱尸,惟较酒骰厚薄,无哀戚之情"。监察御史高原侃以为,"流俗之坏至此,甚非所以为治"[2],乞禁止以厚风化。朱元璋乃令定官民丧服之制。又载"近世狃于胡俗,死者或以火焚之,而投其骨于水"。朱元璋认为,"孝子慈孙,于心何忍,伤恩败俗,莫此为甚"[3],乃申令禁止,并立义塚。元朝在礼制方面的无所作为,还造成明初民间风俗奢靡,上下无等的局面。即使是"天下之统会"的京师,亦是"率以奢侈相高,浮藻相诱,情日肆而俗日偷"[4]。民间婚礼"专论聘财,习染奢侈",丧葬"富者奢僭犯分,力不及者揭借财物,炫耀殡葬"[5]。虽说风俗日奢未必就是元朝的特产,因为汉族政权施政日久,也会出现类似情况,但无疑与统治者的施政密切相关。洪武三年(1370)八月,朱元璋谕廷臣曰:"近世风俗相承,流于僭侈,闾里之民,服食居处与公卿无异,而奴仆贱隶往往肆侈于乡曲,贵贱无等,僭礼败度,此元之失政也"[6]。乃以房舍服色等第明立禁条,颁布中外。

三是古乐俱废,蔑视礼教。元朝之乐亦用其国俗,所谓祭祀"率用雅乐,朝会飨燕,则用燕乐,盖雅俗兼用也"[7]。朱元璋认为,"元时古乐俱废,惟淫词艳曲更唱迭和,又使胡虏之声与正音相杂,甚者以古先帝王、祀典神祇饰为舞队,谐戏殿廷,殊非所以道中和,崇治体也",显然不堪袭用,乃新制乐章,"颇协音律,有和平广大之意",令"自今一切流俗諠譊淫亵之乐,悉屏去之"[8]。元朝不仅不用古乐,反而"以先圣贤衣冠为伶人笑侮之饰,以侑燕乐,甚为渎慢"。对在儒家文化中作为标榜形象的圣帝明王、先贤等,毫无恭敬之心。洪武六年(1373),明廷"诏礼部申禁教坊司及天下乐人,毋得以古先圣帝明王、忠臣义士为优戏,违者罪之"[9]。

元朝统治者作为少数民族,有其本族礼俗,亦无可厚非,但在国家礼制

---

[1] 《御制大诰》,《婚姻第二十二》,第249页。
[2] 《明太祖实录》卷三七,洪武元年十二月辛未,第709—710页。
[3] 《明太祖实录》卷五三,洪武三年六月辛巳,第1053页。
[4] 《明太祖实录》卷六六,洪武四年六月戊申,第1248页。
[5] 《皇明诏制》卷一,第559页。
[6] 《明太祖实录》卷五五,洪武三年八月庚申,第1076页。
[7] 《元史》卷六七《礼乐一》,北京:中华书局,1976年,第1664页。
[8] 《明太祖实录》卷六六,洪武四年六月戊申,第1245—1246页。
[9] 《明太祖实录》卷七九,洪武六年二月壬午,第1440页。

建设上,以本族礼俗替代传统的儒家礼乐,必然会对整个国家产生影响,造成元明之际"彝伦攸斁,衣冠礼乐日就陵夷"①的局面。元代礼俗的某些方面直接与儒家的精神内核相悖,如联姻忽视伦常,亵慢圣贤,使传统社会的伦理秩序受到严重挑战,形成新的不稳定因素。朱元璋起兵以来,所见的是"人习鬬争,鲜知礼义"②,"主将皆无礼法,恣情任私,纵为暴乱"③。元俗对传统伦理的漠视还直接导致了纲常废坏,彝伦渎乱,政局不稳。"如大德废长立幼,泰定以臣弑君,天历以弟酖兄。至于弟收兄妻,子烝父妾,上下相习,恬不为怪。其于父子、君臣、夫妇、长幼之伦,渎乱甚矣"④。面对此现状,出于民族感情的直觉,朱元璋对充满蒙元色彩礼俗的风行是"久厌之""甚厌之"的强烈抵触态度;从政治定位上看,朱元璋自称"虽起自布衣,实承古先帝王之统",决定了他不仅要在军事层面上"奉天逐胡,以安中夏",更要在文化层面上"复先王之旧"⑤,恢复传统的儒家礼乐制度;更为重要的是,从政治稳定的角度看,要改变这种现状,就要重塑传统社会的礼教秩序。可以说,元明之际的礼俗现状为朱元璋的礼治思想提供了反面的历史借鉴,直接激发了礼制变革的发生。

二、国之纪纲:明太祖的礼治宏图

元明之际"华风沦没,彝道倾颓"的礼俗现状不仅让朱元璋甚感厌恶,所导致的社会秩序混乱也令他深刻地认识到礼制的治政作用,其礼治思想正是在这样历史情境中产生的,又反过来主导礼制变革的发生与推进。早在开国前的甲辰年(1364年),朱元璋就曾言:"礼法,国之纪纲。礼法立则人志定,上下安,建国之初,此为先务"⑥。丙午年(1366年),又言:"丧乱之后,法度纵弛,当在更张,使纪纲正而条目举,其要在明礼义,正人心,厚风俗,以为本也。"⑦他将礼治与法治并列,提升至"国之纪纲"的高度,且为建国先务。

对于礼治与法治的关系,朱元璋还有精到的论述:"非礼则无法,若专

---

① 《明太祖实录》卷一九〇,洪武二十一年五月甲午,第2874页。
② 《明太祖实录》卷四六,洪武二年十月辛卯,第925页。
③ 《明太祖实录》卷一四,甲辰年正月戊辰,第176—177页。
④ 《明太祖实录》卷二六,吴元年十月丙寅,第402页。
⑤ 《明太祖实录》卷三一,洪武元年四月戊申,第549页。
⑥ 《明太祖实录》卷一四,甲辰年正月戊辰,第176页。
⑦ 《明太祖实录》卷一九,丙午年三月甲辰,第273页。

法而无礼,则又非法也。所以礼之为用,表也,法之为用,里也。"①礼法互为表里,相辅相成。礼制以价值示范的方式,引导人民去认同并自觉遵循纲常伦理秩序,法令则以强制的手段,规范人民的行为。所谓"明礼以导民,定律以绳顽"②。正出于对礼法的重视,在建国前夕的吴元年(1367年)二月,朱元璋首开律、礼、诰三局。③"律局以定律令","礼局以究礼仪"。④但在洪武朝,制礼作乐的频度远远大于制定律令,可见明太祖对礼制的重视程度尚在律令之上。他曾言:"朕观刑政二者,不过辅礼乐为治耳!苟为治徒务刑政而遗礼乐,在上者虽有威严之政,必无和平之风;在下者虽存苟免之心,终无格非之诚。大抵礼乐者治平之膏梁,刑政者救弊之药石。"⑤律令中可以寓礼,如《大明令》中有"礼令",《大明律》中有"礼律",而礼却不必是法,洪武朝所定礼制也远较律令繁细。律令的功能较单一,礼制作为一种价值取向与行为规范,功能更多样,适用范围更广。在朱元璋看来,礼制的主要功用有哪些呢?

从个人看,无论是君王,还是臣子,礼可以制欲,从而达到修身律己的功用。朱元璋云:

> 人之害莫大于欲,欲非止于男女、宫室、饮食、服御而已,凡求私便于己者皆是也。然惟礼可以制之。先王制礼,所以防欲也。礼废则欲肆,为君而废礼纵欲,则毒流于民,为臣而废礼纵欲,则祸延于家。故循礼可以寡过,肆欲必至灭身。⑥

他还将礼乐与道德相挂钩,认为"论礼乐者必原予于德,此至德论也。盖德盛者礼乐明备,否德则礼乐不兴"。进而反思,"朕居位已三十年矣,礼乐之文粗备,而政治不能如古,揆德凉薄故也"。⑦在帝制政体下,皇帝的私欲缺乏有效的制衡,官员的公权力也常被用来满足私欲,朱元璋提出以礼来制约私欲,防止公权力的滥用,无疑具有进步意义。而对于臣子来说,以礼修身还与忠君报国相捆绑,成为维护政治稳定的工具。朱元璋封功臣子孙之诰有曰:"忠以报国,礼以律身,惟忠与礼,可以享爵

---

① 朱元璋:《明太祖集》卷四《礼部尚书诰》,合肥:黄山书社,1991年,第64页。
② 刘惟谦等撰:《大明律》卷首《御制大明律序》,《续修四库全书》,第862册,第365页。
③ 过庭训:《本朝分省人物考》卷五二《宋濂》,《续修四库全书》,第534册,第419页。
④ 程敏政编:《明文衡》卷三九《赠徐大章序》,文渊阁《四库全书》本,第1374册,第127页。
⑤ 《明太祖实录》卷一六二,洪武十七年六月庚午,第2517页。
⑥ 《明太祖实录》卷一二六,洪武十二年八月丁卯,第2009页。
⑦ 《明太祖实录》卷二三九,洪武二十八年六月辛卯,第3479页。

禄于悠久"①。

礼不仅用于修身,成为个人内在的行为规范,而且施于人际交往,调和政治与社会关系。朱元璋云:"君臣之间以敬为主,敬者,礼之本也"②。又说:"朕君天下,观历代爱亲敬长之道,乃帝王之首务,故必尽其礼焉。"③人君须待臣以礼,爱亲敬长,人臣亦莫如是。"夫礼莫大于敬上,德莫盛于爱下,能敬能爱,人臣之道也"④。而对于民间之礼,亦要达到类似的效果。如"乡饮之礼,所以叙尊卑,别贵贱,先王举以教民,使之隆爱敬,识廉耻,知礼让也"⑤。民间的婚姻、丧葬、祭祀等礼则重视孝悌伦常与宗族和睦,所谓"居家有礼,则长幼序而宗族和"⑥。通过礼来营造敬让、和谐的社会、人际关际,在此基础上构建纲常伦理关系,实现上下谦让,彝伦攸叙,各得其序的礼治社会。

值得注意的是,礼制之中已规划了尊卑等级秩序,如通过界定不同身份者的冠服、居室、器用等级,相见拜揖、道路回避、序立聚座等礼仪规范,来达到上下明辨,尊卑有序的目的。朱元璋曾云:"古昔帝王之治天下,必定礼制以辨贵贱,明等威"⑦。通过各阶层的礼制实践,来引导他们认同并安于自己之"分",将礼制中的等级秩序转化为各人自觉的行为规范,达到上下相安,天下大治的目的。即朱元璋所云:"礼立而上下之分定,分定而名正,名正而天下治矣。"⑧

礼制还具备普世的价值导向作用,移风善俗,教化民众,乃至作为外交工具,施于四夷。在朱元璋看来,"世之治乱,本乎人情风俗,故忠信行则民俗淳朴,佻巧作则习尚诈伪"⑨。整齐风俗在于教化,而教化以礼为本。他曾言:"移风善俗,礼为之本;敷训导民,教为之先。"⑩又言:"礼者,所以美教化而定民志。"⑪教化之道,是自上而下,朝廷礼乐昌明,自然民间向化。朱元璋赐礼部侍郎刘崧之诰即曰:"俾朝廷之礼粲然有伦,则海内向风,而有化民成俗之效矣。"⑫礼的教化范围也不仅限于中国,亦作为外交手段,达

---

① 《明太祖实录》卷二一八,洪武二十五年六月戊午,第3204页。
② 《明太祖实录》卷一四,甲辰年四月壬戌,第194页。
③ 《明太祖实录》卷七七,洪武五年十二月丁酉,第1415页。
④ 《明太祖实录》卷一〇八,洪武九年八月庚戌,第1801页。
⑤ 《明太祖实录》卷一三五,洪武十四年二月丁丑,第2147页。
⑥ 《明太祖实录》卷七三,洪武五年三月辛亥,第1337页。
⑦ 《明太祖实录》卷五五,洪武三年八月庚申,第1076页。
⑧ 《明太祖实录》卷一四,甲辰年四月壬戌,第194页。
⑨ 《明太祖实录》卷六六,洪武四年六月戊申,第1248页。
⑩ 《明太祖实录》卷二〇二,洪武二十三年己酉,第3025页。
⑪ 《明太祖实录》卷七三,洪武五年三月辛亥,第1336页。
⑫ 《明太祖实录》卷一二九,洪武十三年正月庚子,第2051页。

于四夷。朱元璋曾谕高丽国王:"历代之君,不问夷夏,惟修仁义礼乐,以化民成俗。"①处理日本邦交时亦曾曰:"我中国抚外夷以礼,导人心以善之道也。"②

礼还能通过祭祀,沟通神人,寄寓丰富的政治文化内涵,传达统治者的政治理念。祭祀又称吉礼,为五礼之首,政治象征意义重大,历来倍受统治者重视。洪武元年二月,朱元璋甫登基,即命儒臣考定天地、社稷、宗庙祭祀礼仪,曰:"自昔圣帝明王之有天下,莫不严于祭祀,故当有事,内必致其诚敬,外必备其仪文,所以交神明也。"③皇帝介于神明与人民之间,通过祭祀,一则可以"交神明",自称受命于天地,受百神庇佑,增加其施政的合法性,一则可以"为天下生灵祈福"④,塑造其爱民的明君形象。

朱元璋的礼治思想不仅颇为深刻,而且全面、系统,在他的礼治构想中,从个人修身,到政治与社会中的人际关系,再到教化民众、抚绥四夷,乃至于沟通神人,皆可纳入礼治的宏大体系之中,这些功用皆与帝制政体相适应,最终服务于政治统治。正因为礼制的治政功用与适用范围都较法律广,朱元璋才在将礼法并列为"国之纪纲"的情况下,更加倾力于礼制的建设。他还主张礼乐并举,认为"礼以道敬,乐以宣和,不敬不和,何以为治"⑤?"必礼乐并行,然后治化醇一。"⑥而他的礼制建设目标,并非是一时一朝之制,而是足以垂法一代之典。早在洪武二年(1369),朱元璋诏儒臣修纂礼书(即后来的《大明集礼》),其目标就是"参考古今制度,以定一代之典"⑦。《大明集礼》修成后,各种礼制仍不断更定,最终目标仍是定一代之制。如洪武二十六年(1393),重定朝贺、传制等仪,即因"官制既多更定,而礼文屡有损益,故欲因繁就简,立为中制,以成一代令典"⑧。

朱元璋的礼治定位与目标都很明确,剩下的就是如何来创立一代礼制。他在《稽古定制序》中云:"朝代虽有更革,礼乐制度多是相因,中间虽损益以合时宜,然相因者甚多,其所损益小,过、不及而已。自三代以至唐宋,莫不皆然。"⑨可见他的制礼思路主要是因袭前代之制,稍微损益以合时

---

① 《明太祖实录》卷四六,洪武二年十月壬戌,第907-908页。
② 《明太祖实录》卷九〇,洪武七年六月乙未,第1582页。
③ 《明太祖实录》卷三〇,洪武元年二月壬寅,第507页。
④ 《明太祖实录》卷四〇,洪武二年三月戊戌,第806页。
⑤ 《明太祖实录》卷六六,洪武四年六月戊申,第1245页。
⑥ 《明太祖实录》卷一六二,洪武十七年六月庚午,第2517页。
⑦ 《明太祖实录》卷四四,洪武二年八月庚寅,第875页。
⑧ 《明太祖实录》卷二二八,洪武二十六年六月壬寅,第3329页。
⑨ 《稽古定制》卷首《稽古定制序》,《皇明制书》,《续修四库全书》,第788册,第573页。

宜。综观洪武朝的制礼活动，国初以稽古议礼为主，较为推崇周制，带有较强的理想主义色彩。正如黄道周所言："圣祖稽古礼文，法周为治，宏纲大要，举之于上，以正百官者，盖取诸《周礼》；繁文缛节，颁之于下，以正万民者，盖取诸《仪礼》。"①之后多取法唐宋礼制，以其时代近，礼文详备，同时更偏重斟酌时宜。他还曾言："朕今治国，军政当取法于唐，典礼当取法于宋。"②行文至此，我们不禁会有疑问：既然朱元璋认为历代礼制相因多，损益少，何以在制礼过程中远法周制，近仿唐宋，偏偏废置时代最近，也最易袭用的元代礼制？且不论元代统治者的"异族"身份，仅观其礼制，是否足堪明朝袭用？试析于下节。

三、礼失百年：元代礼制的"国俗"特色

明初不但没有因袭元代礼制，恰恰相反，大范围的礼制变革正是为了革除元朝"胡礼"，根本原因还是元代礼制本身的不足。在明朝人看来，元朝礼制并不符合历代礼制传统，是"中国之礼"以外的"胡礼"代表。朱元璋曾曰："自元氏废弃礼教，因循百年，而中国之礼变易几尽。"③正因为元代变易"中国之礼"在先，才需要礼制变革正之于后，以恢复"中国之礼"。其他明朝人亦有类似看法。如尹守衡云："宋衰，胡元入主，礼之失也且百年矣。"④那么元代是如何变易"中国之礼"几尽，元礼究竟失之于何处呢？

万历时郭正域曾归纳元朝礼制云："胡元之世，天泽既易，礼安用之？先王典刑，沦澌无存！"在他看来，元朝并不用传统之礼，先王典制也荡然无存。他进一步枚举了元朝"礼安用之"的证据，曰：

> 冠冕椎结，号令侏儒。大报拜天即日月山，金书玉篆用蒙古字。册后之初，帝后并座大明殿，右丞相起而上寿，寿帝寿后。冠礼、婚礼从其本俗。大宴而服质孙，冬则纳石宝里，夏则钹笠都纳。剪柳代射，跪足代拜。行之百年，文物尽矣。⑤

---

① 黄道周辑：《博物典汇》卷二《礼制》，《续修四库全书》，第1246册，第419页。
② 宋濂等编：《皇明宝训》卷三《论治道》，《皇明修文备史》，《北京图书馆古籍珍本丛刊》第8册，第34页。
③ 《明太祖实录》卷八〇，洪武六年三月甲辰，第1449页。
④ 尹守衡：《皇明史窃》卷一一《礼乐志第三》，《续修四库全书》，第316册，第595页。
⑤ 《皇明典礼志》卷首《皇明典礼志序》，第7页。

352

从他的描述来看,在元代,冠冕椎状结起,即前文提及的"辫发椎髻",用本民族语言发号施令(侏离指蛮夷的语声)。在日月山祭天,而不是在圜丘,文书玺印使用蒙古字,而不是汉字。册后时皇帝、皇后并座于殿上,传统并无帝后一同升殿之礼,亦无册后时上寿之礼。冠婚礼仪俱从本俗,大宴服本族特色服饰"质孙"。以剪柳代替射礼,以跪足代替揖拜之礼。可见元代礼制富有少数民族气息,若是仅仅作为偏方的少数民族政权,用本族礼俗也是理所当然,但问题是当元朝灭宋之后,成为全国性的政权,仍然固守统治者本族的礼俗,事实上是将本族的礼俗推广至全国,客观上造成变易"中国之礼"几尽的效果。所以,以传统儒家礼乐的标准衡量,元礼之失在于过多地保留了蒙古族的"国俗"(或称"本俗")特征,使其在历代礼制传承序列中严重掉队。

郭正域所言仅为元代礼制"国俗"特色的缩影,明初修《元史》与《大明集礼》,曾对元朝礼制有过较全面的考察,兹以两种文献为中心,参酌其他文献,将元代礼制的"国俗"特色梳理如后,借此思考元朝礼制是否足堪明朝袭用的问题。

传统的祭祀礼制,元代较多地继承了前代制度。《元史》载:"元之五礼,皆以国俗行之,惟祭祀稍稽诸古。"即使如此,最重要的郊庙之祀,"自世祖以来,每难于亲其事"[①]。没有遵守传统的皇帝亲祭,且在礼制上多有缺失。如郊祀,"元初用其国俗,拜天于日月山",而不是在都城建立圜丘祭天。直到"成宗大德六年(1302年),建坛合祭天地、五方帝。九年(1305),始立南郊,专祀昊天上帝。泰定中,又合祭,然皆不亲郊。文宗至顺以后,亲郊者凡四,惟祀昊天上帝"[②]。从祀体系也不完整,"不及岳渎山川之从祀"[③]。宗庙之祀,最初"祖宗祭享之礼,割牲、奠马湩,以蒙古巫祝致辞,盖国俗也"[④]。至世祖始建太庙,但未严格遵循传统的宗庙昭穆制度。"皇伯术赤、察合带皆以家人礼祔于列室。既而太宗、定宗以世天下之君俱不获庙享,而宪宗亦以不祀"。甚至"不祢所受国之君,而兄弟共为一世"[⑤],且"不行朔望祭"[⑥]。郊庙祭祀仪节上也多有"国俗"特色。如传统郊庙祭祀牲用太牢,即牛羊豕,而元代郊祀之牲"以国俗别加用纯色马一,鹿十有八,羊

---

① 《元史》卷七二《祭祀一》,第1779页。
② 《明集礼》卷一《祀天》,文渊阁《四库全书》本,第649册,第67页。按:《大明集礼》收入四库著录书后,被改称《明集礼》,以寓崇清抑明之意,文中仍一概称原书名《大明集礼》。
③ 《明集礼》卷三《祭地》,第649册,第114页。
④ 《元史》卷七四《宗庙上》,第1831页。
⑤ 《元史》卷七二《祭祀一》,第1780页。
⑥ 《明集礼》卷四《宗庙》,第649册,第135页。

十有八,野豕十有八,兔十有二"①,宗庙之牲亦有活鹿、麇兔、马②。郊祀酒齐"别用国俗,设马湩、蒲萄酒"③,宗庙酒齐亦"加设马湩"④。马湩即马奶酒,是蒙古族的特色饮料。在明人看来,元代大祀都已如此,"中祀以下,虽有阔略,无足言者"⑤。如日月既从祀于郊坛,"其二分朝日夕月,皇庆中议建立而不见施行"⑥。先农之祀,"虽议耕藉而竟不亲行,其祠先农命有司摄事而已"⑦。社稷亦不亲祀,且诸里社稷"从民俗,无所建立"⑧。无马祖、先牧、马社、马步之祀。⑨ "大臣家庙,惟至治初右丞相拜住得立五庙,同堂异室,而牲器、仪式未闻"⑩。

朝仪,以大朝会最隆重。元代元正、天寿圣节、郊庙礼成俱有大朝会,与前代大朝会皇帝着礼服单独受贺不同,元代皇帝、皇后一同升殿受贺,且用本俗衣冠,后妃亦献贺,无内外朝之分。太子、诸王亦用本俗冠服。还有丞相三进帝后酒,"跪左膝、三叩头"之礼。⑪ 礼毕,大宴于殿上,君臣皆服特色服饰"质孙","酒行无算,兼用马湩"。⑫ 中宫正旦朝会,"命妇则以常服诣内殿行贺礼",中宫、皇妃、皇太子妃、诸王妃、公主俱用本俗衣冠⑬。东宫朝会,"正旦则于大朝会之明日,文武群官以下常服,至东宫行国俗四跪拜礼,其千秋亦如之"⑭。东宫、群臣皆用国俗衣冠。

册立。元代册皇后,"皇帝临轩及皇后受册皆用其国俗衣冠","宝用蒙古字刻","皇后受册毕,诣大明殿谢恩讫,皇后升座并坐,右丞相祝皇帝、皇后寿,进酒,进表笺、礼物","而无皇后庙见之仪"。⑮ 册皇太子,"则惟遣使内册,皆不以年之长幼而异其制焉"。皇太子冠服"初用其国服,后尝议服衮冕而未之用",无车辂之制,宝"用蒙古字刻",亦无谒庙之仪。⑯ 册亲王,

---

① 《明集礼》卷一《祀天》,第649册,第75页。
② 《明集礼》卷四《宗庙》,第649册,第140页。
③ 《明集礼》卷一《祀天》,第649册,第76页。
④ 《明集礼》卷四《宗庙》,第649册,第141页。
⑤ 《元史》卷七二《祭祀一》,第1780页。
⑥ 《明集礼》卷一一《日月》,第649册,第243页。
⑦ 《明集礼》卷一二《藉田享先农》,第649册,第265页。
⑧ 《明集礼》卷一〇《里社》,第649册,第239页。
⑨ 《明集礼》卷一五《祀马祖先牧马社马步》,第649册,第324页。
⑩ 《元史》卷七六《祭祀五》,第1905页。
⑪ 《元史》卷六七《礼乐一》,第1666—1669页。
⑫ 《明集礼》卷一七《朝会》,第649册,第363页。
⑬ 《明集礼》卷一八上《中宫》,第649册,第379—381页。
⑭ 《明集礼》卷一八下《东宫朝会》,第649册,第393页。
⑮ 《明集礼》卷一九《册皇后》,第649册,第403—413页。
⑯ 《明集礼》卷二〇《册皇太子》,第649册,第423—431页。

仅"降制命之,不行册礼"[①]。公主、后妃皆不册立。《大明集礼》载:"元无册公主之文。"[②] "元置诸妃不定品秩,亦无册拜之典"[③]。

冠婚丧礼。元代不行冠礼,婚丧随其俗。元人吴师道曾言:"今冠礼废久,世不复知有成人之义。昏礼坏于随俗,丧礼坏于异端,庞杂不经甚已。"[④]《大明集礼》考索历代天子至庶人冠礼,俱缺元制,仅在"天子加元服"(集礼中皇帝、皇太子冠礼称"加元服")中云:"元因本俗,礼废不行。"[⑤]《大明集礼》考索历代天子至庶人婚礼,俱缺元制,仅在"天子纳后"中云:"元纳后从其国俗,而仪文不著","元纳后用国俗衣冠","元纳后依其旧俗,而六礼仪文无所考见。"[⑥]《大明集礼》中凶礼亦缺元制,仅载:"元有赈恤之典,而丧礼各因其俗。"[⑦] 又据元人黄溍载:"北俗丧礼极简,无衰麻哭踊之节,葬则刳木为棺,不封不树,饮酒食肉,无所禁见,新月即释服。"[⑧] 并不用传统的丧葬礼仪,也没有居丧之制。值得注意的是,元代婚丧蒙古、色目人从其本俗,但汉人仍用汉俗。《大元圣政国朝典章》里即有针对汉人的婚姻礼制,仿自《朱文公家礼》,下列七款曰:议婚、纳采、纳币、亲迎、妇见舅姑、庙见、婿见妇之父母,类似传统的六礼,又录《本宗五服之图》,以及禁约汉人焚尸及居丧饮宴的条款。[⑨]

军礼、宾礼。元代不行传统军礼。《大明集礼》所考军礼"亲征""遣将"俱不载元制,唯在"大射"中云:"元制自天子、公卿至郡国将佐皆有射垛翦柳之法,大概循用国俗,无足采焉。"[⑩] 即郭正域所言"剪柳代射"。元代宾礼,蕃国王、蕃使皆于大朝会时行礼,而没有特别制定朝见礼仪。《大明集礼》载,"蕃国王来朝,馆于会同馆,而不著迎劳之文"。然后"因正旦、圣节设朝仪,而受蕃王朝见",皇帝"以国俗衣冠受朝,蕃王服国服以见"。[⑪] "蕃使朝贡于正旦、圣节大朝会之日随班行礼"[⑫]。

---

① 《明集礼》卷二一《册亲王》,第 649 册,第 441 页。
② 《明集礼》卷二二上《册公主序》,第 649 册,第 459 页。
③ 《明集礼》卷二二下《册内命妇序》,第 649 册,第 469 页。
④ 吴师道:《吴礼部文集》卷一九《国学策问四十道》,《北京图书馆古籍珍本丛刊》集部第 93 册,第 503 页。
⑤ 《明集礼》卷二三上《天子加元服》,第 649 册,第 476 页。
⑥ 《明集礼》卷二五《天子纳后》,第 649 册,第 506、510 页。
⑦ 《明集礼》卷三六《凶礼》,第 650 册,第 128 页。
⑧ 黄溍:《金华黄先生文集》卷二八《答禄乃蛮氏先茔碑》,《续修四库全书》,第 1323 册,第 376 页。
⑨ 《大元圣政国朝典章》卷三〇《礼制》,《续修四库全书》,第 787 册,第 315－319 页。
⑩ 《明集礼》卷三五《大射》,第 650 册,第 102 页。
⑪ 《明集礼》卷三〇《蕃王贡》,第 650 册,第 19、21 页。
⑫ 《明集礼》卷三一《蕃使朝贡》,第 650 册,第 45 页。

冠服。冠服在各种礼仪中施用最广,元代冠服极富"国俗"特色,即使是大朝会,皇帝、皇后、皇太子及宗室亦服本俗之服。《大明集礼》载,元代皇帝"祀天则服大裘,而加衮,其冕无旒。正旦、圣节朝贺以常服,不被衮冕。惟祀宗庙则服之"。"其常服则服本俗衣冠"。"皇太子初用国俗之服,后尝议服衮冕九章而未之服"①。群臣"大朝会用唐宋公服之制","常朝则用国俗衣冠"。②宴会君臣皆服"质孙",极富民族特色。《元史》载:"质孙,汉言一色服也,内庭大宴则服之。冬夏之服不同,然无定制。凡勋戚、大臣、近侍,赐则服之。下至于乐工卫士,皆有其服。精粗之制,上下之别虽不同,总谓之质孙云。""天子质孙,冬之服凡十有一等","夏之服凡十有五等"。"百官质孙,冬之服凡九等","夏之服凡十有四等"。③皇后、皇妃、皇太子妃、王妃俱用本俗衣冠,"无内外命妇冠服之制"④。其他等级之人服饰亦具有"国俗"特色。如内使,"元谓之火者,其服从其国俗","士庶皆戴帽,医儒戴笠"⑤,而不是汉族传统的头巾。

仪卫、卤簿。《大明集礼》所载车辂之制,元代唯皇帝车辂之制详尽,皇后车辂仅载"出入用象辇"⑥,皇太子、妃主命妇以下、公卿以下车辂俱缺元制。仪仗之制,集礼中元代仅载皇帝、皇后之制,"元东宫仪卫无所考见"⑦,亲王仪仗不载元制。卤簿之制,集礼中元代仅载皇帝之制,皇妃、皇太子妃俱载"无卤簿之制"⑧,皇后、皇太子、王公、群官卤簿俱不载。

乡饮酒礼。元代不行乡饮酒礼。《大明集礼》中乡饮酒礼元制缺。

从宏观上看,在元代,传统礼制要么未被传承,如冠、婚、丧、军礼,要么就被改造成带有蒙古族的"国俗"特色,如郊庙之祀、朝会、宴饮、宾礼。展阅《大明集礼》一书,明初所定礼制与元制相同的甚少,集中在元礼"稍稽诸古"的祭祀中。如集礼所定"国朝"礼制,宗庙追尊册宝同宋元⑨;社稷配位同唐宋元⑩;先农之祀,笾豆之实同唐元"⑪;太岁风云雷雨之祀,币同唐宋

---

① 《明集礼》卷三九《冠服》,第650册,第191、193页。
② 《明集礼》卷一七《朝会》,第649册,第353页。
③ 《元史》卷七八《舆服一》,第1938页。
④ 《明集礼》卷三九《冠服》,第650册,第201—204页。
⑤ 《明集礼》卷三九《冠服》,第650册,第198、200页。
⑥ 《明集礼》卷四一《车辂》,第650册,第236页。
⑦ 《明集礼》卷四二《仪仗篇》,第650册,第264页。
⑧ 《明集礼》卷四六《卤簿二》,第650册,第348页。
⑨ 《明集礼》卷四《宗庙》,第649册,第151页。
⑩ 《明集礼》卷八《社稷篇》,第649册,第202页。
⑪ 《明集礼》卷一二《藉田享先农》,第649册,第267页。

元,酌尊同宋元,粢盛、笾豆之实皆同唐宋元①;孔子之祀,配享同宋元,币、粢盛同唐宋元,酒齐同唐元②。多是元朝袭用了唐宋之制。也有些细节元制做了改进,明初直接袭用。如先农所用粢盛,"唐簠实以稷,簋实以稻。宋簠实以稷,簋实以黍。元簠实以黍稷,簋实以稻粱,国朝同"③。但综观全书,元制独有而为明初袭用之处极少。仅见祭祀中的三皇之祀④,朝会中的"鸡唱"之制⑤,仪仗中的吾杖、卧瓜、立瓜、响节⑥。可以说,元朝的国家礼制建设过多地保留了蒙古统治者的民族特色,多有与儒家礼乐精神内核相悖之处,是"以夷变夏"的代表,不堪新诞生的汉族政权承袭,这不仅是明初礼制变革的内在动力,也是元明两代礼制断裂的关键原因。

四、余论:明初礼制变革的断与续

对于中国古代历史上儒家之"道统"与王朝更替之"政统",已广为学界认知,并成为研究热点,其实在中国礼制发展史上,也有一脉相承的统绪,正如上文朱元璋与郭正域所言,历代礼制相因多,损益少,本文姑称之为"礼统"。元朝以马上得天下,又以少数民族入主中原,其礼俗自然异于汉族,但元代礼制也呈现出缓慢的汉化进程,尤其表现在祭祀上。由于元代享国不到百年,帝位更迭频繁,礼制建设更是乏力,使得有元一代礼制带有过浓的"国俗"色彩,偏离了历代相承的"礼统",明初的礼制变革正是对这种偏离的一种反正。因此,自元礼观之,明初礼制变革是种断裂,但以周汉唐宋以来的"礼统"观之,明初礼制变革又是种延续。

有学者认为,"元明嬗代无非是一次普通的改朝换代而已",元明鼎革的"民族革命色彩"只是后人的历史想象。⑦此论显然忽视了元朝作为少数民族统治者对以汉族为主体的"中华"文化的侵蚀,以及明初革除"胡元"习俗影响,恢复汉族传统的努力。从礼制史的角度看,明初的礼制变革是场名副其实的民族文化革命,"驱逐胡虏,恢复中华"并非仅仅是政治口号。与现存的几部通代礼典如《大唐开元礼》《政和五礼新仪》《大清通

---

① 《明集礼》卷一三《专祀太岁风云雷雨师》,第649册,第283－284页。
② 《明集礼》卷一六《释奠文宣王》,第649册,第344、346页。
③ 《明集礼》卷一二《藉田享先农》,第649册,第267页。
④ 《明集礼》卷一六《三皇》,第649册,第337页。
⑤ 《明集礼》卷一七《朝会》,第649册,第362页。
⑥ 《明集礼》卷四三《仪仗》,第650册,第312页。
⑦ 刘浦江《元明革命的民族主义想象》,《中国史研究》2014年第3期。

礼》相比,《大明集礼》不仅在开国后最早成书,而且内容最多,也是唯一以近半篇幅详考历代礼制源流之作,堪称明以前礼制之通史。这与《大明集礼》成书时的特殊历史背景有关。一般易代之初,新王朝往往沿用旧王朝的典制,难以骤然革新,但明初却面临元代"胡礼"不堪袭用的困境。洪武元年二月,朱元璋甚至直接用唐代衣冠取代元代衣冠,至十一月,方命定皇帝以下冠服之制。同年,影响最广的丧服之制、冠礼、婚礼皆在第一时间更定,可见新王朝对旧礼制的不可容忍。洪武二年八月,诏修礼书,全面创议一代礼制,第二年九月成书,即《大明集礼》。《大明集礼》的纂修方式,主要是斟酌历代礼制,又以周汉唐宋之制为主,以定一代之宜。可以说,《大明集礼》是明初以最快速度重续历代"礼统"的产物,也是对元代"胡礼"最猛烈的急刹车。明初礼制变革的这种"断"与"续"的双重特性,也注定了其主题只能是"复中国之旧",重建传统的五礼体系,而难以真正定一代礼制,因为在开国之初,缺乏充足的礼制实践基础,各种礼制相关的典制亦未定形。所以在《大明集礼》修成后,洪武朝的议礼制乐活动仍然频频举行,以补其阙失,更定其宜,一代礼制,才逐渐成形。

明代告祭仪略论

李 媛

帝制中国的国家祭祀是由官方公开举行,由皇帝或官员参与的宗教与政治性合一,并具有国家事务管理用意的礼仪活动。学术界对明代祀典中明确记载的常规性祭祀活动已有诸多研究[1],但对可能作为常规祭祀的一个环节,也可能因时因事举行的告祭仪式,尚无系统论述。告祭以告知、祈禳为目的,一般不如常规祀典隆重,程序也与常规祭仪有所不同。作为常规祭祀环节的告祭仪可能在正祭仪式之前或之后举行,因时因事而举的告祭则单独举行。本文考察明代告祭仪式的类目和特点,以求深化对明代祭祀体系复杂性的认识。

一、明代告祭仪之类目

作为常规祭祀环节的告祭仪可在正祭仪之前或之后举行,带有明显的"预告"与"告谢"的含义。其典型形态是祭祀天地、社稷活动中的告祭宗庙仪式。祭祀天地与社稷是国家祭祀活动中等级最高的仪式,在正祭之前,主祭者需要先行至太庙行告祭礼,其内容包括读祭告辞,敬告祖先将要举行的一系列祭祀仪式,有祖宗配享的祭祀仪式则需要请配帝牌位。正祭之后还需再至太庙,告谢礼成。如洪武二年(1369)夏至,祭祀皇地祇礼成后,朱元璋驾还,并率百官告祭太庙,再御奉天殿,百官行庆成礼,祭地仪式最终完成。[2]嘉靖九年(1530)分祀圜丘仪规定:祭祀前期六日,皇帝于太庙行告庙礼,并分别于太祖及列圣香案前上香,读祭告辞。次日至牺牲所视牲。正祭前三日,皇帝穿着祭服,至太庙请配帝牌位。告庙礼完毕后,御

---

[1] 详见拙著《明代国家祭祀制度研究》中关于明代常规祭祀仪式的讨论。北京:中国社会科学出版社,2011年。
[2] 《明太祖实录》卷四二,洪武二年五月癸卯,台北:中央研究院历史语言研究所,1962年。

奉天殿,百官朝服,听受誓戒传制。①可见,斋戒、告庙、传制、省牲仪是正祭仪式之前的一系列预备仪式,这些预备仪式完成后,祭祀当日,一应祭品、祭器准备陈设完毕,祀天仪式才正式举行。祀天告庙仪式一般由皇帝亲自参加,有时也会遣官代替,如嘉靖十二年(1533)五月,即以将大祀地于方泽,命武定侯郭勋代为告祭太祖。②万历二十五年(1597)十二月,行大袷礼于太庙前,先期遣公徐文璧、驸马许从诚行告祭太庙、祧庙礼。③

与作为祭祀仪式环节的告祭仪相比,因事而举的告祭仪式内容更为丰富多样,是本文考察的重点。根据祭祀原因的不同,这种告祭仪式大致包含如下类目:新皇帝登极;出行(出征与凯还);营建与修缮;建制与改制;藩王之国;册封;奉安神主与祔庙;节庆与忌辰;禳灾与告谢。

登极仪式是帝制时代最为隆重、复杂的国家大典,具有重大象征意义与实际功用,也是历代开国皇帝及其后嗣君主最为重视的皇家典礼。狭义的登极仪式指新皇帝正式称帝的当日所举行的一系列仪式活动;广义的登极仪则包含更复杂的仪制内容,告祭仪式就是其中颇具象征意义的一个环节。明代登极告祭仪式以祭祀天地、宗庙、社稷为中心,其参与人员的变动亦值得特别关注,本文将在下一节做专门论述。

因出行举行的告祭仪式,主要包含皇帝(或遣官)出行、巡守前或途中,以及皇帝亲征(或遣将征讨)与凯还(纳降献俘)所行祭祀仪式。如吴元年(1367)冬十月,朱元璋遣世子朱标、次子朱樉前往故乡临濠谒陵,以少牢祭途中所遇郡邑城隍及山川之神,至临濠告祭皇祖考妣、皇考妣诸陵,及皇兄皇姊。④宣宗即位之初,遣郑王谒祭孝陵,行前,预告奉先殿太宗皇帝和仁宗皇帝几筵,及城皇门、城隍等神,缘途应祀神祇亦预期遣王府官告祭。到南京后,王祭告皇城及城隍等神八,并谒告奉先殿,告孝陵及懿文陵,以及贞静顺妃和悼僖丽妃享堂。⑤嘉靖十八年(1539)正月己亥,世宗欲南行,并至承天谒陵祭告。行前,亲奏告皇天于玄极宝殿,同日告闻皇祖太庙、皇考睿宗庙,并遣大臣十八员,分别告祭北郊、德祖、懿祖、熙祖、仁祖、成祖、列圣群庙,以及太社稷、帝社稷、朝日夕月、天神地祇。⑥在洪武元年(1368)七月所制定的军礼仪制中,对皇帝亲征告祭天地、庙社仪,凯还

---

① 申时行等重修:(万历)《明会典》卷82,《郊祀》,北京:中华书局,1989年,第468页。
② 《明世宗实录》卷一五〇,嘉靖十二年五月己未。
③ 《明神宗实录》卷三一七,万历二十五年十二月丙戌。
④ 《明太祖实录》卷二六,吴元年冬十月乙丑。
⑤ 《明宣宗实录》卷七,洪熙元年八月甲戌。
⑥ 《明世宗实录》卷二二〇,嘉靖十八年正月己亥。

告祭庙社仪,以及遣将告祭庙社仪都做了相应规定①,这类告祭仪式主要发生在战事较为频繁的明初,尤其是洪武时期:元至正二十六年(1366)朱元璋以讨伐东南张士诚,告祭大江之神。②洪武六年正月,朱元璋命魏国公徐达、曹国公李文忠等往山西、北平修理城池,练兵训将前亲自告祭太岁、风云雷雨、岳镇海渎、钟山等神。③洪武十一年(1378)十一月,命西平侯沐英为征西将军,率都督佥事蓝玉、王弼将京卫及河南、陕西、山西马步官军征讨西番。行前,朱元璋亲自为文,告祭岳渎、山川、旗纛诸神,祈求神灵相助。④次年春,洮州十八族番首三副使反叛,朱元璋命当时正在此领兵的征西将军沐英移兵讨伐,并告祭西岳诸神保佑。⑤

当有宫廷、陵寝营建或地方公共建筑一类事务举行时,会在动工前或工期结束时举行告祭仪式。如洪武五年(1372)九月,因欲择日修筑太庙宫墙,朱元璋亲自祭告太庙,行告祭礼,并遣官告祭土神。⑥弘治十一年(1498)九月,因修葺南京都城,遣驸马都尉杨伟告祭孝陵,南京工部尚书萧祯祭后土之神。⑦嘉靖二十四年(1545),建秋报大醮于朝天宫,遣英国公张溶等告祭各宫庙。⑧隆庆元年(1567)六月,永陵完工,遣英国公张溶祭告长陵,武定侯郭大成、玉田伯蒋荣、安平伯方承祭告献陵、景陵、裕陵、茂陵、泰陵、康陵,定国公徐延德祭告永陵,恭顺侯吴继爵告祭天寿山之神,侍郎徐纲告谢后土司工之神。⑨

确立或修改典礼仪制是国之大事,当此之际,常行告祭。此种仪式无明确制度规定,多依皇帝临时旨意而行。如洪武三年(1370)六月,诏定岳镇海渎、城隍诸神号,除孔子封爵仍旧外,岳镇海渎并去前代所封名号,止以山水本名称其神,郡县城隍神号一体改正,历代忠臣烈士亦依当时初封实号,革去后世溢美之称,同时革除天下神祠无功于民及不应祀之"淫祠"。发布诏书当日,朱元璋躬署祝文,并遣官告祭岳镇海渎诸神。⑩洪武十年(1377)冬十月,新建社稷坛成,社稷祭祀从中祀升为等同于天地、宗庙的大祀,朱元璋于次日冕服乘辂,百官具祭服诣旧坛,以迁主告祭,行奉安礼,

---

① 《明太祖实录》卷三三,洪武元年闰七月庚戌。
② 《明太祖实录》卷二一,丙午八月。
③ 《明太祖实录》卷七八,洪武六年正月壬子。
④ 《明太祖实录》卷一二一,洪武十一年十一月庚午。
⑤ 《明太祖实录》卷一二二,洪武十二年春正月甲申。
⑥ 《明太祖实录》卷七六,洪武五年九月乙巳。
⑦ 《明孝宗实录》卷一四一,弘治十一年九月癸丑。
⑧ 《明世宗实录》卷三○三,嘉靖二十四年九月己卯。
⑨ 《明穆宗实录》卷九,隆庆元年六月壬寅。
⑩ 《明太祖实录》卷五三,洪武三年六月癸亥。

并奉仁祖淳皇帝配享。① 嘉靖十五年（1536）五月戊辰，以钦制大武袭威冠服并武陈诸仪卫，及更作宝玺车辂器物，告祭太祖、列圣皇考于内殿，六卿陪祭。②

洪武时期，分封诸王及藩王之国属于国之大事，也会举行告祭仪式。如洪武三年（1370）五月，因封建诸王，遣使告祭王国山川。③ 洪武九年（1376）正月，因诸王将之国，朱元璋命于圜丘告祀天地，并在此之前告祭太庙、社稷、岳镇海渎及天下名山大川。④

册封包含册立与封号两层含义，皇子降生，册立皇太子、后妃，上尊号、谥号等仪式时，一般均会告祭天地、宗庙、社稷，或单独行告祭宗庙仪式。有关皇太后及册立皇后、皇妃仪注在宣宗初年基本确立，规定前期三日遣官行告祭礼。⑤ 宣宗以后的册封仪式大体遵循此规定。如宣德十年（1435）二月上太皇太后尊号；天顺八年（1464）二月上慈懿皇太后尊号；成化二十三年（1487）十月进尊圣母恭恪庄僖淑妃为皇太后；正德十三年（1518）慈圣康寿太皇太后尊谥册宝礼；嘉靖元年（1522）十二月上寿安皇太后徽谥；嘉靖十七年（1538）十二月上大行皇太后尊谥礼时，都先期遣官祭告天地、宗庙、社稷，以及大行皇帝几筵，行告祭礼。⑥ 嘉靖十五年十二月，以加上圣母章圣皇太后徽号，告祭皇考，遣太常寺寺丞赍祝册诣显陵行礼。⑦ 册封妃嫔则告内殿。嘉靖十四年（1535）十一月，以册封端嫔告祭内殿。⑧ 嘉靖十九年（1540）正月，因进封皇贵妃王氏、沈氏，肃妃江氏，雍妃陈氏，徽妃王氏，懿妃赵氏，册封宸妃王氏，荣嫔余氏，昭嫔徐氏，宁嫔王氏，世宗亲自告祭奉先殿。⑨

奉安神主与祔庙告祭仪是指因在太庙、内庙、陵寝中奉安神主而举行的祭祀仪式。如永乐十四年（1416）三月，长陵殿成，奉安仁孝皇后神位，并命赵王告祭。⑩ 天顺七年（1463）四月，英宗因奉孝恭章皇后神主入于太

---

① 《明太祖实录》卷一一五，洪武十年冬十月丙午。
② 《明世宗实录》卷一八七，嘉靖十五年五月戊辰。
③ 《明太祖实录》卷五二，洪武三年五月丁酉。
④ 《明太祖实录》卷一〇三，洪武九年春正月。
⑤ 《明宣宗实录》卷二，洪熙元年六月丙寅。
⑥ 《明英宗实录》卷二，宣德十年二月癸卯；《明宪宗实录》卷二，天顺八年二月庚子；《明孝宗实录》卷五，成化二十三年十月乙酉；《明武宗实录》卷一五九，正德十三年二月丙申；《明世宗实录》卷二一，嘉靖元年十二月丙戌；《明世宗实录》卷二一九，嘉靖十七年十二月庚申。
⑦ 《明世宗实录》卷一九五，嘉靖十五年闰十二月丁卯。
⑧ 《明世宗实录》卷一八一，嘉靖十四年十一月戊辰。
⑨ 《明世宗实录》卷二三三，嘉靖十九年正月癸卯。
⑩ 《明太宗实录》卷一七四，永乐十四年三月癸巳。

庙,亲自于奉先殿行告祭礼。①

宫廷中的重要节日或皇室成员的忌辰,也会举行告祭仪式,尤其是在皇帝、皇太后的生辰与忌辰,仪式尤为隆重。嘉靖二十年(1541)八月万寿圣节,世宗亲自告祭天于玄极宝殿,并遣英国公张溶、西宁伯朱良臣、安仁伯王桓分祭七陵,玉田伯蒋荣祭景皇帝陵,中官祭章皇后陵,长宁伯周大经祭孝洁皇后陵。②嘉靖十四年六月,孝穆皇太后忌辰,遣恭顺侯吴世兴告祭茂陵。③

因禳灾与告谢而行之告祭仪更为频繁。如久旱不雨、冰雹、洪涝、地震、风灾、雪灾、无雪、天象异常等,一般都会举行告祭仪式,成为应对灾害的常用手段之一。当灾害消除,则再次行告祭礼,以明告谢之意。如洪武二年(1369)三月,春久不雨,遂告祭风云雷雨、岳镇海渎、山川、城隍、旗纛诸神,共一十八坛。④成化八年(1472年)秋七月,陕西陇州有大风雨冰雹,事达朝廷,命巡抚都御史马文升告祭西镇吴山。⑤成化十九年(1483)十二月,宪宗以一冬无雪,命礼部致斋三日,禁屠宰,并遣英国公张懋等告祭天地、社稷、山川,定西侯蒋琬等行香于各宫观寺庙。⑥嘉靖十年(1531)正月己酉,世宗发布圣谕称"天降宝露,朕当行昭谢礼于圜丘及告祭皇考",遂以次月九日十日行告祭礼。⑦隆庆二年(1568)六月,以陕西地震,命巡抚都御史张祉告祭西岳华山、西镇吴山之神。⑧

二、"亲祭"与"遣告"——以登极告祭仪为例

告祭的方式有皇帝亲祭与遣官告祭两种,遣官告祭是常态,当皇帝亲

---

① 《明英宗实录》卷三五一,天顺七年夏四月辛未。
② 《明世宗实录》卷二五二,嘉靖二十年八月癸亥。
③ 《明世宗实录》卷一七六,嘉靖十四年六月丁巳。
④ 《明太祖实录》卷四〇,洪武二年三月丁酉。这次告祭仪式规格很高,不仅遍祭诸神,且朱元璋亲自行礼,祝文亦以其口吻拟定:"朕代前王统世,治教民生,当去岁纪年建号之初,首值天下灾旱,中原人民,苦殃尤甚。今年自孟春得雨之后,中春再沾微雨,至今又无,虽未妨农务之急,而气候终未调顺。伏念去岁因旱,民多颠危,今又缺雨,民生何赖?实切忧惶,夙夜静思,惟天地好生,必不使下民至于失所,然神无人何以享?人无神何以祀?朕不敢烦渎天地,惟众神主司下土民物,参赞天地化机,愿神以民庶之疾苦,哀闻于上天厚地,乞赐风雨以时,以成岁丰,养育民物,各遂其生,朕敢不知报?尚享!"
⑤ 《明宪宗实录》卷一〇六,成化八年秋七月丙午。
⑥ 《明宪宗实录》卷二四七,成化十九年十二月戊辰。
⑦ 《明世宗实录》卷一二一,嘉靖十年正月己酉。
⑧ 《明穆宗实录》卷二一,隆庆二年六月己丑。

自告祭时,仪式隆重程度会相应提升。下面以仪式较为隆重的登极告祭仪为例加以说明。

狭义的登极仪指的是登极当日举行的一系列仪式,包含正祭仪之前的准备仪式,主要有劝进、进仪、告庙,以及登极当天的大典、发布登极诏书等几个环节。而登极仪式当天之后的庆贺和册封仪,以及随后的一系列告祭活动,如因新皇帝登极而告祭先农、耕藉田、祭岳镇海渎、帝王陵寝、先师孔子,都可看作是广义上登极仪式的组成部分。

宋元时期的马端临曾指出:"古之受终革命者,必告于天地祖宗。尧舜之禅让,汤武之征伐,未之有改。"① 汉承秦制后,以五畤之祀取代郊天之礼,汉高祖即皇帝位于汜水之阳,亦不设燔燎告天之事,马氏视为缺典。直到汉文帝以后,嗣君即位才行告庙礼,取受命祖宗之意。魏晋以后,皇帝即位行燔柴告天礼已成惯例。明代登极告祭仪式承袭此传统,但参与人员的身份有明显的变化。对此,俞汝楫《礼部志稿》称,"高皇初用王礼,后正大位,其仪始备。文皇靖难,以乙丑至金川门,以乙巳即帝位,仓卒其仪不详。昭皇以储宫嗣位,稍有更定,肃皇入自藩国,与嗣皇异,累朝所因者,昭皇储宫礼也。"② 根据俞氏的说法,明代仁宗昭皇帝以后,大致累朝因袭的登极告祭仪式,均按仁宗即位时所行方式举行。梳理明朝历代皇帝登极告祭仪式的具体情况,可见存在"亲祭"与"遣告"的差异。

元至正二十四年(1364),李善长、徐达等率群臣奉太祖即吴王位,用王礼,详情失载。朱元璋称帝时,登极大典仪式完备而隆重,史料记载详细。洪武元年春正月乙亥日,朱元璋先于圜丘坛告祭天地等神灵③,礼成后,于郊坛南行即位礼,加衮冕。其后,告祀太庙、社稷。最后颁布即位诏书,告知天下。④ 由于洪武初期实行天、地分祀,因此在朱元璋即位当年的十一月己亥(冬至)日,仍于南郊举行常规郊天礼,祭祀仪式一遵明初制度。

朱元璋驾崩后,孙朱允炆即位,由于建文本《明太祖实录》被朱棣焚毁,其他有关建文朝史料亦多被修改或销毁,因此,现存史料中没有建文

---

① 马端临:《文献通考》卷八九《告祭》,文渊阁《四库全书》本,第612册,台北:台湾商务印书馆,1986年,第162页。
② 俞汝楫:《礼部志稿》卷五九《登极备考·告祭及追尊》,文渊阁《四库全书》本,第598册,台北:台湾商务印书馆,1986年,第3页。
③ 俞汝楫:《礼部志稿》卷五九《登极备考·告祭及追尊》,文渊阁《四库全书》本,第598册,第1页。
④ 俞汝楫:《礼部志稿》卷一〇《登极仪·高皇帝登极仪》,文渊阁《四库全书》本,第597册,第143页。又见《明太祖实录》卷二九,洪武元年春正月乙亥。

帝登极祀天礼仪具体内容的记载。朱棣以靖难得位,并于洪武三十五年(1402)秋七月壬午,告祀天地于南郊,行登极礼,有关礼仪程序详细载于实录,此不赘述。①

永乐二十二年(1424)八月,朱棣驾崩,朱高炽继承大统。同月,命礼部择日告天地、宗庙、社稷,即皇帝位,具仪以闻。如前所述,此时制定的登极仪式,成为之后明朝皇帝登极仪式的基本参照。丁巳日,仁宗以嗣位遣英国公张辅祭告天地,定国公徐景昌告宗庙,宁阳侯陈懋告社稷,仁宗躬告几筵,即皇帝位。②宣宗朱瞻基即位礼于洪熙元年(1425年)六月庚戌举行,即位仪注与仁宗朝完全相同,遣官祭告天地、宗庙、社稷的也是同一套人马。登极日晨,遣太师英国公张辅告昊天上帝、厚土皇地祇,太保宁阳侯陈懋告太社、太稷之神,定国公徐景昌告五庙、太皇太后,宣宗亲告太宗皇帝、大行皇帝几筵,谒见母后毕,出诣奉天门,即皇帝位。③

英宗即位礼,遣太师英国公张辅告天地,定国公徐景昌告宗庙,太保宁阳候陈懋告社稷,并以次日即皇帝位。④英宗北狩,郕王即位,正统十四年(1449)九月初六日祇告天地、宗庙、社稷,即皇帝位。⑤其所行告祭仪式,按惯例亦应为遣官代祀。夺门之变后,英宗复位,朱祁镇重行登极仪式,并以复位改元遣宁阳侯陈懋告太庙,遣驸马都尉薛桓告祭长陵、献陵、景陵,遣驸马都尉焦敬祇奉香币昭告太祖高皇帝、孝慈高皇后。这是明朝历史上唯一一位两次行登极仪式的皇帝。⑥

宪宗朱见深即位礼,遣太保会昌侯孙继宗告天地,广宁侯刘安告太庙,怀宁侯孙镗告社稷,朱见深亲告孝恭章皇后、大行皇帝几筵。⑦孝宗朱祐樘即位礼,遣英国公张懋告天地,驸马都尉周景告宗庙,保国公朱永告社稷。⑧武宗朱厚照即位礼,遣英国公张懋告天地,新宁伯谭祐告宗庙,惠安伯张伟告社稷,朱厚照亲告大行皇帝几筵。⑨世宗朱厚熜虽以藩王身份入继大统,所行即位告祭礼与之前并无不同,遣武定侯郭勋告天地,建昌侯张延龄告宗庙、社稷,世宗亲告大行皇帝几筵。⑩穆宗朱载垕即位礼,遣成国公朱希

---

① 《明太宗实录》卷一〇,洪武三十五年秋七月壬午。
② 《明仁宗实录》卷一,永乐二十二年八月丙辰、丁巳。
③ 《明宣宗实录》卷一,洪熙元年六月丁未、庚戌。
④ 《明英宗实录》卷一,宣德十年春正月丙子、己卯、辛巳。
⑤ 《明英宗实录》卷一八三,废帝郕戾王附录第一,正统十四年九月癸未。
⑥ 《明英宗实录》卷二七四,天顺元年正月壬午、丙戌。
⑦ 《明宪宗实录》卷一,天顺八年春正月乙亥。
⑧ 《明孝宗实录》卷二,成化二十三年九月戊戌、壬寅。
⑨ 《明武宗实录》卷一,弘治十八年五月壬寅。
⑩ 《明世宗实录》卷一,正德十六年四月癸卯、壬寅。

忠、宣城伯卫守正等告天地、宗庙、社稷,朱载垕亲告大行皇帝几筵。①神宗朱翊钧即位礼,遣成国公朱希忠、英国公张溶、驸马都尉许从诚、定西侯蒋佑告南北郊、太庙、社稷坛,朱翊钧缞服诣大行皇帝几筵,告受命,始具衮冕祇告天地,次告奉先殿,及弘孝殿、神霄殿,诣大行皇帝几筵。②光宗朱常洛即位礼,遣泰宁侯陈良弼、恭顺侯吴汝胤等告天地、宗庙、社稷,朱常洛亲告大行皇帝几筵,缞服行礼,然后易衮冕服诣文华殿行告天地礼,诣奉先殿告列祖以下,再诣大行皇帝、孝端皇后、温肃端静皇贵妃各几筵。③熹宗朱由校即位礼,遣侯陈良弼祭告南郊,侯吴汝胤祭告北郊,驸马万炜告太庙,伯陈伟告社稷,朱由校亲告大行皇帝几筵。④崇祯帝朱由检即位礼前一日,遣宁国公魏良卿、保定候梁世勋祭告南北郊,驸马候拱宸祭告太庙,宁晋伯刘天锡祭告社稷。⑤

皇帝登极祀天礼仪是与常规祀天礼仪相区别的特殊仪式,因此其文化内涵就值得特别关注。朱元璋与朱棣的登极礼行于郊坛,分别在登极仪式前,由皇帝亲自前往郊坛行祭告天地礼。朱元璋作为开国皇帝,较明朝后代嗣位君王不同,故要在即位礼仪中展示的权力来源也有所差异,他的登极礼仪意欲凸显其推翻蒙元,建立明朝登基为帝是"天命"授予,具有不可置疑的正当性,因此需要亲自祭告天地,仪式也最为隆重,这一点在中国以往历代开国皇帝的即位礼仪中并不鲜见。永乐帝朱棣特别注重即位祀天礼仪,亲自参加祭告,主要因为他是通过非正常途径取得皇位,因此在即位时需要特别强调其得位的正当性与合法性。从洪武和永乐时期登极祀天仪祭告祝文中,也可以清晰地看到对此种政治寓意的详尽阐释。

仁宗朝以后,告祭天地成为历朝嗣位君主登极仪式的必备环节,即便是在景帝即位,英宗复辟,世宗以藩王入继大统这些非由皇储继位的皇帝登极仪式中,也没有任何改变。与洪武和永乐时期不同的是,嗣位君主最直接的权力来源于先王,登极仪式由郊坛改为在奉天门奉天殿举行,因此,新皇帝不亲自参与告祭天地、宗庙、社稷仪式,而是遣官祭告,并增加了新皇帝告先帝、后几筵的环节。在派遣官员的身份上,一般是派遣公、侯、伯,或者驸马都尉之类拥有爵位的官员,或者是与皇室有密切关联的成员,所

---

① 《明穆宗实录》卷一,嘉靖四十五年十二月丁未、壬子。
② 《明神宗实录》卷二,隆庆六年六月甲子。朱翊钧的即位礼仪中,因已改南北郊分祀天地,故派遣主祭官员也较以往多出一位。且在诣大行皇帝几筵告受命后,增加了告奉先殿、弘孝殿、神霄殿的仪式。
③ 《明光宗实录》卷三,万历四十八年八月丙午。
④ 《明熹宗实录》卷一,泰昌元年九月庚辰。
⑤ 《崇祯长编》卷一,天启七年八月丁巳。

告之天地、宗庙、社稷,是祭祀等级中最高级别的三种,分别代表天地、祖先和国家。嘉靖九年(1530)改天地分祀以后,一般还要分遣两人前往天坛、地坛分别祭告。

三、明代告祭仪式的特点与政治寓意

明代各类官方祭祀仪式都或多或少含有"告"的涵义。按《说文解字》,"告"字从口,从牛①,其本意就是对天神、地祇、人鬼祈祷。与其他祭祀不同的是,告祭仪式特别凸显"告知"和因事而举的特点。作为常规祭祀仪式一部分的告祭仪,具有明显的"告知"涵义,并作为祭祀仪式的一个环节,体现出程序的严整有序;因事而举的告祭,发生的具体时间并不固定,每年举行的频次也不确定。告祭仪式的规模一般来说较祭祀相同对象的常规祭仪简单。例如,与常规郊祀礼相比,因禳灾而举行的祭天仪式规模较小,祭祀人员也常为遣官代祭;又如登极祀天仪中的告祭,在仁宗以后,基本遣官代行,仪式比常规郊祀礼简化,这意味着该礼仪的寓意,从明初的彰显皇权正当性与合法性,向告知神祇某事之发生转变。

遣官祭祀发生在常规国家祭祀活动中时,常常发生争议,尤其是郊庙大礼。清人编纂的《钦定续文献通考》称:"明初最严郊祀,太祖以后无不亲郊者……唐宋诸君莫之逮也。"②然而事实情况并非如此,皇帝躬行郊祀的惯例在武宗末年受到破坏,到万历时期,甚至达到"郊庙之祀数十年不一躬亲"的程度③,因而引发的朝臣非议之声不绝于耳。告祭仪式大多因事而举,所以虽然较多采用遣官祭祀方式,朝臣们也很少提出异议,只有当遣代人员关涉道士方术之人时,才可能引发不同意见。④

追溯告祭仪式的起源可见,先秦时期的告祭仪式取意于国有大事,告知于天。在反映商代祭祀情况的甲骨卜辞中,告祭是为了禳疾、出征、巡查、田猎、农耕以及天象异常等事,向包括祖先在内的神灵告白、祈诉或问卜。经史典籍中有关告祭内容的记载也很多,《尚书·舜典》中有语:"肆

---

① 许慎:《说文解字》卷二上,上海:上海古籍出版社,2007年,第55页。
② 嵇璜、曹仁虎:《钦定续文献通考》卷六七《郊社考》,文渊阁《四库全书》本,第628册,台北:台湾商务印书馆,1986年,第70页。
③ 嵇璜、曹仁虎:《钦定续文献通考》卷六七《郊社考》,文渊阁《四库全书》本,第628册,第70页。
④ 正统元年,根据行在礼部尚书胡濙等奏,遇皇帝登位改元,例当遣官祭告,而遣道士祭礼宜停止,从之。《明英宗实录》卷5,宣德十年五月壬辰。

类于上帝,禋于六宗,望于山川,遍于群神。"①"类上帝"即为摄位告祭上帝之意,与禋祭于六宗等尊卑之神,望祭名山大川、五岳四渎,遍祭山川、丘陵、坟衍、古之圣贤之群神,以告己之受禅一样,都是帝王所做之事。《诗·时迈》中也有语:"巡守告祭柴望也。"②此巡守告祭即指天子巡行邦国时,至于方岳之下封禅之意。《周礼》与《礼记》中多次提及"类"与"告",注疏均称"告祭非常",以区别于常规祭祀。如"天地之大灾,类社稷,则为位"③;"建邦国,先告后土,用牲币"④;"天子将出征,类乎上帝,宜乎社,造乎祢,祃于所征之地"⑤。清人秦蕙田对告祭的解释称:

"《诗》、《书》、《周礼》、《礼记》言'类祭者不一',然不外陟位、行师、巡守诸大事。盖王者事天如事父,子之于父也,出必告,反必面,王者无一息不与天合漠,则无一举动不与天昭鉴。故圣人制礼,俾王者有事将出,必正其义,类而告之于天。陟位承天子民之始也,出师恭行天伐也,巡守大明黜陟也,皆义类之正大而不可以已者。然则类之为名,或亦正其义类而告之之谓乎?造祭之礼,见于《肆师》大祝、诅祝,皆以类、造并言,窃以造者至也。《传》言:公行,告庙,反行饮至。《曾子问》亦云:诸侯出门,反必亲告祖庙。以是推之,则天子将出而类,即出必告之义,既反,必造上帝,兼造于庙,犹反面之义。肆师等职所云,兼行与反而言。然则造之为名,即以为述,其既至而告之,似与类更有别也。《大宗伯》:'国有大故则旅上帝'。陈氏《礼书》谓:大故皆凶灾之类。《尔雅》曰:旅,陈也,或即陈其情事而告,以祈之之义乎?如此则三者皆为告祭,而命名取义稍为亲切。"⑥

因此,类、造、旅都有"告诉"的意思,即指告祭,是在王陟位、行师、巡守诸大事发生时举行的祭祀礼仪。王者事天如子事父,因此出必告,反必面,才能使王者与天合漠,举动与天昭鉴。

先秦时期的告祭仪式以"王"为行为主体,以天神、地祇,以及包含祖先在内的人鬼为对象,以"告"为主要内容,体现出告祭仪式沟通神人的基

---

① 孔安国传,孔颖达等正义:《尚书正义》卷三《舜典》,阮元校刻《十三经注疏》本,北京:中华书局,2009年,第265—266页。
② 毛公传,郑玄笺,孔颖达等正义:《毛诗正义》卷一九《周颂》,阮元校刻《十三经注疏》本,北京:中华书局,2009年,第1268页。
③ 郑玄注,贾公彦疏:《周礼注疏》卷一九《小宗伯》,阮元校刻《十三经注疏》本,北京:中华书局,2009年,第1658页。
④ 郑玄注,贾公彦疏:《周礼注疏》卷二五《大祝》,第1752页。
⑤ 郑玄注,孔颖达等正义:《礼记正义》卷一二《王制》,阮元校刻《十三经注疏》本,北京:中华书局,2009年,第2885页。
⑥ 秦蕙田:《五礼通考》卷一《吉礼》,文渊阁《四库全书》本,第135册,台北:台湾商务印书馆,1986年,第150页。

本功能。明代告祭仪式既承袭了先秦告祭仪式的基本内涵,同时在具体的祭祀目的和内容上亦有所拓展。在前述不同种类的明代告祭仪式中,有一些告祭活动的"告诉"含义尤其明显,除了作为常规祭祀环节的告庙以外,像非常规举行的谒陵告庙仪式,册封皇子、后妃,上皇太后尊号时的告庙仪式,奉安神主与升祔太庙时所行告庙礼等,都承载着以"告"的方式沟通神人的基本内涵。与此同时,将国家的重大事宜及时告知祖先神灵,也可以表达对祖先的敬意和尊重。

"祈禳"即祈福禳灾是告祭仪式的另一个基本内涵。当发生各种类型的自然灾害、天象异常时举行告祭仪式,以祈求禳灾;灾害消除之后行告谢仪式,以表达对神灵的谢意,体现祭祀者的虔敬。还有在营建与修缮宫廷建筑,以及进行重大工程时,告祭神灵,以得神灵庇佑。这些都体现了告祭仪式的祈禳功能。告祭仪式的这一目的显示出其功利性的一面,也成为明代应对灾害的一种手段。同时,这层含义也与宗教性的祭拜仪式相类似,都是将人间事务与神灵的护佑相关联,寓人事祈盼于神灵相助,体现出祭祀仪式的宗教色彩。

应当注意的是,每一种告祭仪式的含义常常不是单一的,而是多重的。比如,一些告祭仪式在体现祈禳功能的同时,也带有作为仪式的"展示"功用。比较典型的如出行、出征所行告祭仪式,一方面有祈求平安顺利或战争胜利的意义,另一方面,也是对参与出行及出征人员,甚至是在场其他人员的动员与激励,营造军队威严的气势,增强必胜的信心,具有鼓动士气的作用。在战争凯旋后举行的告祭仪式,祈福含义基本消失,更多的是要通过仪式的举行,达到表彰、庆祝和激励军民的作用。这种仪式的展示功用不仅仅是一种象征,也发挥着很多实际功用。这类具有多重含义的告祭仪式,还体现在国家重要节庆与皇室成员忌辰期间举行的告祭活动中,恕不赘述。

清代临安府瑶族宗教仪式中的汉地道教元素
——以 S3451 号文本之"关告科"与"开解科"为例

郭　武

　　瑶族是主要生活于中国南方广西、广东、云南、贵州、湖南等省区的少数民族,并在东南亚的越南、老挝、缅甸、泰国等国也有分布,总人口约有 300 万。早在二十世纪二三十年代,中国大陆已有学者对瑶族的社会生活、宗教信仰等情况进行调查,并出版了相关调查报告。[①]1949 年以后,中国大陆各地学者又纷纷对瑶族的社会历史状况进行了全面调查,并陆续出版了相关调查成果[②];在此基础上,更多中国学者发表了他们关于瑶族文化及其宗教信仰的论著,数量众多而难以备列[③]。海外有关瑶族的研究,如日本学者白鸟芳郎曾于 1969 年对泰国北部的瑶族进行调查,并于七十年代出版了《瑶人文书》和《东南亚山地民族志》等书[④],后来竹村卓二又相继出版了《瑶族的历史与文化》和《华南诸民族"汉化"之观察》等书[⑤],广田律子也有《中国民间祭祀艺术研究》《勉瑶的歌谣与祭

[①] 国立中山大学语言历史学研究所:《国立中山大学语言历史学研究所周刊》,第 46—47 期(猺山调查专号),1928 年;国立中山大学语言历史学研究所民俗学会:《民俗》复刊号,第 1 卷第 3 期(广东北江猺人调查报告专号),1937 年。
[②] 其典型者如 1958—1991 年期间由国家民族事务委员会主持调查、编辑、出版的"民族问题五种丛书"之有关瑶族的著作,恕不赘列。
[③] 其典型者如赵廷光《论瑶族传统文化》,昆明:云南民族出版社,1990 年;郭大烈、黄贵权、李清毅编:《瑶文化研究》,昆明:云南人民出版社,1994 年;徐祖祥:《瑶族文化史》,昆明:云南民族出版社,2001 年;胡起望:《瑶族研究五十年》,北京:中央民族大学出版社,2009 年。
[④] 白鸟芳郎编:《［ヨウ］人文書》,东京:講談社,1975 年;白鸟芳郎编:《東南アジア山地民族誌:やオとその鄰接諸種族:上智大學西北タイ歷史・文化調查團報告》,東京:講談社,1978 年。
[⑤] 竹村卓二:《ヤオ族の歷史と文化:華南・東南アジア山地民族の社会人類學的研究》,京都:弘文堂,1981 年;竹村卓二編:《儀礼民俗境界:華南諸民族「漢化」の諸相》,東京:風響社,1994 年。

礼》等著作[1];西方学者的成果,则以长期旅居东南亚的法国学者雷蒙恩(Jacques Lemoine)之《瑶族神像画》及《华南瑶族》等书[2]为代表,而美国学者司马虚(Michel Strickmann)的《道教与华南的汉化》[3]与荷兰学者田海(Barend J. Ter Haar)的《瑶牒新释》[4]等文章也曾就道教对瑶族信仰、生活的影响进行过讨论。总之,有关瑶族的研究具有很高价值,曾引起了国内外学界的广泛关注。

客观地说,虽然有关瑶族及其信仰的研究已经取得了不少成果,但还不够全面和深入。这种状况可能与瑶族多分散居住在各地,且记录其文化、信仰的文献不够集中有关。此外,以往学界在讨论瑶族文化及其宗教信仰时,俱不同程度地谈到它们与中国道教的关系,甚至有所谓"瑶传道教"之说[5];不过,诸家对于这种"关系"的说明却多属表层的比附与简单的判断,并未进行系统、深入、细致的比较和分析,以致其说颇有隔靴搔痒之弊,甚至有相互牴牾之处[6]。究其原因,可能是诸家多凭田野调查之"观察"和"口述"(事实上多掺杂有调查者之"主观"色彩),而少有经典文献的举证分析(即比较"客观"的材料依据)。有鉴于此,笔者曾试图通过考察牛津大学伯德雷恩(Bodleian)图书馆藏 S3451 号瑶族宗教经本,从"入道仪式"的角度来探讨其中的道教(正一道)因素。[7]因前文对很多细节尚未展

---

[1] 広田律子:《中国民間祭祀芸能の研究》,東京:風響社,2011 年;広田律子:《ミエン・ヤオの歌謡と儀礼》,東京:大学教育出版,2016 年。
[2] Jacques Lemoine, Yao ceremonial paintings, with the assistance of Donald Gibson, Bangkok: White Lotus Co., 1982. Jacques Lemoine, ed., *The Yao of South China: recent international Studies*, Paris: Pangu, Editions de l'A. F. E. Y., 1991.
[3] Michel Strickmann, "The Tao among the Yao: Taoism and the Sinification of South China,"见酒井忠夫先生古稀祝贺记念の会编:《历史における民众と文化:酒井忠夫先生古稀祝贺记念论集》,東京:国书刊行会,1982 年。
[4] Barend J. ter Haar, "A New Interpretation of the Yao Charters," in Paul van der Velde and Alex McKa, eds., *New Developments in Asian Studies*, London: Kegan Paul International, 1998.
[5] 胡起望:《论瑶传道教》,《云南社会科学》1994 年第 4 期。
[6] 例如关于瑶族的"度戒"和"挂灯",学界一般认为它们是瑶族的"入道"仪式,但也有人认为并非所有的"挂灯"都属于瑶族"入道"仪式。详请参阅郭武:《道教与云南文化——道教在云南的传播、演变及影响》,昆明:云南大学出版社,2000 年,第五章第二节《道教与云南瑶族宗教》及其所述相关学者的研究成果。徐祖祥:《瑶族的宗教与社会——瑶族道教及其与云南瑶族关系研究》,昆明:云南人民出版社,2006 年,第 72 - 96 页。按:事实上,汉地道教的"入道"仪式有着很多不同的等级或意义,既有成为神职人员的传法仪式,也有作为一般信众的皈依仪式,不可一概而论。
[7] 详请参阅郭武:《牛津大学图书馆藏瑶族道经 S3451 号文本中的入道仪式——兼谈正一道教对瑶族的影响》,初宣读于"正一道教研究国际学术会议"(上海,2013 年 11 月),后刊载于《正一道教研究》第三辑(2014 年)。

开讨论,故在此拟对 S3451 号文本再作分析,以期深化学界有关瑶族宗教的认识。限于篇幅,本文仅讨论其中的"关告科"与"开解科"两节仪式;不妥之处,祈望教正!

一、S3451 号文本与临安府瑶族概况

伯德雷恩(Bodleian)图书馆特藏部的瑶族宗教经卷抄本,是笔者于 2010 年 3—9 月访问牛津大学时"发现"的,共有近 300 册,属于清代及民国时期云南、广西以及东南亚地区瑶族神职人员使用的经本[①]。以下拟讨论的文本,是该馆所藏汉学文献(Sinica)编号为 3451 的一册。该文本封面无题,仅内封题有《戒度新恩普簪科》[②],题下又有"书主李院选存记"字样,同时有"书主李经传"与"黎经斋"字样与之并列,且字体互不相同(如图1),大概此书的主人曾经几次更换。由文本内申奏文字言"今居大清国云南道临安府",可知其至迟在清代就已成书[③],且为云南临安府(府治在今红河州建水县)的瑶族使用。

S3451 号文本的质地为绵纸,文字由毛笔书写而成,且多有与汉地不同的异体字(如其内封的"书主"之"書"字,即写作上"四"下"真")。其篇幅不大,仅有 39 页(双面),但是内容却颇难读懂,这不仅是因为文本中含有许多当地瑶族自造的异体字(或错别字)以及习惯用语,而且还因为其"正文"与"说明文字"经常混杂在一起,令人难以分辨。这种现象,与民国《马关县志》所述瑶族文书状况是一致的,如《马关县志》言:"(猺人)有书,父子自相传习,看其行列笔画似为汉人所著,但流传既久,转抄讹谬,字体文义殊难索解。"[④] 这份文本没有断句,但有一些特殊符号和红色标示,用来表示其内容的特殊含义,例如:以圆圈内的"举"(写作上"文"下"手")、"和"(或"合"、"二合"、"三合"等)字分别表示仪式中的主事法师

[①] 详请参阅郭武《牛津大学图书馆藏瑶族道经考述》,《文献》2012 年第 4 期。郭武:《关于牛津大学图书馆藏瑶族文献的调查报告》,《道教研究学报》2012 年第 4 期。

[②] 有关 S3451 号文本封题《戒度新恩普簪科》的辨析,详请参阅郭武《牛津大学图书馆藏瑶族道经 S3451 号文本中的入道仪式——兼谈正一道教对瑶族的影响》。

[③] 胡小柳在其博士学位论文《牛津大学图书馆藏瑶族道经中的度戒仪式研究》(四川大学,2013 年)中,以 S3451 号文本启奏的神灵仙真有"四十六代天师",而认为此书的成书年代大概是四十六代天师张元吉(1435－1472 年)生活的明代,即"15 世纪左右",误。

[④] 民国《马关县志》卷二《风俗志·夷族琐记》,《中国方志丛书》,台北:成文出版社影印本,1967 年。

单独诵读、其余法师或入道弟子附和诵读,以文句后有较长曲线"～～"表示念咒语或步虚词等,以文句前有红色折角符号"┐"表示一个新的环节开始。此外,文本遇有咒、偈之类文字,多另起一行且整齐排列,且不时夹有

图1　S3451号文本内封题目《戒度新恩普簪科》

一些小字,用以说明法师的动作。这些特点,对于我们理解文本的含义颇有帮助。

S3451号文本的写作格式,与汉地道教的经籍文书不太一样,主要的区别是,其各个步骤的转换并未用醒目的标题来显示,而用白话来叙述,例如:该文本首页题为"正一戒道关告科启",但当这套仪式行至"烧化财马状文"后,却出现了另起

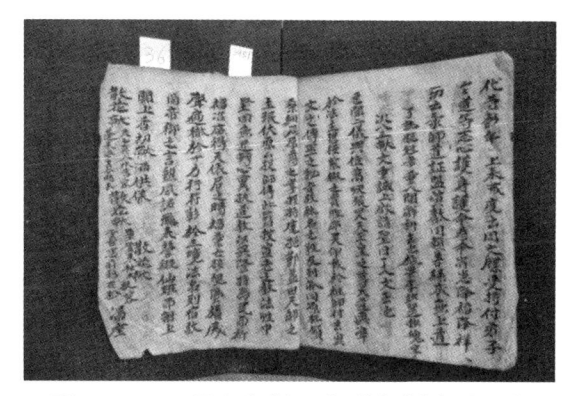

图2　S3451号文本"入开解科去也"部分图片

一行的"先排伍供了,入启师科去"字样;而当这套仪式再行至"传戒发愿已竟""弟子受戒牒文"后,又出现了"了就脱冠常重,入开解科去也。纸(按:此字原作"方"字旁,右加"氐"字)毕,李妙选抄。醜字"字样(如图2)。这里,"了"大概是"结束"的意思,而"入"却被写作"八"字的形状,"伍供"即五种用来供献的物品,"脱冠常重"大概是受戒仪式结束后脱去道冠法服。也正是依据上述"正一戒道关告科启""入启师科去"和"入开解科去也"字样,及其中相对独立的内容,我们把这套仪式划分为"关告科""启师科"和"开解科"三大部分。

至于该文本所涉"大清云南道临安府",实可追溯到元世祖至元十三年(1276)所设"临安路"[①]。明洪武十五年(1382),改"临安路"为"临安府",隶"云南等处承宣布政使司",领建水、石屏、阿迷、宁州(辖通海、河西、

---

① 详请参阅《元史》卷六一《地理志四·临安路》,北京:中华书局,1976年。

嶍峨、蒙自、新平五县)、新化、宁远六州,以及纳楼茶甸、教化三部、王弄山、亏容甸、溪处殿、思佗甸、左能寨、落恐甸、安南九个"长官司"①。清代沿袭明制,仍设"临安府",唯曾于康熙五年(1666)"省新平入新化",又于雍正十年(1732)"改新平属元江"、乾隆三十五年(1770)"降建水为县",实领石屏、阿迷、宁州三州(含建水、通海、河西、嶍峨、蒙自五县)。②考明清"临安府"所辖,大致包括今云南省红河州、文山州和玉溪地区的大部,而目前这些地区确有大量瑶族居住,如红河州现有"河口瑶族自治县"及"金平苗族瑶族傣族自治县",而其他一些州县也有不少"瑶族乡",如文山州麻栗坡县的"猛硐瑶族乡"、富宁县的"洞波瑶族乡"等。据有关学者考证,云南的瑶族大致是在明清时期从湖南和湘粤桂边界大规模地迁徙来的③,也就是说,上述 S3451 号文本的使用者,可能即是这批迁徙者在红河、文山等地区的后裔。

二、"关告科"及其神圣意义

如上所述,S3451 号文本的整个仪式大致可以分为"关告科""启师科"和"开解科"三大部分。其中,"关告科"的内容,主要是启奏并延请各方神灵仙真降临法坛,希望他们为入道弟子的披簪受戒仪式作"证盟";"启师科"的内容,主要是法师在各方神灵的证盟下,为入道弟子举行一系列繁琐的宗教仪式,引领弟子进入道门;"开解科"的内容,则是在传戒仪式结束后,对前来参加"证盟"的各方神灵表达谢意、忏悔过失。下面,笔者仅对作为这套仪式开头、结尾的"关告科"与"开解科"进行考察,并剖析这两个部分中的汉地道教色彩。

之所以选择考察这套仪式的开头和结尾,是因为它们虽非这套仪式的核心内容,但却是支撑整套仪式成立的重要基础。换句话说,如果缺少了这两个环节,则整套仪式将失去功效或意义。考 S3451 号文本中的仪式之主旨,乃是"传法"于希望入道的弟子,使之在信仰上皈依道教的"大道"或"三清"神灵,由此名列天界并获得"秘法",成为拥有神秘力量的神职人

---

① 《明史》卷四六六《地理志七·临安府》,北京:中华书局,1974 年。按:"宁远州"后于宣德元年(1426)改注入安南。
② 《清史稿》卷七四《地理志二十一·临安府》,北京:中华书局,1977 年。按:"临安府"在清初曾隶属过"迤东道"和"迤南道",光绪后则隶属"临安开广道"。
③ 玉时阶:《明清时期瑶族向西南边疆及越南、老挝的迁徙》,《中国边疆史地》2007 年第 3 期。

员。例如,其"启师科"须颂经诰"稽首礼拜拜三清,愿垂天眼鉴愚情,保护弟子皈正道",而弟子在接受"度牒"时需要礼谢"金阙三清大道、大罗六御高真"等神灵,俱能说明受戒"入道"者皈依的是道教之"大道"或"三清"神灵。这种皈依,实际上也就是当代宗教学所谓由"凡俗"转变为"神圣"的过程,也可说就是这套仪式的宗教意义,而其中能够起到根本性决定作用的,并非在场的各类人士,而是"关告科"与"开解科"所迎送的各种神灵。神灵在这类传度仪式中所起的作用是"证盟",即证实仪式各项内容(盟约)之有效性或合法性,如《灵宝领教济度金书》卷226《传度醮仪》言:"截发誓天,刺血为盟,饮丹结愿,仰告天尊;三官保举,五帝证盟,三师受度,诸天书名。"也正由于此,我们对这两个基本环节的考察,可以揭示瑶族宗教仪式与汉地道教的关系之深浅。

S3451号文本的仪式,首先是"关告科"。所谓"关告",即向神灵禀告("关"字本有"报告""通知"之意)。《道藏》经典多记有"关告"之事,如《灵宝无量度人上品妙经》卷三十八言"关告诸天",《太上三洞神咒》卷五言"关告五部"。而S3451号文本"关告科"的程序,大致有"净坛""请神""关告"和"化财马"几个环节,具体如下:

首先,主事法师以"一念通三界,重焚秀九天"的"步虚引"开场,随后紧接有"净坛"仪式,法师念曰:

> 切以上圣运慈悲之□(脱字),天尊开粮谢之门,为郡(群)品演法,度人济万物,垂科分九等,戒度法说、百灵献供之仪,今则安排法席会,迎请将吏以光临。恐虑供养之中未蒙洁净,先凭净水遍洒关坛,悉令洁净。臣今焚香,奏请供养。谨召东方青帝龙君,谨召南方赤帝龙君,谨召西方白帝龙君,谨召北方黑帝龙君,谨召中央黄帝龙君;谨召天德君月德君,生气君旺气君,东井夫人,华池玉女,各降真气入此水,为今解秽。夫水者,含五龙之真气及九凤之神功,能激浊杨(扬)清,为乃涤尘。

又曰:

> 奏惟　今居大清国云南道临安府住居奉道正一披替(簪)初真弟子×郡(近)日投诚趋向,今月×日今道恭就龛堂,列奉香灯,欢迎上圣难使光临,先关三界功曹使者、土地正神,又虑备办法食,凡供养之仪,未蒙洁净,又虑道士书写申奏遍请高真,难×上达,今将净水

遍洒书文,悉令洁净。又打凿银钱云马未洁,凭兹法水遍洒财马,悉令洁净。又虑关坛内外一切荤腥,法遍悉令洁净。

由上述"净坛"仪式中的念白,我们可知法师在事前应已设立了龛堂(法坛)、香灯且备办了法食、财马等,并在仪式中有焚香、供养、申奏、洒净等行为。而由"奉道正一披替(簪)初真弟子……恭就龛堂"一语,则可知此项仪式的主持者应该是已经受过"披簪"仪式和初真戒律的正式道士,大概相当于汉地道教的"高功"(醮坛执事)之类法师。至于"净坛"所请神灵,则包括五方"龙君"及东井夫人、华池玉女等与水有关的神灵,以图用于"洒净"的法水具有"五龙之真气及九凤之神功"。同时,文本还显示:在整个"净坛"仪式中,参加法事的大众需要配合法师"运心念《太上祛秽玄章》",并持诵"洞中玄虚,今阙都司,天有天星,灵宝天尊,清净之水,关坛洁净天尊"咒语。这表明整套仪式不是一两个人在"表演",而是需要众人合力完成。

其次,"净坛"仪式结束后,还有"运动步虚延迎符吏"一节内容,这实是"关告科"仪式的核心部分。从文本内容看,其程序为:法师在"步虚"运动中唱词、念咒、颂偈,召请三界符吏、四值功曹、土地正神等前往法坛。如其"步虚"唱词曰:

伏以百花散彩,五色凝烟,通上之祈祷,达人天之给路,才炎宝炉之内,便通符吏之位。前一炷既焚,直符同鉴,祝宝香虔成(诚)供养:上界功曹年直,通天使者;中界月直功曹,通真使者;下界日直功曹,通霄使者;阳界时直功曹,通□(脱字)使者;当处土地里域正神。奏报仙官玉女八地接,奏承受玉女,奏玄坛赵元帅,三天门下上清天枢院引进天官,今日今时通五师真君。

据 S3451 号文本,待"一切将吏司命既降香坛",参与仪式的"羽众"都需要"运心称杨(扬)妙偈"以配合法师,偈曰:"普献真符吏,香烟散十方,愿垂七宝殿,垂观五浊世。运动五仙众,咸令降关坛,同登及无为,勤修不退转。"同时,大家还需要"运心咒文"来"启请供养"这些功曹符吏,希望他们"迅速飞腾传奏事",将此次传度仪式上报"诸天上帝御前"。此外,法师还需要在仪式中向各方神灵宣读"关文",亦即向各方神灵进行奏告,如其中的"财马关文"言:"须臾直到玉阶前,奏报天门莫迟言,诸帅同降醮坛,弟子殷勤朝礼。"以此表达希望诸天神灵"早排仙阙,速降临坛"的愿望。

最后，法师需烧化财马、状文、关引等，并称："仰启符吏二速为通传，洞赖善功殷勤通奏。"如前所言，这些环节看上去只属于传度仪式的前奏，但实际上却是整套仪式成功的关键，因为在法师们看来，各方神灵的"应答"或"降临"与否，乃是仪式是否有效或"合法"的依据。

考上述仪式的各个环节，实是从汉地道教的科仪而来。如其开场之"步虚引"，本是汉地道教举行斋醮科仪时常用的一种念诵韵腔，多为一场仪式开始的序曲。① 所谓"净坛"，则属道教在正式迎请神灵之前，举行的洁净坛埠、荡秽辟邪仪式。汉地道教的科仪法事，都需要"设坛"并"净坛"，以便延请各方神灵降临，如唐代张万福撰《醮三洞真文五法正一盟威箓立成仪》列斋醮仪范之前二节即是"设坛座位"与"洁坛解秽"，并有解说曰：

> 夫神道非形，至诚斯感，真灵无象，启必有方。修之者，须立坛位，以祈福应也。其坛请依灵宝招真法，开东、西、南、北、王上五门，方二丈四尺……
>
> 夫所以洁坛者，荡涤故炁，芳泽真灵，使内外清通，人神俱感。凡启醮，悉皆如之，非直此也。向王书解秽符于纸上，其水桃皮、竹叶、沉香、鸡舌香、柏叶等，剉绢袋沉汤中煮之，以洒坛及器物中……②

北宋王契真纂《上清灵宝大法》也有"斋法宗旨门"，专论传度仪式必须迎请神灵"证盟"：

> 兆先于上帝前，三礼长跪默奏，请降披黄受道诰救苦真符长生灵符官君、护戒神王童子、荧龙金龙驿吏、天道功曹。毕引灵至戒座之前，兆升座祝香，焚召十方飞天神王符，念咒剔诀，焚召十方天真大神符，迎请证明（盟）监度，依科说法……③

---

① "步虚"指道士在仪式中一边步行一边赞诵，犹在天界虚空中行走，如陆修静《洞玄灵宝斋说光烛戒罚灯祝愿仪》言其似"旋绕上宫""飞虚浮空"。其辞后来成为诗词体裁之一种，又称"步虚词"或"步虚韵"。"引"则属乐曲体裁之一，有序奏之意。《道藏》经典中多有"步虚引"环节，如《灵宝无量度人上经大法》卷62言"道众举步虚引"，《上清灵宝大法》卷五十一言"众举步虚引"。"举"有"全部"之意，谓在场的所有信众一起念诵，如上述S3451号文本亦要求参加法事的大众配合法师念诵。
② 《醮三洞真文五法正一盟威箓立成仪》，《道藏》本，北京：文物出版社等，1996年，第28册，第492－493页。
③ 王契真纂：《上清灵宝大法》卷五九，《道藏》本，第31册，第246－247页。

至于 S3451 号文本此节仪式涉及的香灯、法食、财马等物，焚香、供养、申奏、洒净等事，以及法师在"步虚"时的唱词、念咒、颂偈，乃至最后的烧化财马、状文、关引等，也属汉地道教科仪中的常见现象，如《灵宝领教济度金书》言："入夜，开启醮坛，请圣，设谢恩醮，进醮中青词、表状、献经文、车辇、财马……"①道教常以"烧化"符箓奏章等作为传达意图给神灵鬼怪的形式，如金允中编《上清灵宝大法》言："依仪奏启关告事毕，献状钱马，以火烧化，诚极其至，万厄皆除。"②《道法会元》亦言："火光一撒遍万里，烧化邪祟无尘踪。"③又以供献祭品为讨好神灵、延真降圣之重要手段，如王契真纂《上清灵宝大法》言："醮者，祭之别名也。牲牷血食谓之祭，蔬果精修谓之醮，皆可延真降灵。"④此等观念，皆在 S3451 号文本的仪式中有所体现。

上述环节最能体现汉地道教元素的，是"运动步虚延迎符吏"中的宣读"关文"与焚化"关引"。作为一种比较成熟的宗教，汉地道教的科仪与某些宗教的巫术并不相同，其与高级神灵的沟通需要经过特殊的环节以及一些"小神"的帮助，这也是其仪式显得复杂且耗时较长的原因。简单地说，道士在举行仪式之初，需要召请三界符吏、四值功曹、土地正神之类比较低级的"小神"，请求它们帮助前往天庭奏告那些较有权威的"大神"，希望这些高级神灵能够莅临法坛、监督法事、担当证盟。而所谓"关文"和"关引"，就是表达这层意思的，并且能够作为沿途"通关"的证明之用。例如，《道法会元》卷 268 中有"发天蓬状格式"及其"符使关式"，"发天蓬状格式"要求"用关引一纸，差将一员及天界直符焦公奴传送，诣天蓬院"，以图"状奏北极天蓬大元帅降魔大力威神苍天上帝"，而其"符使关式"则称：

> 当院今有紧急文字，事干天宪，特发"奏状"一方函，及"引进状"一通，谨上诣北极天蓬佐圣院呈进。为此合烦神力，即为斋捧上达，云程勿滞，立俟感通，须至关发者。右关天界直符焦公奴使者，疾速捧诣使院，转达元帅府，通进施行。如云路所经，有通灵鬼妖当符截奏者，仰即擒送天蓬都狱治罪。仍不许污坏文奏、夹带其他文字、住滞时刻，宜遵典律，毋犯天条……⑤

---

① 《灵宝领教济度金书》卷二，《道藏》本，第 7 册，第 35 页。
② 金允中编：《上清灵宝大法》卷一二，《道藏》本，第 31 册，第 411 页。
③ 《道法会元》卷一一九《太极都雷隐书》，《道藏》本，第 29 册，第 565 页。
④ 王契真纂：《上清灵宝大法》卷五九，《道藏》本，第 31 册，第 253 页。
⑤ 《道法会元》卷二六八，《道藏》本，第 29 册，第 646－647 页。

不难发现,虽然S3451号文本所请符吏、所奏神灵与《道法会元》"发天蓬状"之"符使关式"不尽相同,但它希望功曹符吏"迅速飞腾传奏事",将传度仪式上报"诸天上帝御前"的观念,以及宣读"关文"、焚化"关引"的行为,与汉地道教的做法是一脉相承的。

三、"开解科"的道教色彩

S3451号文本的"开解科",是在主体仪式"启师科"结束后才进行的,主要内容为"三献酒供养"与"回向",旨在对前来"证盟"的各方神灵表达谢意、忏悔过失。这段作为结尾的仪式虽然简单,但依然体现出浓重的汉地道教色彩。

所谓"开解",有解除困厄之意,"开"谓解脱,"解"谓消除。中国古代宗教本有"解除"仪式(又称"解逐"、"解注"或"解谢"等),原指以祭礼禳解凶厄,并有向鬼神谢过之意,如汉代王充《论衡·解除篇》言:"解逐之法,缘古逐疫之礼也","祭祀之礼,解除之法,众多非一……世间缮治宅舍,凿地掘土,功成作毕,解谢土神,名曰'解土'……已祭之后,心快意喜,谓鬼神解谢,殃祸除去"[1]。后来,这种做法也被道教吸纳,如《太上三洞神咒》言:"白简宝文,九真玄经,解除罪咎,冤债和平。"[2]《太上说朝天谢雷真经》又言:"一切众生,有诸苦楚,不知解谢之门……请正一道士,或于观宇,或在家庭,随力章醮,请行法事解谢。"[3]不仅如此,后世道教更在斋醮科仪中专设"谢恩醮"或"散坛醮"环节,以期酬谢神灵、忏悔罪愆,如北宋《上清灵宝大法》有"斋法宗旨门",专论传度仪式后需设"散坛醮"来酬谢神灵,其言:"夫醮则三洞皆有之,况散坛之醮,乃斋事告终,酬谢真灵。"[4]S3451号文本的"开解科"仪式,实也建立在这种观念之上。

"开解科"仪式开始时,法师需宣读写给神灵的疏文。疏文宣读完毕,即可行"初献酒供养"之仪,同时伴有"散花献",献辞曰:"太乙真人水雪荣,蓬莱要去今时去。"又曰:"步虚来往本根荣,云在窗前鹤在松。"之后再宣读疏文,行"二献酒供养"及"三献酒供养"之仪,同时伴有"散花献辞",程序与"初献酒供养"大致相同。"三献酒"之后,还需举行"回向"仪式,

---

[1] 《论衡·解除篇》,文渊阁《四库全书》本。
[2] 《太上三洞神咒》卷一平起平坐,《道藏》本,第2册,第141页。
[3] 《太上说朝天谢雷真经》,《道藏》本,第1册,第762页。
[4] 王契真纂:《上清灵宝大法》卷五九,《道藏》本,第31册,第253页。

亦即乞求神灵仙真原谅行仪期间的失礼之处,赦免可能的罪愆,所谓:"到此宣疏了讽经了,回向上谢也。"最后,法师有"八文付贺"曰:"回别五云举,腾驾九昌歌。倐忽中天远,醮坛香气空。玄恩谈宇宙,福禄遍山河。面向神仙路,逍遥上大罗。"至此,全部传度仪式才宣告结束。

上述酬谢神灵之"三献""散花"等,同样可以在汉地道教中找到源头。如北宋《上清灵宝大法》中有"灵宝大法传度醮科",其仪式结束时即有"谢官将三献文"①;而南宋《灵宝领教济度金书》也有"谢监临幕三献仪"及"关发三献仪",其中的"初献""亚献""终献"亦多与"散花"同时进行②。所谓"散花",原是想象中的神仙銮驾行仪,后来成为道教斋醮仪式的组成环节,如南朝陆修静《洞玄灵宝斋说光烛戒罚灯祝愿仪》称:天上神仙临降醮坛时,"皆驾飞云绿軿,八景玉舆……烧香散花,浮空而来"。不过,"散花"既可以是念颂相关唱辞,也可以是抛撒实物,如当代香港全真道观仍行抛撒鲜花的"关灯散花仪"。

至于"回向",乃是道教斋醮仪式中的最后环节,用以乞求神灵仙真原谅斋醮仪式中的失礼之处,赦免可能的罪愆,并有将整套仪式的功德传向世间众生之意。如《上清灵宝大法》之"传度科格门"有"灵宝大法传度醮科",其科本最后的文字即为:"法众送圣,焚疏状,回向,礼毕。"③后世道教的许多"灯仪"科本,也多以"回向"二字作为结尾。关于"回向",《道藏》各种经典仅录有其字,并无专门的解释,胡孚琛主编《中华道教大辞典》认为其是一种在斋醮科仪结束前举行的"乞求圣真对法事期间失礼之处慈悲怜悯、赦释罪愆"仪式。④不过,考察佛教对"回向"的解释,它还有将整套仪式或念诵经文之功德"回"传归"向"他人乃至法界众生同享的意义,其形式主要有"回自向他""回事向理""回因向果"等,如《大乘义章》卷九言:"言回向者,回己善法有所趣向,故名回向。"《隋天台山智者大师说门人章安灌顶记》又言:"回因向果,回事向理,回己济他,故名回向。"⑤笔者认为当以后说为是,因考S3451号文本的"回向"过程,可以看到其不仅有"回向上谢"之言,且有"受道兴隆,祖同升于快乐,俫相旋霄,琼将攀燕通泰"诸语,这表明其确有"回己济他"之意,亦即将功德与他人共享。

总之,从作为S3451号文本仪式之开头与结尾的的"关告科""开解

---

① 王契真纂:《上清灵宝大法》卷三〇,《道藏》本,第30册,第933页。
② 详请参阅《灵宝领教济度金书》卷一九至二〇,《道藏》本,第7册,第130-132页。
③ 王契真纂:《上清灵宝大法》卷三〇,《道藏》本,第30册,第933页。
④ 胡孚琛主编:《中华道教大辞典》,北京:中国社会科学出版社,1995年,第538页。
⑤ 参阅并转引自"百度百科"之"回向"条(http://baike.baidu.com/view/116697.htm)。

科"来看,其不仅完全吸收了汉地道教的神学观念,而且它的整个程序、具体环节也具有浓重的汉地道教元素,实际上是对汉地道教之斋醮科仪的一种"借用",甚至如一些学者所言可被称为"瑶传道教"。不过,瑶族群众在吸收汉地道教之神学观念、仪式元素的同时,也曾在其宗教仪式中加入了自己民族的一些东西,如作为S3451号文本之主体仪式的"启师科"中,就含有不少瑶族文化的元素,容待另文详论。

清代的觐礼之争与宾礼变革

尤淑君

一、前言

"宾礼"即传统中国款接宾客的相关礼仪。根据主客身分的不同,"宾礼"的制礼原则分为两大类型:一是君臣之间的"朝贡礼"[①],强调尊卑上下的等差位阶,用于属藩之国;二是"客礼",强调对等位阶,只论主客,不论尊卑,用于降人、朋友、与国。根据《周礼》的构想,"天下"是王畿与九服共同构成的政治空间,并透过"宾礼"的朝觐、聘问、会盟、巡狩等仪式[②],分配天子、诸侯间的权力与义务,确定君臣名分,建构双方不对等的主从关系,即"天下秩序"[③],再搭配有德者得天命的"天命观"[④],形塑了皇权的正当性基础,也决定了中国历代王朝对外交往的基本政策[⑤]。"宾礼"正是建构"天下秩序"的媒介,隐于"宾礼"背后的政治文化观,即围绕于"天下"衍生的

---

① 《断句十三经·周礼》,台北:台湾开明书店,1991年,《大宗伯》,第29—30页。来保编:《钦定大清通礼》卷四三,台北:台湾商务印书馆,1983年故宫博物院藏文渊阁四库全书版,《宾礼》,第4a—5页a。例如《大清通礼·宾礼》规定贡使觐见皇帝时,须以朝觐进贡的名义,进行奉表文、进方物、行三跪九叩礼之举,确定双方的君臣名分。当皇帝与属藩君长确立君臣名分,两国便构成了宗主—属藩的宗藩关系。

② 陈戍国:《先秦礼制研究》,长沙:湖南教育出版社,1991年,第5—16、26—31页;周世辅、周文湘:《周礼的政治思想》,台北:东大图书,1981年,第90页。

③ 台湾开明书局:《断句十三经经文·礼记》,台北:台湾开明书店,1991年,《郊特牲》,第50页;郑玄注,孔颖达疏:《礼记注疏》卷五《曲礼下》,台北:艺文印书馆,1965年,第91页a;[俄]佩雷拉蒙夫、马尔提诺夫合著:《霸权的华夏帝国:朝贡制度下中国的世界观和外交策略》,林毅夫、林健一合译,台北:前卫出版社,2006年,第17—26页。

④ 孔安国传,孔颖达疏:《尚书注疏》卷八《汤誓第一》,台北:艺文印书馆,1965年,第108a—109页a;张启雄:《中华世界秩序原理的源起:近代中国外交纷争中的古典文化价值》,吴志攀编:《东亚的价值》,北京:北京大学出版社,2010年,第112—114、119—125、131—133页。

⑤ 张启雄:《中华世界秩序原理的源起:近代中国外交纷争中的古典文化价值》,第144—166页;刘纪曜:《鸦片战争期间中国朝野的天朝意像及其衍生的观念、态度与行动(1839—1842)》,《台湾师范大学历史学报(台北)》1976年第4期,第242—243页。

政治秩序原理。宾礼的仪礼次序,即宾礼仪式的礼仪顺序及相关细节,包含站立、下跪、揖拜、趋行等动作,都代表了不同的象征性意义,并依据行动者的身分,安排不同的路线、动作、配乐、祝词等整套礼仪仪式。[1]再透过这些仪式的表现,行动者得以确定自身在团体中的身分和位阶,是为"名分秩序"[2]。因此,传统中国处理对外关系时,只有四夷来朝的思想,没有万国平等的概念,并透过宾礼的运作,建构以中国为中心、诸属藩屏障的"宗藩体制"[3]。

正因为宾礼的仪礼次序,事关名分秩序的规则,也关涉到清帝国对外交涉的体制[4],故清政府格外重视各种礼仪的细节。但因中外礼仪的差异,让中外双方往往不欢而散,如乾隆、嘉庆年间,英国马嘎尔尼(George Macartney, 1733—1806)、阿美士德(William Pitt Amherst, 1773—1857)使节团的案例。[5]对此,美国学者何伟亚(James Louis Hevia)强调"宾礼"与帝国建构的关系,指出清帝透过册封、觐见、赏赐等仪式,构建了天下之主的统治权,让清帝国成为具有多元中心的多主制帝国。[6]何伟亚强调"多主制帝国"的说法虽不无问题,但指出清帝国的情况特殊,不能与汉人政权一概而论。[7]在这样的情况下,清代宾礼确与明代宾礼有所不同,有必要仔细分辨其特殊性。除此之外,过去学界多以为同治十二年的"外国公使

---

[1] 来保:《钦定大清通礼》卷四三,《宾礼》,第4—5页a。《大清通礼》规定贡使觐见皇帝时,须以朝觐进贡的名义,进行奉表文、进方物、行三跪九叩礼之举,确定双方的君臣名分。当皇帝与属藩君长确立君臣名分,两国便构成了宗主—属藩的宗藩关系。

[2] 王开玺:《清代的外交礼仪之争与文化传统》,《北京师范大学学报》2008年第2期,第60—67页;张启雄:《国际秩序原理の葛藤—中韓宗藩關係をめぐる袁世凱の名分秩序観》,《日本・中國・朝鮮間の相互認識と誤解の表象》,京都:京都大学人文科学研究所,1998年,第40—43页。

[3] 王立诚:《中国近代外交制度史》,兰州:甘肃人民出版社,1991年,第2、7—9页。

[4] 特登额:《(道光)钦定礼部则例》卷一七一,台北:成文出版社,1966年据清道光间刊本景印,第11b—15页a。[日]小仓和夫:《中国的威信・日本的矜持》,陈鹏仁译,台北:星定石文化,2002年,第259—265页。张启雄:《琉球弃明投清的认同转换》,《琉球认同与归属论争》,台北:中央研究院东北亚区域研究会议论文集,2001年,第11—18页。

[5] [美]何伟亚:《怀柔远人:马嘎尔尼使华的中英礼仪冲突》,北京:社会科学文献出版社,2002年,第229—232页;王开玺:《清代外交礼仪的交涉与论争》,北京:人民出版社,2009年,第170—238页;黄一农:《印象与真相——清朝中英两国的觐礼之争》,《中研院史语所集刊》2007年3月第78卷第1期,第35—106页。

[6] [美]何伟亚:《怀柔远人:马嘎尔尼使华的中英礼仪冲突》,第31—57、127—137页。何伟亚指出,宾礼将宇宙原则和帝国统治联系在一起。

[7] [日]伊东贵之:《明清交替与王权论——在东亚视野中考察》,徐洪兴、[日]小岛毅等编:《东亚的王权与政治思想》,上海:复旦大学出版社,2009年,第80—100页;张启雄:《琉球弃明投清的认同转换》,第54—62页;孙卫国:《大明旗与小中华意识——朝鲜王朝尊周思明问题研究(1637—1800)》,北京:商务印书馆,2007年,第77—98、226—255页。

觐见礼"象征中国"天朝体制"逐渐崩解,但这样隐含"现代化"假设的观点应再商榷,不能简单的"以西非东",将清政府的"宾礼体制"预设为落后保守的礼仪制度。① 事实上,透过"外国公使觐见礼"的制订过程,可知清政府透过"客礼"的经典诠释,努力调整"宾礼体制",并宣称"外国公使觐见礼"只是优礼外人之举,各国公使仍是客臣,借以维持清朝皇帝统治"天下"的正当性基础。直到宣统三年六月二十五日(1911.7.20)清政府废除礼部为止,清政府的"宾礼体制"才算是完全结束,所有涉外仪节不再根据"宾礼",改由西式外交礼仪取而代之,成为中国政府以"西式礼仪"接待外使、外宾的开始。

二、清初宾礼的特殊性

清帝国的建立,再次扰乱以汉族为中华的旧秩序,冲破了夷狄不能入主中原的种族观(首次是元朝的建立)。清帝认同儒家文化,强调华夷同风,并自认是明王朝的"正统"继承者。在金国时期,皇太极就以辽、金、元为例,要求朝鲜归顺金国,并强调夷人有德者也可有天命、得天下,论证金国政权取代明朝的合法性。② 等到灭南明、平三藩、收台湾后,清朝政权真正的巩固了,康熙皇帝(1654—1722,在位1661—1722)有余力去考虑江南士绅的问题,但改用怀柔手段,发起许多儒家经典的编纂工程,招纳许多学者士人。③ 值得注意的是,清政府重编经书时,往往以"中外"替代"华夷"的字句,以"外藩"或"藩部"替代"夷狄"的字句,达到模糊华夷之分的目的。④ 自乾隆朝后,"四夷"专指未称臣纳贡的洋人或化外之国,并以"中外"取代"华夷",或将"夷"、"洋"混用,回避汉人对"夷"的多重想象。⑤ 乾隆皇帝(1711—1799,在位1735—1796)更自居中华正统,要求地方督抚严守"中外之防",作为与洋人交涉的原则,禁止

---

① [美]芮玛丽:《同治中兴:中国保守主义的最后抵抗(1862—1874)》,房德邻译,北京:中国社会科学出版社,2002年,第326、342—343页;王曾玺:《清代外交礼仪的交涉与论争》,第517—521页;曹雯:《清朝对外体制》,北京:社会科学文献出版社,2010年,第247—248页;[美]何伟亚:《英国的课业:19世纪中国的帝国主义教程》,刘天路、邓红风译,北京:社会科学文献出版社,2007年,第70、159—161页。
② 《清太宗实录》卷二八,天聪十年四月己卯,北京:中华书局,1986年,第359a—360页a。
③ 常建华:《国家认同:清史研究的新视角》,《清史研究》2010年第4期,第8—9页。
④ 萧敏如:《从华夷到中西:清代〈春秋〉学华夷观研究》,台北:花木兰文化出版社,2009年,第77—90、129—133、174—185、187—191页。
⑤ 萧敏如:《从华夷到中西:清代〈春秋〉学华夷观研究》,第187—191页。

地方督抚与洋人交往。①

在清代前期的几位皇帝之中,雍正皇帝(1678—1735,在位1722—1735)最为看重"华夷之辨"的经典诠释,并编写《大义觉迷录》,亲自解释"华夷之辨",驳斥吕留良对《春秋》"华夷之辨大于君臣之伦"的解释,特别强调天命与有德之君的关连性,引用韩愈:"诸侯用夷礼则夷之;进于中国则中国之"一语②,指出清朝君主在血统上虽是"夷",但在文化上却认同儒家文化,有能力教化天下百姓,确实为"华",有获得天命的资格,不能以"夷"视之,表示君臣之伦大于华夷之辨,即政治伦理高于种族之分,将"夷"解释为不尊王者,淡化"夷夏之防"的种族色彩,进而证明满人得天命、取天下的正当性。③除了强调清帝得天下的正当性,雍正皇帝还利用儒家经典的"以德服人""天命思想"及"王化思想",驳斥狭隘的种族观念,并以"亲亲"为原则,强调满蒙一体的共同体概念,表明"如宗室中有一善人,满洲内亦有一善人,朕必用宗室。满洲内有一善人,汉军内亦有一善人,朕必先用满洲。推之汉军、汉人皆然"④,将蒙古、西藏、回部等地区收拢入中华世界帝国。⑤由此可知,对清初诸帝而言,只要用文化来判断华夏、蛮夷,证明清帝获天命、成天子、得天下的正当性基础,便能避开汉人、满人的种族问题,还能强调君臣之伦大于华夷之辨,扩大皇权的控制范围,并让清帝国的边界变得模糊,华夷之间的标准也不再是绝对的血统论,反而有了伸缩的变动空间。⑥

当清初诸帝从文化的角度重新解释"华""夷"的定义时,变动的不只是汉族与非汉族的认定标准,帝国的"边界"也变成相对的文化概念,不再是汉族与非汉族的绝对界线。为了突破种族之别,清初诸帝致力模糊"华""夷"的判别标准,并借由"宾礼"的朝觐、燕饮、赏赐等仪式,建立以儒家文化为主,却能兼容各部族习惯的多元帝国。从这个角度来看,清代

---

① 中国第一历史档案馆编:《英使马戛尔尼访华档案史料汇编》,北京:国际文化出版公司,1996年,第166,第118下页。
② 韩愈:《原道》卷五五八,董诰编:《全唐文》,北京:中华书局,1987年,第5649页b。
③ 清世宗:《大义觉迷录》,北京:中国城市出版社,1999年,第2—3、5页。萧敏如:《从华夷到中西:清代《春秋》学华夷观研究》,第77—90、129—133、174—185、187—191页。
④ 允禄编纂:《世宗宪皇帝上谕内阁》,文渊阁《四库全书》本,第414册,台北:台湾商务印书馆,1983年故宫博物院藏本影印,雍正三年三月,第7页。
⑤ [日]伊东贵之:《思想としての中国近世》,东京:东京大学出版会,2005年,第137—222页。
⑥ [日]平野聪:《清帝國とチベット問題:多民族統合の成立と瓦解》,名古屋:名古屋大学出版社,2004年,第36—47、139—175页。平野聪指出"中华世界"本身就是思想化的概念,让"中国"至少有四种用法,可见清帝国领域是变动的,其周边边界也有伸缩性。

宾礼具有特殊性,不但考虑到蒙古、西藏、回部等部的特殊地位,调整外藩、属藩、外夷的身分认定,还强调"内外有别"的等差礼秩,回避华夷之辨的旧有划分,如此一来,消解了汉人士大夫对"夷夏之防"的紧张感,也让蒙古、西藏等部族视为满洲共同体的一部分,能更有效融入清帝国的统治之下[①]。换言之,清代宾礼的特殊性,在于其制礼原则相当弹性,不局限于君臣关系的"朝贡礼",而是借其他仪式,表现出拟亲属关系或通商关系。事实上,"宾礼"的制礼原则,不只有不对等的君臣关系,还有讲究对等的敌国关系,如规范人们往来的"相见礼",即是一例。下文将探讨喀尔喀蒙古与俄国两个例子。

早在金国时期,努尔哈赤与皇太极一直积极拉拢蒙古各部族,对愿意归降或结盟的蒙古贝勒及其族人给予各种优待条件,并建立蒙古八旗,使满洲共同体的"我群"(we group)概念相对扩大。[②]从喀尔喀蒙古归属清帝国的过程,可知天聪八年(1634)虽收服喀尔喀蒙古,但从喀尔喀汗等人对敕使只行"蒙古礼",不行"跪拜礼"的仪式来看[③],可知清、喀双方尚未真正确定君臣关系,双方关系并不稳定,或臣服,或叛逃,或和亲[④],甚至喀尔喀汗还曾向顺治皇帝埋怨赏赐太少,价值不高,不愿再向清政府遣使进贡[⑤]。后来,喀尔喀蒙古遭准噶尔东侵[⑥],康熙皇帝施予援手,大败准噶尔、举行多伦会盟时,喀尔喀各部接受皇帝册封的名号,才真正成为清帝国的"外藩",并比照内札萨克部,向皇帝行"跪拜礼",不再行"蒙古礼"。可以说,

---

① 王健文:《帝国秩序与族群想象:帝制中国初期的华夏意识》,甘怀真编:《东亚历史上的天下与中国概念》,台北:台湾大学出版中心,2007年,第159—162、169页;王尔敏:《中国近代思想史论》,台北:华世出版社,1977年,第210页;[美]拉铁摩尔:《中国的亚洲内陆边疆》,唐晓峰译,南京:江苏人民出版社,2005年,第157—159页;[英]理查德兹:《差异的面纱:文学、人类学及艺术中的文化表现》,如一译,沈阳:辽宁教育出版社,2003年,第10页。

② 吴志铿:《清代前期满洲本位政策的拟订与调整》,《台湾师大历史学报》1994年第22期,第92页。

③ 《清圣祖实录》卷一〇三,北京:中华书局,1986年,第43页a,康熙二十一年七月乙卯。明代官员行"五拜三叩礼"朝觐皇帝,但到了清代,才采用拜天之礼,诸王、文官官员行"三跪九叩礼"。申时行等修:《大明会典》卷四三,扬州:广陵书社,2007年,《朝贺·正旦冬至百官朝贺仪》,第1b—4b页;寿宜校跋:《满洲祭礼(下)》,《清代掌故缀录》,台北:三人行出版社,1974年,第10页;陈康祺:《郎潜纪闻·四笔》卷一〇,北京:中华书局,1997年,《任兰枝出使安南》,第165—166页。从安南国王阮安平的抗议,可知明代蕃王拜皇帝诏时,行五拜三叩礼,但清代属国国王拜诏时,行三跪九叩礼。

④ 《清太宗实录》卷二七,第349页b,天聪十年二月丁丑。

⑤ 《清世祖实录》卷七〇,第550a—550页b,顺治九年十一月甲申:"谕喀尔喀部落土谢图汗、车臣汗、伊思丹津喇嘛等曰:尔等为四九牲畜来奏,辄言从前赏例太薄,我等再不来贡"。

⑥ 孟森:《清史讲义》,桂林:广西师范大学出版社,2005年,第141页。

多伦会盟的举行,即喀尔喀蒙古正式内附清帝国的标志。从清帝国与喀尔喀双方关系的考察,可知清帝国处理周边国家或部落的手腕相当灵活,实不拘泥于"朝贡礼"的仪礼次序,而外藩身分的确立在于接受皇帝赐下的爵位,确立君臣名分,建立双方的封贡关系。

对于清帝给予藩部特殊地位的原因,昭梿(1776-1833)说得最清楚,并以喀尔喀、杜尔伯特、土尔扈特等部归降清帝国为例,赞许清帝不去其名位,留其汗号,能与这些部族和平相处,可谓以礼怀柔。昭梿也指出,正因为清帝允许这些外藩王公保留其"汗"名位,一旦这些部族反叛的话,清政府亦可以用"天下秩序"的"王者不治"之论,预留退路,视己身之强弱,再考量发兵征讨的必要性,不至于损伤国家体面。①在满蒙结盟、共同抗明的历史脉络下,清代宾礼不单纯只是延续明代宾礼的种种仪式,同时也兼采满蒙部落的礼俗,表现出满蒙一体、尊尊亲亲的深意。以册封外藩王公的仪式为例,皇帝使者先持信约(信约是满蒙合作的盟约,表示清政府与漠南蒙古诸部互不背弃)、再持制册,进行册封。举行册封、或颁发敕诏时,蒙古王公依敕使的引导,行三跪九叩礼,确立皇帝与蒙古王公的君臣关系,是为尊尊。但当皇帝钦赏、赉送时,蒙古王公只望阙行二跪六叩礼,表现皇帝与蒙古王公有拟亲属关系,适用家人礼的亲亲之意。②因此,清政府款待外藩王公、属藩国王、贡使的方式,实有内外之别、尊卑之分,尤其格外优待蒙古王公,不但位阶比同内亲王,高于属藩国王,而且在接待仪节上,也凸显蒙古王公的身分不同于一般的臣属,多获清帝亲自举宴、赐酒、赐座的优遇,借以表明满蒙一家,争取蒙古王公的支持。

除了外藩诸部能享受特殊待遇之外,清初诸帝对外洋诸国也不一定使用"朝贡礼",往往考虑敌我力量的强弱,再决定如何处理对方的身分,依其身分来决定款接礼仪。当这些国家弱小,清帝国便要求对方行不对等位阶的"朝贡礼",建立双方的君臣名分;当这些国家强大,清帝国便采取优待使者、采行对等位阶的"客礼"。从清帝国与俄国的往来,可知顺治皇帝依据"朝贡礼"方案,视俄国使者巴伊科夫(Ivanovitch Baikov)为贡使,故要求俄使行"跪拜礼",但俄使坚持国交平行,使顺治皇帝驱逐俄使,不予接待。后来,康熙皇帝虽成功让俄国使者尼果赖(Nikolai G. Spathary

---

① 昭梿:《啸亭杂录·续录》卷二,北京:中华书局,1997年,《本朝待外国得体》,第431页。
② [日]织田万:《清国行政法泛论》,台北:华世出版社,1979年,第170—171页。日本学者织田万指出,为了怀柔外藩,清帝对内外蒙古王公未有夺封地、去汗号之事,不像对宗室觉罗可擅行与夺。

Milescu)行"跪拜礼"①，但已察觉"朝贡礼"不可行于俄国的端倪。因此，康熙中期的对俄政策已有转变，尤其是准噶尔骚扰和中俄边界问题，使康熙皇帝与雍正皇帝皆采取对俄亲善的政策，故优待俄国使者，视俄国为敌体之国，其款待俄使时不完全依照"朝贡礼"的方案②，于是变通俄使的觐见仪式，如俄国国书不再放在黄案上进呈，而由雍正皇帝亲接国书③。由此可知，康熙、雍正帝已了解俄国不比属藩，无法强加"朝贡礼"，改行"客礼"，与俄国对等往来④，并透过理藩院处理对俄事务，与俄国枢密院交涉，回避中国皇帝与俄国沙皇的位阶问题，订约互市，让俄国不再支持准噶尔。

当准噶尔彻底平定后，乾隆皇帝重新调整对俄关系，要求俄国应遵守"朝贡礼"的规范，并透过关闭边市，迫使俄国签订新的《恰克图条约附款》⑤，坚持中国尊于俄国，不再允许俄国的正式使团赴京谈判，甚至销毁了雍正朝两次遣使俄国报聘的官方记录，掩盖康熙、雍正皇帝曾视俄国为敌体，待以客礼的事实。⑥从乾隆朝对俄政策的转变，可知清政府不再承认有"敌体"的存在，也摒弃了讲求对等位阶的"客礼"，不再是"客礼"与"朝贡礼"并存的弹性路线。当有外洋国家遣使来华，清政府便采取"朝贡礼"的方案，要求这些国家进表文、贡方物，将其使者视为贡使，试着让这些国家接受"朝贡国"的政治身分，成为清朝皇帝的"外臣"。但当清政府鞭长莫及、无法强迫这些外洋国家称臣、进表、纳贡时，便将这些国家视为不受天子教化的"外夷"，断绝与这些国家的政治关系，不再设法将之变为属藩，只允许通商关系，将之归入"互市国"的行列，并借互市制度，作为"朝贡

---

① 王开玺认为尼果赖行三跪九叩礼，但李齐芳认为尼果赖只行鞠躬礼。王开玺：《清代外交礼仪的交涉与论争》，第121－126页；李齐芳：《清雍正皇帝两次遣使赴俄之谜——十八世纪中叶中俄关系之一幕》，《中研院近史所集刊》1984年6月第13期，第56－57页。笔者以为，根据中俄外交文献，尼果赖应行三跪九叩礼，但态度傲慢，故意缓慢进殿，引起康熙君臣不满。［俄］尼古拉·班蒂什卡缅斯基编著、中国人民大学俄语教研室译：《俄中两国外交文献汇编（1619－1792年）》，北京：商务印书馆，1982年，第48－49页。
② 李齐芳：《清雍正皇帝两次遣使赴俄之谜——十八世纪中叶中俄关系之一幕》，第55、57－58页；王开玺：《清代外交礼仪的交涉与论争》，第122－123页。
③ 清高宗：《皇朝文献通考》卷三〇〇《四裔考八》，第7485页c；李齐芳：《清雍正皇帝两次遣使赴俄之谜——十八世纪中叶中俄关系之一幕》，第58页。
④ 吴相湘：《清宫秘谭》，台北：远东图书公司，1961年，第44－45页。
⑤ ［日］柳沢明：《1768年の"キャフタ条約追加条項"をめぐる清とロシアの交渉について》，《东洋史研究》2003年第62卷第3期，第1－33页。
⑥ 李齐芳：《清雍正皇帝两次遣使赴俄之谜——十八世纪中叶中俄关系之一幕》，第55页；陈维新：《清代对俄外交礼仪体制及藩属归属交涉（1644－1861）》，哈尔滨：黑龙江教育出版社，2012年，第144－152页。

礼"的补充方案,回避外洋诸国是否称臣的难题,为不受"宾礼"约束的国家,预留转圜的空间①,这样便不须改动宾礼体制,也将外洋之国归入"天下秩序"之中②,解决了"天下秩序"在实施上的缺憾。从宾礼体制的改动,便能理解乾隆皇帝为何坚持英国使者马嘎尔尼(George Macartney,1733—1806)必须行三跪九叩礼③,其根本理由不是虚荣的面子问题,而是乾隆皇帝对"天下秩序"的政治理想与体制设计。

过去学界对1793年马嘎尔尼使团来华事件的兴趣浓厚,多有议论,许多矛盾不明之处则透过多国语言的官方档案、私人回忆录及图像进行比对,得到趋近真实的推测,如在觐见礼仪上,黄一农指出马嘎尔尼的觐见礼仪是双膝下跪三次,每次三俯首、深鞠躬,但不叩头,而呈递英国国书时,马嘎尔尼采用英式礼节,单膝跪地,亲手将国书交给皇帝,但免去吻手礼。④这些觐见仪式的相关研究,学界已有相当多的成果,本文不再赘述。值得注意的是,乾隆皇帝虽依照"朝贡礼",要求马嘎尔尼使节团行"跪拜礼",但对使节团的态度仍相当宽容,不强迫使节团严格遵照"朝贡礼"的制礼方案。直到英国国书被翻译出来后,乾隆皇帝得知英国国王竟要求遣使驻京与开口通商,不禁勃然大怒,命使节团出京归国。过了24年后,阿美士德使节团同样因觐礼之争,拒绝依照"朝贡礼"方案向皇帝行礼,使嘉庆皇帝拒绝接见,同样命其出京归国。⑤过去对马嘎尔尼使节团与阿美士德使节团的交涉失败,多以为中、英两大帝国的"文明碰撞"象征了清帝国的傲慢自大与孤立停滞,但这样的观点多少带有西方中心主义的偏见,很难评价中国处理对外关系的礼仪问题。事实上,马嘎尔尼与阿美士德使节团经历的觐礼之争,凸显的不是中、西文化冲突的问题,也不能

---

① [日]岩井茂树:《清代の互市と"沈默外交"》,[日]夫马进编:《中国东アジア外交交流史の研究》,京都:京都大学学术出版会,2007年,第380—382页。
② 梁嘉彬:《广东十三行考》,上海:商务印书馆,1937年,第365—367、388—389、395页;昆冈:《钦定大清会典事例》,卷五一一,第13a—14a、15页a;梁廷枏编:《粤海关志》,卷二八,《部覆两广总督李侍尧议(乾隆二十四年)》,第22b—28页a。这些禁令如外洋商人不准登岸定居,不得结交内地华商,不得私贩纱、绵、绢、缎等物。
③ [美]何伟亚:《怀柔远人:马嘎尔尼使华的中英礼仪冲突》,第229—232页;王开玺:《清代外交礼仪的交涉与论争》,第170—238页。
④ 黄一农:《印象与真相——清朝中英两国的觐礼之争》,《中央研究院历史语言研究所集刊》2007年3月第78卷第1期,第35—106页。
⑤ 王开玺:《马戛尔尼跪谒乾隆帝考析》,《历史档案》1999年第5期,第90—94页;张顺洪:《马戛尔尼和阿美士德对华评价与态度的比较》,《近代史研究》1992年第3期,第4—19页。[美]何伟亚:《怀柔远人:马嘎尔尼使华的中英礼仪冲突》,第177—182页;吴晓钧:《阿美士德使节团探析——以天朝观之实践为中心》,硕士学位论文,新竹清华大学历史所,2008年。

怪罪清政府闭关锁国、不愿与其通商贸易,而是中外双方对主权观念和建构权力关系的方式相互竞争、终不兼容的结果。尤其是马嘎尔尼使节团提出的平等往来之要求,实则试图改变以"朝贡礼"为单一方案的"宾礼体制",就等于挑战乾隆皇帝对"天下秩序"的政治理想与体制设计。乾隆皇帝怎可能容忍这样无理的要求,英国使节团自然难以遂愿,只能慊慊而去。

三、客礼概念与外国公使觐见礼的制订

咸丰十一年(1861),英、法、俄国公使陆续进驻北京①,并根据《中英天津条约》,提出"亲递国书"的要求,但因咸丰皇帝(1831—1861,在位1850—1861)崩于热河,公使们未能亲递国书,自然也无法讨论觐见礼仪的问题。同治皇帝即位后,总理衙门以"幼帝嗣位,两宫垂帘"为由,婉拒公使请觐的要求②,并声明请觐递书之事,须等皇帝亲政后,再行处理。由于英国对华政策改采合作路线,英国不但不再执着请觐递书问题,还支持恭亲王奕䜣(1833—1898)的执政,帮助清军进剿内乱,也说服其他欧美国家支持清政府,间接稳定了清政府的危局。③然而,奕䜣等人的缓兵之计难以长久,终须解决"公使请觐"的问题。④因此,总理衙门主张觐见礼问题须有权宜之策,并预拟《条说六条》发交各省督抚,要求他们提出建议。⑤对外使觐见之事,各省督抚大多回避

---

① 宝鋆:《筹办夷务始末(同治朝)》卷一,北京:中华书局,2008年,号1,第1—2页,咸丰十一年七月十八日奕䜣等奏与布路斯国议定通商条约情形折;卷二,号58,第71—72页,咸丰十一年十月二十九日奕䜣等奏御极建元照会各国已来照复折。从普鲁士的例子,可知《天津条约》虽有遣使驻京之款,但不完全落实。比利时、葡萄牙亦有同样情况。
② 宝鋆:《筹办夷务始末(同治朝)》卷五〇,号1770,第2124页,同治六年九月十五日总理衙门条说六条。
③ [美]芮玛丽:《同治中兴:中国保守主义的最后抵抗(1862—1874)》,第30—34页;宝鋆:《筹办夷务始末(同治朝)》卷一,号32,页38—39,咸丰十一年九月十八日上谕;卷三,号81,第100—101页,咸丰十一年十二月二十五日英使卜鲁士照会;卷四,号112,第140页,同治元年正月二十七日上谕。高中华:《肃顺与咸丰政局》,济南:齐鲁书社,2005年,第269—273页。
④ 茅海建:《近代的尺度:两次鸦片战争军事与外交(增订版)》,北京:生活·读书·新知三联书店,2011年,第237页。宝鋆:《筹办夷务始末(同治朝)》卷四三,号1518,第1822—1825页,同治五年七月十八日法署使伯落内照会。
⑤ 宝鋆:《筹办夷务始末(同治朝)》卷五〇,号1770,第2124—2127页,同治六年九月十五日总理衙门条说六条。

觐见礼问题①,只有两江总督曾国藩(1811—1872)援引康熙朝接待俄使尼果赖(Nikolai G. Spathary Milescu)之事②,证明"敌体"与"客礼"确实存在,并指出清帝国不只有等差位阶的宗藩关系,亦可包容对等位阶的交聘关系。③陕甘总督左宗棠(1812—1885)更主张立即接见外国公使,并强调英、法两国是敌体之国,故不须拘于跪拜礼,可允其所请,以鞠躬礼觐见皇帝。④在曾国藩、左宗棠等人的支持下,总理衙门承认泰西诸国是"敌体之国"的事实,并提出"客礼"的概念,重申"宾礼"可随时势的需要,有所改易,使"公使请觐"的觐见礼问题不再被限定在"朝贡礼"的框架之中。

同治十二年正月二十六日(1873.2.23),同治皇帝(1856—1875,在位1861—1875)下诏亲政,举行大典⑤。正月二十七日(2.24),俄、德、美、英、法国公使以祝贺亲政为名,联衔照会总理衙门,请求觐见皇帝。⑥除了要求清政府履行"亲递国书"条款之外,照会里也提到中国特使蒲安臣(Anson Burlingame, 1820—1870)以鞠躬礼、觐见欧美各国元首为例,希望总理衙门能比照办理。⑦对五国公使请觐的要求,总理衙门无法拒绝,也因《中英天津条约》第三条的限制⑧,清政府不得要求各国公使以跪拜礼觐见皇帝,否则就有违约之嫌⑨,但总理衙门又不能同意各国公使行鞠躬礼,否则将遭

---

① 宝鋆:《筹办夷务始末(同治朝)》卷五四,号1835,第2230页,同治六年十一月二十五日英桂奏议覆修约事宜折;卷五五,号1853,第2273页,同治六年十一月初六日李福泰奏议覆修约事宜折;卷五五,号1850,第2259页,同治六年十一月初六日李鸿章条说。

② 俄使尼果赖使华事见北京师范大学:《一六八九年的中俄尼布楚条约》,北京:人民出版社,1977年,第138—140页。

③ 宝鋆:《筹办夷务始末(同治朝)》卷四,号1833,第2226—2227页,同治六年十一月二十三日曾国藩奏议覆修约事宜折。

④ 宝鋆:《筹办夷务始末(同治朝)》卷五一,号1794,第2153—2154页,同治六年十月二十五日左宗棠条说。

⑤ 台北故宫博物院:《内阁部院档诏书:同治亲政诏》,档号:301000037,同治十二年正月二十六日。

⑥ 宝鋆:《筹办夷务始末(同治朝)》卷八九,号2904,第3603页,同治十二年三月十八日英法俄美德照会。据总理衙门档案,各国公使早在同治十一年六月时,藉皇帝大婚为由,要求觐见,并声称若不朝觐,即侮辱各国尊严,希望中国尽快举行。《北洋大臣咨送新闻纸据江海关呈送新闻纸内载有各国请觐一事由》第1页,中央研究院近史所藏,总理各国衙门事务档案,档号:01-21-055-02-001,同治十一年六月初四日北洋大臣李鸿章致总署咨文。

⑦ 宝鋆:《筹办夷务始末(同治朝)》卷八九,号2908,第3609页,同治十二年三月十八日总理衙门与各国公使往来节略。

⑧ 田涛主编:《清朝条约全集》卷一,哈尔滨:黑龙江人民出版社,1999年,《中英天津条约》,第198页。

⑨ 陈湛绮主编:《晚清外交会晤并外务密启档案汇编》第7册,北京:全国图书馆文献缩微复制中心,2008年,第3019—3020页,同治十二年三月三十日总理衙门致北洋通商大臣李鸿章。

言官攻击,于是总理衙门只好借口总理衙门大臣文祥患病,暂时拖延。[①]同治十二年二月初七日(1873.3.5),五国公使团第二次照会总理衙门,请确定觐见日期、地点及觐礼方案[②],并重申欧美诸国是中国的与国,清政府必须履行"亲递国书"一款,允许公使请觐之事,而各国公使是一国主权的代表,绝不向皇帝行跪拜礼。[③]不过,公使团无意与清政府撕破脸,其提出的觐礼方案比较贴近中国国情,并不全照国际法的规定:一是皇帝接见公使时,可坐立自便,不必依照欧美惯例、采站立受礼。二是皇帝可决定是否赐坐、赐茶、赐酒,公使不主动要求。三是公使觐见时,只请安奏贺,不会论及公务,但若皇帝主动问起,公使可决定回答与否。[④]对此,总理衙门声明"公使请觐"之事乃皇帝优待各国公使之礼,由清政府自行决定其仪节,不劳各国公使比手划脚。总理衙门也声明,清政府不是不愿意举行请觐之事,只是需要时间,拟出一个不损中国体制、公使团亦可接受的觐见礼方案。[⑤]五国公使团很快地递出第三次照会,逐一反驳总理衙门的说法,并再次声明一国公使是各国元首的代表,绝不可行跪拜礼。不过,为了能顺利觐见皇帝,公使团也有退让,同意斟酌变更"外国于其本国之礼"[⑥]。针对公使团的第三次照会,恭亲王奕訢声明"中外礼节不同,中国无论何时,国体总不能改"[⑦],希望公使团能体谅清政府、总理衙门及自己的难处,折衷跪拜礼与鞠躬礼的仪式,不致损伤中外双方的体面。

奕訢虽对公使团的照会振振有词,但已无法推托"公使请觐"之事,只好上奏说明外使不行跪拜礼的理由,并称公使团已有退让,愿意行五鞠躬礼。若再不同意请觐,可能授人以柄,重演联军之祸,恳求皇帝允许请觐之

---

① 宝鋆:《筹办夷务始末(同治朝)》卷八九,号2905,第3603页,同治十二年三月十八日英法俄美德照会。
② 中国第一历史档案馆、文化部恭王府管理中心编:《清宫恭王府档案总汇:奕訢密档》册7,北京:国家图书馆出版社,2008年,第273页,同治十二年三月十八日恭亲王奕訢等奏。原件档号3/164/7807/53,中国第一历史档案馆藏。
③ 宝鋆:《筹办夷务始末(同治朝)》卷八九,号2908,第3606页,同治十二年三月十八日总理衙门与各国公使往来节略。《筹办夷务始末(同治朝)》与《清代档案史料丛编》抄录的《军机处档案》字句有些不同,但大体相同,不影响阐述的意义。中国第一历史档案馆编:《清代档案史料丛编(第13辑)》,北京:中华书局,1990年,第439页。
④ 宝鋆:《筹办夷务始末(同治朝)》卷八九,号2908,第3606页,同治十二年三月十八日总理衙门与各国公使往来节略。
⑤ 宝鋆:《筹办夷务始末(同治朝)》卷八九,号2908,第3608页,同治十二年三月十八日总理衙门与各国公使往来节略。
⑥ 宝鋆:《筹办夷务始末(同治朝)》卷八九,号2908,第3610页,同治十二年三月十八日总理衙门与各国公使往来节略。
⑦ 宝鋆:《筹办夷务始末(同治朝)》卷八九,号2908,第3610页,同治十二年三月十八日总理衙门与各国公使往来节略。

事。①正当总理衙门焦头烂额之际,负责监察礼部的言官们先后上疏,批评总理衙门的制礼方案②,总理衙门只好私下请清流领袖李鸿藻从中斡旋,取得皇帝与言官们的谅解。③直隶总督兼北洋通商大臣李鸿章批评翰林院编修吴大澂(1835-1902)等人书生意气④,建议总理衙门尽快处理,避免引起不必要的冲突,并根据《万国公法》,建议觐礼方案"如能屈一足,略与中国请安相等,即不跪拜,较为顺眼"⑤,甚至试图与日本特命全权大使副岛种臣(そえじま　たねおみ,1828—1905)联手,让各国公使团对觐见礼问题有所让⑥。未料,日本大使副岛反而比五国公使团更注意觐见礼问题,坚持日本已改从西制,绝不能接受跪拜礼的方案,并认为日本作为中国的与国,"应仿中国春秋时邻国聘问仪注",行"三揖礼"⑦。副岛也强调全权大使位阶高于公使,其入觐顺序应优先于各国公使,故要求单班先觐,否则将决裂归国⑧。此外,副岛质疑五鞠躬礼的理论基础,并向法国公使抱怨总理衙门,批评中国不应只照本国礼制,罔顾他国权利。⑨

---

① 中国第一历史档案馆编:《清代档案史料丛编(第13辑)》,第444－445页。
② 翰林院编修吴大澂、山东道监察御史吴鸿恩递折时间四月初五日。大理寺少卿王家璧递折时间四月二十九日。江南道监察御史王昕、浙江道监察御史边宝泉递折时间五月初三日、河南道监察御史吴可读递折时间五月二十五日。托津:《钦定大清会典(嘉庆朝)》卷五四,台北:文海出版社,1987年,《都察院》,第2527页。递折时间可见宝鋆:《筹办夷务始末(同治朝)》卷九〇,号2938,第3641页,同治十二年五月二十日奕訢等奏请将李鸿章折片饬交会议片。
③ 林文仁:《南北之争与晚清政局1861－1884》,北京:中国社会科学出版社,2005年,第56、63－69页。
④ 吴汝纶编:《李鸿章全集·朋僚函稿》卷一三,《复孙竹堂观察》,第4页a,同治十二年三月二十六日。
⑤ 吴汝纶编:《李鸿章全集·朋僚函稿》卷一三,《复孙竹堂观察》,第3页b,同治十二年三月二十六日。
⑥ 吴汝纶编:《李鸿章全集·朋僚函稿》卷一三,《复孙竹堂观察》,第4页a,同治十二年三月二十六日。Robert K. Sakai, "The RyuKyu Islands as Fief of Satsuma", in John K. Fairbank ed., The Chinese world Order: Traditional China's Foreign Relations, Cambridge: Harvard University Press, 1968, pp. 112－134。
⑦ 佚名辑:《各使请觐抄案》,全国公共图书馆古籍文献委员会编:《晚清洋务运动事类汇钞》中册,北京:全国图书馆文献缩微复制中心,1999年,《抄孙道上伯相禀》,第774页,同治十二年五月初四日。
⑧ 佚名辑:《各使请觐抄案》,《抄孙道上伯相禀》,第776页,同治十二年五月初四日。
⑨ 吴汝綸编:《李鸿章全集·译署函稿》卷一,《述副岛论外交》,第43b－45页b,同治十二年四月初七日;[日]外务省编:《日本外交文书:明治期》第9册,東京:日本国际连合协会,1949－1963年,卷六,号88,《付记自四月一日至五月三十日使清日记》,第146页,明治六年五月三十日副岛全权ヨリ三条太政大臣宛。由《使清日记》的同治六年五月十九日条记事,可知日使副岛拜会各国公使时,趁机挑拨,欲推翻总理衙门原本五鞠躬礼的方案。

为了避免再起波澜,总理衙门很快拟订了《觐见节略》,并与英、俄、法国公使谈妥了六项条件:第一,只要奉有国书者,不论等级都可觐见皇帝;过去缴给总理衙门的国书,将发还各国公使,不必再要求各国政府寄送新国书。第二,公使团必须等待皇帝下诏,再一同引见,不能随请随见。第三,各国公使须事先演练,避免御前失礼。第四,由皇帝决定觐见地点与时间,公使团不得异议。第五,公使不得借请觐之事,要求清政府遣使驻外,也不得要求清政府比照办理。第六,德国公使因病回国,这次议事,德方不得再有异议。① 中外双方都有共识后,终于决定了"外国公使觐见礼"方案。总理衙门同意公使团免行跪拜礼②,但公使团须向皇帝行五鞠躬礼,表示崇敬③。除了允行五鞠躬礼,总理衙门将"外国公使觐见礼"的所有仪式,都解释为"均为君恩",并要求公使团只能呈递国书、请安致贺,不可先论事务,而公使团行五鞠躬礼时,皇帝"坐立自便",不须像欧美诸国元首站立受礼,也不需亲接国书。④ 不顾日本大使副岛的抗议,恭亲王奕䜣仍与公使团并案办理,命其次班觐见,行五鞠躬礼,并定期五月二十八日(1873.6.22)在紫光阁接见各国公使团。⑤

　　总理衙门在《觐礼节略》仔细安排公使团觐见的各种细节⑥,并将觐见地点选在紫光阁,实有其深意。按清朝典制,每年正月,皇帝须在中南海丰泽园赐宴,招待外藩和蒙古王公,但紫光阁建好后,外藩设宴就移往紫光

---

① 佚名辑:《各使请觐抄案》,《抄孙道上伯相禀》,第776页,同治十二年五月初四日;魏秀梅:《文祥在清代后期政局中的重要性》,《台湾师范大学历史学报》2004年第32期,第128—129页。据孙士达写给李鸿章的信函,可知觐事决策者为文祥,其他总理衙门大臣只能袖手旁观。孙士达不认同文祥的处置,还批评文祥不听人言,让总理衙门失去驾驭外使的机会。佚名辑:《各使请觐抄案》,《抄孙道上伯相禀》,第800—801页,同治十二年六月初一日。
② 宝鋆:《筹办夷务始末(同治朝)》卷九〇,号2938,第3641页,同治十二年五月二十日奕䜣等奏请将李鸿章折片饬交会议片。
③ 宝鋆:《筹办夷务始末(同治朝)》卷九〇,号2941,第3643页,同治十二年五月二十日给各国使臣简明节略。
④ 宝鋆:《筹办夷务始末(同治朝)》卷九〇,号2941,第3643页,同治十二年五月二十日给各国使臣简明节略。
⑤ 佚名辑:《各使请觐抄案》,《孙道上伯相禀》,第794页,同治十二年五月二十四日;宝鋆:《筹办夷务始末(同治朝)》卷九一,号2959,第3659页,同治十二年六月初七日奕䜣等奏德使因病回国不能觐见将庆贺之意代为转奏片。总理衙门原订五月二十八日召见各国公使,但因威妥玛的抗议,反复辩论,只好延期至六月初五日召见。
⑥ 佚名辑:《各使请觐抄案》,《孙道上伯相禀附东西使臣觐见礼单》,第797页,同治十二年五月二十五日。

阁,成为定例。①大学士文祥原先提议在永定门外二十里的南苑,接见外国公使团②,但南苑太过荒凉,不足以展现天朝威仪,遂改在紫光阁③,隐寓天朝对属藩、天子对夷狄的暗示④。在总理衙门刻意的安排下,公使团虽可以五鞠躬礼、觐见皇帝,但被视为"夷狄""外藩"的身份,仍不脱"客礼"的优待之意。然而,五月二十三日(6.17)举行演礼过后,日本大使副岛面晤文祥,向总理衙门申明外国公使见日本天皇只须行三鞠躬礼,天皇起立受礼、亲接外国国书三项,并要求比公使团先班觐见,向皇帝亲递国书,否则将束装归国。⑤英国公使威妥玛同样地不满,怀疑清政府有意将各国公使混为贡使看待,遂要求总理衙门删去在谕旨里的"使臣"字样。后来,威妥玛虽勉强接受文祥对"使臣"的解释,但仍心犹慊慊,指出觐见地点不在紫禁城的正殿(太和殿),不符合欧美各国元首在皇宫正厅接见公使的外交惯例,不愿意在紫光阁觐见皇帝,也不愿在福华门外下轿、下马,更抱怨公使不带刀剑,不带翻译,不亲递国书等安排⑥,于是要求总署王大臣转递各国国书时,王大臣不可以跪拜礼的方式,呈递各国国书,否则有损各国体面。⑦

对英使威妥玛的抗议,孙士达援引丁韪良翻译的《万国公法》,逐一驳斥,并指出清政府已多次迁就,若再退让的话,清政府等于承认中国不是自

---

① 万青黎修:《(光绪)顺天府志》,《地方志人物传记资料丛刊(华北卷)》,北京:北京图书馆出版社,2002年光绪十二年刻本影印,《京师志二》,第32页;远波《同治帝接见外国使臣的前前后后》,《紫禁城》1995年第2期,第6页。乾隆四十一年后,紫光阁也用于悬挂功臣图像、功勋赞文及各式战役图。

② 吴汝纶编:《李鸿章全集·朋僚函稿》卷一三,《复孙竹堂观察》,第3页b,同治十二年三月二十六日。

③ 紫光阁建于明代正德年间(1505－1521),初名为"平台",位在中南海的西苑,用以校阅宫廷禁军的弓马武功。明亡后,顺治朝废平台、改建紫光阁,康熙朝重修,用以校阅射骑、武举殿试。乾隆二十五年(1760),改葺新阁,放置平定准噶尔部的五十功臣画像,用以献俘,陈设军器,定为藩属入觐之处。昆冈:《钦定大清会典事例(光绪朝)》卷五〇九,台北:启文出版社,1963年光绪二十五年刻本国立中央图书馆藏书景印,《朝贡》,第2a－18页b;卷五一九:《燕礼》,第6a－6页b。李文:《中南海的紫光阁》,《北京档案》,1994年第5期,第44页。

④ 王开玺:《清代外交礼仪的交涉与论争》,第520、591－592页。

⑤ 吴汝纶编:《李鸿章全集·朋僚函稿》,册5,卷一三,《复李雨亭制军》,第10页b,同治十二年六月初一日;佚名辑:《各使请觐抄案》,《孙道上伯相禀》,第794页,同治十二年五月二十四日;第795页,同治十二年五月二十五日。[日]外务省:《日本外交文书:明治期》第9册,卷六,号95,《付记自五月三十一日至六月二十九日使清日记》,第174－177页,明治六年六月二十九日副岛全权ヨリ三条太政大臣等宛。原件是《使清日记》明治六年六月十七日、二十日记事。

⑥ 吴汝纶编:《李鸿章全集·朋僚函稿》卷一三,《复李雨亭制军》,第10页b,同治十二年六月初一日。

⑦ 佚名辑:《各使请觐抄案》,《孙道上伯相禀》,第794页,同治十二年五月二十四日。

主之国,将被各国轻视。① 孙士达也驳斥日使副岛的说法,指出欧美各国的官员觐见国君时,进退皆三鞠躬,总数应是六鞠躬礼②。总理衙门只要求五鞠躬礼,已较欧美各国的通行礼节,还少一鞠躬,但各国公使却不提醒总理衙门,根本是故意欺瞒,毫无诚意可言③,使日本翻译官郑永宁(1829-1897)无言以对。总理衙门态度转趋强硬的消息,很快传到俄、法两国公使耳中。为了不让请觐之事破局,法国公使热福理(Francois Louis Henri de Geofroy, 1822—?)与文祥重新讨论,不再提先前的种种要求,只希望各国国书奉置黄案后,不必由王大臣捧呈,皇帝只需示意收到各国国书,即可成礼④。至于各国公使自带译官、入内觐见一节,文祥决定通融,允许日本翻译官郑永宁及两名外国翻译官(璧斯玛、德微亚)入殿觐见。⑤ 可是,日本大使副岛不愿再赴总理衙门交涉,改由日本副使柳原前光(やなぎわら さきみつ,1850—1894)出面交涉,并提出澳门归属何国,朝鲜与中国关系,及日本欲兴兵问罪台湾生蕃三项问题,欲借请觐之事,挟制总理衙门,实欲侵扰朝鲜、台湾。⑥

　　为了不让副岛再有挟制的借口,孙士达建议总理衙门同意副岛的要求,借以破解东、西诸使相互勾结的危局。因此,文祥同意让副岛先班觐见,行三揖礼,亦可佩带刀剑⑦,也同意法国公使的要求,改为各国国书置

---

① 佚名辑:《各使请觐抄案》,《孙道上伯相禀》,第796页,同治十二年五月二十五日。
② 佚名辑:《各使请觐抄案》,《日本接待国使仪》,第781页。从日本接待各国公使的仪节来看,日使副岛、译官郑永宁应知公使见日本天皇有六鞠躬。此外,从日本岩仓使节团赴欧美各国出使,亦回报呈递国书的情况,由此可见当时国际社会的递书通礼,乃是六鞠躬礼,采公使三进、三退的方式进行。[日] 外务省:《日本外交文书:明治期》第9册,卷六,号19,《付记明治五年十一月二十六日岩仓大使等佛国大統領へ謁見次第书》,第16页,明治六年1月3日岩倉大使等ヨリ三条太政大臣等宛。
③ 佚名辑:《各使请觐抄案》,《孙道上伯相禀》,第796页,同治十二年五月二十五日。
④ 佚名辑:《各使请觐抄案》,《孙道上伯相禀》,第796页,同治十二年五月二十五日。
⑤ 佚名辑:《各使请觐抄案》,《孙道上伯相禀》,第796页,同治十二年五月二十五日。
⑥ 陈湛绮主编:《晚清外交会晤并外务密启档案汇编》第7册,第3041－3044页,同治十二年六月初十总理衙门致北洋大臣李鸿章;佚名辑:《各使请觐抄案》,《孙道上伯相禀》,第798页,同治十二年五月二十七日;[日] 外务省:《日本外交文书:明治期》第9册,卷六,号95,《付记自五月三十一日至六月二十九日使清日记》,第177－179页,明治六年六月二十九日副岛全权ヨリ三条太政大臣等宛。原件出于《使清日记》明治六年六月二十一日记事。曹雯:《清朝对外体制》,页268－269。曹雯指出,为了琉球问题,副岛种臣刻意派副使柳原与总理衙门争辩,既可宣扬日本立场,又可不须与总理衙门发生冲突,避免与中国谈判破裂。
⑦ 文祥虽同意副岛的要求,但副岛与俄使已暗中勾结,竟推翻前议,使孙士达不得不诘问日本译官郑永宁,并说服郑永宁代为斡旋。由于孙士达的力争,郑永宁代为劝说副岛。副岛权衡利害之后,决定同意总理衙门的方案,不再争辩。佚名辑:《各使请觐抄案》,《孙道上伯相禀》,第800页,同治十二年六月初一日。

于黄案后,不再由恭亲王奕䜣转呈①。正因为总理衙门的妥协,使公使团无法推翻原有的觐礼方案,使双方终于同意了最后的觐礼方案:一、日本大使先班独见,行三揖礼,其余五国公使一组,次班合见,行五鞠躬礼。各国公使入门后,自报姓名,行一鞠躬;正面面对皇帝,再行一鞠躬;捧国书至黄案前,再行一鞠躬;放国书至黄案上,再行一鞠躬;临退出殿前,再行一鞠躬,共行五次一鞠躬,即五鞠躬礼。二、各国国书放在黄案(一张盖有黄布的大桌子)上,废去恭亲王代呈国书的仪式,但同治皇帝须回答国书已接收等语,并温言慰问各国公使。三、允许各国公使佩带刀剑入殿。四、放宽翻译官人数。日本大使配用郑永宁为翻译官,五国公使配用德国人璧斯玛(Karl Bismarck)、法国人德微亚(Jean Gabriel Deveria,1844—1899)为翻译官②。五、觐见日期订在六月初五日,觐见地点仍在紫光阁。③

同治十二年六月初五日(1873.6.29)凌晨五点半钟,日本大使副岛种臣、英国公使威妥玛、法国公使热福理、俄国公使倭良嘎哩(Genreal A. Vlangaly)、美国公使镂斐迪(Fredrick Ferdinand Low, 1828—1894)、荷兰公使费果荪(Jan Helenus Ferguson, 1826—1908),先在俄国公使馆集合,再由总理衙门大臣成林、崇厚引导④,往皇城福华门前进。各国公使在福华门下马、下轿,步行进入西苑,使馆随员们只能在福华门外的朝房等候,不得进入福华门。随后,由文祥、沈桂芬(1818—1881)、董恂(1810—1892)出迎,带领公使团至时应宫(紫光阁北处,时应宫东为福华门)等候召见,并由文祥等人款待茶点。八点半钟,皇帝移驾紫光阁后殿后,公使团被带至紫光阁附近等候,由恭亲王奕䜣接待。⑤九点钟(巳刻)准时举

---

① 佚名辑:《各使请觐抄案》,《孙道上伯相禀》,第800页,同治十二年六月初一日。
② 德国公使李福斯原本要谒见同治皇帝,但当时因病返国,无法参加觐见。后来,署德国公使和立本欲同觐,但文祥以和立本无国书为由,拒绝德使请觐。德方无人出席,故由翻译官璧斯玛充当五国公使团的翻译官,代替德使出席。佚名辑:《各使请觐抄案》,《孙道上伯相禀》,第798页,同治十二年五月二十七日。
③ 佚名辑:《各使请觐抄案》,《孙道上伯相禀附西使礼单》,第803页,同治十二年六月初三日。陈捷先:《慈禧写真》,第124—125页。陈捷先以为总理衙门刻意选在六月初五日,即外使不办公的礼拜日,但笔者以为,当时中国没有星期制的概念,总理衙门是否刻意而为,仍有待商榷。
④ [日]外务省:《日本外交文书:明治期》第9册,卷六,号95,《付记自五月三十一日至六月二十九日使清日记》,第184页,明治六年六月二十九日副岛全权ヨリ三条太政大臣等宛。原件出于《使清日记》明治六年六月二十九日记事,可知由总署大臣成林迎接日本大使,崇厚迎接外国公使们。
⑤ William Woodville Rockhill, Diplomatic Audiences at the Court of China, London: Luzac, 1905, pp. 43—44.

行请觐仪式。同治皇帝先单独召见日本大使副岛种臣①,再召见五国公使,并依据先后使华日期,五国公使依序进入紫光阁内殿。如总理衙门所拟礼单,公使团入殿、递书、退出时,分别行五次的一鞠躬礼。②公使觐见时,同治皇帝的左右两侧各由恭亲王奕䜣、博德勒噶台亲王伯彦讷谟祜(1836—1891)随侍,而丹墀之下,殿内两侧各立有御前大臣、军机大臣、六部堂官、总理衙门大臣们,仪仗威武,气氛凝重。③待公使团递书完毕后,先由俄使倭良嘎哩代表致辞,向皇帝表达祝贺④,再由璧斯玛翻译为汉语,最后由奕䜣翻译为满洲语。⑤回复五国公使时,同治皇帝同样说满洲语,再由奕䜣转译汉语,向五国公使宣达。同治皇帝虽问候公使团与外国元首的近况,但态度冷淡,还要求公使团若有要事,可与总理衙门妥商,暗示"不欲人多扰之意"⑥。等四国公使退出后,法国公使独留,呈上法国总统对"天津教案"的国书。⑦请觐递书的仪式就算完成。

从同治十二年"外国公使觐见礼"的制订过程,可知清政府虽无法阻止"公使请觐",也无法要求外使行跪拜礼,但在整个仪式的安排上,总理衙门仍维护了皇帝的至尊地位。总理衙门重新诠释"客礼"概念,将外国公使行鞠躬礼之举动,解释为皇帝优礼外人的手段,维护"宾礼体制"的正当性⑧。值得注意的是,总理衙门安排多语转译的原因,正是《仪礼·觐礼》的"天子—摈者—诸侯"模式,即比照皇帝与贡使不直接对谈,皆由礼部尚书转述,再由通事代译的方式。透过恭亲王奕䜣充当"摈者",转译为满洲语的动作,使同治皇帝不须直接与外国公使交谈,便可区隔皇帝与外国公使的君臣身分,凸显中外双方的等差位阶。可以说,总理衙门重提"客礼"的策略相当成功,不但让保守派人士无法阻碍请觐之事,也能在外国公使

---

① [日]外务省:《日本外交文书:明治期》第9册,卷六,号95,《付记自五月三十一日至六月二十九日使清日记》,第184页,明治六年六月二十九日副岛全权ヨリ三条太政大臣等宛。
② 佚名辑:《各使请觐抄案》,《照录上海翻译新闻纸》,第814页,同治十二年六月下旬。
③ [日]外务省:《日本外交文书:明治期》第9册,卷六,号95,《付记自五月三十一日至六月二十九日使清日记》,第184—185页,明治六年六月二十九日副岛全权ヨリ三条太政大臣等宛。
④ 佚名辑:《各使请觐抄案》,《照录各国致词》,第809页。五国公使团致词时,特别提到公使团的愿望,希望同治皇帝能效法康熙皇帝,与西洋各国和平相处。
⑤ 佚名辑:《各使请觐抄案》,《照录上海翻译新闻纸》,第814页,同治十二年六月下旬。
⑥ 佚名辑:《各使请觐抄案》,《照录上海翻译新闻纸》,第815页,同治十二年六月下旬。
⑦ [日]外务省:《日本外交文书:明治期》第9册,卷六,号95,《付记自五月三十一日至六月二十九日使清日记》,第185页,明治六年六月二十九日副岛全权ヨリ三条太政大臣等宛。
⑧ 王开玺:《清代外交礼仪的交涉与论争》,第517—518页。

的压力下,巧妙地维持"宾礼体制",保全了皇帝的至尊地位。外国公使们虽觐见了同治皇帝,但请觐递书只是形式上的演练,并未达到中外修好之目的,让五国公使相当失望,动摇了过去"对华合作"政策的信心。①

总之,同治十二年的"公使觐见"在总理衙门的安排下,使公使团最在意的"平行往来"一款变成皇帝怀柔远人,"以客礼待之"的表象。例如,觐见地点在紫光阁,竟是属藩呈表献俘之处,让五国公使感觉受骗,甚是不满。②又如,总理衙门限制翻译人数、呈递国书、进殿方式等仪节,都让外国公使们难以理解。③上海《字林西报》报道"公使请觐"时④,更评论外国公使就算争得以鞠躬礼、觐见皇帝,实际上仍枉费心机,并未真正突破"宾礼"的限制,还是被当作贡使对待。⑤从整个觐见过程的结果来论,受益者只有日本大使副岛种臣,不但只行三揖礼,也比五国公使先班独见⑥,在各国公使面前赢得面子,间接提升日本的国家地位,并与清政府签订《日清修好条规》,为日本进占朝鲜与琉球,夺得了先机。⑦因此,觐见结束后,日本大使副岛得意洋洋,欣然前往总理衙门的宴会,而五国公使团却以皇帝未在宫内设宴为由,谢绝总理衙门的邀宴,可见公使团不满的情绪,欲再行请觐,达成"平行往来"的目的。⑧但因同治皇帝突然崩逝,外国公使们不得

---

① [美]芮玛丽:《同治中兴:中国保守主义的最后抵抗(1862—1874)》,第326、342—343页。芮玛丽认为觐见礼的冲突已顺利解决,但从上述讨论可知,这次觐礼问题仍引起了不小的冲突,只是外国公使团仍未放弃对华合作政策,不便发作,再加上同治皇帝突然崩逝,外使团无法再有讨论,故围绕着觐礼的外交冲突暂时隐入台面之下。
② 佚名辑:《各使请觐抄案》,《照录上海翻译新闻纸》,第815页,同治十二年六月下旬。
③ 外国公使团不满总理衙门的安排:一是外使不准带各自的翻译官。二是呈递国书不是亲手交给皇帝,而放在御座旁的黄案上。三是外使由左门出入,而不是由正门出入。王开玺:《清代外交礼仪的交涉与论争》,第517、591—592页。
④ 上海申报馆编:《申报》第5册,上海:上海书局,1982—1987年上海图书馆藏原报影印,号666,《西使入觐遗论》,第1页,同治十三年五月十八日。据《申报》所述,报道资料来源应是上海的《字林西报》。
⑤ 佚名辑:《各使请觐抄案》,《照录上海翻译新闻纸》,第815页,同治十二年六月下旬:"至于此次所议仪节,诚为妥协。独觐见地方及上谕,未免如贡使行礼古例,其寔俺洋人要执不以贡使看待,究竟被中国争胜也。"
⑥ [日]外务省:《日本外交文书:明治期》第9册,卷六,号95,《付记自五月三十一日至六月二十九日使清日记》,第185页,明治六年六月二十九日副岛全权ヨリ三条太政大臣等宛。
⑦ 張启雄:《日清互換條約において琉球の帰属は決定されたか》,《沖縄文化研究》1992年第19期,第95—129页。
⑧ [日]外务省:《日本外交文书:明治期》第9册,卷六,号95,《付记自五月三十一日至六月二十九日使清日记》,第185—186页,明治六年六月二十九日副岛全权ヨリ三条太政大臣等宛。中国第一历史档案馆、文化部恭王府管理中心编:《清宫恭王府档案总汇:奕䜣密档》第7册,第400—412页,同治十三年三月十九日俄国新任驻京使臣布策恳请照例觐见,原档4/161/13,藏于明清档案馆。

不暂时忍让,只好留待光绪皇帝(1871—1908,在位1875—1908)亲政之时,再行讨论。

四、光绪朝"外国公使觐见礼"的三次变化

同治皇帝突然崩逝,请觐之事嘎然而止,再碍于两宫垂帘的成例,公使们无法请觐,"外国公使觐见礼"自然也无从再议,但重新拟订觐见礼仪的声音始终存在。① 光绪皇帝亲政后,外国公使团再次要求皇帝应随时召见公使,并希望总理衙门能重拟"外国公使觐见礼",尤其是觐见地点必须改变,使觐礼之争再度发生。针对英国《泰晤士报》批评光绪皇帝尚未接见外国公使的报道②,出使英法比义大臣薛福成建议总理衙门仍照同治十二年的成案办理,并由皇帝降旨,准许外国公使自行决定"中礼"或"西礼"。就算外国公使全行"西礼",但因皇帝已允许外国公使各听其便,清政府仍无损体制,保全国体。值得注意的是,薛福成仍根据"客礼"概念,强调恩出于上、优礼外人的面向,特别援引麦德乐(Alexandre Metello de Sousa e Menezes)使节团③ 与英国马嘎尔尼使节团④ 的先例,指出雍正皇帝、乾隆皇帝曾特许外国使节以西礼觐见,可作为"外国公使觐见礼"的根据。⑤ 正因为薛福成的建议,光绪君臣鉴于时势的需要,预作防范,主动更定觐礼方案,让外国公使无法借故生事。因此,光绪皇帝一开始就颁布谕旨,说明光绪十七年的觐见礼方案,将延续同治十二年的成案,并明订每年正月皆定期举行"公使请觐",增

---

① 王彦威、王亮编:《清季外交史料》卷六,台北:文海出版社,1969年,第31a—31页b,光绪二年六月二十五日总署奏遵议李鸿章赴烟台会商滇案预筹办法。
② 薛福成:《出使公牍·奏疏》书函卷三,沈云龙主编:《近代中国史料丛刊》第809册,台北:文海出版社,1972年,《论接见外国使臣书》,第1页b,光绪十六年七月初六日。
③ 康熙年间曾与罗马教廷发生"礼仪之争",康熙皇帝支持耶稣会士。罗马教皇本笃十三世派人携教皇书信,与葡萄牙使节麦德乐一同来华,希望雍正皇帝准许外国传教士在中国传教。根据黄启臣的研究,可知麦德乐等人朝觐皇帝时,行"跪拜礼",但麦德乐也得到特许,向皇帝亲递国书。黄启臣:《麦德乐使华与中葡关系》,《行政》1998年第2期,第515页;《康熙与罗马使节关系文书》,故宫博物院编:《文献丛编》,第13件,第8页b(总页171)。
④ [美]何伟亚:《怀柔远人:马嘎尔尼使华的中英礼仪冲突》,第177—182页。
⑤ 薛福成:《出使公牍·奏疏》奏疏卷上,《豫筹各国使臣合请觐见片》,第16b—17页a,光绪十六年七月初六日。《清史稿》亦节录了薛福成的奏疏,但《清史稿》过于简略,多略去主词,不易理解,亦未录此段引文,有失薛福成的原意,故用《出使公牍·奏疏》的原文。赵尔巽:《清史稿》卷九一,《礼志十》,第2680—2681页。

加觐见的次数①,遇有节庆,总理衙门亦可赐宴外使,借以驳回德国公使巴兰德（Max von Brandt, 1835—1915）另选他处觐见的要求。幸好总理衙门早作安排,抢得先机,光绪十七年觐见礼仪大致上仍依循同治十二年的成案办理。

总理衙门也主动调整过去颇受争议的几项仪式,据《翁同龢日记》和《薛福成日记》,可知光绪十七年的觐见礼方案,共有六项变更。比较如下。第一,同治十二年成案是新任公使须携有国书,方可请觐;但这次请觐已允许未带国书的新任公使,可逢新年正月再行请觐。②第二,过去成案是五国公使共推一人递书致词,皇帝答谕时,由恭亲王作为摈者,代为转译;但这次请觐准有国书者可各自致词,无国书者公推一人致词。每位公使致词时,光绪皇帝皆答谕,仍旧由庆郡王奕劻（1838-1917）代为转译,维持"天子—摈者—诸侯"的模式。③第三,过去成案仅同意三名翻译官入殿;但这次请觐允许14国公使各带一名翻译官,让觐见人数激增到32人。第四,过去成案不许比利时、意大利等小国公使入觐;这次请觐皆准入觐。④第五,过去成案只认国书不认人;这次请觐依外洋贺岁之例,无国书的署理公使、参赞亦可入觐。⑤第六,过去成案设有御案、黄案,各国国书须放置黄案上,再由恭亲王捧交皇帝;但这次请觐撤去黄案,各国公使可更靠近御座,但仍由御前大臣转递各国国书,再将国书放置御案上。⑥

在光绪君臣的预作安排下,光绪十七年的"外国公使觐见礼"争议总算平稳过渡。但公使团觐见后不久,德使巴兰德再度提出抗议,认为紫光阁是清政府招待外藩王公、属国贡使之处,不应作为召见各国公使之处,必须另选地点。若总理衙门不愿改易觐见地点,就是视各国公使如同贡使,违反"平行往来"的规定。其他公使也附和巴兰德的说法,让总理衙门不得不向皇帝奏请,希望改易觐见地点。光绪皇帝倒是爽快,允许所请。⑦因

---

① 《清德宗实录》卷二九一,北京：中华书局,1986年,第870b－871页a,光绪十六年十一月丁卯条。
② 《清德宗实录》卷二九一,第870b－871页a,光绪十六年十一月丁卯条。
③ 翁同龢：《翁同龢日记》第5册,北京：中华书局,2006年,第2427页,光绪十七年正月廿五日。《翁同龢日记》记为公使行七鞠躬礼,有误。据《薛福成日记》下册第662－663页所述,应为五鞠躬礼。
④ 薛福成：《薛福成日记》下册,第662页,光绪十七年二月二十日。
⑤ 薛福成：《薛福成日记》下册,第663页,光绪十七年二月二十日;第628－629页,光绪十七年三月十九日。
⑥ 翁同龢：《翁同龢日记》第5册,第2428页,光绪十七年正月廿五日。
⑦ 王彦威、王亮编：《清季外交史料》卷八四,第32b－33页a,光绪十七年九月十八日总署奏使臣觐见恳求另定处所据实代陈折。

此，总理衙门将觐见地点，改在承光殿，并向巴兰德解释，承光殿从未朝见臣工，亦未接待外藩、贡使，最为适宜。①然而，总理衙门选择承光殿的动机，乃因承光殿地处北海，不在紫禁城的建筑群内，与当初文祥等人选择紫光阁，实有异曲同工之妙。俄、法、奥三国公使原本订于光绪十七年十一月初十日（1891.12.10）在承光殿觐见递书，但因俄国公使喀希尼（Артур Павлович Кассини，1835—1919）援引雍正五年（1727）俄国特使萨瓦在太和殿觐见之故事②，不愿接受总理衙门在承光殿觐见的方案。因此，法国公使李梅托病，俄使喀希尼则威胁总理衙门，俄国将另选地点，不让中国驻俄大臣与他国公使一同觐见俄国沙皇，借以贬低中国的地位。③最后，法、俄两使拒绝入觐，以示抗议，俄使更拒递俄国国书，只送交国书副本。总理衙门仍不理会，让奥国公使单独入觐递书。④

为了安排光绪十八年的贺年觐见，总理衙门也请德国公使巴兰德，速与其他公使敲定觐见时间，并向各国公使事先声明，总理衙门已接受公使团的建议，将觐见地点改在承光殿，希望公使团不要再反悔，不然清政府将停止公使请觐贺年之事，届时就不是清政府的责任。⑤正因为俄、法两使有拒见的恶例，让总理衙门才会要求德使巴兰德事先疏通公使团的意见。中国驻俄公使许景澄（1845—1900）也向俄国外部质问俄使喀希尼择地请见的行为已违反"国际法"的规定，要求俄国外部惩戒喀希尼。⑥经巴兰德居中转圜，其他公使皆接受总理衙门的请觐方案，俄使、法使不甘被排除在外，允诺出席，总算确定了光绪十八年正月贺年的觐见时间、

---

① 陈湛绮编：《晚清外交会晤并外务密启档案汇编》第5册，第2002－2003页，光绪十七年十二月初五日两点钟德使巴兰德偕参赞使特恩博、翻译葛尔士来署。
② 陈维新：《清代对俄外交礼仪体制及藩属归属交涉（1644－1861）》，第130－141页。据陈维新指出，俄使萨瓦仍被清政府视为贡使，要求行跪拜礼。萨瓦本不愿行跪拜礼，但考虑到俄国的在华贸易利益，不得不让步，遂行跪拜礼。
③ 《此次觐见若在承光殿举行则将来中国代表在俄国觐见时其地点与礼仪亦将与他国代表不同》，中研院近史所藏，总署各国衙门事务档案，档号：01－17－047－01－017。光绪十七年十月俄国公使照会总署。中国第一历史档案馆：《清代军机处电报档汇编》第6册，北京：中国人民大学出版社，2005年，号1850，第774页，光绪十七年十一月十一日发出使俄国大臣许景澄电；薛福成：《薛福成日记》下册，第700页，光绪十八年二月初七日。
④ 奥国公使在承光殿的觐见过程，如同光绪十七年成案，即公使可带翻译官、殿中未置黄案、国书由王大臣代递、仍行五鞠躬礼等项。薛福成：《薛福成日记》下册，第674－675页，光绪十七年十一月二十日。
⑤ 陈湛绮编：《晚清外交会晤并外务密启档案汇编》第5册，第2002－2005页，光绪十七年十二月初五日两点钟德使巴兰德偕参赞使特恩博、翻译葛尔士来署。
⑥ 中国第一历史档案馆编：《清代军机处电报档汇编》第6册，号1850，第775页，光绪十七年十一月十一日发出使俄国大臣许景澄电。

地点及人数。不过,受到了俄使喀希尼的影响,德使巴兰德也向总理衙门表示,希望明年贺年时,即光绪十九年的正月贺年,能改在紫禁城内觐见,不要再在承光殿觐见。总理衙门巧妙地避答巴兰德的问题,反而对巴兰德说:贺年时在何处觐见,端视皇帝居住在哪个宫殿,由皇帝自行决定觐见地点;身为臣属者,只能听命,不容重议。更何况,若按照巴兰德的逻辑,皇帝现居西苑,位居西苑团城的承光殿,自可视同大内,当然可选在承光殿觐见。①

总理衙门的理由相当冠冕堂皇,掩盖了选在承光殿的真正意图,让巴兰德无从反驳,只能推说各国外部皆重视"公使请觐"之事,自己作不了主。②对巴兰德的推托,总理衙门并不全采信,反而向巴兰德抱怨,法国公使不愿与奥国公使同在承光殿觐见,只为难总理衙门,希望巴兰德能说服法使,让请觐之事一同举行,否则中国只是平白得罪法国、奥国,甚为困扰。③从上述俄使拒见抗议,及法使欲排除奥使同觐的讨论,可知欧洲诸国争霸的局势也反映在"公使请觐"之事④,德、俄、法、奥四国公使借承光殿的地点问题互相角力,让总理衙门得到"以夷制夷"的机会,可借俄使之力,牵制德使,或借德使之力,牵制法使,取得一微妙的平衡⑤,才能驳回俄国公使"内廷首殿"的要求,也让公使团勉强接受在承光殿觐见的方案。不过,当时任职总理衙门的张荫桓(1837—1900)已预见承光殿方案始终不是长久之计,日后非得在大内觐见,公使团才能满意。⑥

光绪二十年(1894),法国新任公使施阿兰(Augste Gerard)来华,

---

① 陈湛绮编:《晚清外交会晤并外务密启档案汇编》第5册,第2014—2016页,光绪十八年三月初四日两点钟德国巴使偕翻译葛尔士来署。
② 陈湛绮编:《晚清外交会晤并外务密启档案汇编》第5册,第2016页,光绪十八年三月初四日两点钟德国巴使偕翻译葛尔士来署。
③ 陈湛绮编:《晚清外交会晤并外务密启档案汇编》,第五册,第2016—2017页,光绪十八年三月初四日两点钟德国巴使偕翻译葛尔士来署。
④ 1879年7月,德国与奥匈帝国结成"德奥同盟"(Zweibund),后因奥国与俄国相争波斯尼亚、赫塞哥维那,使德国不得不选择同为日耳曼民族的奥国,放弃与俄国的"三皇同盟"(Three Emperors' League),并视俄国为日耳曼民族的假想敌。德国外交政策的转变,让法国有机可乘,遂与俄国结盟,合力抵抗德奥同盟。Nicholas Mansergh, The Coming of the First World War: A Study in the European Balance, 1878—1914, London, New York: Longmans Greenand co, 1949, pp. 34—35; R. J. W. Evans & Hartmut Pogge von Strandmann, The Coming of the First World War, Oxford: Clarendon Press; New York: Oxford University Press, 1988, pp. 57—59。
⑤ 中国第一历史档案馆编:《清代军机处电报档汇编》第6册,号1850,第775页,光绪十七年十一月十一日发出使俄国大臣许景澄电。
⑥ 薛福成:《薛福成日记》下册,第714页,光绪十八年四月初十日。

按例应在承光殿呈递国书,但施阿兰却向庆亲王奕劻抗议,以为承光殿位在西苑,不在大内,遂不愿入觐递书。①奕劻不理会法使施阿兰的抗议,张荫桓更直接驳斥法使"尔不愿尽职,听之而已"②,并引据"未递国书不能拜客"的公法通例,指出清政府没有计较施阿兰未递国书、却可拜客办事之事,希望施阿兰不再纠缠觐见地点的问题。③法使施阿兰只好先呈递国书副本,再提出要求,希望总理衙门能允许自己向皇帝亲递国书。④据施阿兰的回忆,当时只有俄国公使、西班牙公使支持自己的提议,一同要求清政府应安排新的"外国公使觐见礼"⑤。可知法使的要求并非偶然,乃出于俄使喀希尼的唆使。⑥不久后,中国和日本因朝鲜问题,发生冲突,由法国公使施阿兰负责调解中日冲突,但调停失败,甲午战争爆发。⑦未料,傲视东亚的北洋舰队竟全军覆没,在朝鲜半岛的清军也兵败如山倒,总理衙门只好准备议和,并重新启用恭亲王奕䜣,负责督办军务处,收拾中日议和的烂摊子。⑧

为了寻求欧美各国的帮助,奕䜣只好答应法使施阿兰的要求,借以换得法国、俄国的支持。⑨深受皇帝信任的志锐(1852—1911,珍妃堂兄)也建议皇帝,事急从权,或在文华殿,或在武英殿,择一处觐见,甚至还建议皇

---

① [法]施阿兰:《使华记:1893—1897》,北京:商务印书馆,1989年,袁传璋、郑永慧译,第11、17页。
② 张荫桓:《张荫桓日记》,上海:上海书店出版社,2004年,第471页,光绪二十年三月十九日。
③ 张荫桓根据《万国公法》的规定,指出公使出使外国必先递交国书,若公使未递交国书,就等于没有得到出使国的认可,不可处理公务,也不可拜访出使国的官员。惠顿:《万国公法》,丁韪良译,北京:中国政法大学出版社,2003年,第146页;"国使如不寄信凭,则不能以使臣之礼仪权利归之。"张荫桓:《张荫桓日记》,第472页,光绪二十年三月二十五日。
④ [法]施阿兰:《使华记:1893—1897》,第17页。
⑤ [法]施阿兰:《使华记:1893—1897》,第17页。
⑥ 张荫桓:《张荫桓日记》,第471页,光绪二十年三月十九日。
⑦ 中国第一历史档案馆编:《清代军机处电报档汇编》第8册,号571,第564页,光绪二十年五月十八日收北洋大臣李鸿章电;[法]施阿兰:《使华记:1893—1897》,第27—28页。
⑧ 王彦威、王亮编:《清季外交史料》卷九九,第8页a,光绪二十年十月初五日旨着奕䜣督办军务并筹办巡防,奕劻、荣禄、长麟帮办军务。因中日战事,清政府为便利指挥,于军机处外另设督办军务处,恭亲王奕䜣重回中枢,庆亲王奕劻仍掌总理衙门。甲午战争之细节,不赘述。
⑨ 中国第一历史档案馆编:《清代军机处电报档汇编》第11册,号99,第149页,光绪二十年十月十一日收出使法国大臣龚照瑗电。在龚照瑗的电报里,报告法国政府为了法使阿兰觐见优待之事,愿意尽力调停,支持中国。故恭亲王奕䜣不得不答允施阿兰的要求,在紫禁城内择一宫殿,作为各国公使觐见之地。

404

帝同意各国公使在乾清宫觐见。① 由此可见,当时军情紧急,使清政府能选择的空间甚少,光绪皇帝只好同意奕䜣的建议,并由法使、俄使及总理衙门共同讨论觐见地点。经过双方讨论后,最后决定选在文华殿②,法使施阿兰也趁机改变了公使进出宫殿的路线,各国公使可从中阶升、中门入,东门出、东阶下③,特享状元传胪的优礼,表示其身份远非一般臣属,仅逊于皇帝而已。值得注意的是,即使战事纷扰之际,光绪二十年的觐见礼方案仍未全照欧美各国的外交礼仪。④ 光绪皇帝仍以坐姿,接受各国国书,并由庆亲王奕劻代递,再放置御案上,皇帝未亲接各国国书。光绪皇帝仍以满语答谕,再由恭亲王奕䜣转译为汉语。⑤ 也就是说,恭亲王奕䜣、庆亲王奕劻仍扮演著"傧者"的角色,尽量以"傧者"的种种行动,区别出皇帝与公使们的君臣身分和尊卑位阶。再从《军机处档》和《奕䜣秘档》所记的《觐见礼节单》⑥,可推测各国公使改行"七鞠躬礼"的原因,很可能是公使团为了在文华殿觐见所做出的让步。对光绪君臣来说,"七鞠躬礼"不但高于同治十二年的"五鞠躬礼"方案,也比欧美各国惯行的"六鞠躬礼"更显尊荣,才接受在文华殿觐见的要求。⑦

---

① 军机处:《光绪军机处事由档录要》,北京大学编:《北京大学图书馆藏稿本丛书》第16册,天津:天津古籍出版社,1991年,第166页,光绪二十年十月初三日;中国第一历史档案馆编:《光绪朝朱批奏折·外交》第112辑,北京:中华书局,1996年,第767—768页。
② 文华殿位居东华门内,协和门东,南向,乃是皇帝开经筵之处所。据施阿兰的回忆:"这座宫殿是文华殿——盛开文学之花的宫殿",可知当时公使团很清楚文华殿的位置及作用。[法]施阿兰:《使华记:1893—1897》,第36页。
③ 翁同龢:《翁同龢日记》第5册,第2750页,光绪二十年十月十五日。原先在紫光阁觐见时,各国公使皆是由西阶升、西门入、西门出、西阶下(贡使入殿的路径),后改承光殿觐见时,各国公使则改由东门入、东门出(宾客出入主人屋的路径)。
④ 此次相关仪节,详见军机处:《军机处档·光绪二十年十月十五日各国使臣呈递国书礼节单》,《文献丛编》上册,第533页;军机处:《军机处档·光绪二十年十月十五日各国使臣呈递国书礼节单》,章乃炜等编:《清宫述闻》上册,北京:紫禁城出版社,2009年,第211页。比较两书后,其内容皆同。
⑤ 翁同龢:《翁同龢日记》第5册,第2750页,光绪二十年十月十五日;[法]施阿兰:《使华记:1893—1897》,第36页。
⑥ 军机处:《军机处档·光绪二十年十月十五日各国使臣呈递国书礼节单》,《文献丛编》上册,第533页;中国第一历史档案馆、文化部恭王府管理中心编:《清宫恭王府档案总汇:奕䜣密档》第10册,第20—21页,光绪二十年十二月二十六日恭亲王奕䜣等奏请定各国使臣觐见贺年日期。原件档案号:3/164/7813/23,中国第一历史档案馆藏。过去的同治十二年、光绪十七、十八、十九年成案,公使团皆行五鞠躬礼。但从觐见贺年礼单来看,可知光绪二十年十月贺岁觐见及光绪二十一年正月贺年觐见,公使团皆行七鞠躬礼。
⑦ 据《军机处档》可知外使在入殿一鞠躬,向前行数步一鞠躬,至龙柱一鞠躬,国书陈案上一鞠躬,转译汉语传宣毕一鞠躬,退后数步一鞠躬,出殿一鞠躬,共七鞠躬礼。军机处:《军机处档·光绪二十年十月十五日各国使臣呈递国书礼节单》,《文献丛编》上册,第533页。关于欧美惯行的六鞠躬礼,可见专使大臣那桐觐见明治天皇时,进退各三鞠躬的过程。那桐:《那桐日记(1890—1925)》上册,北京:新华出版社,2006年,第392—393页,光绪二十七年八月初一日。

施阿兰等人相当满意光绪二十年的觐礼方案,认为这次觐见打破了中国保守落后的硬壳,"让君主神圣不可接近和不可仰望的信条,被纯粹的外交仪式所代替",视为中外关系的新纪元。① 然而,在《申报》附赠的《点石斋画报》"西使觐光"一图上,却描绘了完全不同面貌的请觐典礼,并评论各国公使得入觐贺寿,全出于皇帝"优待之恩"②。由此可见,清政府虽不得不同意各国公使在文华殿觐见,但中国官民仍以为是皇帝恩赐的特殊待遇。正因如此,由外国传教士创办的《万国公报》(The Chinese Globe Magazine)③指出,中国皇帝虽允许在紫光阁、承光殿召见,但因觐见地点颇为暧昧,似乎暗示各国公使皆皇帝臣属,让各国公使倍受委屈。如今,公使觐见的地点移至紫禁城的文华殿,但各国公使仍感觉被排挤在外,遂建议皇帝应在太和殿或乾清宫,召见外国公使,各国公使行"鞠躬礼","其余仪注与廷臣大略相同"④,不分内外,才能巩固邦交,避免各国公使猜疑。由此可知,"外国公使觐见礼"虽改在文华殿觐见,但各国公使仍不满意,以为公使必在太和殿或乾清宫觐见,方算是"平行往来"的落实。

五、宾礼到礼宾的完成

1900年,清政府向各国宣战,却无力抵抗联军的攻击,慈禧太后只好带着光绪皇帝弃京西逃。⑤ 联军占领北京后,各国军队分区治理,并以剿灭

---

① [法]施阿兰:《使华记:1893—1897》,第36页。
② 张奇明主编:《点石斋画报》第33册,上海:上海画报出版社,2001年大可堂版,《西使觐光》,第83页,光绪二十年十月十五日。在时间、地点、参与者及公使行"鞠躬礼"四事,《点石斋画报》皆记述正确,但《点石斋画报》却以为慈禧太后与光绪皇帝共同接见各国公使,而太后座位安置在皇帝座位后方,如同垂帘之制。事实上,慈禧太后根本没有参与这次贺寿觐见,更没有安置"黄缎龙凤绣幔"及"皇太后龙座",全出自民间报人的想象。
③ 赖光临:《中国近代报人与报业》,台北:台湾商务印书馆,1988年,第23—24、26—41页。《万国公报》复刊后,作为广学会(Christian Literature Society for China)的机关报,自然比《点石斋画报》更具政治意味。
④ 林乐知:《险语对下之中》,钱锺书主编:《万国公报文选》,北京:生活·读书·新知三联书店,1998年,第344页。《险语对》分七次连载,此选自《万国公报》第82、87册,分别刊於光绪二十一年十月和光绪二十二年三月。
⑤ 吴永:《庚子西狩丛谈》卷三,桂林:广西师范大学出版社,2008年,第38—40、70—72页。

拳民为由,到处烧杀,极尽残暴。①此时,滞留北京的大学士昆冈(1836—1907)等人拜托海关总税务司赫德,向各国公使团求情,让和议尽快展开。②对公使团来说,联军无法长期占据北京,也不可能瓜分中国,势必与清政府展开谈判。③由于各国对华利益不同,公使团对如何处置中国的问题,一时间无法达成共识,但仍有共同之处,即重惩清政府围攻使馆之罪,并趁机解决长期争议的"外国公使觐见礼"问题,试图让清政府接受欧美国家的外交惯例。④因此,公使团起草了《和议大纲》12款,意欲重惩清政府,并限制军火输入,解除京津一带的武备,确保清政府再无反击的能力⑤,更特别要求清政府重组总理衙门,提高涉外机构在清政府的地位,顺便重议"外国公使觐见礼"的仪节。⑥为了让联军全数撤出北京,奕劻、李鸿章等人只能同意《和议大纲》,并将"外国公使觐见礼"的问题放到最后再谈,试图争得一点转圜的空间。⑦

光绪二十七年三月初一日(1901.4.19),由西班牙公使葛络干(B. J. de Cologan)领衔照会奕劻、李鸿章等人,要求清政府改变"外国公使觐见礼",并提出公使团共同商议出的觐礼方案,其方案如下:第一,觐见地点应在紫禁城正殿。各国公使会同请觐时,觐见地点在太和殿;若单独请觐时,则在乾清宫召见。第二,外使呈递国书时,清政府的接待仪节应有区别,必须优于日常请觐的仪节。清政府应派出御舆(十六人抬的黄

---

① [德]瓦德西:《瓦德西拳乱笔记》,北京:中华书局,2009年,王光祈译,第50-51页,1900年10月17日之报告;第54-58页,1900年10月22日之报告;第62-63页,1900年10月26日之报告;第76-77页,1900年11月12日之报告;[英]扑笛南姆·威尔:《庚子使馆被围记》,沈云龙编:《近代中国史料丛刊》第732册,陈贻先、陈冷汰译,台北:文海出版社,1972年,第217-260页。《庚子使馆被围记》有两种页码,采文海编辑的总页码。

② [英]赫德:《这些从秦国来——中国问题论集》,叶凤美译,天津:天津古籍出版社,2005年,第58-59页;那桐:《那桐日记(1890-1925)》上册,第350页,光绪二十六年七月廿三日。

③ [英]扑笛南姆·威尔:《庚子使馆被围记》,第269页。

④ 八咏楼主人编:《西巡回銮始末记》卷三,沈云龙编:《近代中国史料丛刊》第827册,台北:文海出版社,1972年,第153页;王树增:《1901——一个帝国的背影》,海口:海南出版社,2004年,第526-527页。王树增指出,英、德两国为了不让俄国如愿以偿,紧急达成两项协定,即维持中国领土,不予瓜分,并自由开放中国沿海沿岸的通商活动。

⑤ [日]菅野正:《清末日中关系史の研究》,东京:汲古书院,2002年,第300-333页。

⑥ 中国第一历史档案馆编:《清代军机处电报档汇编》第20册,第374-376页,光绪二十六年十一月初四日收庆亲王奕劻直隶总督李鸿章电;八咏楼主人编:《西巡回銮始末记》卷四,第187-191页。

⑦ 王彦威、王亮编:《清季外交史料》卷一四五,第2b-4页b,光绪二十六年十一月二十日奕劻李鸿章致各使议和条款遵旨画押请撤驻兵照会。《和议大纲》送给奕劻等人的时间是十一月初三日。

轿），迎接公使①，并派遣侍卫，随行保护入宫。公使乘坐的舆轿，由中门入紫禁城，直至乾清宫外阶前降舆。觐见结束后，公使得再乘御舆，由清政府派员送归。当公使呈递国书时，皇帝必须亲手接收。第三，觐见结束后，清政府应在乾清宫设宴，皇帝也必须入席，与公使一同宴游，以示敬重。②公使团提出的新方案，即以欧美国家接待公使的习惯，要求清政府比照办理，并解决多年争执的"外国公使觐见礼"问题，以挫清政府的尊严。一旦清政府接受公使团的新方案，让外国公使乘御舆、入中门、共飨宴，等于承认皇帝与各国公使平起平坐，外国公使就不再是皇帝的"客臣"，"客礼"就不再有暧昧的空间。③更糟的是，若按照"名分秩序"的原则，一旦公使得与皇帝平起平坐，中国皇帝与各国元首也不再是对等地位，皇帝反而屈居各国元首之下。为了确保皇权的正当性基础，清政府当然不能接受君臣逆位的情况，奕劻、李鸿章等人颇感为难，只好回绝公使团的要求。

为了改变公使团的意向，李鸿章与负责觐礼更定的美国公使柔克义（William Woodville Rockhill, 1854—1914）、日本公使小村寿太郎（こむら じゅたろう, 1855—1911）反复磋商，希望能修改公使团的觐礼方案④，并针对四项仪节进行争论：首先，对公使团在太和殿觐见一款，奕劻等人指出太和殿向来是皇帝受百官朝贺之处⑤，若公使团选在太和殿觐见，势必受中国礼制的束缚，多有不便。因此，奕劻等人建议公使团撤回太和殿觐见的要求，改在他处会同觐见。⑥其次，对乘坐御舆一款，奕劻等人指出

---

① 视场合不同，御舆的规格亦有不同，分为金辇、礼辇、步舆、轻步舆。金辇用于皇帝行祭祀天地、社稷等大祀出巡，礼辇用于皇帝祭祀日月、文庙、耕耤等中祀出巡之用，步舆为皇帝出入常御之用，轻步舆则是行幸地方之用。四者虽规格不同，但相同点是黄色。允禄：《皇朝礼器图式》卷一一，扬州：广陵书社，2005年，《卤簿二》，第545—549页。
② 《请更改觐见礼节由》，中研院近史所藏，总理各国衙门事务档案，档号：01—14—032—05—001，光绪二十七年三月初一日日国公使葛照会；席裕福、沈师徐辑：《皇朝政典类纂》卷四八七，沈云龙：《近代中国史料丛刊续编》第871至920册，台北：文海出版社，1982年据清光绪二十九年刊本影印，《外交二十三》，第3b—4页a。
③ 张启雄：《中华世界秩序原理的源起：近代中国外交纷争中的古典文化价值》，第122页。张启雄教授指出，"若以亲疏、远近、礼法、臣从的图式，用以表现宗藩关系的话，即亲近＝法治＝内臣，疏远＝礼治＝外臣，极疏远＝礼治＝客臣，完全疏远＝不治＝不臣"。根据张启雄的研究成果，可知外国公使若不再是皇帝的"客臣"，即表示外国不在"宾礼体制"之内，"宾礼"也无法管束外国公使，"客礼"也不再能解释外国公使不行跪拜礼之事。
④ 席裕福、沈师徐辑：《皇朝政典类纂》卷四八七，《外交二十三》，第4页a。
⑤ 陈康祺：《郎潜纪闻·初笔》卷六，北京：中华书局，1997年，第137页。
⑥ 《辩驳觐见礼节由》，中研院近史所藏，总理各国衙门事务档案，档号：01—14—032—05—002，第1页，光绪二十七年三月初一日致日国公使葛说帖："查太和殿为我皇上受贺之地，王公大臣均设品级，体制森严。我皇上亦须朝衣朝冠，礼节繁纷，诸多不便。诸国全权大臣会同入觐，意不过欲在正殿而已。除太和殿外，正殿尚多，似可无须拘泥。"

法文版照会解释"御舆"二字,只指由内务府派遣乘舆,而不是指皇帝的乘舆。公使团应改正汉文版照会的"御舆"字样,不得要求清政府派御舆,迎接公使,避免争议。① 再者,对公使团在乾清宫阶前降舆一款,奕劻等人先向公使团解释中国官员无论品级高低,皆得在东华门下轿。② 唯有得到皇帝特恩,赏赐紫禁城坐轿、或紫禁城骑马者,方可乘轿、骑马入宫。即便是尊贵如恭亲王奕訢,只不过允其乘轿至景运门而已。同时,李鸿章指出欧美各国虽允许公使乘车入宫,但未曾听过有乘车至宫殿阶前之事,希望公使团收回在乾清宫阶前下轿之说。③ 最后,对在乾清宫设宴一款,奕劻等人只推说等以后再商议细节,目前暂置不论。④

经过多日的磋商,公使团放弃了"在太和殿觐见"和"在乾清宫设宴"二款,但坚持清政府须派皇帝专用的黄轿,迎接公使,并在乾清宫阶前降舆、升舆之两项仪节。⑤ 从中外双方对觐见仪节的讨论,可知清政府仍坚持"礼有等差"的原则,只同意外国公使可用亲王、郡王专用的八人抬绿轿。⑥ 全权大臣奕劻指出:"如轿色一节,我中国祇有皇帝所乘之轿用黄,诸王公大臣皆用绿……若乘坐黄轿,俨然帝制,未免骇人听闻,即本王大臣亦未便据来文转奏"⑦。对降舆地点的问题,奕劻等人也提出了另一种替代方案,即比照王公大臣特赏紫禁城乘肩舆(椅轿)之例,允许公使可在东华门改坐

---

① 《辩驳觐见礼节由》,中研院近史所藏,总理各国衙门事务档案,档号:01－14－032－05－002,第1－2页,光绪二十七年三月初一日致日国公使葛说帖:"昨经询明,法文内系由内务府派舆,并非皇上乘舆。汉文内御舆字样,自应改正"。
② 吴振棫:《养吉斋丛录》卷二二,北京:中华书局,2005年,第288页。
③ 《辩驳觐见礼节由》,中研院近史所藏,总理各国衙门事务档案,档号:01－14－032－05－002,第2页,光绪二十七年三月初一日致日国公使葛说帖:"查向来各王公大臣进内至乾清宫,均于东华门外下轿。近年祇有恭忠亲王、醇贤亲王得至景运门外下轿,以皇叔与本生皇考之尊,不过如此。宫殿阶前降舆升舆,实于中国体制有碍,且此节与欧美各国并无可以比拟之处,各国均坐马车,断无马车可至宫殿阶前之理。本大臣前曾奉使历聘诸邦,一切情形均曾目觌,不在宫殿阶前下轿。按之各国使臣下车处所,并无相形见黜之处,此节应请再商。"
④ 《辩驳觐见礼节由》,中研院近史所藏,总理各国衙门事务档案,档号:01－14－032－05－002,第3页,光绪二十七年三月初一日致日国公使葛说帖。
⑤ 《觐见宫殿可照改余仍执前请由》,中研院近史所藏,总理各国衙门事务档案,档号:01－14－032－05－004,第1－2页,光绪二十七年三月二十三日日国公使葛照会;席裕福、沈师徐辑:《皇朝政典类纂》卷四八七《外交二十三》,第4页a。
⑥ 李宝臣:《礼不远人:走进明清京师礼制文化》,北京:中华书局,2008年,第227页。仪制上,亲王、亲王世子、郡王、郡王世子可乘八人轿,轿用绿色,但因用轿花费颇高,故实际使用时,亲王、郡王通常乘四人轿或骑马、坐车。
⑦ 《再驳觐见礼节》,中研院近史所藏,总理各国衙门事务档案,档号:01－14－032－05－005,第1页,光绪二十七年三月二十四日给日国公使葛照会。

409

椅轿,直至景运门下轿,再步行入乾清宫觐见。①但公使团仍坚持乘坐黄轿、在乾清宫阶前降舆二款。②为了改变公使团的意愿,李鸿章建议仿照光绪二十四年(1898)款待德国亨利亲王的仪节方案,由皇帝特赐黄襻装饰的绿轿,迎接公使,并在景运门下轿,给予亲王级的最高待遇。③刘坤一、张之洞皆反对接受公使团的觐礼方案,并认为公使团的方案已脱出"客礼"的极限,更逾越君臣名分,违反"宾礼体制"的重要原则——礼有等差。如果外国君主、太子、亲王来华游历时,清政府能以何种礼仪接待?到时势必又有争议。④

　　清政府采纳刘坤一、张之洞的意见,命令奕劻、李鸿章设法取消公使乘坐黄轿一款。作为交换条件,清政府准许奕劻等人同意乾清门阶前降舆之款。但李鸿章以为乘坐黄轿和乾清宫降舆两款皆攸关体制,不可轻言退让。目前公使团已同意改坐特赐黄襻的绿轿,但仍坚持在乾清门降舆一款,清政府既同意公使团可在乾清门外降舆,公使团应能接受,批准新的"外国公使觐见礼"方案。⑤李鸿章也引用与俄国公使密谈的内容,建议清政府将西苑的仪鸾殿⑥,改建洋房,用以招待外使,并照西礼接待,公使团便可不入紫禁城,不须再争论降舆地点的问题,亦可保全中国的体面⑦。李鸿章的建议被清政府接纳,准在仪鸾殿原址兴建洋房,作为外使

---

① 绪二十七年三月二十四日给日国公使葛照会。
② 《觐见礼节仍执前议由》,中研院近史所藏,总理各国衙门事务档案,档号:01-14-032-05-006,第1页,光绪二十七年四月十五日日国公使葛照会。
③ 《觐见礼节通融办理请转商见复由》,中研院近史所藏,总理各国衙门事务档案,档号:01-14-032-05-007,第1-2页,光绪二十七年五月初九日给日国公使葛照会。
④ 北京故宫博物院编:《义和团档案史料》,沈云龙编:《近代中国史料丛刊续编》第361册,台北:文海出版社,1977年,第1225页,光绪二十七年五月十五日两江总督刘坤一等电。
⑤ 吴汝纶编:《李鸿章全集·电稿》卷三八,《寄西安行在军机处》,第26a—26页b,光绪二十七年五月二十日:"昨据照复,绿轿黄襻可允行,仍请在乾清门降舆。本拟再与争辩,仍令在景运门下轿,明知彼必不允,但以事关朝廷体制,未敢轻易通融。兹来电既云,可许乾清门外檐下降舆,实足以示优异。拟即照覆,允准奏结,指日回銮,各国必请觐见,此款宜早定议为妥。"
⑥ [德]瓦德西:《瓦德西拳乱笔记》,第256—259页,1901年4月20日之报告。瓦德西指称的北京冬宫,即光绪十三年修建于西苑的仪鸾殿。瓦德西的军队入京后,遂以仪鸾殿作为联军总司令部。但在1901年4月17日夜间因铁炉延烧起火,弥漫一片,德军参谋长史华兹(Schwarzhoff)陆军少将不及逃出,惨遭烧死。仪鸾殿主要部分皆被焚毁,而联军大本营并未搬出。后又重修,即现在的怀仁堂。那桐:《那桐日记(1890—1925)》上册,第520页,光绪三十年十月廿六日;张小锐:《慈禧与仪鸾殿》,《紫禁城》2005年第6期,第134页。
⑦ 吴汝纶编:《李鸿章全集·电稿》卷三八,《寄西安行在军机处》,第26页b,光绪二十七年五月二十日。

觐见之所。①几经交涉后,奕劻等人总算得到美国公使、日本公使的谅解,愿意为清政府代为转圜。②但清政府看到公使团有意妥协,又改变主意,指示奕劻等人挽回乾清门外降舆一款,欲以景运门为界线,作为公使降舆、换轿的地点。③由此可知,清政府拟订的新方案虽比照亲王仪节,但试图将各国公使的身份,定位为皇帝的"客臣",以符合"宾礼"的等差原则。奕劻、李鸿章只好重新照会公使团,并以近似哀求的口吻,请公使团体谅自己的立场,及早定议。④幸好,鉴于两宫不愿回銮的僵局,公使团想尽快稳定中国局面,只好接受奕劻等人的新方案,定议在景运门外降舆,再坐椅轿,至乾清门下轿。⑤

《辛丑条约》议定后,其中附件十九即新拟的"外国公使觐见礼",用以保证中外双方的平行体制,其仪节整理如下:一、各国公使会同或单独请觐的觐见地点皆在乾清宫。二、各国公使觐见时,乘黄襻绿轿,由东华门入宫,在景运门换乘椅轿,至乾清门阶前下轿,再步行至乾清宫内觐见皇帝。三、每当有新公使呈递国书时,皇帝必须派遣兵队,前往使馆迎接,公使得手持国书,乘黄襻绿轿,由午门入宫,经各宫殿中门,直至乾清门外降舆。觐见结束后,公使不可由乾清宫中门退出,改在乾清门外坐椅轿,直至景运门外,再换乘黄襻绿轿回馆。四、皇帝必须亲手接收各国国书,不得由臣下代呈。五、若皇帝主动款宴各国公使,应在大内设宴,皇帝亦躬亲入座。⑥

---

① 吴汝纶编:《李鸿章全集·电稿》卷三九,《盛宗丞转西安来电》,第3a—3页b,光绪二十七年五月二十二日。后来,两宫回銮后,清政府在仪鸾殿的原址,大兴土木,改建一栋俄式洋楼,专作为慈禧太后招待外国公使、公使夫人的处所,间接达到公使免赴乾清宫觐见的目的。《清德宗实录》卷五四二,第199页a,光绪三十一年二月戊申。
② 《觐见礼节五月初九日文内新开两端今将诸国全权之意奉达由》,中研院近史所藏,总理各国衙门事务档案,档号:01—14—032—05—008,第1页,光绪二十七年五月十七日日国公使葛照会;席裕福、沈师徐辑:《皇朝政典类纂》卷四八七,《外交二十三》,第4a—4页b。
③ 吴汝纶编:《李鸿章全集·电稿》卷三九,《盛宗丞转西安来电》,第3页a,光绪二十七年五月二十二日。
④ 《驳复觐见时下轿处所再为曲加通融转商速复由》,中研院近史所藏,总理各国衙门事务档案,档号:01—14—032—05—009,第1页,光绪二十七年五月二十五日给日国公使葛照会。
⑤ 《照复五月二十五日来文所拟下轿一节诸国大臣视以为然由》,中研院近史所藏,总理各国衙门事务档案,档号:01—14—032—05—010,第1页,光绪二十七年六月初十日日国公使葛照会;席裕福、沈师徐辑:《皇朝政典类纂》卷四八七,《外交二十三》,第4页b。
⑥ 田涛主编:《清朝条约全集》卷二,《辛丑各国和约》附件19,第1139—1140页;王彦威、王亮编:《清季外交史料》卷一四七,第3b—4页a,光绪二十七年六月初十日各国使臣觐见礼节说帖。值得注意的是《辛丑条约》法文本有"不伤害任何一方的威望"之语,但中文本内无此字句,仅写"断不至与彼此两国平行体制有所不同"。

从上述仪节的改变，可见各国公使试图将皇帝"去神圣化"，让清政府接受以西洋各国为主的国际体系，但考虑到清政府统治的正当性，公使团也不愿过度折辱皇帝，避免清政府垮台。①因此，李鸿章等人仍有转圜空间，挽回了在太和殿入觐、乘坐黄轿及乾清宫阶前降舆三款，总算保留了"宾礼"的"等差原则"，外国公使仍是"客臣"的身分，间接维护了皇帝作为"天子"的至尊地位，不致出现以臣僭君、以下犯上的危机。②

两宫回銮的途中，光绪皇帝便颁布上谕，欲择日在乾清宫接见各国公使，并异于过去的惯例，准许各国公使夫人在宁寿宫觐见太后。③但英国公使却主张公使应先递国书，再行请觐，无疑是浇了清政府一桶冷水。④不过，在慈禧太后的授意下，新成立的外务部很快做了回应⑤，拟订在光绪二十七年十二月十三日（1902.1.22），由德、英、法、俄、日本五国公使，先班入觐，呈递国书；大西洋国（葡萄牙）公使则后班觐见。同时，外务部再拟订十二月十九日（1902.1.28），各国公使在乾清宫会同觐见皇帝，并拟订十二月二十三日（1902.2.1），各国公使夫人在宁寿宫觐见太后⑥。十二月十三日与十九日的觐见仪节，自然全照《辛丑条约》附件十九的"外国公使觐见礼"方案，但有几项值得注意的重点：首先，十二月十三日的觐礼方案，因公使呈递国书的缘故，觐见仪节优于十九日的接待规格。其次，从十三日的觐礼方案，可知公使们乘坐的黄襻绿轿，可由大清门（1912 年改称中华门，1954 年拆除）进入内城，一直乘坐至天安门外，换坐椅轿，再坐椅轿走紫禁城的中道，通过紫禁城的午门、太和门、中左门、后左门、乾清门外下轿，后由外务部官员引至上书房暂歇，再由乾清宫中门入殿。第三，准

---

① ［美］何伟亚：《英国的课业：19 世纪中国的帝国主义教程》，第 274、277、278 页。
② 席裕福、沈师徐辑：《皇朝政典类纂》卷四九七，《外交二十三》，第 4 页 b。
③ 北京故宫博物院编：《义和团档案史料》，第 1342 页，光绪二十七年十一月二十二日上谕；王彦威、王亮编：《清季外交史料》卷一五〇，第 7a－7 页 b，光绪二十七年十一月二十二日谕奉懿旨定期觐见各国公使及公使夫人。
④ 《必先递国书始能会同各使觐见由》，中研院近史所藏，总理各国衙门事务档案，档号：01－14－032－05－017，第 1 页，光绪二十七年十一月二十七日英国参赞甘函。
⑤ 王彦威、王亮编：《清季外交史料》卷一四八，第 26b－29 页 b，光绪二十七年六月二十九日政务处大臣奕劻等奏遵议外务部应设司员额缺俸给章程折；蔡振丰：《晚清外务部之研究》，硕士学位论文，中兴大学历史研究所，2004 年，第 35－40、43、54－55 页。《辛丑和约》第 12 款规定将总理各国事务衙门，改组为外务部，班列六部之上。外务部成立后，由和会司专司各国使臣觐见、会晤、请赏宝星、奏派使臣、更换领事等项，明确外务部与礼部的权责，避免过去总理衙门权责不分的情况。
⑥ 北京故宫博物院编：《义和团档案史料》，第 1345 页，光绪二十七年十二月初七日军机处交片；第 1345－1346 页，光绪二十七年十二月初九日军机处交片。公使会同觐见之时，原本拟订在十二月十八日召见各国公使，但后来又改为十二月十九日。

备呈递国书的五国公使,向光绪皇帝依次行"三鞠躬礼"①,再递交国书。皇帝立受国书,亲手接收,不再将各国国书放在御案之上。②第四,依据外务部拟订的《觐见礼单》,各国公使觐见结束后,应由乾清宫殿左门,侧身退出,但各国公使却违反规定,径从乾清门中门退出,并乘椅轿至景运门外,再换乘黄襻绿轿,返回公使馆。公使团的翻译官、武官,同样可觐见皇帝,但其款待礼节低于公使的规格,规定从员坐椅轿至东华门外,再步行入乾清宫。③

反观十九日的觐礼方案,只是例行觐见,接待规格也随之降低。12国公使皆乘黄襻绿轿,由东华门入宫,再至景运门外换椅轿,至乾清门外下轿,再步行入乾清宫觐见。特别的是,这次觐见由慈禧太后与光绪皇帝同见12国公使,而太后坐陛阶之上,皇帝坐在陛阶之下的宝座,突显两宫的尊卑地位。④除此之外,皇帝、太后皆有答敕,尤其慈禧太后还慰问公使们受害的情形,让公使们大出意外。⑤从十三日的觐见过程来看,皇帝虽有答敕,但仍因循旧例,以满语回复,再由庆亲王奕劻转译为汉语。⑥而十九日的觐见过程,太后虽有答敕,却未亲口宣谕,只是让奕劻接过答敕,再由庆亲王向外国公使转述。⑦此外,原本《辛丑和约》规定在紫禁城赐宴款待一款,也有不同之处,改由大学士荣禄在东华门外宴请各国公使,再由庆亲王

---

① 据光绪二十八年五月十六日接见美国水师提督娄哲思的礼节单,可知入觐者分别在乾清宫殿中门、进殿数步、纳陛阶前三处,各行一鞠躬礼,共三鞠躬礼。黄嘉谟主编:《中美关系史料:光绪朝》第5册,第4685号,第3161页,光绪二十八年五月十六日外务部致美使康格照会附觐见礼节单。
② 广西师范大学出版社编:《中美往来照会集(1846—1931)》第9册,桂林:广西师范大学出版社,2006年,号307,第407页,光绪二十七年十二月十三日照录各国使臣会同觐见答敕。
③ 秦国经:《清代外国使臣觐见礼节》,《故宫博物院院刊》1992年第2期,第37—38页。
④ 广西师范大学出版社编:《中美往来照会集(1846—1931)》第9册,号309,第408—409页,光绪二十七年十二月十九日各使臣觐见两宫面谕;那桐:《那桐日记(1890—1925)》上册,第412页,光绪二十七年十二月十九日。
⑤ 广西师范大学出版社编:《中美往来照会集(1846—1931)》第9册,号309,第409页,光绪二十七年十二月十九日各使臣觐见两宫面谕。
⑥ 根据《申报》报导,可见光绪二十七年十二月十三日英使等人呈递国书时,仍由庆亲王代转皇帝答敕。上海申报馆编:《申报》第70册,上海:上海书局,1982—1987年据上海图书馆藏原报影印,第10355号,《外臣奏对》,第251页,光绪二十八年正月十一日。
⑦ 据康格夫人《北京信札》对觐见过程的描述,可推测太后回复的答敕,同样由庆亲王接过,代为转达给各国公使们。康格夫人的说法,也获得《申报》的印证。[美]萨拉·康格:《北京信札——特别是关于慈禧太后和中国妇女》,2006年,沈春蕾等译,南京:南京出版社,《致我们的女儿》,第184页,1902年3月14日;上海申报馆编:《申报》第70册,第10374号,《群纪各国使臣命妇觐见》,第365页,光绪二十八年正月三十日。

在府邸设宴,招待各国公使和翻译官。①清政府对外态度的改变,让各国公使相当满意,以为清政府"终于顺从了文明国家的国际惯例"②。

《辛丑和约》签订后,清政府仍在形式上维持皇帝的权威,将外国公使觐见太后、皇帝之举,只解释为"优礼外人",并将清政府频繁接见公使、公使夫人,定调为中外捐嫌的表现。③但事实上,清政府对外交涉的相关仪节,已改行西式外交礼仪,尤其是外务部的原则也有本质上的改变,改用"国际法"约束外国官民的行动,不再像过去那样用"名分秩序"处理外国公使、领事与中国官员往来的问题。④与此相应的结果,光绪三十三年(1907)清政府新设礼学馆,试图以《周礼》为纲、西礼为目,改革宾礼、学礼、军礼及民间礼俗,而礼部负责的业务却被清政府其他新设机关侵夺,其地位大为下降⑤。宣统三年六月二十五日(1911.7.20),清政府废除礼部,改设典礼院,只负责典礼、册封、祭祀、宴会等事。⑥至此,清政府的"宾礼体制"才算是完全结束,所有涉外仪节不再根据"宾礼",改由西式外交礼仪取而代之,成为中国政府以"礼宾"接待外使、外宾的开始。可惜的是,清政府虽参酌中西礼制、制订中国的新礼制,但因宣统皇帝(1906—1967,在位1908—1912)很快就退位让国,这些努力也半途而废,中国传统礼制也走入历史的洪流,难以恢复。

---

① 《申报》第70册,第10372号,《中外联欢》,第353页,光绪二十八年正月廿八日;第10403号,《亲藩宴客》,第559页,光绪二十八年二月廿九日;第71册,第10478号,《中外联欢》,第349页,光绪二十八年五月十六日。

② [美]何伟亚:《英国的课业:19世纪中国的帝国主义教程》,第281页。

③ 《申报》第70册,第10338号,《同觐慈颜》,第151页,光绪二十七年十二月十七日;第10346号,《中外辑和》,第199页,光绪二十七年十二月廿五日;第10356号,《纪各国使臣命妇入觐事》,第257页,光绪二十八年正月十二日。张元济主编:《外交报汇编》第21册,北京:国家图书馆出版社,2009年,《外臣入觐》,第75页;《礼遇外人》,第122页;《优礼外人》,第172页;《优礼外人》,第238页;《优礼日本亲王》,第378页。

④ 《印督据见前使希商定相见礼节由》,中研院近史所藏,外务部档案,档号:02-16-003-04-021,光绪三十三年六月二十七日外务部收查办西藏大臣张荫棠电。外务部利用"国际法"解决驻扎西藏大臣唐绍仪与印度总督的相见礼问题,抗议印度总督不可用印度土王礼,款待中国专使,并要求印度总督应符合欧美各国的外交惯例,交涉双方皆居平等位阶,甚至据以诘问英国公使,要求英国政府应依据"国际法",解决中印双方的礼仪问题。

⑤ 《清德宗实录》卷五七五,第602b-603页a,光绪三十三年六月辛酉;上海:商务印书馆编:《大清新法令(1901-1911)》卷一一,北京:商务印书馆,2010年,王兰瓶、马冬梅点校,第357页,内阁会奏酌拟典礼院官制折并单。如礼部负责的教育事务,改归学部;赐食外藩王公的事务,也改归理藩部。

⑥ 《宣统政记》卷五六,第1009页b,宣统三年六月辛卯;《典礼院官制案》,中研院近史所藏,外务部档案,档号:02-23-003-13,宣统三年闰六月初二日。

六、小结

清代前期的"宾礼体制"采取"朝贡礼"与"客礼"并行的方案,可见清帝国对外政策的弹性空间较大,往往先考虑敌我力量的强弱,再决定是否行"朝贡礼",以彰显君臣名分;或承认为敌体之国,待以"客礼",对等往来,故有康熙皇帝与雍正皇帝优待俄使的"客礼"案例。但当乾隆皇帝解决北疆问题后,不再需要拉拢俄国,遂摒弃"客礼",只承认"朝贡礼"是"宾礼体制"的唯一方案[①],并借"互市制度",将不愿称臣、进表、纳贡的外洋诸国列为"互市国",解决外洋诸国不称臣纳贡的问题。直到咸丰八年,清政府的对外交涉体制受到《天津条约》的约束,必须调整其制礼原则,尤其是"公使驻京""亲递国书"等条款,涉及"天下秩序"的皇权正当性问题,自然变成清政府无法接受的难题。

在国力日衰的情况下,清政府维持"天下秩序"的努力,终究徒劳,逐渐了解"天下秩序"无法包容中国与欧美各国的关系,而"名分秩序"的等差原则也很难用来约束外国官民的行动,往往让清政府与外国公使屡生龃龉,其冲突焦点遂集中在"外国公使觐见礼"的仪节问题。可以说,中外争执"外国公使觐见礼"的肇因,不在"跪拜礼"的行礼与否,而是清政府拟订"外国公使觐见礼"的制礼原则,即皇帝作为"天下秩序"的顶点,而中国则是"天下秩序"的单一核心,自然与"国际法"的主权平等观格格不入,难以融合。透过本文对"外国公使觐见礼"的考察,得知"宾礼"到"礼宾"的改变并非一蹴而成的,也不是全出于外国公使的逼迫。清政府面对外来刺激时,并不是一味委屈求全,全盘接受西方的制度,而是中国内部自有其转换的机制。由此可知,宾礼仪式的改变,不只是外在形式上的变革,更有内在观念的调整。

当"朝贡礼"不行于西洋诸国后,清政府必须从历史先例中,寻得一传统的符号,用以重组新的涉外体制。因此,清政府援引了"客礼"概念,作为"外国公使觐见礼"的制礼原则,也作为中礼与西礼的过渡礼仪。正因为"客礼"的弹性空间,使清政府仍可随现实政治的需要,调整同治十二年、光绪十七年、十八年、二十年"公使请觐"的相关仪节,各国公使始终被当作天子的"客臣",并借"优礼外人"的名义,允许外国公使行"鞠躬礼",让清政府能自圆其说,不会破坏"天下秩序"的正当性。直到八国联军占领北京后,各国公使团欲一举解决争论多年的"外国公使觐见礼",至此"客礼"再也无法充当"中礼"与"西礼"的缓冲,皇帝与公使的位阶问题也

---

① [日]柳沢明:《1768年の"キャフタ条約追加条項"をめぐる清とロシアの交渉について》,第18—33页。

没有灰色地带,必须正视"宾礼体制"与西式外交礼仪的抉择。因此,《辛丑和约》签订后,清政府改用西式礼仪,款接各国公使,但从外务部接待外国公使、中国公使与外国往来的例子,可知"西礼中用"已是不可避免的趋势。是故,外务部不再依据"名分秩序"作为涉外礼仪的制礼原则,并去除了"外国公使觐见礼"的象征意义,让"宾礼"逐渐走入历史,成为中国改行西式外交礼仪的开端。不过,"宾礼"的礼仪形式虽不再保留,但在思想上仍保留了等差原则与名分观念,并深深影响了民国以后的外交思想,如上国与主国之分,正统与伪政权的名分之争。这可从中国现代外交史的研究成果,得到佐证。①

---

① 张启雄:《外蒙主权归属交涉(1911—1916)》,台北:中研院近史所,1995年,第124—125、191—235、270—303页;"蒙藏委员会":《民国以来中央对蒙藏的施政》,台北:"蒙藏委员会",1971年,第27—36、38—42页;冯明珠:《近代中英西藏与川藏边情》,台北:"故宫博物院",1996年,第307—456页。

清代云南名宦祠兴废考略

孙 骁

我国自古以来便有祭祀名宦的传统与风俗,《左传》云:"国之大事,在祀与戎。"所谓"名宦",指的是仕官于当地并惠泽于民的官吏。将名宦入祀,即可体现国家对廉洁有为官员的褒扬,亦可彰显国家要求地方官员勤政爱民的教化诉求。自明代以来,云南地区各府州县中均修建许多名宦祠。清代又在明代的基础上将名宦之祀全面制度化和普遍化,这一行为事实上是"用夏变夷"思想的一种重要体现。当中原文化传播至边疆地区,文庙的大量修建,使得儒学在当地得以极大推广,这本身也是边疆文化与中原文化相融合的历史进程。

在明清时期,文庙与学宫是"二位一体",同为一组建筑,不仅是祭祀先圣孔子的场所,而且也是官学教育的场所,发挥着宗教和教育的双重职能。称其为"文庙",是偏重于宗教意义上的功能,而称其为"学宫"则是突出其教育上的职能,二者名虽异,实则体统不殊。规制完整的文庙学宫,基本都要建有泮池、棂星门、大成门、大成殿、崇圣祠、尊经阁、明伦堂、名宦祠、乡贤祠、忠孝节义祠、两庑等。宋元以来,乡贤、名宦、孝义的祠祀逐渐转入文庙学宫中,至清代,云南"通省府属各州、县,皆与府同"[①]。因而,名宦祠也成为文庙学宫的重要组成部分。除了建于文庙学宫中的名宦祠外,一些府州县还建有独立的名宦祠,以祀奉对本地有特殊贡献或影响的名宦。

文主要依据民国时期编纂的《新纂云南通志》,参以各府州县志,对有清一代云南各地修建的名宦祠,包括独立祠堂的建置和兴废作一简要考述,以此体现明清时期中原文化在云南地区的传播及其产生的影响。

---

① 龙云修,周钟岳等纂,李春龙等点校:《新纂云南通志》卷一〇九《祠祀考一·典祀一》,昆明:云南人民出版社,2007年,第6页。

一、云南府

1. 云南府、昆明县

(1) 名宦祠

云南府与昆明县同治。名宦祠建于云南府文庙学宫内。据《(康熙)云南府志》卷十一《官师》载,云南府入祀者有汉人文齐、张翕、张湍、王阜、张乔、杨竦、李颙、庞芝、景毅、蜀汉人李恢、明人鲍尧天、郭镇、张珇、陈樸、高朗、董復、赵浑、张凤、叶元、刘光、吴便、余承荼、黄原道、李荩、张祥鸢、陈道东、孙衣、洪邦光、清人鲁期昌等二十九人。①昆明县(康熙二十九年之前府县分祀)入祀者有明人黄守纯、陈文友、廖芳、聂诏、余纪、胡溥、马宣、廖立仁、张志举、费经虞、清人张瑾等十一人。②《(光绪)昆明县志》所载昆明县入祀者与《(康熙)云南府志》相同。③至《(道光)云南通志稿》,增加入祀者四十一人,删去文齐、张翕、张湍、王阜、张乔、杨竦、李颙、庞芝、景毅、李恢、鲍尧天、张珇、陈樸、高朗、赵浑、刘光、余承荼、陈道东、孙衣、鲁期昌。胡溥、马宣、张志举。④此时云南府入祀者计五十八人,入祀于云南府文庙学宫内名宦共计二百五十五人,其中含通省入祀者一百九十七人,后多有更易,因人数过多,姓名不做胪列。

云南府文庙位于昆明县五华山麓,由元朝首任云南平章政事赛典赤·赡思丁于元世祖至元十一年至十三年(1274-1276)建成。⑤元顺帝至正二十三(1363)三月为战乱波及,"庙学虽存而守者四散,日以坏漏"⑥,至明洪武二年(1369),平西侯沐英又重建。后于景泰、嘉靖、万历、崇祯时增建牌坊、泮池、启圣祠、明伦堂、文昌阁、魁星阁。清顺治四年(1647),毁于大西军入滇,后迁于长春观。顺治十七年(1660),总督赵廷臣等捐修。⑦而昆明县学宫始建于明弘治十六年(1503),亦曾多次迁址。据《(康熙)云南府志·学校》载:"康熙二十九年,总督范承勋以规制未协,会巡抚都御史王继文提请改迁府县文庙于五华山右,以复古制。"⑧将府学与县学合为一

---

① 《(康熙)云南府志》卷一一《官师》,成文出版社,康熙三十五年刻本,第21—24页。
② 《(康熙)云南府志》卷一一《官师》,第24—25页。
③ 戴纲孙纂:《(光绪)昆明县志》卷五《官师》,成文出版社,光绪二十七年刊本,第1—3页。
④ 阮元等纂修:《(道光)云南通志稿》卷一二七《名宦下》,道光十五年刊本,第1—5页。
⑤ 陈文修,李春龙、刘景毛校注:《景泰云南图经志书校注》卷一《祠庙》引郭松年《大成庙记》,中国数字方志库,明景泰六年刻本,第23页。
⑥ 《新纂云南通志》卷九四《金石考》引支渭兴《重修中庆路庙学记》,第294页。
⑦ 昆明市政公所总务课编,字应军校注:《昆明市志校注·名胜古迹·寺观》,昆明:云南民族出版社,2011年,第227页。
⑧ 《(康熙)云南府志》卷九《学校一》,第2页。

庙,即在今址。雍正十二年(1734),总督尹继善、巡抚张允随等又重修,后乾隆、嘉庆时皆有修葺,增建两庑。据《新纂云南通志·祠祀考》载:"(昆明县)名宦祠,在学宫内。"①其时,云南府文庙有大成殿、尊经阁、桂香楼、魁星阁、明伦堂、泮池,以及名宦、乡贤、忠孝、节义四祠、两庑,规制整齐。但至民国二十三年(1934)时,已无名宦祠。②1941年,因日机轰炸,昆明文庙学宫绝大部建筑被毁。现仅存棂星门石坊、泮池和碑刻数通,位于昆明市区人民中路昆明市群众艺术馆内。

(2) 甘忠果公祠(甘公祠)

入祀者为康熙七年至十一年(1668—1672)云贵总督甘文焜,建于康熙五十五年(1716)。甘文焜,《清史稿》卷二百五十二有传。因甘文焜在吴三桂反清时拒不从叛,后自杀,追赠谥号"忠果",建祠祭祀。《新纂云南通志·祠祀考》载:"(甘忠果公祠)在城内。清康熙五十五年建,祀总督甘文焜。御书'劲节'匾额。"③该祠原位于今昆明市区五一路中段(光华街至东风西路段,旧称甘公祠街),现已不存。

(3) 蔡公祠

入祀者为康熙二十一年至二十五年(1682—1686)云贵总督、绥远将军蔡毓荣,修建时间不详,毁于咸丰七年(1857)。蔡毓荣,《清史稿》卷二百五十六有传。《新纂云南通志·祠祀考》载:"(蔡公祠)在三忠祠旁,祀绥远将军蔡毓荣,春、秋二仲月致祭。清咸丰七年毁。"④该祠原位于今昆明城南石虎冈一带。

(4) 潘忠毅公祠(潘公祠)

入祀者初为咸丰十一年至同治二年(1861—1863)云贵总督潘铎。潘铎,《清史稿》三百九十六有传。同治五年(1866)始建于五华山南麓的五华书院,十二年(1873)迁至五华山腰的武侯祠东侧。因潘铎在同治二年(1863)为马荣所害,设祠祭祀。同治十二年,又袝祀与潘铎同时被难的云南知府黄培林、署昆明知县翟怡曾、丽江府学训导华嵘、千总郑秉忠、沈国标、兵丁周杰、柳应瑞等。《新纂云南通志·祠祀考》载:"同治二年正月十五日……(潘铎)遂被害于五华书院。事闻,天子震悼,赠太子少保衔,谥忠毅,入祀忠昭祠。五年九月,总督辛阶劳公允绅民等之请,奏建专祠,

---

① 《新纂云南通志》卷一〇九《祠祀考一·典祀一》,第6页。
② 陈静波:《民国时期云南文庙调查资料选辑》,《云南档案》2015年第11期,第20页。
③ 《新纂云南通志》卷一〇九《祠祀考一·典祀一》,第16页。
④ 《新纂云南通志》卷一〇九《祠祀考一·典祀一》,第17页。

诏可"①。又载:"(潘忠毅公祠)在五华山武侯祠左,祀总督潘铎……原建于五华书院被难处,同治十二年,署总督岑毓英移建今地"②。该祠原位于今昆明市区五华山,现已不存。

(5) 劳文毅公祠

入祀者为同治二年至六年(1863—1867)云贵总督劳崇光,建于同治十二年(1873)。劳崇光,《清史稿》卷三百九十三有传。《新纂云南通志·祠祀考》载:"(劳文毅公祠)在五华山潘忠毅公祠左,祀总督劳崇光,清同治十二年敕建。"③该祠原位于昆明市区五华山潘公祠东侧,现已不存。

(6) 恒公祠

入祀者为乾隆二十一至二十二年(1756—1757)云贵总督恒文及其夫人博禹特氏,建于同治十二年(1873)。恒文,《清史稿》卷三百三十九有传。在潘忠毅公祠后殿。《新纂云南通志·祠祀考》载:(恒公祠)即潘忠毅公祠后殿,祀总督恒文及其夫人博禹特氏。清同治十二年建。④该祠原位于昆明市区五华山潘公祠后殿,现已不存。

(7) 林文忠公祠

入祀者为道光二十七年至二十九年(1847—1849)云贵总督林则徐,建祠时间无考,似应建于咸同时间(1852—1874)。林则徐,《清史稿》卷三百六十九有传。《新纂云南通志·祠祀考》载:林文忠公祠"在北城内,祀云贵总督林则徐。"⑤该祠大致位于今昆明市区圆通路一带,今已不存。

(8) 岑襄勤公祠

入祀者为同治七年至光绪十五年(1868—1889)云南巡抚、云贵总督岑毓英,建成于光绪十九年(1893)。⑥岑毓英,《清史稿》卷四百十九有传。《新纂云南通志·祠祀考》载:岑襄勤公祠"在小富春街,祀云贵总督岑毓英。"⑦该祠位于今昆明市区富春街昆明二中,现已不存。

(9) 刘武慎公祠

入祀者为光绪二年至九年(1876—1883)云贵总督刘长佑,建于光绪二十一年(1895)。刘长佑,谥武慎,《清史稿》卷四百十九有传。《新纂云南通志·祠祀考》载:"(刘武慎公祠)在南城埂,祀云贵总督刘长佑,清光

---

① 《新纂云南通志》卷一〇九《祠祀考一·典祀一》,第17页。
② 《新纂云南通志》卷一〇九《祠祀考一·典祀一》,第17页。
③ 《新纂云南通志》卷一〇九《祠祀考一·典祀一》,第17页。
④ 《新纂云南通志》卷一〇九《祠祀考一·典祀一》,第17页。
⑤ 《新纂云南通志》卷一〇九《祠祀考一·典祀一》,第17页。
⑥ 《昆明市志校注·名胜古迹·寺观》,第230页。
⑦ 《新纂云南通志》卷一〇九《祠祀考一·典祀一》,第18页。

绪二十一年建。"①《昆明市志校注·名胜古迹》载：祠"在南城埂脚内"②，据此大致推测位于今昆明市南屏街、东风西路东段一带，久已不存。

（10）谭公祠

入祀者为光绪十二年至二十年（1886-1894）云南巡抚谭钧培，建于光绪二十六年（1900）。《新纂云南通志·祠祀考》载："谭公祠在城内西仓坡，祀云南巡抚谭钧培，清光绪二十六年建。"③该祠原位于昆明市区西仓坡，现已不存。

2. 富民县

（1）名宦祠

在富民县文庙学宫内，据《（康熙）云南府志》载，入祀者有明人何诜、高公韶、钱贵、韩位甫、王孙齐，清人曹晶，共计六人。④另据《（康熙）富民县志》载，入祀者还有明人许成德、余绍阜、郭金珏、吴正心，共计十人。⑤

富民文庙曾有多次迁移，顺治十八年（1661）建于县治内西北，康熙二十一年（1682）迁于察院之废署，康熙四十七年（1708）迁于县中卧云山，四十九年建成。咸丰九年（1859）焚毁。《新纂云南通志·学制考》载："（富民县学宫）在卧云山麓……清顺治十八年，知县李展翮于县治内西北建庙并启圣祠。康熙二十一年，诸生杨绳祖等呈请迁于察院之废署，殿庑、门坊一新。四十七年，知县谢天麟复详请改建今地……咸丰九年，因乱焚毁，尚未修建。"⑥后于光绪十二年（1886）重建，民国二十三年（1934）调查报告称有房屋二十八间，作为县中学教室使用。⑦现位于今富民县永定镇富民一中内，存大成殿、两厢及崇圣祠，名宦祠已不存。

（2）遗爱祠（三公祠）

入祀者初为康熙年间富民知县彭兆逵，后增祀雍正年间知县杨体乾、乾隆年间知县李登瀛，故改名"三公祠"。修建时间不详。彭兆逵，赣州人，丁丑进士，康熙五十年任知县，卒于官。曾担任《（康熙）富民县志》总裁，该志成书于康熙五十一年。继任者柯钜，康熙五十七年任。可知彭兆逵卒年在五十一年至五十七年间，而建祠时间应在康熙五十一年之后。杨体乾，雍正九年知富民县；李登瀛，乾隆三十八年署富民县事。二人入祀时

---

① 《新纂云南通志》卷一〇九《祠祀考一·典祀一》，第17页。
② 《昆明市志校注·名胜古迹·寺观》，第231页。
③ 《新纂云南通志》卷一〇九《祠祀考一·典祀一》，第18页。
④ 《（康熙）云南府志》卷一一《官师》，第25—26页。
⑤ 《（康熙）富民县志·名宦》，南京：凤凰出版社，康熙五十一年刻本，第529—531页。
⑥ 《新纂云南通志》卷一三二《学制考二》，第481页。
⑦ 陈静波：民国时期云南文庙调查资料选辑》，载云南档案》，2015年第11期，第21页。

间不详。三人事迹见于《新纂云南通志》卷一百八十二《名宦传五》。《新纂云南通志·祠祀考》载：遗爱祠"在忠孝祠内，祀康熙间知县彭兆遫。后增祀知县杨体乾、李登瀛，改名曰'三公祠'。"①该祠原位于今富民县城东南，今已不存。

3. 宜良县

宜良县名宦祠设于县文庙学宫内，据《(民国)宜良县志》载，入祀者有明人潘润民、清人甘文焜、李兴元、赵良栋、蔡毓荣、范承勋、许弘勋、谢于道、石文晟、刘荫枢、郭瑮、魏方泰、鄂尔泰、陈宏谋、屠述濂、林则徐、汪汝洋、顾莼，共计十八人。②

宜良县文庙在明正德四年(1509)始建于城西教场之东，万历六年(1578)，迁至城东北。自天启四年(1624)迁城南雉山，至清雍正十一年(1733)，凡五次扩建、重建。乾隆五十年(1785)十月，再迁于城西北原雉山书院旧址。③原有泮池、文明坊、棂星门石坊、大成门、大成殿、崇圣祠、尊经阁、乡贤祠、名宦祠等建筑。其中名宦祠始建于康熙六年(1667)，乾隆五十年(1785)重建于今址。《新纂云南通志·祠祀考》载：宜良县"名宦祠、乡贤祠俱在学宫内。清康熙六年，知县赵映斗、教谕马任大建。乾隆五十年，知县李淳重建。"④宜良文庙学宫位于宜良县匡远镇匡山街西段，现存文明坊、大成殿、崇圣祠，而棂星门、大成门、乡贤祠、名宦祠及东西两庑均毁。⑤

4. 罗次县

罗次县名宦祠设于文庙学宫内，据《(光绪)罗次县志·祠祀》载，入祀者有张维、赵廷臣、甘文焜、赵良栋、范承勋、郭瑮、李兴元、许弘勋、谢于道等九人。又载："圣化寺左祠祀前令马光、夏玘、梁衍祚、谢曾祚四公禄位。"⑥

罗次县文庙始建于明万历二十一年(1593)，清康熙六年(1667)由城西北迁至城东，九年(1670)迁明将军府第，三十二年(1693)迁至城东北，咸同间(1851-1874)被毁，光绪七年(1881)重建。⑦《(光绪)罗次县志·祠

---

① 《新纂云南通志》卷一〇九《祠祀考一·典祀一》，第18页。
② 《(民国)宜良县志》卷七《祠祀志·典祀》，成文出版社，民国十年刊本，第19页。
③ 《新纂云南通志》卷一三二《学制考二》，第481页。
④ 《新纂云南通志》卷一〇九《祠祀考一·典祀一》，第19页。
⑤ 邱宣充、张瑛华：《云南文物古迹大全·宜良县》，昆明：云南人民出版社，1992年，第40页。
⑥ 胡毓麒修，杨钟壁等纂：《(光绪)罗次县志》卷三《名宦》，南京：凤凰出版社，光绪十三年刻本，第7—8页。
⑦ 《新纂云南通志》卷一三二《学制考二》，第481页。

祀》载:"名宦、乡贤二祠附学。"①光绪十八年(1892)重修学宫。罗次县文庙学宫位于今禄丰县碧城镇,民国二十三年(1934)调查时,包括名宦祠在内的文庙各建筑皆保存完好,但现均已不存。

5. 晋宁州

晋宁州名宦祠设于文庙学宫内,据《(康熙)晋宁州志》记载,入祀者有元人阿罗哥里室、王口,明人尹葆、萧奇、杨茂、沙彦良、陈毅、冯茂、丁贵、胡尚安、邵昱、胡任本、简沛、蒋彝、朱吉、郑恺、蔡和、周俭、郝本高、熊弘、杨绪、喻敬、王宝、曹祥、黄宏、刘储、燕邦臣、孙哲、宋述祖、郑復卿、王心存、周懋烈、伍魁、许伯衡,清人谢祯、谭从简、秦采。②至《(道光)晋宁州志》,则增加汉人文奇、王阜、张乔、杨竦、李颙、庞芝,晋人李毅、毛孟、王逊、姚岳,梁人许文盛,隋人梁毗,唐人韦仁寿,元人赛音谔德齐、张立道,明人陈金、莫如学、胡尚安、林士云、包玉、李巡、周廷栋、吴邦宪、冷阳春,清人赵廷臣、李天浴、甘文焜、赵良栋、陈必成、李兴元、蔡毓荣、范承勳、许弘勳、谢于道、石文晟、刘荫枢、郭瑮、魏方泰、李苾、郝士錞、杨名时、鄂尔泰、陈宏谋、徐嘉宾、屠述濂、初彭龄、伯麟、陈维显、傅明垣、章伦、毛辀。③

晋宁州文庙始建于明洪武十六年(1383),原在城北之阳城堡,正统元年(1436)迁于城南,弘治年间(1488—1505)被毁,清康熙六年(1667)重建,五十二年(1713)始建名宦祠于庙中,咸丰八年(1858)再度被毁,光绪年间(1875—1908)復建④。《新纂云南通志·祠祀考》载:晋宁州"名宦祠、乡贤祠俱在学宫中。清康熙五十二年,知州任中宜建。咸丰八年毁。光绪间重建。"⑤另据民国时期档案记载:"民国十一年修大成殿,十六年及十九年修崇圣祠串角,三十年及三十一年修大成门串角。"⑥晋宁文庙学宫位于今晋宁县晋城镇南正街,原有照壁、牌坊、泮池、棂星门、大成殿、崇圣祠、名宦祠、乡贤祠等建筑,现仅存大成殿和崇圣祠,其余均毁。

6. 呈贡县

呈贡县名宦祠设于文庙学宫内,据《(光绪)呈贡县志》载:入祀者有

---

① 《(光绪)罗次县志》卷三《祠祀》,第4页。
② 杜绍先纂修:《(康熙)晋宁州志》卷四《名宦》,南京:凤凰出版社,康熙五十五年抄本,第1—8页。
③ 朱庆椿修:《(道光)晋宁州志》卷八《名宦》,南京:凤凰出版社,民国十五年铅印本,第1—15页。
④ 《新纂云南通志》卷一三二《学制考二》,第482页。
⑤ 《新纂云南通志》卷一〇九《祠祀考一·典祀一》,第20页。
⑥ 《民国时期云南文庙调查资料选辑》,第21页。

明人赵干、陈表、张泽、夏可渔、刘大缙、田一井、王信,清人李日章、王士星、刘世熩。并附祀云南府名宦。[1]

呈贡县文庙始建于明洪武十六年(1383),弘治五年(1492)由伽宗城迁北山之西,万历七年(1579)迁至城内,后毁于兵。清康熙二年(1663)重建,经多次重修。咸丰七年(1857)再度被毁,同治十一年(1872)重建,光绪元年(1875)建成。[2] 名宦祠则建于雍正三年(1725)。《新纂云南通志·祠祀考》载:呈贡县"名宦祠、乡贤祠俱在学宫中。清雍正三年,教谕郝藩、董兆龙倡建。咸丰七年毁。同治十一年,士民李汝霖等倡建。"[3] 呈贡文庙学宫位于今呈贡区东门街东段,原有文明坊、泮池、棂星门、大成门、大成殿、明伦堂、崇圣祠、名宦祠、乡贤祠等,现文明坊、大成门等已毁,其余尚存。

7. 安宁州

安宁州名宦祠设于文庙学宫内,据《(雍正)安宁州志》记载,入祀者有明人李著、毛思义、伍佐、王瓊、徐守、孙原祥、顾标、刘珣、刘光大、喻应豸、方沅、钟万璋,清人洪承畴、李天浴、甘文焜、李兴元、赵良栋、蔡毓荣、范承勋、许弘勋、谢于道、石文晟、刘荫枢。[4]

安宁文庙始建于元成宗大德六年(1302),后经多次重修。[5]《新纂云南通志·祠祀考》载:安宁州"名宦祠,在学宫内。明崇祯七年,知州钟万璋重修。清康熙三十年(1691),吏目张自建重修。兵燹毁。同治九年(1870),知州郭时郁倡修。"[6] 安宁文庙学宫位于今安宁市连然镇连然街,原有二十余座建筑,后仅存大成殿和明伦堂。庙内有明清碑数通。有元至元三年(1337)《重修安宁州文庙碑》。2002年重修,现存大山门、青云楼、大成门、大成殿、棂星门等建筑,并配有南北厢房和左右耳房十四间,仿古建筑十七间。

另,安宁另有八街文庙,位于安宁市八街镇,修建时间约在清代,原建筑不详。2005年经大规模修复,现存庆云楼、泮池、棂星门、大成门、大成殿,以及仿古建筑若干。未见名宦祠。[7]

---

[1]《(光绪)呈贡县志》卷二《名宦》,南京:凤凰出版社,光绪十一年刻本,第33—53页。
[2]《新纂云南通志》卷一三二《学制考二》,第482页。
[3]《新纂云南通志》卷一〇九《祠祀考一·典祀一》,第20页。
[4] 杨若椿等修,段昕纂:《(雍正)安宁州志》卷一四《官师》,南京:凤凰出版社,乾隆四年刻本,第13—15页。
[5]《新纂云南通志》卷一三二《学制考二》,第482页。
[6]《新纂云南通志》卷一〇九《祠祀考一·典祀一》,第22页。
[7] 八街文庙采访。

8. 禄丰县

禄丰县名宦祠设于文庙学宫内，据《（康熙）禄丰县志》记载，入祀者有明人邓思谦、石泉、卢锃、蔡金、李必昂、艾龙、苏夢旸、向兆麟、罗英，清人许弘勋、丁宗闵。①

禄丰县文庙始建于明嘉靖二十一年（1542），在县治东②。旧无学，附于安宁州学。隆庆元年（1567）迁建至县治北，始建县学。万历间（1573—1619）被毁。万历清康熙十二年（1662—1722）复建时，由城北迁于城郭外西山麓旧址。③清乾隆三年（1738）移建至城内。《新纂云南通志·祠祀考》载：禄丰县"名宦祠、乡贤祠，俱在学宫内。清乾隆三年知县杜最重建。"④禄丰文庙学宫位于今禄丰县金山镇北门西，仅存大殿与中殿。

9. 昆阳州

昆阳州名宦祠设于文庙学宫内，据《（道光）昆阳县志》记载，入祀者有唐人王仁求、王善宝，元人赛音谔德齐、张立道，明人陈金、张升、陈旸、潘维岳、潘思聪、潘润民、黄宏、王朴、夏可渔、方良曙、邓思成、李绶、谭让、张绮、尹鸿渐、陈允问、赵元会、冷阳春、江清，清人赵廷臣、李天浴、甘文焜、赵良栋、陈必成、李兴元、蔡毓荣、范承勋、许弘勋、谢于道、石文晟、刘荫枢、郭瑮、魏方泰、李苾、郝士鄩、杨名时、鄂尔泰、陈宏谋、徐嘉宾、屠述濂、初彭龄、伯麟等。⑤

昆阳州文庙始建于永乐年间（1403—1424），康熙二十二年（1683）始建名宦祠，雍正四年（1726）重建，咸丰年间（1851—1861）被毁，光绪三年（1877）重修文庙于城南，光绪九年（1883）重建名宦祠于学宫。⑥《新纂云南通志·祠祀考》载：昆阳州"名宦祠、乡贤祠俱在学宫内。清康熙二十二年，知州唐之柏建。雍正四年，知州臧珊重建。咸丰间毁。"⑦昆阳文庙学宫位于今晋宁县昆阳镇循礼街，现仅存文明坊。

10. 易门县

易门县名宦祠设于文庙学宫内，据《（康熙）易门县志》记载，入祀者为

---

① 《（康熙）禄丰县志》卷二《名宦》，中国国家数字图书馆—数字方志，清代抄本，第22—24页。
② 《（康熙）云南通志》卷一六《学校》，康熙二十九年刊本，第68页。
③ 《新纂云南通志》卷一三二《学制考二》，第482—483页。
④ 《新纂云南通志》卷一〇九《祠祀考一·典祀一》，第22页。
⑤ 《（道光）昆阳州志》卷一一《秩官志·名宦》，第25—31页。
⑥ 《新纂云南通志》卷一三二《学制考二》，第483页。
⑦ 《新纂云南通志》卷一〇九《祠祀考一·典祀一》，第23页。

明人王新民。①

易门县文庙始建于明万历二十五年（1597），后多次重修。清嘉庆四年（1799）重建后，又于咸丰年间（1851—1861）为兵燹所毁，光绪三年（1877）复建。②《新纂云南通志·祠祀考》载：奎星阁、名宦祠、乡贤祠"俱在学宫内。毁于兵，清光绪三年重修。"③易门文庙学宫位于今易门县龙泉镇兴文街，仅存大成门和大成殿。2001年拆除，现已不存。④

11. 嵩明州

嵩明州名宦祠设于文庙学宫内。据《（康熙）嵩明州志》载，康熙末年入祀者有元人阿罗哥室里荡，明人张观、赵干、廉旻、邢简、庞珣、郭治、吴世珣、黄潜、翟唐、乐颂、郑邦福、龙旌、韦宗孝、万汝霖、狄应期、陈序、李宠、陈道淳、萧菖、董瑶、唐阶、俞化龙、王育德、汤凤、吕嗣绰、钮国蕃、龙纳箴、宋采、杨于陛、詹士会、黄食，清人甘文焜、李兴元、谢于道、李子实、马绛远、高敷政等三十八人。⑤

元顺帝至正八年（1348），嵩明同知阿罗哥室里荡始于城西建文庙。明洪武十九年（1386），又增其旧制。宣德七年（1432），改建于州治后。嘉靖二十八年（1549），知州狄应期迁至城北黄龙山西，"规制宏丽"；万历三十五年（1607），毁于土酋之乱，迁于宗镜寺；四十一年（1613）改建于宗镜寺前，明末又毁，迁于凤溪寺。清康熙九年（1670），重建于黄龙山东，至康熙五十七年（1718），已建成照壁、棂星门、大成门、大成殿、启圣宫、尊经阁、魁星阁、明伦堂、名宦祠、乡贤祠等。⑥雍正十一年（1733），迁于黄龙山，后又被毁，同治十二年（1873）重建。⑦《新纂云南通志·祠祀考》载：名宦祠、乡贤祠、忠义孝悌祠"俱在学宫内。清同治十二年，知州陆绍孙率绅民重修。"⑧光绪初年，嵩明州学宫再度被毁，光绪八年（1882）重修。据民国二十三年（1934）调查报告称，其时房屋殿宇作为县初级中学教室使用，名宦祠保存完好，但现均已不存。

---

① 《（康熙）易门县志·名宦》，中国国家数字图书馆—数字方志，清代抄本，第20页。
② 《新纂云南通志》卷一三二《学制考二》，第483页。
③ 《新纂云南通志》卷一〇九《祠祀考一·典祀一》，第23页。
④ 赵廷光主编：《云南文庙存佚》，昆明：云南人民出版社，2009年，第135页。
⑤ 汪熯修，任洵等纂，苏国有校注：《（康熙）嵩明州志》卷四《秩官志·名宦》，昆明：云南人民出版社，2015年，第150－155页。
⑥ 《康熙嵩明州志》卷五《学校志·文庙》，第158－159页。
⑦ 《新纂云南通志》卷一三二《学制考二》，第483页。
⑧ 《新纂云南通志》卷一〇九《祠祀考一·典祀一》，第24页。

二、大理府

1. 大理府、太和县

（1）名宦祠

大理府与太和县同治。太和县文庙始建于明洪武二十七年（1873），位于城东，同治十二年（1873）并入府学。《新纂云南通志·学制考》载：太和县学宫"在县治东，明洪武二十七年建……同治十二年，巡抚岑毓英筹款与府学合建一庙。"原县学改为敷文书院①。大理府中学堂初设于此，后并入初级师范堂（原西云书院），地址位于今大理一中。

大理府学宫始建于元世祖至元二十二年（1285），位于城南。明正德九年（1514）毁于地震，十四年（1519）重建。咸丰六年（1856），杜文秀攻占大理，建立政权，改文庙为清真寺。杜文秀败亡时，由于原文庙被毁，便将报国寺改建为文庙，县学与府学合并。原名宦祠"在学宫左"，始建于明嘉靖三十九年（1560），由同知高镛建成。报国寺改建文庙后，名宦祠"移建新学宫内"②。

据李元阳《大理名宦祠记》记载，大理府名宦入祀者有汉代三人、蜀汉三人、晋隋三人、唐代七人、元代六人、明使臣十一人及守令师儒等官。③据《（乾隆）大理府志》记载，入祀者有汉人吕凯、杜轸，唐人郑回、杨佑，元人赛典赤、郝天挺、张立道、纳速剌丁，明人林应箕、蒋宗鲁、邹应龙、沈敬炌、张統、陈善、陈时范、姚祥、林俊、朱奎、聂贤、姜龙、林仕凤、王维贤、吴鹏、胡亮时、石简、李乐、叶应麟、谢东山、林一新、谢肇淛、汤仰、李先春、彭自新、熊鸣歧、马鸣銮、何闳中、杨畏知、陈应春、王景、万嗣达，清人李兴元、桑格、毕忠吉等。人数较多姓名不再胪列。④

大理府文庙学宫位于今大理古城复兴路，2014年前仅存大成门，其余建筑均毁。2014年重建，现有大成门、大成殿、泮池、明伦堂、东西两庑等建筑，名宦祠未重建。

（2）杨武愍公祠

入祀者为同光时期援越抗法将领杨玉科，建于光绪十三年（1887）。杨玉科，《清史稿》卷四百五十六有传。杨玉科曾平杜文秀起义，后在镇南

---

① 《新纂云南通志》卷一三二《学制考二》，第485页。
② 《新纂云南通志》卷一一〇《祠祀考二·典祀二》，第27页。
③ 《新纂云南通志》卷一一〇《祠祀考二·典祀二》引李元阳《大理名宦祠记》，第27—28页。
④ 傅天祥等修，黄元治等纂：《（乾隆）大理府志》卷一八《名宦》，南京：凤凰出版社，乾隆十一年补刻，民国二十九年重印本，第1—7页。

427

关抗法时阵亡,追谥"武悯"。该祠位于今大理古城卫门口街,一进两院,大体保存完好,惟门楼、牌楼已毁。

(3)蒋公祠

入祀者为同光时期腾越总兵、贵州提督蒋宗汉,建于光绪三十三年(1907)。蒋宗汉,《清史稿》卷四百五十九有传。蒋宗汉曾平杜文秀起义,后参与援越抗法,谥"壮勤"。该祠位于今大理古城四牌坊下街,一进两院,有门楼、过厅、正殿、厢房等,保存完好。①

2. 赵州

赵州名宦祠设于赵州文庙学宫中。可考知入祀者有汉人杜轸、吕凯,明人林俊、苏守政、王礼、韩思贤、王谏、卢鼎、金正、祝玠、萧澄、沈珂、郑贵濂、王惠、潘嗣冕、桂毂、潘大武、庄诚、解立敬、马蔚、杨大宾、刘如性、郑祇、李珪、周济、梁能、杨渊、汝舟、张誉、张天秩、徐允德、张名式、周成、尹□、程遂、胡鑑、黄华、金本荣、周武卿、先岳、李晟、路宏、胡崇、马霱,清人李兴元、谢于道、范承勋、赵良栋、甘文焜、石文晟、蔡毓荣、刘荫枢、鄂尔泰、初彭龄、陈宏谋、庄□、夏开寅、史光□、程鼎、张遴豸、张伦至、程近仁、刘思诚、李鹄、□著、王□文、李北有、杨宝树、司钧、洪梓方、易枚、沙以仁、诸葛伯恒、邵明瑜、赵本汉、刀玉成、方孟承等人,另有明人佚名者一人,清人佚名者两人。②

赵州文庙始建于明洪武十八年(1385),在州治南。成化十一年(1475)重修。清康熙九年(1670)迁至州治西之凤山麓。③咸丰六年(1856),杜文秀攻占大理,建立政权,改赵州文庙为清真寺。杜文秀败亡时,被毁。同治十二年(1873)迁至州署旧址。光绪十二年(1886)重建于今址。名宦祠始建于清康熙三十一年(1692),同治十二年随学宫迁州署旧址,光绪十二年又移新址。《新纂云南通志·祠祀考》载:名宦祠、乡贤祠"并在学宫内。清康熙三十一年,知州陈光稷倡建"④。赵州文庙学宫位于今大理市凤仪镇西街,今仅存大成门、大成殿、崇圣祠、尊经楼。⑤

3. 云南县

云南县名宦祠设于文庙学宫内。据《(光绪)云南县志》记载,入祀者

---

① 《云南文物古迹大全·大理市》,第495页。
② 陈钊镗修,李其馨等纂:《(道光)赵州志》卷三《名宦》,成文出版社,民国三年刊本,第10—15页。
③ 《新纂云南通志》卷一三二《学制考二》,第485页。
④ 《新纂云南通志》卷一一〇《祠祀考二·典祀二》,第29页。
⑤ 大理凤仪文庙采访。

有明人林俊、姜龙、邹应龙、朱奎、沈桥、马鸣銮、李先著、熊鸣岐、周凤、刘让、汤仰、何闳中、赖镇、赵简、陈辅、周永南、宋希文、刘仁、龙一兰,清人范承勋、甘文焜、赵良栋、蔡毓荣、石文晟、刘荫枢、谢于道、魏方泰、杨名时、鄂尔泰、陈宏谋、初彭龄、林则徐等人。①

云南县文庙始建于明洪武十八年(1385),在县之南郭,成化五年(1469)迁入县城内洱海卫左,曾多次重修。②名宦祠始建于明弘治五年(1492),清光绪二年(1876)重修。《新纂云南通志·祠祀考》载:名宦祠"在学宫内。明弘治壬子,佥宪周鸣岐、刘让檄,指挥周壁、县令陈辅建。清光绪二年,知县鸣泰、教谕李滢,训导姚士玉率绅重修。"③云南县文庙学宫位于今祥云县城东,今已不存。

4. 邓川州

邓川州名宦祠设于文庙学宫内。入祀者仅知有明人祁伦,余皆不详。④

邓川州文庙始建于元代,明洪武十七年(1384),迁至玉泉乡,成化十四年毁(1478),二十二年(1486)迁象山之麓,崇祯二年(1629),迁顶圣山,清康熙二十六年(1687)迁于邓川州城南门内,乾隆十六年(1751)迁建于州治后朱凤冈之坳,道光三年(1823)迁回邓川州城南门内。⑤名宦祠亦随迁。《新纂云南通志·祠祀考》载:名宦祠、乡贤祠"并在学宫内"⑥。光绪二十四年(1898),邓川州文庙学宫重建于来凤山西北坡,位于今洱源县邓川中学,现存大成殿、泮池、状元桥、杏坛等建筑,名宦祠已不存。⑦

5. 浪穹县

浪穹县名宦祠设于文庙学宫内。据《(光绪)浪穹县志略》记载,入祀者有明人金文举、何宗鲁、雷杲、杜翱、刘宣。⑧

浪穹县文庙始建于明洪武十八年(1385),在县城西山之麓,经多次重修,清末尚存。⑨《新纂云南通志·祠祀考》载:名宦祠、乡贤祠"并在学宫

---

① 项联普修,黄炳堃纂:《(光绪)云南县志》卷八《秩官·名宦》,成文出版社,光绪十六年刊本,第26页。
② 《新纂云南通志》卷一三二《学制考二》,第485页。
③ 《新纂云南通志》卷一一〇《祠祀考二·典祀二》,第30页。
④ 侯允钦纂修:《(咸丰)邓川州志》卷一〇《宦绩》,成文出版社,咸丰四年刊本,第39页。
⑤ 《(咸丰)邓川州志》卷六《学校》,第5—6页。
⑥ 《新纂云南通志》卷一一〇《祠祀考二·典祀二》,第31页。
⑦ 邓川文庙采访。
⑧ 罗瀛美修,周沆纂:《(光绪)浪穹县志略》卷七《名宦》,成文出版社,民国元年刊本,第19页。
⑨ 《新纂云南通志》卷一三二《学制考二》,第486页。

内"①。1952年,浪穹县文庙学宫改为洱源中学校舍,大部建筑已拆除,现仅存大成殿。②

6. 宾川州

宾川州名宦祠设于文庙学宫内。据《(雍正)宾川州志》载,入祀者有明人邹应龙、胡伯定、吴光禄、吴仲善、蒋英、唐佐、朱官、李承宜、萧缙、胡嵩等十人。③

宾川州文庙始建于明弘治七年(1494),在州治西,嘉靖、康熙、雍正时重修、扩建。④据明嘉万时人叶松《宾川州创建名宦乡贤祠记》等记载,大致可推知名宦祠始建于明嘉靖十三年至万历三十三年(1535—1605)⑤,清康熙三十九年(1700)重修,咸丰六年(1856)被毁,光绪年间(1875—1908)重修。《新纂云南通志·祠祀考》载:名宦祠、乡贤祠"并在学宫中。清康熙三十九年,知州耿宏祚修。咸丰六年毁。光绪间,知州傅凤飏、孙绍曾、绅民熊明等续修。"⑥宾川州文庙学宫位于今宾川县州城镇西南,仅存后院的二门、牌楼、中堂、天子台、大成殿、乡贤祠。

7. 云龙州

云龙州名宦祠设于文庙学宫内。据《(雍正)云龙州志》记载,入祀者有明人沈敬炌、彭自新、熊鸣歧、周宪章、赵策,清人谢于道、范承勋、赵良栋、甘文焜、郭瑮、石文晟、蔡毓荣等人。⑦

云龙州文庙始建于明天启四年(1624),位于州治(今云龙旧州),崇祯二年(1629)迁至新州治雒马井(今云龙宝丰),清康熙三年(1664),迁至雒马井西北德龙山之左。⑧康熙四十三年(1704)又迁至雒马井州治内,名宦祠亦随迁。《新纂云南通志·祠祀考》载:名宦祠、乡贤祠"并在学宫内"⑨。云龙州学宫位于今云龙县宝丰镇宝丰街,今已不存。

又,今诺邓村也有一文庙,作为道教建筑群玉皇阁的组成部分之一,在玉皇阁东,西为武庙,无名宦祠。

---

① 《新纂云南通志》卷一一〇《祠祀考二·典祀二》,第32页。
② 洱源县采访。
③ 周钺纂修:《(雍正)宾川州志》卷九《名宦》,大理白族自治州文化局翻印本,1984年,第54—55页。
④ 《新纂云南通志》卷一三二《学制考二》,第486页。
⑤ 《(雍正)宾川州志》卷一二《艺文》,第90—91页;卷九《乡贤》,第55页。
⑥ 《新纂云南通志》卷一一〇《祠祀考二·典祀二》,第32页。
⑦ 陈希芳修,胡禹谟纂:《(雍正)云龙州志》卷九《官师·名宦》,南京:凤凰出版社,雍正六年刻本,第10页。
⑧ 《新纂云南通志》卷一三二《学制考二》,第486页。
⑨ 《新纂云南通志》卷一一〇《祠祀考二·典祀二》,第33页。

三、临安府

1. 临安府、建水县

临安府与建水县同治。临安府名宦祠设于建水县文庙学宫内。据《(嘉庆)临安府志》记载,入祀者有岑毓英等220人,因人数较多,姓名不做胪列。[1] 现入祀者有七十五人。[2]

临安府文庙始建于元世祖至元二十二年(1285),明清两代有五十余次扩建和重修。名宦祠始建于明嘉靖二十年(1541),光绪五年(1879)重修。[3]《新纂云南通志·祠祀考》载:名宦祠"在学宫内。明嘉靖二十年,副使蒋宗鲁建。清光绪五年,贡生刘鸿阳、萧朝楷重修。"[4]位于棂星门与大成门之间东侧。建水文庙学宫位于今建水县临安镇建中路北段,基本按照曲阜孔庙布局修建,是现今云南省保存最完整、规制最齐备、规模最宏大的文庙建筑群,由太和元气坊、泮池(学海)、思乐亭、礼门坊、义路坊、洙泗渊源坊、道冠古今坊、德配天地坊、圣域由兹坊、贤关近仰坊、棂星门、文昌阁、名宦祠、乡贤祠、桂香阁、金声门、玉振门、大成门、东西庑、先师庙(大成殿)、东西明伦堂、崇圣殿、仓圣祠、景贤祠、御碑亭等组成,保存完好,惜尊经阁、魁星阁、敬一亭、斋宿亭、节教祠、忠义孝悌祠等建筑已不存。

2. 石屏州

石屏州名宦祠设于文庙学宫中。据《(乾隆)石屏州志》记载,入祀者有明人王骥、任彬、杨明哲、余秉清、洪恩、甘珂、何文俸、曾所能、萧廷对、尹东周、朱继夔、李犹龙、朱统燧、顾庆恩,清人郑相、王光鼎、刘维世、郎嘉卿等人。[5]至《(民国)石屏县志》,又增加清人傅应奎、郑训遘、王戬毅、毛诵芬、张铨,民国人黄元直。[6]

石屏州文庙始建于元顺帝至正末年(1361—1368),明洪武二十二年(1389)重建,嘉靖二年(1523)、天启五年(1625)修葺并扩建,清顺治、乾

---

[1] 江濬源修,罗惠恩等纂:《(嘉庆)临安府志》卷一二《名宦》,南京:凤凰出版社,嘉庆四年刻本,第1—17页。
[2] 建水文庙采访。
[3]《新纂云南通志》卷一三二《学制考二》,第486页。
[4]《新纂云南通志》卷一一〇《祠祀考二·典祀二》,第33页。
[5] 管学宣纂修:《(乾隆)石屏州志》卷四《祀典》,南京:凤凰出版社,乾隆二十四年刻本,第2页。
[6] 袁嘉谷纂修:《(民国)石屏县志》卷九《名宦》,南京:凤凰出版社,民国二十七年刻本,第22—25页。

隆间亦有修葺。名宦祠始建于清康熙四十五年(1706),雍正年间(1722—1735)重建。《新纂云南通志·祠祀考》载：名宦祠、乡贤祠"并在学宫中。清康熙四十五年,知州刘承启改建。雍正年间重建。"①石屏州文庙学宫位于今石屏县异龙镇北正街南段,现存庙门、泮池、棂星门、大成殿、先师殿、尊经阁等。

3. 阿迷州

阿迷州名宦祠设于文庙学宫内。入祀者仅知有郭雄贤、王来宝二人,余皆不详。②

阿迷州文庙始建于明洪武年间(1368—1398),在城东门外,嘉靖三十一年(1552)迁建。清康熙六年(1667)重建,雍正三年(1725),迁至州治东北。③咸丰九年(1859)毁于兵燹,光绪八年(1882)重建。《新纂云南通志·祠祀考》载：名宦祠、乡贤祠、忠义祠"并在学宫中"④。阿迷州文庙学宫现位于今开远市新文化街,仅存大成殿和后殿。

阿迷州另有小龙潭文庙,始建于乾隆元年(1736),光绪年间(1875—1908)重建。位于今开远市小龙潭镇马街村,现存大门、泮池、六角亭、中殿、正殿(大成殿)。是否曾建有名宦祠不详。

4. 宁州

宁州名宦祠设于文庙学宫内。入祀者有明人王昊、康梦相、程楷、王执、王聘、许起凤,清人洪承畴、甘文焜、李天浴、李兴元、赵良栋、蔡毓荣、范承勋、许弘勋、谢于道、石文晟、刘荫枢、赵廷臣、伊辟、郭瑮、赵廷标、魏方泰等二十二人。⑤

宁州文庙始建于明洪武二十六年(1393),历经多次重修。名宦祠始建于明万历六年(1578),清乾隆五十五年重修。《新纂云南通志·祠祀考》载：名宦祠、乡贤祠"并在学宫内。明万历六年,同知杨浚修。清乾隆五十五年重修。"⑥宁州文庙学宫位于今华宁县宁州镇东北街,仅存大成门和尊经阁。

5. 通海县

通海县名宦祠设于文庙学宫内。入祀者有明人任暹、季本、王朝禄、余

---

① 《新纂云南通志》卷一一〇《祠祀考二·典祀二》,第35页。
② 王民皞纂修：《(康熙)阿迷州志》卷一七《名宦》,成文出版社,康熙十二年刊本,第3页。
③ 《新纂云南通志》卷一三二《学制考二》,第487页。
④ 《新纂云南通志》卷一一〇《祠祀考二·典祀二》,第35页。
⑤ 佚名纂修：《(宣统)宁州志·名宦祠祀》,南京：凤凰出版社,民国五年刊本,第88页。
⑥ 《新纂云南通志》卷一一〇《祠祀考二·典祀二》,第36页。

人俊、杨翘瀛、陈三才、单国祚。①《(道光)续修通海县志》又增加清人鄂尔泰、陈宏谋、初彭龄、屠述濂、汪如洋、顾莼②。《(光绪)通海县续志》又增加清人林则徐、胡启荣。③

通海县文庙始建于明洪武二十五年(1392),康熙、雍正年间重建、扩建。名宦祠于清雍正十年(1732)重修。《新纂云南通志·祠祀考》载:名宦祠、乡贤祠"并在学宫内。清雍正十年,知县丁沄重修。"④通海县文庙学宫位于今通海县秀山镇文庙街南段,现存照壁、文明坊、乡贤祠、大成门、大成殿、崇圣祠、尊经阁及两庑,名宦祠毁于上世纪五十年代。

6. 河西县

河西县名宦祠设于学宫中。据《(乾隆)河西县志》记载,入祀者有元人阿喇帖木儿蒙古右旃、明人蔡侃、姜思睿、周莫仪、张继孟、罗晟、傅厚、蒋良、朱光正、文羽麟、赵德、周之相、詹英、缪良金、邓映、朱玘、王宗敏、吕文政、卫纲,清人李兴元、谢于道、张象贲、蔡醽、甘文焜、郭琜、石文晟、魏方泰。⑤

河西县文庙始建于元泰定二年(1325),在县治东,明洪武二十九年(1396)重建⑥,正统、宣德、成化、正德时均有修葺,嘉靖十二年(1533)迁于县治南,清代雍正、道光是重修。⑦名宦祠亦于雍正七年(1729)、道光二年(1822)重修。《新纂云南通志·祠祀考》载:名宦祠、乡贤祠"并在学宫内。清雍正七年,知县戴允成重修。道光二年,知县龚正谦重修。"⑧河西县文庙学宫位于今通海县河西镇,现存文明坊、大成门、大成殿、两庑、明伦堂,余皆不存。

7. 嶍峨县

(1)名宦祠

在嶍峨县文庙学宫内。据《(康熙)嶍峨县志》记载,入祀者有明人黄

---

① 魏荩臣撰:《(康熙)通海县志》卷五《名宦》,南京:凤凰出版社,康熙三十年刻本,第7—8页。
② 赵自中纂修:《(道光)续修通海县志》卷二《名宦》,南京:凤凰出版社,道光六年刻本,第36页。
③ 陈其栋纂修:《(光绪)通海县续志·名宦》,南京:凤凰出版社,民国九年石印本,第18—19页。
④ 《新纂云南通志》卷一一〇《祠祀考二·典祀二》,第36页。
⑤ 董枢修,罗云禧等纂:《(乾隆)河西县志》卷一《名宦》,成文出版社,民国十三年重印本,第26—27页。
⑥ 《(乾隆)河西县志》卷二《学宫》,第1页。
⑦ 《新纂云南通志》卷一三二《学制考二》,第488页。
⑧ 《新纂云南通志》卷一一〇《祠祀考二·典祀二》,第37页。

德、萧鸾、胡准、蒋恒益、张一恺、缪白、陆绍闳,清人李兴元、赵廷臣、范承勋、甘文焜,另有明人佚名者二人。①

嶍峨县文庙始建于明洪武十五年(1382),在城东门内;天启七年(1627),迁至县城北,后又有多次重修。②名宦祠修建于清雍正十三年(1735),《新纂云南通志·祠祀考》载:名宦祠、乡贤祠"并在学宫内。清雍正十三年,知县刘公鼎倡修。"③嶍峨县文庙学宫现位于今峨山县双江镇双江小学内,仅存大成殿、泮池、厢房。

(2)彭公祠

入祀者为清同治年间知县彭岬,光绪三年(1877)建祠。《新纂云南通志·祠祀考》载:"彭公祠,在城东门外,祀知县彭岬。清同治元年(1862),土匪作乱,保护县城阵亡,奉旨建立专祠,春、秋二仲月致祭。光绪三年,知县陈宗海建。"④该祠位于今峨山县城东,现已不存。

8.蒙自县

蒙自县名宦祠设于文庙学宫内。据《(乾隆)蒙自县志》记载,入祀者有明人陈澜、周世用、李时用。⑤

蒙自县文庙始建于明洪武二十七年(1394),在县治东,时有修整。⑥名宦祠修建于明万历年间(1573—1619)。《新纂云南通志·祠祀考》载:名宦祠、乡贤祠"并在学宫内。明万历间,知县李时用建。"⑦蒙自县文庙学宫位于今蒙自市文澜镇东大街中段,现已不存。

四、楚雄府

1.楚雄府、楚雄县

楚雄府与楚雄县同治。楚雄县学宫始建于明弘治十七年(1504),其时未建名宦祠。县学宫于明末被毁,附于府学。⑧

---

① 陆绍闳修,彭学曾纂:《(康熙)嶍峨县志》卷三《名宦》,南京:凤凰出版社,康熙三十七年抄本,第27—29页。
② 《新纂云南通志》卷一三二《学制考二》,第488页。
③ 《新纂云南通志》卷一一〇《祠祀考二·典祀二》,第37页。
④ 《新纂云南通志》卷一一〇《祠祀考二·典祀二》,第38页。
⑤ 李焜纂修:《(乾隆)蒙自县志》卷四《职官》,南京:凤凰出版社,乾隆五十六年抄本,第2页。
⑥ 《新纂云南通志》卷一三二《学制考二》,第489页。
⑦ 《新纂云南通志》卷一一〇《祠祀考二·典祀二》,第38页。
⑧ 《新纂云南通志》卷一三二《学制考二》,第490—491页。

楚雄府名宦祠在楚雄府文庙学宫中。据《(康熙)楚雄府志》记载，入祀者有元人董文彦，明人袁义、朱守仁、邵敏、董朴、祝宏舒、戚慎、顾为学、陈以跃、傅昂、罗廷璠、杨畏知，清人甘文焜、李兴元、谢于道、赵良栋、范承勋、曾大升、张道祥。① 至《(嘉庆)楚雄县志》又增加明人马良、许澄、朱继祖、范璋、李邦表、张大亨、张九歌、刘名弼、顾闵，清人牛奂、石文晟、蔡毓荣。② 至《(宣统)楚雄县志》又增加汉人韩说，宋人高量成，元人高长寿，明人任维钧、侯文才，清人傅天锡、于涟、姚文烈、史光鑑、崔靖、卢询、陈德、龚敬身、杜钧、彭永思。③

楚雄府文庙始建于明洪武十九年（1386），位于府治东，后多次毁于兵祸及地震，成化五年（1469）、清康熙二十二年（1683）、乾隆四年（1739）、四十一年（1776）、道光十八年（1838）重建。④ 咸丰十年（1860），学宫与名宦祠均遭焚毁。同治、光绪年间（1862-1908）又有重修。⑤ 清康熙四十六年（1707）始建名宦祠。《新纂云南通志·祠祀考》载：名宦祠、乡贤祠"并在学宫内。清康熙四十六年，知府卢询捐修。咸丰十年，因兵折毁。"⑥ 楚雄府文庙学宫位于今楚雄市中大街鹿城小学内，仅存泮池、大成门、大成殿、两庑。

2. 镇南州

镇南州名宦祠设于文庙学宫内。据《(康熙)镇南州志》载，入祀者有明人邹庆、李纯、黄袍、周国庠、尹为宪、何居谷、卢伯寀、清人李兴元、谢于道、曾大升等十人。⑦ 至《(咸丰)镇南州志》、《(光绪)镇南州志略》则增加清人洪承畴、赵廷臣、李天浴、甘文焜、陈必成、赵良栋、蔡毓荣、范承勋、石文晟、刘荫枢、郭瑮、魏方泰、鄂尔泰、陈宏谋、屠述濂、汪如洋、初彭龄、顾莼、林则徐等十九人，共计二十九人。⑧

---

① 李镜纂修：《(康熙)楚雄府志》卷五《名宦》，南京：凤凰出版社，康熙五十四年刻本，第48—49页。
② 苏鸣鹤修，陈璜纂：《(嘉庆)楚雄县志》卷五《名宦》，成文出版社，嘉庆二十三年刻本，第68—73页。
③ 崇谦等纂修：《(宣统)楚雄县志》卷七《名宦》，南京：凤凰出版社，宣统二年抄本，第33—34页。
④ 《新纂云南通志》卷一三二《学制考二》，第489—490页。
⑤ 《新纂云南通志》卷一三二《学制考二》，第490页。
⑥ 《新纂云南通志》卷一一〇《祠祀考二·典祀二》，第39页。
⑦ 陈元纂：《(康熙)镇南州志》卷四《秩官志·名宦》，收入《镇南州志》合订本，德宏民族出版社，1996年，第27—28页。
⑧ 华国清修，刘阶纂《(咸丰)镇南州志》卷五《秩官志·名宦》收入《镇南州志》合订本，德宏民族出版社，1996年，第119—120页；李毓兰修，甘孟贤纂：《(光绪)镇南州志略》卷七《职官略·名宦》，收入《镇南州志》合订本，德宏民族出版社，1996年，第271—272页。

镇南州文庙始建于明永乐七年(1409),位于州治南,后多次重修。①名宦祠始建于清康熙二十二年(1683),咸丰十年(1860)被毁。②《新纂云南通志·祠祀考》载:名宦祠、乡贤祠、忠义孝悌祠"并在学宫内。清康熙二十二年,知州岑鹤建。咸丰间,毁于兵。"③光绪二年(1876)云南巡抚岑毓英拨款重修。④镇南州文庙学宫位于今南华县龙川镇南华一中,现仅存泮池,其余建筑均已不存。

3. 南安州

南安州名宦祠设于学宫中。据《(康熙)楚雄府志》记载,入祀者有明人苟诜、何应和、李翘、温可贞、殷辂、清人周爱访。⑤

南安州文庙始建于明洪武二十七年(1394),在州治东,明末毁于兵;清康熙二年(1663)重建,时有修整。咸丰年间(1851—1861)毁于兵,光绪年间(1875—1908)再次重建。⑥名宦祠建于清康熙二十二年(1683)。《新纂云南通志·祠祀考》载:名宦祠、乡贤祠"并在学宫内。清康熙二十二年,知州周爱访建。咸丰间,因兵毁,今复修。"⑦南安州文庙学宫位于今楚雄市子午镇云龙,现已不存。

䧟嘉县于康熙八年并入南安州,似曾建有文庙。据《(康熙)楚雄府志》记载,该县名宦有明人王章、虎臣、谈珏。

4. 姚州

姚州名宦祠设于文庙学宫中。据《(光绪)姚州志》记载,入祀者有汉人韩说、诸葛亮,唐人梁积寿、裴怀古,元人杨宝、高明、高均明,明人戴都、岑斌、陈本立、高惠、高寿保、吴润、马自然、高宗寿、高贤、刘昂、苏章、张赞、任宏、王嘉庆、丁锐、黄澍、杜萱、邹应龙、高凤、赵良华、王鼎、陈祥麟、何勖、王德纯、赵澍、高贵、赵恒、莫相、杨日赞、李自蕃、胡僖、李贽、吴崇德、周良士、杨之彬、张乔松、李忠臣、周希尹、童述先、高金宸、邓子龙、孔元德、黄復生,清人倪巽生、林则徐。⑧《(民国)姚安县志》又增清人岑毓英、杨玉科。⑨

---

① 《新纂云南通志》卷一三二《学制考二》,第491页。
② 《(光绪)镇南州志略》卷三《建置略》,第211页。
③ 《新纂云南通志》卷一一○《祠祀考二·典祀二》,第40页。
④ 《(光绪)镇南州志略》卷三《建置略》,第211页。
⑤ 《(康熙)楚雄府志》卷五《名宦》,第53—54页。
⑥ 《新纂云南通志》卷一三二《学制考二》,第491页。
⑦ 《新纂云南通志》卷一一○《祠祀考二·典祀二》,第40页。
⑧ 《(光绪)姚州志》卷五《名宦》,第51—52页。
⑨ 霍士廉修,由云龙纂:《(民国)姚安县志》卷二○五《人物志·官师》,南京:凤凰出版社,民国三十六年刊本,第29页。

姚州文庙始建于明永乐元年(1403),旧无学,附于姚安府文庙,其间多次重修。乾隆三十五年(1770),姚安府裁撤,即以府学为州学。咸丰六年(1856)毁,同治十一年(1872)重修。①名宦祠始建于清道光十二年(1832),民国时已毁。《新纂云南通志·祠祀考》载:名宦祠、乡贤祠"并在学宫内。清道光十二年,学正王墫改建。今毁。"②姚州文庙学宫位于今姚安县栋川镇,现已不存。

5. 大姚县

大姚县名宦祠设于学宫中。据《(道光)大姚县志》记载:"年几五百载,宰斯邑者不知凡几,可考者仅百三十余人。而此百三十余人中为士民所爱列入名宦,祠于生祠者正复无几。"又载:"自明至康熙间宦绩可纪者,旧志所载仅十三人……又百余年……当时邑人请题入祀名宦,格于例不行"③。由此可大致推知,至道光二十五年,大姚县未有名宦入祀。名宦祠中所祀者应为通省入祀名宦。

大姚县文庙始建于明嘉靖二十五年(1546),多次迁建,清康熙五十年(1711),迁至城内东北隅。④《新纂云南通志·祠祀考》载:名宦祠、乡贤祠、忠孝祠"并在学宫内"⑤。名宦祠兴建时间不详,仅知在学宫东。⑥大姚县文庙学宫位于今大姚县金碧镇,现已不存。

今大姚县石羊镇文庙,系白盐井直隶提举司文庙,详见下文。

6. 广通县

广通县名宦祠设于文庙学宫中。据《(康熙)楚雄府志》记载,入祀者有明人邹傑、蒋哲、吴习。⑦

广通县文庙始建于明嘉靖二十五年(1546),历经多次重建。咸丰十年(1860)毁于兵,同治年间(1862—1874)重建。⑧名宦祠重修于康熙二十二年(1683),咸丰十年毁于兵。《新纂云南通志·祠祀考》载:名宦祠、乡贤祠"并在学宫内。清康熙二十二年,知县胡项重修。咸丰十年毁。"⑨广通县文庙学宫位于今禄丰县广通镇广通小学内,现已不存。

---

① 《新纂云南通志》卷一三二《学制考二》,第491页。
② 《新纂云南通志》卷一一〇《祠祀考二·典祀二》,第41页。
③ 黎恂修,刘荣黼纂:《(道光)大姚县志》卷一〇《官师》,南京:凤凰出版社,道光二十五年刊本,第9、23页。
④ 《新纂云南通志》卷一三二《学制考二》,第491页。
⑤ 《新纂云南通志》卷一一〇《祠祀考二·典祀二》,第42页。
⑥ 《(道光)大姚县志》卷九《祠祀志·志坛庙》,第3页。
⑦ 《(康熙)楚雄府志》卷五《名宦》,第55—56页。
⑧ 《新纂云南通志》卷一三二《学制考二》,第492页。
⑨ 《新纂云南通志》卷一一〇《祠祀考二·典祀二》,第42页。

7. 定远县

定远县名宦祠设文庙学宫中。据《(康熙)楚雄府志》记载，入祀者有明人董莱、刘名弼、越民表、鲜顺祖、张应台。[1]

定远县文庙始建于明嘉靖二十六年(1547)，历经多次重建。咸丰七年(1857)毁于兵，光绪年间(1875—1908)重建。[2]名宦祠建于康熙二十二年(1683)，光绪四年(1878)重修。《新纂云南通志·祠祀考》载：名宦祠、乡贤祠"并在学宫内。清康熙二十二年，知县曹振邦修。光绪四年，贡生何钟吉倡修。"[3]定远县文庙学宫位于今牟定县共和镇茅阳初级中学内，已重新修葺，现存泮池、大成门、大成殿、两庑。

五、澂江府

1. 澂江府、河阳县

澂江府与河阳县同治。河阳县文庙始建于明隆庆四年(1570)，其时未单独设学，与府学同。康熙三十年(1691)新设县学，四十一年(1702)复归于府学。[4]

澂江府名宦祠在澂江府文庙学宫。据《(道光)澄江府志》记载，入祀者有元人张瑾、魁纳，明人王绩之、李文绩、李先著、冀光祚、程楷、康梦相、姜思睿、胡思、王彦、饶钦、晁必登、唐臣、刘杰、童玺、计朝聘、王良臣、许可久、林焜章、郎文焕、李以衮、顾庆思、周应，清人赵廷臣、甘文焜、赵良栋、范承勋、郭瑮、李兴元、陈必成、谢于道、廖瑛、陈大文、王禄鹏、张联箕、黄元治、刘骊、裴律度、柳正芳、来鸣谦、李承邺、张若淳、孔继炘、杨一揆、王善堃、崇谦、伊里布、钱昌龄、王厚庆、肖炳椿。[5]

澂江府文庙始建于元成宗大德年间(1297—1307)，在金莲山麓；正德十三年(1518)迁至今县城东南之旧城；隆庆五年(1571)又迁至舞凤山麓今地。康熙四十一年，合县学为一庙，迁建至府治东。乾隆、道光时修葺。同治八年(1869)毁于兵燹，光绪元年(1875)重建。[6]澂江府名宦祠始建时

---

[1] 《(康熙)楚雄府志》卷五《名宦》，第57—58页。
[2] 《新纂云南通志》卷一三二《学制考二》，第493页。
[3] 《新纂云南通志》卷一一〇《祠祀考二·典祀二》，第42页。
[4] 《新纂云南通志》卷一三二《学制考二》，第494页。
[5] 高鲁等修，李熙龄纂：《(道光)澂江府志》卷一三《名宦》，南京：凤凰出版社，道光二十七年刊本，第1—6页。
[6] 《新纂云南通志》卷一三二《学制考二》，第493页。

间不详,康熙四十一年重建,同治八年被毁。《新纂云南通志·祠祀考》载:名宦祠、乡贤祠"并在学宫内。清康熙四十一年,知府黄元治重建,因兵折毁。"①澂江府文庙学宫位于今澄江县凤麓镇文庙街,现存泮池、棂星门、大成门、大成殿,名宦祠已不存。

2. 江川县

江川县名宦祠设于文庙学宫中。据《(道光)澂江府志》记载,入祀者有明人张俊、皮日伟、杨佑、杜鸣阳、马有庆、王惠卿、黄以升、周柔强,清人王文衡、张方起、李密、徐瀛翥、王璠、刘携。②

江川县文庙始建于明嘉靖四十五年(1566),清康熙三十二年(1693)迁至江川县城南旧县城(今江川县龙街),乾隆四十四年(1779)迁城东北钟秀山下,道光四年(1824)竣工③。名宦祠始建于万历年间(1572—1619)。《(道光)澂江府志·文庙》载:"庙学在城东北……万历间,知县杜鸣阳、万有庆、刘懋相继增修,建大成殿、东西两庑、名宦乡贤祠、戟门、泮池。"④后亦迁新址。江川县文庙学宫位于今江川县江城镇北钟秀山南麓,现存泮池、大成殿、两庑、孝义祠、苏孝祠等。

3. 新兴州

新兴州名宦祠修建时间不详,仅知在新兴州文庙学宫中。据《(乾隆)新兴州志》记载,入祀者有明人王绩之、李文绩、李先著、冀光祚、程楷、张睿、郭镇、魏鑑、邓骏、何子奇、张于京、杨显、柳芳阳。⑤

新兴州文庙始建于明隆庆元年(1567),在城东南三里,后多次迁建。清康熙四十八年(1709),迁至州治东南今址,五十二年(1713)建成⑥。咸同间(1851—1874)大半毁于兵祸,光绪年间(1875—1908)重修。⑦《新纂云南通志·祠祀考》载:名宦祠、乡贤祠"并在学宫内"⑧。新兴州文庙学宫位于今玉溪市红塔区小庙街北,仅存大成殿、文星阁,1984年修葺。

4. 路南州

路南州名宦祠设于文庙学宫中。据《(民国)路南县志》记载,入祀者

---

① 《新纂云南通志》卷一一〇《祠祀考二·典祀二》,第43页。
② 《(道光)澂江府志》卷一三《名宦》,第8—9页。
③ 《新纂云南通志》卷一三二《学制考》,第494页。
④ 《(道光)澂江府志》卷九《文庙》,第3页。
⑤ 徐正思纂修:《(乾隆)新兴州志》卷六《官师》,南京:凤凰出版社,乾隆十四年刊本,第1—2页。
⑥ 《(乾隆)新兴州志》卷一〇《艺文志》收任中宜《重建新兴州文庙碑记》,第54页。
⑦ 《新纂云南通志》卷一三二《学制考二》,第494页。
⑧ 《新纂云南通志》卷一一〇《祠祀考二·典祀二》,第44页。

有明人鲁厚、徐宪、邹国玺、周耿、李洁、钟应麟、史载德、马鸣阳、汪良、唐登第,清人黄煜、金廷献、于纳、寇塏、史进爵、吴际盛、周鉴、曾礼、李文桂、冯祖绳、时鸿文①。

路南州文庙始建于明嘉靖三十五年(1556),万历二十四年(1596)重修,清康熙五十年(1711)续修,多有扩建。咸丰八年(1858)毁于兵,光绪十六年(1890)重建。民国六年(1917)重修。②名宦祠始建于明万历二十五年(1597),清雍正四年(1720)、嘉庆十年(1805)皆有重修,后毁于兵。《新纂云南通志·祠祀考》载:名宦祠、乡贤祠"并在学宫内。明万历二十五年,知州钟应麟建。清雍正四年,署知州杜思贤修。嘉庆十年重修。兵燹折毁。"③路南州文庙学宫位于今石林县鹿阜镇石林一中内,原有大门、泮池、棂星门、大成殿、明伦堂、尊经阁、名宦祠、乡贤祠等建筑,1966年被毁,仅存大成殿,1987年修葺。

六、广南府

广南府名宦祠位于广南府文庙学宫内。据《(乾隆)广南府志》记载,入祀者有宋人狄青,明人王俊、宋迪、王道广,清人尹继善、张允随、陈宏谋、钟韵远、茹仪凤、潘允敏、贾秉臣、陈克復、蒋衡、富松、王显绪、汪仪、单国光、傅应奎、宋湘、何愚。④

广南府文庙始建于清康熙四十八年(1709)⑤,雍正五年(1727)、乾隆六年(1741)、三十八年(1773)、道光六年(1826)重修。⑥名宦祠始建于雍正四年(1726)。《(道光)广南府志·学校》载:"雍正四年,知府潘允敏建大成门三间、东西庑各三间、乡贤名宦祠各三间。"⑦广南府文庙学宫位于今广南县莲城镇南街广南一中内,仅存泮池、棂星门、大成殿。

---

① 马标修,杨中润纂:《(民国)路南县志》卷六《名宦》,成文出版社,民国六年抄本,第6页。
② 《新纂云南通志》卷一三二《学制考二》,第495页;《云南文物古迹大全·路南县》,第116页。
③ 《新纂云南通志》卷一一〇《祠祀考二·典祀二》,第44页。
④ 林则徐等修,李希玲纂:《(道光)广南府志》卷三《名宦》,成文出版社,道光二十八年,第1—5页。
⑤ 《新纂云南通志》卷一三二《学制考二》,第495页。
⑥ 《云南文物古迹大全·广南县》,第419页。
⑦ 《(道光)广南府志》卷二《学校》,第2页。

七、顺宁府

1. 顺宁府、顺宁县

顺宁府与顺宁县同治。顺宁县未建文庙,附于府庙。顺宁府名宦祠位于顺宁府文庙学宫内。据《(康熙)云南通志》记载,入祀者有明人余懋学。①《(道光)云南通志稿》增加明人李忠臣、金可教、曹巽之。②

顺宁府文庙始建于明万历三十四年(1606),在府署之西;清康熙八年(1669),迁至城南凤山左麓。咸丰七年(1857),城陷焚毁。同治十二年(1873)改建于府署。③名宦祠始建于光绪三年(1877)。《(光绪)续修顺宁府志·学校志》载:"(光绪)三年,绅士筹款复请增修乡贤祠、名宦祠、德配坊、重门、围墙、泮池。"④顺宁府文庙学宫位于今凤庆县凤山镇文庙街,仅存文明坊、大门、龙门坊、棂星门、大成门、大成殿、两庑、崇圣祠、鸣凤阁(魁星阁)。

2. 云州

云州名宦祠设于文庙学宫中。据《(光绪)云南通志》记载,入祀者有明人金可教、曹巽之。⑤

云州文庙始建于明万历三十四年(1606),在城东南隅,明末毁于兵。清康熙三年(1664)改建于城北,十年(1671)迁建州治南玉池。乾隆四十一年(1776)再迁建于象山下;咸丰七年(1857)毁于兵,光绪八年(1882)移建于城西象鼻岭。⑥光绪二十八年(1902)改为武庙,后又改建为云觉寺。名宦祠始建于清康熙三年(1664)。《新纂云南通志·祠祀考》载:名宦祠、乡贤祠"并在学宫内。清康熙三年,知州刀飞龙重建。"⑦云州文庙学宫位于今云县城爱华镇象山麓,现为云觉寺,由山门、正殿、两庑造成,1985年维修。

3. 缅宁厅

缅宁厅设于清乾隆十二年(1747),即今临沧市临翔区,嘉庆十九年始建文庙,光绪八年设学。未建名宦祠。⑧

---

① 范承勳纂修:《(康熙)云南通志》卷二〇《名宦》,康熙三十年刊本,第64页。
② 《(道光)云南通志稿》卷一二七《名宦下》,道光十五年刊本,第23页。
③ 《新纂云南通志》卷一三二《学制考二》,第495页。
④ 《(光绪)续修顺宁府志》卷一四《学校志·庙学》,第13页。
⑤ 岑毓英修,陈灿纂:《(光绪)云南通志》卷一三六《秩官志四之二》,中国数字方志库,光绪二十年刻本,第24页。
⑥ 《新纂云南通志》卷一三二《学制考二》,第495页。
⑦ 《新纂云南通志》卷一一〇《祠祀考二·典祀二》,第46页。
⑧ 《新纂云南通志》卷一三二《学制考二》,第495页。

八、曲靖府

1. 曲靖府、南宁县

曲靖府与南宁县同治。南宁县文庙学宫附于府学。名宦祠在曲靖府文庙学宫内。据《(道光)云南通志稿》记在,入祀者有明人王政、刘璧、方用、王正、王式、焦韶、罗环、戴鼇、李珊、庞嵩、文溶、张秉正、林斌、王尚川、胡光、梁栋、敖翔、孙白、尹耕莘、夏铎、栗廷用、李遇春、邓继远,清人江藻。①

曲靖府文庙学宫始建于明洪武十七年(1384),在府治东水闸口,历朝多有重修。②名宦祠始建于明嘉靖二十九年(1550)。《新纂云南通志·祠祀考》载:名宦祠、乡贤祠"并在学宫内。明嘉靖二十九年,巡按赵炳然、副使熊楫建。"③曲靖府文庙学宫位于今曲靖市麒麟区东门街,原有泮池、棂星门、大成门、大成殿、名宦祠、乡贤祠等建筑,现仅存大成殿。

2. 沾益州

沾益州名宦祠设于文庙学宫中。据《(光绪)沾益州志》记载,沾益州名宦有汉人诸葛亮、马忠、张嶷,唐人韦仁寿、爨归王、赵孝祖,明人沐瓒、席书、袁善、尹启易、孙台、王式、孟绍孔、汪文璧、杨禄,清人王作楫、马真德、柯正朝、吴节民、施其智、王鼎鋐、金文宗、朱绣、朱干、高锦、郭存庄、廖躅芳。以上名宦因牌位毁于大火,前志又未记入祀情况,故未补设牌位入名宦祠。此外,入祀者有汪如洋、顾纯、洪其照、图克棠阿。④

沾益州文庙始建于明嘉靖二十八年(1549),建于旧州治(今云南省宣威市)之南。天启七年(1627),移州治于交水(今沾益县西平镇),文庙学宫亦迁至州治。后遭兵毁,清康熙年间(1662—1722)重建,乾隆四十年(1775),又移建于南门。咸丰七年(1857)毁于兵,同治三年(1864)重建。⑤名宦祠始建于乾隆四十年(1775),《(光绪)沾益州志·学校》载:"乾隆四十年,(知州张大本)率合州绅士移建(学宫)于南门……建泮宫坊一座,大成门三间,棂星门一座,大成殿三间,崇圣祠三间,东西庑、乡贤、名宦、节孝祠俱备前。"⑥沾益州文庙学宫位于今沾益县西平镇龙华街中段,仅存大成殿。

---

① 《(道光)云南通志稿》卷一二七《名宦下》,第23—25页。
② 《新纂云南通志》卷一三二《学制考二》,第495页。
③ 《新纂云南通志》卷一一〇《祠祀考二·典祀二》,第47页。
④ 陈燕等修,李景贤撰:《(光绪)沾益州志》卷三《名宦》,成文出版社,光绪十一年抄本,第59—66页。
⑤ 《新纂云南通志》卷一三二《学制考二》,第496页。
⑥ 《(光绪)沾益州志》卷二《学校》,第12页。

3. 陆凉州

陆凉州名宦祠设于陆凉州文庙学宫中。据《(乾隆)陆凉州志》记载，入祀者有明人滕聚、刘文栻、郭俊义、李鼎亨、邓继远、方用、俞铎、牛光远、邵元龄、方罂、施大德、申廷对、刘襄之、竹密、朱彬、尹东周、张启睿、俞嘉言，清人江藻。①

陆凉州文庙始建于明嘉靖二十一年(1542)，在原陆凉卫(今陆良县中枢镇)东。万历十九年(1591)改建于南门，后倾坏。清康熙八年(1669)，重建于州治西旧卫址，后多有增建。②名宦祠始建于清乾隆二十年(1755)。《民国时期云南文庙调查资料选辑》中引档案记载："乾隆乙亥年绅士陈旭致仕还家，添建名宦乡贤重臣孝子四祠。"③陆凉州文庙学宫位于今陆良县中枢镇，现已不存。

4. 马龙州

马龙州名宦祠设于马龙州文庙学宫中。据《(民国)续修马龙县志》记载，入祀者有明人罗环、陈升、李珊、张栋、张鑑、萧馘、郑滋、张表、魏天保、樊成玉、王良策、李文忠、张世雄、流通、金联斗、石垚，清人许日藻、陈班、黄廷颺、蔡茂秩、蒋肇龄、张坦、高其崿、杜凤保、吴齐鸿、王珣、林觐光。④

马龙州文庙始建于明嘉靖二十一年(1542)，在州治西南。万历年间(1573—1619)迁于城内，后因年久倾毁。清康熙六年(1667)重修，雍正三年(1725)迁建于州治南，后多次重修。⑤名宦祠始建于清道光四年(1824)。《新纂云南通志·祠祀考》载：名宦祠、乡贤祠"并在学宫内。清道光四年，知州图克棠阿倡修。"⑥马龙州学文庙学宫位于今马龙县通泉镇，现已不存。

5. 罗平州

罗平州名宦祠设于罗平州文庙学宫中。据《(康熙)罗平州志》记载，入祀者有明人张秉正、黄宇，清人谢于道、陈必成、赵良栋、甘文焜。⑦至《(民国)罗平县志》则增加清人王宏勋、张侠、康孟侯、马骧云、陈柿柞、孙士祯、

---

① 沈生邀纂修：《(乾隆)陆凉州志》卷三《名宦》，成文出版社，乾隆二十六年刊本，第14—16页。
② 《新纂云南通志》卷一三二《学制考二》，第496页。
③ 陈静波：《民国时期云南文庙调查资料选辑》，第24页。
④ 王懋昭等纂：《(民国)续修马龙县志》卷六《名宦》，南京：凤凰出版社，民国六年铅印本，第15—17页。
⑤ 《新纂云南通志》卷一三二《学制考二》，第496页。
⑥ 《新纂云南通志》卷一一〇《祠祀考二·典祀二》，第48页。
⑦ 黄德巽纂，胡承灏、周启先修：《(康熙)罗平州志》卷三《官师志·名宦》，南京：凤凰出版社，康熙五十七年刊本，第32页。

黄德巽、牛进、施道生、庆勋、杨联桂、李德溦。①

罗平州文庙始建于明万历十五年（1587），在州治北，后毁于兵。清康熙七年（1668）迁建于白腊庙旁，二十二年（1683）改迁于文昌阁东，三十二年（1693）迁州治东南虎豹营。乾隆九年（1744）迁回城北太液湖旁今址。嘉庆二年（1797）毁于兵，九年（1804）重修。咸丰间（1851-1861）毁于兵，光绪四年（1878）重修。②名宦祠始重建于光绪七年（1881）。《新纂云南通志·祠祀考》载：名宦祠、乡贤祠"并在学宫内。清光绪七年，士民重修。"③罗平州学文庙宫位于今罗平县罗雄镇西县人民医院，原有照壁、泮池、棂星门、石坊、大成门、大成殿、两庑、启圣宫、尊经阁、名宦祠、乡贤祠等，1973年被拆毁，仅存大成门。

6. 寻甸州

寻甸州名宦祠设于寻甸州文庙学宫中。入祀者暂无考。据《（康熙）寻甸州志》记载，入祀者有明人戴鼇、林斌、王尚用、李文绩、李遇春、喻应豸、孙台、吴思温，清人赵廷臣、李兴元、赵良栋、范承勋，另有明人佚名者一人。因原书第二十九页已佚，其余入祀者皆不详。④

寻甸州文庙始建于明正德九年（1514），后多有毁建。清雍正三年（1725），迁建于州治西北。咸丰六年（1856）毁，光绪元年（1875）重建。⑤名宦祠始建于清康熙五十二年（1713）。《新纂云南通志·祠祀考》载：名宦祠、乡贤祠、忠义孝悌祠"并在学宫内。清康熙五十二年，知州李月枝重建。咸丰间毁，光绪元年重修。"⑥寻甸州学宫位于今寻甸县仁德街道，现已不存。

7. 平彝县

平彝县名宦祠设于平彝县文庙学宫内。据《（康熙）平彝县志》记载，入祀者有明人徐宗、袁善、周嘉映、曹三捷、李加培。⑦

平彝县文庙始建于明正德九年（1514），万历二十二年（1594）重修。天启二年（1622）因战乱焚毁，崇祯八年（1635）重建。清康熙七年（1668）

---

① 朱纬修，罗凤章纂：《（民国）罗平县志》卷三《秩官志·名宦》，南京：凤凰出版社，民国二十一年抄本，第55—56页。
② 《新纂云南通志》卷一三二《学制考二》，第496页。
③ 《新纂云南通志》卷一一〇《祠祀考二·典祀二》，第49页。
④ 李月枝纂修：《（康熙）寻甸府志》卷五《名宦》，海口：海南出版社，康熙五十九年刻本，第27—28页。
⑤ 《新纂云南通志》卷一三二《学制考二》，第497页。
⑥ 《新纂云南通志》卷一一〇《祠祀考二·典祀二》，第49页。
⑦ 任中宜纂辑：《（康熙）平彝县志》卷六《官师志·名宦》，成文出版社，康熙四十四年刊本，第116—117页。

迁建于县治东,三十八年(1699)扩建。① 名宦祠始建时间不详,清同治十三年(1874)重建。《新纂云南通志·祠祀考》载:名宦祠、乡贤祠、节孝祠"并在学宫内。清同治十三年,知县陈谧同绅民重修。"② 平彝县文庙学宫位于今富源县中安镇平街,仅存泮池、魁星阁、大成殿。

8. 宣威州

宣威州名宦祠设于宣威州文庙学宫内。据《(道光)宣威州志·学校》记载,入祀者有唐人韦仁寿,明人傅友德、沐叡、刘綎、孙台、袁善、周嘉映、俞茂德,清人哈元生、张汉、漆扶助、王锡缙、饶梦铭、黄四岳、冯敬典、张槐、岳辉文、恒明、熊守谦、曾毓璜、余崇本、吴开阳、格勒尔特、国世春、海通阿、马建勋③。《(民国)宣威县志》又增加清人刘沛霖、顾芸、陈鸿勋、李炳壎,减去傅友德、沐叡、孙台、哈元生、王锡缙、恒明、吴开阳等人。④

宣威州文庙始建于明嘉靖二十八年(1549),在州治南仓坡,后多有迁建。同治八年(1869)改建于南门内⑤。名宦祠始建于乾隆三年(1738)。《(道光)宣威州志·学校》载:"乾隆三年,知州朱绣详请改建于仓坡,即今学宫也。正殿三间,东西两庑各五间,大成门三间,乡贤名宦两祠,棂星门、文明坊、泮池、义路、礼门各一道。"⑥ 宣威州文庙学宫位于今宣威市宛水街道学校街宣威一中内,仅存大成殿。

九、丽江府

1. 丽江府、丽江县

丽江府与丽江县同治。丽江县未立文庙。丽江府名宦祠在丽江府文庙学宫中,修建时间不详。据《(乾隆)丽江府志略》载,入祀者有元人兀良合台、勃古恩、明人高赐、高清,清人孔兴询、魏方泰等六人。⑦

---

① 《新纂云南通志》卷一三二《学制考二》,第497页;《云南文物古迹大全·富源县》,第206—207页。
② 《新纂云南通志》卷一一〇《祠祀考二·典祀二》,第50页。
③ 漆扶助纂修:《(道光)宣威州志》卷三《名宦》,南京:凤凰出版社,道光二十四年刻本,第31—40页。
④ 王钧图、陈其栋修,缪果章纂:《(民国)宣威县志稿》卷六《政治·名宦》,南京:凤凰出版社,民国二十三年排印本,第7页。
⑤ 《新纂云南通志》卷一三二《学制考二》,第497页。
⑥ 《(道光)宣威州志》卷四《学校》,第3页。
⑦ 管学宣、万咸燕纂修:《(乾隆)丽江府志略》上卷《官师略·名宦》,丽江县志编委会办公室翻印本,1991年,第132—133页。

丽江府文庙始建于清康熙三十九年（1700），在府治东。雍正三年（1725）迁府治北门坡今地①，雍正五年、乾隆四年（1739）、五年又扩建、重建，道光年间亦曾重修，咸丰年间（1851—1861）毁于兵燹，光绪末年（1900—1908）重修。《新纂云南通志·祠祀考》载：名宦祠、乡贤祠"并在学宫内"②。丽江府学宫位于今丽江市古城区北门街，现存大成殿、东庑及过厅。

2. 鹤庆州

鹤庆州名宦祠设于文庙学宫中。据《（康熙）鹤庆府志》载，入祀者有元人高惠直，明人林道节、胡信、张海、刘珏、孙伟、吴堂、马卿、周集、祁汝东、周赞、桑荆初、陈赞、贺从政、陈应春、余延橝、王景、李延栋、杨畏知、陈开泰、苏宇元、徐维藩、张伟、刘璧、张廷俊、于大节、姚大英、郑恩，清人谢于道、赵良栋、李兴元等三十一人。③而《（光绪）鹤庆州志》则加入明人王珉、张耀，删去清人谢于道、赵良栋、李兴元。④

鹤庆州文庙始建于元代，明洪武十五年（1382）毁于兵，十七年略作恢复；二十九年（1396）迁于府治南今地。正统十二年（1447）及正德二年（1507）扩建。正德十年（1515）五月毁于地震，迁于元化寺。隆庆二年（1568）迁建于原址，万历年间（1573—1619）多次修葺。崇祯四年（1631）冬，毁于火灾，次年重建，康熙二十二年（1683）重修，之后多有扩建。⑤乾隆四十五年（1780）重建。清咸丰七年（1857）大半被毁。⑥名宦祠始建时间不详，曾毁于兵，清光绪九年（1883）重建。《新纂云南通志·祠祀考》载：名宦祠、乡贤祠"并在学宫内，兵燹焚毁。清光绪九年，州治黄维中捐廉重修。"⑦鹤庆州文庙学宫位于今鹤庆县云鹤镇鹤庆一中内，现存照壁、大门、泮池、棂星门大成门、先师殿、崇圣祠、东西庑、乡贤祠、名宦祠、礼仪门等⑧，2005年修葺，为云南省保存较为完好的文庙之一。

---

① 《新纂云南通志》卷一三二《学制考二》，第497页；《（乾隆）丽江府志略》下卷《学校略·文庙》，第141—142页。
② 《新纂云南通志》卷一一一《祠祀考三·典祀三》，第51页。
③ 佟镇修，邹启孟、李倬云纂：《（康熙）鹤庆府志》卷一七《名宦》，大理白族自治州文化局翻印本，1983年，第145—149页。
④ 杨金和等纂修：《（光绪）鹤庆州志》卷二〇一《名宦》，南京：凤凰出版社，光绪二十年刻本，第1—3页。
⑤ 《（康熙）鹤庆府志》卷一五《学校》，第103—104页。
⑥ 《新纂云南通志》卷一三二《学制考二》，第498页。
⑦ 《新纂云南通志》卷一一一《祠祀考三·典祀三》，第52页。
⑧ 《云南文物古迹大全·鹤庆县》，第560页。

3. 剑川州

剑川州名宦祠设于文庙中。据《(康熙)鹤庆州志》载,入祀者为明人甘凤、刘让、杨梁、方启念、张云翼、赵民牧、关志极、林明辅、赵彦良、张文礼、陈直、李联芳、郭承恩等十三人。[1]

剑川州文庙始建于明洪武二十三年(1390),清乾隆九年(1744)从城内迁于今地。乾隆十六年(1751)地震倾圮,十八年重建,嘉庆二十三年(1818)、道光二十二年(1842)重修。咸丰七年(1857)焚毁,同治九年(1870)重建。[2] 名宦祠始建时间不详。《新纂云南通志·祠祀考》载:名宦祠、乡贤祠"并在学宫内"[3]。剑川州文庙位于今剑川县金华镇西门外,现存照壁、大门、泮池、金声门、玉振门、棂星门、大成门、大成殿、启圣宫、两庑等,保存较为完好。

4. 中甸厅、维西厅

中甸厅文庙学宫始建于乾隆二十四年(1759),同治二年(1863)毁,光绪八年(1882)重建。未建名宦祠。[4]

维西厅建于雍正五年(1727),即今迪庆州维西县,未建文庙学宫[5]。

十、普洱府

1. 普洱府、宁洱县

普洱府与宁洱县同治。宁洱县未建庙。普洱府名宦祠在普洱府文庙宫中。据《(咸丰)普洱府志》记载,普洱府入祀者有清人高其倬、觉罗琅玕、漆扶助、谷确、张铭、喀木齐布、朱射斗、福桑阿、屠述濂、朱稔文、那麟泰、王善壆、嵩禄、格绷额、魏元烺、林绍龙、胡启荣。[6] 宁洱县入祀者有清人何映柳、单乾元、张轼、徐图南、徐统藩、李成礼、傅翰邦、赵秉煌。[7]

普洱府于清雍正七年(1729)设府学,九年建成学宫,后多有迁建。同

---

[1] 《(康熙)鹤庆府志》卷一七《名宦》,第147—148页。
[2] 《新纂云南通志》卷一三二《学制考二》,第498页。
[3] 《新纂云南通志》卷一一一《祠祀考三·典祀三》,第53页。
[4] 《新纂云南通志》卷一三二《学制考二》,第498页。
[5] 《新纂云南通志》卷一三二《学制考二》,第498页。
[6] 郑绍谦纂:《(咸丰)普洱府志》卷一六《名宦》,中国国家数字图书馆—数字方志,咸丰元年刻本,第1—5页。
[7] 《(咸丰)普洱府志》卷一六《名宦》,第6页。

治元年（1862）学宫焚毁，光绪五年（1879）重建。① 名宦祠始建于清道光六年（1826），同治元年焚毁，十一年（1872）重建。《新纂云南通志·祠祀考》载：名宦祠、乡贤祠"并在学宫内。清同治十一年，署他郎游击孙世恒，绅士曾荣、艾芳馨捐修。"② 普洱府文庙学宫位于今宁洱县文化馆，仅存部分残垣。

2. 思茅厅

思茅厅名宦祠设于文庙学宫中。据《（咸丰）普洱府志》记载，入祀者有清人王定柱。③

思茅厅文庙始建于清道光十九年（1814），同治十年（1871）毁于兵，光绪七年（1881）重修。④ 名宦祠始建于清光绪十年（1884）。《新纂云南通志·祠祀考》载：名宦祠、乡贤祠、节孝祠"并在学宫内。清光绪十年，士民建。"⑤ 思茅厅文庙学宫位于今普洱市思茅区北门外思茅一中内，仅存大成殿，余皆不存。

3. 他郎厅

他郎厅名宦祠设于文庙学宫中，据《（咸丰）普洱府志》记载，入祀者有明人程本立，清人张子玉、何良臣、余庆长、林念宗、葛世宽、李天章。⑥

他郎厅文庙始建于清道光元年（1821），后有重修。同治二年（1863）损毁，同年重建。⑦ 名宦祠与文庙学宫同时修建，《新纂云南通志·祠祀考》载：名宦祠、乡贤祠"并在学宫内。清道光元年，署通判龚正谦建。"⑧ 他郎厅文庙学宫位于今墨江县联珠镇东正街口，现存大门、凌霄殿、魁星阁、两庑、乡贤祠、忠孝祠、大成殿、后殿。

4. 威远厅

威远厅名宦祠设于文庙学宫中，据《（咸丰）普洱府志》记载，入祀者有清人章元佐、孟端、赵希充、傅鼎、杨甲、张国相、李券荫、吴焯、李国栋、李邦燮、海通阿、秦士纶、谢体仁。⑨

威远厅学宫建于道光七年（1836），咸丰九年（1859）毁于兵。名宦祠亦建于此时。⑩

---

① 《新纂云南通志》卷一三二《学制考二》，第499页。
② 《新纂云南通志》卷一一一《祠祀考三·典祀三》，第54页。
③ 《（咸丰）普洱府志》卷一六《名宦》，第7页。
④ 《新纂云南通志》卷一三二《学制考二》，第499页。
⑤ 《新纂云南通志》卷一一一《祠祀考三·典祀三》，第54页。
⑥ 《（咸丰）普洱府志》卷一六《名宦》，第10页。
⑦ 《新纂云南通志》卷一三二《学制考二》，第499页。
⑧ 《新纂云南通志》卷一一一《祠祀考三·典祀三》，第55页。
⑨ 《（咸丰）普洱府志》卷一六《名宦》，第8—9页。
⑩ 《（咸丰）普洱府志》卷一〇《学校》，第2页。

十一、永昌府

1. 永昌府

永昌府名宦祠设于文庙学宫魁阁之西，据《（光绪）永昌府志》记载，入祀者有汉人陈立、郑纯、冯灏、张亮则、费诗、马忠、王伉、霍弋，晋人孙辩，明人胡渊、胡志、陈升、严时泰、童蒙正、戴希灏、孙衣、戈中和、陈严之、张元谕、陈师、宋儒、杨文举、邓子龙、刘綎、祈秉忠、陈锡爵、王家相、张承赐、周化凤。①

永昌府文庙始建于元代，明洪武十五年（1382）建学，称"金齿司儒学"，毁于兵燹，二十三年（1390）废府学。永乐十七年（1419）重建，正统十一年（1446）又迁今址扩建，后多次重修。咸丰七年（1857）因兵燹焚毁，光绪九年（1883）重建。②名宦祠修建时间不详，毁于咸丰七年。《（光绪）永昌府志·学校志》载：名宦祠"同知冯遇伯、教授蒲昌藩同修。永城陷后，被贼拆毁。今尚未修。"③永昌府文庙学宫位于今保山市隆阳区黉学街保山一中内，仅存大成殿。

2. 保山县

保山县名宦祠设于文庙学宫中，入祀者有明人孙衣、杨文举。④

保山县文庙始建于明嘉靖十二年（1533），隆庆、万历时修葺，明末倾毁。清康熙九年（1670）重修，在府学南。后有增建。咸丰七年（1857）被焚毁，光绪元年（1875）重修。⑤名宦祠始建于清雍正十年（1732）。《新纂云南通志·祠祀考》载：名宦祠"在学宫内。清雍正十年，教谕太崇望建。同知冯伯遇、教授蒲昌藩修。"⑥保山县文庙学宫位于今保山市隆阳区黉学街保山实验小学内，仅存大成殿、泮池及一些碑刻。

3. 腾越厅

腾越厅名宦祠设于文庙学宫中。据《（光绪）腾越厅志》记载，入祀者有汉人诸葛亮，元人怯烈、忙古带、忽辛，明人周彦奇、陈升、严时泰、沐瓒、沐诚、沐详、郭绪、贺元思、王槐、刘节、唐胄、吴檄、李乐、王春復、张辐、陈文、李材、王维贤、陈善、杨甯、李辐、沈祖学、邹光祚、杜可教、胡心得、罗汝

---

① 刘毓珂等纂修：《（光绪）永昌府志》卷三二《名宦》，成文出版社，光绪十一年刊本，第1—5页。
② 《新纂云南通志》卷一三二《学制考二》，第500—501页。
③ 《（光绪）永昌府志》卷二〇三《学校志·庙学》，第2页。
④ 《（光绪）云南通志》卷一三六《秩官志四之二》，第29—30页。
⑤ 《新纂云南通志》卷一三二《学制考二》，第501页。
⑥ 《新纂云南通志》卷一一一《祠祀考三·典祀三》，第57页。

芳、许天琦、周嘉谟、陈洙、陈用宾、漆文昌、宋儒、李先著、李之仁、刘鼎臣、刘綎、董献策、邓子龙、陈锡爵,清人屠述濂。①

腾越厅文庙始建于明成化十六年(1480),后多有迁建,清康熙四十四年(1705),迁建至今址。同治元年(1862)被焚毁,十三年(1874)重修②。名宦祠始建时间不详。《新纂云南通志·祠祀考》载:名宦祠、乡贤祠"并在学宫内。清乾隆五十三年(1788),知州屠述濂改修。因兵毁,光绪七年(1881),同知陈宗海倡修。"③腾越厅文庙学宫位于今腾冲市腾越镇城隍庙横街,现存泮池(砚塘)、棂星门、大成门、大成殿、启圣宫、明伦堂、名宦祠、乡贤祠等,2007年重修。

4. 永平县

永平县名宦祠设于文庙学宫中,据《(光绪)永昌府志》记载,入祀者有明人叶学则、郭本。④

永平县文庙始建于明洪武二十六年(1393),在城内旧守御署西。历朝多有迁建。清咸丰六年(1856)被焚毁,光绪元年(1875)重修。⑤名宦祠始建时间不详。史载:名宦祠、乡贤祠"并在学宫内。清咸丰间毁"⑥。永平县文庙学宫位于今永平县博南镇内,现已不存。

5. 龙陵厅

龙陵厅文庙始建于清道光九年(1829),道光十二年(1832)建成。咸丰九年(1859)毁于兵,光绪二年(1876)重修,光绪八年(1882)始设学宫。未建名宦祠。⑦

十二、开化府

1. 开化府、文山县

开化府与文山县同治。文山县未建庙,附于府庙。开化府名宦祠设于开化府文庙学宫中。据《(民国)马关县志》载,入祀者有清人甘文焜、赵

---

① 陈宗海修,赵端礼纂:《(光绪)腾越厅志》卷八《秩官志·名宦》,成文出版社,光绪十三年刊本,第1—9页。
② 《新纂云南通志》卷一三二《学制考二》,第501—502页。
③ 《新纂云南通志》卷一一一《祠祀考三·典祀三》,第59页。
④ 《(光绪)永昌府志》卷三二《名宦》,第6页。
⑤ 《新纂云南通志》卷一三二《学制考二》,第502页。
⑥ 《新纂云南通志》卷一一一《祠祀考三·典祀三》,第59页。
⑦ 《新纂云南通志》卷一三二《学制考二》,第503页;

良栋、蔡毓荣、范承勋、郭瑮、石文晟、谢于道、魏方泰、李道泰、宋师祁、黄德濂、唐炯等十二人。①

开化府文庙始建于明万历十四年（1586），称"先师庙"，由教化长官司龙上登所建。清康熙六年（1667）改土归流后，重修并设学，称文庙、黉学，至乾隆二十二年（1757），不断扩建、重修。光绪十六年（1890）改称"五子祠"②。名宦祠始建于清康熙三十二年（1684）。《新纂云南通志·祠祀考》载：名宦祠、乡贤祠"并在学宫内。清康熙三十二年，知府沈宁建。"③开化府文庙学宫位于今文山县开化镇东，现仅存大殿、两厢、过厅。

2. 安平厅

安平厅设于嘉庆二十五年（1820），与开化府同城；光绪二十六年（1900）移治马白关（今云南马关县），未建文庙学宫，附于府庙，至民国七年（1919）始由知事赵荃倡建，次年仅成大成殿和两庑，后无续修。④未建名宦祠。马关县文庙位于今马关县白马镇，现已不存。

十三、东川府

1. 东川府、会泽县

东川府与会泽县同治。会泽县未建庙。东川府名宦祠在东川府文庙学宫中。据《（乾隆）东川府志》记载，入祀者有晋人王逊、姚岳、杨术，隋人梁睿，唐人韦皋、郭钊，明人傅友德、林英、陈桓、叶升、游居敬，清人萧星拱、任俊昉、黄士杰、崔乃镛、田震、祖承佑、执谦、岳超龙、刘崑、张其贵、朱亮、魏翥国。⑤

东川府文庙始建于清康熙四十二年（1703），清康熙五十二年（1713）重修，在府治南门外。雍正五年（1727）改建、扩建，十三年（1735）六月因地震受损，重修。乾隆十九年（1754）又续修。咸丰八年（1858），大成殿被

---

① 张自明修，王富臣等纂，何廷明、娄自昌校注：《（民国）马关县志校注》卷三《秩官志·名宦》，昆明：云南大学出版社，2012年，第73—74页。
② 《新纂云南通志》卷一三二《学制考二》，第503页；《云南文物古迹大全·文山县》，第397页。
③ 《新纂云南通志》卷一一一《祠祀考三·典祀三》，第60页。
④ 《（民国）马关县志校注》卷二《祠祀志》，第48页。
⑤ 方桂纂修：《（乾隆）东川府志》卷一五《名宦》，南京：凤凰出版社，乾隆二十六年刻本，第1—5页。

毁,十一年(1861)重建。① 名宦祠始建于清雍正五年。《新纂云南通志·祠祀考》载:名宦祠、乡贤祠"并在学宫内。清雍正五年,知府黄士杰、教授赵淳倡建。"② 东川府文庙位于今会泽县金钟镇南平头山麓会泽一中内,原有泮池、棂星门、大成门、大成殿、崇圣祠、东西配殿、名宦祠、乡贤祠等建筑,现仅存大成殿、崇圣祠。

2. 巧家厅

巧家厅文庙学宫始建于道光六年(1826),道光二十九年(1849)重修,光绪八年至九年(1882—1883)又续修。未建名宦祠。③

十四、昭通府

1. 昭通府、恩安县

昭通府与恩安县同治。恩安县未建庙。昭通府名宦祠在昭通府文庙学宫中。据《四川总志》记载,入祀者有元人李京、明人阿普。④

昭通府文庙始建于雍正九年(1731),改土归流后,时有重修。⑤ 名宦祠始建于清雍正十三年(1735)。《新纂云南通志·祠祀考》载:名宦祠、乡贤祠"并在学宫内。清雍正十三年,知府徐德裕捐建。"⑥ 昭通府文庙学宫位于今昭通市昭阳区文渊街实验中学内,仅存大成殿,其余建筑均毁。

2. 镇雄州

镇雄州名宦祠设于文庙学宫中。入祀者为清人屠述濂。⑦

镇雄州文庙始建于明万历元年(1573),在州治南门内,后多有迁建。乾隆五十五年(1790),迁至城北门外。同治四年(1865),因乱焚毁,光绪元年重建。⑧ 名宦祠始建于清雍正十年(1732)。《新纂云南通志·祠祀考》载:名宦祠、乡贤祠"并在学宫内。清雍正十年,知州徐炳、学正孙应昌捐

---

① 《新纂云南通志》卷一三二《学制考二》,第503页。
② 《新纂云南通志》卷一一一《祠祀考三·典祀三》,第61页。
③ 汤祚纂修:《(民国)巧家县志稿》卷六《教育·学宫》,南京:凤凰出版社,民国三十一年铅印本,第2—3页。
④ 蔡毓荣修,龚懋熙纂:《四川总志》卷一三《名宦下》,中国数字方志库,康熙十二年刻本,第75页。
⑤ 《新纂云南通志》卷一三二《学制考二》,第503页。
⑥ 《新纂云南通志》卷一一一《祠祀考三·典祀三》,第62页。
⑦ 吴光汉修,宋成基纂:《(光绪)镇雄州志》卷四《名宦》,南京:凤凰出版社,光绪十三年刻本,第39页。
⑧ 《新纂云南通志》卷一三二《学制考二》,第503—504页。

建。"① 镇雄州文庙学宫位于镇雄县乌峰镇内,现已不存。

3. 永善县

永善县名宦祠设于文庙学宫中。据《(嘉庆)永善县志略》记载,入祀者有清人杜思贤、游方震、马东伦。②

清雍正六年(1728),鄂尔泰在云南改土归流,于米贴地区设永善县,同时建文庙学宫于县治(今县治南四十八里之黄华镇米贴)。雍正八年(1730)迁至莲峰(今县治南九十四里之莲峰镇)后多有整修。同治元年(1862),因乱焚毁;光绪六年(1880)重建。③名宦祠始建于清乾隆五十八年(1793)。《新纂云南通志·祠祀考》载:名宦祠、乡贤祠"并在学宫内。清乾隆五十八年建。"④永善县文庙学宫位于今永善县莲峰镇,现已不存。

4. 大关厅

大关厅名宦祠设于文庙学宫中。入祀者有清人龙文。⑤

大关厅文庙始建于清道光十九年(1839),在城南,系文昌宫遗址。光绪八年(1882)设学。⑥名宦祠修建时间不详。《新纂云南通志·祠祀考》载:名宦祠、乡贤祠、忠义孝悌祠、节孝祠"并在学宫内。署同知谢光焘倡建。"⑦据《清实录》记载,谢光焘于光绪十年在大关厅同知任上被革职,因此,名宦祠修建的时间应当在光绪八年(1882)至光绪十年(1884)之间。⑧大关厅文庙学宫位于今大关县翠华镇,现已不存。

5. 鲁甸厅

鲁甸厅即今鲁甸县,光绪八年(1882),巡抚杜瑞联奏准设学,但未建文庙学宫,亦未建名宦祠。⑨

十五、景东直隶厅

景东直隶厅名宦祠设于文庙学宫中。据《(民国)景东直隶厅志》记

---

① 《新纂云南通志》卷一一一《祠祀考三·典祀三》,第62页。
② 查枢纂修:《(嘉庆)永善县志略》下卷《名宦》,南京:凤凰出版社,嘉庆八年抄本,第1—2页。
③ 《新纂云南通志》卷一三二《学制考二》,第504页。
④ 《新纂云南通志》卷一一一《祠祀考三·典祀三》,第63页。
⑤ 《新纂云南通志》卷一五八《名宦传八》,第142页。
⑥ 《新纂云南通志》卷一三二《学制考二》,第504页。
⑦ 《新纂云南通志》卷一一一《祠祀考三·典祀三》,第63页。
⑧ 《德宗实录》卷一九一《光绪十年八月上》,北京:中华书局,1985年影印版,第692页。
⑨ 《新纂云南通志》卷一三二《学制考二》,第504页。

载,入祀者有明人王升、胡常、赖镇、袁贤、张吉、尹学孔、刘元清、郑人贵、傅九章,清人薛荴、甘文焜、胡向极、李兴元、赵良栋、蔡毓荣、范承勳、石文晟、谢于道、茹仪凤、杨天春、黄叔琪、徐树闳、李谦。[1]

景东直隶厅文庙始建于明正统七年(1442),在城外南仓井之西,万历十五年(1587)迁府南锦屏山下。康熙二十一年(1682)重建,道光时(1821—1850)重修。同治元年(1862)毁于兵,十三年(1874)重修[2]。名宦祠始建时间不详,清嘉庆十一年(1806)重修,毁于同治元年(1862),同治十三年(1874)重修。《新纂云南通志·祠祀考》载:名宦祠、乡贤祠"并在学宫内。清嘉庆十一年修。同治元年毁,十三年,同知凌应梧重修。"[3]景东直隶厅文庙学宫位于今景东县锦屏镇玉屏路,现存大门、泮池、魁阁、钟鼓楼、棂星门、两厢、大成门、大成殿等。

十六、蒙化直隶厅

蒙化直隶厅名宦祠设于文庙学宫中。据《(康熙)蒙化府志》载,入祀者有蜀汉诸葛亮,唐人唐九征,明人张紞、陈善、姜龙、陈用宾、吴鹏、苏海镇、刘童、吴宪、刘宜春、胡光、李辙、董壁、江舜民、井震、温洪、谢圭、仇仪、闵廷珪、陶文玑、王璋、董希孟、刘祚沛、吴绍周、姚大英、赵维垣、许尚、朱统遂、彭翻健,清人陈德、李兴元等三十二人。[4]至《(民国)蒙化志稿》,入祀者又增加清人洪承畴、赵良栋、蔡毓荣、刘荫枢、甘文焜、范承勳、石文晟、谢于道、李天沐、许宏勋、顾莼、汪如洋等十二人。[5]

蒙化直隶厅文庙始建于明洪武年间(1368—1398);天顺间(1457—1464),以"旧制卑隘"增建;成化间(1465—1487)重建;嘉靖间(1522—1566)又有增建;万历年间(1573—1619)又重建;万历四十七年(1619)毁于火灾,继而重建。清顺治十六年(1659),因"殿庑倾坏"重修;康熙二十二年(1683)、二十八年(1689)、三十五年(1696)又增建、改建、重修,

---

[1] 吴兰孙纂修:《(民国)景东直隶厅志》卷三《职官·名宦》,中国国家数字图书馆—数字方志,民国二十二年抄本,第10—13页。
[2] 《新纂云南通志》卷一三二《学制考二》,第504页。
[3] 《新纂云南通志》卷一一一《祠祀考三·典祀三》,第64页。
[4] 蒋旭纂:《(康熙)蒙化府志》卷四《秩官志·名宦》,德宏:德宏民族出版社,1998年,第110—113页。
[5] 李春曦修,梁友檍纂:《(民国)蒙化志稿》卷二《人和部·学校志》,南京:凤凰出版社,民国九年铅印本,第4页。

"规制宏备"[1]。咸丰七年（1857），大部毁于兵。同治十一年（1872）整修。[2]
名宦祠始建于清康熙二十二年（1683）。《新纂云南通志·祠祀考》载：名宦祠、乡贤祠"并在学宫内。清康熙二十二年，同知金标建。乾隆二十九年，同知谢颖元移建。"[3]蒙化直隶厅文庙学宫位于今巍山县南诏镇西街，现存照壁、大门、泮池、棂星门、大成门、大成殿、雁塔坊、崇圣祠、尊经阁、明伦堂、兴文祠、名宦祠、乡贤祠、节孝祠、射圃等[4]，为云南省保存较为完好的文庙之一，其规模仅次于建水文庙。

十七、永北直隶厅

永北直隶厅名宦祠设于文庙学宫中。据《（乾隆）永北府志》记载，入祀者有元人章吉帖木、高斌翔，明人平世用、姜龙、杨渤、杨承勋、伍宝、刘九思、孙珆、彭之年，清人马声、李楷、谢于道、黎方泰、杨名时。[5]《（光绪）续修永北直隶厅志》所载入祀者与《（乾隆）永北府志》记载相同。[6]

永北直隶厅文庙始建于明洪武十七年（1384），后多次迁建。清康熙四十一年（1702）迁城内东北，雍正十年（1732）重修。咸丰七年（1857），大部毁于兵。同治十三年（1874）重修。[7]名宦祠始建时间不详，同治十三年重修。《新纂云南通志·祠祀考》载：名宦祠、乡贤祠"并在学宫内。清咸丰间，兵燹倾圮。同治十三年，同知郭时郁重修。"[8]永北直隶厅文庙学宫位于今永胜县永北镇北街，现已不存。

十八、镇沅直隶厅

镇沅直隶厅名宦祠设于文庙学宫中。入祀者暂无考。

---

[1] 《（康熙）蒙化府志》卷二《建设志·学校》，第54—55页。
[2] 《新纂云南通志》卷一三二《学制考二》，第504—505页。
[3] 《新纂云南通志》卷一一一《祠祀考三·典祀三》，第64页。
[4] 《云南文物古迹大全·巍山县》，第579—580页。
[5] 陈奇典修，刘慥纂：《（乾隆）永北府志》卷一六《名宦》，南京：凤凰出版社，乾隆三十年刻本，第1—3页。
[6] 叶如桐修，刘必苏、朱庭珍纂：《（光绪）续修永北直隶厅志》卷三《秩官志·名宦》，南京：凤凰出版社，光绪三十年刻本，第3—4页。
[7] 《新纂云南通志》卷一三二《学制考二》，第505页。
[8] 《新纂云南通志》卷一一一《祠祀考三·典祀三》，第65页。

镇沅直隶厅文庙始建于清乾隆六年(1741),在今县治东之老街。道光二十年(1840)裁撤恩乐县,迁厅治于恩乐县旧治,学宫亦随迁。咸同间(1851—1874)焚毁,光绪初年(1875—1885)改建于旧府署后。[1]名宦祠始建于清乾隆二十二年(1757)。《新纂云南通志·祠祀考》载:名宦祠"在学宫内。一在旧恩乐县学宫内。清乾隆二十二年,知县张大森、教谕张灏捐建。"[2]镇沅直隶厅文庙学宫位于今镇沅县恩乐镇,现已不存。

十九、广西直隶州

1. 广西直隶州

广西直隶州名宦祠设于文庙学宫中。据《(乾隆)广西府志》记载,入祀者有明人贺勋、李浑、郭集礼、解一经、许侂、辜用琥、戴时雍、邵鸣岐、陈忠、蔡应科、钱秉元、张光宇、萧以裕、张继孟、高梁楷、包嘉、金信、蒋时枢、游大勋、王励精、冯大济、马昱、赵秉衡、陈大本、杨日忠、罗邦儒、李崧、周晓、陆凤翔、孙久、华刚、张佐、杨楷,清人黎际皞、万裕祚、顾焯、张承明、陈瓒、王鋗、王应天。[3]

广西直隶州文庙始建于明成化十七年(1481);万历二十四年(1596)迁于府治东关,四十一年(1613)又迁奇鹤山下;清顺治十八年(1661)重建于钟秀山麓。清乾隆三十五年(1770)改府为州,庙学仍旧。咸丰七年(1857),大部毁于反清战争;同治十一年(1872)重修[4],光绪十三年(1887)又重建。名宦祠始建时间不详。《新纂云南通志·祠祀考》载:名宦祠、乡贤祠"并在学宫内。清同治十一年重修。"[5]广西直隶州文庙学宫位于今泸西县中枢镇钟秀山南麓,现存照壁、泮池、大成门、大成殿、两庑、崇圣祠等,其余建筑已毁。

2. 师宗县

师宗县名宦祠设于文庙学宫中。据《(乾隆)广西府志》记载,入祀者有明人李崧、周晓、陆凤翔、孙久、华刚、张佐、杨楷。[6]

---

[1] 《新纂云南通志》卷一三二《学制考二》,第505页。
[2] 《新纂云南通志》卷一一一《祠祀考三·典祀三》,第66页。
[3] 周埰等修,李绶等纂:《(乾隆)广西府志》卷一七《名宦》,南京:凤凰出版社,乾隆四年刊本,第1—7页。
[4] 《新纂云南通志》卷一三二《学制考二》,第506页。
[5] 《新纂云南通志》卷一一一《祠祀考三·典祀三》,第66页。
[6] 《(乾隆)广西府志》卷一七《名宦》,第5页。

师宗州文庙始建于明万历间(1573—1619),在城东北。清顺治十六年(1659),裁附府学。康熙十年(1671),移建州治南门外。乾隆三十五年(1770),该州为县,庙学复旧。咸丰七年(1857)毁于兵燹。①光绪年间(1875—1908)重建。名宦祠始建时间不详。《新纂云南通志·祠祀考》载:名宦祠、乡贤祠"并在学宫内。清光绪间重建"②。师宗县文庙学宫位于今师宗县丹凤镇南通街丹凤小学内,仅存泮池。

3. 弥勒县

弥勒县名宦祠设于文庙学宫中。据《(乾隆)弥勒州志》记载,入祀者有明人孙久、华刚、张佐、杨楷、陶棕、赵焯、李启、沈仰、虞朝臣、丁应龙,清人赵廷臣、赵良栋、蔡毓荣、范承勋、甘文焜、石文晟、郭瑮、谢于道。③

弥勒县文庙始建于明嘉靖年间(1522—1566),在西城外,其时有庙无学。天启三年(1623),始建学设宫,迁建于治南门外。崇祯四年(1631)焚毁,清初重建。咸丰七年(1857)毁于兵燹。④名宦祠始建时间不详,明崇祯七年(1634)重建。《新纂云南通志·祠祀考》载:名宦祠、乡贤祠"并在学宫内。明崇祯七年,知州魏起龙重建"。⑤弥勒县文庙学宫位于今弥勒县弥阳镇环城南路,现存泮池、棂星门、先师殿、崇圣祠。

4. 丘北县

丘北县文庙学宫始建于雍正年间,乾隆四十四年重修,咸丰七年毁于兵。⑥未建名宦祠。

二十、武定直隶州

1. 武定直隶州

(1)名宦祠

在武定直隶州文庙学宫中。据《(康熙)武定府志》记载,入祀者有明人伍文定、吕光洵、邬琏、张泽、刘宗寅、刘懋武、王应期、胡其懖、赵纾、卢懋鼎、张举、黄表、晁必登、邓世彦、袁俸、杨于陛、张敬、秦健、梁正北、刘瑀、董

---

① 《新纂云南通志》卷一三二《学制考二》,第506页。
② 《新纂云南通志》卷一一一《祠祀考三·典祀三》,第66页。
③ 秦仁、王玮修,伍士玠纂:《(乾隆)弥勒州志》卷一八《名宦》,南京:凤凰出版社,乾隆四年刻本,第79—81页。
④ 《新纂云南通志》卷一三二《学制考二》,第506页。
⑤ 《新纂云南通志》卷一一一《祠祀考三·典祀三》,第67页。
⑥ 《新纂云南通志》卷一三二《学制考二》,第507页。

旻,清人王所善。①

武定直隶州文庙始建于明隆庆三年(1569),在治所东北。后多有修建,清康熙六十一年(1722)迁至府治西门外狮山之麓。咸丰年间(1851—1861)毁于兵,同治十年(1871)重建于武定营参将旧署。②名宦祠始建时间不详,清乾隆五十九年(1794)重修。《新纂云南通志·祠祀考》载:名宦祠、乡贤祠、忠义孝悌祠"并在学宫内。署同知谢光焘倡建"③。故修建时间应在光绪八年至光绪十年(1882—1884)之间。④武定直隶州文庙学宫位于今武定县狮山镇武定一中内,现已不存。

(2)甘忠果公祠

入祀者为康熙七年至十一年(1668—1672)云贵总督甘文焜。该祠修建时间不详,位于城西狮子山正续寺内。《新纂云南通志·祠祀考》载:甘忠果公祠"在城西狮子山正续寺,祀清总督甘文焜"。⑤该祠位于武定县狮子山正续寺内,现已不存。

2. 元谋县

元谋县名宦祠设于文庙学宫中。据《(康熙)元谋县志》记载,入祀者有明人罗士英、谈章,清人李兴元、谢于道。⑥

元谋县文庙始建于明天启三年(1623),在县治东。后多有增建。清康熙年间(1662—1722)重建。同治十年(1871),因兵焚毁,仅存大成殿。同治十三年(1874)重修,光绪四年(1878)落成。⑦名宦祠始建于清康熙三十四年(1685)。《新纂云南通志·祠祀考》载:名宦祠、乡贤祠"并在学宫内。清康熙三十四年,知县莫舜鼐建。"⑧元谋县文庙学宫位于今元谋县金山镇北辰街,仅存大殿和中殿。

3. 禄劝县

禄劝县名宦祠设于文庙学宫中。入祀者有明人梁正北。⑨

禄劝县文庙始建于明崇祯三年(1630),在县治西。后多有增建。清咸丰年间(1851—1861),因乱焚毁。同治九年(1870)重修。⑩名宦祠始建

---

① 陈淳纂修:《(康熙)武定府志》卷三《名宦》,康熙二十六年刻本,第54—56页。
② 《新纂云南通志》卷一三二《学制考二》,第507页。
③ 《新纂云南通志》卷一一一《祠祀考三·典祀三》,第68页。
④ 《德宗实录》卷一九一《光绪十年八月上》,第692页。
⑤ 《新纂云南通志》卷一一一《祠祀考三·典祀三》,第69页。
⑥ 《(康熙)元谋县志》卷三《名宦》,第30—31页。
⑦ 《新纂云南通志》卷一三二《学制考二》,第507—508页。
⑧ 《新纂云南通志》卷一一一《祠祀考三·典祀三》,第69页。
⑨ 《(康熙)武定府志》卷三《名宦》,第55页。
⑩ 《新纂云南通志》卷一三二《学制考二》,第508页。

于明崇祯三年。《新纂云南通志·祠祀考》载:名宦祠、乡贤祠"并在学宫内。明崇祯三年,知州陈所养建。兵燹后重修。"①禄劝县文庙学宫位于今禄劝县屏山镇县政府后,现已不存。

二十一、元江直隶州

1. 元江直隶州

元江直隶州名宦祠设于文庙学宫中。据《(民国)元江志稿》记载,入祀者有明人程本立、汪辅,清人潘士秀、李鸿霑、单世、章履成、陈永祺、胡承璘、方廷扬、陈齐襄、广裕、李令仪、刘凤苞、傅凤飏、陆长洁、赵心得。②

元江直隶州文庙始建于明洪武二十六年(1393),在治所东北,后多有迁建。清顺治十六年(1659)迁于城内。乾隆三十五年(1770),改府为州,庙学仍旧。同治年间(1862—1874)部分拆毁,光绪年间(1875—1908)重修。③名宦祠始建时间不详。《新纂云南通志·祠祀考》载:名宦祠、乡贤祠"并在学宫内"④。元江直隶州文庙学宫位于今元江县图书馆,现已不存。

2. 新平县

(1) 名宦祠

新平县名宦祠设于文庙学宫中。据《(民国)元江志稿》记载,入祀者有清人陈崑、徐图南、庞兆懋、袁筠、李诚、米掌文、牛进、黎恂、蔡元燮、左维琦、许维樑、秦述先、彭祖诒、钮承植、詹垣、廖鸿宾、张锦春、范修明。⑤

新平县文庙始建于明万历二十一年(1593),时有庙无学,清康熙三十一年(1692)设学。⑥道光元年(1821)重建。名宦祠始建时间不详,清光绪四年(1878)重修。《新纂云南通志·祠祀考》载:名宦祠、乡贤祠"并在学宫内。清光绪四年重修"。⑦新平县文庙学宫位于今新平县桂山镇文庙街,现仅存大成殿、崇圣殿、东庑。

---

① 《新纂云南通志》卷一一一《祠祀考三·典祀三》,第69页。
② 黄元直修,刘达武纂:《(民国)元江志稿》卷一四《职官志·名宦》,成文出版社,民国十一年铅印本,第1—4页。
③ 《新纂云南通志》卷一三二《学制考二》,第508页。
④ 《新纂云南通志》卷一一一《祠祀考三·典祀三》,第70页。
⑤ 《(民国)元江志稿》卷一四《职官志·名宦》,第4—6页。
⑥ 《新纂云南通志》卷一三二《学制考二》,第508页。
⑦ 《新纂云南通志》卷一一一《祠祀考三·典祀三》,第71页。

（2）杨公祠

入祀者为雍正年间云贵总督杨名时，《清史稿》卷二百九十有传。该祠始建于清乾隆年间，同治元年（1862）重修。《新纂云南通志·祠祀考》载：杨公祠"在城东桂山寺，祀巡抚杨名时。同治元年重修。"①该祠位于今新平县城桂山公园内，现已不存。

二十二、黑盐井直隶提举司

黑盐井直隶提举司名宦祠设于文庙学宫内，据《（康熙）黑盐井志》载，入祀者有明人沈敬炌、潘濬、施尔志、曾守身、杨为栋、黎民范、陈继芳、樊良枢、赵性粹、邵建封、孙懋昭、薛承教、李敬可、李灿、杨之彬、解训、简而可、程文弼、周宪章、巩珪、吴永、雍汝和、杜成材、钱铨、章钊、钱应隆、伍礼顺、龚云礽、马良德、来腾鹗、韦宪文、曾曰琥，清人苏弘谟、蒋寅、张仲信、王克善、李芯、周应和、金应兆、林兆喆、孙及秀、庄以敬等四十二人，康熙之后入祀者无考。②

黑盐井文庙始建于明万历四十五年（1617），在司治北锦绣坊。天启二年（1622），在庙内建学设官。后天启六年（1626）、崇祯十三年（1640）重修。清康熙三十八年（1699），以年久倾圮，井司沈懋价捐俸重建。至康熙四十九年（1710），已建有泮池、文明坊、大成门、先师殿、启圣祠、明伦堂、尊经阁、名宦祠、乡贤祠、殿圣宫、文昌祠、大魁阁、东西庑等，规制整齐。③咸丰元年（1851），大成殿被毁，复修。九年（1859），又毁于兵燹。同治十年（1871）重修，后毁于洪灾。光绪七年（1881）重建。④名宦祠至迟建于康熙三十八年，乾隆二十年（1755）重修。《新纂云南通志·祠祀考》载：名宦祠、乡贤祠"并在学宫内。清乾隆二十年，提举黄辅重修。"⑤黑盐井文庙学宫位于今禄丰县黑井镇小学内，为云南省保存较为完好的文庙之一。

---

① 《新纂云南通志》卷一一一《祠祀考三·典祀三》，第71页。
② 沈懋价纂订，李希林点校：《康熙黑盐井志》卷二《名宦》，昆明：云南大学出版社，2003年，第43—45页。
③ 《康熙黑盐井志》卷二《学校》，第52—53页。
④ 《新纂云南通志》卷一三二《学制考二》，第508页。
⑤ 《新纂云南通志》卷一一一《祠祀考三·典祀三》，第72页。

二十三、琅盐井直隶提举司

琅盐井直隶提举司名宦祠设于文庙学宫内。据《(康熙)琅盐井志》记载,入祀者有明人何文显、方沆、刘公仰、吴思温、陈荀产、陈至宣、张名谦,清人李兴元、谢于道、曾大升。[①]

琅盐井文庙始建于明天启年间(1621—1627),清康熙四年(1665)重建。咸丰九年(1859)兵乱中被毁。光绪元年(1875)迁石膏井,庙学仍旧。[②]名宦祠始建时间不详,清康熙四年重建。《新纂云南通志·祠祀考》载:名宦祠、乡贤祠"并在学宫内。清康熙四年,提举简高重建"。[③]琅盐井文庙学宫位于今禄丰县妥安乡琅井村,现已不存。

二十四、白盐井直隶提举司

白盐井直隶提举司名宦祠设于学宫内。据《(雍正)白盐井志》记载,入祀者有汉人韩说,明人高惠、吴崇德、吴润、童述先、李忠臣、汪承勋、杨之琳、吴思温、沈昌祐、王文瓊、严一诏。[④]至《(乾隆)白盐井志》又增加清人谢于道、魏方泰、杨名时。[⑤]

白盐井文庙始建于洪武元年(1368),后经嘉靖、万历三十七年(1609)重修。清顺治十六年(1659),裁学归府,殿庑倾圮。康熙五年(1666)及雍正年间(1723—1735)重修、扩建。后毁于兵,光绪五年(1879),在旧清真寺基址改建。[⑥]名宦祠始建于清康熙六十年(1721),道光二十六年(1846)、光绪五年重修。《新纂云南通志·祠祀考》载:名宦祠、乡贤祠"并在学宫内。清康熙六十年,提举孔尚琨建。道光二十六年,提举郑家宝、灶绅甘岳等修。兵燹折毁,光绪五年,提举明图重修"。[⑦]白盐井文庙学宫位于今大姚县石羊镇象岭山麓,现存照壁、泮池、棂星门、名宦祠、乡贤祠、大成门、黉

---

① 沈鼐、张约敬等纂修:《(康熙)琅盐井志》卷三《名宦》,南京:凤凰出版社,康熙五十一年刻本,第25—26页。
② 《新纂云南通志》卷一三二《学制考二》,第509页。
③ 《新纂云南通志》卷一一一《祠祀考三·典祀三》,第72页。
④ 刘邦瑞纂修:《(雍正)白盐井志》卷四《名宦》,成文出版社,雍正八年抄本,第7—8页。
⑤ 郭存庄纂修:《(乾隆)白盐井志》卷三《名宦》,南京:凤凰出版社,乾隆二十三年刻本,第16—17页。
⑥ 《新纂云南通志》卷一三二《学制考二》,第509页。
⑦ 《新纂云南通志》卷一一一《祠祀考三·典祀三》,第73页。

学仓、大成殿、东西庑、朱子阁、仓圣宫、明伦堂、黉学馆、科名阁、魁星阁等，已重新修葺，亦为云南省保存较为完好的文庙之一。

从上述考略可以看出，清代云南名宦祠有以下几个特点：

首先，名宦祠的建立具有普遍性。通过对相关地方志所记载的内容进行整理，可以看出清代云南各府州县普遍建有名宦祠，且都建于当地的学宫之中，并作为文庙的重要组成部分之一，这是明清以来的一项重要传统制度。学宫事实上同时包括了教育和祭祀两项功能。也就是说，文庙在教化百姓的同时，也发挥着文化传播与思想引导的功能。因此，名宦入祀学宫，既可以有效激励地方官员及百姓，又可以化民导俗。这对于汉文化在边疆地区的传播具有极为重要的意义。

其次，入祀者的身份具有针对性。名宦之所以为名宦，最重要的一个标准即是惠泽百姓。受资料限制，清代名宦祠所祭祀的名宦大多已不可考，但从现有的资料记载可以看出，入祀者主要有三类：

第一类是仕官于云南，并有功于国家或殁于王事的的官员，如甘文焜、蔡毓荣等。这一类名宦是各地名宦祠都会祭祀的对象，即如方志中所言的"通省祀之"①。

第二类是仕官于当地并有善政的官员，入祀者多为当地的主政者，并在当地有比较突出的政绩，一般而言皆是某地知府、知州、知县等。这一类名宦仅入祀于当地名宦祠。

第三类是历史上在当地有清名、重德行的官员。这一类官员在当地为官时往往受到当地百姓的爱戴，死后往往受到"士民感念"，因此，虽年代久远，却仍得以入祀名宦祠，如汉人诸葛亮。

这三类官员从本质上来讲都符合清代名宦入祀的要求，即如《礼记》所说："法施于民则祀之、以死勤事则祀之、以劳定国则祀之、能御大灾则祀之、能捍大患则祀之。"②这在一定程度上体现了清代统治者重视吏治的思想。

再次，在名宦祠的建造中，体现了政府的主导性和地方士绅的自发性。各地学宫属于地方政府直接管理的机构，学宫在建设、维修、搬迁时需要由政府主导进行，而在具体的实施过程中，当地的官员、乡绅、民众皆会直接或间接的参与其中。这体现了清代云南地区对于名宦入祀这一行为的认同，进一步体现出汉文化在云南的传播已具有了较好的效果。

---

① 《康熙嵩明州志》卷四《秩官志》，第155页。
② 郑玄注，孔颖达正义：《礼记正义》卷四六《祭法第二十三》，《十三经注疏》本，北京：中华书局，1983年，第1590页。

最后，入祀的名宦并非恒定不变的。原因在于：第一，随着时间的推移，会有一些新的名宦入祀，而一些时代较远的名宦退出享祀；第二，有一些已入祀的官员因在当地为官时存在弊政或不法行为，被举发后便被剥夺入祀资格；第三，随着时间的推移，一些名宦祠因各种原因被损毁，重建时已无法查证全部入祀者的身份，一部分名宦便不再祀于名宦祠内。

明清时期云南各地的文庙学宫，都曾因地震、火灾、战乱、迁址等自然或人为的原因而重建、重修，但集中受到大规模毁坏的是清末咸同年间的反清战乱，致使大量文庙毁于兵燹，部分名宦祠也随之消失。据统计，在清末犹存的八十三座文庙中，有四十八座便毁于此时。至清光绪年间至民国时期，各级政府对云南地区的文庙展开了修复工作。共和国建立后，一些文庙年久失修，渐次倾圮。尤其是二十世纪六七十年代的"文化大革命"，在"破四旧"中，一大批文庙又被拆毁，迄今多仅存部分建筑。八十年代以来，随着对文化遗产的重视，各级政府对各地的文庙又展开了修复和保护工作。尽管如此，现阶段云南地区留存的明清文庙数量已远不及清末，在一些文庙中也不再留存名宦祠。目前学界关于云南地区名宦祠的研究尚属空白，通过梳理地方史志与文物遗迹，关注和加强对名宦祠的研究，可以观察地方吏治与礼制的相互联系，加强对云南历史文化的认识。

清代家礼书与家礼新变化

赵克生

引 言

乾嘉学者从事的"三礼"研究占尽清代礼学的风光,曾经蓬勃发展的宋明家礼学到了清代好像突然消歇而湮没无闻。台湾学者张寿安由此提出"明清礼学转型",即从明代家礼向清代经礼的转变,从明代"私家仪注"的家礼学走向清代"以经典为法式"的仪礼学。[①] 细绎张氏的"转型说",至少存在两方面的疏漏:(一)比之不类。宋以后的礼学发展明显地呈现双轨并进的趋势,一是经学传统的延续,注疏考训之类的经礼著作不断涌现;一是家礼广泛传播,深入民间。这是宋儒的大贡献,"将'礼'从汉唐注疏的繁文中解放出来,赋予其沟通小学、大学之道的践履意义"[②]。到了明代,家礼的编纂与实践尤为盛况空前,而经礼著作的数量并不少于家礼书,清代各省通志"艺文"所载礼学类著作已经证明了这一点。双轨并进的家礼与经礼具有不同的学术特征,家礼乃民众之指南,经礼为少数经学家之事业,不仅不同历史时期的家礼与经礼差异很大,就是同一时期二者也不能相提并论,甚至同一个人的家礼著述与他的经礼著述亦判若天壤。如清代的江永,为乾嘉学术的一代宗师,"康成之后,罕其俦匹",他和弟子戴震、金榜等都深于礼学,为清代礼学的代表性人物。江永在经礼之外,还编写了名为《昏(婚)礼从宜》的家礼书,一反乾嘉礼学"以经典为法式""崇古尊郑"的主张,倡导"从俗从宜",不可

---

① 张寿安:《十八世纪礼学考证的思想活力》,北京:北京大学出版社,2005年,第20页、82页。
② 顾迁:《清代礼学考证方法研究》,南京大学博士论文,2011年,第21页。

"以古人之礼律今人之情"①。非江永前后矛盾,实际是家礼、经礼二者不同类,内在的学理要求必然有别。张寿安忽视了二者的不类,硬性地进行了比较,得出的"转型说"是不恰当的。她要做的或许是把明清家礼、明清经礼分别作比较,然后总结清礼学转型的问题。(二)忽视明清两代家礼的继承和发展。张氏专注于乾嘉礼学而没有系统考察清代家礼的历史状况,因此无法判断清代家礼是否式微以致宋明以来的家礼学传统出现断裂?如果不是,明清家礼应该有传承、发展,不会出现经礼取代家礼或家礼式微而经礼独盛的情况,换句话说,清代的礼学仍然是双轨并进的。事实上,有清一代家礼的编纂、传播在社会上十分活跃,只不过经礼学在乾嘉时期的学术层面更有影响而已。

可能受清代学术思潮的影响,学界对清代家礼殊少关注,包括对清代礼学有专门研究的周启荣、商伟等人。显然,没有家礼的清代礼学是不完整的,没有对清代家礼的系统考察,也无法理解明清礼学的历史关联,以及清代社会的宗族发展和基层教化等问题。故而,笔者在反思"明清礼学转型"的基础上,拟对清代家礼书及家礼新变化作初步探讨,期待抛砖之论能引发学者对清代家礼更多、更深入的研究。

一、清代家礼书及其构成分类

以冠、婚、丧、祭、相见为主体的家礼具有教训正俗、联宗收族等社会功能,既是儒家政治的"治平"之术,又是士民之家的生活指南,官与民皆舍弃不得。虽有天崩地坼的明清易代,宋明以来的家礼传统仍一脉相承。康熙时,《御纂性理精义》收入朱子《家礼》,具有风示天下的意义,表明《家礼》的权威地位在清朝重新确立,成为官民编撰家礼的蓝本或重要参考。

有清一代,各地的家礼书层出不穷,无论是通都大邑,还是边鄙村镇,都有家礼流布。究竟有多少种礼书?尽管文献不足,现在难以确估,还是有学者尝试作过统计。何淑宜博士曾列举清代出版的家礼与丧葬类礼书23种②,王锷教授的《三礼研究论著提要》在"杂礼"部分提到过大约17种清代家礼书,除去二者统计中重复的4种,合计为36种家礼书,而这些刊

---

① 江永:《昏礼从宜序》,转自徐到稳《江永反朱思想及其对戴震的影响——基于新见文献〈昏礼从宜〉的研究》,《云南大学学报》2013年第3期。
② 何淑宜:《明代士绅与通俗文化——以丧葬礼俗为例的考察》,台北:台湾师范大学历史研究所,2000年,第263页。

行礼书可能只是礼书总体的很小部分。为合理估算,笔者另辟蹊径,先就湖南地区的家礼书进行较为细致统计,制作《清代湖南的家礼书一览表》如下:

序号	书　　名	纂修人	资　料　来　源
1	家礼拾遗(五卷)	李文照	光绪《湖南通志》卷246《艺文》
2	四礼时宜	张璨	光绪《湘潭县志》卷10《艺文》
3	官民家礼	李如瑶等	雍正《泸溪县志》卷5《礼教志下》
4	从宜家礼(九卷)	黄宜中	光绪《湖南通志》卷246《艺文》
5	家礼举要	潘荣升等	《宁乡潘氏重修族谱》,乾隆五十年木活字本
6	四礼从宜	杨锡绂	杨锡绂:《四知堂文集》卷21《四礼从宜序》
7	家礼要归	文之理	光绪《湖南通志》卷246《艺文》
8	家礼编	张浩	光绪《湖南通志》卷184《人物志二十五》
9	家礼汇纂	罗昕望	同治《茶陵县志》卷18《人物·儒林》
10	四礼备参	皮宗仪	嘉庆《沅江县志》卷25《人物·文苑》
11	冠礼长编(一卷)	曾国藩	《曾文正公年谱》卷12
12	四礼略	佚名	《湘潭兰下王氏四修族谱》,同治十二年三槐堂木活字本
13	钱氏家礼	钱彰玶	《湘潭钱氏三修族谱》,嘉庆二十三年彭城堂木活字本
14	四礼匡俗	叶向时	道光《永州府志》卷9《艺文·经类》
15	丧服今制表(一卷)	张华理	光绪《湖南通志》卷246《艺文二》
16	丧仪约	李心逸	光绪《湖南通志》卷195《人物志三十六》
17	吾学录	吴荣光	吴荣光:《石云山人集》卷3《吾学录初编叙》。
18	姚氏四礼	姚绍廷	《长沙姚氏续修族谱》,光绪二年雍睦堂木活字本
19	四礼辑略	唐方正	《长沙善邑唐氏续修支谱》,光绪三年榖贻堂木活字本
20	王氏家礼	王时迈	《湘潭淦田王氏重修族谱》,光绪五年槐荫堂刻本
21	易氏四礼	易锡璜等	《潭州易氏支谱》,光绪八年应源堂活字本
22	家礼略	张登埙等	《宁乡益阳张氏续修族谱》,光绪十四年孝友堂木活字本

续表

序号	书名	纂修人	资料来源
23	刘氏四礼	刘春茂	《安化刘氏六修族谱》,光绪二十五年彭城堂木活字本
24	家礼辑要	谭世懋等	《湘潭谭氏四修族谱》,光绪二十六年怀裕堂木活字本
25	家礼辑略	刘宏光	《长沙刘氏续修族谱》,光绪二十六年九睦堂木活字本
26	家礼酌宜	彭伯雅等	《湘潭中湘彭氏五修族谱》,光绪二十六年光裕堂木活字本
27	四礼从宜	曾传禄等	《湘潭石莲曾氏七修族谱》,光绪二十七年木活字本
28	居家四礼	吴国甡	光绪《湖南通志》卷246《艺文二》
29	便民家礼	袁德劭	光绪《湖南通志》卷246《艺文二》
30	居丧必读(二卷)	祝凤祥	光绪《湖南通志》卷246《艺文二》
31	朱氏四礼	朱家和	《善化鹅洲朱氏族谱》,宣统元年敬修堂木活字本
32	丧礼辑略(一卷)	丁宏会	光绪《湖南通志》卷180《人物二十一》
33	祠礼臆说	黄道恩	光绪《湖南通志》卷180《人物二十一》
34	丧礼要言	汤聘	光绪《湖南通志》卷246《艺文二》

有必要先对这份统计表作简单说明:此表中只有2种礼书与何、王二人的统计相重复;表中引用的湖南族谱数量有限,当地应该存在更多的私家礼书;清代湖南流行的前朝礼书,如朱子《家礼》、郑泳《家仪》、宋纁《四礼初稿》、吕维祺《四礼约言》等,皆未计入。也就是说,清代湖南刊行、流通的家礼书远不止表中所列之数。由一省而推天下,在新疆、西藏、蒙古、东北之外,尚有安徽、浙江、江西、福建、山东、河南、河北、陕甘、两广、云贵川等十余地区。这些地方中,就礼教、宗族兴盛程度而言,湖南也可能处于平均水平。由此可以推算,清代家礼书应该不少于350种。而这些仅仅为汉人家礼书,并不包括满人家礼书。

就全国范围而言,这数百种家礼书可分为三类。(一)重刊前朝家礼书。朱子《家礼》因其权威性,它的重刊自不待言,官、私刻本皆有。即便"乾嘉学者"评价不高的那些明代家礼书在清代家礼场域中仍具相当影响力,不断被重刊。康熙四十年,江南巡抚宋荦刊行了紫阳书院校定的丘濬《家礼仪节》,同时附刻宋纁《四礼初稿》、吕维祺《四礼约言》。这一刊本流布很广,江南以外的周边省区也很多见,在湖南的一些族谱里就常看到引用以上三部礼书的。乾隆初,云南布政使陈弘谋在边地"以礼型俗",刊印了宋纁《四礼初稿》,他认为宋氏礼书"宜于中原寒素之家,尤宜于边方侧陋之族。"①嘉庆时,兴安(今安康市)知府叶世倬(1752—1823)以礼教民,尝刻《四礼初稿》,散布所属地方。他说:"兴郡士民袭谬沿讹,因仍习俗,有大悖乎礼者。某近捡商邱宋氏所辑《四礼初稿》一书,就朱子家礼删节之,人人可守,家家可行。特付剞劂,令家各一编。人道之立将于是乎赖之。"②吕坤《四礼翼》"最切日用",是清人最为看重的一部明代家礼书。康乾时期儒学名臣朱轼(1665—1736)对其推崇备至,认为"凡八篇深情至理,虽愚夫妇亦当悚然动目……是书虽与六经并存,可也。"朱氏任浙江巡抚时,曾刊布过《四礼翼》。朱轼对《四礼翼》的推赏影响了他的门生陈弘谋,陈氏在云南又一次重刊《四礼翼》。乾隆后期,赣榆知县邓谐刻《四礼翼》等书劝学地方。③明代家礼书除了由地方官员主持重刊外,如吕维祺《四礼约言》、马从聘《四礼辑宜》等重刊本也有出自家族后代之手。

(二)清朝官修家礼。官修家礼包括婚、丧、祭、宴、冠服、相见等礼,是士民之家日用常行的礼仪,著于《清会典》,详于《大清通礼》。清朝政府把这些家礼载之于国家政书,意在通过中央的权威为基层官民制订一套广泛遵守的礼仪规范,在时异礼殊情形下体现"从今制"的时代特征。相对于私家礼书,官订家礼具有一定的强制性,违礼即是违制。清人家礼援引官修的礼仪,就是避免"戾与时制"。然而,无论是《清会典》还是《大清通礼》,因其卷帙浩繁,非一般的家储人有之书,穷乡僻壤每有未睹,很少能直接影响士民之家的礼仪活动,必须经过转换,把其中的相关家礼内容单独摘抄、刊印,才能让这些礼制进入官民之家。道光时任湖南布政使、巡抚的吴荣光就是一位积极普及官修家礼的地方官员,他的记述透视出官修家礼转换的基本形式:

官民礼制具载《大清会典》,而卷帙浩繁,不能家有其书,以为率循之准。道光四年,增辑《大清通礼》,颁发直省,刊刻流布。八年,复命内外各衙门将民间应用服饰及婚丧仪制,查照会典,刊刻简明规条,务使家喻户

---

① 陈弘谋:《培远堂偶存稿》卷一《重刊四礼序》,《清代诗文集汇编》,上海:上海古籍出版社,2010年,第281册,第434页。
② 端木从恒:《叶健庵先生年谱》卷下,《北京图书馆藏珍本年谱丛刊》第119册,第42页。
③ 陶樑:《国朝畿辅诗传》卷四八《邓谐》,《续修四库全书》,第1681册,第621页。

晓,则有所率循矣。然条教之式或久而辄忘,《通礼》全书或读而未能全会,盖有待于学者也……道光戊子,奉父讳,既葬,庐墓于白云山之北,敬取《大清会典》《通礼》《刑部律例》《五部则例》《学政全书》等书,于人心风俗之所关,政教伦常之众著者,手自节录,两载遂竟其业(指《吾学录》成)……历代以来所因者宜遵,所革者宜改,悉以官书为定。①

从吴氏这段话看,官修家礼转换的方式有二,一是由地方政府把相关礼制辑出,刊刻成规条,晓谕地方。如咸丰二年,曾刊示官民婚丧、冠服等事简明规条十九款。②光绪元年,清政府两次下令,让礼部"将《会典》、《通礼》内有关民间吉凶礼节者刊布通行,以资法守。"③另一种方式则将《清会典》《大清通礼》这两部国家礼典中官民家礼的相关内容单独辑出,编成一书,形成节编本刊刻传布。吴氏自己就从《清会典》《大清通礼》《刑部律例》等政书中摘抄礼仪,编纂成《吾学录》一书,在湖南印行。湖南一些私家礼书就由吴氏礼书吸收官修家礼的内容。如安化刘氏本着"生今之世,为今之人,惟是谨遵皇朝所定《会典》、《通礼》以为法守,庶几免于戾乎"的理念,家谱所载刘氏家礼就是节录《会典》《通礼》"官民家礼"有关"士庶"家礼部分。同样,广东香山韦氏《冠婚丧祭节录》从《大清通礼》择要、分类节录而成。④

(三)清人私修家礼。出自清代名儒、官绅之手或士民之家的私修家礼书名目繁多,难以枚举。就编纂取向看,大致有以下几种:(1)朱子《家礼》节编本。即以朱子《家礼》为范本而删节成书,其名常冠以"辑要""辑略""举要",体现了朱子《家礼》在清人家礼编纂中的权威性,蔡世远《家礼辑要》可为典型。蔡世远((1681—1734),字闻之,是康熙、雍正之际著名的理学家,尊崇朱子,尽心礼教。他曾说:"我以文公家礼倡吾闽三十年。"《家礼辑要》即为推广家礼所著,此书根本朱子《家礼》"辑其简要,以合于乡俗之易行,而省其无益之繁费。"⑤康熙时,山东郯城县令方殿元节取朱子《家礼》,分为宗法、祠寝、丧礼、祭礼四篇,易以里语,用以教民。⑥在

---

① 吴荣光:《石云山人集》卷三,《吾学录初编叙》,《清代诗文集汇编》,第510册,第536—537页。
② 光绪《广州府志》卷四《训典四》,《广东历代地方志集成》本,广州:岭南美术出版社,2010年。
③ 《清德宗实录》卷一一,光绪元年六月戊辰;《清德宗实录》卷二一,光绪元年十一月乙未。
④ 陈秉仁:《中国家谱资料选编》,上海:上海古籍出版社,2013年,第7页。
⑤ 蔡世远:《二希堂文集》卷八《壬子九月寄示长儿》;卷一一,《叙家礼辑要》,分见文渊阁《四库全书》本,第1325册,第762、812页。
⑥ 光绪《广州府志》卷一三〇《列传十九·方殿元》。

湖南长沙刘氏看来,"紫阳《家礼》足为千古之圭臬",其所集《家礼辑略》乃因《家礼》斟酌繁简,"节而录之,与族众相遵守。"①以上三人分布于不同地方,分别代表士人、官员与一般的百姓,他们编纂家礼书的相同之处显示,对朱子《家礼》进行删繁就简可能是清人普遍采取的方法。

（2）朱子《家礼》的综合改编本。以朱子《家礼》为大纲而杂采古今礼仪,代表礼书有朱轼的《仪礼节要》、汪绂《六礼或问》等。"事事遵朱子"的朱轼所著《仪礼节要》大旨以朱子《家礼》为主,兼采《仪礼》"士相见""乡饮酒"及诸儒之说而断以己意,权衡于今古之间,故于今礼多所纠正,于古礼亦多所变通。稍晚的汪绂（1692—1759）本朱子《家礼》而于古礼有惓惓之意,酌取《仪礼》中之便于时用者以补其未备,又取明代聂双江等编集的《礼教仪节》,成就了《六礼或问》。乾隆以后,这些综合改编本又加入大清《会典》、《通礼》甚至大清律例等内容。杨锡绂（1700－1768）自乾隆十年任湖南巡抚,驻湘十年,为教化之责,编辑《四礼从宜》。

"第时代异制,土俗异宜,往往捍格而难通。夫与苦于繁重、格于往制而礼废,毋宁参于今制、稍节繁文,不失古人之意而礼行乎！……因于案牍之暇,取'三礼'、《家礼》、吕新吾先生《四礼翼》《四礼疑》、蔡闻之先生《四礼辑略》诸书,参以《会典》、律例,斟酌损益,辑为《四礼从宜》一册"②。

杨氏《四礼从宜》把古礼、今制与宋、明时期的家礼书融汇一体,比较典型地体现了此类改编本的综合性。

（3）礼图本。根据前代礼书,把冠婚丧祭等礼仪制作成图本,辅以简单文字说明,即为家礼图本。曾任行唐知县的吴高增（1706—?）模仿明初行唐知县胡秉中"礼图教民"的做法,取材于吕坤《四礼翼》,制成"便览礼图"数幅,下缀四五言,"披图一览,了如指掌。"③安徽怀宁凌氏所刊《家礼》不同于常见的文字本,而是包括冠婚丧祭四礼的《家礼全图》,附有《家礼四道》,说明躬行四礼的意义。相对于文字本,图本简约具体,适用于朴实少文的村野之民。④

综上,无论是重刻的宋、明家礼书,还是清人编纂的官私家礼书,只是给民众礼仪活动提供一种参考。编纂者和行礼者都会因时之宜、因地之宜、因人之宜,对家礼礼仪进行斟酌损益,贵贱贫富之不同,器数文物亦互

---

① 陈秉仁:《中国家谱资料选编》,第7页。
② 杨锡绂:《四知堂文集》卷二一《四礼从宜序》,《四库未收书辑刊》第9辑第24册,第441页。
③ 吴高增:《玉亭集》卷一二《图经》,《四库未收书辑刊》第10辑第20册,第489页。
④ 陈秉仁:《中国家谱资料选编》,第8页。

异。清代家礼书版本的多样化正是由于家礼的这种灵活性。

二、清代家礼书的编纂特点

繁多的清代家礼书虽然面目各异,在编纂方面还是有一些共同的特点。从明清历史的长时段来考察清代家礼书编纂的特点与变化趋势,可以整体把握繁复、多样的清代家礼,看清明清家礼的连续和发展。

显而易见的一个特点就是清代家礼书编纂的"清承明制"。这种明清家礼书的连续性不仅表现在明代丘濬、吕坤、宋纁等人的家礼书在清代一再重刊,成为清人的行礼指南,还因为明清两代的家礼都延续了宋以来儒家"以礼化俗"和"以礼造族"传统,担当了相同的社会功能。不仅表现在一些清代家礼书直接参考、节录明人的礼书而成,更表现在明人家礼编纂的具体方法、原则为清人所继承。例如,对朱子《家礼》删繁就简,是明代士人在地方传布家礼知识的惯常做法,各地出现了许多以家礼或四礼"节要""要节""简编""辑要"等名目的节编本家礼书;而对朱子《家礼》进行节录也是清人编纂家礼书的一个重要方法。将《明会典》《明集礼》中家礼条款辑出,另成一书,类似礼仪手册,刊布乡野,这在明后期同样比较常见;而清朝乾隆以后(特别是道光以后),《清会典》《大清通礼》体现的家礼"今制"的影响渐大。这些相似之处并不皆出于清人对明人的刻意模仿,实际上,明清家礼传统的延续性决定了家礼编纂、传播都可能有相通的地方。正如效法明初行唐知县胡秉中"礼图教民"的清代行唐知县吴高增所称,自己与胡氏"旷世相感",所处的地方环境相似,采取的教民方式不期而相同了。

进一步看,"清承明制"还表现在明人的家礼创制为清人所认同、取法。明代家礼对朱子《家礼》继承中有变革,以"简易易行""适时合宜"为趋向,形成了一些家礼新制。如朱子《家礼·冠礼》"三加三醮"用深衣大带、幞头公服等,这些衣冠至明代或已失传,或只适用于有官者。故丘濬《家礼仪节》改用时制之衣帽,宋纁《四礼初稿》更是并三加为一加,简化礼仪,使之适用于普通百姓之家。对于明人的改制,清人认为"甚为简便"。长沙谭氏、湘潭曾氏、湘潭何氏等家的冠礼皆袭用此礼。蔡世远在他的《家礼辑要》中也称:"非世族仕宦之间,只行一加可也。"[①]朱子《家礼》的祠堂

---

① 陈秉仁:《中国家谱资料选编》,第32页。

神主位次以西为上,所谓神道尚右。故高祖居西,曾祖而下以次而东,成一字排列。丘濬所定"祭四世之图"改为高祖居东第一室,曾祖居西第一室,祖居东第二室,考居西第二室,成"左昭右穆"格局。《大清通礼》继承了这种排列神主的方式,成为清人家礼的通行模式。① 朱子《家礼》于祠堂祭告及题神主则云显高祖、显曾祖、显祖、显考,墓志墓碑皆无显祖、显考之文。丘濬改为祠庙、墓祭都加"显"字,清人沿用,"今人概加显字,则始于文庄。"② 就连乾嘉考据学的领袖人物纪昀虽对明代家礼学者殊少好评,但对明人的家礼也不是一笔抹到。他曾援引吕坤"地道尚右"之说,论墓葬男女位次。③《家礼》祠堂祔庙必以正妻,以明嫡庶有别;而吕坤《四礼翼》曰"为节义而死者,虽少虽贱必祔。"纪昀称之谓:"通儒之论,足破迂拘。"④

  第二个特点是清代家礼书的编纂经历了从"宗朱子"到"从今制"的嬗变。清人家礼书的"宗朱子"取向实际上仍是明代遗风,有清一代皆有回响,尤以康熙、雍正时期为盛。这一时期礼学的一个特色就是朱子礼学的兴盛,很多礼学著作都环绕朱熹的《家礼》《仪礼经传通解》而提出进一步的增修研究、批评或者辩护。或者用朱熹的礼学著作为基础,继续编纂有关礼制的书。⑤ 如蔡世远《家礼辑要》、湖南张璨《四礼时宜》等皆是根基于朱子《家礼》节略而成。乾隆以后,要求"教条出于上",由国家制定官民遵守的家礼以代替原先作为私家自用的家礼书,出现了家礼礼典化的趋势。于是,续修《会典》,新修《大清通礼》,家礼"今制"大备,私修家礼书"从今制"取向开始抬头。此时,《大清通礼》虽然修成,但版藏内府,未曾流布,故以《会典》影响为主。杨锡绂(1700—1768)《四礼从宜》比较典型地体现了乾隆时清人私修家礼书由"宗朱子"到"从今制"过度。杨氏礼书中,仍以《家礼》和明代礼书为主,但参考了《会典》,有不少"从今制"的意味。

  至乾隆中后期,《会典》代表的家礼"今制"开始在一些私修家礼书中占主导地位。如江西新城的鲁鸿所著《四礼通俗》皆本《会典》之意。道光以后,随着《大清通礼》的重修与刊布,《会典》《通礼》二书并行,在地方官员的推广下,深入各地。受其支配性影响,清人私修家礼书"从今制"的

---

① 吴荣光:《吾学录初编》卷一四《祭礼·家庙》,《续修四库全书》,第815册,第133页。
② 陈宗起:《丁戊笔记》卷下,《显祖显考》,《续修四库全书》,第1161册,第24页。
③ 纪昀:《纪文达公遗集》卷一四《长白苏公新阡墓位记》,《续修四库全书》,第1435册,第434页。
④ 纪昀:《纪文达公遗集》卷一一《书秦节妇江氏事略后》,《续修四库全书》,第1435册,第413页。
⑤ 周启荣《儒家礼教思潮的兴起与清代考证学》,《南京师大学报》2011年第3期。

趋势更加明显。这种转变可从光绪时湘潭谭氏《家礼辑要》的修撰窥得些许踪迹：

> （新安朱子《家礼》）准今酌古，有本有文，数百年来，茂族昌宗，奉为圭臬……我先正曾取《家礼》刊入家乘，洵为不易旧章。而奠告之文、制度之数、升降跪拜之节，或不免详者过繁，略者过简。爰遵大清《会典》《通礼》，参以吴氏《吾学录》、郑氏《家仪》《四礼初稿》《四礼辑略》等书，从宜从俗，斟酌变通，以求合乎时尚。①

谭氏家族此前"宗朱子"，把朱子《家礼》收入族谱，作为家族礼仪活动的指南。到光绪重修族谱时，变为"遵大清《会典》《通礼》"，废弃了朱子《家礼》，其他家礼书仅作为参考。与谭氏相似的还有湘潭曾氏，曾氏认为朱子《家礼》、宋纁《四礼初稿》、吕维祺《四礼约言》等家礼书"宜于古者，或不宜于今；识其小者，或未识其大。惟国朝《会典》《通礼》二书超越千古。"因此，曾氏所著《四礼从宜》以吴荣光《吾学录》为本，择录《会典》《通礼》所载家礼"今制"而成。②

当然，从"宗朱子"到"从今制"是就清代家礼嬗变大趋势而言，并不说明朱子《家礼》在清后期没有影响。事实上，朱子《家礼》仍具一定的权威，既有如郭嵩焘对朱子《家礼》的校刊，也有如长沙益阳张氏"只录《家礼》本文，不详注说"的《家礼略》等礼书。③内容上，"今制"与朱子《家礼》之间多有相同，只是在服制、衣冠、告祝之词、仪节繁简等方面有所调整，符合时代特征，体现了"时为大"的礼学精神。

第三个特点是乾嘉考据之学对家礼编纂的影响。在乾嘉学者看来，经礼（或古礼）与家礼（或俗礼）是"判然为二"的，这也是笔者所谓的"双轨并进"。虽如此，礼经考证对家礼编纂的影响仍宛然可见。江永曾说，考礼欲存古以资考核，非谓先王之礼尽可用于今。沈彤说得更明白，考礼乃为"发圣人之蕴，补先儒之阙，解来学之疑"④。对于家礼编纂，礼经考证确有"释疑"与"补缺"之功。（1）先看"释疑"。礼有常有变。朱子《家礼》及明代家礼书所辑家礼皆为常礼，可以应对常规性的礼仪活动。遇到特殊情况，礼仪也需权变，而礼书往往无明文，这时就需要礼家考论古今，提出变

---

① 陈秉仁：《中国家谱资料选编》，第7页。
② 陈秉仁：《中国家谱资料选编》，第8页。
③ 陈秉仁：《中国家谱资料选编》，第6页。
④ 沈彤：《果堂集》卷四《上礼部方侍郎书》，《清代诗文集汇编》，第264册，第371页。

礼方案。沈彤作为一位深于礼学的考据学者就遇到类似情形。如震泽县沈维墉父亡未殡而祖亡,维墉以嫡孙是否要兼主二丧而正承重之名?沈彤引古礼、故事,认为沈维墉父亡未殡,只能"摄重",不能"承重",解决了疑难。① 惠栋面对乡人"庶殇是否立后"问题,考证明晰,认为不当立后。② (2)再看补缺。前文提到的朱轼精于《三礼》,皆有疏说,因此博搜《三礼》及后世礼书,辑有《家仪》。朱氏的家礼编纂就由三礼取材,以补后世礼书之不足。汪绂惓惓于古礼,酌取《仪礼》以补家礼之未备。

不仅如此,家礼编纂有时要借助考据以明古礼而正俗礼之非。家礼嬗变是一个礼、俗相交而变的过程,受各地风俗的影响,家礼仪节愈变愈远离礼的精神,甚至违礼,清人在编纂家礼时往往要依靠考据,"矫俗以合礼"。故姚际恒《仪礼通论》有言:"古礼今虽不能尽俾世从,然为之推详其旨,阐明其义,使后之人晓然知先型之本善,悔末流之已失,不亦可乎?"③ 这样的考据在学者著述之外,还出现在民间的家礼书中。乾隆时,湖南宁乡益阳唐氏家谱所载"婚礼"有:

按《礼》,"妇见舅姑,以枣栗腶修。"《家礼》改用币帛。今妇见舅姑尊长不用贽,而舅姑尊长反以贽见新妇,名曰揖仪,是非礼也。④

《礼》即《仪礼》。《仪礼·士昏礼》曰:"质明,赞见妇于舅姑……妇执笲枣栗,自门入,升自西阶进拜,奠于席。"贾公彦疏:"枣栗,取其早自谨敬。"由此可见,唐氏婚礼注意到妇见舅姑时以枣栗等为贽的本源与礼意是新妇向舅姑表达敬意与承诺的仪式,两者关系不能颠倒。唐氏礼书没有从俗,而以《仪礼》为准。又,江西波阳徐氏"丧礼"载:

> 禫,祭名,澹澹然,平安之意……凡期丧皆有禫。《杂记》曰:期之丧,十一月而练,十三月而祥,十五月而禫。近世率皆小祥除服,失礼甚矣⑤。

依照古礼,十三月小祥有渐从吉之意,还需朔望会哭,到十五月禫祭后才除服,丧礼结束。徐氏"丧礼"依古礼,立"禫祭"以告族人,废时俗"小祥除服"之仪。

---

① 沈彤:《果堂集》卷三《父为殡而祖亡承重议》,《清代诗文集汇编》,第264册,第365页。
② 惠栋:《松崖文钞》卷一《庶殇不立后议》,《清代诗文集汇编》,第284册,第49页。
③ 姚际恒:《仪礼通论》卷首,《续修四库全书》,第86册,第24页。
④ 陈秉仁:《中国家谱资料选编》,第63页。
⑤ 陈秉仁:《中国家谱资料选编》,第159页。

根本上说,考据之学对家礼的影响,可视为乾嘉学者"通径致用"主张的落实,家礼之于经礼,二者并行不悖而时有借鉴、助益。

三、清代家礼的新变化

以上所论已经显示了明清家礼有诸多的相承相因,体现了中国礼仪变迁"即有损益,所因居多"的特点。① 但是,清代家礼继承中也出现了一些新东西,尤其是由于清朝的满洲民族特性,使得清代家礼有着不同的色彩,并可能产生结构性变化。

首先要关注的是清代家礼中的"满洲家礼"②。清朝是满人建立的王朝,按照新清史代表人物欧立德的"族群主权"观点,满洲人是占统治地位的少数民族,他们并没有被儒家主流文化所完全同化,为维持自身的独特性而刻意保存了骑射、满语等民族传统。③ 其中就包含了满洲家礼。例如祭天祀神之礼,"上自大内,外而王公,凡我八旗满洲,家家举行,至恭至重。"④ 因为满人的统治地位,满洲家礼发生了由"边缘"到"中心"的变化,成为清廷钦定的满人家庭礼仪,它与汉人奉行的家礼,共同构成了清代家礼。从这个意义说,清代家礼是"满汉二元一体"结构,不同于宋、明家礼的单一体系。

内容上,满洲家礼大致由祭天祭神之礼(即"吉礼")、祠堂祭祀、墓祭、婚礼、丧葬礼组成。(1)祭天祭神之礼是满洲旧规,最为重要,清朝政府对其祭祀仪节进行了规范,上升为"国制",颁布了《钦定满洲祭神祭天典礼》,与《大清通礼》"相辅而行"。祭天祭神之礼包括"立杆祭天"和祭祀菩萨、关帝和祖先等;祭祀的时间通常为元旦、新年、春、秋、冬上旬吉日;所用祭

---

① 郭正域:《皇明典礼志》卷首,《皇明典礼志序》,《续修四库全书》,第824册,第7页。
② 关于满洲家礼的研究成果主要从萨满教、堂子祭祀等宗教民俗方面,探讨满洲祭祖、祭神礼仪,如白洪希《清代堂子祭祀研究》,《民族研究》1996年第4期;刘明新:《满族祭祖与萨满教的关系研究初探》,《中央民族大学学报》2000年第2期;张杰:《清代满族萨满教祭祀神杆新考》,《社会科学辑刊》2003年第5期;张亚辉:《清宫萨满祭祀的仪式与神话研究》,《清史研究》2011年第4期,等等。还没有看到关于满洲家礼的专门研究。本文中,笔者仅从结构上把满洲家礼与汉人家礼相提并论,并未涉及满洲家礼具体内容的细致研究。
③ 〔美〕宿迪塔·森:《满族统治下中国的研究新进展和亚洲帝国的历史书写》,刘凤云、刘文鹏编:《清朝的国家认同:"新清史"的研究与争鸣》,北京:中国人民大学出版社,2010年,第348页。
④ 索安宁:《满洲四礼集》卷首,《满洲祭祀总序》,《续修四库全书》,第824册,第744页。

品米儿酒、打糕、饽饽等,别具满洲特色。①(2)满洲人的婚、丧之礼在结构上依照了汉人家礼,但仍保持了一些满洲的特性。如"满洲服制"不同于宋、明家礼遵用的"五服制度",其丧服分粗布毛边三月服、粗布毛边两月服、粗布净边两月服、细布净边两月服、细布净边一月服五类。最重者为粗布毛边三月服,相当于斩衰:粗布毛边三月服:子为父母,妻为夫、为公姑,室女为父母,家人为家长,家人为主母;服虽三月,丧实三年。故三年内不与宴会,不听音乐,不嫁娶,非朝贺不着色衣不佩饰。②

故满人家礼有"百日墓祭,孝子(妇)释服"。对此礼制,清人有解释:"子为父母三年丧而于三月除服者,以旗人不得在家守制,故三月暂释之,以奉官差,非永除也。仍在其服三年内,逢祭奠则服以往墓前。"③

又如"丧礼"对男子剪发、留发各有专门仪节,较汉人丧礼"去冠被发"繁复。满人平日"剃发留辫",子为父母主丧时先"以辫横度至口角,剪之",后留发,不论服之轻重,遇有服即不剃;服除,再剃发留辫,恢复正常发式。④

其次,"冠礼"消亡是清代家礼的又一结构性变化。家礼莫先于冠,冠礼所以责成人,责之以为人子、为人臣、为人弟、为人少之道,故冠礼意义重大。朱子也认为古礼之中冠礼易行。但是,或因家贫难具礼数,或因冠礼蕴含的文化意义不能被普通人充分理解,或因仕宦之外的百姓出力流汗讨生活而难以日常冠带,近世以来冠礼虽礼文周详,礼书必载,行之者却少,正如一些明代地方志显示的,唯士人之家间有举行。入清之后,"薙发""易服",对于清人而言,戴帽为一种生活的需要,冠礼所附丽的汉家衣冠已经成为历史,冠礼的文化象征意义也淡漠无痕了:"近因服制更易,男女幼皆薙发,仅存辫髻,非冠无以御寒,故携抱之子皆加冠焉,而斯礼遂废。"⑤加之满人无行冠礼的文化传统,清朝在制订国家礼典时取消了"冠礼":

> 冠礼,自宋明以来虽或考定其制,而当世鲜有行之者。伏惟国朝典章明备,宜古宜今,要皆崇实斥虚,以为亿万世遵守。冠礼今既不行,自无庸纂述。⑥

---

① 《(吉林完颜氏)吉祭礼、祠堂祭礼、墓祭礼》,陈秉仁:《中国家谱资料选编》第405—407页。
② 索安宁:《满洲四礼集·满洲慎终集》,《续修四库全书》,第824册,第789—790页。
③ 索安宁:《满洲四礼集·满洲慎终集》,《续修四库全书》,第824册,第785页。
④ 索安宁:《满洲四礼集·满洲慎终集》,《续修四库全书》,第824册,第781—782页。
⑤ 陈秉仁:《中国家谱资料选编》,第34页。
⑥ 钦定《皇朝通典》卷五一,文渊阁《四库全书》本,第643册,第1页。

此后,《清通典》《大清通礼》皆不载"冠礼",冠冕之制并入"冠服一门"。这标志着传统冠礼在国家礼制层面正式消亡。

冠礼消亡在民间主要表现为"并冠入婚",即把冠礼作为婚礼的一个环节,表示成人可婚之意,其仪节并无原先三加、三醮、命字等。如在山东济南府:

> 冠礼久废。惟将婚时著成人冠服,拜父母、兄弟、姑姊妹,外及宗族、乡党、乡先生。此于婚礼无所附识者,以为即冠礼之遗,但未能特举,故附于婚礼,以存其意耳。①

湖南黔县胡氏家礼称,冠礼之废,其来已久。今世相沿,于婚期前一日,簪花于帽,红锦著身②。如此,就算行过冠礼了。

以上所论冠礼消亡,主要就国家礼制层面和社会实态而言,并不是说冠礼礼文的消失不传。相反,私家礼书多载有冠礼礼文,具有"冠礼失而存诸野"的意味。以湖南为例,湘潭何氏呼吁"无废冠礼":"男子冠礼今已久废……今备录之,亦告朔废而饩羊不废之意也。他日贤肖子孙起而从古,则因有礼之名,以行礼之实,不大有光于宗族乎?!"③何氏想用私家礼书保存冠礼的文献,为后世子孙复兴冠礼做准备。这样的想法同样体现在宁乡潘氏家礼书中。潘氏为说明为何要在冠礼久废情况下保存文献,他讲了一个故事:越人有售宅而藏其故券者,其父欲焚之,其子曰不可,欲复故宅须凭故券。家礼书记录冠礼,即为复兴冠礼之故券。④然而,随着冠礼废而不行,这些礼文只能尘封在故纸中了。

第三,除了结构性变动,一些具体礼制也有一些新变化。如乾隆时增加"一子两祧"服制,补古礼之缺。道光九年再作完善:

> 一、独子兼承两祧。两房分祧之子,皆独子之亲子,无降服之义,应各为父母服斩衰三年。一、两房承祧之孙,各为祖父母服齐衰不杖期;父卒,嫡孙承重,俱服斩衰三年。一、独子之子承祧别房者,其本身为本生亲属,俱从正服降一等。其子孙为本生亲属,祗论所后宗支亲属服制。又小宗子出继小宗,如己为所后父母丁忧持服,嗣经兼祧

---

① 道光《济南府志》卷一三《风俗》。
② 陈秉仁:《中国家谱资料选编》,第24页。
③ 陈秉仁:《中国家谱资料选编》,第38页。
④ 陈秉仁:《中国家谱资料选编》,第22—24页。

两房者,自应照礼经不贰斩之义,为所生父母服期年;如虽出继在前,尚未为所后父母丁忧持服,旋经兼祧两房者,应仍以所生为重,为所生父母服三年,为兼祧父母服期年。①

婚礼多礼俗相交,其制各地有异。以湖南为例,"迎喜神"之礼行于新妇轿至大门外时,由家长或亲戚致告紫微星君。此为常规婚礼所少见。

宗祠祭祖礼仪的新变化主要表现在神主安放形式与主祭权的变动方面。在清朝"笃宗族以昭雍睦"政策的鼓励下,缙绅、士庶"建宗祠者比比矣"②。这些宗祠突破了清朝礼典规定的祭四代、五代的限制,往往祭至十数代或数十代者。世系繁多情形下,如何安放神主才能兼顾宗下各支系和有功德者?有的宗祠吸收了明人"群宗分庙"的办法,在宗祠内设立几个祭祀空间,分别安放不同世系的神主。③如江西南城危氏,光绪十四年建家庙。祭至七十世。追远堂祀一世祖新公至三十三世祖凝公,敦本堂祀三十四世祖亘公至显考宽陆公。更于追远堂之东立报功祠,以祀先世及支下有功于祠者。④不过,这样的安排需要宗祠深广宽大,非有力之家难以建造。因此,清代流行一种因陋就简的"分层设龛"安放神主的方法:

(河南内乡)齐氏家庙筑台四层于堂,以次递降,奉高、曾、祖、四世,同为一龛,不为限隔,无妇翁相并之嫌,昭四世一堂之乐。又筑台一层于四代之上,奉永远不祧之主,以彰功德。更筑台一层,于上装以板,左右有门,以藏祧主,亲尽者依《通礼》由左右祧入。每年元旦,启祧主门,与四代合祭,祭毕仍藏之。⑤

齐氏家庙的神主摆放呈现"直立型"的分层设龛特点,而甘汝来家祠设计则为横竖叠加的"混合型"分层设龛:

今余家祠制拟于祠之正寝上下为两大龛。上一龛以木板直界为三龛,中龛分为三层,最上祀始祖,次祀有功德与爵位者,再次祀妣主之节孝曾经题旌者。左右二龛各分二层,右之上层祀一世祖,左之上

---

① 《清宣宗实录》卷162,道光九年十一月己酉。
② 《(江阴邢氏)宗祠说》,陈秉仁:《中国家谱资料选编》第809页。
③ 赵克生:《明代地方社会礼教丛论》,北京:中国社会科学出版社,2011年,第68—70页。
④ 《(江西南城危氏)庙祭条规》,陈秉仁:《中国家谱资料选编》第527页。
⑤ 《(河南内乡)齐氏家庙规约》,陈秉仁:《中国家谱资料选编》第831页。引文有删节。

层祀二世祖,右之下层祀三世祖,左之下层祀四世祖,其五世祔右上层,六世祔左上层,以次相祔,更不别徙。下一龛以木板界为四龛,最右祀尊长之高,少右祀尊长之曾,少左祀尊长之祖,最左祀尊长之祢。俟高之亲尽,祧于上龛。盖下龛递相迁徙,不主故常。又于祠之左别筑一室,凡宗族之无后者皆祀于中。①

"分层设龛"因应了清代平民宗族的发展和大宗祭祀的需要,体现了清代宗祠祭祖对"统宗一本"之意的强调,可以"补家礼诸式之所未备"②。其中的功德配享曾为明代一些地方(如徽州)宗祠所采用,但朱子《家礼》不载。③虽然"分层设龛"未见诸官修家礼和宋儒家礼,但它以私家礼制的形式流行,载之于私家礼书,从家礼实践的层面看,无疑是一种新礼制。

清代宗祠祭祖礼制的另一个新趋势,即主祭权的"贵贵""尚爵"。宗法乃宋儒家礼的内在精神,其表现在宗祠祭祖上就是宗子主祭。明代家礼书多继承这个宗法精神,倡导宗子主祭。虽有邓元锡、李廷机等人主张"夺宗",由非宗子的富贵缙绅主持祭祖,但响应者态度谨慎,表明"贵贵""尚爵"的原则没有取得普遍共识。④入清以后,有爵禄的官宦阶层要求主祭的声音更加宏大、高调,"贵贵""尚爵"渐成新传统。许三礼说:"宗庙祭祀关乎禄位,则宗法断当以贵贵为定明矣。"⑤清代名儒如朱轼、李光地、李绂等人无不坚持"主鬯者必用有禄位之人"⑥"主人行礼必视其爵"⑦。方苞制订自家祠规,也是以有无爵位与爵位大小为标准决定主祭权的归属。⑧对于"贵贵""尚爵"的合理性,各人持论不尽相同,值得注意的是,以《大清通礼》《清会典》为代表的家礼"今制"成为"贵贵""尚爵"原则确立的重要依据。湖南巡抚吴荣光说:

> 古者重宗法,主祭必以宗子。然古所谓宗子者,皆世官世禄者也。今宗法不行,贵显者未必皆宗子,而宗子或夷于氓隶,支子虽贵,又格于分,不得伸其追远之爱,遂不祭乎?《记》曰:"无田则不祭。"祭用

---

① 甘汝来:《甘庄恪公全集》卷一三《祠堂图说》,《清代诗文集汇编》,第256册,第137页。
② 许三礼:《读礼偶见》卷下《许氏宗祠记事》,《四库存目丛书》,经部第115册,第127页。
③ 林济:《明代徽州宗族精英与祠堂制度的形成》,《安徽史学》2012年第6期。
④ 赵克生:《明代地方社会礼教丛论》,第66页。
⑤ 许三礼:《读礼偶见》卷下《补定大宗议》,《四库存目丛书》,经部第115册,第143页。
⑥ 李光地:《榕村语录》卷二七,《四库存目丛书》,经部第725册,第424页。
⑦ 李绂:《宗子主祭议》,贺长龄辑:《清经世文编》卷66。
⑧ 方苞:《望溪集·集外文》卷八《教忠祠规》,《续修四库全书》,第1420册,第664页。

生者之禄,是祭礼必大夫而后具,明矣。宗子而为大夫,则宗子主祭;支子而有田禄,则支子亦得主之。故《通礼》家祭以官之大小,分祭之隆杀,不问其为宗子否也……此敬宗而寓贵贵之义也。①

吴氏是一位积极推行家礼的地方大员,所编《吾学录》是影响湖南等地家礼编撰的重要礼书,他支持主祭权的"贵贵"原则,提示人们国朝"今制"取代古礼的宗子主祭是完全合理的。

结　语

清代家礼是宋、明家礼的延续与发展,并不因为乾嘉经礼的光芒而黯然失色。无论就家礼学抑或清代礼学的整体而言,清代家礼在礼书编纂、家礼实践,甚至家礼考据诸方面都生气勃勃,并未出现有些学者所谓的"礼学转型"或断裂,乾嘉经礼并没有取而代之,相反,经礼考证为家礼的发展提供了学术支持。

不可忽略的是,清代家礼在延续前朝传统的同时,因为满洲民族的特性,使清代家礼具有一些特殊的面相,特别是清代家礼发生了某些结构性变化,例如满洲家礼的出现、冠礼的消亡。只不过,这些变化与所谓的"礼学转型"似乎关系不大。

---

① 吴荣光:《吾学录初编》卷一四,《续修四库全书》,第815册,第136—137页。

高句丽"十月祭天"习俗渊源考

姜维公　姜维东

高句丽有十月祭天大会,名曰东盟。是为高句丽早期国祀大典,也是处理政事的主要渠道。据《三国志》与《后汉书》介绍,"东盟大会"主要内容有祭天、迎禭神、处理积压的各种罪案等,同时也是民众狂欢的节日。这种风俗从文献记载上来看,是高句丽特有的习俗,但如果深入考察一下,就会发现其与高句丽官制、灵星祭祀一样,都是内地风俗、制度的移植,并与高句丽体制结合,略有变异而已。目前,关于高句丽"东盟"的渊源问题有不少错误的认识,我们深恐积非成是,故撰文略申鄙见,以就教于宇内方家学者。

一、高句丽"十月祭天"习俗的渊源

在正史中,《史记》《汉书》虽然开为少数民族立传之先河,但除朝鲜外其他东北民族未见载于四夷传。《三国志》《后汉书》分别为东夷各族立传,我们发现高句丽与夫余[1]、秽[2]、马韩[3]都有祭天的风俗。《三国志·高句

---

[1] 《三国志·夫余传》:以殷正月祭天,国中大会,连日饮食歌舞,名曰迎鼓,于是时断刑狱,解囚徒。在国衣尚白,白布大袂,袍、裤,履革鞜。出国则尚缯绣锦罽,大人加狐狸、狖白、黑貂之裘,以金银饰帽。译人传辞,皆跪,手据地窃语。用刑严急,杀人者死,没其家人为奴婢。窃盗一责十二。男女淫,妇人妒,皆杀之。尤憎妒,已杀,尸之国南山上,至腐烂。女家欲得,输牛马乃与之。兄死妻嫂,一匈奴同俗。其国善养牲,出名马、赤玉、貂狖、美珠。珠大者如酸枣。以弓矢刀矛为兵,家家自有铠仗。国之耆老自说古之亡人。作城栅皆员,有似牢狱。行道昼夜无老幼皆歌,通日声不绝。有军事亦祭天,杀牛观蹄以占吉凶,蹄解者为凶,合者为吉。北京:中华书局,1982年。

[2] 《三国志·秽传》:其俗重山川,山川各有部分,不得妄相涉入。同姓不婚。多忌讳,疾病死亡辄捐弃旧宅,更作新居。有麻布,蚕桑作绵。晓候星宿,豫知年岁丰约。不以珠玉为宝。常用十月祭天,昼夜饮酒歌舞,名之为舞天,又祭虎以为神。其邑落相侵犯,辄相罚责生口牛马,名之为责祸。

[3] 《三国志·马韩传》:常以五月下种讫,祭鬼神,群聚歌舞,饮酒昼夜无休。其舞,(转下页)

481

丽传》记载：

> 以十月祭天，国中大会，名曰东盟，其公会，衣服皆锦绣金银以自饰。大加、主簿头著帻，如帻而无余，其小加著折风，形如弁。其国东有大穴，名隧穴，十月国中大会，迎隧神还于国东上祭之，置木隧于神坐。①

高句丽祭天习俗源自何处？为什么在十月祭天？在东亚地区华夏农耕文明起源最早，中原逐渐成为该地区文化中心。其文化对周边地区特别是经济类型相同民族的影响力最大，高句丽、秽等族以农业为主，故文化习俗与中原最为接近。我们认为高句丽"十月大会"渊源于内地的岁末狂欢节日。

农业社会中人通常依靠观察农作物的成长情况来确定时间。一个农业周期结束时，也就是一年的结束，意味着狂欢季节的来临。卜辞中"年"字从"禾"，从"人"，《说文解字》将"年"字解释为"谷熟"，也说明上古时期我国的"年"是将"谷熟"为标志作为农业周期的结节②，具体来说，就是十月。既然成为重要节日，便会掺杂了一些其他的内容与仪式。从《诗·国风·豳·七月》来看，自十月改岁后天气渐寒，人尽室处，当日除了举行盛大宴饮外，也加入了岁首为家中老人祝寿的内容。③

高句丽接受中原文化，采用十月祭天，其媒介是秦汉时期的中原移民。中原内地向东北移民历史久远，秦统一全国后，内地人民为躲避繁重的徭役而移居东北地区及朝鲜半岛。据史书记载："辰韩在马韩之东，其耆老传世，自言古之亡人避秦役来适韩国，马韩割其东界地与之，有城栅。其言语不与马韩同，名国为邦，弓为弧，贼为寇，行酒为行觞。相呼皆为徒，有似秦人，非但燕、齐之名物也。名乐浪人为阿残，东方人名我为阿，谓乐浪人本其残余人。今有名之为秦韩者"④。秦末天下大乱，燕、齐、赵民避战乱东迁

（接上页）数十人俱起相随，踏地低昂，手足相应，节奏有似铎舞。十月农功毕，亦复如之。信鬼神，国邑各立一人主祭天神，名之天君。又诸国各有别邑，名之为苏涂。立大木，县铃鼓，事鬼神。诸亡逃至其中，皆不还之，好作贼。其立苏涂之义，有似浮屠，而所行善恶有异。

① 《三国志》卷三〇《东夷传》。
② 肃慎族将草绿视为一节，鲜卑族将鸟兽孕乳时间作为分别季节的节点，游牧民族将马肥草青视为季节，均是将节日与日常经济生活结合，此种事例颇多，兹不列举。
③ 《诗经·豳风·七月》中有一句为"嗟我妇子，曰为改岁，人此室处。"又说在十月"朋酒斯飨，曰杀羔羊。跻彼公堂，称彼兕觥，万寿无疆"。
④ 《三国志》卷三〇《东夷传》。

的有数万口之众。①

汉朝初年，仍有燕人不断东迁，"燕王卢绾反，入匈奴，满亡命，聚党千余人，魋结蛮夷服而东走出塞，渡浿水，居秦故空地上下鄣，稍役属真番、朝鲜蛮夷及故燕、齐亡命者王之，都王险"②。这些来自农业社会的劳动力，其生活、生产方式不能不对当地经济构成强大的影响，东夷族的汉化也得到中原史家的青眼。③这些赞美之辞，实际上就是农业社会对农业社会的认同。

高句丽官制与灵星祭祀移植于内地，我们别有专文讨论。④"东盟"大会同样也是移植于汉族的习惯性节日。因为当时的历法是沿袭秦历，是为颛顼历，以十月为岁首，系闰月于岁末，时称后九月。⑤秦末群雄逐鹿，刘邦打到关中时，也正好在十月，所以沿袭十月为岁首不改。当时的岁首如同今天的春节，是一个普天同庆的节日，受到朝廷、普通民众的共同欢迎，官员们要参加朝贺⑥，普通民众则大吃大喝，祭祀礼毕，歌舞狂欢一场。蔡邕曾以阴阳变易来解释岁首这天"纵吏民宴饮"的习俗。⑦这种风俗维持了很长时间，尽管历法改变，但十月初一飨会的习俗仍然得到保持⑧，足证风俗移人之深。汉至晋进行贺岁首之仪见《晋书·礼下》⑨。这种官民普天同

---

① 《三国志》记载："陈胜等起，天下叛秦，燕、齐、赵民避地朝鲜数万口"。
② 《史记》卷一一五《朝鲜传》，北京：中华书局，1959年，第2985页。
③ 《三国志·东夷传序》云："(魏破高句丽)遂周观诸国，采其法俗，小大区别，各有名号，可得详纪。虽夷狄之邦，而俎豆之象存。中国失礼，求之四夷，犹信"。《后汉书·东夷传序》云："东夷率皆土著，喜饮酒歌舞，或冠弁衣锦，器用俎豆，所谓中国失礼，求之四夷者也。"
④ 高句丽灵星祭祀方面，笔者曾在《北方民族》(2001年第2期)上发表《高句丽的灵星祭祀》一文，其文主要针对内地学者认为高句丽灵星祭祀并非中原祀典的谬论而发，征引《史记》、《汉书》的记载，认为高句丽的灵星祭祀是汉武帝明确在县级推广灵星祭祀的情况下而移植的。高句丽早期官制移植于汉县级官制的论断，则略见于杨军主编，笔者撰述的《高句丽官制》研究的"五部"官制部分，并没有深入展开。
⑤ 参见《史记》《汉书》相关记载，亦见张汝舟《二毋室天文历法论丛》，陈垣《二十五史朔闰表》即据之将汉初闰月均系于九月。
⑥ 《汉书》卷一五上《王子侯表》就记载了建成侯拾在元鼎二年"坐贺元年十月不会"而被免职一事，颜师古注"时以十月为岁首，有贺而不及会也。"北京：中华书局，1962年。
⑦ 《后汉书》卷九五引蔡邕《独断》云："冬至阳气始动，夏至阴气始起，麋鹿角解，故寝兵鼓。身欲宁，志欲静，故不听事，迎送凡田猎者，发终大祭，纵吏民宴饮。非迎气，故但送不迎。正月岁首，亦如腊仪。冬至阳气起，君道长，故贺。夏至阴气起，君道衰，故不贺。鼓以动众，钟以止众，故夜漏尽，鼓鸣则起；昼漏尽，钟鸣则息。"北京：中华书局，1965年。
⑧ 《南齐书》卷九《礼志上》：汉末，蔡邕立汉朝仪志，竟不就。秦人以十月旦为岁首，汉初习以大飨会，后用夏正，飨会犹未废十月旦会也。北京：中华书局，1972年。
⑨ 《晋书》卷二一《礼下》：汉以高帝十月定秦，且为岁首。至武帝，虽改用夏正，然每月朔朝，至于十月朔，犹常飨会。其仪，夜漏未尽七刻，受贺及贽，公侯璧，中二千石、二千石羔，千石、六百石雁，四百石以下雉。三公奉璧上殿御坐前，北面。太常赞曰"皇帝为君兴"。三公伏。皇帝坐，乃前进璧。百官皆贺，二千石以上上殿称万岁，举觞。御食，司徒奉羹，大司农奉饭，奏食举之乐。百官受赐，宴飨，大作乐，如元正之仪。魏晋则冬至日受方国及百僚称贺，因小会。其仪亚于献岁之旦。北京：中华书局，1974年。

庆的节日实际上来自了农业社会的丰收庆典。

我们也注意到,高句丽、秽、马韩祭天的时间都是在十月,而夫余的祭天仪式则是在腊月进行。这对于研究高句丽、夫余的民族起源以及二者之间的关系可以提供某些帮助。

二、高句丽"十月祭天"的内容与发展

高句丽"十月祭天"习俗,《后汉书》《三国志》《梁书》《魏书》《南史》《北史》均有记载。《后汉书》记载:

> 其俗淫,皆洁净自熹,暮夜辄男女群聚为倡乐。好祠鬼神、社稷、零星,以十月祭天大会,名曰"东盟"。其国东有大穴,号襚神,亦以十月迎而祭之。其公会衣服皆锦绣,金银以自饰。大加、主簿皆著帻,如冠帻而无后;其小加著折风,形如弁。无牢狱,有罪,诸加评议便杀之,没入妻子为奴婢。

《三国志》记载:

> 其民喜歌舞,国中邑落,暮夜男女群聚,相就歌戏。无大仓库,家家自有小仓,名之为桴京。其人洁清自喜,善藏酿。跪拜申一脚,与夫余异,行步皆走。以十月祭天,国中大会,名曰东盟,其公会,衣服皆锦绣金银以自饰。大加主簿头著帻,如帻而无余,其小加著折风,形如弁。其国东有大穴,名隧穴,十月国中大会,迎隧神还于国东上祭之,置木隧于神坐。无牢狱,有罪诸加评议,便杀之,没入妻子为奴婢。

《梁书》记载:

> 其俗喜歌舞,国中邑落男女,每夜群聚哥戏。其人洁清自喜,善藏酿,跪拜申一脚,行步皆走。以十月祭天大会,名曰"东明"。其公会衣服,皆锦绣金银以自饰。大加、主簿头所著似帻而无后;其小加著折风,形如弁。其国无牢狱,有罪者,则会诸加评议杀之,没入妻子。

《魏书》记载：

其俗淫，好歌舞，夜则男女群聚而戏，无贵贱之节，然洁净自喜。其王好治宫室，其官名有谒奢、太奢、大兄、小兄之号。头著折风，其形如弁，旁插鸟羽，贵贱有差。立则反拱，跪拜曳一脚，行步如走。常以十月祭天，国中大会。其公会，衣服皆锦绣，金银以为饰，好蹲踞。食用俎凡。

《南史》记载：

俗喜歌舞，国中邑落，男女每夜群聚歌戏。其人洁净自喜，善藏酿，跪拜申一脚，行皆走。以十月祭天大会，其公会衣服皆锦绣金银以自饰，大加、主簿头所著，似帻而无后，其小加著折风，形如弁。其国无牢狱，有罪者则会诸加评议，重者便杀之，没入其妻子。

《北史》记载：

每年初，聚戏浿水上，王乘腰舆，列羽仪观之。事毕，王以衣入水，分为左右二部，以水石相溅掷，喧呼驰逐，再三而止。俗洁净自喜，尚容止，以趋走为敬。拜则曳一脚，立多反拱，行必插手。性多诡伏，言辞鄙秽，不得亲疏。父子同川而浴，共室而寝。好歌舞，常以十月祭天，其公会衣服，皆锦绣金银以为饰。好蹲踞，食用俎机。出三尺马，云本朱蒙所乘马种，即果下也。风俗尚淫，不以为愧，俗多游女，夫无常人，夜则男女群聚而戏，无有贵贱之节。有婚嫁，取男女相悦即为之。男家送猪酒而已，无财聘之礼；或有受财者，人共耻之，以为卖婢。死者，殡在屋内，经三年，择吉日而葬。居父母及夫丧，服皆三年，兄弟三月。初终哭泣，葬则鼓舞作乐以送之。埋讫，取死者生时服玩车马置墓侧，会葬者争取而去。信佛法，敬鬼神，多淫祠。有神庙二所：一曰夫余神，刻木作妇人像；一曰高登神，云是其始祖夫余神之子。并置官司，遣人守护，盖河伯女、朱蒙云。

高句丽"十月祭天"的地点，《三国志》记载"以十月祭天，国中大会，名曰东盟——其国东有大穴，名隧穴，十月国中大会，迎隧神还于国东上祭之，置木隧于神坐。"在国东大穴，根据《集安文物志》载："高句丽的国东大穴在集安国内城东17里的一个半山腰上,南距离鸭绿江400米,洞进深16米,宽20米,高6米,洞底平坦,洞顶呈弓形,似一天桥,洞内可容纳百十人。洞内略偏东南有一天然石台,可能是当年置木禭的神座。"①

顾名思义,高句丽的"十月祭天大会"的主要内容是祭天,以及祭天结束后整个社会歌舞狂欢。作为高句丽的重要国祀,"十月大会"尽管渊源于内地岁首风俗,但逐渐加入了不少高句丽民族的特色内容。

高句丽"十月大会"里有一些内地所无的新内容,其中一项是祭祀,祭祀内容非常广泛,有天、灵星、社稷和禭神,这种制度从高句丽立都集安及迁都平壤都保持下来。②

另外重要的一项则是处理俗务。一般来说,五部之长对各部内部的犯罪案件有处置权,但罪案如果涉及到各部之间的利益,就无法自行处置了,必须在公会期间延请"诸加"来"共同会议"处置。如《三国志》、《后汉书》所载,当时高句丽法尚严酷,一旦诸加认定某人有罪,其结局几乎是一样的,就是罪犯被杀,妻子没入为奴婢。随着高句丽疆域的扩展,国力的增强,犯罪的情况也呈复杂状态,在这种情况下,如何处置罪犯,既能起到杀一儆百的警戒作用,又不致影响到内部的和谐,这就需要"诸加会议"更加讲究方式方法了。在《梁书·扶桑国传》中,以高句丽国情为蓝本的扶桑国刑法中有这样的纪事内容:

> 其国法,有南北狱,若犯轻者入南狱,重罪者入北狱,有赦则赦南狱,不赦北狱者。男女相配,生男八岁为奴,生女九岁为婢。犯罪之身,至死不出。贵人有罪,国乃大会,坐罪人于坑,对之宴饮,分诀若死别焉。以灰绕之,其一重则一身屏退,二重则及子孙,三重则及七世。③

从中可以看出,尽管高句丽刑法仍然一如往昔的严酷,但在处置具体罪犯时逐渐有了针对性的审判与惩罚。显然,一味地严酷对高句丽权贵家族而言也是利害参半,他们不会容忍家族中一两个害群之马而导致整个家族倾覆的结局,因此,除了由诸加会议来保证审判的公正外,也需要引入

---

① 吉林省文物志编委会:《集安文物志》1984年10月,第52—53页。
② 《旧唐书·高丽传》谓:"事灵星神、五神、可汗神、箕子神。国城东有大穴,名隧神,皆以十月,王自祭之。"这个纪事内容是有问题的,高句丽首都在集安时,是有所谓"国东大穴"的,目前考古学者已经确认其所在,但高句丽迁都平壤后,这个平壤东的"大穴"应该是不存在的,这暴露了《旧唐书》在叙述高句丽制度沿革时的抄袭弊端。北京:中华书局,1975年。
③ 《梁书》卷五四《扶桑传》,参见上述拙文。北京:中华书局,1973年。

"三重灰"制度来确保将犯罪分子对家族的危害最小化。

三、"十月祭天"礼俗所反映的高句丽与汉族关系

高句丽"十月东盟大会"是从秦汉"十月贺岁"节俗移花接木而来,渊源于内地,所以有必要对高句丽接受内地文化的方式展开讨论。

高句丽东盟大会之所以能够从内地贺岁风俗移花接木,取决于两个因素,一是同为农业社会,对岁首意义的重要;二是民间有歌舞庆贺的风俗[①],当然,这两个因素都可以归结为文化的相同。

因此,我们有必要在此基础上探讨一下高句丽对汉文化的吸收与改造。从以往的研究可知,高句丽汲取汉文化的方式如下:

(一)攘而有之。像灵星祭祀,本是汉武帝时在天下推广的县级祭祀,高句丽建国后,将之完全接收过来,升级为国祀,可谓"攘而有之"。

(二)移花接木。像东盟大会,便是将内地的贺岁首节日移花接木,改造成高句丽的祭天大典,也是处理俗务的重要大会。贺岁首,在内地本是民众狂欢的节日,与统治阶层祭天祈福、处理政务之事本不兼容,但在高句丽民族也擅长歌舞这一点,高句丽统治阶层将这一贺岁首的狂欢节日改造升级,成为高句丽的国祀大典,可谓极"移花接木"之能事。

(三)兼容并取。像《三国志》《后汉书》所记载的高句丽初期官制,带着非常浓郁的内地县级官制特征,同时也吸收了夫余官制,最终形成了带有高句丽独特色彩的官制。以"相加"一职为例,既体现了高句丽县级侯国的地位,相加一职既有内地的"侯相"之意,复带有夫余官职"大加"的色彩,而"相加"一职又是汉、夫余官制中没有的,体现完全高句丽的特色。在高句丽婚嫁与丧制中,虽然以汉文化为中心,但均可见这种兼容并取的特点。

进而言之,我们可以从文化角度来重新诠释一下各民族的民族属性。在东亚民族史上,关于高句丽民族的归属至今仍存争议,聚讼纷纭。主流当然是从地缘、政权名号继承等方面入手,将高句丽划入朝族(韩族)。但这种研究方式本身就存在争议,比如说地缘方面,不能因为高句丽与朝鲜半岛有一定地理关系,就认定高句丽属于朝族,从历史记载来看,高句丽是

---

① 高句丽是个能歌善舞的民族,正史《高句丽传》对此均有明确的记载,而据《史记》《汉书》的相关记载来看,燕地人民也有擅长歌舞的记录,燕赵之歌舞美人自春秋时便享誉天下,非独易水悲歌一曲而已。

487

从汉朝边郡边县里发展出来的,势力强大后脱离了汉边郡边县的管辖,从地缘来看,与汉朝的关系密切,而此时尚无朝鲜民族(下简称朝族)存在,当然无法说其与朝族关系如何。从政权名号来看,王氏高丽虽然号称承接高句丽,但其承接的只是一个名号而已,较南唐以血缘、后唐以血缘兼都城所在承接唐朝都远远不如。在这点上,半岛学者的观点与契丹所炮制的世系表颇有异曲同工之意,但要想以理服人却不免理由不足,正如契丹以收复高句丽故地为由侵入王氏高丽,而王氏高丽以自己承接高句丽为由寸土必争,均是自说自话而已,都无法折服对方。① 我们认为,在这个问题上,既然厘清现代的国家与民族概念,也要明了古人的国家与民族概念。

葛剑雄曾在自己的一本早期著述中饶有趣味地讨论了古代"中国人"的问题,认为以中央政权的都城为中心,距此中心越近的人越有资格对距中心较远的人自称"中国",而在"种族"特征并不明显的古代,这种心理优势无疑来自于文化。② 夷与夏的地位是可以互换的,除了葛剑雄举出的若干事例外,我们在历史文献中还可以找到更多的例证。比如说,儒家的创始人孔子都曾夸奖过管仲保护"华"之功,说,"微管仲,吾其被发左衽乎?"③ 连孔夫子自己也担心沦为夷狄之人,可见这个"文化"并非个别人的"文化",而是整个地区的礼仪文化。地方上的割据叛乱,也经常被中央定性为"以夷乱夏",自居"夷狄"之地;④ 反方向的例子,则有箕子教化朝鲜的例证,柳宗元就曾赞誉他是"俾夷为华"⑤,这也是具有儒家身份的地方官员喜欢兴学教化的理论之一,所以,掌握中国古代以"文化礼仪"作为区别夷夏的标准至关重要,可以为古代民族归属划分提供借鉴。因为出现在正史四夷传里的许多毗邻民族与我们先人有差异的并非是种族上的如相貌、性格之类,而主要是文化上的不同。东北古代民族也不例外,我们看中国正史每每给予东北民族如箕子朝鲜、高句丽、新罗、王氏高丽、李氏朝鲜以"君子国"的特殊待遇,并将之视之为可寻觅中国旧礼的礼仪之邦,便可明白这是一个农业社会对另一个农业社会的欣赏与优待。从这个意义上来说,在民族的"同化"与"异化"过程中,高句丽更像一个"异化"的典型,即其同属汉民,经济、文化发展不能与内地同步,遂割据一地而异化为新的民

---

① 姜维公:《〈辽史·地理志〉东京辽阳府条纪事谬误探源》,《中国边疆史地研究》2011年第2期。
② 葛剑雄:《普天之下——统一分裂与中国政治》,长春:吉林教育出版社,1989年,第22页。
③ 《论语》卷七《宪问》。
④ 这一点,在较晚的《旧唐书》《新唐书》经常能够见到。
⑤ 柳宗元:《柳河东集》卷五《古圣贤碑·箕子碑》,上海:上海人民出版社,1974年,第74页。

族。以此立论,则可知高句丽与汉族关系密切而与朝族关系疏远,故高句丽的风俗制度多可在内地找到源头,"十月大会"也不过其中之一而已。

正如我们在其他论文里所论述的一样,高句丽族是从汉郡县内发展起来了,和内地一样,也是一个农业部族,社会风俗各方面都深受汉文化、汉制度影响。及高句丽迁都平壤,几乎没有什么阻碍地就继承了"君子国"的名号,被中原视为箕子的继承人。我们认为,这是一种农业文明对另一种农业文明的欣赏,在《北史·高丽、契丹等传》的末尾,有一段史臣论,可以视为内地与东夷具有相同价值观的论断:

> 广谷大川异制,人生其间异俗,嗜欲不同,言语不通,圣人因时设教,所以达其志而通其俗也。九夷所居,与中夏悬隔,然天性柔顺,无横暴之风,虽绵邈山海,而易以道御。夏、殷之世,时或来王。暨箕子避地朝鲜,始有八条之禁,疏而不漏,简而可久,化之所感,千载不绝。今辽东诸国,或衣服参冠冕之容,或饮食有俎豆之器,好尚经术,爱乐文史,游学于京都者,往来继路,或没世不归,非先哲之遗风,其孰能致于斯也?故孔曰:"言忠信,行笃敬,虽蛮貊之邦行矣。"诚哉斯言。其俗之可采者,岂楛矢之贡而已乎? ①

在此基础上,认为高句丽是从汉族异化出去的一支并无不可。

综上所述,高句丽与中原文化关系密切,"十月祭天"是其统治阶层通过移花接木的方式,将内地的贺岁首习俗移植为本民族的高级祀典。这取决于两个因素,一是同为农业社会,对岁首意义的重要;二是民间有歌舞庆贺的风俗,当然,这两个因素都可以归结为文化的相同。

---

① 《北史》卷九四《高丽等传》"史臣论"。北京:中华书局,1974年。

基督教视域下的理雅各之礼观

曹建墩

理雅各（James Legge,1815-1897），近代英国著名汉学家、牛津大学第一任汉学教授，他曾翻译有多种中国古代典籍，很多译本至今仍然被视作经典译本而被广泛使用，其在西方汉学界占有重要地位，被誉为"汉学三大巨擘"之一。《礼记》是一部重要的儒学典籍，其中不仅记载有各种礼仪制度，而且对礼学思想有很多深入的阐述，这本著作对后世中国人的思想行为、处世方式产生了重要影响，也是藉以深入认识中国古代文化的津梁。理雅各深刻认识到此书对于了解中国文化的重要意义，故克服了种种困难，融合了前人的研究成果，翻译出《礼记》。[①] 本文拟主要依据理雅各英译《礼记》本中对礼的阐释，与他晚期的几部儒教论作，来阐述理雅各之礼观的内容、价值与意义。

一、理雅各对"礼"的概念与功能的诠释

在理雅各之前，法国汉学家、耶稣会士加略利（Jean-Marie Callery）曾翻译并出版了《礼记》中的部分篇章。[②] 加略利认为："《礼记》是中国现有各种文献中，能够最精确完整的向中国人自己和世界其他民族阐明礼的专著。"[③] 理雅各非常赞成加略利的观点，认为《礼记》是"可以使全世界了解中国的一本最精确、最完整的专著"，此书充满精义，体现了中国哲学与文化，他希望西方人从其译本中，可以对传统中国的风俗礼仪、哲学思想、文

[①] James Legge, *The Lî Kî î, The Texts of Confucianism, Sacred books of China, Sacred books of the East vols. 27, 28* (Oxford: Clarendon Press, 1885).
[②] Joseph Marie Callery, *Li-Ki, ou Mémorial des rites* (Paris: Imprimerie Royale, 1853).
[③] Joseph Marie Callery, *Li-Ki, ou Mémorial des rites* (Paris: Imprimerie Royale, 1853). p. 16.

化传统有所了解。①在《礼记》翻译中首先要涉及的问题就是向西方读者介绍"礼"这个独特的文化概念,它包括诸如什么是礼,礼的功用等问题。在英译本《礼记》的《导言》中,理雅各论述了礼的含义及其价值。

(一)理雅各对"礼"概念的诠释

在翻译《礼记》过程中,基于其自身的文化知识背景,理雅各比较注重从礼的宗教性、道德性双重角度,来阐释礼这一在中国传统文化中,非常复杂而重要的文化概念。理雅各强调,礼具有宗教和道德双重象征意义,必须从宗教与道德角度对其分析,方能理解礼的重要性。②

首先,理氏对"礼"字作了字形上的分析以论证礼具有宗教性。理雅各认为汉字蕴含了中国先民的思想与生活,对"礼"的分析也是从此角度展开。他引用东汉学者许慎《说文解字》"礼,履也,所以事神致福也,从示从豊"的解释来阐述礼的含义。他认为"礼"字是一个具有宗教意味的意符,礼来自于人们祭祀求神,"礼"字的结构左边是"示",乃是早期用来表示神灵的一个字,在"礼"字中表示神灵、祭祀和祈求等含义;"礼"字右边的"豊"表征用来行礼的器皿。要之,古人创造出"礼"字,其寓意首先即具有宗教意义在里面。

其次,理雅各以其对儒家典籍具有的深湛功力,又从人性与人情的角度来阐发礼的涵义。他在《导言》中提出:"从道德和哲学意义上说,此字('礼'字)被用来表明,礼是构成人性的主要内容之一。"③并引用孟子的"四端"说作为论证。孟子认为,人性原本为善,人具有先天性的道德萌芽,即"善端":"恻隐之心,仁之端也;羞恶之心,义之端也;辞让之心,礼之端也;是非之心,智之端也。"(《孟子·公孙丑上》)人的恻隐之心、羞恶之心、辞让之心、是非之心等"四心"来源于仁义礼智等"四端",而四端是与生俱来的,"仁义礼智非由外铄我也,我固有之也"(《孟子·告子上》)。根据孟子的论述,理雅各将礼视作内在人性的展现,即礼的意识是人心所固有的,而外在之礼则是按照道德人性要求所要遵守的正当规则。从这一意义上说,礼具有道德性,类似于基督教的自然律(natural law)。

从人情角度,理雅各进而提出礼是正当情感的象征,换言之,即礼是情感的合适表达方式。理雅各是从两个角度对此加以阐释的。《礼记·坊

---

① James Leege, *The Lî Kî, part III* p. 12.
② James Leege, *The Lî Kî, part III* p. 10.
③ James Leege, *The Lî Kî, part III*, p. 10.

记》是阐述礼的功能的篇章,理雅各认为"坊"有两种用途,一是保护坊内之物,二是防止堤坊溃决。对"故君子礼以坊德,刑以坊淫,命以坊欲"此句,与注疏的理解不同,理雅各将之翻译成"Therefore the superior men framed rules of ceremony for, the conservation of virtue; punishments to serve as a barrier against licentiousness; and declared the allotments (of Heaven), as a barrier against evil desires"。他认为礼的作用既有保护人,适当让情感合理宣泄的功能,也有防止情感过分溢出的功能;礼可以防止人内在德性被外物所诱导而丧失,从此意义上说,坊即保护,故而"礼以坊德"即"礼以护德"。[①]理雅各认为:礼是出自人的自然情感,是人合适情感的外发,因为礼可调节并引导情感的的表达[②],从而使外发情感达到一种和谐状态。

(二)理雅各对礼功用的诠释

理雅各长期在中国传教,敏锐的观察到礼仪在中国人生活中的的重要性,在牛津大学的执教生涯,以及与比较宗教学之父马克斯·缪勒(Max Müller)合作编译《东方圣书》的经历,也使他能够根据《礼记》的记载去理解礼的原意[③],并进一步深入认识中国人的生活礼俗与宗教信仰。如诺曼·吉瑞特(Norman Girardot)指出,《礼记》"进一步拓宽了理雅各理解古代中国人的视野"[④]。因此在涉及儒家礼的功能上,他能够比较周延地,相对客观地对其作出深入的阐述。

晚年理雅各比较关注儒家与基督教中有关人的全部责任(the whole duty)问题。[⑤] 他在《中国的宗教:儒教和道教以及与基督教之比较》一文中提出,中国人如何实现自己的全部责任就体现在《礼记》一书中。[⑥] 与此相呼应,理雅各在《礼记》英译本《导言》中提出,"在一个与礼相互协调

---

① James Leege, *The Lî Kî, Part IV*, p. 284.
② James Leege, *The Lî Kî, part III*, pp. 48-49.
③ Norman J. Girardot, *The Victorian Translation of China: James Legge's Oriental Pilgrimage*, University of California Press, 2002. pp. 60, 66-68.
④ Norman J. Girardot, *The Victorian Translation of China: James Legge's Oriental Pilgrimage*. pp. 66, 376-379.
⑤ "the whole duty" 出自旧约《传道书》12:13:"*Let us hear the conclusion of the whole matter: Fear God, and keep his commandments: for this is the whole duty of man*"。"duty"有责任、职责、义务等含义。在基督教中,基于人为神的受造者,人对上帝有道德义务,即遵行上帝旨意的本分。"the whole duty"即指人的全部责任或义务,包括世俗与宗教意义上的义务。
⑥ James Legge, *The Religions of China: Confucianism and Taoism Described and Compared with Christianity*. London: Trubner & Co. Pub. 1880, p. 12.

的人生中,中国人将会实现人性的最高理想,当然是非常高的理想"[1],礼的意义在于可以实现最高的理想。"最高的理想"这一概念,与人的全部责任是紧密相连的。在《基督教与儒教中有关人生全部责任教义之比较》(1883年)、《圣人孔子和中国的宗教》(1889年)等晚年所撰的论作中,理雅各全面阐述了礼、人性、道德与人的责任之间的关系。

首先,他引用《礼记·中庸》"天命之谓性,率性之谓道",认为人性是由上帝所赋予[2],这种天赋人性,按照儒家典籍《尚书·汤诰》"惟皇上帝,降衷于下民。若有恒性,克绥厥猷惟后"、《诗经·大雅·烝民》"天生烝民,有物有则。民之秉彝,好是懿德"以及孟子关于四端的论述,它具有善的特质,具有先天的道德性。理氏认为,孔子教导人们的行为要遵从人性,而符合人性的行为即是遵从上帝的意志,也即人的行为与天赋人性相互一致,就是实现天的意志。[3]

其次,理雅各认为,人内在的道德本性体现于社会五伦关系,及其应遵循的仁、义、礼、智、信五种常道。理雅各强调,中国人应尽的全部责任就在于父子、君臣、夫妻、兄弟、朋友等社会人伦关系之中,他引用康熙《圣谕十六条》、《圣谕广训》以及童蒙读物《三字经》等文献说明,社会责任是中国人最重要的责任[4],在社会关系中遵循人伦纲常是人本分之所在,它是人在世俗世界中,实现自己内在道德天性的需要。

儒家的伦理纲常与道德原则,皆来自于天(即上帝)的命令,理雅各说,"社会关系与在人伦关系中应尽的责任,都是来自上天或上帝的命令","人是由于其内在的道德性而构成了自我律令,同时这种道德律也是上帝的命令;所有的人伦关系和履行责任的行为,都是来自上帝的宗教性认可。"[5] 人履行自己的责任均是来自于上帝的神圣律令,在此意义上,人所应尽的全部责任具有天赋的神圣性。在《圣人孔子与中国宗教》一文中,他引用成汤的话说明政府、人间的教义(即社会人伦纲常)均来自于上帝,国王(皇帝)与圣人地位平等,都是上帝的牧师,各自有各自的使命来实现他

---

[1] James Legge, *The Lî Kî, part III*, p. 10.
[2] James Legge, "Confucius the sage and the religion of china", *Religious systems of the world: a contribution to the study of comparative religion*, London: Swan.Sonnenschein; New York: Macmillan, 1892, p. 68.
[3] James Legge, *Confucius the sage and the religion of china*, p. 71.
[4] James Legge, *Christianity And Confucianism Compared in Their Teaching on The Whole Duty of Man*, London: Religious Tract Society, 1883, pp. 11, 12.
[5] James Legge, *Christianity And Confucianism Compared in Their Teaching on The Whole Duty of Man*, pp. 13. 14.

们的责任。他们除了实现自己神圣责任的权利外,别无其他神圣的权利。[1]

其三,人只有践行自己的责任,方能实现自己的人性,在其中人只有凭借礼仪实践来实现人伦关系的和谐,才能成就上天(或言上帝)所赋予的人性。作为道德意义上,且与人的情感有着密切关系的"礼",即被赋予了宗教意义的神圣性。在理雅各看来,《礼记》中记载的有关礼的诸种规则和行为意识也是来自于天命(上帝之命令),人依礼而行即是遵从内在的道德本性,从而成就完善自我之德性,这就是上述理雅各所说的"人性的最高理想"。理氏认为,孔子的教义,均是按照上天的意志而阐述,具有神圣的宗教性。孔子所阐述的"道",乃上帝所命的人所应尽的"义务之道",人在社会关系中遵从礼仪行为即是践行这一条道,遵从人的内在的道德性是人最基本的责任[2],理雅各将孔子描述为:"他了解这一能够使个体完美的道,这也是统治者统治并使其属民能够过上幸福美好生活的一条道。"[3] 从此意义上说,礼是人内在道德人性的践履,也是在践行人基本的责任,从而实现上帝所赋予的使命。从理雅各的观念分析,则中国人"最高的理想"有宗教与道德的双重性,也就是遵从个体的内在德性,在人伦关系中实现人的职分,以契合上帝的意志。

理雅各的论述,体现出以耶释儒的诠释方法与理路。中国古代人伦关系以及纲常道德,依据孟子所言,是人性所固有并在内心起作用。按照理雅各的理解,则这种基于内在人性的礼,具有自然律的性质,是根据人性而构成的自我律令。但是,基督教并不认可将自然律当作人类道德或法律的最后依据,而是将其归诸上帝。在基督教中,道德律是指依据上帝的旨意对人要求的应尽之责任,或应负之义务。从哲学的角度,道德律的内容是依据万物的"本性"(nature),首先是人的本性,是依据人的良知本性起作用的自我律令。从神学的角度,道德律来自上帝,最具体的表现乃是摩西十诫,是人对作为造物主的上帝应尽的义务。理雅各又依据儒家经典,将道德规范、礼仪等视作上帝的律令,视作人对上帝应尽之义务。从理雅各对儒家礼观念的解读,不难看出他根据儒家文本作出学理上的阐释,虽然具有一定程度的客观性,但不可避免的受到其自身基督教知识结构与背景

---

[1] James Legge, *Confucius the sage and the religion of China*, p. 70.
[2] James Legge. *The Religions of China: Confucianism and Taoism Described and Compared with Christianity*, p. 104. 《礼记》等文献中的"道",理雅各多翻译为"the path of duty" (p. 218)。
[3] James Legge, "*Confucius the sage and the religion of china*", *Religious systems of the world: a contribution to the study of comparative religion*, London: Swan. Sonnenschein; New York: Macmillan, 1892, p. 64.

的影响,呈现出以耶释儒的倾向。

二、理雅各一神论宗教思维下对儒家祭礼、丧礼的诠释

"礼莫重于丧祭",在儒家礼仪体系中,祭礼与丧礼最为重要。祭礼属于吉礼,其中最为重要的是冬至日郊祀祭天礼以及祭祖礼。丧礼是儒家非常重视的礼仪,因为它体现孝道的一种很重要的礼仪。西方人来到中国,很快就会发现并认识到,孝道及相关的丧葬礼仪的发达是中国人鲜明的特征[1],鉴于儒教和儒家经典在中国的至尊地位,西方传教士对中国宗教的关切常常聚焦在儒教是不是宗教这一问题上[2]。晚年理雅各对于儒学以及孔子的态度较之在中国传教时期有很大的转变,他把孔子当成一个"宗教祖师"和"上帝的信使",认为儒家思想体系不仅仅是一种道德,而且还是宗教。[3]他将上帝崇拜与祖先崇拜视作中国宗教的两种形式,并从宗教学的角度对丧祭礼仪作了解释,而此宗教角度的阐释,又是紧紧围绕人道德本性与人的责任问题而展开。

(一)郊祀与上帝崇拜

理雅各认为中国古代郊祀的对象上帝与基督教的上帝乃是同一个上帝,他断定说:"他们的宗教仍同四千年前一样,虽非纯正的一神教,但无疑是一神教,他们崇拜的上帝,从其属性判定,就是我们崇拜的God。"[4]1877年理氏在《儒教与基督教之关系》中明确宣称:"中国经典中的帝与上帝就是God,我们的God,真正的God。"[5]后来他又通过对"天""神"等字的研

---

[1] Arthur Henderson Smith, *Chinese Characteristics*, chapter 19. Fleming. H. Revell Company, 1899, pp. 171-172.

[2] H. Barrett, "*Chinese Religion in English Guise: The History of an Illusion*", Modern Asian Studies 39.3 (2005), pp. 509-533.

[3] James Legge, *Christianity And Confucianism Compared in Their Teaching on The Whole Duty of Man*, pp. 19. 71.

[4] James Legge, *The Notions of the Chinese concerning God and Spirits: with an Examination of the Defense of an Essay, on the proper rendering of the words Elohim and Theos, into the Chinese Language, by William J. Boone, D. D. Missionary Bishop of the Protestant Episcopal Church of the United States to China*", Hong-kong Register Office, 1852, in-8, pp. iv-iii-166.

[5] James Legge, *Confucianism in Relation to Christianity: A Paper Read before the Missionary Conference in Shanghai, on May 11th, 1877*, London: Trubner & Co., Pub. 1877.

究,认为五千年前中国的先民与创立者信仰至高无上、独一无二的上帝,属于一神教,但是这一神教不断被自然崇拜与祖先崇拜所腐蚀而堕落。① 他认为儒教之天并非是自然意义上的"Sky",而是具有权能的主宰者,是一具有灵魂的存在②,在中国历史的早期,人们称呼这一主宰者为"天",后又命名为"帝"或"上帝"。如此,理雅各巧妙地将天命与上帝的命令融合为一,主张人所应遵守的道德律令来自于上帝的旨意,也即《中庸》所言之"天命"。

对理雅各中国一神教主张造成挑战的,其中之一是《礼记》等文献中出现的天地南北郊分祀。理雅各解释说,天与地不过是周代之后出现的新称呼,天地虽然在南郊与北郊两处坛场祭祀,但祭祀的仍然是一个神,即上帝。③ 其依据是《礼记·中庸》"郊社之礼,所以事上帝也",据此理雅各认为尽管郊祀与社祭是属于两类祭祀,但是社祭也是为了祭祀上帝,两种祭祀的对象仍然是独一的上帝。

在郊祀的性质与目的上,理雅各认为,冬至郊祀上帝的行为必须被理解为祈祷奉献物,或者自由随意的燃烧祭品,而不应将之视作一种为邀宠于上帝,并希望通过礼仪投入来期望获得更多特殊回报的礼仪。他主张儒家祭祀的功能是祈祷或致谢,并无代赎、安抚赎罪等神学意义④,祭坛上的祭品应视作致谢与人向上帝尽己责任的贡献品,而不是为了表达愧疚感⑤,因此他在翻译《礼记·祭义》时,主张中国的祭祀没有祈免、赎罪的想法,但却是表达感谢的一种形式⑥,盖同于西方的感恩礼典(thanksgiving grace),这是因为中国祭祀的目的虽然有祷告的成分在内,但在儒学化之后已发生了转变。

在《礼记》中还有从基督教的立场来看明显属于"异宗教"性质的献祭行为,如比较繁多的日月、山川、河流等祭祀。一些传教士将这些祭祀看做自然崇拜而强烈反对之,如谢卫楼(Davelle Z. Sheffield)认为,"儒教以为人当敬拜有三:一拜物,如天地日月山川之类,二拜圣贤,三拜先祖……

---

① James Legge. *The Religions of China: Confucianism and Taoism Described and Compared with Christianity*, p. 16.
② James Legge, *Confucius the sage and the religion of China*, p. 69.
③ James Legge. *The Religions of China: Confucianism and Taoism Described and Compared with Christianity*, pp. 30—31.
④ James Legge, *Confucius the sage and the religion of China*, p. 68.
⑤ James Legge, *The Religions of China. Confucianism and Taoism Described and Compared With Christianity*, pp. 53—55.
⑥ James Legge, *The Lî Kî*, part III, p. 16.

实为人与上主相通之阻隔也"①。理雅各并不主张这些祭祀属于自然崇拜,他认为山川祭祀等属于一神教堕落之后的产物。他根据《中庸》"郊社之礼,所以事上帝也"此条否定了与上帝崇拜关联的山川、社稷祭祀属于自然崇拜,主张这些祭祀仍然是"事上帝"的礼仪行为,因此他断言中国属于一神教(monotheism)。②

理雅各出于儒教一神教思维,认为郊祀的目的是表示对上帝的尊崇感谢等神圣的宗教情感,从理氏所言郊祀祭品应视作"人应尽责任"的贡献物,不难推出在理雅各的理解中,郊祀也是人对上帝所应尽的责任。

(二)祖先崇拜与丧祭礼

理雅各认为,孝道在中国人性格中最为明显,孝的责任是中国人首位和重大的诚律,儒家将对亡人的崇拜视作孝道的内容,并规定了种种的节文仪式,但即使是作为体现儒家最高道德的丧礼,其中也存在宗教的因素。③

对于许多西方传教士来说,中国古代对亡人的崇拜,以及随之展开的繁缛的丧葬礼仪、宗庙、墓祭等体现孝道的方式,是一颇为异样且难以理解的信仰与行为。而在理雅各看来,这些祖先崇拜是儒教走向岔道的一个分支,是上帝崇拜在中国堕落之后出现的现象。中国最早只有信仰上帝的一神教,此后渐渐地,上帝崇拜成为皇帝或国王的特权,而普通百姓则被剥夺了崇拜上帝的权利,人所具有的崇拜本能遭到遏制,由此他们转向了唯一可以替代上帝崇拜的宗教崇拜形式——祖先崇拜。④孝道这一最基本的道德原则,是中国祖先崇拜出现的主要动机,并成为中国人强有力的情感诉求。也正是这种唯一可以让中国人宗教情感流动的渠道,才使中国人形成了和上帝崇拜并驾齐驱的另外一种宗教形式。但是,祖先崇拜的影响是有害的,因为它容易让人产生一种对灵魂的迷信,即相信"死者的魂灵可以监护后代,并对后代的德行与恶行作出赐福或惩罚的"的能力⑤。而且,由于丧祭的经济花费较大,也往往使普通百姓无力从事这些精致而复杂的

---

① [美]谢卫楼:《论基督教于中国学术变更之关系》,李天纲编:《万国公报文选》,北京:生活·读书·新知三联书店,1998年,第160页。
② James Legge, *Confucius the sage and the religion of China*, p. 69.
③ James Legge, *Christianity And Confucianism Compared in Their Teaching on The Whole Duty of Man*, London: Religious Tract Society, 1883, pp.15, 16.
④ James Legge, *The Religions of China.Confucianism and Taoism Described and Compared With Christianity*, pp. 69-70.
⑤ James Legge, *Confucius the sage and the religion of China*, p. 74.

礼仪,导致很多百姓投入道家和佛教的怀抱,并成为道教这一粗鄙迷信的牺牲品。①

但理雅各关注的重心并非是祖先崇拜的消极影响,而是孝道的积极意义。他将祖先崇拜礼仪与人的教义(doctrine of man)联系起来,特别是"人性、人的责任与人的命运"等问题。

《礼记·祭统》云:"是故孝子之事亲也,有三道焉:生则养,没则丧,丧毕则祭。养则观其顺也,丧则观其哀也,祭则观其敬而时也。尽此三道者,孝子之行也。"理雅各据此认为,丧礼与祭礼同等重要,都是生者践行孝的责任必不可少的礼仪。这种祭祖礼仪,在理雅各看来,并非出于对鬼神的恐惧,或者是世俗意义上祈求福佑之目的,而是人内在的道德性的自我要求。《礼记·祭统》阐述祭祖之本在于"内尽于己,而外顺于道也",理雅各在英译本脚注中说,儒家的祭祖"乃是遵从上帝的意志",这一点可以在人性与天意中显示。② 也就是说,尘世间祭祀祖先的孝道美德均是按照上帝的意志而为,乃是遵从上帝所赋予的内在道德天性,并藉此实现自己的责任。

与许多传统的新教传教士理解不同,理雅各认为儒家孝道美德表达了摩西十诫第五诫,即"当荣耀父母,使你的日子在耶和华——你神所赐你的土地上得以长久"③,儒教祖先崇拜的本质意义在于,"真诚的崇拜者努力去回忆其父辈的形象,思忆他们的美德,直到个人能够感知到这种炽热的情感,并决定效法父辈们,使自己也具有这些美德"④。也即中国的祖先崇拜具有一种道德激励的作用,是遵从人的内在本性并可以成就道德人性的行为,这种论述无疑契合先秦儒家对丧祭具有成德功能的认识。⑤

要之,在理雅各看来,祖先崇拜虽有滑向迷信之危险,但也有其积极意义。孝道是人最根本的责任,祖先崇拜是孝道的表现方式,它是人生责任的实现方式。据理氏的理解,儒教丧祭礼仪是遵从上帝意志实现人生责任的行为方式,也是符合人的内在道德天性的行为礼仪。

---

① James Legge, *Christianity And Confucianism Compared in Their Teaching on The Whole Duty of Man*, p. 87.
② James Legge, *The Lî Kî î*, part III, p. 237.
③ James Legge, *The Religions of China.Confucianism and Taoism Described and Compared With Christianity*, p. 88.
④ James Legge, *The Religions of China.Confucianism and Taoism Described and Compared With Christianity*, p. 93.
⑤ 参曹建墩《从"以德事神"至"尽心成德"——两周祭祀观念之嬗变》一文,载《孔子研究》2009年第3期。

三、理雅各礼观之评价

西方世界关于中国礼仪的知识是通过早期耶稣会传教士才逐渐传播开来,尽管为了传教方便,传教士试图调和儒耶之间的文化差异,提出了"孔子加耶稣"的传教战略[1],但在理雅各之前,传教士对于中国礼仪多持否定态度,譬如美国人何天爵(Chester Holcombe)即指出:"至少有一半的外国人认为,在中国人的那层礼节外衣中不存在什么有价值的东西,它没有包容人类天性中的优秀品质。"[2]然而,不可否认的是礼仪在中国社会生活中的重要性,部分西方传教士也看到这一点,譬如利玛窦即敏锐地观察到,"世界上可能没有另一个人,无论是俗人还是神职人员,是生活在那样的繁文缛礼之中的"[3]。对于礼的复杂性及重要性,加略利(Callery)有一段精彩的论述:

> 礼是中国人所有思想的集中体现……中国人的情感靠礼仪得到满足;他们责任靠礼仪来实现;他们的善恶靠礼仪来评判;人与人之间的自然关系,主要是礼仪上的联系。一言以蔽之,这是一个由礼仪来控制的民族,每个人是作为一个道德、政治和宗教的人而存在,存在于个人与家庭、社会和宗教的复杂关系中。[4]

理雅各《礼记》英译本《导言》中也引用了这段话,并且很赞成这一看法。正是基于对中国"礼"的复杂性认识,理雅各指出"礼"在中国不仅包括外部的仪式,而且包括礼的原则,并将"礼"翻译成"rules of Propriety"(合适得体的规则)与"ceremony usages"(仪式习俗),而不是"ritual"或"rite",其目的是为了突出礼的独特性,以与西方宗教意义上的礼仪(ritual)作区分。理雅各摆脱了对礼的仪式层面的肤浅观察,而是深入人性、人情对礼作出阐释,认为人的道德性是使人能够做出得体行为举止的基础,即基于他对中国古礼的深刻体认,从而将礼的外在仪式与内在精神综合的表达出来。进而他比较基督教与儒家关于人全部责任的论述,将儒家的道德原则与人伦关系最后落实到"礼"的践履上,他认为礼乃是

---

[1] 顾卫民:《基督教与近代中国》,上海:上海人民出版社,1996年,第267页。
[2] [美]何天爵:《真正的中国佬》,北京:光明日报出版社,1998年,第204页。
[3] [意]利玛窦、金尼阁:《利玛窦中国札记》(上册),何高济、王遵仲、李申译,北京:中华书局,2010年,第72页。
[4] Arthur Henderson Smith, *Chinese Characteristics*, p. 171.

符合并成就人性之环节，在礼与人伦责任的实现这一意义上，可以说礼仪是人的本质性的存在方式，它赋予个体以尊严和价值，人之遵循礼仪，就是自身价值的不断实现。作为一位对中国具有温情的学者型传教士，理雅各深入研究儒家经典，并对礼与人性、道德、天命的关系作了深入阐述，对儒家的礼的功用给与了积极肯定与高度评价，而不是如很多传教士那样，以一种异样的眼光来审视、挑剔、批判中国人的礼仪生活，或者直接否定中国礼仪的价值。

  理雅各对礼的诠释，提升了西方世界对礼在中国社会重要性的认知程度，他将礼与人内在德性以及人的责任相联系，认为礼是实现人责任的途径，这就不同于很多西方人对中国礼仪中毫无人性中优秀品质的否定认识。理雅各认为儒教关于人道德责任的教义是很有价值的，"它所津津乐道的四样东西——学问、伦理、忠诚、真实的后三样来看，与基督教中的摩西法律及福音书的论点完全是一致的，这些信条影响下的世界必将会是一个美好的世界"[①]。——尽管这是出于一个虔诚的基督徒从基督教视角作出的乐观预言，但却大大迥异于许多西方人对中国礼仪的指责与鄙视态度。

  在理雅各之前，少有西方人以积极的态度来深入地研究儒家礼学。理雅各基于对礼在中国社会重要性的认识，不辞劳苦的研读儒家经典并深入的诠释、评价中国的礼，在西方汉学研究中影响深远。[②]尤其是《礼记》英译本，至今仍作为标准译本被使用，此书对西方汉学界正确、客观、深入地认识中国礼乐传统具有重要作用，其影响更是不可低估。

  毋庸讳言，理雅各的诠释与论述也存在不足。首先，他以基督教的视角来阐释儒家的礼学思想，过分夸大了儒家礼的宗教内涵，而遮蔽了中国古礼的丰富人文内涵。如牛津大学罗伯特·恰德先生指出，理雅各弱化了"礼"的形式化的一面，避免用"rites"和"ritual"等词汇来翻译"礼"，这就冒了一种风险：对于一个实际上含义广泛的词汇，只给予了片面的解释。[③]

---

① Arthur Henderson Smith, *Chinese Characteristics*, p. 288.
② 理雅各之后，如英国人 John Steele 翻译了《仪礼》（*The I-Li or Book of Etiquette and Ceremonial*）并于1917年在伦敦出版。英国著名人类学家 Maurice Freedman 认为，十九世纪中后期汉学家所构筑的"汉学的中国"（即早期中国和与中国经典联系的标准文化）属于理雅各的世界。参 sinology and social science, *Ethnos: Journal of Anthropology* Volume40, Issue 1-4, 1975, pp. 198-199. 20世纪之后，西方汉学界也转向职业汉学的研究模式，许多汉学家深入儒家典籍来认识论述儒家礼仪，改变了早期传教士对中国礼仪的肤浅的负面认识。
③ 罗伯特·恰德（Robert L. Chard）：《西方汉学之礼观》，《世界汉学》第7卷，北京：中国人民大学出版社，2011年。

中国古代的礼不仅包括宗教性质的祭祀,而且涵盖内容广泛,举凡国家制度、职官土地、礼仪等均属于礼的范畴,它具有多维度、多层面等特征。因此,对这样一种兼具政治、伦理、道德等意义上的综合文化体系,仅仅从宗教学角度来阐释,远不能完整地揭示出礼的内涵。理雅各以基督教为视域诠释儒家的伦常礼仪,过分夸大了礼的宗教特性与宗教功能而遮蔽了礼的人文意义,这就忽视了礼在古代中国具有的政教、社会、文化等重要功能。而且,基于基督教视域来理解儒家礼仪,不可避免地存在对礼的误解、曲解,比如:中国早期文献中的上帝、天是否就是基督教中的上帝,从甲金文看①,二者在权能、神格上并不能划为等号。如此将儒家的天命、礼仪与基督教的上帝规定的律法混为一谈,也显得牵强。

其次,晚年理雅各受马克斯·穆勒((Max Müller))比较宗教学研究方法影响,以基督教为本位来审视作为"他者"的儒家文明,他坚持认为,基督教关于人生责任的教义要优于儒家有关人生责任的教义,这主要体现于以下几个方面:其一,儒教虽然确认了上帝和人的关系,但那是不完整的,有关这种关系的教义以及从此生发的责任是不完美的,在中国只有最高统治者才可以向上帝直接敬献,感谢与祈祷,这就使普通大众距离上帝很远。他以基督教为中心来评判儒教,认为儒教对上帝缺少一种真诚的、全心全意的爱,缺少宗教热忱,"孔子在上帝是否存在这一问题上缺乏古代圣贤的那种忠诚",他的言论中体现不出对上帝的一丝虔诚。即使对于儒家的人伦关系有一定程度的认可,理雅各还是从基督教角度认为,除了人伦社会责任外,儒教认为再也没有其他应做的,儒教没有提及或极不重视人对上帝的责任。②其二,在人实现责任的实践上,理雅各认为儒教在成人的进路上使个体凭一己之力与外在诱惑进行孤军奋战,而基督教却有上帝的护佑;儒家主要是基于一种正义和正当的情感,基督教却是基于爱的情感。两者的效果是有很大的差异。其三,理雅各认为,孔子"是一个伟大的人,一个好人,值得中国和全世界的人尊敬",但却不是一个完美的人,因为儒教未能为中国人提供滋养精神境界以及塑造中国人理想人格的必需原料。③

理雅各认为儒教存在种种缺陷,儒教有关在人伦关系中实现人的责任

---

① 参陈梦家《殷虚卜辞综述》,北京:中华书局,1988年,第561—582页。朱凤瀚《商周时期的天神崇拜》,《中国社会科学》1993年第4期。

② James Legge, *Christianity And Confucianism Compared in Their Teaching on The Whole Duty of Man*, pp. 13-24.

③ James Legge, *Confucius the sage and the religion of China*, p. 68.

的教义,理论上不完美,实践上效果也不理想①,而基督教是完美的,是人类的完美形式,因此中国人若更好地实现人的责任,必须依赖基督信仰来拯救与提升。②理雅各无视儒教与基督教两种文明的各自特质,将两种文明形态、文化体系作出优劣对比,以基督教中心而论证基督教优越于儒教,这种话语体系的背后,体现出理雅各在学术研究中,夹杂有一种传教士东方主义(missionary Orientalism)的文化征服与拯救"他者"的心态。③

  理雅各对于儒家礼仪的界定与观念,受到前半生的传教生涯以及基督教传教士身份影响。虽然在牛津大学的学术研究中,已经多少减少了这种影响,其学术视野得到很大的拓展,这使理雅各能够从儒家经典文本本身来认识、界定儒家之礼,对儒家态度也发生了转变,但仍不可避免原有的宗教思维。尤其是他与比较宗教学之父马克斯·缪勒合作编辑"东方圣书",将《礼记》等儒家经典作为宗教经典向西方介绍,《礼记》被理雅各更多地从宗教的视角来加以审视与评判④,"礼"也纳入其学术视野中用以思考关于人生的责任等问题。就理氏礼观而论,其将儒家"礼"纳入宗教体系而诠释的努力,无疑属于传教士汉学的理路,而其对于儒家经典文本的深入研究,并藉此深入诠解儒家礼仪,这体现了一个学者型学术汉学家(academic sinologist)对于学术研究的客观性的追求。⑤也正是这种学者型汉学家的认真严谨与对学术的努力探索精神,加上一个虔诚的基督教传教士具有的传教热忱,使理雅各的学术思想与学术研究具有双重特质:它

---

① 理雅各认为,即使是"他们(中国人)在优秀道德方面取得的最好成就,也不能与基督学校中温顺的学习者所获得的成就相比"。参 James Legge, *The Religions of China:Confucianism and Taoism Described and Compared With Christianity*, p. 308。
② James Legge, *The Religions of China:Confucianism and Taoism Described and Compared With Christianity*, p. 308.
③ 关于"传教士东方主义"与萨义德"东方主义"的差异,参 Wanghui, *Translating Chinese Classics in a Colonial Context: James Legge and His Two Versions of the Zhongyong*, Bern: Peter Lang, 2008. pp. 136-144。
④ 理雅各说:"关于古代中国宗教,从这部经典(礼记)中能够学到的,要远远超过从其他经典中所学到的总和。"参 James Leege, *The Lî Kî, part III*, pp. 12, 13。
⑤ "汉学特色的东方主义"这一概念由诺曼·吉瑞特提出,他认为,19世纪以理雅各为代表的汉学研究与东方主义不同的是,为保持中国传统文化的特性,翻译时着重对原文文本的忠实,附加以文献性的评注。参 Girardot, *The Victorian Translation of China: James Legge's Oriental Pilgrimage*, University of California Press, 2002. p. 526。费乐仁认为:"理雅各在学术的'客观性'和传教士的利益之间努力从事儒家传统文化和基督教伦理之间的比较研究。在这个过程中,他建构了独特的汉学特色的东方主义,与许多东方学家和传教士比较而言,他更加开明,更具改革能力。"参 Pfister, L. F. Striving fo, "*The Whole Duty of Man*": James Legge and the Scottish Protestant Encounter With China. Vol. II, New York: Peter Lang, 2004. p. 76。

既具有对中国经典与儒学的温情敬意,也具有传教士群体所具有的那种文化优越感和拯救异教徒的心态,这两种心态相互交错,体现于理雅各的《礼记》译本与其礼观中。

时至今日,理雅各的学术成就仍然是西方汉学领域里的重要地标(landmark),由于理氏认识到理解儒家礼仪经典对于认识古代中国文明的重要性,此悟察使他远远超越了其时代。诚如诺曼·吉瑞特指出,理氏的超前性甚至可以说"用二十一世纪汉学研究的标准去衡量,也是非常先进的"[1]。尽管理雅各的相关论述以及认识并未摆脱基督中心观,但是剔除这些话语体系背后的文化殖民主义与传教士式的宗教征服、拯救心态,则理雅各的深刻洞见,也会推进我们对中国礼仪这一文化传统从多角度理解。

---

[1] Girardot, *The Victorian Translation of China: James Legge's Oriental Pilgrimage*, University of California Press, 2002, pp.379, 376.

"敬老"仪式：拉祜族的传统"礼"观及其社会功能研究

张锦鹏

人类的繁衍发展需要代代继递，尊老敬老是人类的普世价值，体现了人类对自己生命的敬重，以及对自身命运的终极关怀。从这个意义上讲，尊老敬老成为中国传统伦理道德的重要内容，是人类普世价值的表达。但是，在源远流长博大精深的中华传统文化之中，尊老敬老不仅仅于此，它还被赋予了更深刻的文化内涵和社会功能。孟子曰："老吾老及人之老，幼吾幼及人之幼，天下可运于掌。"①在个体的家庭里尊敬父母，在群体的家族里敬重长辈，并推及其于社会所有非亲非故的前辈长者，就能形成一个和谐共融的社会秩序，达到"天下可运于掌"的治国之目的。

中国是一个多元一体化的多民族国家，中华民族文化是五十六个民族优秀文化共同的结晶。尊老敬老的伦理道德，并非汉民族特有的文化传统，它也是许多少数民族传统文化的重要组成部分。②少数民族尊老敬老伦理观渗透于少数民族的日常生活、节庆和人生礼仪习俗、宗教信仰、村规民约之中，成为个人的行为规范和社会控制准则。③一些少数民族还利用敬老习俗来实践父母与子女的互惠关系。④在现代化进程中，各民族的传统文化都在发生着急激的变化，很多传统文化正在快速消失，难以寻觅；

---

① 《孟子·梁惠王上》，沈阳：辽宁教育出版社，1887年，第8页。
② 参见相关研究：高发元：《中国少数民族道德概论》，昆明：云南民族出版社，1992年；绪初华《怒江州几个民族的敬老习俗》，《云南社会科学》1982年第5期；佟德富、金京振：《朝鲜族先民孝道浅析》《黑龙江民族丛刊》1989年第3期；李淑霞《论我国少数民族的尊老敬老风尚》，《赤峰学院学报》2001年第2期；张永庆、刘宗福：《回族的孝文化和当代回族的尊老敬老思想》，《宁夏社会科学》2003年第6期；全家庆：《解析当代朝鲜族的敬老习俗》，《安徽文学》2014年第6期。
③ 张跃：《论少数民族的敬老伦理观》，《西南边疆民族研究》第18辑，昆明：云南大学出版社，2013年。
④ 白志红：《互惠型孝敬馈赠：佤族敬老宴的人类学研究》，《云南社会科学》2015年第6期。

有些传统文化在非物质文化遗产的制度性保护下,成功保留了其文化外壳,而文化本体却气若游丝。但是,在这汹涌急激的社会变迁中,仍然有些传统文化在社会生活中续存着,继续发挥着它的社会功能。本文所讨论的拉祜族的敬老之礼就是这样一种少数民族传统文化,它作为一种非制度性礼制在拉祜族传统文化中续存千百年,至今仍有其鲜活生命,甚至不断有强化之势。这是为什么?马凌诺斯基认为,人类学功能主义者认为,任何一种文化存在都有其自己独特的社会功能,它是为了满足"生理的基本需求""制度上的要求"以及"整合方面的需求"而存在,否则就没有存在的必要。[①] 本文认为,拉祜族的"敬老"之礼有其特殊的社会功能,它超越了普遍意义上的伦理道德的社会规范功能,具有保障族群生存、传承拉祜族文化、整合族群和凝聚族群力量和国家认同表达的特殊功能。

一、拉祜族春节期间的拜年:敬老仪式及由敬老延展的敬尊仪式

拉祜族是云南独有民族和跨境民族,也是社会经济发展相对缓慢的民族。根据20世纪50年代初对拉祜族民族大调查发现,拉祜族不少部落社会发展还处于原始部落后期和阶级社会初期阶段,他们游耕游居,迁徙不定[②]。尽管社会经济发展相对缓慢,但在历史发展中拉祜族创造了优秀的文化,这些文化渗透在拉祜族血脉之中,成为他们四处迁徙寻找家园、奋起反抗外族追求自由、凝聚族群力量谋求生存的力量。其中"敬老之礼",就是拉祜族文化中一个重要组成部分,它对于传统社会中拉祜族的族群谋求生存、获取发展、互助团结、建立族群秩序起到重要作用。

中华人民共和国成立以后,拉祜族开始过上定居农耕生活,经济社会有很大发展。改革开放以后,拉祜族和全国人民一起追随现代化步伐前进。在现代化进程中,拉祜族传统文化也在急剧地发生变化,但是拉祜族传统中"敬老"之礼不仅没有逐渐弱化,反而以仪式化的方式不断加以强化:改革开放以来,随着物质生活的日益丰富,保留于传统、嵌入在春节拜年活动中的"敬老"仪式,从家庭到社区、从小社区(村寨)到大社区(县

---

① 参见和少英《社会文化人类学初探》,第五章《英国功能主义学派》,昆明:云南大学出版社,2006年,第44—57页。
② 参见《中国少数民族社会历史调查资料丛刊》修订编辑委员会:《拉祜族社会历史调查》(一)(二),北京:民族出版社,2009年。

城),举办得一年比一年隆重,一年比一年热闹,家庭、社区基层组织(村委会)、社区宗教团体(基督教会)、区域政府机构(县政府)都参与其中,将拉祜族敬老之礼以一种符号化的方式展示于社会之中。

笔者在拉祜族聚居区云南省澜沧拉祜族自治县东回乡班利村进行了多次田野调查,特别是2016年春节期间带领学生在班利村进行田野调查,对拉祜族扩塔节期间的敬老仪式进行了参与式观察。下面对班利村的基本情况及班利村的敬老仪式进行一个大概描述。

云南省澜沧县东回乡班利村被称为"拉祜第一村",是澜沧县人口最多的行政村。2014年末,全村有居民949户,3297人。班利村村民委员会驻地班利大寨,下辖10个自然村,22个村民小组。班利村民族文化氛围浓厚,被誉为"拉祜摆舞之乡"。拉祜族群众多信仰基督教,目前,班利村的拉祜族99%都信仰基督教。

拉祜族扩塔节即拉祜新年,是拉祜族最隆重的节日。过节时间与汉族春节相同即在农历腊月三十开始,一直持续十多天。过节时间可长可短,具体由卡些(拉祜语,头人的意思)确定。扩塔节有大年和小年之分,大年从大年初一开始到初三结束,主要内容是祭祀和拜年。班利村信仰基督教,祭祀活动已不复存在。拜年活动即敬老仪式,其对象主要是家庭中长辈、村寨德高望重的老人,以及村寨首领、宗教领袖等。休息三天后过小年,小年一般从初七开始,根据情况过三天或五天,主要是大型的集体歌舞活动。

2016年扩塔节班利村的拜年活动情况如下:

大年三十春粑粑,这是过年的象征性食物,这也是拜年的必带礼物。这天,天还没有破晓,村寨里就开始传来了"咚咚咚"的声音,那是村民开始春粑粑的响声。随着天空渐渐泛白,全村春粑粑的声音此起彼伏,不绝于耳,每家每户都在春粑粑,准备春节期间最重要的食物——糯米粑粑。春好粑粑,村民们才觉得春节正式拉开序幕了。

大年初一,已经成家的晚辈们要很早起来取新水。过去年轻人是要到山上取新水,现在因家家有自来水,在自家水龙头上接第一壶新水即可。新水取来以后,把新水烧开后,就到老人住的房屋请老人喝新水,用新水帮老人洗脸洗手。之后,将新水倒入热水瓶里,带上孩子,带上热水瓶、新毛巾和粑粑,一家人或走路或者骑摩托,到女方的娘家给父母拜年。之后到其他舅舅、叔叔等亲戚家以及村里的其他德高望重的长辈家拜年。

当到达亲人所住院落外,年轻夫妻就让小孩子放一个炮仗(过去是放铜炮枪),以此表达有人来拜访。在院子里或者是竹楼火塘前,老人们早已等候，并为后辈们准备好一个盆。来访的年轻人将自己带来的粑粑送给老人，并将带来的热水倒在盆里，然后浸湿新毛巾帮老人们洗手或洗脸。老人们站着接受洗手洗脸，大多数只是象征性擦一下手。之后，老人们给年轻人和孩子们说一些祝福语言，然后握手道别，关系密切者在道别的时候老人会用自家粑粑回赠，或者会给年幼的小孩一点钱，五元、二元、一元不等。整个程序持续时间不长，五六分钟，最多不超过十分钟，来访者就离开了，到另外一个长辈家拜年。拜访的长辈包括家里父母、岳父母、近亲和远亲的老人，以及没有血缘关系的村寨长寿老人和村寨受人尊重的长者。

在老人们所住的房屋庭院里，不断有自己的儿女、侄儿侄女、孙子孙女们来拜年，行敬老之礼。走了一波又来一波，或者前面的还没走，后面的又进来了，大家几乎是排着队为老人洗手洗脸，好不热闹。村中长寿老人和德高望重的老人，来拜年者尤其多。班利村有一家百岁老人，夫妻俩健在，是全村最长寿的老人，来他家拜年的人络绎不绝，熙熙攘攘。老人站在火塘边，一遍一遍地被洗着手，盆里的水也不断倒掉又倒进新水，这样的程序不知道重复了多少遍，老人站立时间久了，都有些累，但是他们尽量站着接待拜年者。这样的场景在村基督教会长老张福家也可以看到。张福有六十多岁，年轻时他曾经当过村干部，从村干部退下来后成为本村基督教会的长老，深受村民的尊重，所以来他家拜年行敬老之礼的晚辈也非常之多。

在外地工作、打工或远嫁他乡的年轻人，若大年初一这天无法赶来，他们可以在初二到初五的任何一天回家，向父母和长辈们拜年，他们不需要带什么年货钱物，甚至不需要带粑粑，只需要带着水壶、毛巾，给父母前辈们象征性洗一下手，所有的亲情与敬爱全都通过这简短的洗手之礼表达了。

大年初二这一天，在班利村村公所，举行了一场盛大的向"村干部"拜年的仪式。"村干部"并非"干部"，是村民委员会成员的统称，包括由村支书、村主任、妇女主任等。一大早，村民们自发聚合于村委会，距离村公所较远的村寨村民们开着拖拉机、大卡车，载着全寨老老少少来到村公所。五位村干部在村公所大门口排好队，村民们也排着长队依次与村干部们握手祝福，长至弯腰驼背者，幼至襁褓中婴儿，无一遗漏。一些女性村民用自己带来的热水瓶浸湿新毛巾，用新毛巾给村干部们擦手。整个过程实质是重复昨天我们看到的为老人洗手之礼，只是因为人太多洗手的程序简化、强化了握手的程序。

村委会的拜年结束之后，村民们又聚集到基督教培训中心广场，在这里,另一个盛大拜年仪式拉开序幕——基督教会拜年。拜年仪式也是首先从洗手开始。牧师带领几个青年教会成员,在已经准备好的小盆里倒上水,然后端着盆走向主席台对面观众席位老人们,然后俯下身帮老人洗手,被洗手者也不局限于老人,在老人身边的中青年人也随机地受到洗手之礼。牧师带领进行的洗手礼结束后,牧师回到主席台,带领信徒向厄莎①(上帝)祈祷,并请求厄莎赐福。简短的祈福仪式结束后,就进入了教徒向教会骨干洗手祝福以及教会成员相互祝福的仪式。牧师等教会骨干站成一排,后面跟着一些村民排成一列,另外一些村民则从相反的方向排成一列,然后这两个队列以相反的方向缓慢前行,相互行洗手、握手之礼。就这样一圈一圈地相互握手,大约四五圈以后,仪式才结束。

大年初三,在县政府的葫芦广场上,也举行了大型的拜年仪式。县委县政府领导、澜沧县各族人民代表、各群众团体代表等组成了一个团拜成员团,由县长带领在广场上主席台接受了村民代表们的拜年。这个拜年仪式用敬酒仪式代替洗手仪式,同时把敬献粑粑、猪头、特产、美酒等程序以表演的方式展演出来,成为一个为促进旅游业发展的民族文化展演活动。

二、拉祜族敬老仪式的由来

以上叙述可知,拉祜春节拜年的核心内容是敬老,通过请老人喝新水、为老人洗手洗脸这一仪式,表达了拉祜族尊敬老人、祝福老人之意。这一仪式由家庭扩展及社区,由"敬老"延伸及"敬尊"扩大了拉祜族传统"礼"的内涵。为什么在拉祜族敬老之礼成为拜年的核心内容?

拉祜族史诗《牡帕密帕》②的记载为我们解开了敬老之礼的由来。《牡帕密帕》记载了天神厄莎创造天地万物、创造人类以及指引拉祜族发展的故事。厄莎创造了包括拉祜族在内的人类,教拉祜族利用土地、利用火、进行刀耕火种,拉祜族用自己的劳动获得了食物来源,过上了温饱生活。厄莎暗示拉祜族要知恩图报,要把新收获的粮食等物品先供奉给他。不少拉祜族都照办了,但是,厄莎的儿子——扎努扎别③——却不听从厄莎的旨

---

① 在信仰拉祜族基督教的村民心中,厄莎即上帝;在信仰佛教的拉祜族心中,厄莎即佛祖。
② 《牡帕密帕》,澜沧县文化馆整理,2009年。以下来源于《牡帕密帕》的内容均出于此版本,不再一一标注。
③ 扎努扎别也是厄莎创造的具有神性之人,是厄莎的独生子,是厄莎按照自己的秉性创造的。

意,认为这是自己劳动所得,应自己享受不需要敬奉给不劳动者。于是在厄莎和扎努扎别之间,发生了一场惊天动地的战斗,他们斗武斗力,之后又斗智斗勇,最后扎努扎别中厄莎毒计死去。从此以后,拉祜族在节庆时期都要敬老人、敬天神厄莎。

这个故事世代流传下来,故事叙述者总是用自己的方式来阐释这个故事的寓意。来自官方和学者的阐释多数把扎努扎别当做反抗强权的英雄。[①]而拉祜山寨的老人们在讲述扎努扎别故事时,总是在故事结尾告诉子孙们:老人是宝,是智慧,要尊重老人,你们可不要学扎努扎别。在2009年版的《牡帕密帕》版本中,整理者忠实记录了民间的口传史诗,"扎努扎别"这一节的最后是这样唱的:

> 扎努扎别的故事,
> 拉祜世代相传承,
> 从古一直到如今,
> 教育孩子要行善。
>
> 养儿养女为防老,
> 孝顺长辈是天职,
> 莫学扎努短命鬼,
> 多行善事多积德。

这是一个十分有意思的话语次序,在拉祜族长者的教诲中,扎努扎别故事寓意,既不是应反抗强权,也不是要尊敬权威,而是要善待父母的养育之恩,然后才是感激天神厄莎的赐予之福。这意味着,在代代相传的拉祜族历史文化之中,拉祜族对父母之孝敬与对神的孝敬是不对等,前者的重

---

① 《拉祜族民间集成》中对扎努扎别的评价是"由于札努札别为了大家的幸福反抗厄莎,他不屈不挠、死不屈服,所以拉祜人都颂扬他的反抗精神。每当蝉虫和比鲁妈鸟唱起来的时候,拉祜人们总是同音叹息说:'这是扎努扎别遇难的时候了!'"澜沧县原县长石春云谈到扎努扎别时说:"厄莎与扎努扎别的斗争,是人类不屈不挠的精神的体现。尽管最后失败,却也足以激励世代拉祜人,保持着这种精神,开创美好生活。扎努扎别是拉祜族的英雄,拉祜人从来不自卑,清朝的时候,拉祜人被压迫得不行,大家起来和官府斗争,靠得是扎努扎别的精神,现在拉祜人在共产党的领导下,建设美好家园,靠的也是这种精神。拉祜族因为有了扎努扎别而成为一个勇敢的民族,山行不惧虎豹,处世不畏强暴,不断进取,向着太阳奔去!"参见张锦鹏、熊开万《牡帕密帕》,上海:上海世纪出版集团,2015年,第30—37页。

要性大于后者。

这在《牡帕密帕》文本中也是如此。在"造天造地"等多个章节中,一直将厄莎塑造为创世之神、指引之神,但是,在"扎努扎别"这一节中,却将厄莎还原为一个权威型的父亲,与一个有智慧和力量的儿子之间的矛盾和对抗。扎努扎别与厄莎的关系,首先是具有血缘的父子关系,然后才是统治生灵的神与被统治的芸芸众生之间的人神关系,血浓于水的人性亲情高于看不见摸不着却无时无刻不关照着族群的神。显然,拉祜族传统文化体系中"敬老"之礼被赋予了非常重要的地位。

既然"敬老"在拉祜族传统文化中有其重要地位,那么,它一定是会被个体的社会生活场景所表达和强化。在拉祜族传统文化中,除了春节拜年以敬老为主题,以敬老仪式为核心之外,在其另外一个重要节日——新米节中,敬老之礼再次被仪式化呈现。在农历六月份新米成熟收获之时,拉祜族每家每户都要过新米节。过节的仪式很简单,家中任意选一日,邀请亲朋好友来过新米节。他们把当年收获的新米煮熟后,第一碗要盛给老人品尝,然后还要将煮熟的新米盛给牛吃,敬农具,之后一家人才可以吃新米聚餐。在日常生活中,拉祜族也遵循着"敬老"的道德伦理。过去拉祜族一家人都是在火塘旁置床睡,父母的床是最靠近火塘的,这是为父母取暖优先。打到猎物,全村人平分,德高望重的老人一般是分给最鲜嫩的部位。等等,不一一列举。

三、与生存需求关联的"敬老"之礼

为什么拉祜族的传统文化里,将"敬老"作为一个重要内容以盛大仪式的方式来呈现出来?这与拉祜族的个体生存和族群命运息息相关。拉祜族最初起源于青藏高原青海河湟一带的氐羌民族,《后汉书》载:"自爱剑后,子孙支分凡百五十种。其九种在赐支河首以西,及在蜀、汉徼北……其五十二种衰少,不能自立,分散为附落,或绝灭无后,或引而远去。"[①]拉祜族先民就是南迁的一个部落。根据拉祜族的史诗记述以及相关历史文献印证,拉祜族从河湟地区南迁,在四川北部地区居住过一段历史时期后,因族群战争向南迁徙进入云南大理巍山一带,后又因族群战争继续向南迁徙,主要聚居在云南澜沧江流域南部地区和哀牢山以西部分地区。清朝末

---

① 《后汉书》卷八七《西羌传》,北京:中华书局,1965年,第2898页。

年拉祜族因受清政府的围剿,再次被迫向东南亚一带南迁,从而形成了拉祜族的跨境而居的空间分布格局。从历史上拉祜族的四次大迁徙来看,迁徙的原因都是与外族的战争。战争使他们人口大量减少,战争使族群生存面临着灭绝。但是,拉祜族顽强地生存下来了,生存的法则是迁徙。《牡帕密帕》载:厄莎赐给拉祜族头人一个神箭匣子和一张弩,神箭匣子里有三支箭,一支是金箭、一支是银箭、一支是铜箭。告诉他们,在族群生死攸关的时候,只要把神箭搭到弩上,射向远方,神箭落的地方,就是拉祜族安居乐业的地方。这些神箭飞向了南方,于是拉祜族一路向南迁徙。

  迁徙之路的漫长与艰难,拉祜族先民没有留下更多信息。但是从青藏高原到云贵高原到中南半岛,到处都是森林密布,到处是野兽出没,到处是蛮瘴之地,其迁徙路程的艰辛可以想象。在这种艰难困苦之中,生存的经验尤其宝贵,而生存的经验是需要靠时间的积累,年长者自然是积累更多生存经验的智者,在迁徙中他们的经验可以说是族群生存的保障。因此,尊重老人,倾听和学习他们的经验,是年轻人必修的功课,是他们生存之道。笔者曾经在泰国清莱省一个拉祜族村寨(他们经历过从中国到缅甸,从缅甸到泰国的迁徙)做过田野调查,发现一个特别的现象:拉祜族的生育率很高,但死亡率也很高,一个家庭会生七八个孩子,但是能够成活长大的只有两三个,大多数死亡发生在2岁以前,12到16岁期间也是一个意外死亡高发期。前者与营养、疾病有关,后者与缺乏丛林生存经验有关。可见,老年人或者年长者的生存经验就是个人生存的法宝,也是迁徙之中族群维持的基础。

  老人和长者还是知识的持有者和传播者。拉祜族没有文字,文化的传承靠的是世世代代口耳相传。在拉祜族的婚礼、葬礼等人生礼仪上,在拉祜族的节庆活动中,在拉祜人家的火塘边,老人们总是通过吟唱史诗、叙述故事等方式,将拉祜族的传统文化代代相传。如在创世史诗《牡帕密帕》中,老人们用悠长的吟唱,借厄莎的教导告诉年轻人:如何利用火,如何耕种庄稼,如何酿造美酒,如何寻找铁矿……这些都是生产知识,是拉祜族进行社会再生产的专业知识。老人们用动人的故事,借各种动物寓言,指导年轻人:如何辨识善恶,如何处理家庭关系……这些知识逻辑,如果没有老人们一代又一代地口口相传和言传身教,就没有保持至今的拉祜族民族文化。尊重长者,既是社会可持续发展的必要,也是对自己文化的最大尊重。

  因此,拉祜族的"敬老"之礼,已经超越了家庭伦理道德的内涵,是为了实现一个民族生存繁衍这一攸关族群命运之需要。

四、从"敬老"到"敬尊":从生存需求走向族群团结和国家认同

从前面所描述的拉祜族拜年仪式,可分为以家庭为中心的敬老仪式家庭、以"村干部"和"县领导"为中心的敬尊仪式和以宗教为组织的互敬仪式。基督教强调教徒都是兄弟姊妹,他们的互敬仪式可置之不论。拉祜族的敬老,首先从家庭的的父母做起,然后是家族中长辈,然后是村寨中的长者。因此,从操作层面上而言,敬老之礼首先是对家庭秩序进行规范,在家庭中树立对父母长辈的尊重,才会在社会中对长辈社会的尊重,与"老吾老及人之老"有一致的内涵。不同的是,在我们所看到的拉祜族敬老仪式,还延展向了另一个层面,那就是"敬尊":拉祜族村民对"村干部"以及对作为"人民公仆"的县委县政府行政官员,均采用如敬老仪式同出一辙的仪式,或更为盛大热烈的场面,来表达对这些"干部"们的尊敬。

这种方式与国家的政策有些相背离,无论是父母官县领导们,还是有职无官的"村干部"们,他们都是本着为人民服务的职责义务,是广大群众的公仆,应该是他们向村民拜年才对,而不是村民们单向度地给"村干部"洗手,或者抬着粑粑、扛着猪头浩浩荡荡到县政府给"领导"们拜年。这一文化现象与现行党的组织纪律相背离,但它却合理地存在着。当我们向澜沧县有关部门人员提出群众向领导拜年不符合党的组织纪律之时,他们却轻描淡写地回答:"这是我们拉祜族的传统。"那么这种从敬老向敬尊延伸的礼仪,是仅仅作为传统而存在和传承,还是有其他更深层的原因?

在早期氏族公社时期,大家庭组织是当时拉祜族最主要的社会组织。进入私有制社会以后,拉祜族社会组织也从母系氏族向"卡些卡列"转化。"卡"即村寨,是由共同血缘或同一地域的群体组成。村寨或部落的领导者称为"卡些卡列","卡些"是"头人"的称呼,"卡列"是副头人,负责管理整个部落的社会事务。此外部落内部还有三个重要的人物,负责祭祀的"阿朵阿嘎"、铁匠"章力"、为人占卜看卦的"摩八"。以上四个职位的人员共同负责组织、管理整个部落的公共事务。一般是每年过年全村聚餐的时候,全体村民民主选举推选出来新的一年这四个职位的负责人,由他们组成村寨管理层,各司其职管理全村的公共事务。这种"卡些卡列"组织构架,在拉祜族村寨存续了很长历史时期,直到受清朝实施土司制度、民国实施乡保甲制度、中华人民共和国的乡村基层组织的改造,这一组织构架才逐步被取而代之,但是它的文化遗存仍然影响着拉祜族村寨,现在仍然有少数的拉祜族村寨完整保留了这一组织构架,与村委会构成了平行的乡村

组织,共同负责村寨管理。

一年一度的原始民主选举制度,在避免权力固化而衍生的身份等级的同时,自然产生了"卡里斯玛"型人物的人格魅力。他们是村寨里最好的猎人、最勇敢的射手、最有影响力的组织者,随着年龄的增长,他们成为最有经验和最有发言权的长者。其他的三个职位的人("阿朵阿嘎"、铁匠"章力"、"摩八")都是专业技术人员,通晓某一方面的知识或掌握某一方面的技能,是村寨的知识精英,他们的特长需要长期积累和个性化领悟力,因此,在多数情况下,能担任这些职位的人也是年纪较长的人。因此,村寨领袖的角色和村寨长者、老人的角色是重合的,敬老与敬尊具有同一性。对自己父母的尊重推及村寨领袖而产生了由敬老向敬尊的发展。

但是,现代化进程中,拉祜族村寨的卡些也逐渐由年长者让位于年轻人,村主任、村支书通常是二十多岁或刚入而立之年的青年人担当,新型卡些与传统卡些已经在产生程序和影响力上有很大的不同,但是敬尊仪式仍然存续。它存续的原因是什么呢?正如我们前面提到,战争、失败、迁徙是拉祜族最为深刻悲壮的历史记忆,在迁徙流离中,头人的带领、群体的团结是至关重要的。但是,即便有优秀的部落首领的带领,分散的、小规模的部落也许能在险恶的自然环境中求得生存,却不能在族群纷争、大民族压迫小民族的社会环境中生存,他们需要借助一种外部力量来整合族群,凝聚族群。拉祜族万物有灵的多神信仰不能提供这样的社会功能,直到清朝中期,大乘佛教的传入,拉祜族获得了进行社会动员的力量,于是佛教在拉祜族地区迅速传播,拉祜族地区建立了四大佛教基地、五个佛教活动中心,形成了政教合一的组织形式,将原来分散的、松散的拉祜族部落联合起来,形成了有凝聚力的族群力量。清朝末期,因反抗清政府的统治,拉祜族遭到了清政府的围剿清洗,政教合一组织瓦解,拉祜族被迫再次向南迁徙,流落到缅甸等地。二十世纪初期,迁徙到缅甸的拉祜族首先接受了来自西方的基督教,基督教以缅甸景栋为中心,向中国境内扩散,形成了拉祜族的第二次宗改活动,宗教再次成为凝聚拉祜族的精神力量。

20世纪40年代末50年代初期,拉祜族的宗教组织在国民党残余势力裹挟下逃往境外。中华人民共和国新型乡村基层政治制度的建立,用集体化制度成功改造了传统村寨卡些制度,国家制度植入村寨卡些的社区管理之中。文化大革命期间基督教的取缔,进一步强化了具有国家代理人符号的卡些身份。20世纪80年代恢复拉祜族地区基督教信仰之后,社区宗教精英重新崭露头角,但是他们的社会影响与具有国家代理人特征的新型"卡些"相比,在社区影响力方面是大大弱化了。改革开放以后,特别是新农村建设以来,各种旨在促进农村发展和少数民族和民族地区发展的项目通过县、乡、村逐级向村寨社区传递并具体由"村干部"带领和主持在村寨实施相关项目,利益获得使拉祜族的国家认同得到强化,国家认同下的族群团结信念深入人心。这样的信念,从班利村村委会与基督教会之间的良好互动、配合关系上体现得十分清晰。①

由此可见,在国家制度建构下,地方基层政府代理人已经成为引导族群发展和社会整合的力量,由群众选举的"村干部"也因此烙上了国家的象征符号,"敬尊"便自然而然地成为广大拉祜族群众对代表国家的"村干部"和县政府领导们的合情合理的情感传递。

五、结语

总之,"敬老"之礼是拉祜族传统之礼,是鲜活地传承至今并不断被强化的文化礼俗,它属于一种非制度性"礼制"范畴,它通过年轻人在春节期间为老人行洗手之礼的仪式来表达。这些仪式之所以长期存在于拉祜族文化传统之中,是因为它具有重要的社会功能:在传统社会,由于老人是知识和经验拥有者,是历史文化的持有者,在艰难困苦的迁徙生活中,敬老意味着获得生存知识,保护个体和维护族群繁衍,因此,敬老之礼是生存需要而产生的文化。为了进行族群整合、凝聚群体力量、增强族群认同,拉祜族最初通过宗教的推动,使"敬老"之礼向"敬尊"之礼延展。中华人民共和国成立以后,在国家化进程中,拉祜族传统的村寨卡些制度在新型社会主义地方基层组织制度的建构下,拉祜族传统的村寨卡些制度向"村干部"制度体系转化,国家意识也随着国家促进少数民族和民族地区发展的各种政策的利益获得过程中"涓滴"到拉祜族群众内心之中,从而产生了以国家认同为前提的族群团结意识。给予"村干部"和各级"领导"以敬老之礼,正是边疆少数民族地区中的族群凝聚和国家认同的集体性仪式化表达。

---

① 在班利村,基督教会遵守国家宗教政策,积极拥护支持村委会的工作,村委会也一定程度上利用基督教会平台宣传党的方针政策。

中华传统礼制内在价值及其现代转换

汤勤福　葛金芳

自商周以来逐步成型并完善的中华传统礼制,已经走过3000余年的历史进程,时至今日,中华民族在本世纪中叶实现伟大复兴的愿景也已依稀在望。在这样一个时空坐标点上,人们不禁要问:从远古走来的中华传统礼制还有价值吗?还值得研究和借鉴吗?如果说中华传统礼制在追求国家长治久安和社会和谐有序的漫长进程中,曾经发挥过重要作用,那么,浸润着封建等级制度的中华传统礼制与现代社会生活能否对接?又如何对接?亦即古老的中华传统礼制和礼乐文明是否具有现代价值?又该如何适应现代社会呢?这注定是一场没有唯一答案的思想之旅。本文的种种追问和设想,也只是企望逐步接近历史真相和现实需要的一种有限努力。

一、中华传统礼制,今天仍有研究的必要吗?
——关于礼、礼制本质的历史追问

数千年来,中华传统礼制渗透到国人的一切生活领域,发挥着极其重要的作用与影响,扮演过各种角色。沧桑巨变,随着大清王朝的覆灭以及20世纪初期新文化运动对它的批判,中华传统礼制似乎走到了历史尽头,难以为继了。然而在社会生活和民间礼俗中,却顽强地保留着传统礼制的不少碎片和遗存。华裔学者余英时曾说,直到20世纪三四十年代的民国时期,广大乡村中"儒家文化虽已处于十分衰弱的状态,但仍然支配着日常的社会生活,一切人伦关系,从婚丧礼俗到岁时节庆,大体上都遵循着儒家的规范,而辅以佛、道两教的信仰与习行。"[①] 实际上时至今日,传统礼制

---

① 余英时:《中国思想传统及其现代变迁》,《余英时文集》(第二卷),桂林:广西师范大学出版社,2004年,第211页。

在民间日常生活中仍有广泛影响力。所以,如何正确认识中华传统礼制、重构它与现代生活的种种关联,古为今用之目的,是摆在我们面前的并是十分急迫的问题。

要解决这一问题,首先需要区分开礼、礼俗、礼仪与礼制。在我们看来,它们的区别是非常清楚的。自从世界上有了人,便有了人与人之间的交往,交往中需要有一定的规范(或称准则)。它最初不是一种制度,而是来自人们交往过程中被认可的一种原初习惯或说原始习俗。实际上,这种原初习惯(原始习俗)广泛地存在于世界各民族之中,有学者称为"原始礼仪"[1],其实可以称之为礼俗。人类生存离不开这种习惯与习俗的制约,久而久之,随着社会的发展而逐渐定型。当人类进入较高的文明阶段,出现了权力机构(如族群、族群联盟、国家),那么这种"原始礼俗"就会按照当时特定的社会状况而被仪式化、制度化,于是出现了礼制。所谓"礼成于俗"[2]便是指这种情况。礼制一体两面,从物质形式上说是礼仪,从精神内容上说是礼义,这也就是后世学者孜孜不倦地解读或归纳的"礼"之本质。

值得指出的是,不同民族进入文明社会后,根据不同关系,人们在交往中就必会形成一种必须遵循的行为规范与仪式,这种行为规范与仪式被视为"天经地义"的,它也就具有了"道德"[3]内涵。作为当时的权力机构(族

---

[1] 常金仓先生曾对原始礼仪的起源做过研究,认为"手势语言在狩猎活动中最初或者是为避免惊扰野兽,或出于某种禁忌使用的,久而久之,约定俗成,它就被编入礼典,转化为礼仪了"。氏著《穷变通久》,沈阳:辽宁人民出版社,1998年,第11页。常先生在第一章中大量引用了民族学、民俗学资料及文献资料来说明原始礼仪的产生并如何转化为礼仪,甚有启示价值。然遗憾的是,常先生未进一步去解说"礼的本质是什么的问题"。

[2] 甘怀真先生称:"探究礼的起源,有两条线索。一是讨论今人所谓的礼仪、礼制的发生流变。二是指'礼'字的语言符号的出现及其意义。就第一项而言,议论分歧。就第二项而言,礼源于祭祀当为定论。"甘先生是从王国维先生观点而来的,但"礼源于祭祀当为定论"恐怕也是一厢情愿,学界并非均认同此观点。在笔者看来,尽管祭祀也有原始习俗,乃至有某种"规范"的内涵,但它毕竟是一种比较后起事物,属于"观念形态",肯定不是礼之源头。甘先生观点可参见氏著《皇权、礼仪与经典诠释:中国古代政治史研究》,上海:华东师范大学出版社,2008年,第9—10页。

[3] 不同时代、不同区域有不同的道德观念,同时,"道德"观念的内涵也随着时代变迁而产生变化。王启发先生认为:"人的本质属性在于人的社会性,人的社会性通过人的实践活动而获得自觉,并随着历史的演进而得到强化和完善。人的行为,无论是个体的还是群体的,都必须遵从一定的社会法则……正是这种社会法则维系着人类赖以存在和延续的社会秩序。这种社会法则在中国古代就被称为'礼'。"《礼学思想体系探源》,郑州:中州古籍出版社,2005年,第1页。礼有道德属性自然没有问题,但王先生强调"礼的道德属性即所谓'礼义'","礼的道德属性则是人类最原初的情感生活的理性化的最初反映"这一说法恐怕过当,因为道德绝对不是人类最初阶段产生的,而人们"规范与交往准则"肯定早于道德的产生。王先生观点参见氏著第51页。

群、族群联盟,乃至国家)便会用"法律"的手段来确认它,要求人们遵循它,于是就成为制度。

学者们在研讨中国古代礼制时提出过许多有关礼之本质的观点。如杨志刚先生认为礼的"根本性质"有四点,即规范与准则、修养和文明的象征、社会控制的手段、秩序。① 实际上,这将原始之"礼"与后世产生的制度性之"礼"混淆在一起了。② 但无论原初之礼还是后世制度之礼,无论是中华之礼还是域外其他民族(国家)之礼,抽象其本质,便是人与人(民族与民族、国家与国家)交往时的规范与准则。归纳出礼之本质极为重要,因为这既有助于解决中华传统礼制的许多相关的重大问题,也可了解中国古代诸族乃至现代东西方之"礼"为何会具有融通性③这一关键问题。

如上所述,进入较高文明社会后,无论古今中外,每个国家、每个民族都会根据自己认定的道德标准而制订一套礼仪规则(礼制),它规定着如下两个方面:(一)人际交往、社会集团之间交往的行为规范与交往准则,(二)作为个体的人在交往网络中所应坚守的"道德"标准。在我们看来,任何一个社会要能正常维系、有序运行和生存发展,都必须依赖三种基本的调节力量,这就是市场、法治和伦理道德。大致而言,市场通过价格信号和价值规律主要调节利益关系,法治通过法律条文和规章制度主要调节社会关系,伦理道德通过价值理念和行为操守主要调节人际关系。当然这三种调节力量在现实生活中是相互渗透、配合和交叉发挥作用的,缺一不可。这是一个社会能够有序运行的基本条件。只有市场调节、法治调节,而无伦理道德调节的社会,无论古代现代、域内域外都是不可想象的。就古代中国而言,伦理道德调节的体现便是遵循礼制。

事实上,以儒家伦理为底色的中华传统礼制,在源远流长的中华文明之形成和发展过程中,的确发挥过不容忽视的重要作用。按照德国哲学家雅斯贝斯的说法,早在公元前5世纪前后人类文明之"轴心时代"(Axial Age),"人类的精神基础同时或独立地在中国、印度、波斯、巴基斯坦和希腊开始奠基。而且直到今天,人类仍然附着在这个基础之上。"④ 公元前5

---

① 杨志刚:《中国礼仪制度研究》,上海:华东师范大学出版社,2001年,第20页。许多学者持类似观点。

② 上述王启发先生的观点亦出现这一问题。

③ 不同民族、不同国家之礼具有融通性,这是不争的事实。如上世纪二三十年代,在上海、天津等城市中出现西式婚礼,也被相当一部分人认可,而当今中国的婚礼早已融入许多西方礼仪形式,并被广泛认可。

④ 雅斯贝斯:《人的历史》,载田汝康、金重远选编《历代西方史学流派文选》,上海:上海人民出版社,1982年,第40页。

世纪前后的中国，正处在春秋战国时代，也就是孔子创立儒家学派的时期，即以儒家学说为基础的中华传统礼制开始成型的时代。成书于战国晚期的《礼记·乐记》，即将礼、乐与刑、政的合一视为理想政体：

> 礼节民心，乐和民生，政以行之，刑以防之。礼乐刑政四达而不悖，则王道备矣。

显而易见，这是伦理与政治同体合一的思维进路，其经典的表述就是"内圣外王"。统治者必须首先加强自身的道德修养，成就"圣贤气象"，由此才能负起治国理政的责任。所以《大学》要求："自天子至于庶人，一是皆以修身为本。"而衡量道德高低的一个重要标准，甚至是唯一标准，就是从治民理政、词讼办案到处理各种人际关系，都必须合乎礼制，正如《礼记·曲礼》所说：

> 道德仁义，非礼不成；教训正俗，非礼不备；分争辩讼，非礼不决；君臣、上下、父子、兄弟，非礼不定；宦学事师，非礼不亲；班朝治军，莅官行法，非礼威严不行；祷祠、祭祀、供给鬼神，非礼不诚不庄……是故圣人作，为礼以教人。使人以有礼，知自别于禽兽。

这种以教化为施政，以施政行教化的国家治理模式，可以说从先秦一直延续到晚清时期，成为中华民族政治思维的最大特色。而在此种政治思维下形成的"礼法并行""王道仁政"的施政模式，在维护大一统局面和调节社会关系等方面，确曾在历史上收到过明显效果。

然而19世纪中叶以来，面临西方文化咄咄逼人之势，儒家伦理支撑下的"礼法并行"的施政模式，连同礼制本身，受到前所未有的巨大挑战，日渐陷入极为尴尬的境地。

儒家伦理的威风扫地和中华传统礼制的整体塌陷，其根本原因不是来自各方面的持续批判，而是在于自身的原因：因为以儒家伦理为基础的中国传统礼制是以小农经济为基石的，而当西方列强用坚船利炮打开中国大门之时，创造过辉煌成就的中华农业文明已经远远落后于西方工商业文明。那种曾经神圣无比的、基于农业文明之上的传统礼制连同礼教、礼俗，不免与数千年来的"朕即国家""乾纲独揽"的专制君主体制纠缠纽结，其受到严厉批判并日趋衰落也是势所当然。历朝历代用政教相维、纲常名教等说教来维护统治阶级的利益，打造成一套以礼制为核心的精致无比的社会控制体系,将礼教天理化、礼制法条化、礼仪模式化,最终成为禁锢臣民思想、束缚百姓手脚的枷锁和镣铐。因此自20世纪初的"新文化运动"和"五四运动"以来,从陈独秀、李大钊到胡适、鲁迅等先知先觉者,纷纷将批判的矛头对准"君臣父子""三纲五常"之类意识形态说教,横扫君尊臣卑、官尊民卑、绝对服从等背离普遍人性的片面规制,显然具有不言而喻的历史正当性。

但是我们同时也必须摈弃两极化的思维模式和情绪化的非理性处置。就传统礼制而言,其中的封建质核必须批判,体现封建等级制度的种种繁琐的礼仪形式应该摈弃,专制皇权对礼制的滥用更应清算。时过境迁,旧桃新符,我们对此既不必惋惜,更无需恢复,但是,中华传统礼制并非仅仅只有糟粕,它仍然闪烁着人文主义的精华。王家范先生对历史文化和中华传统礼制中的共时性精华与历时性规定有过很好的区分:

> 文化实际上有两大种,一种是最能凸现中国对人类文化恒久追求的普遍性价值有所贡献的部分,属于有中国特色的东西,且具有共时性。这就是钱穆反复申说"历史生原"和"生命气脉"。另一种是随时而进,与特定时段的社会需要相适应的部分,属于历时性的东西,必有兴衰更迭。例如特定的"礼",是具历时性的,会随社会变迁而新旧更迭,但古贤所谓"礼"之内在精神为"和",却具共时性,不会因社会变迁而失却其价值,意思同西人说的"社会整合"也可沟通。[①]

中华传统礼制具有恒久价值,当然不止"和"这一项,但王先生所说的"具有共时性"的"最能凸现中国对人类文化恒久追求的普遍性价值有所贡献的部分",值得我们认真思索并努力发掘之。众所周知,在中国传统社会中,礼是沟通天人的仪式,是贵族等级的标识;同时,礼又是乡里社会的规范,为人立身处世的道德准则。在这个意义上,遵礼行礼可以说是中国人的一种生活方式乃至是生存原则。上至国家典章制度,中到社会礼俗和民间风尚,下及家庭伦理和行为规范,无不或多或少地体现了儒家礼制的种种影响,留存着道德的烙印,讲求社会的和谐关系。因此可以说,"从长远的历史观点看,儒家的最大贡献在为传统的政治、社会秩序提供了一个稳定的精神基础。"[②]因为中华先民并不只是讲究礼仪"进退周旋,威仪抑抑"

[①] 王家范:《中国历史通论》(增订本)"绪言"部分,北京:生活·读书·新知三联书店,2012年,第13页。

[②] 余英时:《中国思想传统及其现代变迁》,《余英时文集》,第130页。

的外在形式,而且更加注重探求礼仪的内在精神实质①,此即《礼记·郊特牲》所说的"礼之所尊,尊其义也"。所谓尊其"义",就是追求道德境界、强调道德践履。孔子称颂那些能够修身立德、行礼律己、道德高尚的前代圣贤,反复强调"不学礼,无以立"。坚持知礼行礼、知行合一,追求高尚的道德境界,体现了中华先民的主流价值观。中华传统礼制注重道德修养与道德实践,强调知行合一,这使它起到了塑造道德人格、促进社会和谐稳定的重要作用。②在我们看来,讲究礼仪、讲求礼义即是中国人之所以为中国人的内在特质之一。尽管作为制度规范的传统礼制已经解体,但作为精神追求的礼义却不会随之泯灭,它以礼仪、礼俗等形式顽强地存活在国人的日常生活和行为规范之中。我们看到,在当下社会生活中,面对日趋丰富的生活样式和更加多元的价值取向,从漫长历史中走来的传统礼仪及其礼义正在发生深刻变化,但中国人在日常生活中对礼仪和礼义的精神追求却从未停息,也不会停息。

如果放宽视野,即可看到世界上各个民族共同体都有对礼仪、礼节、礼俗的追求和向往。这是因为人类社会的运行和延续需要一定的秩序来维持,而这些秩序的形成和维系除了依赖硬性的法律条文外,在更多的场合则是要靠软性的伦理道德来维系。在实际生活中,通常表现为约定俗成的社会规范和准则。所以在多数场合中,作为社会成员的个人,往往不是从奖惩角度,而是从动机、德性、良知角度来考虑自己行为的正当性的。价值观念的外化主要体现在人们如何对待自己、如何对待他人和如何对待自然界这里三个向度上。正如龙应台在《文化是什么》中所说的那样:"在一个文化厚实深沉的社会里,人懂得尊重自己——他不苟且,因为不苟且,所以有品位;他懂得尊重别人——他不霸道,因为不霸道所以有道德;人懂得尊重自然——他不掠夺,因为不掠夺,所以有永续的智能",而"品位、道德、智能,是文化积累的总和。"③在这个意义上,礼体现为对自己和他人的尊重,也就是中华传统礼制中一以贯之的"敬"。这种"敬",经过耳濡目染和代代相传,成为人们对心中理想的守望和期盼,发挥着抚平内心躁动、增加社会和谐和提升人类文明程度的功效。所以,世界上各个国家、民族和社会共同体都有自己的礼俗和礼仪;并且在礼俗和礼仪的背后,都有一套价值观的支撑。无论古今中外,概莫能外。

---

① 孔子说:"礼云礼云,玉帛云乎哉!乐云乐云,钟鼓云乎哉!"显然,从以儒家思想为基石的中华传统礼制自诞生之日起就关注其精神实质。
② 汤勤福:《中华礼制变迁的现代启示》,《人民日报》2016年3月25日。
③ 《南方周末》2015年3月11日。

就中国而言,中华传统礼制连同礼制规范早已融化在中国人的血液之中,礼制、礼仪连同其背后的礼义诉求也早已内化为国人性格的重要组成部分。进而言之,绵延数千年的中华传统礼制可以视为中华民族在长期生存过程中形成的文化深层结构。这种深层结构的意义在于,今天的人们在日常生活中自觉不自觉地接受着一种约定俗成的思维习惯和价值态度而并不自知!所以我们认为,从远古走来的中华传统礼制及其作为支撑结构的儒家思想仍有其不可磨灭的恒久价值,值得花大力气去研究和发掘。

二、中华传统礼制是否具有值得继承发扬的内蕴价值?
——关于中华传统礼制现代价值的现实叩问

当今中国挟30余年改革开放的强劲东风,正在奔向本世纪中期实现中华民族伟大复兴的宏伟目标。在此过程中,经济、军事等硬实力的加强固然重要,与此同时,凝聚力、软实力的提升更是不可或缺。经数千年积淀而形成的中华传统礼制,若从消极方面说,或许是沉重的包袱;若从积极方面说,也可以成为创新的资源。这是因为"中华文明延绵数千年,有其独特的价值体系。中华民族优秀文化已经成为中华民族的基因,根植在中国人内心,潜移默化影响着中国人的思维方式和行为方式"[1],"我们生而为中国人,最根本的是我们有中国人的独特精神世界,有百姓用而不觉的价值观。我们提倡的社会主义核心价值观,就充分体现了对中华优秀传统文化的传承和升华。"[2]

域外学者对中华文明的最新观察可以美国政要兼学者基辛格为代表,他说:"中国是独一无二的,没有哪个国家享有如此悠久的连绵不断的文明"[3],中国"每次改朝换代后,新朝均沿袭前朝的治国方法,再次恢复连续性。中华文化的精髓历经战祸考验,终得以延续。"[4]

域外学者的论述,应当引起我们的思考:什么是"中华文化的精髓"?怎样才能使它"得以延续"?就中华传统礼制而言,我们作何判断?其实,能够传承数千年之中华礼制,必然蕴含着中华先民的生命经验和生活智慧。这种经验和智慧的深厚积累之核心,就是一个"仁"字。礼仪是中华

---

[1] 习近平:《习近平谈治国理政》,北京:外文出版社,2014年,第170页。
[2] 习近平:《习近平谈治国理政》,第171页。
[3] 亨利·基辛格:《论中国》,"前言"XII,胡利平等译,北京:中信出版社,2012年。
[4] 基辛格:《论中国》,第3页。

先民尊崇的生活方式,礼义是中华先民追求的精神价值。①所以孔子并不看重玉帛、钟鼓这些礼制的外在表现形式,而是要求认真体会礼制设置的精神实质。这个精神实质就是"仁",即他所强调的"人而不仁,如礼何？人而不仁,如乐何？"②"礼"(包括乐)是用来体现"仁"的工具和手段,"仁"是施行礼制形式的目的和价值。人们应该在习礼、行礼的具体实践中去体会、领略"仁"的精神所在。以"仁"为核心的生命经验和生活智慧,是中华先民在数千年的历史行程中历经风雨淘洗而沉淀下来的宝贵财富,岂能轻言弃之？古人曾以"仁义礼智信"为"五常","仁"居其首,其中必然蕴含着今天值得挖掘、继承和发扬的多方面价值。举其荦荦大者,略述如下：

第一,"仁者爱人"：德治主义仁政对于社会公德的借鉴意义。

在德治主义仁政的政治模式中,统治阶级及其代表人物获得执政资格的首要条件,就是自身必须具有很高的道德修养,方能获得被统治者的认同和拥护："为政以德,譬如北辰,居其所而众星拱之。"③然后才能要求老百姓也遵守一定的道德规范："道之以德,齐之以礼,(民)有耻且格。"④这就是说,要使老百姓的一切行为符合法律条文的规定并有廉耻心,是以执政者的"为政以德"为前提的。在孔子看来,一个威权横行、规则淆乱、说谎成风、贪腐频发的环境中,老百姓不可能够独善其身,守纪遵法。此乃古今一理、中外皆同之大规律。因此他说："恭则不侮,宽则得众,信则人任焉,敏则有功,惠则足以使人。"又说："能行五者于天下,为仁矣。"⑤概而言之,这五项统治者必备的施政技能便是庄重、宽容、诚信、勤勉及惠人,这就是德治主义仁政的五项特质。《国语》载周定王八年刘康公聘于鲁归,定王问鲁大夫孰贤,康公答："宽肃宣惠,君也。敬恪恭俭,臣也。宽所以保本也,肃所以济时也,宣所以教施也,惠所以和民也。本有保则必固,时动而济,则无败功,教施而宣则徧,惠以和民则阜。若本固而功成,施徧而民阜,乃可以长保民矣,其何事不彻？"⑥此说大致与孔子相同。所以古人有言："礼义修明,则君子怀之。故礼及身而行修,礼及国而政明。能以礼扶身,则贵名自扬,天下顺焉,令行禁止,而王者之事毕矣。"⑦当然,这些德治主

---

① 葛金芳：《中华礼制内在凝聚力的学理资源及其现实挑战》,《中原文化研究》2014 年第 4 期；又见《新华文摘》2014 年第 21 期。
② 刘宝楠：《论语正义》卷三《八佾》,北京：中华书局,1990 年,第 81 页。
③ 刘宝楠：《论语正义》卷二《为政》,第 67 页。
④ 刘宝楠：《论语正义》卷二《为政》,第 41 页。
⑤ 刘宝楠：《论语正义》卷二〇《阳货》,第 683 页。
⑥ 徐元诰：《国语集释·鲁语上》,北京：中华书局,2002 年,第 69—70 页。
⑦ 许维遹校释：《韩诗外传集释》卷五,北京：中华书局,1980 年,第 191 页。

仁政的特质,需要道德的支撑,在严格的规范下施政,其根本目的就是要达到"博施于民而能济众"①的理想境界。孟子继承了孔子的仁政观念,他更为强调以民为本,甚至说过"民为贵,社稷次之,君为轻"②。孟子对"施仁政于民"有过明确解释:"王如施仁政於民,省刑罚,薄税敛,深耕易耨;壮者以暇日修其孝悌忠信,入以事其父兄,出以事其长上。"③因为"万乘之国行仁政,民之悦之,犹解倒悬"④。这种"亲亲而仁民,仁民而爱物"⑤的施政方式,即是获得人民全力拥戴的前提条件,更可起到"制梃以挞秦、楚之坚甲利兵"⑥的强国御敌的作用⑦。荀子则进一步提出"从道不从君,从义不从父,人之大行"⑧的道德原则。显然,以孔孟等儒家前辈思想建构起来的中华传统礼制,深刻地印上了德治主义原则的胎记。

若从源头即社会土壤而言,这种理念原本是先秦族群社会普遍存在的血缘亲情关系的天然反映,具有历史正当性。这种以家庭、家族、宗族为基本组织的族群社会被当代新儒家的代表人物杜维明称为"熟人共同体"。有学者认为,西周的宗法共同体就是以小共同体为特征的族群"封建"体制。在这样的"族群"社会中,"由天生的血缘亲情推出人性本善,由伦理上的长幼尊卑推出一种'人各亲其亲、长其长,则天下太平'的政治秩序。"⑨这也是费孝通在《江村经济》中所说的"差序格局"。在这种基于血缘关系的小共同体中,由长者(族长)主导的权利义务之间的关系,表现为权和责相统一,即"父慈、子孝,兄良、弟弟,夫义、妇听,长惠、幼顺,君仁、臣忠"⑩。显然,这是一种对君臣父子双方都有约束力的权利义务关系,不是专制主义暴政而是德治主义仁政思想,是德治、仁政与民本紧密结合的产物。因此,"君君、臣臣,父父、子子"的原初含义是君要像个君,臣要像个臣;父要像个父,子要像个子,各安其位,各行其责。所以,从原生儒家的君权、父权中推不出后世"三纲五常"中绝对专制的理念来。显而易见,德

---

① 刘宝楠:《论语正义》卷七《雍也》,第284页。
② 焦循:《孟子正义》卷二八《尽心下》,北京:中华书局,1987年,第973页。
③ 焦循:《孟子正义》卷二《梁惠王上》,第66—67页。
④ 焦循:《孟子正义》卷六《公孙丑上》,第186页。
⑤ 焦循:《孟子正义》卷二七《尽心上》,第949页。
⑥ 焦循:《孟子正义》卷二《梁惠王上》,第67页。
⑦ 被清人列入"伪古文尚书"的《五子之歌》中有"民惟邦本,本固邦宁",这种思想来源当很早,上引周定王八年刘康公之语也提及"本固""事彻(彻,成也)"。孔安国传、孔颖达正义:《尚书正义》卷七《五子之歌》,上海:上海古籍出版社,2007年,第264页。
⑧ 王先谦:《荀子集解》卷二〇《子道》,北京:中华书局,1988年,第529页。
⑨ 秦晖:《传统十论》,上海:复旦大学出版社,2003年,第172页。
⑩ 孙希旦:《礼记集解》卷二二《礼运》,第606—607页。

治主义仁政推导出的民本思想,以及"恭""宽""信""敏""惠"等思想资源,对于今天的社会公德的提升,对各种从业人员而言,肯定具有建设性的借鉴意义。

第二,"内圣外王":伦理本位的中华传统礼制是弘扬社会主义核心价值观的深厚资源。

如果我们转换一下视角,将内圣视为人的道德修养境界,将外王视为国家强盛,那么,"内圣外王"这一古典模式在今天仍有一定的借鉴价值。

若就基本色彩而言,浸润于中华传统礼制中的主要是儒家伦理。正是以儒家伦理为主体的中华传统伦理之延绵发展,为中国赢得了"文明古国"的历史荣耀。以孔孟为代表的儒家伦理,从"仁者爱人""克己复礼"之思想立意出发,构建出一套以温煦的家庭人伦为核心的道德要求,并外推到政治伦理领域,构建出"内圣外王"的理想模式,通过修身、齐家、治国、平天下等一系列环节的推进,把个人美德伦理和政治责任伦理,整合为一个自足的逻辑体系,希望每个社会成员都能达到"穷则独善其身,达则兼济天下"之道德境界。在孔孟所处的列国争霸、"杀人盈野"的春秋战国时代,这种温文尔雅的道义逻辑不免到处碰壁,屡遭拒斥,但在建设市场经济与和谐社会的当今中国,其中的精义与社会主义核心价值观颇有重叠吻合的部分。

例如"天下兴亡、匹夫有责"的家国情怀与责任意识,与"富强""爱国"等观念一脉相承。"人而无信,不知其可也"[1]的诚信意识,与市场经济的"诚信"为本和契约精神不谋而合。"不义而富且贵,于我如浮云"[2]的道德自律和规矩意识,与"公正""法治"之理念遥相呼应。"朝闻道,夕死可矣"的超越性追求,对于科学探索精神和创新意识的培养大有助益。"极高明而道中庸",秉持允当适度、不偏不倚的处事原则,可以疗治非此即彼的两极化思维,与现代社会的多元文化并存共荣、相互匹配。"己所不欲,勿施于人"[3],"己欲达而达人,己欲立而立人"[4],与"诚信""友善"等规范性要求息息相通。"君子之事亲孝,故忠可移于君",这种从内在德性演化为政治伦理的观点,也能与现代社会培养爱家爱国人才切合。概而言之,中华传统礼制的这些宝贵遗产,既具备现代化的潜质,又与人类所认可的价值息息相通。

---

[1] 刘宝楠:《论语正义》卷二《为政》,第67页。
[2] 刘宝楠:《论语正义》卷八《述而》,第267页。
[3] 刘宝楠:《论语正义》卷一五《颜渊》,第485页。
[4] 刘宝楠:《论语正义》卷七《雍也》,第249页。

第三,寻根认祖,增强民族认同,提高民族自信心,是弘扬礼制现代价值的重要途径。

近年来,随着我国综合国力的强盛,中华民族在世界上的地位有了明显提高,许多在大陆之外生活的华人、华裔回乡寻根认祖十分普遍。尤其是每年炎、黄祭典,吸引着众多海外华人、华裔来朝拜自己的祖先。其实,中华传统礼制本身就有这种祭祖归宗的传统,作为个人、个体家庭或家族要祭祖归宗,而作为中华民族则极为重视对炎黄的祭祀。炎帝又称为神农氏,据传他创制耒耜、教民种五谷、治麻为布、制作陶器,等等,因此,炎帝与黄帝被共同尊奉为中华民族人文初祖,是中华民族的奠基者。中国自古以农立国,因此"亲祀神农"①成为统治者礼敬祖先、宣示正统的极为重要内容。尽管我们目前无法知晓炎黄祭祀始于何时,然据《国语》载:"有虞氏禘黄帝而祖颛顼,郊尧而宗舜。夏后氏禘黄帝而祖颛顼,郊鲧而宗禹。商人禘喾而祖契,郊冥而宗汤。周人禘喾而郊稷,祖文王而宗武王。幕,能帅颛顼者也,有虞氏报焉……凡禘、郊、祖、宗、报,此五者,国之典祀也"②,《太平御览》也称:"汲郡家中竹书言:'黄帝既仙去,其臣有左彻者,削木为黄帝之像,帅诸侯朝奉之。'"③显然,祭祀炎黄作为国家祀典起源甚早。实际上,这一祀典之所以历代均奉行不辍,是因为它起到了民族认同、宣示政权合法性的重要作用。

"炎黄"作为中华民族的一个认同标识,历代以中华为国者都自动归宗认祖,即使是少数民族统治者也不例外。东晋十六国时,北方少数民族进入中原,创立国家,有不少声称是炎黄子孙。慕容廆本为鲜卑族,其子慕容皝创立前燕,自认"其先有熊氏之苗裔"④,前秦皇帝苻坚也自称"其先盖有扈氏之苗裔"⑤,是中华正统苗裔。南北朝时,建立北魏的鲜卑族自述"昌意少子,受封北土,国有大鲜卑山,因以为号"⑥,建立

---

① 《旧唐书》卷二四《礼仪志四》,北京:中华书局,1975年,第913页。
② 徐元诰:《国语集释·鲁语上》,第159—161页。
③ 李昉等:《太平御览》卷七九《皇王部四》,北京:中华书局,1986年影印本,第370页。
④ 《晋书》卷一〇八《载记八》,北京:中华书局1974年,第2803页。有熊氏为黄帝之族,据《史记》卷一《五帝本纪》,《正义》云:"黄帝有熊国君,乃少典国君之次子,号曰有熊氏,又曰缙云氏,又曰帝鸿氏,亦曰帝轩氏。"北京:中华书局,1959年,第2页。王国维校:《水经注校》卷二二上《洧水》:"或言(新郑)县,故有熊氏之墟,黄帝之所都也。"上海:上海人民出版社,1984年,第703页。
⑤ 李昉等:《太平御览》卷一二一《偏霸部五》引崔鸿《十六国春秋·前秦录》,第585页。《史记》卷二《夏本纪》"太史公曰":"禹为姒姓,其后分封,用国为姓,故有夏后氏、有扈氏、有男氏、斟寻氏、彤城氏、褒氏、费氏、杞氏、缯氏、辛氏、冥氏、斟戈氏。"第89页。
⑥ 《魏书》卷一《序纪》,北京:中华书局,1974年,第1页。《史记》卷一《五帝本纪》:"颛顼之父曰昌意,昌意之父曰黄帝"。第49页。

北周王朝的宇文泰声称"其先出自炎帝神农氏"①。而与宋并立的辽朝,也自称"辽之先,出自炎帝,世为审吉国"②。无需追究这些少数民族统治自述世系是否确切,但他们建立王朝后之所以如此声称,其实质是对"中华民族"的认同。实际上,中华民族也正是在各族的交往、交融中成长起来的。

如果说炎黄祭祀是寻中华民族之根,那么祭祀先圣先师的释奠礼则是寻中华传统文化之根。据《礼记》:"凡学,春官释奠于其先师,秋冬亦如之。凡始立学者,必释奠于先圣、先师。"③最初释奠祭祀的是学行造诣高的人,并非祭奠儒家创始人孔子。到汉高祖十二年十一月,刘邦"行自淮南还。过鲁,以大牢祠孔子"④,开启了以太牢祭祀孔子的先河,此后释奠便以祭祀孔子及其他儒家学者为准。孔子是中国乃至是世界上最伟大的学者之一,他创立的儒家思想在中国古代有着极其重要的地位,因此后世祭祀孔子的释奠礼实际上是对中华文化的认同与宣扬。当今不少海外华人、华裔到曲阜参与祭孔,确实有认同中华传统文化的意味,因此这种祀典同样也能起到团结海外华人、华裔的作用。

至于儒家伦理中较为缺乏的自由、法治、人权等现代社会所必备的理念,在深化改革、扩大开放的过程中,在建立完善的社会主义市场经济和民主政治的实践中,自会一点一滴地生长起来,我们对此当有信心。因为建立社会主义核心价值观的指导思想是马克思主义。马克思、恩格斯的《共产党宣言》中明确宣示,共产主义社会"是自由人的联合体","在那里,每个人的自由发展是所有人的自由发展的条件"。⑤这是马克思主义创始人对自由理念的认同。中共"十五大"提出"依法治国"的理念,"十八大"强调的"四个全面"战略思想,又将"全面依法治国"包蕴其中。这是执政党对现今法制的认同。党和国家领导人多次宣示:"我们将大力推动经济社会发展,依法保障人民享有自由民主和人权,实现社会公平正义,使13亿中国人民过上幸福生活。"⑥这是对民主与人权理念的认同。所以,在社会主义核心价值观中,已经鲜明地标示了民主、法治、自由、平等这些理念的当代价值。

---

① 《周书》卷一《太祖纪》,北京:中华书局,1971年,第1页。
② 《辽史》卷二《太祖纪下·赞》,北京:中华书局,1974年,第24页。
③ 孙希旦:《礼记集解》卷二〇《文王世子》,第560页。
④ 《汉书》卷一下《高帝纪下》,北京:中华书局,1964年,第76页。
⑤ 《马克思恩格斯选集》(第1卷),北京:人民出版社,1995年,第294页。
⑥ 胡锦涛2006年在美国耶鲁大学的演讲。

三、中华传统礼制的现代性转换
——寻求中华传统礼制的新生机制

可以肯定的是,积淀深厚的中华传统礼制和礼乐文明是构建社会主义核心价值的丰富资源,但又不是拿来就能用的,更不能滥用,必须经过现代性转换这个重要环节。正确的态度亦即科学的态度,应当是摈弃文化虚骄和文化自卑这种两极化思维,既充分肯定以儒家文明为核心的东亚智慧创造出辉煌灿烂之古典文明的历史事实,更要认真探讨儒家文明和东亚智慧未能顺利导出现代文明的内在缘由。也就是说,中华传统礼制之现代价值的发展与弘扬,必须经过现代性转换这个环节。只有在现代性这个时空坐标中守望本土传统,同时又以现代性为标准审视、转换并汲取古典文化精义,然后才有可能使中华传统礼制在新的时代条件下重获新生!我们认为,中华传统礼制现代性转换应抓住如下几个环节:

首先,中华传统礼制重获新生的首要条件是与君主官僚政体和专制权力做彻底剥离,使之成为一种更为纯粹的学理阐述和伦理规范,而非宰制性的意识形态说教。

如前所述,礼之本质便是人与人(民族与民族、国家与国家)交往时的规范与准则。就其本质而言,它是可能而且可以为现代社会服务的。然而我们也非常清楚,以儒家思想为基础的中华传统礼制,是农业文明的产物,而农业文明土壤上生长出来的传统礼制,连同礼教礼俗,在长时期中又被历代王朝的统治者用作压制臣民、维系一姓之天下的施政工具,例如"三纲五常""三从四德""君尊臣卑""官尊民卑""存天理、灭人欲"等教条成为主宰民众的思想意识。这是自20世纪初"新文化运动"和"五四运动"以来,从陈独秀、李大钊到胡适、鲁迅纷纷批判封建礼教之正当性所在。作为中国文化的先知先觉者,他们对封建礼教的激烈批判和深刻揭露,成为推动中国走出中世纪的重要助力,有助于民族觉醒和社会进步。因此,如果不将二千余年来专制政体加在传统礼制身上的压制人性的种种规范做一番细致而恰当的剥离,对中华传统礼制作一番解构,那么它所具有的中国智慧之伦理精神和道德理想就不可能在当下发挥其正面的构建作用。因为今天的中国社会从整体上看已经跨入现代工业化社会的门槛,经济市场化、政治民主化、文化多元化是最为基本的社会现实,今天的人们自然应当自觉破除传统礼制所内蕴的意识形态迷障,与权力、专制做彻底切割,回归理性,回归礼之本质,进而融入社会各阶层的日常生活中去。只有如此,中华传统礼制才能真正起到提升道德修养、融洽现代人际关系、增进社会和谐等功效。反之,不能与中华传统礼制的封建质核彻底决裂,而企望利用它来重新塑造国人道德,那不过是盲人骑瞎马而已。

其次,就中华传统礼制的立足基点来看,应当实现从共同体本位向个人本位转型。

共同体有大小之分。就中国而言,小共同体是指家庭、家族、宗族等人数有限的共同体,也被称为"熟人共同体";"大共同体"是指以民族、国家为单位的社会群体组织,也被称为"陌生人共同体"。在孔孟所处的先秦时期,儒家伦理提供的是以小共同体为本位的道德诉求和行为规范,亦即要求个人行为规范符合小共同体的利益诉求。到了600年后的汉代中叶,汉武帝采纳董仲舒《天人三策》、"独尊儒术"之后,儒家礼制又逐渐被改造为以国家为本位的规制体系,要求个人行为规范符合国家这个大共同体的利益诉求。有学者指出:儒家的正义观"来自于个人的自我观照与深刻的道德意识,它意味着一种超乎一般的正义准则之上的人生准则,是一种个人的而非社会的道德标准。"① 亦即儒家思想是以大、小共同体为本位,向其成员提出一套规范性要求,抹杀了个人合理的诉求与利益。而当代伦理则强调在不违背社会公德的前提下,同时注重公民以个人权利、自由、尊严等价值和利益为基点,向社会提出多种正当诉求,要求社会制度设计和基本结构的安排为个人价值的实现提供条件和保证。② 实际上,在现代性视野中,每个公民的尊严、自由和价值就是国家的尊严、自由和价值。换言之,国家在保障每个公民的尊严、自由和价值的基础上,必将赢得自身的尊严、自由和价值,实现整体文明程度的提高。

其三,从中华传统礼制的形态特征来看,应当实现从贵贱有别的差序格局向以独立、平等为核心特征的公民伦理转型。

在古代中国,无论是家族本位的小共同体,还是国家本位的大共同体,其共同特征是等级分明的"差序格局"。先秦有所谓"天有十日,人有十等。下所以事上,上所以共神也"③ 之说,孔子也强调:"民在鼎矣,何以尊贵?……贵贱无序,何以为国?"④ 董仲舒强调:"贵贵尊贤,而明别上下之伦,使教亟行,使化易成,为治为之也。"⑤《朱子语类》载黄义刚问"夷狄之

---

① 唐士其:《儒家学说与正义观念——兼论与西方思想的比较》,《国家政治研究》2003年第4期。
② 参见柳平生《当代马克思主义经济正义理论及其实践价值》,北京:社会科学文献出版社,2005年,第5—6页。
③ 杨伯峻:《春秋左传注》昭公七年,北京:中华书局,1981年,第1284页。
④ 杨伯峻:《春秋左传注》昭公二十九年,第1504页。
⑤ 董仲舒著,苏舆义证:《春秋繁露义证》卷八《度制》,北京:中华书局,1992年,第232页。

有君"一章,朱熹回答:"只是一意。皆是说上下僭乱,不能尽君臣之道,如无君也。"① 显而易见,从先秦以来的数千年中,从原生儒家到宋明新儒家,他们主张并信服差序格局与等级伦理,而差序格局与等级伦理是培养不出现代公民道德的。因为现代伦理以平等为首要原则,"自启蒙运动以降的数百年中,人类社会逐步形成的价值共识是,每一个个体,无论是贫是富,品德好坏,地位高低,都具有与他人相等的价值,都应受到相等的待遇,享受同等的权利。"② 虽然儒家伦理中包含着丰富深厚的私德资源,但很少包含公民、公民社会和公民伦理等现代因素。如要成为现代社会共同生活之准则依据,必须摈弃差序格局与等级伦理,通过现代性转化来缩短这个时空差距。唯一可行的做法是,必须引入以"公民"权利为核心的现代价值理念。反过来说,以"公民"权利为核心的现代价值理念,也只有在中华传统礼制这个基盘之上,才有可能逐步生长、茁壮起来,才能培养出符合现代社会的公民道德。由于以"公民"权利为核心的价值理念最早产生于率先进入现代社会的西方世界,这就涉及到如何正确借鉴、汲取域外文明之精华的问题了。

其四,以充满自信的姿态与域外文明交流互鉴,是中华传统礼制充实丰富其当代形态的关键环节。

经过数千年岁月的无情淘洗,有不少文明已经消失在历史尘霭之中,但当代世界仍然是一个多元文明的格局。每一个经历了岁月淘洗的文明,均有其独特的存在理由和价值担当。中华文明和当代世界各大文明一样,既然能够历经数千年的淘洗而存在到今天,必然有其独特的坚守和独到的价值。与此同时也必须看到,自世界进入近代社会以来的数百年间,中华民族已经落后于世界前进的步伐。晚清士人冯桂芬(1809—1874)在1861年就已经指出,中西之间存在着巨大差距:"人无弃材不如夷,地无遗利不如夷,君民不隔不如夷,名实不符不如夷,船坚炮利不如夷,有进无退不如夷。"③ 当然他对中华民族并未丧失信心,力主正视差距,迎头赶上:"始则师而法之,继则比而齐之,终则驾而上之。自强之道,实在乎是。"④ 郑观应、郭嵩焘、容闳、严复等文化先驱更是提出了中华民族的"自强之路",包括"以工商立国""行君主立宪",以及开报馆、兴学堂、派遣留学生等一系列实践性方案。向西方学习,这是自近代以来先进人士的一致呼声。马克

---

① 黎靖德编:《朱子语类》卷二五,北京:中华书局,1986 年,第 611 页。
② 柳平生:《当代马克思主义经济正义理论及其实践价值》,第 9 页。
③ 冯桂芬:《校邠庐抗议》,上海:上海书店出版社,2002 年,第 49—50 页。
④ 冯桂芬:《校邠庐抗议》,第 49—50 页。

思主义的传入中国,本身也是向西方学习的产物。

从历史事实来看,中华文明从来就没有拒绝过对域外文明的学习和采纳,在世界多元格局中,中华传统礼制以道德的实践性、异质的包容性和体系的开放性三大特性而使自己立于不败之地。[1]中古时期印度佛教的东传、汉唐时期与域外文明的交融,近代以来利玛窦等传教士到徐光启、严复等人对西学书籍的翻译、引入,都极大地丰富了中华文明的内涵。特别是1978年改革开放以来,中国重新向世界敞开大门,不仅极大地增进了对域外世界的了解,而且加速了对域外先进文明的汲取,从而加快了自身的发展步伐。同时,一带一路又促使我们更快地走向世界,加强了与世界各国、各种文明的交流,在传播中华文明的同时也吸收着世界文明,这也是不争的事实。

若从源头上看,中华文明原本就是中原农耕文明与周边游牧文明互补融合的产物。自秦汉以降,中原农耕民族与周边游牧民族发生过无数次战争。刀光剑影中,无数生命、财产灰飞烟灭;但在更多的时段中,和平共处、经济交流、文化互补、民族融合仍是主流。当然战争本身也是古代文明之间互补交融的一种形式,不过代价甚大。在此过程中,游牧民族博采农耕文明的成就,加速了发展进程,提升了文明程度,促使自身的社会形态发生飞跃性变化。与此同时,中原农耕文明学习游牧民族粗犷强悍的精神品格,充作自身的"复壮剂和补强剂"[2]。农耕文明的理智、文德与游牧文明的强悍、开放相融相合,不仅造就了气象万千的大唐盛世,而且使中华文明闻名于世。农耕文明与游牧文明在长期的交往中,以迁徙、融合、互市、战争、和亲为中介,方才汇成今日气势恢宏的中华文明之全貌。

放宽历史视野,还可以看到,世界各国文明自古以来就是多元并存的状态,并处在交流互动之中。无论东亚文明还是西方文明,实际上都是历史上多种文明交流互鉴、相交互融的产物。当代西方文明中,既有古希腊、罗马文明的因素,也有近代以来德、法等国的宗教改革、启蒙思潮的因素;既有近代以来工业革命科技革命的成果,也有东方,特别是中国四大发明、科举制度的影响。在东亚文明中,既有中国诸子百家传统的底色,也有来自印度次大陆的佛教浸润;既有吸收了佛学认识论成果的宋明理学,也有近代以来与西学对话而产生的新文化运动。

特别是改革开放以来,中华民族现代转型的脚步明显加快。以规模化

---

[1] 汤勤福对中华礼制在世界复杂多元格局中的地位有较详细的论述,参见《世界多元文化格局与中华礼制的当代位置》,《中原文化研究》2014年第4期。

[2] 冯天瑜:《中华文化生成史》(上册),武汉:武汉大学出版社,2013年,第335—338页。

生产和市场经济、民族国家和民主政体、完备法制和公民社会为核心要素的现代性构架依稀成型。同时以科学精神、人文精神、法治精神和高水准的道德诉求为核心要素的精神性追求也在日渐增长。甚至可以说,市场经济、民主政体、法治社会等只是现代性的基础架构,支撑这个架构的恰恰是其内蕴的科学理性、人文精神和道德诉求这些精神性要素。

毋庸讳言,自15世纪地理大发现以来,显著改变人类思维观念、改变人类生产方式和生活方式,以及改变社会组织方式和政治体制的种种现代性成就,大多皆为欧美西方国家所创发。前已述及,建立在发达农耕经济基础上的中华传统礼制,此时已经落后于世界历史的演进大势。由于君主专制政体的重重束缚和农业自然经济向工商业文明的转型迟缓,中国长期徘徊于曾经辉煌过的中古文明阶段。在现代化大潮扑面而来的逼人形势中,近代中国的战略任务就是走出中世纪,走向现代化。经过20世纪整整100年的痛苦寻觅和曲折探索,到新世纪初中华民族才在整体上跨入现代工业化社会的门槛。坚持以谦虚、诚实的姿态向率先实现现代化转型的域外文明学习,才是加快中华民族自身现代化进程的必由之路。职是之故,中华传统礼制要获得新生机制和焕发青春活力,就必须以更加开放的心态,秉持一种面向全人类的友善态度和良好愿望,真心尊重人类精神生活和文化样态多样化的事实,汲取一切域外文明中包含现代性要素的精华,来补充、丰富、滋养中华民族自身肌体。换言之,与他种文明对话、交流、互鉴,实际上是每一种文明发展演化的动力机制。

中华传统礼制与域外文明的交流互鉴,不仅必要,而且今天看来更为紧迫。因为进入新世纪以来的人类在越来越多的领域中呈现出"命运共同体"的强劲趋势。"由于经济全球化和信息化深入发展,科学技术迅猛进步,世界变得越来越小,俨然成了'地球村',各国相互联系、相互依存、利益交融达到前所未有的程度,共同利益变得越来越广,需要携手应对的问题越来越多,互利合作的愿望越来越强。"[①]在全球化视野下,地球上的人类已经成为一个命运共同体,需要共同应对气候变化、空气污染、贫富差距、能源安全、恐怖暴力、难民危机等诸多全球性问题。构建利益共同体、命运共同体是世界绝大多数国家的强烈愿望,我国领导人提出的"一带一路"战略构想,就是构建人类命运共同体的具体方案之一。既然要建设人类命运共同体、利益共同体,则必须有一套适用于该共同体各参与方的行为规则和运作机制。这些规则和机制的背后起支撑作用的,则是共同体各

---

① 戴秉国:《坚持走科学发展道路》,《人民日报》2010年12月6日。

参与方共同认可的追求目标和价值取向,例如平等、合作、互利、共赢、自由、权利等等。这是各种文明、各种文化均予以认可和均应认可的出发点。因为"所谓人类共同体,首先是价值共同体;一个维持稳定的共同体,则应是'价值共享的共同体'"①。作为历史悠久的中华传统礼制,其道德内涵完全可以作为构建共同体大厦的基石之一。

质言之,汉魂唐魄与欧风美雨互摄互融之时,就是中华传统礼制重现青春光彩之日!而中华智慧与域外智慧交相辉映之时,就是人类加快步伐迈向命运共同体和利益共同体之日!

四、如何达成共识?
——关于中华传统礼制现代价值发掘路径的叩问

我们认为,寻求中华传统礼制现代价值的基本态度,应当是立足于多样性为根本特征的人类文化生态,采用归纳的而非演绎的、综合的而非单一的思维路向,从客观的历史事实和丰富的民间实践中,努力寻找中华民族在数千年礼制生活中沉淀下来的伦理共识和道德品格。具体而言,如下几个途径值得留意。

第一,秉持实践理性精神,既要努力发掘中华传统礼制中具有生命力的恒久价值,更要重视并总结广大民众丰富多彩的礼仪实践。

中华传统礼制追求礼义,追求个人完美的道德修养与精神境界,其终极目标是达到国家、社会、团体、家族乃至个人之间的和谐关系,它不但注重外在的表现形式(礼仪),同时更关注内在的道德(礼义)追求。《礼记·礼运》描述过这样一种大同世界:天下为公、和谐有序、贤能当政、讲信修睦、团结互爱、社会稳定。实际上,中华传统礼制中蕴藏着丰富的人类文明的精华,学术界研究中华传统礼制的根本目的,就是要从中挖掘出一些具有约束力的价值观,不可或缺的行为规范,以及今天仍须遵循的具有根本性的道德准则和伦理规范,为在现实生活中逐步形成一种具有普遍约束力的世俗生活伦理提供借鉴。这种适应现代社会生活的世俗伦理,因其具有丰富的传统伦理资源的支撑,又与社会主义核心价值观相融相合,故能落地生根、茁壮成长。这是因为道德标准和伦理规范本身就存在着两个相辅相成的不同侧面,一是道德是非的理性判断,一是道德实践的价值判断。理

---

① 林贤治:《革命寻思录》,北京:中央广播电视大学出版社,2015年,第366页。

性的是非判断自然需要基于学理资源的辨析和论证,而实践中的价值判断则是每个社会成员发自内心的道德感受和行为趋向,中国人一般称之为"良心"和"良知",体现在公民道德规范上,那就是爱国守法、明礼诚信、团结友善、勤俭自强、敬业奉献。

更为重要的是,通过中华传统礼制内蕴之伦理诉求和民族秉性的求证与探寻,固然能为当今人们走出道德失范、礼义缺位的道德困境提供不可或缺的强大助力①,但是符合现代性要求的新型礼仪礼俗,毕竟要在广大群众建设现代化社会的实践过程中才能逐步形成,"道不可坐论,德不能空谈"②。秉持归纳的、综合的思维进路,就必须把理性的是非判断和实践的价值判断结合起来,二者缺一不可。这是因为中华传统礼制中究竟具有哪些今天应当继续发扬光大的恒久价值,归根到底也应当以当代社会大部分人的认可和接受为最终选择标准。诸如爱国、敬业、诚信、友善、仁慈、利他等公民美德和职责,也只有在民众的生活实践中才能成长和扩散开来;富强、民主、文明、和谐的国家和自由、平等、公正、法治的社会,也只有靠民众的共同努力来实现。正如美国社群主义哲学家桑德尔所说:"我们爱的能力和仁慈的能力,并不会因为使用而消耗枯竭,反而会在实践的过程中得到扩散。"③著名经济学家哈耶克也说过:"文明不是靠人的大脑设计出来的,而是从千百万个人的自由努力中生长起来的"④。这就是说,中华传统礼制现代价值的发掘和弘扬,从根本上说,是人民群众在追求理想生活与美好愿景的实践中逐步实现的。

第二,秉持求同存异的态度,在与域外文明交往互鉴的同时,坚持中华民族的主体性品格。

中华传统礼制与域外文明交流互鉴不仅必要,而且必需,此点前已述及。这里要说的是,中华民族在文明交流互鉴中应当秉持的姿态和立场。应该看到,世界上各主体民族和国家在长期的历史发展进程中都形成了具有自身特色的文化传统和价值追求,他们以各自独有的方式参与人类共同的进步事业,为将人类文明推向更加高级的形态做出各自不可替代的贡

---

① 汤勤福:《中华传统礼制的现代价值》,《中国德育》2015 年第 14 期,又见《新华文摘》2015 年第 20 期。
② 习近平:《青年要自觉践行社会主义核心价值观——在北京大学师生座谈会上的讲话》,《人民日报》2014 年 5 月 5 日。
③ (美)迈克尔·桑德尔:《金钱不能买什么:金钱与公正的正面交锋》,邓正来译,北京:中信出版社,2012 年,第 87 页。
④ (英)哈耶克:《通往奴役之路》,王明毅等译,北京:中国社会科学出版社,1997 年,第 68 页。

献。国家有疆域,文明无国界,人类就是在相互学习的过程中不断发展进步的。近代中国落后挨打之时,我们需要深切反省自身的种种不足和致命弱点,应警惕文化虚无主义的侵袭;而在当代中国已经取得举世瞩目的成就时,我们更应警惕文化虚骄思想的蔓延,以谦谨而又平和的态度向域外文明学习。包括中华传统礼制研究在内的更为开放的中国学问,自应纳入全球化视野和人类相互包容、共同进步的框架内,重新省视自身的传统,认真汲取域外文明的精华和优长之处。

不言而喻的是,在向域外文明学习的过程中,我们必须始终坚持中华民族的主体性品格,坚持以我为主,为我所用,决不能邯郸学步!第一次世界大战结束之后,梁启超和蒋百里、丁文江等人游历欧洲一年有余。梁启超曾在20世纪初激烈地抨击专制君主政体,极力主张向西方文明看齐,而在此次游历中他亲眼目睹先进西方文明同样存在着诸多弊端,并非处处光鲜。他回国后写出《游欧心影录》,希望中国青年尊重爱护中国自身的优良传统,坚守中华民族的主体性品格:"第一步,要人人存在一个尊重、维护本国文化的诚意。第二步,要用那西洋人研究学问的方法研究他、得他的真相。第三步,把自己的文化综合起来,还拿别人的补助他,叫他起一种化合作用,成了一个新文化系统。第四步,把这个新系统向外扩充,叫人类全体都得着他好处。"①这是一百年前中国学人对中华文明的自尊自信和中华民族主体性地位的明确宣示,也是百年来中国学人努力为之奋斗的趋向。

一百多年后,在纪念五四运动一百周年之际,有学者提出:"打碎一切传统共同体与习惯法的激进主义,只能导致社会的解体,只能造就原子化的个人。"这种虚无主义和激进主义的错误倾向的恶果之一,就是无法在"脆弱的个体与利维坦式的巨型人造共同体之间建立起最起码的防火墙"②。于此可见在各个文明交流互鉴的过程中,坚持中华民族主体性品格是多么重要,在对待传统文化的问题上,革除与传承之际确实是需要认真抉择的。

我们认为,当今社会能够接受的中华新型礼仪,必然是一种既吸收了传统礼制中仍然具有活力的恒久价值部分,又符合当今社会大多数人的利益和发展要求;既与人类共同追求的价值相融相合,又体现中华民族之主体性品格,能造就一大批具有现代道德的公民,即具有中国特色的礼仪规范和行为规范。

---

① 梁启超:《游欧心影录·节录》,《饮冰室合集》之七《饮冰室专集》,北京:中华书局,1989年,第37页。
② 戴志勇:《启蒙应予反思,传统有待传承》,《南方周末》2015年9月10日。

事实上,中华文明与其他多种域外文明的确存在着不少伦理观念上的"共识"。这些"共识"可以成为也应该成为中华新型礼乐文明茁壮成长的"交汇点"和"生长点",这是在文明交流互鉴中坚持中华民族主体性品格的客观基础。马克思在《1844年经济学哲学手稿》中认为"人"必然具有共同的规定性,是"类存在物"[1]。有学者归纳出马克思关于人的五个基本属性:具体性、社会性、历史性、规定性和实践性,认为人的本质会随着历史的发展、不断的实践而不断发展着。[2] 这一科学判断使我们深刻地认识到人的本质,也使我们理解"人"会在实践中不断向成熟圆满迈进,其动力就是人类对真、善、美的不懈追求,这当然也是我们培育现代公民道德的最终目标。由不同族群构成的人类共同体,实际上共享着许多相似相近的道德规范和伦理原则。为省篇幅,此处试举一例言之。

以"仁者爱人"为核心的儒家仁学,其基本精神是将心比心、推己及人。用孔子的话来说,就是"己欲达而达人,己欲立而立人"[3]"己所不欲,勿施于人。"[4]用孟子的话来说,就是"不忍人之心",具体表现为"恻隐之心""羞恶之心""辞让之心"和"是非之心"。[5]这些是人区别于动物,人之所以为人的根本特征。古今中外,概莫如是。儒家的"仁爱"观念,与西方基督教的"博爱"观念、印度佛教的"慈悲"观念虽有相异之处,但也有相近之处,那就是以不同的方式表达人的爱心。[6]基督教、犹太教、伊斯兰教、佛教的一些说法与儒家的"仁爱之说""忠恕之道"从理念上看的确有相通之处[7]。这些相通之处,无疑可以成为各个文明进行交流、沟通、对话的出发点和良好基础。

第三,坚持制度建设为重,营造符合现代社会规范和普遍人性的道德生态环境。

前已述及,中华传统礼制、礼仪与其他文明的伦理道德体系一样,其根本核心就是两个问题,一是做人的底线,即要回答"我是谁""应该成为什

---

[1] 马克思:《1844年经济学哲学手稿》,《马克思恩格斯全集》(第42卷),北京:人民出版社,1979年,第95页。
[2] 徐茂华:《浅析马克思关于人的本质思想的属性及其价值》,《人民论坛》2012年第20期。
[3] 刘宝楠:《论语正义》卷七《雍也》,第249页。
[4] 刘宝楠:《论语正义》卷一五《颜渊》,第485页。
[5] 焦循:《孟子正义》卷七《公孙丑上》,第233页。
[6] 汤一介:《序言》,载万俊人《寻求普世价值》,北京:北京大学出版社,2009年,第3页。
[7] 魏德东《论作为全球伦理基础的佛教伦理》一文认为犹太教和基督教的"黄金法则"与儒家"己所不欲,勿施于人"相似,也与佛教宣扬的某些观点切合,普遍地存在于世界各大宗教中。参见中国民族宗教网,http://www.mzb.com.cn/html/report/1602256890-1.htm。

么样的人"。这是内在的人格修为层次。二是伦理的底线,即要回答"与他人如何相处",涉及个人如何处理自己与家庭、社会和国家的关系。这是实践的交往层次。无论是个人的人格修养还是人际的实践交往,其伦理观念和道德水平的提升,必然受制于他们所处的经济发展水平、社会政治制度和历史文化传统。渊源深厚的华夏农业文明固然孕育、滋养了积淀丰厚的中华传统礼制,但是当今中国毕竟已经跨入了现代工业化社会的门槛。现代社会以经济自由、政治民主、文化多元和个人独立为基本特征。努力与现代社会的本质特征和种种要求相适应,是中华传统礼制得以新生和重构的关键所在,也是培育现代公民道德的关键所在。分而言之,在观念层面,现代伦理要求以人为本,确立人的基本权利不容剥夺和侵犯的价值观念;在实践层面,现代伦理要求以平等、自由为原则来构建个人与家庭、社会和国家之间的种种关系。质言之,一个可欲的社会制度,为公民美德的健康成长提供了必不可少的道德生态环境;而理性、健康、积极向上的价值理念和伦理规范,也只有在良好的制度环境中才能落地生根,真正内化为人的自觉意识。

兹以爱国主义教育为例。爱国主义事关民族凝聚力和国家软实力,其重要性不言而喻,故而构成社会主义核心价值观的一个重要内容。公民的家国意识和责任担当,在日常生活中首先体现为对当地公共事务和国家大政方针的关心,其次体现在对公民权利和义务的切实履行。无论是环境污染、食品安全和交通拥堵,还是社会治安、官员失职和施政纲要,每一个公民都应该以社会整体利益为重,提出看法、建议,甚至批评,自觉尽公民之责,体现公民之担当。公民对社会公共生活的知情权、参与权和意见表达权,本来就是使自己国家更具活力,使我们的社会更具凝聚力,使我们的生活更加光明的根本性保证。显而易见,造成一个秩序良好、鼓励公民积极参与公共生活、允许民众监督甚至批评政府和政府官员的制度环境,是爱国主义情怀得以茁壮成长、并得到丰富发展的必要条件。这就凸显出民主政治体制和公民社会建设的极端重要性。正如桑德尔所说,"经由公民权利和义务的履行,公民美德可以得到建构,而非耗竭……就公民美德而言,要么使用它,要么失去它。"[①]原因很简单,在一个权力横行、权钱勾结、善恶不分、是非不明的社会空间里,将没有人愿意参与积极的公共生活,家国情怀和责任意识也就不可能健康地成长起来,想要塑造完美的人格,培养坚强的意志品质,建立良好的人际关系的意愿是无法完成的企望。当然,营

---

① 桑德尔:《金钱不能买什么:金钱与公正的正面交锋》,第33页。

造公民美德得以健康成长的制度环境不会一蹴而就，需要我们每一个人的积极参与及持之以恒的努力。

第四，与时俱进，与社会进步和时代潮流的变化相适应。

在不断发展和日趋丰富的实践过程中，认真总结人民群众提升伦理水平和道德修养的新鲜经验和做法，进而从中华传统礼制的古典精义中寻求学理支撑和应对智慧，再从中生发出面对现实需要的感悟和认识，这是每一个理论研究者和实践工作者共同面对的神圣职责。我们说中华传统礼制是个开放的体系，包括两个含义：一是在空间向度上向域外文明开放，通过不同文明之间的沟通、讨论和对话，在相互学习的过程中达成越来越多的共识，将国人引以为骄傲的东方文明体制呈现在世界人民面前；二是在时间向度上向人民群众在创造生活中的道德伦理实践开放，跟上时代前进的步伐，创造出一套适合现代社会生活、能与世界接轨的新礼制体系。中华民族自古以来是讲究礼仪、讲求礼义的民族，如果我们能够深入到民间社会和百姓生活中去，不断汲取和总结人民群众在新的时代条件下提升自己精神生活和道德生活的种种创新之举，必将对中华传统礼制的研究与传承产生极大的推动力量。

在我们看来，构建适应当代中国的新的礼制体系，并非简单恢复旧的礼仪制度或形式，而是首先要认清重建当代中国礼仪价值体系的社会现状，即21世纪的当代中国，已经站在更高的历史起点，正在全面深化改革开放、全面依法治国、全面建成小康社会、全面从严治党的道路上迅跑。中国整体上是向工业化社会方向前进，但中国地域广袤，既有面向工业化、信息化的先进体制，也有一些地方确实还残留着农业文明的一些古风。由此，我们既要着眼于现实，又须展望未来，用中华智慧来创建适合当今社会的礼仪价值的新体系。我们深信：一个具有五千年历史的文明古国，一个为人类贡献过四大发明的中华民族，必将带着它深厚的文化积淀，以"和而不同"的精神，融汇中外文明的英华和精义，重新赢得原创性动力，充满自信地汇入势不可挡的全球化浪潮，为人类文明做出新的伟大贡献！

百年来元代礼制研究回顾与展望

刘 舫

元代是中国历史上疆域最广、民族最多的时期,在政治、经济、宗教、文化等各方面都呈现出新的面貌。虽然元国祚不过百年,但其上承赵宋,下启明清,其礼仪制度多与中原王朝不同,具有明显特色而不容忽视。中华礼制史作为一个近年来比较热门的研究领域,成果颇多,新见迭出,然元代礼制相较于其他朝代显得非常冷清而罕见研究成果问世。本文试图在元代蒙汉及多民族文化交融的背景下,回顾元代礼制的研究,以期学界对元朝礼制展开更多的研究。

关于元代礼制,目前最主要的研究分为两大部分,一是从属于元代政治史或者风俗史的概述性论述,二是着眼于某个元代的专门礼仪的具体研究。

一、通史和断代史中的元代礼制

在通史和断代史的研究中,一般把"礼"和"制"分列论述。

"礼"以"礼俗"为范围,附属于政治史。如《中国通史·元代卷》的《元代的礼俗》一章[1],主要依据《元史》的《祭祀志》和《礼乐志》其中记载介绍元代国家典祀,同时也介绍了民间的婚丧祭俗;刘晓《元史研究》的《社会生活与礼俗》一章[2],对元代婚姻、祭礼和习俗三方面已有的研究成果进行了综述。而风俗史则更侧重以"俗"论礼,如那木吉拉《中国元代习俗史》的《婚姻习俗》《丧葬习俗》和《祭祀习俗》三章[3];史卫民《元代社会生活史》

---

[1] 陈得芝主编:《中国通史》(元代卷),上海:上海人民出版社,1997年。
[2] 刘晓:《元史研究》,福州:福建人民出版社,2006年。
[3] 那木吉拉:《中国元代习俗史》,北京:人民出版社,1994年。

的《婚姻与家庭》《丧葬习俗》《礼节》等相关章节；①陈高华、史卫民《中国风俗通史·元代卷》的《家庭与婚姻风俗》《丧葬风俗》等相关章节②。

"制"则是从典章制度的角度阐述礼制的情况。如陈戍国《中国礼制史》（元明清卷）的《元代礼俗礼制》，沿用该书历代礼制沿革的分类，将相关文献中的礼仪归类撰入，同时指出："研究元代礼俗礼制，单凭《元史·礼乐志》、《祭祀志》、《舆服志》显然不够，因为这几篇文字本身就有缺陷（譬如不见丧葬礼、婚礼等常见礼仪）。"③这可能并非是缺陷，而是从礼制的角度看元代历史的必然结果，对此，该书没有进一步展开研讨。另外，刘晓在《礼与中国古代社会》中研究了元代太庙制度。④

二、元代专门礼仪研究

元代专门礼仪研究着重从政治史和民族史的角度解读元代礼制中的某一个具体方面。可分为五类：

1. 元代祀典研究

《元史·祭祀志》："元之五礼皆以其国俗行之，惟祭祀稍稽诸古。"⑤蒙元祭祖主要有烧饭、宗庙、原庙三种。民国时期王国维对烧饭礼研究揭开近现代元代祭祀的研究的序幕。⑥烧饭礼自1980年代开始成果较多，有陈述《论辽金元"烧饭"之俗》（《历史研究》1980年第5期）、贾敬颜《"烧饭"之俗小议》（《中央民族学院学报》1982年第1期）、宋德金《"烧饭"琐议》（《中国史研究》1983年第2期）、蔡志纯《元代"烧饭"之礼研究》（《史学月刊》1984年第1期）、那木吉拉《"烧饭"、"抛盏"刍议》（《中央民族大学学报》1994年第6期）。高荣盛《元代祭礼三题》（《南京大学学报》2000年第6期）和《元代"火室"与怯薛／火者／女孩儿》（收入氏著《元史浅识》，南京：凤凰出版社，2010年），对元代祭祀中的蒙古文化元素进行考证。日本学者池内功撰有《关于忽必烈朝的祭祀》和《关于元朝的郡县祭祀》。⑦侯亚伟《元代皇室祭祖文化研究》（兰州大学硕士学位论文，2007

---

① 史卫民：《元代社会生活史》，北京：中国社会科学出版社，1997年。
② 陈高华、史卫民：《中国风俗通史·元代卷》，上海：上海文艺出版社，2001年。
③ 陈戍国：《中国礼制史》（元明清卷），长沙：湖南教育出版社，2002年，第2页。
④ 吴丽娱主编，刘晓：《礼与中国古代社会·元代章》，北京：中国社会科学出版社，2016年。
⑤ 《元史》卷七二《祭祀志一》，北京：中华书局，1976年，第1779页。
⑥ 王国维：《蒙古札记·烧饭》，见《观堂集林》，北京：中华书局，2004年。
⑦ 参见樱井智美：《近年来日本的元史研究——以"文化政策"为中心》，《中国史研究动态》2004年第3期。

年)和阎宁《〈元史·祭祀志〉研究》(内蒙古师范大学硕士学位论文,2008年)分别运用文化史和文献学的方法,对元代太庙祭祀进行研究。马晓林《元代国家祭祀》(南开大学博士学位论文,2012年)通过对元代国家祭祀中郊祀、太庙、国俗旧礼、岳镇海渎、社稷、宣圣、三皇、八思巴帝师的详细分疏,指出"泛宗教的实用性功能、收服汉地的政治策略是蒙元早期接受汉地传统祭祀过程中所表现出的主要特点,而元中后期的祭祀则体现出二元传统的双向悖离。"[①]刘晓《元代太庙制度三题》(《中国边疆民族研究》第七辑,北京:中央民族大学出版社,2014年),考察了太庙制度反映的元代政治变迁。

其他礼典研究还有,蒙古贵族的宫廷宴飨礼一直为学界关注,韩儒林《元代诈马宴新探》(《历史研究》1981年第1期)、纳古单夫《蒙古诈马宴之新释——对韩儒林师"诈马"研究之补正》(《内蒙古社会科学》1989年第4期)、高荣盛《换盏醉饮与"蒙古式"宴饮礼》(《元史及民族史研究集刊》第十五辑,海口:南方出版社,2002年)、李军《"诈马"考》(《历史研究》2005年第5期)、袁冀《元代宫廷大宴考》(《蒙古史研究》第八辑,呼和浩特:内蒙古大学出版社,2005年)、王珽《元代只孙服与诈马筵新探》(《西域南海史地考》,上海:上海人民出版社,2008年)、郭海鹏《蒙元宫廷大宴——诈马宴》(《锡林郭勒职业学院学报》2012年第2期)及张楠、贾陈亮《蒙元后妃宴礼探析》(《内蒙古民族大学学报》2012年第4期)。另外,朱鸿林《国家与礼仪:元明二代祀孔典礼的仪节变化》(《中山大学学报》1999年第5期)介绍了元代祀孔典礼;尚刚《蒙、元御容》(《故宫博物院院刊》2004年第3期)分析了蒙元皇室帝王肖像的制作、形制以及文化内涵;阿尔丁夫《从史籍记载看十三世纪蒙古"拜天之礼"和所拜之"天"》(《广播电视大学学报》2013年第2期)阐述了蒙古族长生天信仰和拜天仪式;李治安《元史十八讲》涉及朝会赏赐等礼制内容。[②]

对《元史·祭祀志》文本进行的研究,有樱井智美《关于〈元史·祭祀志〉》(《13、14世纪东亚史料通信》第6号,2006年)和阎宁的《〈元史·祭祀志〉校勘记纠误及献疑》(内蒙古师范大学学报2008年第2期)。

2. 元代礼乐研究

礼与乐两者结合非常紧密,研究礼制必然会涉及配合礼仪进行的"乐"。

---

① 马晓林:《元代国家祭祀研究》,第Ⅵ页。
② 李治安:《元史十八讲》第九讲《两都巡幸、分封与朝会赏赐》,北京:中华书局,2014年。

有关礼乐文献方面研究,有王福利《辽金元三史乐志研究》[1],该书通过比较辽金元三朝宫廷音乐的种类、机构设置、乐器、乐队组成、曲调等与中原王朝的异同,揭示三朝宫廷音乐独具的文化特质。王福利还著有《元朝的两都巡游皇城及其用乐》(《音乐艺术(上海音乐学院学报)》2004年第2期)、《元朝祭祀之礼及其用乐》(《内蒙古大学学报》2005年第5期)、《元代朝仪的制定及其特点》(《内蒙古社会科学》2006年第1期)、《元朝的朝会燕飨制度及其燕飨乐舞》(《中国俗文化研究》第3辑,成都:巴蜀书社,2006年)。其中《元朝祭祀之礼及其用乐》在考察元朝祭祀所用音乐后指出"古乐的泯绝不继,各民族礼乐的有机融合,以及通变革新指导思想的作用,便规定了元代礼乐文化的总体特质"。朱建明《元代的礼乐制度与戏曲》(《上海师范大学学报》1987年第2期)一文探索了元代礼乐制度与戏曲的关系,甚有启发意义。莫尔吉胡《元代宫廷音乐初探》(《音乐艺术(上海音乐学院学报)》1990年第3期)和林翠青《"没有声音的中国音乐史"——五首元代宫廷乐曲的发现与解读》(收入氏著《宋代音乐史论文集:理论与描述》,上海:上海音乐学院出版社,2011年)两篇文章,从音乐学的角度分析了元代宫廷音乐的特征。

有关民族学方面的研究,有崔玲玲《青海台吉乃尔蒙古人的人生仪礼及其音乐研究》(中央音乐学院博士学位论文,2004年),挖掘保留蒙古族传统的台吉乃而蒙古人的人生礼仪及音乐中的信仰;乌其能《阿拉善和硕特蒙古八首经典礼歌历史文化传承》(西北民族大学硕士学位论文,2009年)指出,阿拉善和硕特八首经典礼歌作为蒙古族传统的朝廷乐府、婚宴的特殊组成部分,蕴含着阿拉善和硕特独特的历史文化传承及特点。

音乐舞蹈研究有所涉及,萨仁其木格《元代宫廷蒙古舞蹈研究》(内蒙古大学博士学位论文,2014年),作者运用大量史料说明元代的宫廷舞蹈既富蒙古民族特色,又吸收了汉族乐舞的因素,显示出多元的舞蹈风格。王伽娜《元大都音乐的初步研究》(福建师范大学硕士学位论文,2005年)认为元大都音乐代表了元代音乐的最高水平,大都的音乐可以划分为宫廷内和宫廷外两大部分。宫廷内的音乐以蒙古族世代相传者为主,蒙古族与藏、汉民族融合者以及汉族、其他少数民族的音乐和外国音乐为辅,表现出不失本色、继承传统和兼容并蓄、吸收中外的特点;宫廷外的音乐有戏曲、唱乐、说唱、歌舞等多种类别和歌楼、妓馆、勾栏、社会等众多的表演场所,从而诞生出众多著名的创作家和表演家聚集在大都,为使大都成为全国音

---

[1] 王福利:《辽金元三史乐志研究》,上海:上海音乐学院出版社,2005年。

乐艺术中心做出了各自的贡献。

对元代礼乐观念的研究,董旭彤《隋唐至明代礼乐观念变化辨析》(中国艺术研究院硕士学位论文,2013年)指出:蒙古人入住中原后,仅承认"礼乐户"的雅乐为礼乐,其他场合的用乐则基于民俗而设,因而造成礼乐类型不够丰富,制乐的机构也一直没有定型,可见其对制礼作乐的理念与汉族文化有很大差异。赵诗梦在《浅谈元朝的礼乐制度》(《大众文艺》2014年第19期)指出"由于蒙古贵族制定雅乐时'以本俗为主'以及'征召汉儒制乐',直接导致了雅乐在元代发生变化,经常受到俗乐冲击,以至地位越来越脆弱,体现出与以往汉族历代王朝不同的独特风格。并促使了各民族音乐、歌舞的交流与融合,以及音乐创作和研究基础的奠定,为以后元杂剧的发展起到了重要作用,同时也对后世礼乐即中华民族传统的文明象征产生了深远的影响。因此元朝的礼乐制度具有极大的研究意义。"

3. 元代礼制建筑研究

古代皇城建筑是礼制的一个重要方面,依照礼典建造的宫室是政治权利合法性的重要象征。元代都城,尤其是关于元大都的建筑研究成果比较集中。元迁都北京后,派遣刘秉忠按照《周礼·考工记》中关于帝王之都的布局规划了元大都,成为明清北京作为全国政治中心的基础。姜东成的《元大都城市形态与建筑群基址研究》(清华大学博士学位论文,2007年)从工学的角度整理了历代研究元大都的研究,指出:"蒙古族入主中原后,为取得汉族士人的认同,确立政权的合法性,依照汉法在大都城内及城边建起八处礼制建筑。"[①] 但是,"元代实行两都制,每年春夏元帝都会带大批官员北幸上都,直至八月草将枯时才回大都。在蒙古族的观念里,山是天地交会之处,元帝每年在上都附近的山按蒙古习俗祭祀天、地、祖神"[②]。可见蒙古人对于国俗旧礼和汉人礼仪还是有明显的区分,文化的自我保存意识非常强烈。相关研究还有潘谷西《元大都规划并非复古之作——对元大都建城模式的再认识》(《中国紫禁城学会论文集》第2辑,北京:紫禁城出版社,1997年)、倪翀《略谈元大都的营建及其文化内涵》(《北京学研究文集》,北京:同心出版社,2006年)、潘颖岩《元代都城制度初探》(西安建筑科技大学硕士学位论文,2007年)。杨星宇《元上都遗存科技应用研究》(内蒙古师范大学博士学位论文,2014年)对元上都的城市规划、工程营建、器物制作、工艺水平进行了全面的考察。马滨樱《从理念到实践——

---

① 姜东成:《元大都城市形态与建筑群基址研究》,第109页。
② 姜东成:《元大都城市形态与建筑群基址研究》,第110页。

论元大都的城市规划与〈周礼·考工记〉之间的关联》（复旦大学硕士学位论文，2008年）则从元大都的城市规划在实践《周礼》的方面所显现出的蒙古人从接触到接受汉人的都城制度，建成了汉人也没有做到的最符合《周礼》所记载的理想城市，值得从思想史层面再次解读。

墓葬建筑也体现出当时的礼制。这方面研究除阎崇东的专著《辽夏金元陵》（北京：中国青年出版社，2004年）中相关部分外，爱丽思《中国北方地区蒙元时期墓葬形制研究》（内蒙古师范大学硕士学位论文，2011年）、陈培一《元代墓表礼仪石刻考》（《西北美术》2013年第1期）等文也对国内发现的蒙元时期墓葬的考古资料进行分类和研究。薛豫晓《宋辽金元墓葬中"开芳宴"图像研究》（四川大学硕士学位论文，2007年）通过对墓葬中"开芳宴"的研究，展现了元代蒙古文化与汉文化的消长。

4. 礼俗研究

礼俗研究除上述通史中的章节和专书外还有，黄时鉴《元代的礼俗》（《元史及北方民族史研究》第11辑，1987年）主要使用正史和政书从祭祀、仪制、婚姻、丧葬、岁时节序等方面介绍元代礼俗。任崇岳《元代蒙古人的社会风俗》（《寻根》2007年第3期）一文从婚姻、丧葬、饮食、服饰四个方面对元代蒙古人的一般风俗做了基本介绍。朱耀廷《〈马可波罗行纪〉中的元大都——农业文化与草原文化结合的产物》（《北京联合大学学报》2009年第2期）通过《马可波罗行纪》中元大都的城市面貌、朝会礼仪、节庆活动展现了农业文化和草原文化的融合。

现存元杂剧是集中反映元代民间礼俗的重要资料，郭英德《元杂剧与元代社会》（北京：北京师范大学出版社，1996年）和么书仪《元人杂剧与元代社会》（北京：北京大学出版社，1997年）都涉及了元代戏曲中的礼俗。王政从以民俗学角度对元杂剧进行系列研究[①]；袁燕军《浅谈论元杂剧的婚俗》（《内蒙古师范大学学报》2007年第6期）通过略举元杂剧中所反映的婚姻形式和婚礼仪节，简略地介绍了元代婚俗。林家如《元杂剧中的民俗与民俗活动》（台北东吴大学硕士学位论文，2009年）中涉及160余种元杂剧中的婚丧礼俗；彭栓红《元杂剧中的民俗文化研究》（山西师范大学博士学位论文，2012年）指出元杂剧中以唐宋民俗为主的民俗表现了元代各民族的融合与冲突，与国家民族认同形成互动。

[①] 王政从的研究包括：《元杂剧〈秋胡戏妻〉古俗考》（《戏曲研究》2002年第60辑）、《元剧中的祈雨古俗略考》（《中国戏剧》2007年第12期）、《元代戏曲中的拜月古俗考》（《戏曲研究》2008年第75辑）、《元明戏曲中的墓祭古俗考》（《民族艺术》2009年第3期）、《元明戏曲中的"抛绣球"事象略考》（《名作欣赏》2011年第17期）等。

婚姻制度和婚俗研究有数项成果,张志明《蒙元社会婚姻制度流变浅析》(西南政法大学硕士学位论文,2007年)从法制史的角度,分别论述蒙古族在部落时期、大蒙古国时期和元朝三个时期不同婚姻制度和婚姻仪式,指出蒙元社会婚姻制度体现了尊重习俗的立法精神,但习惯法以"蒙古至上"为原则的保守性也阻碍了婚姻法制的发展;李永霞《元杂剧中元代婚俗研究》(广西师范大学硕士学位论文,2012年)通过梳理《元曲选》和《元曲选外编》收录的162种元杂剧中有关婚俗的内容,为元代礼俗研究提供了一个值得借鉴的视角。

丧葬礼制和礼俗研究有额尔德木图《论元代蒙古族丧葬风俗》(《内蒙古师范大学学报》2001年第1期),该文介绍了帝室的丧仪;秦新林《元代少数民族丧葬习俗及其演变》(《殷都学刊》2005年第4期)进一步指出元代官吏行三年丁忧制,封赠功臣和忠勇之士都是元统治者接受汉族礼仪在丧葬方面的体现;罗斯宁《元杂剧的鬼魂戏和元代的祭祀习俗》(《中山大学学报》2003年第3期)指出儒、道、佛思想对元人祭祀礼仪的影响;张连举的《元杂剧中的丧葬文化》(《宁夏社会科学》2006年第2期)、《论元杂剧中的扫墓祭祖习俗》(《重庆大学学报》2007年第1期)提炼了元杂剧中丧葬风俗里的孝道。

民间信仰研究方面有不少内容涉及礼制,郭文宇《宋元以来社会变迁过程中的神灵塑造——以增城何仙姑为例》通过增城发源的何仙姑信仰在宋元时代的演变侧面反映元代的民间信仰情况;金花《卫拉特蒙古火崇拜习俗探析——新疆巴音郭楞和硕特蒙古火祭祀为例》和乌仁其其格《蒙古族火崇拜习俗中的象征与禁忌》探讨了蒙古族的火崇拜。

其他礼仪的研究还有申万里《宋元乡饮酒礼考》、洪波《从蒙古帝国到元朝的降礼》、德力格尔玛《阿拉善蒙古人人生礼仪中的仪礼探析》,任冰心、吴钰《从服饰管窥元代的身份制度》,从各个方面考察元代的相关礼制。

5. 礼学观念和思想研究

对元代思想文化和礼学思想研究有不少成果。陈垣《元西域人华化考》为研究元代汉文化对少数民族影响的典范著作,之后有孙克宽《元代汉文化之运动》(台北:中华书局,1968年)、萧启庆《元代蒙古人之汉学》(《台湾大学历史学系学报》第17期,1992年)、舒振邦、舒顺华《儒学在元代蒙古人中的影响》(《内蒙古社会科学》1997年第5期)、李治安《元代汉人受蒙古文化影响考述》(《历史研究》2009年第1期)等,对元代的文化属性进行多方面的探讨和评价;赵文坦《儒家孝道与蒙元政治》(《孔子研究》2008年第3期)指出虽然蒙古与汉族就"孝"并没有本质区别,但蒙元没有对应的必行的仪制,而汉人则有省亲、丁忧等配套的规制,这正是观念的差异所造成;张帆《元杂剧中的"越礼"情节解析》(《戏剧文学》2009年第1期)指出元杂剧中"越"汉礼而"合"蒙礼的情况,"正反映了蒙古族作为统治民族在利益文化方面占有者强势地位的社会现实。"鲁芳《宋元时期民族间道德生活的斗争与融合》(《伦理学研究》2011年第6期)探讨了少数民族与汉族的观念差异造成的冲撞与融合。刘舫《元代礼制中蒙汉因素的冲突与融合——以经筵为中心》(《上海大学学报》2017年第3期)通过比较蒙古统治者在经筵中对礼制思想的吸收和在施政过程中对礼制的疏离,指出蒙古民族固守本族文化导致了元代礼制浓重的蒙古本位特色。

元代礼学研究,《仪礼》有吴澄《仪礼逸经传》、汪克宽《经礼补佚》、敖继公《仪礼集说》。皮锡瑞认为敖继公的《仪礼集说》"疏解颇畅,惟诋郑注疵多醇少",清人胡培翚在《仪礼正义》中对敖氏的错误——驳正。《礼记》有吴澄《礼记纂言》,姜广辉对吴澄《纂言》改并汉儒旧本进行深入的研究。[①]还有,卫湜《礼记集说》博而不精、陈澔《礼记集说》立说趋浅显,都在礼学史上有一定地位,但总体成就不高。另外,朱熹《家礼》撰成后,经过元代的发酵和传播,在明永乐年间被官方认定,从私礼擢升为国家礼制,刘舫《元代朱熹〈家礼〉论略》(《历史教学问题》2017年第2期)认为:"在元代多民族和多元文化的社会背景下,它充当了儒学的'戒律',一定程度上成为元代汉族知识分子文化认同的寄托,是外族统治下汉文化自我保护的凭依"。

三、元代礼制研究的展望

元代礼制研究虽说已经起步,但与其他各断代相比显得极为薄弱,不足甚多。

首先,从研究方法来说,过多采用政治史(制度史)的研究方法而忽视思想史方法,使研究成果很难有更大突破。礼制与礼学思想、学术思想联系非常紧密,而元代的经学、理学和学术史研究又极为薄弱,因此缺乏对元朝礼制思想的研讨,无法从中华传统的深厚经学历史背景下解读元朝礼

---

① 姜广辉:《中国经学思想史》(第三卷)第七十五章"吴澄对《礼记》的改编",北京:中国社会科学出版社,2010年。

制，难以真正准确把握元朝的礼学脉络，从而使元朝礼制研究流于表面化、程式化，不利于中华礼制的整体研究。在我们看来，元代建立伊始，新的统治者在如何接受与处理与汉文化关系上，礼制研究是个突破口。同时，延续近年的汉族五礼制度在元朝这段特殊的历史时期中表现逐步展现，将是我们判断元朝礼制的重要标准。因为蒙古族建立的这一王朝，在对待蒙汉两族文化方面，始终存在张力，礼制恰好是两者的交汇点，这是一个非常值得继续深掘的领域。元朝作为中国历史上首个少数民族建立的大一统政权，是如何对汉地文化特有的礼学以及上升到国家制度层面的礼制进行认知与运用，以及对明清产生的影响，也是非常值得从思想史角度加以研讨的问题。

其次，从研究范围来说，目前学界对元朝礼制的整体施行缺乏一个系统和全面的研究和考量，同其他断代比较，元代礼制研究涉及范围确实很小，缺陷十分明显。从宏观方面来说，学界对元代的礼制制订与元府统治政策关系、礼仪机构、礼学思想与礼学著作、礼教与科举制度、礼法关系、元朝礼仪的历史地位等几无展开。就具体礼仪来说，尚未涉及或研究不多者也不少，如元朝的大朝会礼、朝参班序制度、家礼与家族关系、的恤典与仪制、文宣王、武成王祭祀乃至岳镇海渎、风雨雷师、地方神祠等研究均少涉及。总之，元朝的礼制研究空白点甚多，亟需拓宽研究领域。

再次，从研究角度来看，不少研究者已经注意到蒙古族建立的元朝与汉族文化的不同，但过于强调双方的民族文化乃至礼制上的差异，研究过于"整体"化而缺乏对礼仪区域性的异同，从而大多以"民族融合"作为价值判断，导致研究结论单一化。如元朝国家宫廷礼仪、庙祭及其他一些研究上，大多过分强调其"民族性"，忽视了蒙古统治者虽然多用本族礼制，但并不要求官民士庶举国从制，而是采取"各从本俗"的政策，因此元政府宫廷礼仪对中原礼制的更张或说影响其实也很有限，尤其对南方士庶的影响究竟如何，是值得重新考虑的问题。因为元朝礼制虽在蒙古族礼俗的基础上，融入了藏传佛教等诸多元素，但这一王朝毕竟统治着众多的汉族民众，"礼随时变"也始终存在，当时参与议礼的汉官和一般儒士的反响与举措仍值得深入解读，乃至一些汉族士人因拒斥"异族"文化而采取的更加保守的一面，仍值得厘清。再则，唐宋礼制下移之后，元代民间礼仪情况如何，与官方礼制的互动如何，目前仍缺乏真正的有价值的研究。其实，元朝名义上实施的是五礼制度，但其真正实行的礼仪制度究竟如何、各地贯彻究竟如何，仍有许多研究空间。总之，多角度对元朝礼仪进行恰当的解析，是目前亟需进行的工作。

最后,拓宽研究资料的搜集,深入研究元朝礼制。众所周知,元朝相关的文献资料极为有限,这给研究带来莫大的限制,其研究结论也难保正确无误。然而,如果我们更多地发掘其他资料,或可给研究增添许多可以研究并可深入研究的余地。如大量家谱、方志、金石、出土资料值得进一步利用,因为其中有非常珍贵的研究资料。如家谱反映出的家族或地方礼仪,墓制、碑志中反映的各地丧葬礼仪,金石资料中反映的各地文宣王释奠、祈雨求晴、神祠祭祀等礼仪,可研究之处甚多,完全可以填补或推进相关礼仪的研究。

"中华礼制变迁与少数民族礼制"学术研讨会综述

卢庆辉

2016年7月25—28日,由国家社科基金重大招标项目"中国礼制变迁与现代价值"课题组(12&ZD134)和云南大学历史与档案学院联合举办的"中华礼制变迁与少数民族礼制"学术研讨会在云南省昆明市召开。来自全国各机构的40多位专家学者围绕中华礼制的变迁、少数民族礼仪制度、多元文化下的中华礼制、中华礼制对当今社会的启迪与影响、现代礼制建设等问题展开深入讨论。

中华传统礼制及具体礼仪对当代社会究竟有什么作用与影响,是本次会议研讨的问题之一。汤勤福、葛金芳《中华传统礼制现代价值论析》区分了礼与礼制的本质,研讨了中华传统礼制的内蕴价值、现代性转换、发掘路径等问题。赵和平《奠雁——两千年婚礼仪式的变与不变》指出,"奠雁"作为婚礼仪式的重要一环保留下来,蕴含着人类社会的诸多问题,这是奠雁礼长盛不衰的根本原因。

传统礼制变迁研究方面有一些角度新颖、研究深入的成果。张涛《由上博六〈天子建州〉"食以仪"略说先秦饮食之礼》认为《天子建州》"食以仪"句反映了先秦饮食之礼的面貌与观念。陈居渊《郑玄注〈仪礼〉今古文正误考略》利用大量清代学者的著作,对郑玄所注《仪礼》的文字进行了详细考证。卢庆辉《〈仪礼〉中所见宗人考略》考证了《仪礼》中宗人的建置与职掌。巴晓津《"威德"与秦之兴亡》从秦文化深层的核心价值观"威德"出发,认为秦的兴亡与"威德"有着极为紧密的联系。张焕君《同姓还是同宗?——从继子、养子的服制看中古宗族观念的变化》认为中古从出继到养子的过程,既是服制变化的过程,也是社会变化的反映。张剑光《唐五代的葬事礼俗——以宋代笔记为核心的考察》考察了宋代笔记中关于唐五代的葬事礼制和风俗。吴树国《唐前期色役性质考辨》对唐前期色役性质进行了探讨。王美华《唐宋时期分家律法演进趋势论析》考察了唐宋时期分家律法演变进程及其原因及影响。张志云《宋代嘉礼内容演变探析》对宋代嘉礼内容及结构的变化等问题作了讨论。任石《北宋元丰以前日常朝参制度考略》从内外朝参的基本模式、起居与听证的承接方式、内殿起居仪制三方面探讨北宋元丰改制以前的日常朝参制度。吴恩荣《元代礼失百年与明初礼制变革》对元明之际的礼俗现状、明初礼制变革的内在动力等问题进行了探讨。李媛《明代告祭仪略论》则对明代的告祭仪式的独特性作了分析。赵克生《清代家礼书与家礼新变化》在反思"明清礼学转型"的基础上,探讨清代家礼书及家礼的新变化。陈碧芬《明清基层社会的"以民教民"模式初探》、孙骁《清代云南名宦祠兴废考略》分别对基层社会乡约、宗族、家礼等问题作了探讨。

历代礼学思想变化也是关注重点。梁满仓《论魏晋南北朝"礼"与"法"的结合》分别从概念、轨迹、特点及必然性等方面论证魏晋南北朝时期的"礼法结合"问题。吴丽娱《从经学的折衷到礼制的折衷——由〈开元礼〉对五方帝的处理所想到的》发掘了《开元礼》诸仪祭祀五方帝的不同方式和细微差别,解读唐代礼制的形成过程及其与经学的关系,总结变化中的中古国家礼制思想脉络。黄纯艳《宋代水上信仰的神灵体系及其新变》考察了宋代水上信仰神灵体系的构成及其新变化。刘丰《论宋代的礼图学》详述了宋代礼图学的兴起及主要内容。王志跃《社会变迁视域下的宋代礼、理关系》从礼理结合的背景等方面考察了宋代礼、理关系。尤淑君《清代的觐礼之争与宾礼变革》叙述清政府"宾礼体制"的演变,认为宾礼仪式的改变,不只是外在形式的变革,更有内在观念的调整。

少数民族礼仪与国外对中华礼制研究也受到关注。张鹤泉《北魏迎气祭祀礼试探》认为北魏国家迎气祭祀仪式基本上承袭中原传统迎气祭祀。史睿《鲜卑婚俗与北朝汉族婚姻礼法的交互影响》从家庭史的角度比较鲜卑拓跋婚俗与汉族婚姻礼法,批评和重构所谓中原婚俗的外族影响说。刘舫《元代的经筵与礼制论略》对元代经筵进讲的汉文化典籍作了梳理,分析经筵对元代礼制的影响。郭武《清代临安府瑶族宗教仪式中的汉地道教元素——以 S3451 号文本之"关告科"与"开解科"为例》讨论 S3451 号经本中的"关告科"与"开解科"两节仪式,分析瑶族宗教的汉地道教元素。张锦鹏《"敬老"仪式:拉祜族的传统之"礼"及其社会功能研究》认为拉祜族的"敬老"之礼具有保障族群生存、传承拉祜族文化、整合族群和凝聚族群力量的特殊功能。姜维公《高句丽"十月祭天"习俗渊源考》强调高句丽与中原文化关系密切,"十月祭天"是其统治阶层通过移花接木的方式,将内地的贺岁首习俗移植为本民族的高级祀典。曹建墩《基督教视域下的理雅各之礼观》依据理雅各英译《礼记》本中对礼的阐释等论著,阐述理雅各礼观的内容、价值与意义。

后记

自 2012 年国家社科基金重大招标项目"中国礼制变迁及其现代价值研究"（12&ZD134）立项以来，课题组成员努力工作，认真研究，至今已经在《中国社会科学》《历史研究》《中国史研究》《文史》《中华文史论丛》《中国哲学史》《文史哲》《学术月刊》等核心刊物，以及《人民日报》《光明日报》《中国社科报》等重要报纸上发表了论文 100 余篇，其中有数篇被《新华文摘》全文转载，还有不少论文被各重要文摘杂志转载。课题组成员还拿出了三部礼制专著，编成《中国礼制变迁及其现代价值研究》论文集 3 本，应当说成果比较丰富，也产生了一定的影响。现在已经到了即将结项阶段，因此我在写这篇《后记》时百感交集。

坦率说，无论我们多么努力，如果没有全国各地许多专家、朋友的帮助，我们根本不可能做到现在这样的程度。这些专家、朋友无论在专业的指导上，在对我们课题组具体工作的帮助上，都付出艰辛的努力，花费了大量的心血。可以毫不夸张地说，我们所取得的这些成果中，有着他们不可磨灭的巨大作用！在此，我要用最为诚挚的态度，向这些专家表示由衷的谢意，谢谢你们！

按课题组制订的计划，前四年分别在东南、东北、西北和西南召开一个与当地高校联办的学术研讨会，邀请该校及周边相关专家、学者参加，请他们对我们每个阶段的研究成果进行批评指正，以利我们提高学术研究的水准。前三年已经分别在杭州师范大学、辽宁大学和西北大学的帮助下，顺利地举行了学术研讨会。2016 年 7 月下旬，在云南大学林文勋校长、历史与档案学院院长黄纯艳教授的全力支持下，我们在昆明顺利举办了项目组的最后一次大规模的学术研讨会，会聚了来自全国各地 40 余位专家，对中华传统礼制进行了深入的研讨。因林校长临时有事外出，他委托云南大学副校长杨泽宇教授出席开幕式并作了热情洋溢的讲话。会议期间，学者们进行了非常广泛与深入的学术研讨与交流，取得了预期成效。从会议论文来看，涉及各个历史时期的具体礼仪的研究，包括了历代和当代少数民族礼制，还有传统礼制现代价值研讨，内容非常广泛，研究相当深入，可以说是一次礼制研究的豪华"套餐"。按照惯例,我们从会议论文中选出 28 篇,加上 2 篇相关综述,编成本论文集,以纪念这次礼制研究盛会。

会议能够获得成功,云南大学历史与档案学院的领导与研究生们做了大量具体工作和周详的安排,他们的辛苦劳动获得与会专家一致好评。在此,谨向参与筹备工作的诸位云南大学师生表示衷心谢意!

几年来,我们课题组取得了一些成果,能受到学界的关注,令我们十分高兴。我认为,这既是学界众多专家的帮助,更是课题组成员与兼职教授们共同努力下获得的,对此,我应当向已经共同奋斗了五年的课题组全体成员与兼职教授们致以真诚的谢意!

最后还需要补充的是,上海师范大学副校长、人文与传播学院院长陈恒教授一直给予课题组指导与具体帮助,在此也向陈恒教授表示真诚的感谢!上海师范大学原人文与传播学院院长苏智良教授也始终关心课题研究的进展,并给予具体帮助,对此也向苏智良教授表示衷心的感谢!

汤勤福
2018 年 4 月 8 日于沪西南郊寓所

图书在版编目（CIP）数据

中国礼制变迁及其现代价值研究. 西南卷 / 汤勤福，黄纯艳主编. —上海：上海三联书店，2018.7
ISBN 978-7-5426-6379-5

Ⅰ.①中… Ⅱ.①汤…②黄… Ⅲ.①礼仪—制度—西南地区—文集 Ⅳ.①K892.9-53

中国版本图书馆CIP数据核字（2018）第136106号

中国礼制变迁及其现代价值研究（西南卷）

主　　编 / 汤勤福　黄纯艳

责任编辑 / 黄　韬
装帧设计 / 徐　徐
监　　制 / 姚　军
责任校对 / 张大伟

出版发行 / 上海三联书店
　　　　　（201199）中国上海市都市路4855号2座10楼
邮购电话 / 021-22895557
印　　刷 / 上海肖华印务有限公司

版　　次 / 2018年7月第1版
印　　次 / 2018年7月第1次印刷
开　　本 / 710×1000　1/16
字　　数 / 600千字
印　　张 / 34.75
书　　号 / ISBN 978-7-5426-6379-5/K·475
定　　价 / 88.00元

敬启读者，如本书有印装质量问题，请与印刷厂联系021-66012351